Java: Objektorientiert programmieren

Helmut Balzert · Doga Arinir

Java: Objektorientiert programmieren

Vom objektorientierten Analysemodell bis zum objektorientierten Programm –
Mit Einführung in UML 2, C++ und C#

4. Auflage

Helmut Balzert
Dortmund, Deutschland

Doga Arinir
Fachbereich Informatik & Naturwissenschaften
Fachhochschule Südwestfalen
Standort Iserlohn, Deutschland

ISBN 978-3-662-71349-5   ISBN 978-3-662-71350-1 (eBook)
https://doi.org/10.1007/978-3-662-71350-1

Die Deutsche Nationalbibliothek verzeichnet diese Publikation in der Deutschen Nationalbibliografie; detaillierte bibliografische Daten sind im Internet über https://portal.dnb.de abrufbar.

1. Auflage: © w3l 2010
2. Auflage: © w3l 2014
3. Auflage: © Springer Campus 2017
4. Auflage: © Der/die Herausgeber bzw. der/die Autor(en), exklusiv lizenziert an Springer-Verlag GmbH, DE, ein Teil von Springer Nature 2025

Das Werk einschließlich aller seiner Teile ist urheberrechtlich geschützt. Jede Verwertung, die nicht ausdrücklich vom Urheberrechtsgesetz zugelassen ist, bedarf der vorherigen Zustimmung des Verlags. Das gilt insbesondere für Vervielfältigungen, Bearbeitungen, Übersetzungen, Mikroverfilmungen und die Einspeicherung und Verarbeitung in elektronischen Systemen.
Die Wiedergabe von allgemein beschreibenden Bezeichnungen, Marken, Unternehmensnamen etc. in diesem Werk bedeutet nicht, dass diese frei durch jede Person benutzt werden dürfen. Die Berechtigung zur Benutzung unterliegt, auch ohne gesonderten Hinweis hierzu, den Regeln des Markenrechts. Die Rechte des/der jeweiligen Zeicheninhaber*in sind zu beachten.
Der Verlag, die Autor*innen und die Herausgeber*innen gehen davon aus, dass die Angaben und Informationen in diesem Werk zum Zeitpunkt der Veröffentlichung vollständig und korrekt sind. Weder der Verlag noch die Autor*innen oder die Herausgeber*innen übernehmen, ausdrücklich oder implizit, Gewähr für den Inhalt des Werkes, etwaige Fehler oder Äußerungen. Der Verlag bleibt im Hinblick auf geografische Zuordnungen und Gebietsbezeichnungen in veröffentlichten Karten und Institutionsadressen neutral.

Fotonachweis: @mihailomilovanovic/iStock

Planung/Lektorat: Leonardo Milla
Springer Vieweg ist ein Imprint der eingetragenen Gesellschaft Springer-Verlag GmbH, DE und ist ein Teil von Springer Nature.
Die Anschrift der Gesellschaft ist: Heidelberger Platz 3, 14197 Berlin, Germany

Wenn Sie dieses Produkt entsorgen, geben Sie das Papier bitte zum Recycling.

Vorwort zur 4. Auflage

Herzlich willkommen zur vierten Auflage dieses Buches zur objektorientierten Programmierung (OOP) mit Java! Seit der Veröffentlichung der dritten Auflage im Jahr 2014 hat sich in der Java-Welt viel getan. Neue Sprachfeatures und Verbesserungen, die mit den Versionen 9 bis 22 eingeführt wurden, haben die Möglichkeiten der Softwareentwicklung erheblich erweitert. Diese Auflage greift diese Neuerungen auf und integriert sie an den passenden Stellen, um Ihnen ein aktuelles und praxisnahes Verständnis der objektorientierten Programmierung mit Java zu vermitteln.

Neues zur 4. Auflage

Java ist nach wie vor eine der bedeutendsten Programmiersprachen weltweit. Während Python in Bereichen wie der Künstlichen Intelligenz oft die Nase vorn hat, bleibt Java eine tragende Säule der Softwareentwicklung. Besonders in großen Unternehmensanwendungen, Android-Entwicklung und serverseitigen Lösungen ist Java unverzichtbar. Mit seiner Plattformunabhängigkeit und der kontinuierlichen Weiterentwicklung durch die Java Community Process (JCP) hat Java seine Relevanz auch im Zeitalter moderner Technologien bewahrt.

Bedeutung Java

Das Ziel dieser vierten Auflage ist es, die bewährte Struktur und Didaktik der vorherigen Auflagen beizubehalten, gleichzeitig aber die aktuellen Entwicklungen der Sprache und ihrer Anwendung zu berücksichtigen. Besonders hervorzuheben sind:

- Einführung des Modulsystems und Erweiterungen bei Annotationen.
- Lokale Variablen mit var und Verbesserungen für Collections (Immutables).
- Anpassungen an Lambda-Ausdrücken, neue String-Methoden wie `strip()` und `repeat()`, sowie Profiling-Tools wie Java Flight Recorder.
- Erweiterungen an Streams (Teeing-Collector), Zahlenformatierungen und vereinfachte Switch-Ausdrücke.
- Unterstützung für mehrzeilige Textblöcke.
- Einführung von Record-Klassen und Pattern Matching bei `instanceof`.
- Verbesserte String-Funktionen (z. B. `formatted()`) und Sealed-Klassen.
- Verbesserungen beim Pattern Matching.
- Erweiterte Dokumentationsmöglichkeiten mit `@snippet`.
- Preallocated HashMaps.
- Möglichkeit, einfache Java-Programme direkt auszuführen, ohne vorheriges Kompilieren.
- u. v. a.

Vorwort zur 4. Auflage

Die Grundlagen der objektorientierten Programmierung bilden weiterhin den Kern dieses Buches. Aufbauend auf Konzepten wie Klassen, Objekten, Assoziationen und Vererbung wird die Systematik von der Problemstellung bis zur Lösung durchdacht und praxisnah vermittelt. Mit dieser Auflage möchten wir insbesondere auch fortgeschrittene Leserinnen und Leser ansprechen, die sich mit den neuesten Java-Features vertraut machen möchten, ohne den roten Faden des Buches zu verlieren.

Programme Alle im Buch abgedruckten Programme finden Sie in dem öffentlichen GitHub-Repository `https://github.com/fhswf/javaOOPProgramme`.

Dank Ein besonderer Dank gilt den Leserinnen und Lesern der vorherigen Auflagen sowie den Teilnehmern meiner Vorlesungen und Kurse, deren Anregungen und Rückmeldungen maßgeblich dazu beigetragen haben, diese neue Auflage zu verbessern. Ebenso danke ich meinem wissenschaftlichen Mitarbeiter, Herrn Cihan Wiatrowski, für die Unterstützung bei der Aktualisierung und Erweiterung dieses Buches.

Ich lade Sie ein, die faszinierenden Möglichkeiten der objektorientierten Programmierung mit Java zu entdecken und zu vertiefen. Viel Freude und Erfolg bei der Lektüre und der Umsetzung der vermittelten Inhalte!

Ihr

Dank & Hinweis

Ich danke Prof. Dr. Arinir, dass er bereit war, dieses Buch an die neuesten Entwicklungen in der Objektorientierung anzupassen, so dass Ihnen als Leserinnen und Leser jetzt ein aktuelles Werk zur Verfügung steht.

Wenn Sie noch keine Erfahrung mit der strukturierten und prozeduralen Programmierung haben, dann empfehle ich Ihnen mein Buch »Java: Der Einstieg in die Programmierung« (5. Auflage) kostenlos von der digitalen Bibliothek der Gesellschaft für Informatik herunterzuladen:

`https://dl.gi.de/handle/20.500.12116/38806`

Ihr

Vorwort zur 3. Auflage

Herzlich willkommen in der Welt der **objektorientierten Programmierung**. Zusammen mit der Programmiersprache Smalltalk-80 erblickten die wichtigsten Konzepte der objektorientierten Programmierung in den 80er-Jahren das Licht der Welt. Wichtige Grundkonzepte enthielt bereits die Programmiersprache Simula 67. Der breite Durchbruch der Objektorientierung in der Softwareentwicklung begann in den 90er-Jahren, als man den Grundkonzepten weitere Konzepte hinzufügte. Heute sind nicht nur die objektorientierte Programmierung, sondern auch der objektorientierte Entwurf und die objektorientierte Analyse Standards in der professionellen Softwareentwicklung.

OOP

Aber: Die Objektorientierung hat das Programmieren *nicht* neu erfunden, sondern die Möglichkeiten nur erweitert. Dennoch: Sie hat neue Horizonte eröffnet. Die Basis der objektorientierten Programmierung bildet die **strukturierte** und die **prozedurale Programmierung**.

Die Kenntnis dieser Konzepte wird in diesem Buch vorausgesetzt. Dazu gehören folgende Basiskonzepte: Variable, Konstanten, Zuweisung, Ausdrücke, einfache Typen, Anweisungen, Kontrollstrukturen, Felder und Prozeduren. Wenn Sie diese Voraussetzungen noch nicht haben, dann finden Sie diese Konzepte in meinem Buch »Java: Der Einstieg in die Programmierung – Strukturiert und prozedural programmieren (5. Auflage)« oder in einem anderen Buch, das diese Konzepte vermittelt.

Voraussetzungen

Dieses Buch beginnt mit den **Basiskonzepten der Objektorientierung**: Objekte und Klassen. Anschließend lernen Sie Assoziationen und die Vererbung kennen – zwei Grundpfeiler jeder Objektorientierung. Parallel dazu entwickeln Sie Anwendungen – bestehend aus drei Schichten. Generische Datentypen, funktionale Programmierung, konstruktive und analytische Qualitätssicherung sowie eine Fallstudie zeigen Ihnen weiterführende Konzepte. Sie lernen eine systematische Vorgehensweise: Fachkonzept, technisches Konzept, Programmierung.

Inhalt

Als konkrete Programmiersprache wird in diesem Buch die am meisten verbreitete objektorientierte Programmiersprache Java vorgestellt und eingesetzt.

Java

Von Anfang an wird außerdem die grafische Modellierungssprache UML 2 *(unified modeling language)* benutzt.

UML

Zusätzlich enthält das Buch Einführungen in die weitverbreiteten Programmiersprachen C++ und C#. Dadurch soll erreicht werden, dass – gerade wenn Sie bisher vielleicht nur Java kennengelernt haben – nicht alles so sein muss wie in Java. Es gibt ver-

C++ & C#

schiedene Möglichkeiten, wie Konzepte in Programmiersprachen umgesetzt werden. Anders als in den Naturwissenschaften sind Programmiersprachen von Menschen konzipiert und umgesetzt worden – da gibt es verschiedene Möglichkeiten.

Weiterführende Literatur

In diesem Buch werden »nur« die Grundlagen der objektorientierten Programmierung am Beispiel von Java vermittelt. Allein für diese Grundlagen werden mehr als 500 Seiten benötigt. Das ist aber noch nicht alles. Zur Vertiefung gibt es eine Vielzahl guter Java-Bücher. Auf zwei Bücher möchte ich besonders hinweisen, auf die öfter im Buch verwiesen wird:

Joshua Bloch: *Effective Java – Programming Language Guide* und Martin Fowler: *Refactoring – Improving Design of Existing Code*.

Beide Autoren zeigen, was man beim Einsatz welcher Sprachkonstrukte beachten soll bzw. wie man Programme verbessern kann.

Syntax

Jedes Programm einer Programmiersprache muss einer festgelegten Syntax entsprechen. Zur Beschreibung der Syntax werden in diesem Buch sowohl sogenannte Syntaxdiagramme als auch eine modifizierte EBNF-Notation *(Extended Backus-Naur-Form)* verwendet. Beide Notationen sind im Anhang erklärt (siehe: »Java: Syntaxnotation«, S. 527). Die verwendete EBNF-Notation wird zusätzlich im Anschluss an dieses Vorwort am Ende der Hinweise beschrieben.

Neue Didaktik

Um Ihnen als Leser das Lernen zu erleichtern, wurde für dieses Lehrbuch eine neue Didaktik entwickelt. Der Buchaufbau und die didaktischen Elemente sind im Anschluss an dieses Vorwort beschrieben (Hinweise).

Dank

Mein besonderer Dank gilt allen Studierenden in meinen Vorlesungen und Online-Kursen, die durch Hinweise und Kommentare dazu beigetragen haben, dieses Buch schrittweise zu verbessern. Mein besonderer Dank gilt meinem wissenschaftlichen Mitarbeiter M.Sc. Michael Goll. Anja Schartl hat mit viel Geduld die zahlreichen Grafiken gezeichnet. Danke dafür.

Damit Sie prüfen können, ob Sie wichtige Begriffe der Programmierung kennen, finden Sie im Buch mehrere **Kreuzworträtsel** um Ihr Wissen zu überprüfen. Die Lösungen finden Sie im Buchanhang.

Hinweise zur Didaktik

Über 25 Jahre Erfahrung beim Unterrichten von klassischen Programmiersprachen haben mir gezeigt, dass es verschiedene Komplexitätsstufen beim Verständnis von Programmierkonzepten gibt. Diese Stufen lassen sich wie folgt benennen:

- Strukturiertes Programmieren
- Prozedurales Programmieren
- **Objektorientiertes Programmieren**

- Programmierung von grafischen Benutzungsoberflächen

Die **Komplexität** nimmt von Stufe zu Stufe zu. Ein Programmieranfänger hat daher in der Regel Probleme, wenn direkt in das objektorientierte Programmieren eingestiegen wird. Ich habe dies mehrere Jahre hinweg ausprobiert und festgestellt, dass ohne fundiertes prozedurales Programmieren beim objektorientierten Programmieren für den Anfänger vieles »im Nebel« und Ungewissen bleibt. Insbesondere sind fundierte Kenntnisse über den Parametermechanismus erforderlich, um das Methodenkonzept der objektorientierten Programmierung zu verstehen. Ähnlich verhält es sich mit dem Ereignisverarbeitungskonzept von grafischen Benutzungsoberflächen.

Aufgrund dieser Erfahrungen habe ich mich dazu entschlossen, die Komplexitätsstufen schrittweise zu vermitteln, beginnend beim strukturierten Programmieren. In diesem Buch werden die **objektorientierten Konzepte** vermittelt.

Genug der Vorrede. Starten Sie jetzt mit Ihrem Einstieg in die Welt der objektorientierten Programmierung. Viel Spaß und Erfolg bei diesem faszinierenden Thema!

Ans Werk

Ihr

Interessenkonflikt

Der/die Autor*in hat keine für den Inhalt dieses Manuskripts relevanten Interessenkonflikte.

Vorwort zur 3. Auflage

Hinweise

Zum Aufbau des Buches

Dieses Buch besteht aus **Kapiteln** und **Unterkapiteln**. Jedes Unterkapitel ist im **Zeitungsstil** geschrieben. Am Anfang steht die Essenz, d. h. das Wesentliche. Es kann Ihnen zur Orientierung dienen – aber auch zur Wiederholung. Anschließend kommen die Details. Die **Essenz** ist grau hervorgehoben.

Fallstudie

Durch **Fallstudien** wenden Sie das Erlernte auf umfangreiche Problemstellungen aus der Praxis an.

Box

Boxen fassen Wichtiges zum Nachschlagen zusammen.

Sternesystem

Jedes Kapitel und Unterkapitel ist nach einem **Sternesystem** gekennzeichnet:
* = Grundlagenwissen
** = Vertiefungswissen
*** = Spezialwissen
**** = Expertenwissen
Dieses Sternesystem hilft Ihnen, sich am Anfang auf die wesentlichen Inhalte zu konzentrieren (1 und 2 Sterne) und sich vielleicht erst später mit speziellen Themen (3 und 4 Sterne) zu befassen.

Übungen ermöglichen eine Selbstkontrolle und Vertiefung des Stoffes. Sie sind durch ein Piktogramm in der Marginalspalte gekennzeichnet.

Beispiel

Beispiele helfen Sachverhalte zu verdeutlichen. Sie sind in der Marginalspalte mit »Beispiel« gekennzeichnet. Der Beispieltext ist mit einem blauen Raster unterlegt.

Tipps/ Hinweise

Hilfreiche **Tipps**, **Empfehlungen** und **Hinweise** sind durch eine blaue Linie vom restlichen Text getrennt.

Definitionen

Definitionen werden durch blaue, senkrechte Balken hervorgehoben.

Glossar

Glossarbegriffe sind fett gesetzt, **wichtige Begriffe blau** hervorgehoben. Ein vollständiges Glossarverzeichnis finden Sie am Buchende.

Dieses Piktogramm zeigt an, dass wichtige Inhalte nochmals in einer so genannten Merkebox zusammengefasst wiederholt werden – oft unter einer anderen Perspektive, um den Lerneffekt zu erhöhen.

Frage & Antwort

In den meisten Lehrbüchern wird »die Welt« so erklärt, wie sie ist – ohne dem Leser vorher die Möglichkeit gegeben zu haben, über »die Welt« nachzudenken. In einigen Kapiteln werden Ihnen Fragen gestellt. Diese Fragen sollen Sie dazu anregen, über ein Thema nachzudenken. Erst nach dem Nachdenken sollten Sie weiter lesen. (Vielleicht sollten Sie die Antwort nach der Frage zunächst durch ein Papier abdecken).

Für viele Begriffe – insbesondere in Spezialgebieten – gibt es keine oder noch keine geeigneten oder üblichen deutschen Begriffe. Gibt es noch keinen eingebürgerten deutschen Begriff, dann wird der englische Originalbegriff verwendet. Englische Bezeichnungen sind immer *kursiv* gesetzt, sodass sie sofort ins Auge fallen.
Englische Begriffe *kursiv*

Damit Sie referenzierte Seiten schnell finden, enthalten alle Querverweise absolute Seitenzahlen.
Querverweise

Dieses Piktogramm »Unter der Lupe« weist darauf hin, dass jetzt ein Sachverhalt für den interessierten Leser detailliert vorgestellt wird.

Neben Syntaxdiagrammen wird die Syntax einer Programmiersparche in folgender Notation dargestellt (alle Elemente, die zur Beschreibung der Syntax dienen, sind *kursiv* dargestellt):
Syntaxnotation

- `A ::= B`: Das zu definierende nicht-terminale Symbol `A` (*Platzhalter*) steht auf der linken Seite, durch `::=` von seiner Definition `B` auf der rechten Seite getrennt.
- `[ ]` : Eckige Klammern `[ ]` schließen optionale Elemente ein, d. h. Elemente, die auch fehlen dürfen.
- *|* : Ein kursiver senkrechter Strich *|* trennt alternative Elemente, d. h. von den aufgeführten Elementen ist ein Element auszuwählen.
- *{}* : Aus den aufgeführten Elementen ist ein Element auszuwählen.
- *+* : Ein *+* gibt an, dass das Element wiederholt werden kann.
- *...* : Drei Punkte kennzeichnen eine Liste von Elementen, wobei die Elemente durch ein Komma (,) getrennt werden.
- `terminale Symbole`: Die Zeichen, die im Quellcode des Programms stehen müssen, sind in normaler Schrift dargestellt.
- `Schlüsselwörter` : Schlüsselwörter sind mit einem Blauraster unterlegt oder fett dargestellt.
- *Syntaxsymbole*: Symbole, die zur Beschreibung der Syntax verwendet werden, sind kursiv dargestellt, z. B. *{ }*, sonst handelt es sich um terminale Symbole.

Viel Freude beim Lesen und viel Erfolg bei Ihrem Einstieg in die Welt der objektorientierten Programmierung.

Kurzbiographien der Autoren

Univ.-Prof. Dr.-Ing. habil. Helmut Balzert war bis zu seiner Emeritierung Inhaber des Lehrstuhls für Softwaretechnik an der Ruhr-Universität Bochum. Er studierte an der TH Darmstadt Informatik, promovierte an der Universität Kaiserslautern und baute anschließend bei der Firma Triumph Adler in Nürnberg den Forschungsbereich auf und leitete ihn. 1987 habilitierte er an der Universität Stuttgart zum Thema »Software-Ergonomie und Software Engineering«. Von 1987 bis zu seiner Emeritierung 2015 war er Inhaber des Lehrstuhls für Softwaretechnik. Er war Gründer der Start-up-Unternehmen otris software AG und W3L AG und wurde in mehrere Aufsichtsräte berufen. Er ist Autor von über 40 Büchern, über 150 Artikeln und 10 E-learning-Kursen.

Zusammen mit seiner Frau, Prof. Dr. Heide Balzert, gründete er 2021 die gemeinnützige Prof. Balzert-Stiftung zur Förderung von Wissenschaft und Forschung auf dem Gebiet der Informatik sowie der Kunst und Kultur. Die Stiftung vergibt zusammen mit der Gesellschaft für Informatik e.V. jedes Jahr einen Preis in Höhe von 10.000€ für einen herausragenden Beitrag zur digitalen Didaktik in der Informatik. Die Stiftung vergibt außerdem zusammen mit den Ballettfreunden Dortmund e.V. alle 2 Jahre einen Preis in Höhe von 20.000€ für analog-digitale Ballettchoreografie. Um die Verbreitung von didaktisch gelungenen Lehrbüchern zu fördern, stellt die Stiftung über die Digital Library der Gesellschaft für Informatik e.V. (www.dl.gi.de) Lehrbücher zum kostenlosen Herunterladen zur Verfügung.

Prof. Dr.-Ing. Doga Arinir studierte Elektrotechnik mit dem Nebenfach Informatik an der Ruhr-Universität Bochum. Er promovierte im Jahr 2007 und wechselte als Leiter der Softwareentwicklung zur W3L GmbH. Nach dem Formwechsel des Unternehmens in eine AG wechselte er 2012 in den Vorstand. In dieser Rolle war er für die Aufbau- und Ablauforganisation, die Standardisierung, das Richtlinienmanagement in der Softwareentwicklung, das Accountmanagement, das Projektcontrolling sowie die Geschäftsfeldentwicklung verantwortlich.

Neben seiner Vorstandstätigkeit war er durchgängig zwischen 2007 bis 2021 an verschiedenen Hochschulen, u.a. an der Ruhr-Universität Bochum und an der FH Dortmund, als externer Lehrbeauftragter für unterschiedliche Module tätig. Im Oktober 2021 trat er eine Professur für Angewandte Informatik an der Fachhochschule Südwestfalen an. Seine Forschungsschwerpunkte sind die modellgetriebene Softwareentwicklung, Prozess- und Dialogsysteme sowie Mobile Computing.

Inhalt

1	Aufbau und Gliederung *	1
2	Der Schnelleinstieg *	7
2.1	Objekte: das Wichtigste *	8
2.2	Klassen: das Wichtigste *	12
2.3	Klassen in Java: das Wichtigste *	17
2.4	Java-Compiler, -Entwicklungsumgebungen und UML-Werkzeuge *	22
2.5	Java-Konstruktoren: das Wichtigste *	25
2.6	Botschaften in Java: das Wichtigste *	29
3	Basiskonzepte im Detail *	35
3.1	Objekte und Klassen in der UML *	36
3.2	Box: Richtlinien und Konventionen für Bezeichner *	39
3.3	Trennung Benutzungsoberfläche – Fachkonzept *	41
3.4	Attribute in Klassen vs. Attribute in Operationen *	43
3.5	Klassenattribute und -operationen *	47
3.6	Objekte als Eingabeparameter in Java *	54
3.7	Objekte als Ergebnisparameter in Java *	58
3.8	Konstruktoren im Detail *	60
3.9	UML-Sequenzdiagramme *	64
3.10	Objekte als Eingabeparameter in Konstruktoren *	66
3.11	Botschaften *	67
3.12	Java-Annotationen **	71
3.13	Box: Kreuzworträtsel 1 *	75
4	Klassen benutzen und bereitstellen *	79
4.1	Pakete *	80
4.2	Dokumentationskommentare und Javadoc *	86
4.3	Record-Klassen in Java *	93
4.4	Vorhandene Klassen benutzen *	96
4.5	Die Hüllklassen für einfache Typen *	99
4.6	Die Klasse ArrayList<E> *	103
4.7	Die Klasse Scanner *	110
4.8	Ausnahmebehandlung mit throw *	116
4.9	Die selbstentwickelte Klasse Console *	121
4.10	Die String-Klassen von Java *	123
4.10.1	Die Klasse String *	124
4.10.2	Die Klasse StringBuilder *	132
4.11	Das Paket java.time *	133
4.12	Vom Problem zur Lösung: Teil 1 **	139
5	Assoziationen *	151
5.1	Links: Beziehungen zwischen Objekten *	152
5.2	Assoziationen: Beziehungen zwischen Klassen *	157
5.3	Assoziationsnamen und Rollen *	161
5.4	Assoziationsklassen – wenn die Assoziation zur Klasse wird *	164
5.5	Höherwertige Assoziationen ***	166

5.6	Navigierbarkeit *	167
5.7	Navigierbarkeit und Multiplizitäten in Java *	170
5.8	Container *	176
5.9	Das Singleton-Muster *	179
6	**Einfachvererbung ***	**183**
6.1	Generalisieren – entdecke Gemeinsamkeiten *	184
6.2	Vererbung in Java *	188
6.3	Klassen spezialisieren und Methoden redefinieren *	193
6.4	Die Java-Klassenhierarchie und Object *	200
6.5	Identität vs. Gleichheit *	203
6.6	Klonen vs. Kopieren *	205
6.7	Klassenzugehörigkeit eines Objekts *	212
6.8	Die Vererbungsregeln *	216
6.9	Zugriffsrechte und Sichtbarkeit *	218
6.10	Sonderfälle *	222
6.11	Polymorphismus *	224
7	**Mehrfachvererbung und Schnittstellen ***	**229**
7.1	Mehrfachvererbung *	229
7.2	Schnittstellen *	231
7.3	Die Java-Syntax und -Semantik für Schnittstellen *	237
7.4	Leere Implementierung von Schnittstellen *	240
7.5	Schnittstellen und Vererbung *	241
7.6	Konstanten in Schnittstellen *	243
7.7	Die Schnittstellen Iterator und Iterable *	245
7.8	Innere und anonyme Klassen *	250
7.9	Aufzählungen mit enum *	253
7.10	Versiegelte Klassen und Schnittstellen *	255
7.11	Vom Problem zur Lösung: Teil 2 **	257
8	**Persistenz und Datenhaltung ***	**265**
8.1	Persistenz und Datenhaltung in Java *	266
8.2	Dateien sequenziell lesen *	269
8.3	Dateien sequenziell schreiben *	273
8.4	Eine einfache Indexverwaltung *	276
8.4.1	Das Konzept einer indexbasierten Dateiorganisation *	277
8.4.2	Direktzugriffsspeicher in Java *	279
8.5	Drei-Schichten-Architektur *	283
8.6	Vom Fachkonzept zur Drei-Schichten-Architektur *	285
8.7	Die Serialisierung von Objekten *	289
8.8	Vernetzte Objekte serialisieren *	297
9	**Generische Datentypen ***	**303**
9.1	Einfache Klassenschablonen *	304
9.2	Typeinschränkung bei generischen Datentypen *	310
9.3	Einfache Methodenschablonen **	314
9.4	Mehrere Typparameter *	316
9.5	Vererbung von generischen Typen ***	319
9.6	Generisches Sortieren *	325
9.7	Generisches Sortieren mit mehreren Sortierkriterien *	328

9.8	Kreuzworträtsel 2 *	334

10	**Funktionale Programmierung ****	**337**
10.1	Deklarativer Zugriff auf Sammlungen *(Collections)* **	339
10.2	Deklarative Programmierung von Datenströmen *(Streams)* **	344
10.3	Eine Sammlung auf einen Wert reduzieren **	346
10.4	Implementierung von Vergleichsoperationen **	349
10.5	Teeing-Collector **	355
10.6	Neuerungen in den Collections mit Java 9 **	358
10.7	Typinferenz mit var in Java **	362
10.8	Box: Funktionale Sprachkonzepte im Überblick 1 **	365
10.9	Box: Funktionale Sprachkonzepte im Überblick 2 **	372

11	**Konstruktive Qualitätssicherung ****	**377**
11.1	Bindung von Methoden **	379
11.2	Bindung von Klassen **	385
11.3	Kopplung von Methoden ***	387
11.4	Kopplung von Klassen **	391
11.5	*Refactoring* von Klassen und Methoden **	396
11.6	Java Modulsystem **	399

12	**Analytische Qualitätssicherung ****	**403**
12.1	Testen – Terminologie und Konzepte **	404
12.2	Dynamische Testverfahren **	408
12.3	Funktionale Äquivalenzklassenbildung **	414
12.4	Grenzwertanalyse und Test spezieller Werte **	419
12.5	Kombinierter Funktions- und Strukturtest **	422
12.6	Testen von Unterklassen **	433
12.7	Testgetriebenes Programmieren **	437
12.8	Java Flight Recorder und Java Mission Control ****	444

13	**Von OOA zu OOP ****	**449**
13.1	Fallst. Aufgabenplaner: Erstes Gespräch **	451
13.2	Fallst. Aufgabenplaner: Das OOA-Modell **	455
13.3	Fallst. Aufgabenplaner: Die Benutzungsoberfläche **	457
13.4	Fallst. Aufgabenplaner: Das OOD-Modell **	465
13.5	Fallst. Aufgabenplaner: OOP – Fachkonzeptklassen **	467
13.6	Fallst. Aufgabenplaner: OOP – UI-Klasse **	471
13.7	Fallst. Aufgabenplaner: OOP – Container **	474
13.8	Fallst. Aufgabenplaner: OOP – Datenhaltung **	475

14	**Einführung in C++ ***	**477**
14.1	Das erste C++-Programm *	478
14.2	Klassen in C++ *	480
14.3	Trennung Schnittstelle – Implementierung *	482
14.4	Dynamische und statische Objekte *	485
14.5	Vererbung und Polymorphismus *	490
14.6	Klassenattribute und Klassenoperationen *	498

14.7	Generische Klassen **		500
14.8	Box: Von Java nach C++ *		504
15	**Einführung in C# ***		**505**
15.1	Ein Überblick über .NET *		505
15.2	Ein Überblick über C# *		508
15.3	Einfache und strukturierte Typen *		511
15.4	Klassen *		517
15.5	Kreuzworträtsel 3 *		523

Anhang A Java: Syntaxnotation * 527

Anhang B Kreuzworträtsel 1: Lösung ** 533

Anhang C Kreuzworträtsel 2: Lösung * 535

Anhang D Kreuzworträtsel 3: Lösung * 537

Glossar 539

Literatur 551

Sachindex 553

1 Aufbau und Gliederung *

Dieses Buch ist nach einer wohlüberlegten Didaktik aufgebaut. Denn: Eine gute Didaktik erleichtert Ihnen das Lernen. Ziel dieses Buches ist es *nicht*, Ihnen eine Vielzahl von Java-Klassen vorzustellen. Es gibt mehrere Tausend. Sie würden den Wald vor lauter Bäumen nicht mehr sehen.

Hauptziel dieses Buches ist es, Ihnen einen systematischen und schrittweisen Einstieg in die Konzepte der objektorientierten Programmierung zu vermitteln. Wenn Sie die Konzepte verstanden haben, dann sind Sie auch in der Lage, sich in unbekannte Java-Klassen selbstständig einzuarbeiten. — Ziele

Um die Konzepte zu beherrschen, müssen Sie aktiv programmieren. Orientieren Sie sich an den Beispielen, nehmen Sie sie als Vorbild und programmieren Sie durch Analogieschluss. — Selbst programmieren

Aber: Dieses Buch ist *kein* reines Programmierbuch für Java. Im Mittelpunkt stehen immer zuerst die objektorientierten Konzepte, die unabhängig von einer speziellen objektorientierten Programmiersprache gültig sind. Dann wird gezeigt, wie diese Konzepte beispielhaft in Java realisiert werden können. — Mehr als Java

Im Untertitel heißt dieses Buch »Vom objektorientierten Analysemodell bis zum objektorientierten Programm«. Sobald die zu lösenden Aufgaben etwas umfangreicher werden gilt: *Nicht* sofort mit dem Programmieren anfangen. Zuerst das Fachkonzept überlegen und modellieren (objektorientierte Analyse). Danach sich um die Technik kümmern (objektorientierter Entwurf). Dann erst programmieren (objektorientierte Programmierung). Diese Vorgehensweise wird von Anfang an »vorgelebt«. — Von OOA zu OOP

Für die Modellierung wird dabei konsequent die Modellierungssprache UML 2 *(unified modeling language)* eingesetzt – der Industriestandard. Sie lernen also *nicht* nur Java, sondern auch die UML.

Die Abb. 1.0-1 zeigt die Reihenfolge, in der die Konzepte der objektorientierten Softwareentwicklung vermittelt werden.

Die Basiskonzepte – Objekte, Klassen, Konstruktoren, Botschaften – habe ich zu einem Schnelleinstieg zusammengefasst. Er gibt einen ersten Einblick in die Gedankenwelt der Objektorientierung und vermittelt Ihnen – hoffentlich – die ersten Erfolgserlebnisse: — Schnelleinstieg

- »Der Schnelleinstieg«, S. 7

Nach einem Überblick über die Basiskonzepte ist es notwendig, sich die Details der Basiskonzepte anzusehen. Dabei wird gleichzeitig noch versucht, die Basiskonzepte aus einer etwas anderen — Im Detail

1 Aufbau und Gliederung *

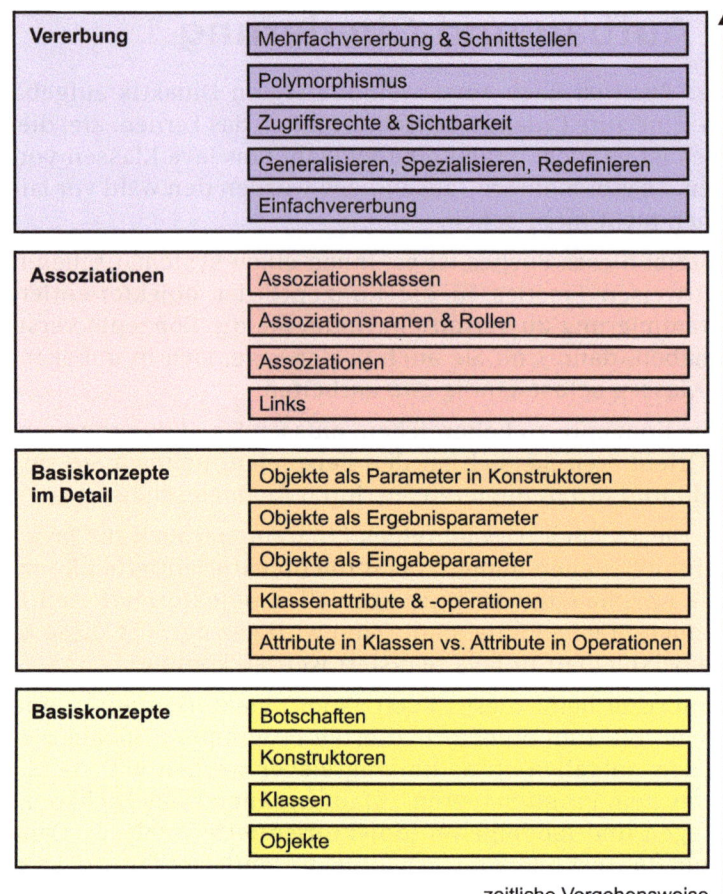

Abb. 1.0-1: Die Basiskonzepte der objektorientierten Programmierung.

Perspektive zu betrachten, so dass Ihnen das Verständnis noch leichter fällt:

- »Basiskonzepte im Detail«, S. 35

Faul sein

Bevor weitere Konzepte behandelt werden, gilt es zunächst, bereits vorhandene Klassen für eigene Zwecke einzusetzen. Ein Grundprinzip der Objektorientierung lautet: Alles benutzen, was bereits vorhanden ist. Hat man selbst etwas zu bieten, dann sind besondere Dokumentationsrichtlinien einzuhalten, um anderen etwas zur Verfügung zu stellen:

- »Klassen benutzen und bereitstellen«, S. 79

Assoziationen

Ein in Programmierbüchern sträflich vernachlässigtes Konzept ist das Konzept der Assoziation. Erst in den 90er Jahren – 10 Jahre nach der ersten objektorientierten Programmiersprache

Smalltalk-80 – wurde die Bedeutung dieses Konzepts für die Objektorientierung erkannt und hat letztendlich zum Siegeszug der Objektorientierung beigetragen. Der Ursprung dieses Konzepts stammt von den relationalen Datenbanken. Die stiefmütterliche Behandlung dieses Konzepts in Programmierbüchern hängt damit zusammen, dass es für die Assoziationen *kein* eigenes Sprachkonstrukt in Programmiersprachen gibt. Dennoch ist es für die Modellierung unverzichtbar und essenziell – auch wenn es auf der Programmierebene nicht ohne Weiteres sichtbar ist:

- »Assoziationen«, S. 151

Wenn Sie sich schon einmal mit der Objektorientierung befasst haben, dann haben Sie sicher schon etwas von der Vererbung gehört. Dieses Konzept trägt ganz wesentlich zur Mächtigkeit der Objektorientierung bei – ist am Anfang aber auch etwas schwer zu verstehen, weil der Komplexitätsgrad – aber auch die Mächtigkeit – eines Programms zunimmt. Das Vererbungskonzept lässt sich in drei Gruppen gliedern: einfache Vererbung, mehrfache Vererbung und sogenannte Schnittstellen:

Vererbung

- »Einfachvererbung«, S. 183
- »Mehrfachvererbung und Schnittstellen«, S. 229

Parallel zur Vermittlung der Konzepte werden einige Programme schrittweise immer weiterentwickelt – bis hin zu einer vollständigen Anwendung. Am Anfang stehen immer eine oder mehrere Fachkonzeptklassen.

UI, Fachkonzept, Datenhaltung

Damit der Benutzer auf sie zugreifen kann, wird eine Benutzerschnittstellen-Klasse benötigt – UI-Klasse genannt (UI = *user interface*).

Schalten Sie Ihren PC ab, dann endet auch Ihr Programm. Und damit sind alle Daten, die sich im Arbeitsspeicher befanden, weg. Wollen Sie Daten langfristig aufbewahren, dann müssen Sie die Daten persistent machen. Dazu gibt es verschiedene Möglichkeiten:

- »Persistenz und Datenhaltung«, S. 265

Ein eigentlich altes, von der Objektorientierung unabhängiges Konzept, das bereits in der Sprache ADA 1979 enthalten war, feiert in Java sein Comeback: die generische Programmierung. Dieses Konzept – in Kombination mit der Objektorientierung – ermöglicht ein höheres Abstraktionsniveau und elegantere und allgemeinere Lösungen – ist am Anfang aber gewöhnungsbedürftig:

Generische Typen

- »Generische Datentypen«, S. 303

Bereits 1958 entstand mit **Lisp** eine funktionale Programmiersprache, bei der Programme ausschließlich aus Funktionen be-

Funktionale Programmierung

stehen. Ab der Java-Version 8 ist es nun auch möglich, den funktionalen Programmierstil in Form von so genannten Lambda-Ausdrücken kombiniert mit der Objektorientierung in Java zu verwenden:

- »Funktionale Programmierung«, S. 337

QS
Was nützt die gesamte Programmierung, wenn Ihr Kunde Ihnen Ihr Programm wegen Qualitätsmängeln wieder zurückgibt? Konstruktive und analytische Qualitätssicherung ist daher das A und O einer ingenieurmäßigen Softwareentwicklung. Man kann gar nicht früh genug damit anfangen. Daher wird dieses Thema hier auch intensiv behandelt:

- »Konstruktive Qualitätssicherung«, S. 377
- »Analytische Qualitätssicherung«, S. 403

Fallstudie
Zum krönenden Abschluss wird exemplarisch die systematische Entwicklung eines »Aufgabenplaners« gezeigt. Sie sollen sich frühzeitig an umfangreiche Programme gewöhnen – sowohl von der Analyse als auch von der Konstruktion her – so ist die Praxis. Beispielprogramme, die aus ein paar Zeilen Quellcode bestehen sind keine Kunst – Programmierung ist die Kunst Hunderte und Tausende von Zeilen Quellcode zu beherrschen:

- »Von OOA zu OOP«, S. 449

C++, C#
Mit der Programmiersprache Java sind die Programmiersprachen C++ und C# auf verschiedene Art und Weise verwandt. Beide haben auch wirtschaftlich eine große Bedeutung. Damit Sie ein Gefühl dafür bekommen, was gleich und was anders ist – und damit Sie sehen, wie Konzepte auch anders umgesetzt werden können –, erfolgt eine kurze Einführung in beide Sprachen:

- »Einführung in C++«, S. 477
- »Einführung in C#«, S. 505

Geschafft?
Wenn Sie bis einschließlich der Fallstudie und die Kapitel zu C++ sowie C# durchgearbeitet – oder besser gesagt, durchprogrammiert – haben, dann haben Sie Ihr Wissen, Ihre Fertigkeiten und Ihren Horizont im Bereich der objektorientierten Softwareentwicklung erheblich erweitert. Sie können stolz auf sich sein! Doch wie geht es weiter? Wahrscheinlich sind Ihnen Themen aufgefallen, die Sie noch vertiefen möchten.

SQL & RDBS
Ein zentraler Aspekt moderner Softwareentwicklung ist der Umgang mit großen Datenmengen. Datenbanksysteme spielen hierbei eine essenzielle Rolle. Heutzutage kommen relationale Datenbanksysteme (RDBMS) ebenso zum Einsatz wie NoSQL-Datenbanken, je nach Anwendungsfall. Während relationale Datenbanken wie MySQL oder PostgreSQL strikte Schema-Vorgaben haben und sich gut für strukturierte Daten eignen, sind NoSQL-

Datenbanken wie MongoDB oder Redis besonders flexibel und skalierbar. Um ein solides Verständnis für Datenbanken und deren Programmierung zu erhalten, sollten Sie sich mit SQL als deklarativer Sprache für relationale Datenbanken sowie mit modernen NoSQL-Technologien beschäftigen. Besonders wichtig sind dabei Konzepte wie Normalisierung, Indexierung, Transaktionsverwaltung und Abfrageoptimierung. Wer Anwendungen entwickelt, die große Datenmengen verarbeiten, kommt um dieses Wissen nicht herum.

Moderne Anwendungen sind oft als verteilte Systeme konzipiert, in denen mehrere Prozesse parallel arbeiten. Nebenläufigkeit und Parallelverarbeitung sind essenzielle Konzepte, um effiziente Softwaresysteme zu gestalten. Dazu gehören Multithreading innerhalb einer Anwendung sowie asynchrone Programmierung, um Wartezeiten durch Netzwerk- oder Datenbankabfragen zu minimieren. Grundlagen wie Mutex, Semaphoren, Event Loops und Message Queues gehören zum unverzichtbaren Handwerkszeug eines Softwareentwicklers oder einer Softwareentwicklerin. In der Praxis bedeutet dies beispielsweise, dass Server-Backend-Systeme mehrere Client-Anfragen gleichzeitig bearbeiten können, ohne dass sich Abfragen gegenseitig blockieren. Im der Cloud-Computing ist die verteilte Ausführung noch wichtiger: Anwendungen werden oft in Container-Umgebungen wie Docker oder Kubernetes bereitgestellt, um eine skalierbare und ausfallsichere Architektur zu gewährleisten. *(Nebenläufig & verteilt)*

Benutzerfreundlichkeit spielt eine immer größere Rolle. Kenntnisse in der Entwicklung grafischer Benutzeroberflächen (GUIs) sowie der Web- und Mobile-Entwicklung sind essenziell, um intuitive und leistungsfähige Anwendungen zu erstellen. GUI-Programmierung mit JavaFX bietet eine Möglichkeit, Desktop-Anwendungen zu entwickeln. Im Web-Bereich haben sich Technologien wie Angular, React oder Vue.js durchgesetzt, die es ermöglichen, dynamische und modulare Anwendungen zu entwickeln. In der mobilen Entwicklung stehen mit Flutter oder Jetpack Compose leistungsfähige Frameworks zur Verfügung, um plattformübergreifende oder native Apps zu erstellen. Dabei geht es nicht nur um die Wahl der richtigen Technologie, sondern auch um Usability-Prinzipien und Responsiveness, damit Anwendungen auf verschiedenen Geräten optimal dargestellt werden. *(Anwendungen programmieren)*

Jedes Programm basiert auf Algorithmen und Datenstrukturen, die für effiziente Berechnungen und Datenverarbeitung sorgen. Insbesondere Sortieralgorithmen wie Quicksort oder Mergesort, Suchalgorithmen wie binäre Suche oder A*-Suche und komplexere Datenstrukturen wie Graphen, Heaps oder Hash-Tabellen sind essenzielle Grundlagen. Wer sich intensiv mit diesen Themen be- *(Algorithmen & Datenstrukturen)* schäftigt, kann Programme effizienter gestalten, Speicherplatz sparen und die Laufzeit optimieren. Zudem sind Kenntnisse in Big-O-Notation unerlässlich, um die Leistungsfähigkeit von Algorithmen korrekt einzuschätzen. Fortgeschrittene Entwickler sollten sich auch mit Algorithmen für künstliche Intelligenz und Machine Learning beschäftigen, die zunehmend in modernen Anwendungen integriert werden.

Softwarearchitektur Der Erfolg einer Software hängt nicht nur von einzelnen Code-Fragmenten ab, sondern auch von ihrer Architektur. Von Microservices über Event-Driven Architecture bis hin zu Domain-Driven Design (DDD) gibt es zahlreiche Konzepte, die helfen, robuste und skalierbare Software zu entwerfen. Moderne Architekturen setzen zunehmend auf lose gekoppelte Komponenten, die über APIs oder Event-Broker wie Kafka kommunizieren. Die Wahl der richtigen Architektur beeinflusst nicht nur die Wartbarkeit und Skalierbarkeit, sondern auch die Flexibilität bei zukünftigen Erweiterungen.

An den Start Und nun legen Sie los! Mit diesem Buch haben Sie eine solide Grundlage gelegt. Doch die Welt der Softwareentwicklung entwickelt sich stetig weiter. Bleiben Sie neugierig, experimentieren Sie mit neuen Techniken und Frameworks, und vor allem: Programmieren Sie!

2 Der Schnelleinstieg *

Die **objektorientierte Programmierung** (OOP) stellt zum Teil neue Konzepte für die Entwicklung von Softwaresystemen zur Verfügung. Eine intuitive Einführung in die wichtigsten Konzepte der Objektorientierung (kurz: **OO**) erfolgt in diesem Schnelleinstieg.

Zur Historie

Historisch betrachtet leiten sich die Grundkonzepte der objektorientierten Softwareentwicklung aus der Programmiersprache Smalltalk-80 her. Smalltalk-80 ist die erste objektorientierte Programmiersprache. Sie wurde in den Jahren 1970 bis 1980 am Palo Alto Research Center (PARC) der Firma Xerox entwickelt. Das Klassenkonzept wurde von der Programmiersprache Simula 67 übernommen und weiterentwickelt.

Notation

Die Konzepte wurden in Smalltalk-80 – wie in Programmiersprachen üblich – textuell repräsentiert. Heute gibt es für die Darstellung dieser Konzepte auch grafische Notationen.

Im Folgenden wird dafür die **UML 2** *(Unified Modeling Language)* verwendet ([UML12], [UML09a], [UML09b]), die den Industriestandard darstellt. Sie legt verschiedene Diagrammarten mit entsprechenden Symbolen fest. Zum Erfassen und Bearbeiten dieser Diagramme gibt es Softwarewerkzeuge. Die Ursprünge der UML-Notation gehen auf die Entwickler Grady Booch, Jim Rumbaugh und Ivar Jacobson zurück.

Das Basiskonzept der objektorientierten Softwareentwicklung ist der **Objektbegriff**:

- »Objekte: das Wichtigste«, S. 8

Eine Abstraktionsebene höher als Objekte sind die **Klassen** in der Objektorientierung angesiedelt:

- »Klassen: das Wichtigste«, S. 12
- »Klassen in Java: das Wichtigste«, S. 17

Damit Klassen in Java ausgeführt werden können, muss ein Java-Compiler oder eine Java-Entwicklungsumgebung zur Verfügung stehen:

- »Java-Compiler, -Entwicklungsumgebungen und UML-Werkzeuge«, S. 22

Die Verbindung zwischen Objekten und Klassen stellen die sogenannten Konstruktoren her. **Konstruktoren** sind spezielle Operationen, die aus Klassen heraus Objekte erzeugen:

- »Java-Konstruktoren: das Wichtigste«, S. 25

© Der/die Autor(en), exklusiv lizenziert an
Springer-Verlag GmbH, DE, ein Teil von Springer Nature 2025
H. Balzert und D. Arinir, *Java: Objektorientiert programmieren*,
https://doi.org/10.1007/978-3-662-71350-1_2

Mit Hilfe von **Botschaften** werden Konstruktoren und Operationen – in Java Methoden genannt – aufgerufen:

- »Botschaften in Java: das Wichtigste«, S. 29

Zur Terminologie

In der objektorientierten Welt ist die verwendete Terminologie *nicht* ganz einheitlich. In der UML spricht man von Attributen und Operationen, in der Programmier-Welt von Variablen, Funktionen und Prozeduren, in der Java-Welt von *fields* und *methods* (Methoden). In diesem Buch werden die Begriffe Attribute, Variablen, *fields* sowie Operationen, Methoden, Funktionen, Prozeduren und *methods* synonym verwendet.

Tipp

Zum Zeichnen von UML-Diagrammen kann das kostenlose Programm Modelio verwendet werden. Im kostenlosen E-Learning-Kurs finden Sie eine Einführung in dieses Programm.

Hinweis

Aktuelle Informationen über die UML finden Sie auf der Website UML-Diagramme (http://www.uml-diagrams.org/).

2.1 Objekte: das Wichtigste *

Objekte modellieren Attribute mit ihren Attributwerten und Operationen. In der UML-Notation werden jedoch außer der Objektbezeichnung nur die Attribute (optional mit ihren Werten und Typen) dargestellt.

Der Begriff des **Objekts** bildet ein **zentrales Konzept** in der Objektorientierung und hat der ganzen Entwicklungsrichtung den Namen gegeben.

Frage

Welche Objekte fallen Ihnen spontan ein, wenn Sie den Begriff »Objekt« hören?

Antwort

Im allgemeinen Sprachgebrauch ist ein Objekt ein Gegenstand des Interesses, insbesondere einer Beobachtung, Untersuchung oder Messung. Objekte können Dinge (z. B. Fahrrad, Büro), Personen (z. B. Kunde, Mitarbeiter) oder Begriffe (z. B. Programmiersprache, Krankheit) sein.

Beispiel 1a

Frau Hasselbusch besitzt einen gut erhaltenen Gartentisch (Abb. 2.1-1), den sie nicht mehr benötigt. Sie ruft daher das Anzeigenblatt Schöntaler-Anzeiger an und gibt als Inserentin eine Kleinanzeige auf, um ihren Gartentisch zu verkaufen. Bei der Anzeigenaufgabe wird Frau Hasselbusch um folgende Angaben gebeten:

```
Name = "Helga Hasselbusch",
Telefon = "0234/66453",
```

```
BLZ = 43070024,
Kontonr = 12577883.
```

Zur Anzeige macht sie folgende Angaben:

```
Rubrik = "Garten",
Titel = "Gut erhaltener Gartentisch",
Beschreibung =
"Gartentisch, weiss, Plastik, sehr stabil, 160 x 110 cm",
Preis = € 20.- (2000 Euro-Cent)
```

Verwaltet bei dem Schöntaler-Anzeiger ein Softwaresystem die Anzeigen und die Inserenten, dann ist **Frau Hasselbusch ein Objekt** mit den **Attributen** Name, Telefon, BLZ und Kontonr und den oben aufgeführten **Attributwerten** bzw. **Daten** "Helga Hasselbusch" usw.

Auch die **Kleinanzeige ist ein Objekt**. Dieses besitzt die Attribute Rubrik, Titel, Beschreibung, Preis mit den oben angegebenen Attributwerten "Garten" usw.

Jedem Attribut kann ein **Typ** zugeordnet werden, z.B. haben die Attribute Rubrik, Titel, Beschreibung, Name und Telefon den Typ String (Zeichenkette) und die Attribute Preis (in Cent), BLZ und Kontonr den Typ int (ganze Zahl).

Abb. 2.1-1: Foto eines Gartentischs.

In welche Kategorie entsprechend der oben angegebenen Definition fallen die Objekte Hasselbusch und Gartentisch? — Frage

Bei dem Objekt Hasselbusch handelt es sich um eine Person, bei dem Objekt Gartentisch um ein Ding. — Antwort

Das Attribut eines Objekts entspricht in einer Programmiersprache einer **Variablen**. Der Attributwert ist der aktuelle Inhalt der Variablen. Der Typ eines Attributs ist identisch mit dem Typ einer Variablen. — Vergleich mit Programmiersprachen

In der **UML** wird ein Objekt als Rechteck dargestellt, das in zwei Felder aufgeteilt werden *kann* (Abb. 2.1-2).

Im oberen Feld steht der **Objektbezeichner**, der grundsätzlich unterstrichen und zentriert dargestellt wird.

einObjekt	einObjekt	einObjekt	einObjekt
	attribut1 attribut2	attribut1 = Wert1 attribut2 = Wert2	attribut1: Typ = Wert1 attribut2: Typ = Wert2

Abb. 2.1-2: Notation von Objekten mit optionalen Attributangaben.

Attributangaben

Im unteren Feld werden – optional – die im jeweiligen Kontext **relevanten Attribute** des Objekts eingetragen. Es ist also *nicht* notwendig, jeweils alle Attribute eines Objekts aufzuführen. Hinter jedem Attribut *kann* der Wert aufgeführt werden: Attribut = Wert. Es ist auch möglich, zusätzlich den Typ des Attributs anzugeben: Attribut: Typ = Wert.

Typ & Programmiersprache

In der UML sind folgende primitive Typen spezifiziert: String, Boolean, Integer, UnlimitedNatural.

Empfehlung

Typen der Ziel-Sprache verwenden
Ist bereits bekannt, welche Programmiersprache zur Realisierung verwendet werden soll, dann sollten von vornherein die in der Ziel-Sprache definierten Typen verwendet werden.

Da in diesem Buch Java die Zielsprache ist, werden immer die Java-Typen verwendet.

Konvention

Objekt- & Attributnamen beginnen mit Kleinbuchstaben
In der UML wird empfohlen, den Objektbezeichner und die Attributnamen jeweils mit einem Kleinbuchstaben zu beginnen.

Tipp

Konventionen der Programmiersprache berücksichtigen
Bei der Bezeichnung der Objekt- & Attributnamen sollten außerdem die Konventionen der verwendeten Programmiersprache berücksichtigt werden. In Java sollen die Objekt- und Attributnamen ebenfalls mit einem Kleinbuchstaben beginnen.

Beispiel 1b

Die Abb. 2.1-3 zeigt die zwei Objekte Hasselbusch und Gartentisch in der UML-Notation mit Attribut-, Typ- und Wertangaben.

Ein Softwaresystem muss auf den Daten **Operationen** ausführen können. Diese Operationen werden von den Objekten zur Verfügung gestellt und können von anderen Objekten in Anspruch genommen werden. In der objektorientierten Welt spricht man von **Botschaften**, die an ein Objekt geschickt werden mit der Aufforderung eine bestimmte Operation auszuführen. Die Attribute beschreiben sozusagen die Eigenschaften eines Objekts, während die Attributwerte die konkreten Eigenschaften zu ei-

2.1 Objekte: das Wichtigste *

```
        hasselbusch
name: String = "Helga Hasselbusch"
telefon: String = "0234/66453"
blz: int = 43070024
kontonr: int = 12577883
```

```
              gartentisch
rubrik: String = "Garten"
titel: String = "Gut erhaltener Gartentisch"
preis: int = 2000 (in Cent)
beschreibung: String = "Gartentisch, weiss, Plastik,
                        sehr stabil, Ø 110 cm"
```

Abb. 2.1-3: In der UML wird ein Objekt als Rechteck dargestellt, das in zwei Felder aufgeteilt werden kann. Im oberen Feld steht der Objektname (unterstrichen und zentriert). Im unteren Feld stehen die Attributnamen mit ihren Werten.

nem bestimmten Zeitpunkt angeben. Die Operationen erlauben es, Auskunft über die aktuellen Attributwerte zu erteilen bzw. die Attributwerte zu verändern.

> Aus der Sicht des Softwaresystems zur **Anzeigenverwaltung** müssen die Daten für ein Anzeigenobjekt erfasst werden können, d. h. den Attributen eines Anzeigeobjekts müssen Daten bzw. Werte zugeordnet werden können. Außerdem müssen Attributwerte geändert und angezeigt werden können, d. h. es werden die Operationen eintragen(), ändern() und anzeigen() benötigt. Für das Objekt Hasselbusch werden analoge Operationen benötigt.

Beispiel 1c

Operationen entsprechen bei Programmiersprachen Funktionen, Prozeduren oder **Methoden**. Eine Botschaft ist vergleichbar mit dem Aufruf einer Prozedur, Funktion oder Methode.

Vergleich mit Programmiersprachen

Operationen, die auf einem Objekt ausgeführt werden können, werden in die UML-Objektdarstellung *nicht* eingetragen.

> Die Abb. 2.1-4 zeigt das Objekt Oberarm des Roboters, das durch die drei Attribute aktueller Winkel, maximaler Winkel und minimaler Winkel gekennzeichnet ist. Die vier Operationen einstellenGrundposition(), meldeAktuellePosition(), einstellenNeuePosition() und initialisierenMinundMaxWinkel() ermöglichen es, die Winkel zu manipulieren.

Beispiel

> **Operationen mit () am Ende**
> Um Operationen von Attributen unterscheiden zu können, werden Operationsnamen immer mit () am Ende geschrieben.

Konvention

> In der objektorientierten Softwareentwicklung besitzt ein **Objekt** *(object)* einen bestimmten Zustand und reagiert mit einem definierten Verhalten auf seine Umgebung.

Definition

Der **Zustand** *(state)* eines Objekts umfasst die Attribute und deren aktuelle Werte. Attribute sind unveränderliche Merkmale des

Zustand

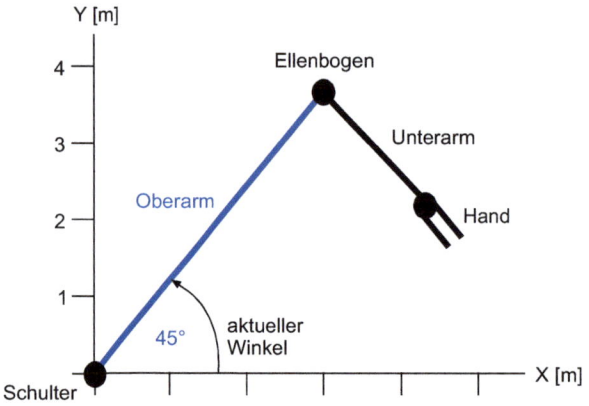

Abb. 2.1-4: Objekt »Oberarm des Roboters«.

Objekts, während die Attributwerte Änderungen im Zeitablauf unterliegen können.

Verhalten   Das **Verhalten** *(behavior)* eines Objekts wird durch eine Menge von Operationen beschrieben, die das Objekt seiner Umgebung zur Verfügung stellt. Eine Änderung oder eine Abfrage des Zustandes ist *nur* mittels der Operationen möglich.

Synonyme   Die Begriffe **Exemplar**, **Instanz**, *instance* und *class instance* werden synonym für den Begriff Objekt verwendet.

Frage   Überlegen Sie, über welche Attribute und Operationen ein Objekt Kugelschreiber in einem Artikelverwaltungssystem verfügen sollte.

Antwort   Attribut artikelnr, z.B. "72273954", Attribut art, z.B. "Druckkugelschreiber", Attribut farbe, z.B. "blau-frosty", Attribut beschreibung, z.B. "Kugelschreiber mit silberfarbenem Oberteil, Drücker und Spitze. Dazu ein griffiges Unterteil aus gefrostetem Kunststoff", Attribut preis, z.B. "29 Eurocent". Operationen erfassen(), bestellen() und stornieren().

2.2 Klassen: das Wichtigste *

Eine Klasse definiert für eine Kollektion von Objekten deren Struktur (Attribute) und Verhalten (Operationen). Sie stellt eine Art Schablone oder Bauplan für die Erzeugung von Objekten dar.

In der Praxis hat man es in der Regel mit vielen Objekten zu tun, die alle die gleichen Attribute, aber unterschiedliche Attributwerte besitzen. Außerdem können auf allen diesen Objekten die gleichen Operationen ausgeführt werden.

2.2 Klassen: das Wichtigste *

Die Abb. 2.2-1 zeigt, dass die Kleinanzeigen-Objekte gartentisch und elektrorasenmaeher über die gleichen Attribute, aber unterschiedliche Attributwerte verfügen. Auf beiden Objekten müssen die Operationen eintragen(), ändern() und anzeigen() zur Verfügung stehen.

Beispiel 1a

gartentisch
rubrik: String = "Garten" titel: String = "Gut erhaltener Gartentisch" preis: int = 20 beschreibung: String = "Gartentisch, weiss, Plastik,   sehr stabil, 160 x 110 cm"

elektrorasenmaeher
rubrik = "Garten" titel = "Elektrorasenmäher_wie neu!" preis = 125 beschreibung = "42 cm Schnittbreite, Top-Zustand"

Abb. 2.2-1: Die Objekte gartentisch und elektrorasenmaeher in der UML-Notation.

Für die Objektmodellierung eines Softwaresystems ist *nicht* ein konkretes Objekt von Interesse, sondern die allgemeinen Eigenschaften und das Verhalten aller »gleichartigen« Objekte. Man spricht dann von einer Klasse. Eine Klasse ist allgemein eine Gruppe von Dingen, Lebewesen oder Begriffen mit gemeinsamen Merkmalen.

Klassen

Was fällt Ihnen spontan zum Begriff Klasse ein?

In der objektorientierten Softwareentwicklung definiert eine **Klasse** für eine Menge von Objekten deren Struktur (Attribute) und Verhalten (Operationen). Aus jeder Klasse können in der Regel neue Objekte erzeugt werden *(object factory)*. Jedes erzeugte Objekt gehört zu genau einer Klasse.

Definition

Eine Klasse ist also *nicht* identisch mit der Menge von Objekten, sondern sie bildet eine **Schablone** für das Erzeugen gleichartiger Objekte (Abb. 2.2-2).

Alle Kleinanzeigen-Objekte besitzen die gleichen Attribute und Operationen (Abb. 2.2-1). Sie gehören daher beide zur Klasse Anzeige. Analog lassen sich, wie die Abb. 2.2-3 zeigt, alle Inserenten-Objekte in einer Klasse Kunde modellieren.

Beispiel 1b

Klassen sind sozusagen »eine Abstraktionsebene höher« als Objekte. Sie beschreiben die Struktur und die Wertebereiche der Attribute und die darauf ausführbaren Operationen.

Eine Klasse vergleichbar mit der Gattungs- oder Artbezeichnung einer Tier- oder Pflanzenart. Eine Gattung beschreibt eine Gruppe von einzelnen Dingen mit denselben, wesentlichen Eigenschaften.

Analogie

Abb. 2.2-2: Eine Klasse ist vergleichbar mit einer Schablone, die es ermöglicht gleichartige Objekte zu erstellen.

Kunde	Anzeige
name: String telefon: String blz: int kontonr: int	rubrik: String titel: String beschreibung: String preis: int
eintragen() aendern() anzeigen()	eintragen() aendern() anzeigen()

Abb. 2.2-3: So sehen die Klassen Kunde und Anzeige in der UML aus.

Schreibweise
Der Klassenname ist stets ein **Substantiv im Singular**, das durch ein Adjektiv ergänzt werden kann. Er beschreibt ein einzelnes Objekt der Klasse. Der **Klassenname** beginnt immer mit einem **Großbuchstaben** (z. B. Anzeige). **Objektnamen** beginnen in der UML mit einem **Kleinbuchstaben** (z. B. eineAnzeige).

Frage
Warum wurden die unterschiedlichen Schreibweisen für Klassen und Objekte gewählt?

Antwort
Damit man Klassen und Objekte gut auseinanderhalten kann, beginnen Klassen immer mit einem Großbuchstaben und Objekte (wie auch Attribute bzw. Variablen) immer mit einem Kleinbuchstaben.

Für die Darstellung von Klassen gibt es in der UML verschiedene Möglichkeiten (Abb. 2.2-4).

- Im einfachsten Fall wird eine Klasse durch ein Rechteck dargestellt. Im Rechteck steht der Klassenname fett gedruckt und zentriert.

2.2 Klassen: das Wichtigste *

Klasse	Klasse	Klasse	Klasse
	attribut1: Typ1 attribut2: Typ2	operation1() operation2()	attribut1: Typ1 attribut2: Typ2
			operation1() operation2()

← Namensfeld
← Attributliste
← Operationsliste

Abb. 2.2-4: Alternative UML-Notationen für Klassen.

- In der Regel wird das Klassensymbol aber horizontal in zwei oder drei Bereiche gegliedert. Im oberen Bereich steht immer der Klassenname.
  - Besteht das Rechteck aus zwei Teilen, dann stehen im unteren Bereich entweder die Attribute oder die Operationen. Die Operationen schließen immer mit einer öffnenden und schließenden runden Klammer ab. Dadurch unterscheiden sie sich in der Schreibweise von Attributen.
  - Besteht das Rechteck aus drei Teilen, dann sind im mittleren Bereich die Attribute und im unteren Bereich die Operationen aufgeführt.

Im Gegensatz zur Objektdarstellung werden bei der Klassendarstellung in der Regel die Operationen aufgeführt, die auf den Objekten der Klasse ausgeführt werden können. Durch Doppelpunkt getrennt kann hinter einem Attribut sein Typ angegeben werden (optional).

Warum werden in der Klassendarstellung bei den Attributen *keine* Attributwerte aufgeführt? — Frage

Da eine Klasse von konkreten Objekten abstrahiert, kann zu einem Attribut, das in der Klasse angegeben ist, kein konkreter Attributwert angegeben werden. Konkrete Attributwerte können daher nur bei Objekten angegeben werden. Soll jedoch für alle Objekte, die von einer Klasse erzeugt werden, ein Attribut einen Voreinstellungswert erhalten, dann kann dieser Voreinstellungswert dem Attribut in der Klasse zugeordnet werden. — Antwort

In der UML ist es bei der Objektdarstellung auch möglich, nach dem Objektnamen, getrennt durch einen Doppelpunkt, den Namen der Klasse aufzuführen, aus dem das Objekt erzeugt wurde (Abb. 2.2-5). Ist ein konkreter Objektname *nicht* bekannt oder nicht von Belang, dann kann auch nur der Doppelpunkt gefolgt von dem Klassennamen aufgeführt werden. Man spricht dann von einem anonymen Objekt. Im Extremfall kann auch nur ein unterstrichener Doppelpunkt im Rechteck stehen. Es wird dann ein unbekanntes, anonymes Objekt einer unbekannten Klasse modelliert. In der neuesten UML-Version ist die links angegebene Notation *nicht* mehr aufgeführt [UML12]. — Erweiterte Objektnotation

einObjekt1 | : Klasse1 | einObjekt1: Klasse1 | :

Abb. 2.2-5: Objekte können in der UML mit und ohne Klassenangabe dargestellt werden.

Datenkapsel & Geheimnisprinzip

Zustand und Verhalten eines Objekts bilden eine Einheit. Man sagt auch: ein Objekt **kapselt** Zustand (Daten) und Verhalten (Operationen). Die Daten eines Objekts können *nur* mittels der Operationen gelesen und geändert werden. Das bedeutet, dass die Repräsentation dieser Daten nach außen verborgen sein soll. Mit anderen Worten: Ein Objekt realisiert das sogenannte **Geheimnisprinzip** *(information hiding)*. Dadurch wird ein sicherer und kontrollierter Zugriff auf die Attribute garantiert (Abb. 2.2-6).

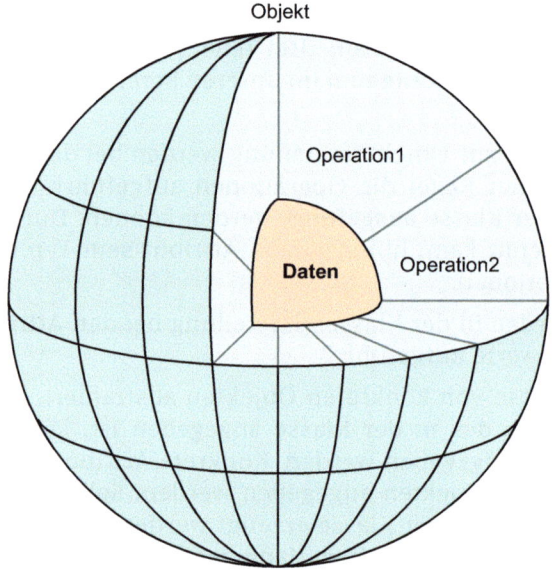

Abb. 2.2-6: Das Objekt realisiert das Geheimnisprinzip.

In der UML wird vor einem Attribut oder vor einer Operation ein Minuszeichen gesetzt, wenn dieses Attribut bzw. diese Operation *nicht* von außerhalb sichtbar bzw. zugreifbar sein soll. Operationen sollen in der Regel von außerhalb einer Klasse zugreifbar sein – ausgenommen interne Hilfsoperationen. Dies wird durch ein Pluszeichen dargestellt. Die Abb. 2.2-7 zeigt die so ergänzten Klassendiagramme für die Klassen Anzeige und Kunde.

In Programmiersprachen

In Programmiersprachen wird die **Sichtbarkeit** von Attributen bzw. Variablen und von Operationen bzw. Methoden durch Schlüsselworte gekennzeichnet. In Java werden öffentlich sicht-

Kunde
– name: String – telefon: String – blz: int – konto_nr: int
+ eintragen() + aendern() + anzeigen()

Anzeige
– rubrik: String – titel: String – beschreibung: String – preis: int
+ eintragen() + aendern() + anzeigen()

Abb. 2.2-7: Die Klassen Kunde und Anzeige erweitert um Sichtbarkeitsangaben.

bare Variablen und Methoden durch das Schlüsselwort public, *nicht* nach außen sichtbare Variablen und Methoden durch private deklariert.

2.3 Klassen in Java: das Wichtigste *

In Java müssen Klassen deklariert werden. Eine Klassendeklaration besteht aus dem Klassennamen und dem Klassenrumpf. Im Klassenrumpf können beliebig viele Attribute bzw. Variablen und Operationen bzw. Methoden vereinbart werden.

Bevor Sie ein Java-Programm schreiben, sollten Sie sich zunächst die Objekte und Klassen überlegen und z. B. in der UML-Notation darstellen. Auf dieser Grundlage ist es dann einfach, ein Java-Programmgerüst zu schreiben. Eine Reihe von Softwarewerkzeugen erstellt aus einer UML-Notation automatisch ein Java-Programmgerüst.

Deklaration von Klassen

Zentrale Bausteine eines Java-Programms sind Klassen. **Klassen** müssen in einem Java-Programm deklariert werden. Man spricht daher von Klassendeklarationen *(class declarations)*. Eine **Klassendeklaration** besteht – wie eine Klasse in der UML-Notation – aus drei Teilen:

- dem Klassennamen *(Identifier)*,
- den Attributdeklarationen *(Field Declarations)* und
- den Operationsdeklarationen – in Java Methodendeklarationen *(Method Declarations)* genannt.

Attributdeklarationen und Methodendeklarationen bezeichnet man zusammengefasst als den Klassenrumpf *(Class Body)* der Klasse.

Wie Sie systematisch von einer in der UML modellierten Klasse zu einem Java-Klassengerüst gelangen, zeigt die Abb. 2.3-1.

Von einer UML-Klasse zu einer Java-Klasse

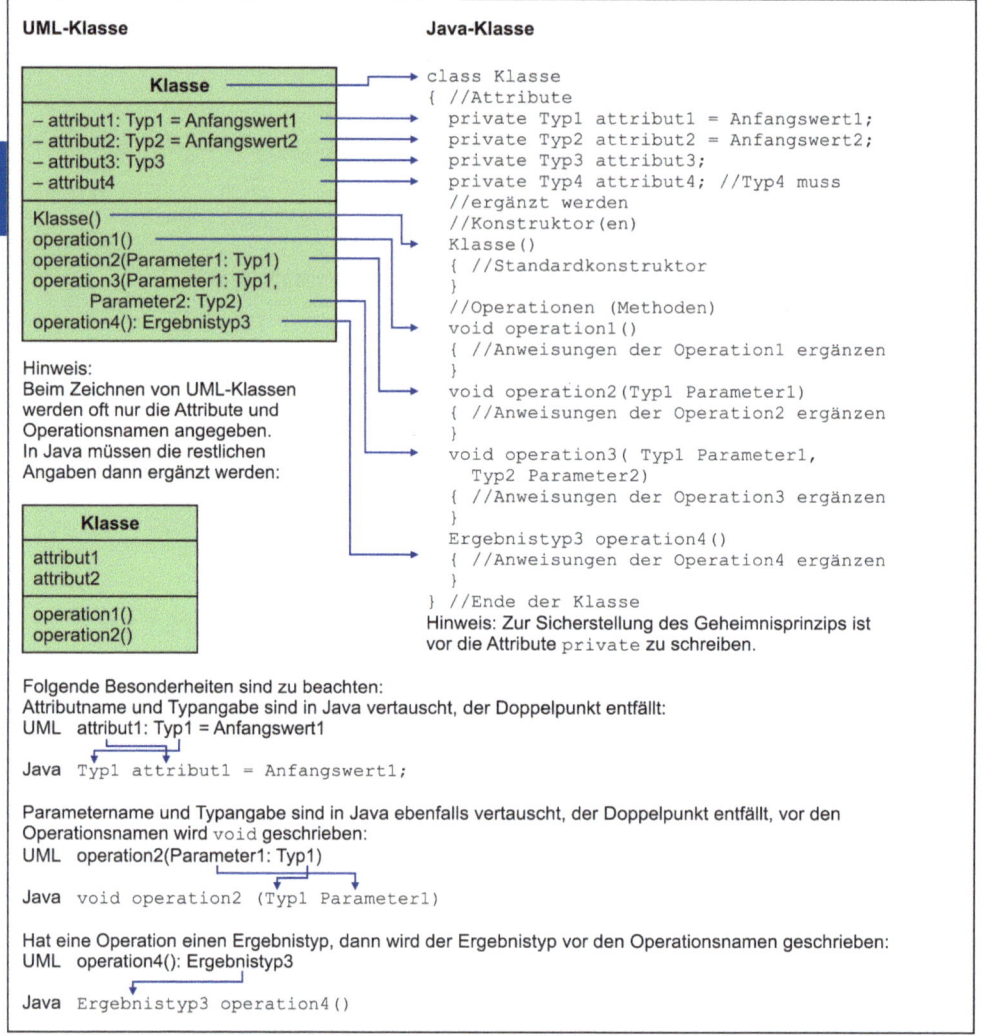

Abb. 2.3-1: Von UML-Klassen zu Java-Klassen.

Attribute bzw. Variablen in Java

In Java müssen alle Attribute eine Typangabe *(type)* besitzen – in der UML ist diese Angabe optional. In Java sind beispielsweise folgende Typen vordefiniert:

Typen in Java
- `String`: Zeichenketten (Achtung: großes S),
- `int`: ganze Zahlen,
- `char`: Zeichen,
- `float`, `double`: Gleitkommazahlen,
- `boolean`: logische Werte.

2.3 Klassen in Java: das Wichtigste *

Im Gegensatz zur UML-Notation stehen in Java die Typangaben *vor* den Variablennamen.

<small>Syntax</small>

Damit andere Klassen die Werte von Attributen nicht sehen können – und das Geheimnisprinzip eingehalten wird – wird durch das Schlüsselwort private vor der Typangabe festgelegt, dass diese Attribute »Privatbesitz« der jeweiligen Klasse sind.

<small>Geheimnisprinzip</small>

Die Klasse Kunde (Abb. 2.3-2) enthält folgende Attribute bzw. Variablen:

<small>Beispiele 1a</small>

```
private String name;
private String telefon;
private int blz;
private int kontonr;
```

Die Klasse Anzeige (Abb. 2.3-2) enthält folgende Variablen:

```
private String rubrik;
private String titel;
private String beschreibung;
private int preis; //in Eurocent
```

Abb. 2.3-2: Die Klassen Kunde und Anzeige erweitert um Sichtbarkeitsangaben.

Jede Variablendeklaration wird in Java durch ein Semikolon abgeschlossen. Besitzen mehrere Variablen den gleichen Typ, dann gibt es dafür eine Abkürzungsvorschrift: Die Variablennamen können, durch Kommata getrennt, hintereinander geschrieben werden.

Außerdem ist es möglich, jeder Variablen einen Voreinstellungs- bzw. Initialisierungswert zuzuweisen. Mit diesen Werten werden bei jeder Objekterzeugung die Variablen des jeweiligen Objekts initialisiert.

```
private String rubrik, titel, beschreibung;
private int preis = 200; //in Eurocent
```

<small>Beispiele</small>

Operationen bzw. Methoden in Java

Sind in Java alle Variablen durch ein `private` gekennzeichnet, dann kann von außerhalb einer Klasse *nicht* auf die Attribute zugegriffen werden. Es gilt dann das Geheimnisprinzip.

Regeln

getter- und setter-Methoden

Für jede Variable der Klasse, auf die von außerhalb der Klasse zugegriffen werden muss, wird eine sogenannte `get`- und/oder `set`-Methode programmiert.

Durch die `get`-Methode wird ein einzelner Variablenwert gelesen. Der Methodenbezeichner sollte `getAttributname` heißen.

Durch die `set`-Methode erhält eine Variable einen Wert zugewiesen. Der Methodenbezeichner sollte `setAttributname` heißen.

Klassendiagramm ohne get und set

In ein UML-Klassendiagramm werden in der Regel keine `getter`- und `setter`-Operationen eingetragen, da sie die Diagramme unnötig »aufblähen«. Es wird implizit davon ausgegangen, dass für jedes von außen benötigte Attribut eine `get`- und eine `set`-Operation vorhanden ist. Im Java-Programm müssen diese Operationen natürlich programmiert werden.

Die Verwendung von `getter`/`setter`-Methoden sollte restriktiv erfolgen. Siehe dazu [Holu03] und die Webseite JavaWorld (http://www.javaworld.com/javaworld/jw-09-2003/jw-0905-toolbox.html).

Beispiele 1b

Um die Telefonnummer eines Kunden (Variable `telefon`) zu verändern, wird folgende Methode `setTelefon()` programmiert:

```
public void setTelefon(String nummer)
{
 //Hier sollte zunächst eine
 //Plausibilitätsüberprüfung erfolgen
 telefon = nummer;
}
```

Um den Anzeigenpreis zu lesen, wird folgende Methode programmiert:

```
public int getPreis()
{
 return preis;
}
```

Klasse in Java

Die Klasse Kunde – abgeleitet aus dem UML-Klassendiagramm der Abb. 2.3-2 – für die Anzeigenverwaltung einer Zeitung sieht in Java folgendermaßen aus:

Beispiel 1c
Kunde

```java
public class Kunde
{
 //Attribute
 private String name, telefon;
 private int blz, kontonr;

 //Lesende Methoden
 public String getName()
 {
   return name;
 }
 public String getTelefon()
 {
   return telefon;
 }
 public int getBLZ()
 {
   return blz;
 }
 public int getKontonr()
 {
   return kontonr;
 }
 //Schreibende Methoden
 public void setName(String kundenname)
 {
   name = kundenname;
 }
 public void setTelefon(String nummer)
 {
   telefon = nummer;
 }
 public void setBLZ(int bankleitzahl)
 {
   blz = bankleitzahl;
 }
 public void setKontonr(int kontonummer)
 {
   kontonr = kontonummer;
 }
}
```

Ist eine Änderung der blz unabhängig von den anderen Methoden? Wenn nein, wie könnte eine problemgerechte Lösung aussehen?

Frage

In der Regel vergibt jede Bank, die jeweils eine eigene Bankleitzahl besitzt, Kontonummern. Ändert sich die Bankleitzahl, dann ändert sich demzufolge auch die Kontonummer. Eine problemge-

Antwort

rechte Lösung besteht daher darin, für das Ändern von Bankleitzahl und Kontonummer eine gemeinsame set-Methode zu verwenden:

```
public void setBLZKontonr(int bankleitzahl, int kontonummer)
{
  blz = bankleitzahl;
  kontonr = kontonummer;
}
```

Das Java-Programmschema für eine Klasse mit Variablen, die von allen Methoden genutzt werden können, und mehreren Methoden zeigt die Abb. 2.3-3. Eine Methode wird mit private gekennzeichnet, wenn sie als Hilfsmethode nur innerhalb einer Klasse benötigt wird.

Klasse	`class Klasse1`
	`{`
private Attribute bzw. Variablen der Klasse	`private Typ1 attribut1 = Voreinstellung;`
	`private Typ2 attribut2, attribut3;`
Hauptprogramm	`public static void main (String args [])`
	`{ ...`
	`}`
öffentliche Methode1 ohne Parameter	`public void Methode1()`
	`{ ...`
	`}`
private Methode2 mit Parametern	`private Ergebnistyp1 Methode2(Typ1 parameter1, Typ2 parameter2)`
	`{ ...`
	`}`
Ende der Klasse	`}`

Abb. 2.3-3: Java-Programmschema einer Klasse mit Variablen der Klasse und mehreren Methoden.

2.4 Java-Compiler, -Entwicklungsumgebungen und UML-Werkzeuge *

Java-Compiler — Wenn Sie Java-Programme übersetzen und ausführen wollen, dann benötigen Sie als Minimum einen Java-Compiler einschließlich einer **JVM** *(Java virtual machine)* für Ihre Computerplattform.

2.4 Java-Compiler, -Entwicklungsumgebungen und UML-Werkzeuge *

Die Firma Oracle stellt ein kostenloses **JDK** *(Java Development Kit)* zur Verfügung.

JDK

Die Installation des JDK und die Arbeit mit dem Konsolenfenster werden im kostenlosen E-Learning-Kurs zu diesem Buch beschrieben.

Bevor Sie fortfahren, sollten Sie **zunächst das JDK installieren**! Außerdem sollten Sie sich mit der **Bedienung des Konsolenfensters** vertraut machen!

Für eine professionelle Softwareentwicklung bietet das JDK zu wenig Komfort. Es gibt daher von verschiedenen Herstellern sogenannte Java-Entwicklungsumgebungen – auch Java-IDEs *(Integrated Development Environments)* genannt – die den Entwickler auf vielfältige Art und Weise unterstützen.

IDEs

Zum Erlernen von Java eignet sich besonders gut die Entwicklungsumgebung BlueJ, die kostenlos verfügbar ist. Im kostenlosen E-Learning-Kurs zu diesem Buch (siehe »Vorwort zur 3. Auflage«, S. vii) finden Sie mehrere Wissensbausteine zur Installation und zu den ersten Schritten mit BlueJ.

Zum Lernen

Installieren Sie BlueJ auf Ihrem Computersystem und machen Sie sich mit dieser Java-Entwicklungsumgebung vertraut.

Damit Sie UML-Diagramme nicht per Hand oder mit einem Grafikprogramm zeichnen müssen, gibt es UML-Werkzeuge, die das Erstellen von UML-Diagrammen wesentlich erleichtern. Es gibt kostenlose und kostenpflichtige Programme unterschiedlicher Mächtigkeit.

Direktes Ausführen von Java Programmen

Mit der Einführung von Java 22 wird das Schreiben und Ausführen kleiner Java-Programme noch einfacher. Eine der spannendsten Neuerungen ist die Möglichkeit, Java-Programme direkt ohne vorherige Kompilierung auszuführen. Diese Funktion erleichtert die Entwicklung, insbesondere bei kurzen Programmen oder Skripten, bei denen der Überblick und die Geschwindigkeit im Vordergrund stehen.

> Programme von Skriptsprachen, wie zum Beispiel Javascript, aber auch eine der am häufigsten eingesetzten, aktuellen Programmiersprachen wie **Python**, können ohne explizites vorheriges Kompilieren ausgeführt werden. Dies wird durch zahlreiche Techniken wie *Just-In-Time*-Kompilierung (JIT) oder durch Interpreter realisiert.

Hinweis

Durch die Einfachheit des Workflows beim Einsatz von Skriptsprachen motiviert, können einfache, auf eine einzelne Datei beschränkte Java Programme seit Java 22 ebenfalls ohne separatem Kompilierungsschritt ausgeführt werden. Dies ist ideal in Situationen, bei dem es um schnelle Ergebnisse ankommt, zum Beispiel in Szenarien des Prototyping.

Vergleich Im traditionellen Ansatz muss der Quellcode zuerst kompiliert werden, bevor er ausgeführt werden kann.

1. Erstellen Sie eine Datei namens `HalloWelt.java` mit folgendem Inhalt:

```
public class HalloWelt {
    public static void main(String[] args) {
        System.out.println("Hallo, Welt!");
    }
}
```

2. Kompilieren Sie die Datei mit dem `javac`-Befehl:

```
javac HalloWelt.java
```

3. Führen Sie die erstellte `.class`-Datei aus:

```
java HalloWelt
```
Ausgabe:
```
Hallo, Welt!
```

Mit Java 22 kann der Quellcode direkt ausgeführt werden, ohne ihn vorher kompilieren zu müssen. Dazu muss der `java`-Befehl anstelle mit einer `.class`-Datei direkt mit der `.java`-Quellcodedatei verwendet werden:

```
java HalloWelt.java
```
Ausgabe:
```
Hallo, Welt!
```

Internes Verhalten Hinter den Kulissen wird der Quellcode immer noch kompiliert, aber dieser Schritt erfolgt automatisch und temporär im Hintergrund. Dadurch sparen Sie Zeit und müssen sich nicht um den manuellen Umgang mit `.class`-Dateien kümmern.

Szenarien
- **Schnelle Tests:** Man kann kleinere Programme schnell ausprobieren, ohne Projekte oder Build-Systeme konfigurieren zu müssen.
- **Automatisierung:** Automatisierungsskripte, die gewöhnlich in anderen Programmiersprachen entwickelt wurden, lassen sich ebenfalls in Java realisieren.
- **Lehre und Lernen:** Diese Funktionalität fördert das Lernen, da der Fokus auf dem Quellcode liegt und Entwicklungsumgebungen und -werkzeuge zunächst keine Rolle spielen.

Das direkte Ausführen von Java-Programmen in Java 22 ist eine willkommene Ergänzung, die den Entwicklungsprozess einfacher und schneller macht. Während der traditionelle Workflow für größere Projekte weiterhin relevant bleibt, bietet diese Funktion für kleinere Programme eine effiziente Alternative.

Probieren Sie es aus und erleben Sie, wie Java sich den Komfort von Skriptsprachen aneignet!

2.5 Java-Konstruktoren: das Wichtigste *

Objekte werden mit Hilfe von Konstruktoren erzeugt und im Arbeitsspeicher auf der sogenannten Halde *(heap)* gespeichert. Im einfachsten Fall besteht ein Konstruktor aus dem Klassennamen gefolgt von einem Klammerpaar () und einem leeren Methodenrumpf.

Objekterzeugung durch Konstruktoren

In objektorientierten Programmiersprachen werden Klassen deklariert. Um Objekte zu erhalten, muss der Programmierer angeben, wie aus Klassen Objekte erzeugt werden sollen. Dies geschieht durch spezielle Methoden, die **Konstruktoren** genannt werden.

Konstruktoren unterscheiden sich von anderen Methoden durch ihren Methodenbezeichner.

Der Methodenbezeichner eines Konstruktors ist der Klassenbezeichner, d. h. der Name der Klasse. Damit ein Konstruktor von anderen Java-Programmen aufgerufen werden kann, muss vor seinem Methodenbezeichner das Schlüsselwort `public` angegeben werden.

Methodenbezeichner = Klassenbezeichner

Fehlt `public`, dann ist der Konstruktor von allen Klassen, die im selben Paket liegen, aufrufbar (siehe: »Pakete«, S. 80).

Im einfachsten Fall besteht ein Konstruktor aus folgenden Anweisungen:

```
public Klassenname()
{
}
```

Ein solcher Konstruktor bewirkt, wenn er aufgerufen wird, dass von der Klasse ein *leeres* Objekt erzeugt wird. Das bedeutet, dass im Arbeitsspeicher für alle in der Klasse aufgeführten Attribute Speicherplatz reserviert wird. Es erfolgt eine automatische Initialisierung der Attributwerte in Abhängigkeit vom jeweiligen Typ (0 z. B. bei `int`-Attributen) durch die Laufzeitumgebung. Besitzt das Attribut eine eigene Voreinstellung, dann wird diese eingetragen. Werte können nach der Objekterzeugung über die jeweilige `set`-Methode eingetragen werden.

Hinweis	**Kein Ergebnisparameter** Ein Konstruktor besitzt *keinen* Ergebnisparameter!

Beispiel Kunde	Die Klasse für die Verwaltung der Anzeigenkunden sieht dann folgendermaßen aus:
	``java
	public class Kunde
	{
	  //Attribute
	  private String name, telefon;
	  private int blz, kontonr;
	  //Konstruktor
	  public Kunde()
	  {
	  }
	  //Lesende Methoden .....
	  //Schreibende Methoden .....
	}
	``

Visualisierung von Objekten

Erfahrungsgemäß hat man am Anfang Schwierigkeiten, sich vorzustellen, was eine Objekterzeugung bewirkt und wie die definierten Methoden wirken. Die Java-Entwicklungsumgebung BlueJ ermöglicht eine einfache Simulation dieser Vorgänge.

Folgende Schritte sind erforderlich, um von der Fachkonzept-Klasse Kunde Objekte zu erzeugen und Methoden auszuführen:

Schritt 1: Projekt anlegen	Es muss ein Projekt angelegt werden (Menüpunkt Project/New Project...), z. B. Kunde.
Schritt 2: Klasse deklarieren	Durch Drücken des Druckknopfs bzw. der Schaltfläche New Class... wird ein Fenster geöffnet, das es ermöglicht, einen Klassennamen (hier: Kunde) einzugeben. Nach der Bestätigung mit OK erscheint im Anzeigefenster von BlueJ ein UML-Klassensymbol (Abb. 2.5-1) und eine Datei Kunde.java wird erzeugt. Ein Doppelklick auf das Klassensymbol öffnet einen Editor mit einer Code-Schablone. Hier kann nun der Code der Klasse eingefügt werden.
Schritt 3: Klasse übersetzen	Durch Drücken des Druckknopfs Compile wird die Klasse übersetzt. Im unteren Meldungsbereich wird das Ergebnis angezeigt.
Schritt 4: Objekt erzeugen	Wurde die Klasse fehlerfrei übersetzt, dann ändert sich das Klassensymbol im BlueJ-Anzeigefenster (Schraffierung im Klassensymbol ist verschwunden). Mit einem Klick der rechten Maustaste auf das Klassensymbol öffnet sich ein Kontextmenü (Abb. 2.5-2), das an erster Stelle die Konstruktoren enthält (hier der Konstruktor new Kunde()). Anklicken des Konstruktors öffnet ein Fenster, in das der Bezeichner für das zu erzeugende Objekt eingegeben werden kann. Als Objektname wird hier automatisch

2.5 Java-Konstruktoren: das Wichtigste *

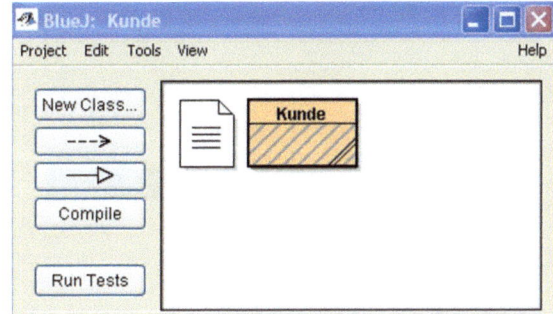

Abb. 2.5-1: Darstellung der Klasse Kunde nach Drücken des Druckknopfs New Class... in BlueJ (noch nicht übersetzt).

kunde1 vorgeschlagen, der z.B. in hasselbusch geändert werden kann. Im unteren Anzeigebereich erscheint nach dem OK bei der Objekterzeugung das Objekt in UML-Notation (Abb. 2.5-3).

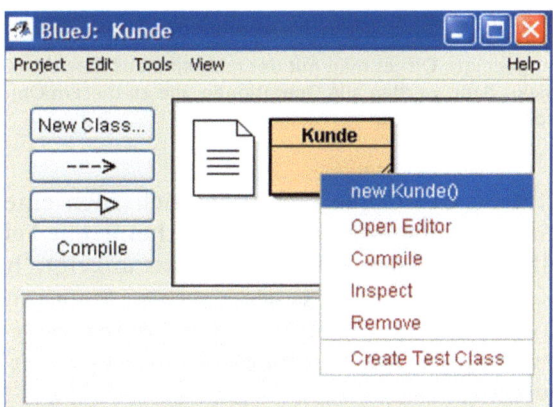

Abb. 2.5-2: Steht der Cursor auf dem Klassensymbol, dann kann mit der rechten Maustaste das Kontextmenü geöffnet werden. An erster Stelle wird der Konstruktor Kunde angezeigt.

Mit der rechten Maustaste lässt sich auf diesem Objekt nun ein Kontextmenü öffnen, das alle Operationen auflistet, die auf diesem Objekt ausführbar sind (Abb. 2.5-3).

Schritt 5:
Methoden anzeigen

Wird z.B. die Methode setName(kundenname) ausgewählt, dann kann anschließend in einem neuen Fenster der Eingabewert, hier eine Zeichenkette eingegeben werden, z.B. "Helga Hasselbusch" (mit Anführungszeichen, da es sich um eine Zeichenkette handelt).

Schritt 6:
Methoden ausführen

Abb. 2.5-3: Nach Ausführung des Konstruktors wird in BlueJ ein Objekt erzeugt (links unten angezeigt). Öffnet man mit der rechten Maustaste das Kontextmenü über dem Objekt, dann werden alle Operationen, die zu diesem Objekt gehören, angezeigt und sind ausführbar.

| Schritt 7: Attribute inspizieren | Im Kontextmenü des Objekts befindet sich auch eine Methode Inspect. Wird sie ausgewählt, dann erscheint ein Fenster, das alle aktuellen Werte der Objekt-Attribute anzeigt, hier private String name = "Helga Hasselbusch", private String telefon = <null>, private int blz = 0 und private int kontonr = 0. String-Variablen werden in Java automatisch mit <null>, int-Variablen mit 0 vorbelegt. |

| Schritt 8: Attribute auslesen | Wird die Operation String getName() aufgerufen, dann erhält man als Ergebnis String result = "Helga Hasselbusch" zurück. |

Dieses Beispiel zeigt, dass es mit BlueJ schön möglich ist, von einer Klasse Objekte zu erzeugen und die einzelnen Methoden auf den Objekten auszuprobieren. Im kostenlosen E-Learning-Kurs zu diesem Buch zeigt ein Video die Abläufe.

Legen Sie auf Ihrem Computersystem ebenfalls mit BlueJ ein Projekt Kunde an. Tragen Sie in die Klasse Kunde das Java-Programm ein und erzeugen Sie ein Objekt. Füllen Sie alle Attribute durch Aufruf der entsprechenden Methoden und lesen Sie anschließend alle Werte durch Aufruf der get-Methoden aus.

Schreiben Sie analog eine Klasse Anzeige mit den entsprechenden Methoden, erzeugen Sie zwei Objekte und probieren Sie die Methoden aus.

2.6 Botschaften in Java: das Wichtigste *

Durch Botschaften *(messages)* – auch Nachrichten genannt – kommunizieren Objekte und Klassen untereinander. Um eine Botschaft senden zu können, muss die Speicheradresse des entsprechenden Objekts bekannt sein. Daher wird beim Erzeugen eines Objekts die Speicheradresse in einer Referenzvariablen aufbewahrt. Der Aufruf geschieht durch Angabe der Referenzvariablen, gefolgt von einem Punkt und der Angabe der auszuführenden Methode (Punkt-Notation).

Eine Klasse stellt in der Regel öffentliche Methoden zur Verfügung (in Java gekennzeichnet durch das Schlüsselwort public). Diese öffentlichen Methoden können von anderen Klassen oder Objekten aufgerufen werden. In der Objektorientierung sagt man: »Ein Objekt schickt eine Botschaft *(message)* an ein anderes Objekt mit der Aufforderung eine bestimmte Methode auszuführen«. Anstelle von Botschaft wird auch oft der Begriff Nachricht verwendet.

Bevor eine **Botschaft** an ein Objekt geschickt werden kann, muss von einer Klasse ein Objekt erzeugt werden. Dies geschieht durch Aufruf des jeweiligen Konstruktors. Ein Konstruktor wird mithilfe des **Operators** new aufgerufen.

new

> Es soll von der Klasse Kunde der Anzeigenverwaltung ein Objekt mit dem Namen einKunde erzeugt werden. Der Aufruf dazu lautet:
>
> ```
> 1  Kunde einKunde;
> 2  einKunde = new Kunde();
> ```
>
> In der ersten Zeile wird eine Variable mit dem Namen einKunde deklariert. Als Typ wird der Name der Klasse Kunde angegeben. Eine solche Variable wird als **Referenzvariable** bezeichnet.
>
> Wofür wird eine solche Referenzvariable gebraucht und warum wird als Typ ein Klassenname angegeben?
>
> Wenn ein neues Objekt einer Klasse erzeugt werden soll, dann wird das neue Objekt irgendwo im sogenannten Haldenspeicher – kurz **Halde** *(heap)* genannt – angelegt – dort wo gerade genügend Platz ist. Der Haldenspeicher ist ein Teil des Arbeitsspeichers eines Computersystems. Damit man an dieses neue Objekt Botschaften schicken kann, muss man wissen, wo es sich im Haldenspeicher befindet. Daher muss man sich beim Erzeugen des Objekts die Speicheradresse merken. Um sich etwas merken zu können, benötigt man eine Variable. In einer solchen Variablen will man aber *keine* normalen Werte speichern, wie z. B. Zeichenketten, sondern eine Speicheradresse. Daher spricht man von einer Referenzvariablen, weil

Beispiel 1a

der Inhalt eine Speicheradresse enthält, die den Speicherplatz eines Objekts angibt. Damit man zusätzlich weiß, zu welcher Klasse das Objekt gehört, auf das referenziert wird, wird als Typ die Klasse des referenzierten Objekts angegeben, hier die Klasse Kunde.

In der zweiten Zeile wird der Operator new angewandt. Hinter new steht der Konstruktor, der aufgerufen werden soll, hier Kunde(). Was passiert?

Der Aufruf des Konstruktors Kunde() bewirkt, dass ein neues Objekt von der Klasse Kunde angelegt wird. Die Speicheradresse, die angibt, wo sich das Objekt befindet, wird in die Referenzvariable einKunde gespeichert.

Damit ist es dann möglich, Botschaften an dieses neu erzeugte Objekt zu senden. Wie geschieht dies?

Es wird die Referenzvariable, in der die Speicheradresse des gewünschten Objekts steht, hingeschrieben und – durch einen Punkt getrennt – die Methode angegeben, die ausgeführt werden soll, z. B.

```
1  einKunde.setName("Helga Hasselbusch");
2  einKunde.setTelefon("0234/66-453");
```

In der ersten Zeile wird die Methode setName(String kundenname) des Objekts einKunde mit dem aktuellen Parameter "Helga Hasselbusch" aufgerufen. Was geschieht?

Über die Speicheradresse in der Referenzvariablen einKunde wird auf das entsprechende Objekt verwiesen. Das Objekt selbst enthält die Speicheradresse der Klasse, von der es erzeugt wurde. Dort wird die Methode setName() gesucht. Wird sie gefunden, dann wird der Programmcode ausgeführt, hier name = kundenname;. Der Wert des aktuellen Parameters – hier "Helga Hasselbusch" – wird in die Speicherzelle name des Objekts eingetragen. Analog wird die Anweisung in der zweiten Zeile verarbeitet.

Umgekehrt können mit den get-Methoden die Werte der Objekt-Variablen ausgelesen werden, z. B.

```
String kundenname = einKunde.getName();
String telefonnr = einKunde.getTelefon();
```

Das gesamte Programm Kunde2 sieht dann folgendermaßen aus:

Kunde2

```
public class Kunde
{
  //Attribute
  private String name, telefon;
  private int blz, kontonr;
  //Konstruktor
```

```
  public Kunde()
  {
  }
  //Lesende Methoden
  // .....
  //Schreibende Methoden
  // .....
  public static void main(String args[])
  {
    Kunde einKunde;
    einKunde = new Kunde();
    einKunde.setName("Helga Hasselbusch");
    einKunde.setTelefon("0234/66-453");
    String kundenname = einKunde.getName();
    String telefonnr = einKunde.getTelefon();
    System.out.println("Kunde " + kundenname +
      " hat die Telefonnr. " + telefonnr);
  }
}
```

Die Ausführung des Programms ergibt folgende Ausgabe:

```
Kunde Helga Hasselbusch hat die Telefonnr. 0234/66-453
```

Die Klasse Kunde wurde in diesem Beispiel um die Methode main ergänzt. Befindet sich in Java in einer Klasse eine main-Methode, dann wird diese zuerst ausgeführt. In der main-Methode wird zuerst die Referenzvariable einKunde deklariert, dann der Konstruktor mit new Kunde() aufgerufen und die Speicheradresse in der Referenzvariablen gespeichert. Über diese Referenzvariable werden dann anschließend Botschaften an das erzeugte Objekt geschickt.

Um eine anschauliche Vorstellung von den Abläufen zu bekommen, ist es sinnvoll, sich die Speicherplatzbelegung im Haldenspeicher anzusehen.

Die Abb. 2.6-1 zeigt eine mögliche Arbeitsspeicherbelegung im Haldenspeicher. Zunächst befindet sich die Klasse Kunde im Arbeitsspeicher. Das bedeutet, nach dem Klassennamen sind in den folgenden Speicherzellen die Attributnamen mit ihren Typen gespeichert, gefolgt von allen Methoden.

Beispiel 1b

Wird das Programm bzw. die Klasse Kunde gestartet, dann wird die erste Zeile in der main-Methode ausgeführt, hier die Deklaration der Referenzvariablen Kunde einKunde;.

Diese Deklaration bewirkt, dass eine Speicherzelle mit der Bezeichnung einKunde im Haldenspeicher reserviert wird **(a)**.

Die nächste Anweisung einKunde = new Kunde() bewirkt, dass ein neues Objekt erzeugt wird. Folgende Aktionen laufen ab:

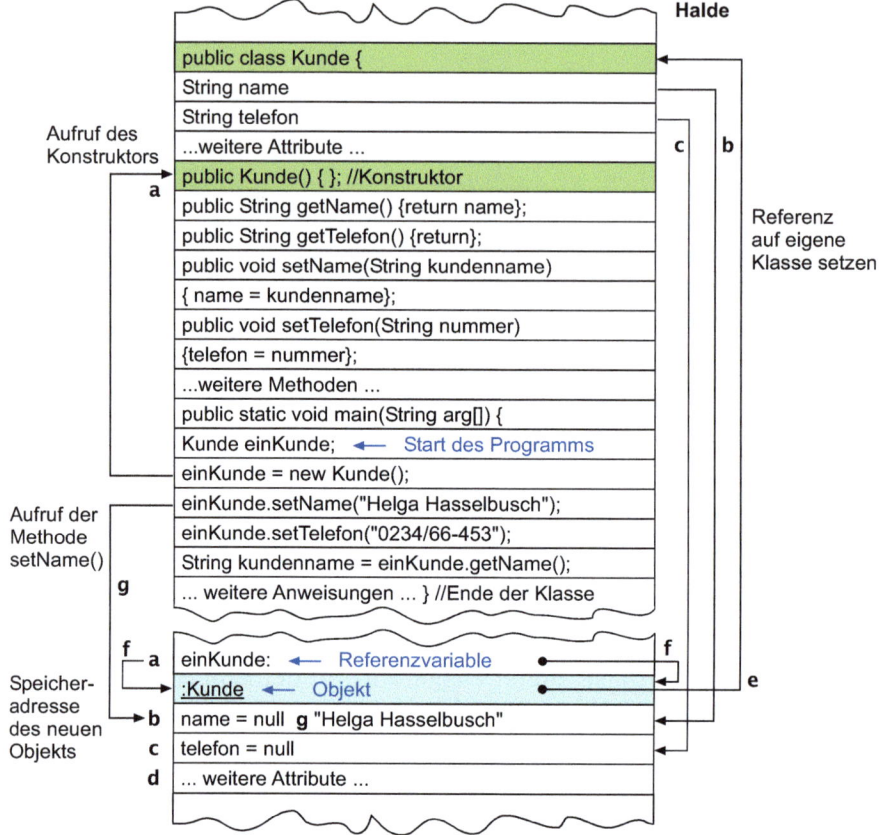

Abb. 2.6-1: So sieht der Haldenspeicher mit der Klasse Kunde und einem erzeugten Objekt aus.

1 Die Java-VM ruft den Konstruktor Kunde() auf.
2 Jeder Konstruktor enthält implizit Anweisungen zum Erzeugen eines Objekts. Diese Anweisungen (in der Abb. 2.6-1 nicht dargestellt) müssen *nicht* programmiert werden, sondern werden vom Compiler automatisch ergänzt.
3 Diese Anweisungen sorgen dafür, dass auf der Halde genügend Speicherplatz gesucht und für alle Attribute des neuen Objekts reserviert wird (**b**, **c** und **d**).
4 Initialisierte Attribute erhalten einen Wert. Attribute, die keinen vorgegebenen Initialisierungswert besitzen, erhalten einen Standardwert. Für Referenz-Attribute ist dies der Wert null, der angibt, dass das Attribut noch auf kein anderes Objekt zeigt. Alle Variablen vom Typ String sind in Java Klassen, daher null als Voreinstellung.

2.6 Botschaften in Java: das Wichtigste *

5   Da jedes Objekt wissen muss, von welcher Klasse es erzeugt wurde, setzt der Konstruktor automatisch eine Referenz von der Speicherzelle :Kunde auf die Speicheradresse der Klasse Kunde **(e)**, d.h. in die Speicherzelle :Kunde wird die Speicheradresse von Kunde eingetragen (in der Abb. 2.6-1 durch einen Pfeil dargestellt).

6   Bevor der Konstruktor beendet wird, gibt er die Speicheradresse des neu erzeugten Objekts an den Botschaftssender zurück, d.h. an den Aufrufer des Konstruktors.

7   Der Botschaftssender ist die Anweisung einKunde = new Kunde();. Die zurückgegebene Speicheradresse wird in der Speicherzelle des Referenz-Attributs einKunde gespeichert **(f)**.

Damit ist die Objekterzeugung abgeschlossen. Als nächstes wird die Anweisung einKunde.setName("Helga Hasselbusch"); ausgeführt.

Es wird in der Speicherzelle einKunde **(a)** nachgesehen. Dort steht die Referenz auf die Speicherzelle der Klasse Kunde.

Dorthin wird verzweigt. In der Klasse Kunde wird nun nachgesehen, ob es die Methode setName() gibt. Sie wird gefunden und die erste Anweisung name = kundenname wird ausgeführt. Der übergebene aktuelle Parameterwert "Helga Hasselbusch" wird der Variablen name zugewiesen, d.h. der Parameterwert wird in die Speicherzelle name eingetragen **(g)**. Analog werden auch die weiteren Methoden ausgeführt.

Im E-Learning-Kurs zu diesem Buch finden Sie eine Animation, die die dynamischen Vorgänge verdeutlicht.

Methoden nur einmal bei der Klasse gespeichert Merke
Wie die Arbeitsspeicherdarstellung zeigt, werden die Methoden einer Klasse – obwohl sie auf den erzeugten Objekten ausgeführt werden – nur einmal bei der Klasse gespeichert. Da es von jedem erzeugten Objekt eine Referenz auf die Klasse gibt, von der es erzeugt wurde, kann von dem Objekt, an das eine Botschaft geschickt wurde, zu der Klasse und von dort zur Methode verzweigt werden.

Überlegen Sie, warum die Methoden nicht bei jedem Objekt direkt gespeichert werden. Frage

Wenn von einer Klasse z.B. 1000 Objekte erzeugt würden, dann müssten die im Quellcode identischen Methoden 1000-mal bei jedem Objekt gespeichert werden. Das ist nicht sinnvoll – allein wegen des unnötigen Speicherplatzverbrauchs. Daher werden die Methoden nur einmal bei der jeweiligen Klasse gespei- Antwort chert und von den 1000 Objekten wird jeweils auf die Klasse verwiesen.

Klassen, Objekte, Methoden, Botschaften
- Klassen sind Schablonen für Objekte.
- Klassen bestehen aus Attributen (Variablen) und Operationen (Methoden).
- Objekte werden durch Konstruktoren erzeugt und im Haldenspeicher abgelegt.
- Die Speicheradresse eines Objekts kann bei der Erzeugung in einer Referenzvariablen gespeichert werden:
  ```
  Klassenname eineObjektreferenz = new Klassenname();
  ```
- Die Methode eines Objekts wird durch eine Botschaft an das Objekt aufgerufen (Punktnotation) :
  ```
  eineObjektreferenz.Methodenname(aktuelle Parameter);
  ```

3 Basiskonzepte im Detail *

Vor der Programmierung sollte immer zuerst ein Klassen- und/oder Objektdiagramm in UML-Notation erstellt werden. Sowohl für die Objektdarstellung als auch die Klassendarstellung gibt es vorgeschriebene Notationen:

- »Objekte und Klassen in der UML«, S. 36

Für Bezeichner gibt es Richtlinien und Konventionen, wobei auf Konstanten und Pakete erst später eingegangen wird:

- »Box: Richtlinien und Konventionen für Bezeichner«, S. 39

Der Benutzer kommuniziert heute mit einem Softwaresystem oft über unterschiedliche Ein-/Ausgabemedien, z. B. über einen PC, ein Smartphone oder einen Tablet-PC. Jedes dieser Geräte erfordert eine andere Gestaltung der Ein- und Ausgabe. Daher ist es notwendig, die Operationen, die für die Ein- und Ausgabe zuständig sind, von den rein fachlichen Operationen zu trennen. Beispielsweise gibt es dann eine Klasse, z. B. Kunde, die die fachlichen Operationen zur Verfügung stellt, eine Klasse, die die Operationen für die Ein- und Ausgabe über eine Konsole zur Verfügung stellt, z. B. KundeUIKonsole, und eine Klasse, die die Ein-/Ausgabe für ein Smartphone erledigt, z. B. KundeUISmartphone:

Trennung E/A – Fachkonzept

- »Trennung Benutzungsoberfläche – Fachkonzept«, S. 41

Attribute können zu einer Klasse gehören, auf die alle Operationen der Klasse Zugriff haben. Innerhalb einer Operation und auf der Parameterliste kann es zusätzlich sogenannte lokale Attribute bzw. Variablen geben:

Lokale Attribute

- »Attribute in Klassen vs. Attribute in Operationen«, S. 43

In der Regel gehören Attribute und die darauf arbeitenden Operationen direkt zu den einzelnen Objekten. Es gibt aber Ausnahmen. Sogenannte Klassenattribute und Klassenoperationen gehören zur jeweiligen Klasse und *nicht* zu den Objekten der Klasse:

- »Klassenattribute und -operationen«, S. 47

Das Charakteristikum der objektorientierten Programmierung besteht darin, von Klassen Objekte zu erzeugen und dann diese Objekte zu manipulieren. Auf die Objekte wird über Referenzen, d. h. Speicheradressen, zugegriffen. Diese Referenzen können über Parameter zwischen Operationen ausgetauscht werden:

Objekte als Parameter

- »Objekte als Eingabeparameter in Java«, S. 54
- »Objekte als Ergebnisparameter in Java«, S. 58

Konstruktoren spielen in der Objektorientierung eine zentrale Rolle, da durch sie die Erzeugung von Objekten gesteuert wird.

Konstruktoren

Analog wie Operationen können auch Konstruktoren überladen werden:

- »Konstruktoren im Detail«, S. 60

Um einen Überblick über die zeitlichen Abläufe, insbesondere auch bei der Objekterzeugung zu erhalten, gibt es in der UML eine spezielle Diagrammform:

- »UML-Sequenzdiagramme«, S. 64

Besondere Möglichkeiten eröffnen sich, wenn Objekte über die Parameterliste von Konstruktoren übergeben werden:

- »Objekte als Eingabeparameter in Konstruktoren«, S. 66

Botschaften

Objekte und auch Klassen kommunizieren über Botschaften – auch Nachrichten genannt – miteinander. Um Botschaften austauschen zu können, muss die Speicheradresse des jeweiligen Objekts bekannt sein:

- »Botschaften«, S. 67

3.1 Objekte und Klassen in der UML *

Für die Benennung und grafische Darstellung von Objekten und Klassen gibt es in der UML strikte Richtlinien. Objektbezeichner beginnen immer mit einem Kleinbuchstaben und werden unterstrichen dargestellt. Es werden anonyme und benannte Objekte unterschieden. Klassennamen beginnen immer mit einem Großbuchstaben, sind Substantive im Singular und werden fett und zentriert dargestellt. Attributnamen und Operationsnamen beginnen immer mit einem Kleinbuchstaben. Operationsnamen enden immer mit einem runden Klammerpaar.

Notation Objekt

Ein Objekt wird in der **UML** als Rechteck dargestellt (Abb. 3.1-1), das in zwei Felder aufgeteilt werden kann. Im oberen Feld wird das Objekt – wie in der Tab. 3.1-1 beschrieben – bezeichnet. Die Bezeichnung eines Objekts wird *immer unterstrichen*. Im unteren Feld können Attribute mit ihren Werten dargestellt werden (siehe unten). Die links angegebene Objekt-Notation ist in der neuesten UML-Version nicht mehr aufgeführt [UML12].

| einObjekt1 | : Klasse1 | einObjekt1: Klasse1 | : |

Abb. 3.1-1: Objekte können in der UML mit und ohne Klassenangabe dargestellt werden.

3.1 Objekte und Klassen in der UML *

Anonyme Objekte werden verwendet, wenn es sich um irgendein Objekt der Klasse handelt. **Objektnamen** dienen dazu, ein bestimmtes Objekt der Klasse für den UML-Modellierer zu benennen (Tab. 3.1-1).

UML-Notation	Erklärung
:Klasse	Bei einem anonymen Objekt wird nur der Klassenname angegeben.
objekt:Klasse	Wenn das Objekt über einen Namen angesprochen werden soll.
objekt	Wenn der Objektname ausreicht, um das Objekt zu identifizieren und der Name der Klasse aus dem Kontext ersichtlich ist.
:	Es wird ein unbekanntes, anonymes Objekt einer unbekannten Klasse modelliert.

Tab. 3.1-1: Benennung von Objekten.

Im unteren Feld eines Objekts werden – optional – die im jeweiligen Kontext relevanten Attribute eingetragen. Attributnamen beginnen laut UML immer mit einem Kleinbuchstaben. Die Operationen, die ein Objekt ausführen kann, werden *nicht* angegeben. Die Tab. 3.1-2 zeigt, wie Attribute und ihre Werte spezifiziert werden können (Abb. 3.1-2).

UML-Notation	Erklärung
attribut : Typ = Wert	Vollständige Spezifikation
attribut = Wert	Empfehlenswert, da der Typ bereits bei der Klasse des Objekts definiert ist und diese Angabe daher redundant ist.
attribut	Sinnvoll, wenn der Wert des Attributs nicht von Interesse ist.

Tab. 3.1-2: Spezifikation der Attribute in einem Objekt.

einObjekt	einObjekt	einObjekt	einObjekt
	attribut1 attribut2	attribut1 = Wert1 attribut2 = Wert2	attribut1: Typ = Wert1 attribut2: Typ = Wert2

Abb. 3.1-2: Notation von Objekten mit optionalen Attributangaben.

Objekte werden in **Objektdiagrammen** *(object diagrams)* dargestellt. Objektdiagramme beschreiben den Zustand des Systems zu einem bestimmten Zeitpunkt. Man spricht daher auch von Schnappschüssen.

Objektdiagramm

Das von der Klasse Kunde »fabrizierte Objekt« hasselbusch der Inserentenverwaltung wird in der UML wie in der Abb. 3.1-3

Beispiel

modelliert. Für diese Kundin werden der Name, die Telefon-Nr., die Bankleitzahl und die Konto-Nr. festgehalten.

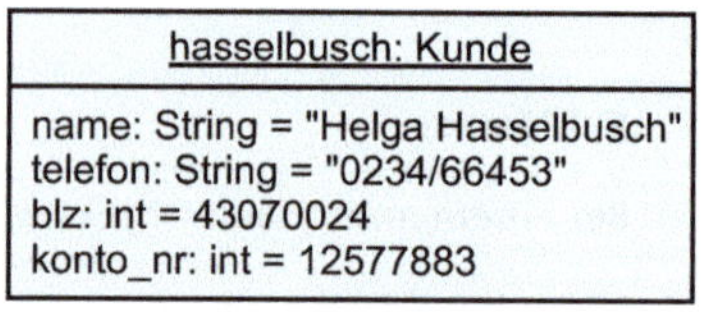

```
hasselbusch: Kunde
name: String = "Helga Hasselbusch"
telefon: String = "0234/66453"
blz: int = 43070024
konto_nr: int = 12577883
```

Abb. 3.1-3: Das Objekt hasselbusch in der UML-Objektdarstellung.

Verwandte Begriffe

Die Begriffe *instance*, *class instance* und Exemplar werden synonym für den Begriff Objekt *(object)* gebraucht. Der Begriff »Instanz«, der in der deutschen Literatur häufig verwendet wird, ist ein Anglizismus, der auf einer fehlerhaften Übersetzung von *instance* beruht.

Notation Klasse

Für die Darstellung von Klassen gibt es verschiedene Möglichkeiten (Abb. 3.1-4). Die entsprechenden Kurzformen werden verwendet, wenn die fehlenden Details unwichtig sind oder in einem anderen Klassendiagramm definiert sind. Der Klassenname wird immer fett gedruckt, zentriert dargestellt und beginnt mit einem Großbuchstaben. Als Klassenname wird ein Substantiv im Singular (z. B. Kunde und *nicht* Kunden) gewählt.

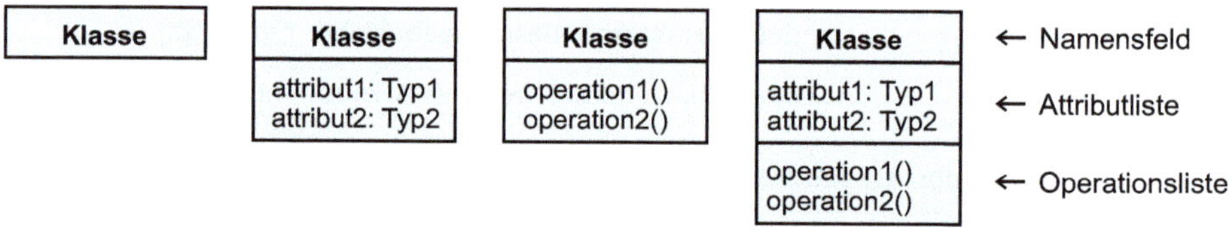

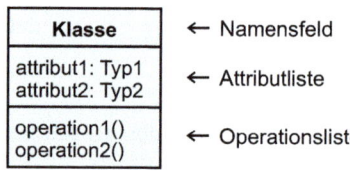

Abb. 3.1-4: Alternative UML-Notationen für Klassen.

Klassendiagramm

Die Klassensymbole werden zusammen mit weiteren Symbolen in das **Klassendiagramm** *(class diagram)* eingetragen. Bei großen Systemen ist es notwendig, mehrere Klassendiagramme zu erstellen.

Will man darstellen, dass Objekte zu einer Klasse gehören, dann kann man in ein Klassendiagramm Objekte eintragen. Von den Objektsymbolen wird ein gestrichelter Pfeil zu dem entsprechenden Klassensymbol gezeichnet und mit dem Wort <<instanceOf>> beschriftet (Abb. 3.1-5). Diese Notation ist ab der UML-Version 2 (UML 2) *nicht* mehr vorhanden.

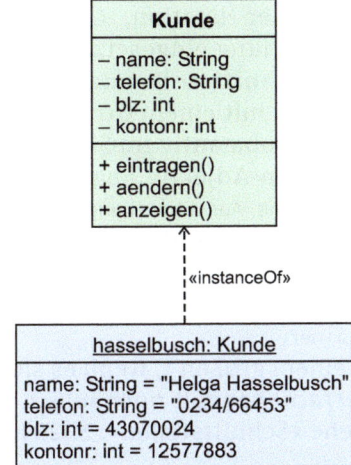

Abb. 3.1-5: UML-Diagramm, das die Zuordnung eines Objekts zu einer Klasse zeigt.

3.2 Box: Richtlinien und Konventionen für Bezeichner *

1 Bezeichner *(identifier)* sind natürlichsprachliche oder problemnahe Namen oder verständliche Abkürzungen solcher Namen.
2 Jeder Bezeichner beginnt mit einem Buchstaben. Der Unterstrich (_) wird *nicht* verwendet.
3 Bezeichner enthalten *keine* Leerzeichen.
   Ausnahme: Leerzeichen sind in der UML-Notation erlaubt. Sie müssen aber bei der Transformation in Java-Programme entfernt werden.
4 Generell ist Groß-/Kleinschreibung zu verwenden.
5 Zwei Bezeichner, die dasselbe bezeichnen, z. B. eine Klasse, dürfen sich *nicht* nur bezüglich der Groß-/Kleinschreibung unterscheiden.
6 Es wird entweder die deutsche oder die englische Namensgebung verwendet.
   Ausnahme: Allgemein übliche englische Begriffe, z. B. push.
7 Wird die deutsche Namensgebung verwendet, dann ist auf Umlaute und ß zu verzichten. Umlaute sind in Java erlaubt. Im Zuge der Internationalisierung hat aber nicht jeder den entsprechenden Zeichensatz eingestellt.
   Ausnahme: UML-Notation. Solche Zeichen sollten aber bei der Transformation in Java-Programme ersetzt werden.
8 Besteht ein Bezeichner aus mehreren Worten, dann beginnt jedes Wort mit einem Großbuchstaben, z. B. anzahlWorte (so-

genannte Kamelhöcker-Notation, *CamelCase*). Unterstriche sollen *nicht* zur Trennung eingesetzt werden.

9 **Klassennamen / Schnittstellennamen**
   a. beginnen immer mit einem Großbuchstaben,
   b. sind durch ein Substantiv im Singular zu benennen, zusätzlich kann ein Adjektiv angegeben werden, z. B. `Seminar, öffentliche Ausschreibung` (in UML),
   c. die für eine UI-Klasse stehen, enthalten das Suffix `UI` (UI = *User Interface* = Benutzungsschnittstelle),
   d. die eine Objektverwaltung realisieren, enthalten das Suffix `Container`,
   e. enden mit einem großen `I`, wenn es sich um eine Schnittstelle *(Interface)* handelt oder `able` z. B. `Iterable, Serializable` (siehe »Schnittstellen«, S. 231).

10 **Objektnamen**
   a. beginnen immer mit einem Kleinbuchstaben,
   b. enden oft mit dem Klassennamen, z. B. `einKunde`,
   c. beginnen bei anonymen Objekten mit `ein, erster, a` usw., z. B. `aPoint, einRechteck`.

11 **Attribut- bzw. Variablennamen**
   a. beginnen immer mit einem Kleinbuchstaben, um eine Verwechslungsgefahr mit Klassen auszuschließen, z. B. `name, adresse, eMail, hotWaterLevel, nameField, eyeColor`,
   b. sind detailliert zu beschreiben, z. B. `zeilenZaehler, windGeschw, dateiStatus`,
   c. sind in Java in Großbuchstaben und durch Unterstriche getrennt zu schreiben, z. B. `X_VGA`, wenn es sich um Konstanten in Schnittstellen oder um konstante Klassenvariablen handelt (siehe »Konstanten in Schnittstellen«, S. 243, »Klassenattribute und -operationen«, S. 47). Konstanten in Operationen bzw. Methoden können klein oder groß geschrieben werden.

12 **Operations- bzw. Methodennamen**
   a. beginnen immer mit einem Kleinbuchstaben,
   b. beginnen in der Regel mit einem Verb, evtl. gefolgt von einem Substantiv, z. B. `drucke, aendere, zeigeFigur, leseAdresse, verschiebeRechteck`,
   c. heißen `getAttributname`, wenn ein Attributwert eines Objekts gelesen wird,
   d. lauten `setAttributname`, wenn ein Attributwert eines Objekts gespeichert wird,
   e. heißen `isAttributname`, wenn das Ergebnis nur wahr *(true)* oder falsch *(false)* sein kann, z. B. `isVerheiratet, isVerschlossen`.

f. heißen `hasAttributname`, wenn das Ergebnis nur wahr *(true)* oder falsch *(false)* sein kann, z. B. `hasKinder`.

Zu überlegen ist, ob nach `get`, `set` und `is` immer ein englischer Bezeichner kommen soll, oder ob bei deutschen Bezeichnern stattdessen `gib`, `setze`, `ist` vorangestellt wird, oder ob Kombinationen erlaubt sind.

13 **Paketnamen**
   a. enthalten ausschließlich Kleinbuchstaben, z. B. `inout`,
   b. beginnen immer mit der URL des Herstellers in umgekehrter Reihenfolge, z. B. `de.w31.inout`. Häufig wird die Länderkennung weggelassen: `w31.inout`.

3.3 Trennung Benutzungsoberfläche – Fachkonzept *

In der Softwaretechnik werden Fachkonzeptklassen und UI-Klassen unterschieden. Fachkonzeptklassen modellieren die fachliche Logik einer Anwendung, z. B. `Kunde`. UI-Klassen *(User Interface)* modellieren die Schnittstelle zum Benutzer. UI-Klassen und Fachkonzeptklassen sind *immer* getrennt zu modellieren und zu programmieren. UI-Klassen greifen auf die Fachkonzeptklassen zu, aber *nicht* umgekehrt.

Ein Grundprinzip der Softwaretechnik ist es, die Ein- und Ausgabe des Benutzers von den eigentlichen, sogenannten **Fachkonzeptklassen** strikt zu trennen.

Überlegen Sie, warum dies sinnvoll ist! — Frage

Heute gibt es viele verschiedene Ein-/Ausgabegeräte, die oft unterschiedliche Eigenschaften besitzen. Es gibt PCs mit großen Grafik-Farbbildschirmen, die eine hohe Auflösung besitzen, und eine Mausbedienung ermöglichen. Auf der anderen Seite gibt es Tablet-PCs und Smartphones, die eine Multi-Gestenbedienung erlauben. Für eine Fachkonzeptklasse, z. B. eine Klasse `Kunde` oder `Anzeige`, ist es gleichgültig, wie Daten ein- oder ausgegeben werden. — Antwort

Eine Trennung der Benutzungsoberfläche – kurz **UI** *(user interface)* genannt – von den Fachkonzeptklassen bringt folgende Vorteile mit sich:

- Ändern sich die Eigenschaften von Ein-/Ausgabegeräten, dann muss nur die UI-Klasse und nicht auch die Fachkonzeptklassen geändert werden.
- Soll eine Anwendung verschiedene E/A-Geräte unterstützen, dann können verschiedene UI-Klassen geschrieben werden, die alle dieselben Fachkonzeptklassen benutzen.

UI-Klasse Für die Benutzungsoberfläche wird also eine eigene UI-Klasse programmiert, die auch die main-Methode beinhaltet. In der Regel übernimmt die UI-Klasse die gesamte Steuerung der Anwendung und nutzt je nach Bedarf die Dienstleistungen der Fachkonzeptklassen.

Damit die oben beschriebenen Vorteile beibehalten werden, dürfen die Fachkonzeptklassen nichts von den UI-Klassen wissen, d. h. sie wissen nicht, wer ihre Leistungen in Anspruch nimmt. Dagegen müssen die UI-Klassen natürlich die Fachkonzeptklassen kennen.

Trennung UI – Fachkonzept Wie trennt man nun eine Klasse in zwei Klassen auf? In den bisherigen Beispielen erfolgte die Ein-/Ausgabe in der Regel in der main-Methode. Gehen Sie folgendermaßen vor:

1 Legen Sie eine neue Klasse mit dem bisherigen Klassennamen, gefolgt von dem Suffix UI, an und kopieren Sie dort die bisherige main-Methode hin.
2 Löschen Sie die main-Methode in der bisherigen Klasse.
3 Starten Sie die main-Methode in der neuen Klasse.

 Legen Sie die neue Klasse in dasselbe Verzeichnis wie die alte Klasse.

Beispiel

Kunde3

Die Klasse KundeUI sieht wie folgt aus:
```
public class KundeUI
{
  public static void main(String arg[])
  {
    Kunde einKunde = new Kunde();
    einKunde.setName("Helga Hasselbusch");
    einKunde.setTelefon("0234/66-453");
    String kundenname = einKunde.getName();
    String telefonnr = einKunde.getTelefon();
    System.out.println("Kunde " + kundenname +
      " hat die \nTelefonnr. " + telefonnr);
  }
}
```

Die Klasse Kunde ist jetzt eine reine Fachkonzeptklasse:
```
public class Kunde
{
  //Attribute
  private String name, telefon;
  private int blz, kontonr;
  //Konstruktor
  public Kunde()
  {
  }
  //Lesende Methoden
  // .....
  //Schreibende Methoden
```

```
    // .....
}
```
Das Ergebnis des Programmlaufs lautet:

Kunde Helga Hasselbusch hat die
Telefonnr. 0234/66-453

Das zugehörige UML-Diagramm zeigt die Abb. 3.3-1.

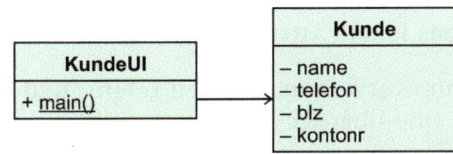

Abb. 3.3-1: Die Klasse KundeUI greift auf Operationen der Fachkonzeptklasse Kunde zu.

Da die Klasse KundeUI auf die Methoden der Klasse Kunde zugreift, liegt zwischen der Klasse KundeUI und der Klasse Kunde eine sogenannte unidirektionale Assoziation vor – siehe »Assoziationen: Beziehungen zwischen Klassen«, S. 157 –, die in der UML durch eine Linie mit einem Pfeil ausgedrückt wird.

3.4 Attribute in Klassen vs. Attribute in Operationen *

Attribute, die zu einer Klasse gehören, müssen von Attributen, die zu einer Operation gehören oder auf einer Parameterliste stehen, unterschieden werden. Ein Attribut einer Klasse lebt solange, solange die Klasse existiert. Ein Attribut einer Operation lebt nur solange, solange die Operation ausgeführt wird. Ist der Attributname einer Klasse identisch mit dem Attributnamen einer Operation, dann überdeckt der Attributname der Operation den Attributnamen der Klasse. Um nicht unterschiedliche Attributnamen für den gleichen Sachverhalt wählen zu müssen, kann durch Voransetzen des Schlüsselworts this, gefolgt von einem Punkt, vor den Attributnamen der Zugriff auf ein Attribut der Klasse erzwungen werden. Attribute in Klassen werden in Java automatisch initialisiert, Attribute in Operationen *nicht*.

Innerhalb von Operations-Rümpfen fallen oft Zwischenergebnisse an, die für Berechnungen zwischengespeichert werden müssen, aber außerhalb der Operation bzw. nach Abschluss der Operation *nicht* mehr benötigt werden. Für solche Zwecke können Attribute auch innerhalb von Operations-Rümpfen deklariert werden.

Lokale Attribute

Sie werden **lokale Attribute** genannt und sind nur innerhalb des jeweiligen Operations-Rumpfes sichtbar und existent.

Verbergen von Attributen

Ein Problem tritt auf, wenn ein Attribut, das in einer Klasse deklariert ist, denselben Bezeichner hat, wie ein lokales Attribut in einer Operation oder ein Parameter einer Operation. In einem solchen Fall gilt die Regel, dass das lokale Attribut das Attribut der Klasse überdeckt bzw. verbirgt, d. h. das Attribut der Klasse ist in der Operation dann *nicht* mehr sichtbar. Es wird immer vorrangig auf das lokale Attribut zugegriffen.

Beispiel 1a

In der Inserentenverwaltung werden telefon und nummer unterschieden, um eine Überdeckung zu vermeiden:

```
public class Kunde
{
   //Attribute
   private String name, telefon;
   ...
   void setTelefon(String nummer)
   {
      telefon = nummer;
   }
}
```

this

Um in solchen Situationen *nicht* gezwungen zu sein, sich neue Namen zu überlegen, kann mit dem Schlüsselwort this ausgedrückt werden, dass das Attribut des aktuellen Objekts der Klasse und *nicht* das lokale Attribut gemeint ist.

Beispiel 1b

In der Inserentenverwaltung kann dann durchgängig der Attributname telefon verwendet werden:

```
public class Kunde
{
   //Attribute
   private String name, telefon;
   ...
   public void setTelefon(String telefon)
   {
      this.telefon = telefon;
   }
}
```

Immer wenn das Attribut der Klasse gemeint ist, wird bei Zweideutigkeiten vor den Attributnamen this gefolgt von einem Punkt gesetzt. Das Schlüsselwort this gibt also an, dass auf ein Attribut in der eigenen Klasse zugegriffen wird.

Beispiel DemoAttributzugriff

Das folgende Programm zeigt, wie auf ein Attribut direkt und über eine Operation zugegriffen werden kann:

```
//Zugriff auf ein Attribut innerhalb
//einer Klasse, das mit public deklariert ist
```

3.4 Attribute in Klassen vs. Attribute in Operationen *

```
public class DemoAttributzugriff
{
  public int einAttribut = 100;
  public DemoAttributzugriff()
  {
  }
  public int getEinAttribut()
  {
    int einAttribut = 200;
    return this.einAttribut;
  }
  public static void main(String args [])
  {
    DemoAttributzugriff einObjekt =
      new DemoAttributzugriff();
    System.out.println
      ("Wert von einAttribut (direkter Attributzugriff): "
      + einObjekt.einAttribut);
    System.out.println(
      "Wert von einAttribut (Zugriff über Operation): "
      + einObjekt.getEinAttribut());
  }
}
```
Der Programmlauf ergibt folgende Ausgabe:
```
Wert von einAttribut (direkter Attributzugriff): 100
Wert von einAttribut (Zugriff über Operation): 100
```

Die Lebensdauer eines Attributs gibt an, wie lange es im Speicher existiert bzw. ob es auf einem externen Speicher langfristig aufbewahrt werden soll. Damit ein Attribut auf einem externen Speicher gespeichert wird, sind besondere Maßnahmen erforderlich, die von der verwendeten Programmiersprache abhängen, siehe »Persistenz und Datenhaltung«, S. 265. Es werden nur Attribute einer Klasse, aber keine lokalen Attribute auf einem externen Speicher gespeichert. Wird ein Attribut einer Klasse *nicht* auf einem externen Speicher abgelegt, dann existiert es vom Erzeugen des entsprechenden Objekts bis zum Löschen des entsprechenden Objekts bzw. es existiert, solange eine Referenzvariable darauf verweist. Gibt es *keine* Referenz mehr auf das Objekt, dann kann es faktisch nicht mehr verwendet werden. Lokale Attribute einer Operation einschließlich Parameter der Operation existieren vom Aufruf der entsprechenden Operation bis zum Verlassen der entsprechenden Operation.

Lebensdauer

In Java werden alle Attibute, die zu einer Klasse gehören automatisch initialisiert. Alle Attribute, die zu einer Operation bzw. Methode gehören oder auf der Parameterliste stehen, werden *nicht* automatisch initialisiert – ausgenommen Felder (`array`). Stellt der Compiler einer lesenden Zugriff vor einem schreibenden Zugriff fest, dann wird eine Fehlermeldung vom Compiler ausgegeben.

Initialisierung

Beispiel

Demo Initialisierung

```
class DemoInitialisierung
{
  //Objektattribute (Klasse)
  private float f;
  private int i;
  private long l;
  private short s;
  private String st;

  public static void main (String [] args)
  {
    DemoInitialisierung einObjekt =
      new DemoInitialisierung();
    //Objektattribute (Klasse)
    System.out.println ("f = " + einObjekt.f);
    System.out.println ("i = " + einObjekt.i);
    System.out.println ("l = " + einObjekt.l);
    System.out.println ("s = " + einObjekt.s);
    System.out.println ("st = " + einObjekt.st);

    //Objektattribut (Methode)
    String stObjMethode;
    //Meldung des Compilers:
    //The local variable stObjMethode may not have
    //been initialized
    //System.out.println ("stObjMethode = " + stObjMethode);
    String[] feld = new String[5];
    for (String e : feld)
      System.out.print(e);
  }
}
```

Das Ergebnis sieht wie folgt aus:

```
f = 0.0
i = 0
l = 0
s = 0
st = null
nullnullnullnullnull
```

Empfehlung

Immer initialisieren
Im Sinne einer defensiven Programmierweise sollten Sie immer alle Ihre Attribute bzw. Variablen initialisieren, unabhängig davon, wo sie angeordnet sind.

Löschen von Objekten

In Java muss sich der Programmierer *nicht* um das Löschen von Objekten kümmern. In unregelmäßigen Abständen findet automatisch eine **Speicherbereinigung** *(garbage collection)* statt. Die Java-VM prüft, ob es im Haldenspeicher Objekte gibt, auf die keine Referenz mehr zeigt. Alle diese Objekte werden automatisch gelöscht.

3.5 Klassenattribute und -operationen *

Neben Objekten (Normalfall) können auch Klassen Attribute und Operationen besitzen – man spricht dann von Klassenattributen bzw. statischen Attributen und Klassenoperationen bzw. statischen Operationen. In der UML werden diese unterstrichen dargestellt, in Java wird das Schlüsselwort `static` vorangesetzt. Klassenattribute und -operationen werden verwendet, wenn Informationen gespeichert und verwaltet werden sollen, die *nicht* zu einem einzelnen Objekt, sondern zur Klasse gehören. Klassenattribute werden, wenn keine eigene Initialisierung vorliegt, automatisch initialisiert.

Klassenattribute bzw. statische Attribute

> Bei der Anzeigenverwaltung soll die Klasse `Anzeige` auch dazu dienen, den Preis für eine Anzeige zu berechnen. Für alle Anzeigen gibt es einen festen Grundpreis sowie einen Faktor, mit dem die Anzahl der Wörter multipliziert werden. Außerdem muss der gültige Mehrwertsteuersatz gespeichert werden. Erweitert man nun die Klasse `Anzeige` um die Attribute `grundpreis`, `preisfaktor` und `mwstvoll`, dann werden bei der Erzeugung jedes Objekts diese Attribute pro Objekt zur Verfügung gestellt. Ändert sich dann der Wert eines dieser Attribute, dann müssen die Werte in allen bereits erzeugten Objekten geändert werden.

Beispiel 1a

Gibt es eine bessere Lösung? Frage

Attribute und Operationen legen die Eigenschaften und das Verhalten von Objekten fest. Deshalb spricht man genau genommen auch von **Objektattributen** und **Objektoperationen**. Es gibt jedoch eine Reihe von Situationen, in denen es sinnvoll ist, Klassen eigene Attribute und Operationen zuzuordnen. Ist dies der Fall, dann spricht man von Klassenattributen und Klassenoperationen. Antwort

Ein **Klassenattribut** – auch **statisches Attribut** genannt – beschreibt die Eigenschaften einer Klasse, während Attribute üblicherweise Eigenschaften eines einzelnen Objekts beschreiben. Ein Klassenattribut liegt also vor, wenn *nur jeweils ein* Attributwert für alle Objekte einer Klasse existiert. Klassenattribute existieren auch dann, wenn es zu einer Klasse (noch) keine Objekte gibt.

Um Klassenattribute von den (Objekt)-Attributen unterscheiden zu können, wird ein Klassenattribut in der UML-Notation unterstrichen dargestellt.

3 Basiskonzepte im Detail *

Klassenattribute werden in Java durch das Schlüsselwort static gekennzeichnet, das vor der Typangabe steht, z. B. static int mwstvoll;.

Beispiel 1b
Anzeige

Mit Klassenattributen sieht die Klasse Anzeige wie folgt aus:
```
public class Anzeige
{
  //Objektattribute
  ...
  //Klassenattribute
  private static int mwstvoll; //in Prozent
  private static int grundpreis; //in Eurocent
  private static int preisfaktor;
  //Konstruktor
  ...
}
```

Beispiel 2a

Soll in der Inserentenverwaltung bei der Klasse Kunde vermerkt werden, wie viele Kunden es bereits gibt, dann wird ein Klassenattribut anzahl benötigt. Die Anzahl der Kunden ist *kein* Attribut der Objekte, sondern der Klasse. Die Abb. 3.5-1 zeigt die Klasse Kunde sowie zwei Kundenobjekte.

Abb. 3.5-1: Das Attribut anzahl ist ein Klassenattribut, das zur Klasse Kunde gehört.

Initialisierung

Analog wie bei Objektattributen (siehe »Attribute in Klassen vs. Attribute in Operationen«, S. 43) werden auch Klassenattribute automatisch initialisiert. Sie können auch bei der Deklaration mit eigenen Werten initialisiert werden. Müssen statische Datenstrukturen, z. B. Felder initialisiert werden, so ist dies ebenfalls möglich. Nach dem Schlüsselwort static werden in geschweiften Klammern die Initialisierungsanweisungen angegeben.

Beispiel
DemoInit
Statisch

```
class DemoInitStatisch
{
  //Klassenattribute
  //Automatische Initialisierung
  private static boolean b;
  private static byte by;
  private static String st;
  //Eigene Initialisierung
```

3.5 Klassenattribute und -operationen *

```
private static char c = 'A';
private static double d = 3.42567;
private static String [] st2 =
  {"Eigene", " ", "Initialisierung"};
private static int[] messliste = new int[10];
//Initialisierung eines statischen Feldes
static
{
  for(int i=0; i<messliste.length; i++)
    messliste[i] = i * i;
}

public static void main (String [] args)
{
  //Klassenattribute
  System.out.println ("b = " + b);
  System.out.println ("by = " + by);
  System.out.println ("c = " + c);
  System.out.println ("d = " + d);
  System.out.println ("st = " + st);
  for (String i : st2)
    System.out.println ("st2 = " + i);
  for (int i : messliste)
    System.out.println("messliste " + i);
}
}
```

Die Ausgabe sieht wie folgt aus:

```
b = false
by = 0
c = A
d = 3.42567
st = null
st2 = Eigene
st2 = 
st2 = Initialisierung
messliste 0
messliste 1
messliste 4
messliste 9
messliste 16
messliste 25
messliste 36
messliste 49
messliste 64
messliste 81
```

Klassenoperationen bzw. statische Operationen

Auf Klassenattribute muss zugegriffen werden können, d. h. sie müssen mit Werten belegt und ausgelesen werden können. Dies kann – je nach Situation – über Klassen- und/oder Objektoperationen geschehen.

Eine **Klassenoperation** – auch **statische Operation** genannt – ist eine Operation, die der jeweiligen Klasse zugeordnet ist und *nicht* auf ein einzelnes Objekt der Klasse angewendet werden kann. Sie manipuliert in der Regel Klassenattribute der eigenen Klasse. Sie liegt vor, wenn die Operation Klassenattribute ohne Beteiligung eines einzelnen Objekts manipuliert.

Beispiel 1c
Anzeige

Ändert sich der Mehrwertsteuersatz, dann muss über eine Klassenoperation der Wert gesetzt werden können:

```
public static void setMwstvoll(int mwst)
{
  Anzeige.mwstvoll = mwst;
  //alternativ: mwstvoll = mwst erlaubt
  //da Operationen der eigenen Klasse
  //immer auch auf die Attribute der eigenen
  //Klasse direkt zugreifen können
}
```
Aufruf: `Anzeige.setMwstvoll(19);`

Diese Aufgabe ist unabhängig von einem ausgewählten Objekt.

Beispiel 1d

Der lesende Zugriff auf die Mehrwertsteuer erfolgt in der Regel aus einem Objekt der Klasse `Anzeige` heraus.

Es wird davon ausgegangen, dass eine Objektoperation *direkt* auf Klassenattribute der eigenen Klasse zugreifen kann, d. h. eine Klasse ist vor ihren Objektoperationen *nicht* geschützt. Die Alternative würde darin bestehen, auf Klassenattribute ausschließlich über Klassenoperationen zuzugreifen.

Bezieht sich die Operation allerdings auf ein einzelnes Objekt, und werden im Rahmen der Operation zusätzlich Klassenattribute manipuliert, so handelt es sich um eine Objektoperation.

Beispiel 1e
Anzeige

```
public class Anzeige
{
  //Objektattribute
  ...
  //Klassenattribute
  private static int mwstvoll; //in Prozent
  private static int grundpreis; //in Eurocent
  private static int preisfaktor;
  //Konstruktor
  ...
  //Lesende Objektoperation
  public int berechneAnzeigenpreis()
  {
    String text = getBeschreibung();
    int anzahlZeichen = text.length();
    preis = (int) Math.round ((anzahlZeichen
      * Anzeige.preisfaktor
```

```
     + Anzeige.grundpreis)
    * (Anzeige.mwstvoll + 100) / 100.0);
   return preis;
}
```

Um deutlich zu machen, dass eine Operation Klassenattribute manipuliert, wird eine solche Operation in der UML-Notation unterstrichen dargestellt (analog wie Klassenattribute).

Eine Klassenoperation wird in Java durch das Schlüsselwort static gekennzeichnet. Sie wird *ohne* eine Referenz auf ein bestimmtes Objekt aufgerufen. Vor die Klassenoperation wird der Klassenname – getrennt durch einen Punkt – gesetzt.

In Java ist es auch möglich, die Klassenoperation über ein Objekt aufzurufen. Dies widerspricht aber dem Konzept der Klassenoperation und sollte unterbleiben, da dadurch die Verständlichkeit des Programms leidet!

Das Programm für die erweiterte Anzeigenverwaltung sieht wie folgt aus:

Beispiel 1f
Anzeige

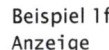

```java
public class Anzeige
{
  //Objektattribute
  private String rubrik, titel, beschreibung;
  private int preis; //in Eurocent
  //Klassenattribute
  private static int mwstvoll; //in Prozent
  private static int grundpreis; //in Eurocent
  private static int preisfaktor;
  //Konstruktor
  public Anzeige(String titel)
  {
    this.titel = titel;
  }
  //Lesende Objektoperationen
  // .....
  public int berechneAnzeigenpreis()
  {
    String text = getBeschreibung();
    int anzahlZeichen = text.length();
    preis = (int) Math.round ((anzahlZeichen *
      Anzeige.preisfaktor +
      Anzeige.grundpreis) *
      (Anzeige.mwstvoll + 100) / 100.0);
    return preis;
  }
  //Schreibende Objektoperationen
  // .....
  //Lesende Klassenoperationen
  public static int getMwstvoll()
  {
    return Anzeige.mwstvoll;
```

```
}
//Schreibende Klassenoperationen
public static void setMwstvoll(int mwst)
{
  Anzeige.mwstvoll = mwst;
  //alternativ: mwstvoll = mwst erlaubt
  //da Operationen der eigenen Klasse
  //immer auch auf die Attribute der eigenen
  //Klasse direkt zugreifen können
}
public static void setGrundpreis(int grundpreis)
{
  Anzeige.grundpreis = grundpreis;
}
public static void setPreisfaktor(int preisfaktor)
{
  Anzeige.preisfaktor = preisfaktor;
}
}
```

Die zugehörige UI-Klasse sieht folgendermaßen aus:

```
class AnzeigeUI
{
  public static void main(String arg[])
  {
    //Aufrufe von Klassenoperationen
    Anzeige.setMwstvoll(19);
    Anzeige.setGrundpreis(200); //Eurocent
    Anzeige.setPreisfaktor(3); //Eurocent
    //Aufruf des Konstruktors
    Anzeige eineAnzeige = new Anzeige
      ("Gut erhaltener Gartentisch");
    //Aufrufe von Objektoperationen
    eineAnzeige.setRubrik("Garten");
    eineAnzeige.setBeschreibung
      ("Gartentisch, weiss, Plastik, sehr stabil, 160 x 110 cm");
    eineAnzeige.setPreis(2000);
    System.out.println("Die Anzeige \""
      + eineAnzeige.getTitel() + "\" kostet "
      + (double)(eineAnzeige.berechneAnzeigenpreis()/100.0)
      + " " + '\u20AC');
  }
}
```

Der Programmlauf führt zu folgender Ausgabe:
Die Anzeige "Gut erhaltener Gartentisch" kostet 4.31 €

Das UML-Diagramm zu diesem Programm zeigt die Abb. 3.5-2.

Beispiel 2b
Kunde3

Die Inserentenverwaltung mit zusätzlicher Verwaltung der Inserentenanzahl sieht wie folgt aus:

```
public class Kunde
{
  //Attribute
```

3.5 Klassenattribute und -operationen *

```
           Anzeige
─────────────────────────
 – rubrik: String
 – titel: String
 – beschreibung: String
 – preis: int
 – mwstvoll: int
 – grundpreis: int
 – preisfaktor: int
─────────────────────────
 + berechneAnzeigenpreis()
 + getMwstvoll()
 + setMwstvoll()
 + setGrundpreis()
 + setPreisfaktor()
```

Abb. 3.5-2: UML-Klassendarstellung der Klasse Anzeige mit Klassenattributen und Klassenoperationen.

```java
    private String name, telefon;
    private int blz, kontonr;
    //Klassenattribut
    private static int kundenanzahl;

    //Konstruktor
    public Kunde()
    {
       erhoeheKundenanzahl();
    }
    //Lesende Objektoperationen
    // .....
    //Schreibende Objektoperationen
    // .....
    //Lesende Klassenoperation
    public static int getKundenanzahl()
    {
       return Kunde.kundenanzahl;
    }
    //Schreibende Klassenoperationen
    public static void setKundenanzahl(int anzahl)
    {
       Kunde.kundenanzahl = anzahl;
    }
    public static void erhoeheKundenanzahl()
    {
       Kunde.kundenanzahl++;
    }
}
```

Die zugehörige UI-Klasse lautet:

```java
class KundeUI
{
   public static void main(String arg[])
   {
      //Aufrufe einer Klassenoperation
      Kunde.setKundenanzahl(0);
```

```
//Aufruf des Konstruktors
Kunde einKunde = new Kunde();
System.out.println(
   "Kundenanzahl: " + Kunde.getKundenanzahl());
//Aufrufe von Objektoperationen
einKunde.setName("Helga Hasselbusch");
einKunde.setTelefon("0234/66-453");
String kundenname = einKunde.getName();
String telefonnr = einKunde.getTelefon();
System.out.println("Kunde " + kundenname +
   " hat die Telefonnr. " + telefonnr);
  }
}
```

Der Programmlauf erzeugt folgende Ausgabe:

Kundenanzahl: 1
Kunde Helga Hasselbusch hat die Telefonnr. 0234/66-453

Das zugehörige UML-Klassendiagramm zeigt die Abb. 3.5-3.

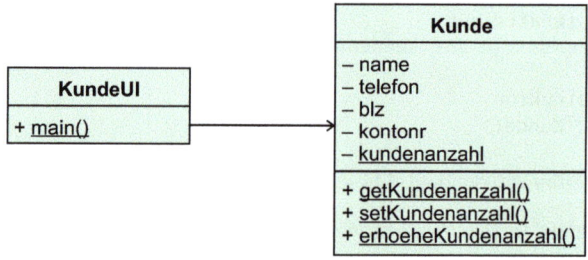

Abb. 3.5-3: UML-Klassendiagramm mit Klassenattribut und Klassenoperationen.

3.6 Objekte als Eingabeparameter in Java *

In Java können auf der formalen Parameterliste von Methoden Objekte stehen. Beim Aufruf wird die Speicheradresse des aktuellen Objekts in die Speicheradresse des formalen Referenzparameters kopiert *(passing a reference by value)*. Über diese Referenzadresse wird innerhalb der aufgerufenen Methode direkt auf das Originalobjekt zugegriffen, d. h. es können nicht nur lesende, sondern auch schreibende Operationen aufgerufen werden.

Referenzen auf Objekte

In Java können auf der formalen Parameterliste *nicht* nur Variablen und Konstanten aufgeführt werden, die einen einfachen Typ besitzen, sondern auch Objekte, genauer gesagt Referenzen auf Objekte.

Beispiel 1a

Wetterstationen melden das Wetter am jeweiligen Ort. Zur Verwaltung der Wetterangaben wird eine Klasse Wetter an-

3.6 Objekte als Eingabeparameter in Java *

Abb. 3.6-1: UML-Klassendiagramm zur Verwaltung von Wetterstationen.

gelegt (zunächst wird nur die aktuelle Temperatur gespeichert). Es soll möglich sein, die Temperatur an verschiedenen Orten miteinander zu vergleichen. Dafür wird eine Methode void vergleicheTemperatur(Wetter station1, Wetter station2) benötigt, die die Temperaturen von zwei Wetterstationen vergleicht. Das UML-Klassendiagramm zeigt die Abb. 3.6-1. Die Klasse Wetter sieht folgendermaßen aus:

```
public class Wetter
{
  private int temperatur;
  private String station;

  public Wetter (String station)
  {
    this.station = station;
  }
  public void setTemperatur(int temperatur)
  {
    this.temperatur = temperatur;
  }
  public int getTemperatur()
  {
    return temperatur;
  }
  public String getStation()
  {
    return station;
  }
}
```

Wetter

Die Klasse WetterUI sieht wie folgt aus:

```
public class WetterUI
{
  public static void main(String args[])
  {
    Wetter ersteStation = new Wetter("Ort A");
    Wetter zweiteStation = new Wetter("Ort B");
    ersteStation.setTemperatur(23);
    zweiteStation.setTemperatur(23);
    vergleicheTemperatur(ersteStation, zweiteStation);
  }
  private static void
    vergleicheTemperatur(Wetter station1, Wetter station2)
  {
    System.out.print("Die Temperatur zwischen "
```

```
          + station1.getStation() + " und "
          + station2.getStation() + " ist ");
   if (station1.getTemperatur() ==
      station2.getTemperatur())
      System.out.println("gleich");
   else
      System.out.println("ungleich");
  }
}
```

Der Programmlauf ergibt folgendes Ergebnis:

`Die Temperatur zwischen Ort A und Ort B ist gleich`

Auf der Parameterliste stehen die formalen Parameter station1 und station2, die beide Referenzen auf die Klasse Wetter sein müssen. Anders ausgedrückt: Sie müssen vom Typ Wetter sein, d. h. eine Klasse kann gleichzeitig als Typ angesehen werden. Diese Methode wird beispielsweise in der main-Methode folgendermaßen aufgerufen:

`vergleicheTemperatur(ersteStation, zweiteStation);`

Frage Warum muss die Methode vergleicheTemperatur() als Klassenoperation deklariert sein?

Antwort Der Vergleich von Temperaturen ist nicht typisch für eine Operation, die zu einem Objekt gehört. Vielmehr werden die Temperaturen verschiedener Objekte miteinander verglichen. Befindet sich ein Objekt auf der Parameterliste, dann können innerhalb der Methode alle Methoden des übergebenen Objekts aufgerufen werden, hier: getStation(), getTemperatur() und setTemperatur().

Da Objekte sehr groß sein können, ist es *nicht* sinnvoll, ihre Attributwerte in die Methode zu kopieren, d. h. extra Speicherplätze für ihre Werte zur Verfügung zu stellen. Es wird daher nur die Referenz auf das jeweilige Objekt kopiert und der Methode als Parameter übergeben. Man spricht daher auch von **Referenz-Parametern**, wenn auf der Parameterliste Objekte stehen. Die Parameterübergabe bei einem Referenzparameter zeigt die Abb. 3.6-2.

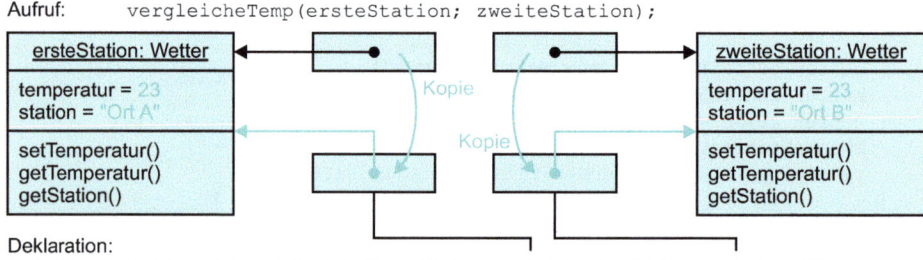

Abb. 3.6-2: Parameterübergabe bei Objektreferenzen.

3.6 Objekte als Eingabeparameter in Java *

Im Gegensatz zu dem *call by value*-Mechanismus, der bei einfachen Typen angewandt wird, wird ein Objekt, auf das eine Referenz zeigt, *nicht* kopiert, sondern es wird innerhalb der Methode eine Referenz auf das bereits bestehende Objekt gesetzt.

> Im Beispiel bedeutet dies, dass die Referenzen auf die Objekte ersteStation und zweiteStation in die Referenz-Variablen station1 und station2 der Methode vergleicheTemperatur() kopiert werden. Auf diese Objekte zeigen jetzt also jeweils zwei Referenzen. Für die formalen Parameter station1 und station2 werden also insgesamt zwei Speicherplätze angelegt, die solange existieren, solange die Methode abgearbeitet wird. Als aktuelle Parameterwerte werden Referenzen übergeben, hier: ersteStation und zweiteStation. Diese Referenzwerte, d.h. die Speicheradressen von den Objekten ersteStation und zweiteStation, werden in die Speicherzellen station1 und station2 kopiert – *nicht* die Objekte selbst. Die Parameterübergabe entspricht daher jeweils der Zuweisung eines Referenzwertes an eine Referenz-Variable:
> station1 = ersteStation;
> station2 = zweiteStation;

Beispiel 1b

Diesen Parametermechanismus bezeichnet man daher auch als *passing a reference by value*. Der wichtigste Unterschied gegenüber dem **call by value** besteht nun darin, dass alle Änderungen am Originalobjekt und *nicht* an einer Kopie des Objekts vorgenommen werden.

passing a reference by value

> Der Aufruf station1.getTemperatur() in der Methode vergleicheTemperatur() bewirkt, dass über die Referenz-Variable station1 die Operation getTemperatur() des Objekts ersteStation aufgerufen wird. Es wird der Wert 23 zurückgegeben. Analog wird mit station2.getTemperatur() auf das Objekt zweiteStation zugegriffen und ebenfalls der Wert 23 zurückgeliefert.
>
> Würde eine schreibende Methode aufgerufen, z.B. station1.setTemperatur(18), dann würde der Wert des Originals geändert, d.h. die Temperatur von ersteStation würde modifiziert.

Beispiel 1c

> Der Übergabemechanismus *passing a reference by value* in Java wird in der Literatur oft auch als *call by reference* bezeichnet. Dies ist *nicht* ganz korrekt, da in Java der übergebene Referenzwert nicht verändert werden kann. In der Programmiersprache C++ kann der Referenzwert manipuliert werden, deshalb ist dort die Bezeichnung *call by reference* üblich.

Hinweis

3.7 Objekte als Ergebnisparameter in Java *

In Java kann als Ergebnisparameter einer Methode ein Objekt angegeben werden. Als Typ muss dazu die Klassenbezeichnung des Objekts vor dem Methodennamen angegeben werden. Innerhalb des Methodenrumpfs muss mindestens eine return-Anweisung stehen, die die Speicheradresse des Ergebnisobjekts als Ergebnis des Methodenaufrufs zurückgibt. Als Parametermechanismus für den Ergebnisparameter wird *call by result* verwendet, d. h. der Wert, der sich hinter return ergibt, wird in die Speicherzelle kopiert, die auf der linken Seite der Zuweisung beim Aufruf steht.

Als Ergebnis einer Methode kann in Java auch ein Objekt übergeben werden.

Beispiel

Im Standesamt wird ein Programm benötigt, das bei einer Hochzeit die Objekte der Ehepartner miteinander verknüpft. In einer Klasse Person werden der familienname, der vorname, das hochzeitsdatum sowie eine Referenz auf den partner gespeichert. Die Referenz auf den Partner ist mit null vorbesetzt. Findet eine Heirat statt, dann wird durch die Methode setPartner() eine Verknüpfung, d. h. eine Referenz auf den Partner hergestellt. Die Methode public Person getPartner() liefert als Ergebnis die Referenz, d. h. die Speicheradresse des Partnerobjekts. In dieser Methode ist ein Objekt vom Typ Person der Ergebnisparameter.

Ehe

```
public class Person
{
  private String familienname, vorname;
  private String hochzeitsdatum; //Format tt.mm.jj
  private Person partner = null;

  public Person(String nachname, String vorname)
  {
    familienname = nachname;
    this.vorname = vorname;
  }
  public String getFamilienname()
  {
    return familienname;
  }
  public String getVorname()
  {
    return vorname;
  }
  public String getHochzeitsdatum()
  {
    return hochzeitsdatum;
```

3.7 Objekte als Ergebnisparameter in Java *

```
  }
  public Person getPartner()
  {
    return partner;
  }
  public void setPartner
   (Person partner, String hochzeitsdatum)
  {
    this.partner = partner;
    this.hochzeitsdatum = hochzeitsdatum;
  }
}
```

Ein Beispiel für die Verlinkung von Objekten zeigt das folgende Programm:

```
public class PersonUI
{
  public static void main(String args[])
  {
    Person einSingle = new Person("Nolte","Volker");
    Person nocheinSingle = new Person("Bering","Elvira");
    einSingle.setPartner(nocheinSingle, "02.01.2007");
    nocheinSingle.setPartner(einSingle, "02.01.2007");
    //Ausgangspunkt einSingle
    System.out.println(einSingle.getVorname()
      + " " + einSingle.getFamilienname() + " und ");
    //Partner von einSingle ermitteln
    Person partner = einSingle.getPartner();
    System.out.println(partner.getVorname()
      + " " + partner.getFamilienname()
      + "\nhaben am " + einSingle.getHochzeitsdatum()
      + " geheiratet");
  }
}
```

Der Programmlauf ergibt folgendes Resultat:

```
Volker Nolte und
Elvira Bering
haben am 02.01.2007 geheiratet
```

Viele Standardklassen von Java benutzen intensiv die Möglichkeit, Objekte als Ergebnis zurückzugeben.

> In Java ist String eine vordefinierte Klasse, die mit jedem Java-System mitgeliefert wird. Diese Klasse enthält eine Methode
>
> ```
> public String concat(String str),
> ```
>
> die es erlaubt, zwei Zeichenketten zu einer Zeichenkette zusammenzufügen (konkatenieren). Diese Methode concat() erhält als Eingabeparameter eine Zeichenkette, die an die Zeichenkette angefügt werden soll, die im String-Objekt gespeichert ist. Das Ergebnis ist ein neues Objekt der Klasse String, das die zusammengefügte Zeichenkette enthält.

Beispiel

> Das folgende Beispiel zeigt, wie ein Objekt einString erzeugt und mit "Erster und " initialisiert wird. Anschließend wird die Methode concat() aufgerufen und die Zeichenkette "zweiter Teil" übergeben. Die Ausgabe ergibt "Erster und zweiter Teil":
> ```
> String einString = new String("Erster und ");
> String nocheinString = einString.concat("zweiter Teil");
> System.out.println(nocheinString);
> ```

3.8 Konstruktoren im Detail *

Klassen sind Objektschablonen. Die Erzeugung von Objekten aus Klassen geschieht mit Hilfe von Konstruktoren. Konstruktoren sind spezielle Methoden. Der Methodenname ist gleich dem Klassennamen. Ein Ergebnistyp fehlt bzw. ist durch den Klassennamen implizit vorgegeben. Das Schlüsselwort void ist *nicht* erlaubt. Ist kein Konstruktor programmiert, dann fügt der Compiler einen Standardkonstruktor hinzu, der es erlaubt, ein Objekt ohne Attributbelegungen zu erzeugen. Eine Klasse kann mehrere Konstruktoren mit unterschiedlichen Signaturen enthalten, d.h. Konstruktoren können überladen werden. Ein Konstruktor kann in der jeweils ersten Anweisung einen anderen Konstruktor der gleichen Klasse aufrufen. Anstelle des Klassennamens wird this gefolgt von der Parameterliste angegeben.

Konstruktor — Operationen, die es ermöglichen, neue Objekte einer Klasse zu erzeugen bzw. zu »konstruieren«, bezeichnet man als Konstruktoroperationen, kurz **Konstruktoren** *(constructors)* genannt. Konstruktoren erzeugen in der Regel nicht nur neue Objekte, sondern führen auch Initialisierungen durch.

Jede Klasse muss mindestens eine Konstruktoroperation besitzen. Im einfachsten Fall, z.B. in Java, C# und C++, besteht ein Konstruktor aus dem Klassennamen gefolgt von einem Klammerpaar () und einem leeren Rumpf: { }. Wird an diese Operation eine Botschaft geschickt, dann wird im Allgemeinen ein *leeres* Objekt erzeugt, d.h. die Attribute des Objekts erhalten *keine* Attributwerte – außer den Standard-Vorbelegungen durch Java bzw. expliziten Initialisierungen in den Deklarationen.

Beispiel 1a — Soll von der Klasse Kunde der Inserentenverwaltung ein leeres Objekt erzeugt werden, dann genügt folgender Konstruktor:

```
public Kunde()
{
}
```

Enthält eine Klasse *keine* Konstruktordeklarationen, dann erzeugt der Compiler einen voreingestellten Konstruktor, der *keine* Parameter verwendet.

Voreingestellter Konstruktor

> Die Konstruktordeklaration in Beispiel 1a kann entfallen, wenn nur ein Objekt ohne explizite Attributbelegungen erzeugt werden soll, da der Compiler diesen Konstruktor dann automatisch hinzufügt.

Beispiel 1b

Konstruktor mit Initialisierung

In der Regel sollen bei der Erzeugung von Objekten bereits Werte für Attribute übergeben werden, damit sich Objekte von Anfang an in einem konsistenten Zustand befinden. Dies geschieht dadurch, dass der Konstruktor eine Parameterliste erhält, über die die Initialisierungswerte der Attribute beim Aufruf übergeben werden.

> Bei der Erzeugung eines Objekts der Klasse Kunde der Inserentenverwaltung soll der Name des Kunden bereits angegeben werden. Die Konstruktordeklaration lautet dann:
>
> public Kunde (String kundenname)
> {
>   name = kundenname;
> }
>
> Die Erzeugung des Objekts "Helga Hasselbusch" sieht dann so aus:
>
> einKunde = new Kunde("Helga Hasselbusch");

Beispiel 1c

Die Syntax einer Konstruktordeklaration entspricht der einer Methodendeklaration ohne Ergebnistyp:

Syntax

ConstructorDeclaration ::=
[public *|* protected *|* private *] SimpleTypeName ([FormalParameterList])*

Der SimpleTypeName muss der Name der Klasse sein, die die Konstruktordeklaration enthält. Der Zugriff auf Konstruktoren wird durch sogenannte Zugriffsmodifikatoren geregelt:

Das Schlüsselwort public gibt an, dass der Konstruktor von außerhalb der Klasse aufgerufen werden kann. Ist private angegeben, dann kann der Konstruktor nur von Operationen innerhalb der Klasse aufgerufen werden. Das Schlüsselwort protected wird erst im Zusammenhang mit der Vererbung erklärt, siehe »Die Java-Klassenhierarchie und Object«, S. 200.

Natürlich kann ein Konstruktor beliebig viele Parameter besitzen.

Beispiel 1d

Bei der Erzeugung eines Objekts der Klasse Kunde soll es auch möglich sein, Name und Telefonnummer des Kunden als Initialisierungswerte zu übergeben. Der Konstruktor lautet dann:

```
public Kunde (String kundenname, String telefonnummer)
{
  name = kundenname;
  telefon = telefonnummer;
}
```

Die Erzeugung des Objekts "Helga Hasselbusch" mit der Telefonnummer 0234/66453 sieht dann so aus:

```
einKunde = new Kunde("Helga Hasselbusch", "0234/66453");
```

Besitzt eine Klasse einen Konstruktor, z. B. mit einem Parameter, dann fügt der Compiler *keinen* Konstruktor ohne Parameter mehr hinzu. Es ist dann *nicht* möglich, ein Objekt ohne Initialisierung zu erzeugen. Soll dies dennoch möglich sein, muss der Programmierer einen Konstruktor ohne Parameter selbst hinzufügen.

Beispiel 1e

Besitzt die Klasse Kunde nur den Konstruktor

```
public Kunde (String kundenname)
{
  name = kundenname;
}
```

dann ist folgender Aufruf *nicht* möglich:

```
einKunde = new Kunde();
```

Mehrere Konstruktoren

Jede Klasse kann mehrere Konstruktoren besitzen, um unterschiedliche Initialisierungen in Abhängigkeit von vorhandenen Daten durchführen zu können.

Beispiel 1f

Liegen über einen Kunden bereits alle Informationen zum Zeitpunkt der Objekterzeugung vor, dann können diese bei der Objekterzeugung bereits übergeben werden. Ein weiterer Konstruktor lautet dann:

```
public Kunde (String kundenname, String telefonnummer,
   int bankleitzahl, int kontonr)
{
  name = kundenname;
  telefon = telefonnummer;
  blz = bankleitzahl;
  this.kontonr = kontonr;
}
```

Die Erzeugung des Objekts "Helga Hasselbusch" sieht dann so aus:

```
einKunde = new Kunde("Helga Hasselbusch", "0234/66453",
43070024, 12577883);
```

Überladen von Konstruktoren

Wiederverwendung *Prinzip*
In der Objektorientierung gilt ein wichtiges Prinzip:
Alles, was es schon gibt, *nicht* nochmals programmieren, sondern wiederverwenden! Kurz gesagt: So faul wie möglich sein.

Die *erste* Anweisung eines Konstruktorrumpfs kann ein expliziter Aufruf eines anderen Konstruktors derselben Klasse sein. Er wird als this, gefolgt von einer geklammerten aktuellen Parameterliste geschrieben.

ConstructorBody ::= *Rumpf*
{ **this** ([*ArgumentList*]) *BlockStatements* }

Konstruktoren können also genauso wie Methoden **überladen** werden.

Die Syntax für den Aufruf eines Konstruktors sieht folgendermaßen aus: *Aufruf*

ClassInstanceCreationExpression ::=
new *ClassType* ([*ArgumentList*])

ArgumentList ::= Expression ...

Erzeugung von Objekten

Die Erzeugung von Objekten läuft in der Regel nach folgendem Schema ab:

1 **Deklaration eines Referenz-Attributs** zur Aufnahme der Speicheradresse des zu erzeugenden Objekts.
2 **Erzeugung eines Objekts** mit dem new-Operator und Zuweisung der Referenz an das Referenz-Attribut.
3 **Zugriff** auf das neu erzeugte Objekt **über das Referenz-Attribut** und die Angabe der auszuführenden Operation (**Punkt-Notation**).

```
//Deklaration eines Referenz-Attributs
Anzeige eineAnzeige;
...
//Ein Objekt der Klasse Anzeige erzeugen
//und die Referenz dem Referenz-Attribut zuweisen
eineAnzeige = new Anzeige
   ("Gut erhaltender Gartentisch");
//Operationen auf das neue Objekt anwenden
eineAnzeige.setRubrik("Garten");
```
Beispiel

3.9 UML-Sequenzdiagramme *

Um sich einen Überblick darüber zu verschaffen, wie Objekte in zeitlicher Reihenfolge miteinander kommunizieren, gibt es in der UML das Sequenzdiagramm. Es stellt einen Zusammenhang zwischen dem Klassendiagramm und der zeitlichen Aufruffolge von Operationen dar, um eine bestimmte Aufgabe zu lösen.

Das **UML-Sequenzdiagramm** (*sequence diagram*, abgekürzt **sd**) dient dazu, die zeitliche Zusammenarbeit zwischen Objekten, Klassen und Akteuren (z. B. Menschen) darzustellen, um eine bestimmte Aufgabe zu erledigen.

Vertikale Zeitachse

Kennzeichnend für diese Darstellungsform ist eine (gedachte) Zeitachse, die vertikal von oben nach unten führt (Abb. 3.9-1).

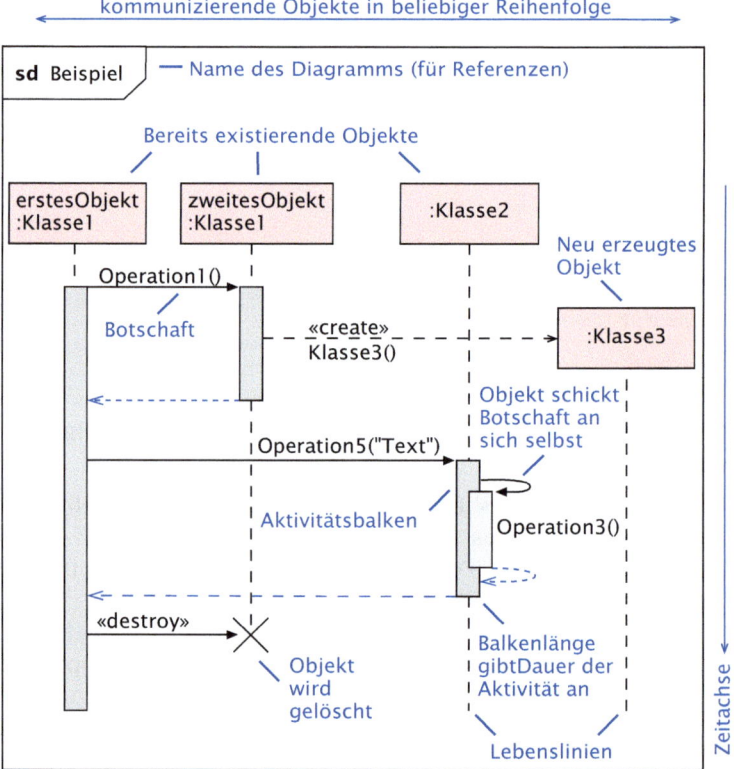

Abb. 3.9-1: Basiselemente eines Sequenzdiagramms.

Objekte, Klassen und Akteure, die Botschaften austauschen, werden durch gestrichelte vertikale Geraden dargestellt (Lebenslinien). Jede **Lebenslinie** (*lifeline*) repräsentiert die Existenz eines Objekts, einer Klasse oder eines Akteurs während einer bestimmten Zeit. Eine Lebenslinie beginnt nach der Existenz eines

Objekts, einer Klasse oder eines Akteurs und endet mit dem Löschen. Existiert ein Objekt, eine Klasse oder ein Akteur während der gesamten Ausführungszeit, dann ist die Linie von oben nach unten durchgezogen. Am oberen Ende der Linie wird ein Objektsymbol (Objektname *nicht* unterstrichen) oder ein Klassensymbol gezeichnet. Zusätzlich kann ein Schlüsselwort *(keyword)* in französischen Anführungszeichen hinzugefügt werden, z. B. <<actor>>.

Wird ein Objekt erst im Laufe der Ausführung erzeugt, dann zeigt eine Botschaft auf die Mitte des Objektsymbols. Die Botschaftslinie wird gestrichelt gezeichnet, der Pfeil ist offen. Zusätzlich kann an die Linie noch das Schlüsselwort <<create>> geschrieben werden. Das Löschen des Objekts wird durch ein großes »X« markiert, evtl. wird an die Linie <<destroy>> geschrieben.

<small>Erzeugen & Löschen von Objekten</small>

Die horizontale Anordnungsreihenfolge der Objekte, Klassen und Akteure ist beliebig. Sie soll so gewählt werden, dass ein möglichst übersichtliches Diagramm entsteht. Die erste vertikale Linie bildet in vielen Sequenzdiagrammen ein Akteur – in der Regel der Benutzer – oft dargestellt als »Strichmännchen«.

<small>Horizontale Anordnung</small>

In das Sequenzdiagramm werden die **Botschaften** eingetragen, die zum Aktivieren der Operationen dienen. Jede Botschaft wird als gerichtete Kante (mit gefüllter Pfeilspitze) vom Sender zum Empfänger gezeichnet. Der Pfeil wird mit dem Namen der aktivierten Operation beschriftet. Eine aktive Operation wird durch einen schmalen Aktivitäts-Balken auf der Lebenslinie angezeigt. Nach dem Beenden der Operation zeigt eine gestrichelte Linie mit offener Pfeilspitze, dass der Kontrollfluss zur aufrufenden Operation zurückgeht.

<small>Botschaften</small>

Um ein Sequenzdiagramm in anderen Diagrammen referenzieren zu können, kann ein Sequenzdiagramm – wie auch bei den anderen Diagrammarten der UML – durch einen Rahmen umgeben werden, in dessen linken oberen Ecke der Name des Diagramms eingetragen wird. Davor wird **sd** für **s**equence **d**iagram eingetragen.

<small>Umrandung</small>

Bei den Objekten im Sequenzdiagramm handelt es sich im Allgemeinen nicht um spezielle Objekte, sondern sie bilden Stellvertreter für beliebige Objekte der angegebenen Klasse, d. h. sie sind anonyme Objekte. Die Aktivitäts-Balken zeigen die Dauer der jeweiligen Verarbeitung. Ist die Verarbeitung abgeschlossen, dann geht der Kontrollfluss wieder zum rufenden Senderobjekt zurück. Sind Sender- und Empfängerobjekt identisch, dann werden die Aktivitäts-Balken übereinander »gestapelt«.

3.10 Objekte als Eingabeparameter in Konstruktoren *

Auf der Parameterliste von Konstruktoren können Objekte stehen. Insbesondere können Objekte der eigenen Klasse als Eingabeparameter verwendet werden, um Kopierkonstruktoren zu erstellen *(copy constructor)*.

Häufig werden in Konstruktoren **Objekte als Eingabeparameter** verwendet. Will man ein neues Objekt erzeugen, das zunächst dieselben Werte wie ein bereits vorhandenes erhält, dann ist dies ein geeignetes Verfahren. Konstruktoren, die eine Kopie erzeugen, bezeichnet man als *copy constructor*.

Beispiel

In der Personalabteilung eines Unternehmens werden die Mitarbeiter verwaltet. Wird ein neuer Mitarbeiter eingestellt, dessen Ehepartner bereits im Unternehmen tätig ist, dann müssen *nicht* alle Daten neu erfasst werden. Anstelle einer vollständigen Neuerfassung der Daten des Ehepartners wird eine Kopie der vorhandenen Daten erzeugt. Anschließend werden nur die abweichenden Daten geändert.

Mitarbeiter

```
// Beispiel für das Klonen eines Objekts
public class Mitarbeiter
{
  //Attribute
  private String vorname, nachname, adresse;
  //Konstruktoren
  public Mitarbeiter(String vorname, String nachname,
    String adresse)
  {
    this.vorname = vorname;
    this.nachname = nachname;
    this.adresse = adresse;
  }
  //Kopier-Konstruktor
  // Übergabe des zu kopierenden Objekts als Parameter
  public Mitarbeiter(Mitarbeiter mitarbeiterAlt)
  {
    this(mitarbeiterAlt.vorname,
      mitarbeiterAlt.nachname,
      mitarbeiterAlt.adresse);
  }
  //get- und set-Methoden, Auswahl
  public String getNachname()
  {
    return nachname;
  }
  public String getAdresse()
  {
    return adresse;
  }
}
```

Mit Hilfe dieses Konstruktors kann nun ein neues, geklontes Objekt erzeugt werden:

```
public class MitarbeiterUI
{
  public static void main(String args[])
  {
    Mitarbeiter mitarbeiterAlt = //1
      new Mitarbeiter("Guido","Baumann","Frankfurt");
    Mitarbeiter mitarbeiterGeklont = //2
      new Mitarbeiter(mitarbeiterAlt);
    System.out.println("Neuer Mitarbeiter: " +
      mitarbeiterGeklont.getNachname() + " " +
      mitarbeiterGeklont.getAdresse());
  }
}
```

Der Programmlauf ergibt folgendes Ergebnis:

`Neuer Mitarbeiter: Baumann Frankfurt`

Obwohl es hier eigentlich unnötig ist, den Vornamen mit zu kopieren, geschieht es hier dennoch. Eine Kopier-Operation sollte nur dann so genannt werden, wenn `kopie.equals(original) == true` gilt. Die Abb. 3.10-1 zeigt die Abläufe.

Der Vorteil eines Kopierkonstruktors liegt darin, dass außerhalb der Klasse *nicht* bekannt sein muss, welche Schritte zum Kopieren im Einzelnen nötig sind (Geheimnisprinzip).

Ausführlich wird der Kopier-Konstruktor in »Klonen vs. Kopieren«, S. 205, behandelt.

3.11 Botschaften *

Die Inanspruchname von Dienstleistungen anderer Klassen und Objekte geschieht durch das Senden von Botschaften. Um eine Botschaft an eine *Klasse* zu senden, müssen der Klassenname sowie der Methodenname einschl. der Signatur bekannt sein. Um eine Botschaft an ein *Objekt* zu senden, müssen die Speicheradresse des Objekts sowie der Methodenname einschl. der Signatur bekannt sein. Beim Erzeugen eines Objekts mit dem Konstruktor wird die Speicheradresse des erzeugten Objekts übergeben und in der Regel in einer Referenzvariablen gespeichert. Der Inhalt dieser Referenzvariablen kann als Parameter an andere Methoden weitergegeben werden.

In der objektorientierten Welt wird über Botschaften miteinander kommuniziert. Genauer gesagt: Botschaften dienen dazu, Dienstleistungen in Anspruch zu nehmen bzw. anzufordern.

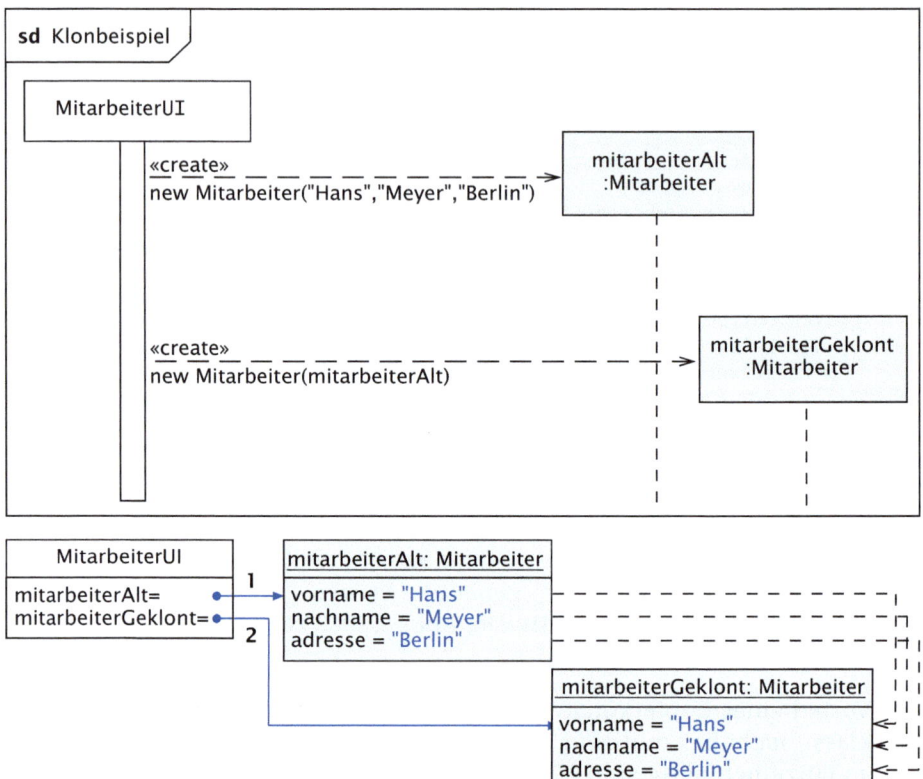

Abb. 3.10-1: Zeitlicher Ablauf und Referenzdarstellung beim Klonen eines Objekts.

Frage   An wen können Botschaften geschickt werden?

Antwort Botschaften werden in der Regel an **Objekte** geschickt. Da aber Objekte nur über Konstruktoren von Klassen erzeugt werden können, können auch Botschaften an **Klassen** geschickt werden. Um Klassenoperationen in Anspruch zu nehmen, müssen ebenfalls Botschaften an Klassen gesendet werden.

Frage   Was muss man wissen, um eine Botschaft an eine Klasse zu senden?

Antwort Eine **Botschaft an eine Klasse** beginnt immer mit dem **Klassennamen**, gefolgt von einem Punkt, gefolgt von dem Namen der aufzurufenden Methode. Hat die Methode Parameter, dann müssen noch die aktuellen Parameter aufgeführt werden. Beim Programmieren sind die Klassennamen für eine Anwendung in der Regel bekannt.

3.11 Botschaften *

`Anzeige.setMwstvoll(19);`	Beispiel

Was muss man wissen, um eine Botschaft an ein Objekt zu senden? — Frage

Man muss den Speicherplatz wissen, wo sich das Objekt auf der **Halde** befindet. Beim Erzeugen eines Objekts kann die Speicheradresse in einer **Referenzvariablen** gespeichert werden. Eine Referenzvariable muss – wie jede andere Variable auch – deklariert werden. Als Typ wird der Klassenname angegeben, von dessen Objekten die Speicheradressen gespeichert werden sollen. — Antwort

Die Angabe dieser Referenzvariablen, gefolgt von einem Punkt, gefolgt von dem Methodennamen und evtl. aktuellen Parametern ermöglicht die Inanspruchnahme von Methoden dieses Objekts (Punktnotation).

```
Kunde einKunde; //Deklaration einer Referenzvariablen
einKunde = new Kunde("Helga Hasselbusch");
einKunde.setTelefon("0234/66453");
```
Beispiel

In der Referenzvariablen `einKunde` wird beim Aufruf von `new` die Speicheradresse des neuen Objekts gespeichert. Durch `einKunde.setTelefon()` wird über die Speicheradresse, die in der Variablen `einKunde` gespeichert ist, auf die Operation `setTelefon()` zugegriffen.

Sie wollen von einem Objekt eine Botschaft an ein anderes Objekt senden. Wie erhalten Sie die Speicheradresse des Objekts? — Frage

Es gibt zwei Möglichkeiten, um die Speicheradresse eines Objekts zu erhalten: — Antwort

- Möglichkeit 1: Innerhalb einer Methode wird ein neues Objekt erzeugt. Durch den Aufruf der `new`-Operation erhält man die Speicheradresse des neuen Objekts und kann dann Botschaften dorthin senden.
- Möglichkeit 2: Die Speicheradresse, die beim Erzeugen des Objekts in einer Referenzvariablen gespeichert wird, wird über die Parameterliste oder als Ergebnisparameter (nach dem Aufruf einer Methode) an andere Objekte weitergegeben. Eine Referenzvariable kann wie jede andere Variable auf Parameterlisten stehen.

Beide Möglichkeiten kommen in diesem Beispiel zum Einsatz. — Beispiel

In der Klasse `Kunde` gibt es eine Methode `erzeugeAnzeige()`, in der ein neues Anzeigenobjekt erzeugt wird.

Die Speicheradresse dieses neuen Anzeigenobjekts wird in der Referenzvariablen `eineAnzeige` gespeichert.

Diese gespeicherte Adresse wird als Ergebnisparameter an den Aufrufer übergeben.

KundeAnzeige

```
//Demonstration von Botschaften
public class Kunde
{
  private String name;
  private Anzeige eineAnzeige;   //Referenzattribut

  //Konstruktor
  public Kunde()
  {
  }
  //Lesende Objektoperationen
  public String getName()
  {
    return name;
  }
  //Schreibende Objektoperationen
  public void setName(String kundenname)
  {
    name = kundenname;
  }
  public Anzeige erzeugeAnzeige(String titel, int preis)
  {
    eineAnzeige = new Anzeige(titel);
    eineAnzeige.setPreis(preis);
    return eineAnzeige;
  }
}
```

Die Klasse Anzeige muss im selben Verzeichnis liegen wie die Klasse Kunde:

```
public class Anzeige
{
  //Objektattribute
  private String titel;
  private int preis; //in Eurocent
  //Konstruktor
  public Anzeige(String titel)
  {
    this.titel = titel;
  }
  //Lesende Objektoperationen
  public String getTitel()
  {
    return titel;
  }
  public int getPreis()
  {
    return preis;
  }
  //Schreibende Objektoperationen
  public void setTitel(String titel)
  {
```

```
      this.titel = titel;
   }
   public void setPreis(int preis)
   {
      this.preis = preis;
   }
}
```

Das Hauptprogramm sieht folgendermaßen aus:

```
public class KundeUI
{
   public static void main(String arg[])
   {
      //Aufruf des Konstruktors
      Kunde einKunde = new Kunde();
      //Aufrufe von Objektoperationen
      einKunde.setName("Helga Hasselbusch");
      Anzeige eineAnzeige = einKunde.erzeugeAnzeige
         ("Gut erhaltener Gartentisch", 2000);
      String kundenname = einKunde.getName();
      System.out.println("Kunde " + kundenname +
         " hat die Anzeige\n\"" +
         eineAnzeige.getTitel() +
         "\" aufgegeben");
   }
}
```

Der Programmlauf liefert folgendes Ergebnis:

```
Kunde Helga Hasselbusch hat die Anzeige
"Gut erhaltener Gartentisch" aufgegeben
```

3.12 Java-Annotationen **

Java-Annotationen sind eine Funktion, um Metadaten im Quellcode zu verankern. Diese Metadaten werden von der Java-Umgebung oder von Werkzeugen und Frameworks zur Laufzeit oder zur Kompilierzeit genutzt, um das Verhalten zu beeinflussen oder Informationen bereitzustellen. Annotationen verbessern die Lesbarkeit und Wartbarkeit von Softwaresystemen erheblich.

Eine Annotation in Java ist ein spezielles Konstrukt, das mit dem Symbol @ beginnt und an Klassen, Methoden, Feldern, Parametern und anderen Elementen angewendet werden kann. Sie liefert Zusatzinformationen über das annotierte Element, ohne es direkt zu beeinflussen.

Die grundlegende Syntax einer Annotation lautet: Syntax

```
@AnnotationName
```

Manchmal können Annotationen auch Parameter enthalten:

```
@AnnotationName(parameterName = "value")
```

Die Programmiersprache Java bringt eine Reihe von bekannten, in die Laufzeitumgebung eingebauten Annotationen mit.

1. `@Override`: Diese Annotation weist den Compiler an, sicherzustellen, dass eine Methode eine Methode der Oberklasse überschreibt. Der Compiler prüft, ob die Methode `display()` in der Klasse `Child` tatsächlich die Methode der Oberklasse überschreibt. Falls die Oberklasse keine Methode `display()` besitzt, wird eine entsprechende Compiler-Fehlermeldung ausgelöst.

```
class Parent {
    public void display() {
        System.out.println("Parent display");
    }
}

class Child extends Parent {
    @Override
    public void display() {
        System.out.println("Child display");
    }
}
```

2. `@Deprecated`: Diese Annotation markiert ein Element als veraltet. Das soll darauf hinweisen, dass das Element zwar noch in der Klassenbibliothek enthalten ist, um eine gewisse Abwärtskompatibilät zu gewährleisten, dass jedoch in den nächsten Versionen dieses Element eventuell entfernt werden kann.

```
class Example {
    @Deprecated
    public void oldMethod() {
        System.out.println("This method is deprecated");
    }
}

public class Main {
    public static void main(String[] args) {
        Example example = new Example();
        // Warnung: Diese Methode ist veraltet
        example.oldMethod();
    }
}
```

3. `@SuppressWarnings`: Diese Annotation unterdrückt Compiler-Warnungen und verhindert damit, dass der Compiler eine Warnung wegen des »unchecked«-Typs ausgibt.

```
import java.util.*;

public class Main {
```

```
    @SuppressWarnings("unchecked")
    public void uncheckedExample() {
        List rawList = new ArrayList();
        rawList.add("Test");
    }
}
```

Eigene Annotationen erstellen

Java erlaubt es, benutzerdefinierte Annotationen zu erstellen. Eine Annotation wird mit dem Schlüsselwort `@interface` definiert.

```
import java.lang.annotation.*;

@Retention(RetentionPolicy.RUNTIME)
@Target(ElementType.METHOD)
public @interface CustomAnnotation {
    String value();
}
```

- **`@Retention`** definiert, wie lange die Annotation verfügbar ist:
  - `RetentionPolicy.CLASS`: Die Annotation ist nur zur Kompilierungszeit verfügbar und wird nicht in der Laufzeitumgebung beibehalten.
  - `RetentionPolicy.RUNTIME`: Die Annotation ist zur Laufzeit verfügbar und kann mittels Reflection ausgelesen werden.
  - `RetentionPolicy.SOURCE`: Die Annotation ist nur im Quellcode vorhanden und wird bei der Kompilierung entfernt.
- **`@Target`** gibt an, an welchen Elementen diese Annotation verwendet werden darf:
  - `ElementType.METHOD`: Für Methoden.
  - `ElementType.FIELD`: Für Felder.
  - `ElementType.TYPE`: Für Klassen, Schnittstellen oder Enumerationen.
  - Weitere Optionen wie `PARAMETER`, `ANNOTATION_TYPE` sind ebenfalls möglich.

Erklärung

Verwendung einer benutzerdefinierten Annotation

```
public class Main {
    @CustomAnnotation(value = "Example")
    public void annotatedMethod() {
        System.out.println("Annotated method executed");
    }

    public static void main(String[] args) {
        Main main = new Main();
        main.annotatedMethod();

        // Annotation zur Laufzeit auslesen
        CustomAnnotation annotation = main.getClass()
```

```
            .getMethod("annotatedMethod")
            .getAnnotation(CustomAnnotation.class);

        System.out.println("Annotation Value: "
                            + annotation.value());
    }
}
```

Die benutzerdefinierte Annotation CustomAnnotation wird auf die Methode annotatedMethod angewendet. Damit die Annotation zur Laufzeit mittels *Reflection* ausgelesen werden kann, wurde @Retention(RetentionPolicy.RUNTIME) bei der Deklaration der Annotation hinzugefügt. Mit @Target(ElementType.METHOD) wird sichergestellt, dass die Annotation nur auf Methoden angewendet werden kann. Es wird eine Compilerfehlermeldung erzeugt, sobald man versucht, diese Annotation an andere Elemente wie zum Beispiel Klassen oder Attribute zu binden.

Wiederholbare Annotationen

Seit Java 8 können Annotationen mehrfach auf dasselbe Element angewendet werden:

```
import java.lang.annotation.*;

@Retention(RetentionPolicy.RUNTIME)
@Target(ElementType.METHOD)
@Repeatable(Schedules.class)
public @interface Schedule {
    String time();
}

@Retention(RetentionPolicy.RUNTIME)
@Target(ElementType.METHOD)
public @interface Schedules {
    Schedule[] value();
}

public class Main {
    @Schedule(time = "Morning")
    @Schedule(time = "Evening")
    public void scheduledMethod() {
        System.out.println("Scheduled method executed");
    }
}
```

Die Annotation @Schedule kann mehrfach angewendet werden, da sie mit @Repeatable gekennzeichnet ist. @Schedules dient als Container für mehrere @Schedule-Annotationen.

Praxisbeispiel

Ein Beispiel aus **JPA** (Java Persistence API) illustriert den praktischen Nutzen von Annotationen in einem Framework-Kontext. JPA wird verwendet, um Java-Objekte auf relationale Datenbanken abzubilden, und nutzt Annotationen, um die Datenbankstruktur und das Verhalten zu definieren:

```
@Data
@EqualsAndHashCode(callSuper = false)
@Entity
public class Beziehung extends PersistentObject   {
    @ManyToOne
    @JoinColumn(name="FK_Subjekt")
    private BenutzerAccount subjekt;

    @ManyToOne
    @JoinColumn(name="FK_Objekt")
    private BenutzerAccount objekt;

    @Enumerated(EnumType.STRING)
    private BeziehungsTypET beziehungsTyp;
}
```

- **@Entity:** Markiert die Klasse als Entität, die in einer Datenbanktabelle gespeichert wird.
- **@ManyToOne:** Gibt eine Many-to-One-Beziehung an, bei der mehrere `Beziehung`-Objekte mit einem `BenutzerAccount` verknüpft sind.
- **@JoinColumn:** Gibt die Spalte in der Datenbanktabelle an, die die Beziehung repräsentiert. Der Parameter `name` spezifiziert den Spaltennamen.
- **@Enumerated:** Gibt an, wie ein Enum-Typ in der Datenbank gespeichert wird. `EnumType.STRING` speichert den Enum-Wert als String.

Java-Annotationen bieten eine Möglichkeit an, Metadaten in den Code einzufügen. Sie helfen dabei, Code strukturierter, sicherer und wartbarer zu gestalten. Durch benutzerdefinierte Annotationen und die Verwendung von Meta-Annotationen lassen sich erweiterte Funktionalitäten implementieren.

Fazit

3.13 Box: Kreuzworträtsel 1 *

Um objektorientiert programmieren zu können, müssen Sie die objektorientierten Programmierkonzepte kennen, verstanden haben und auf eigene Probleme anwenden können.

Zusätzlich müssen Sie wichtige Begriffe der objektorientierten Programmierung kennen, d. h. Sie müssen auch in der Lage sein, den Beschreibungen die richtigen Begriffe zuzuordnen. Anhand eines Kreuzworträtsels können Sie diese Fähigkeiten überprüfen.

Lösen Sie das Kreuzworträtsel (Abb. 3.13-1). Die Musterlösung dazu finden Sie im Anhang.

3 Basiskonzepte im Detail *

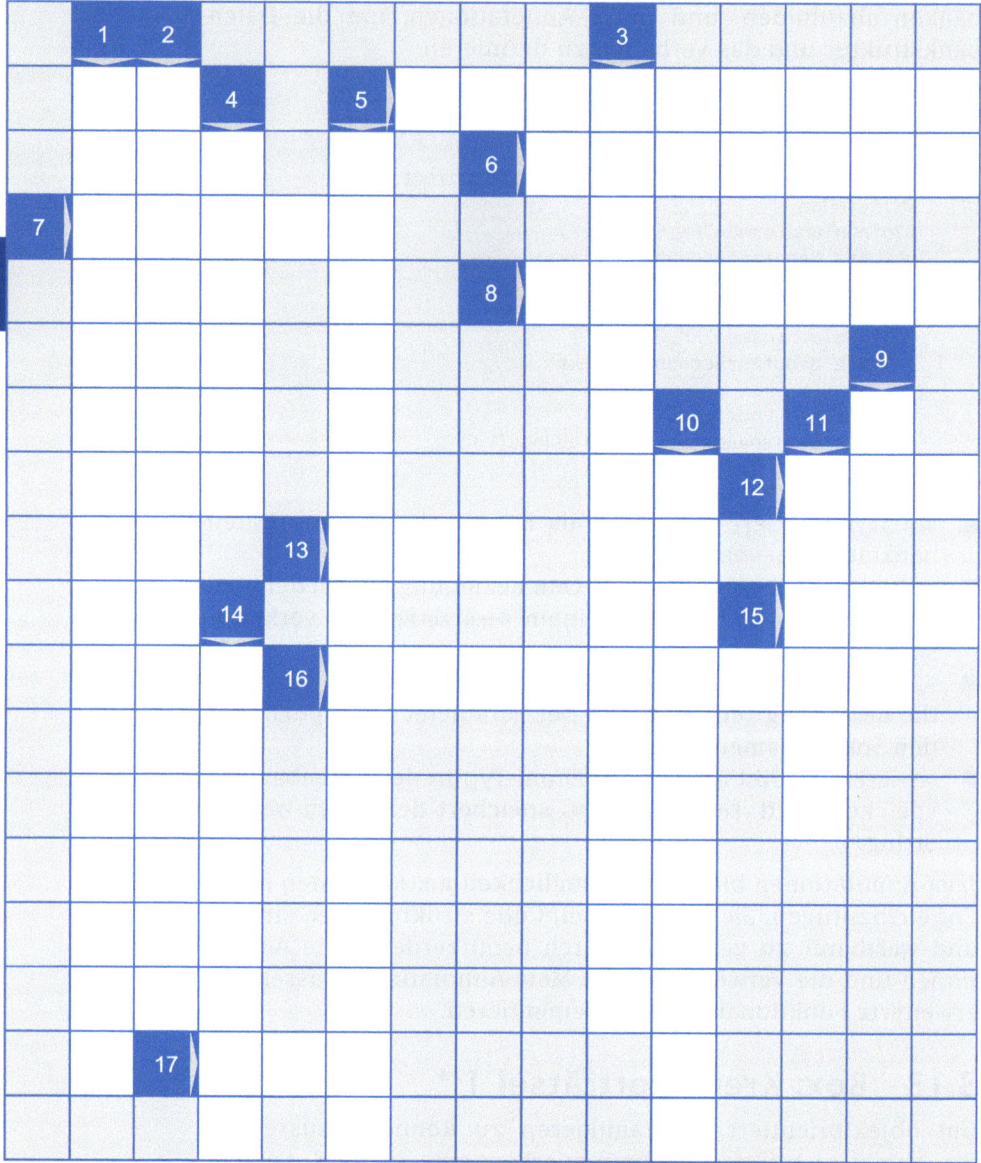

Abb. 3.13-1: Kreuzworträtsel zu Grundbegriffen der objektorientierten Programmierung.

Gesuchte Wörter:
Senkrecht:
1. Macht das Objekt zur Datenkapsel.
2. Attribut, das zu allen Objekten einer Klasse gehört.

3 Grafische, zeitbasierte Darstellung mit vertikaler Zeitachse von Botschaften zwischen Objekten und Klassen.
4 Schablone für das Erzeugen von Objekten.
5 Enthält als Wert eine Speicheradresse.
9 Kurzform von Objektorientierung.
10 Parameterübergabemechanismus, bei dem die gerufene Operation nur mit einer Kopie der Eingabeinformationen arbeitet (zusammengeschrieben).
11 Dieses obskure ... der Begierde (Film 1977)
14 Variablenbezeichnung in der UML.

Waagerecht:

5 Hilft bei Problemen im Ausland.
6 In Programmiersprachen wie Java und Smalltalk als Bezeichnung für eine Prozedur und eine Funktion verwendet.
7 Objekte werden dort im Arbeitsspeicher abgelegt.
8 Ich befinde mich in keinem guten ...
12 Kurzform für Objektorientierte Programmierung
13 Operator, der einen Konstruktor aufruft.
15 Java Development Kit (Abkürzung).
16 Alles, was ein Objekt tun kann.
17 Standard für objektorientierte, grafische Notation (Abkürzung).

4 Klassen benutzen und bereitstellen *

In Java gibt es standardmäßig Tausende von Klassen, die zum Sprachumfang gehören. Zusätzlich werden viele Klassen von Organisationen und Firmen kostenfrei oder kostenpflichtig angeboten. Um dieses Angebot nutzen zu können, muss man wissen, wie Klassen organisiert und dokumentiert werden. Dieses Wissen ist auch erforderlich, um eigene Klassen der Java-*Community* zur Verfügung zu stellen.

In der Softwaretechnik und auch in Java werden Klassen zu Paketen zusammengefasst:

Pakete

- »Pakete«, S. 80

Um fremde Klassen verwenden zu können, ist eine ausführliche und einheitliche Kommentierung einer Klasse erforderlich:

Dokumentation

- »Dokumentationskommentare und Javadoc«, S. 86

Alle zum Sprachumfang gehörenden Klassen findet man in der Java-API-Spezifikation – dokumentiert im HTML-Standard-Format von Javadoc:

Java-API

- »Vorhandene Klassen benutzen«, S. 96

In Java gibt es aus Effizienzgründen neben Klassen auch einfache Typen wie z. B. `int`, `float` usw. Viele Klassen können aber nur mit Objekten arbeiten. Daher gibt es in Java zu jedem einfachen Typ eine entsprechende Klasse mit Methoden, die es ermöglichen Werte einfacher Typen in Objekte dieser Klassen zu wandeln und umgekehrt:

Hüllklassen

- »Die Hüllklassen für einfache Typen«, S. 99

Bei der Vielzahl der in Java vorhandenen Klassen kann man nicht alle kennen und noch weniger beherrschen. Dennoch gibt es einige Klassen, die man immer wieder benötigt und die man daher detailliert kennen sollte:

Wichtige Klassen

- »Die Klasse ArrayList<E>«, S. 103
- »Die Klasse Scanner«, S. 110

Es ist *nicht* sinnvoll, dass eine von Ihnen benutzte Klasse in einem Fehlerfall selbstständig eine Fehlermeldung ausgibt.

Ausnahmen

Überlegen Sie warum?

Frage

Sie als Aufrufer einer Methode wissen am besten, wie Sie mit einem Fehler umgehen wollen. Hat ein Benutzer beispielsweise einen fehlerhaften Wert eingegeben, dann können Sie ihn zu einer neuen Eingabe auffordern und ihm erklären, worin der Fehler bestand. Sie können aber – je nach Aufgabenstellung – auch

Antwort

in Ihrem Programm fortfahren, ohne eine erneute Aufforderung an den Benutzer zu stellen.

In Java gibt es daher die Möglichkeit, dass eine aufgerufene Methode dem Aufrufer mitteilt, dass er selbst für die Fehlerbehandlung zuständig ist:

- »Ausnahmebehandlung mit throw«, S. 116

Dieses Wissen benötigt man auch, um eine eigene Klasse zur Verfügung zu stellen. Für die Eingabe von Informationen wird die selbst entwickelte Klasse Console benutzt:

- »Die selbstentwickelte Klasse Console«, S. 121

String Sehr häufig werden in Java die String-Klassen verwendet:

- »Die String-Klassen von Java«, S. 123

In vielen Anwendungen spielen Datums- und Kalenderangaben eine Rolle:

- »Das Paket java.time«, S. 133

4.1 Pakete *

Das Paket-Konzept *(package)* von Java ermöglicht es, Klassen zu einer übergeordneten Einheit zusammenzufassen. Pakete wiederum können hierarchisch gegliedert werden. Jede Klasse ist Bestandteil genau eines Pakets. Zur Java-Sprache gehören eine Reihe vordefinierter Pakete. Klassen eines Pakets können in einer Klasse verwendet werden, wenn sie mit der import-Anweisung importiert werden. Dabei können einzelne Klassen (import paketname.Klassenname) oder alle Klassen eines Pakets importiert werden (import paketname.*). Die *-Notation schließt Klassen in Unterpaketen *nicht* ein. Innerhalb und zwischen Paketen gelten besondere Sichtbarkeitsregeln und Zugriffsrechte.

Pakete in der Softwareentwicklung

Bei umfangreichen Softwareentwicklungen entstehen viele Klassen und Diagramme. Um einen Überblick über diese Vielfalt zu bewahren, wird ein Strukturierungskonzept benötigt, das von den Details abstrahiert und die übergeordnete Struktur verdeutlicht.

Pakete **Pakete** *(packages)* sind ein solcher Strukturierungsmechanismus. Sie erlauben es, Komponenten zu einer größeren Einheit zusammenzufassen. Der Paketbegriff ist allerdings nicht einheitlich definiert. Üblich sind auch die Begriffe Subsystem, *subject* und *category*.

4.1 Pakete *

In der UML gruppiert ein Paket Modellelemente (z. B. Klassen) und Diagramme. Ein Paket kann selbst Pakete enthalten. Ein Paket wird in der UML als Rechteck mit einem Reiter dargestellt (siehe Marginalspalte). Wird der Inhalt des Pakets nicht gezeigt, dann wird der Paketname in das Rechteck geschrieben, andernfalls in den Reiter. Der Paketname muss im beschriebenen Softwaresystem eindeutig sein.

Jedes Paket definiert einen Namensraum, d.h innerhalb eines Pakets müssen die Namen der enthaltenen Elemente eindeutig sein. Jede Klasse – allgemeiner jedes Modellelement – gehört zu höchstens einem (Heimat-)Paket. Von anderen Paketen kann jedoch darauf verwiesen werden. Wird eine Klasse A eines Pakets pa in einem anderen Paket pb verwendet, dann wird als Klassenname pa::A angegeben. Bei geschachtelten Paketen werden alle Paketnamen – jeweils durch :: getrennt – vor den Klassennamen gesetzt, z. B. paket1::paket11::paket111::Klasse.

Namensraum

Pakete in Java

In Java können Klassen zu Paketen zusammengefasst werden. Pakete dienen in Java dazu,

- große Gruppen von Klassen, die zu einem gemeinsamen Aufgabenbereich gehören, zu bündeln und zu verwalten,
- potenzielle Namenskonflikte zu vermeiden,
- Zugriffsrechte und Sichtbarkeit zu definieren und zu kontrollieren,
- eine Hierarchie von verfügbaren Komponenten aufzubauen.

Aufgaben

Jede Klasse in Java ist Bestandteil genau eines Pakets. Ist eine Klasse *nicht* explizit einem Paket zugeordnet, dann gehört es implizit zu einem *default*-Paket. Jeder Java-Compiler stellt mindestens ein *default*-Paket zur Verfügung. Klassen des *default*-Pakets können ohne explizite import-Anweisung innerhalb des *default*-Pakets verwendet werden. Das *default*-Paket ist für kleinere Programme gedacht, für die es sich *nicht* lohnt, eigene Pakete anzulegen.

default package

Das *default*-Paket sollte *nicht* verwendet werden, um Namenskonflikte von vornherein zu vermeiden. Legen Sie daher alle Ihre Klassen in ein benanntes Paket. Viele Entwicklungsumgebungen fordern automatisch einen Paketnamen an.

Paketnamen enthalten ausschließlich Kleinbuchstaben, z. B. inout und beginnen immer mit der URL des Herstellers in umgekehrter Reihenfolge, z. B. de.w31.inout. Oft wird die *Top-Level-Domain* z. B. .org, .net, .edu, .gov, .biz, .info usw. – hier de – weggelassen: w31.inout.

Schreibweise

Die Namenskonventionen werden ausführlich in [Bloc05, S. 165 (Item 38)] erläutert.

Paket-Hierarchie

Pakete sind in Java hierarchisch gegliedert, d. h. ein Paket kann Unterpakete besitzen, die selbst wieder in Unterpakete aufgeteilt sind, usw.

Punktnotation

Die Paket-Hierarchie wird durch eine Punktnotation ausgedrückt:
`paket.unterpaket1.unterpaket11. ... .Klasse`.

Import von Paketen

Verwendung von Paketen

Um eine Klasse verwenden zu können, muss angegeben werden, in welchem Paket sie sich befindet. Dies kann auf folgende zwei Arten geschehen:

Volle Qualifizierung

- Die Klasse wird über ihren vollen (qualifizierten) Namen angesprochen.

Beispiel

`java.util.Random einZufall = new java.util.Random();` In dieser Anweisung wird auf die Java-Standardklasse `Random` zugegriffen, die sich im Paket `util` und dieses Paket wiederum im Paket `java` befindet.

import-Anweisung

- Vor dem Schlüsselwort `class` werden die Klassen, die verwendet werden sollen, mithilfe einer `import`-Anweisung eingebunden.

Beispiel

```
import java.util.Random;
...
Random einZufall = new Random();
```

Eine Klasse

Wird in der `import`-Anweisung *eine* Klasse angegeben, dann wird genau eine Klasse importiert, im Beispiel `Random`. Alle anderen Klassen des Pakets bleiben unsichtbar.

Alle Klassen

`import paket.*;` gibt an, welche Klassen des angegebenen Pakets bei Bedarf importiert werden *können*. Wirklich importiert werden aber nur die benötigten Klassen. Klassen aus untergeordneten Paketen dieses Pakets können *nicht* importiert werden.

Beispiel

```
import java.util.*;
...
Random einZufall = new Random();
Date einDatum = new Date();
```

Besitzen zwei Pakete Klassen mit denselben Namen, dann müssen die Paketnamen für diese Klassen explizit angegeben werden.

Vordefinierte Pakete

Zu Java gehören eine Vielzahl vordefinierter Pakete, die mit dem JDK *(Java Development Kit)* ausgeliefert werden (Tab. 4.1-1).

Paketname	Erläuterung
java.applet	Applets
java.awt	AWT *(Abstract Window Toolkit)*
java.awt.datatransfer	AWT-Funktionen für die Zwischenablage
java.awt.event	AWT-Ereignisbehandlung
java.awt.image	AWT-Bildverarbeitung
java.beans	Java-Komponenten
java.io	Bildschirm- und Datei-Ein-/Ausgabe
java.lang	Elementare Sprachunterstützung

Tab. 4.1-1: Beispiele für Java-Standardpakete.

Die im Paket java.lang enthaltenen Klassen sind für Java so elementar, dass sie von jeder Klasse automatisch importiert werden, d. h. ein expliziter Import ist *nicht* erforderlich. — java.lang

Viele Anbieter stellen kostenlose und kostenpflichtige Java-Pakete zur Verfügung. Man spricht auch von Klassenbibliotheken, wenn sie bestimmte Anwendungsbereiche abdecken. — Fremde Pakete

In Java wird eine Paket-Deklaration zusammen mit Import- und Klassendeklarationen als Übersetzungseinheit *(compilation unit)* bezeichnet. — Übersetzungseinheit

Import von Klassenattributen und Klassenoperationen

Sind in einer Klasse Klassenattribute und/oder Klassenoperationen deklariert und sollen diese in einer anderen Klasse in einem anderen Paket eingesetzt werden, dann gibt es dazu zwei Importmöglichkeiten:

- Angabe von Klassenname.Attributname oder Klassenname.Operationsname, z. B. Math.PI oder Math.sin(Math.PI/2.0f).
- Importieren von Klassenattributen und Klassenoperationen durch import static paketname1.paketname11.Klassenname.*;
  z. B. import static java.lang.Math.*;
  Die so importierten Klassenattribute und -operationen können dann ohne Angabe des Klassennamens verwendet werden, als wären es eigene Attribute und Operationen. Diese Importanweisung darf *nicht* mit der Anweisung import paketname1.paketname11.* verwechselt werden, bei der alle Klassen aus dem Paket paketname11 importiert werden.

Die Verwendung dieser import-Möglichkeit sollte nur restriktiv erfolgen, da leicht der Überblick über verwendete Klassenattribute und -operationen verloren geht.

Eigene Pakete

Ein eigenes Paket wird dadurch angelegt, dass vor die Klassendeklaration und vor die Import-Anweisungen das Schlüsselwort package gefolgt von dem Paketnamen aufgeführt wird, dem die nachfolgende Klasse zugeordnet werden soll. Der Compiler löst – ebenso wie bei den Import-Anweisungen – den hierarchischen Namen in eine Kette von Unterverzeichnissen auf, an deren Ende die Quelldatei steht. Neben der Quelldatei wird auch die Klassendatei (.class-Datei) in diesem Unterverzeichnis abgelegt. Der Java-Compiler übersetzt eingebundene Quelldateien, die noch *nicht* übersetzt sind, automatisch mit.

Mehrfachverwendung von Paketen

Wenn Sie ein selbst geschriebenes oder fremdes Paket in mehreren von Ihren Programmen benötigen, dann ist es *nicht* sinnvoll, jedes Mal dieses Paket in den Ordner zu legen, in dem sich Ihr Programm befindet. Es ist daher auch möglich, das oder die Pakete an einer beliebigen Stelle in Ihrer Ordnerhierarchie zu speichern. Damit der Java-Compiler aber weiß, wo sich diese Pakete in Ihrer Ordnerhierarchie befinden, müssen Sie einen sogenannten CLASSPATH setzen, in dem Sie den übergeordneten Ordner angeben, in dem sich Ihre Pakete befinden.

Beispiel

> Sie haben das Paket inout in den Ordner JavaPakete gelegt. Sie müssen dann folgenden CLASSPATH setzen:
>
> C:\JavaPakete
>
> wenn sich der Ordner JavaPakete auf der obersten Ebene im Laufwerk C befindet.

 Das Einrichten eines CLASSPATH wird im Wissensbaustein »Path und CLASSPATH bei Java-Compilern einstellen« beschrieben, der sich im kostenlosen E-Learning-Kurs zu diesem Buch befindet.

 Wie in der Java-Entwicklungsumgebung BlueJ Pakete angelegt werden, wird im Wissensbaustein »BlueJ: Pakete anlegen« beschrieben, der sich im kostenlosen E-Learning-Kurs zu diesem Buch befindet.

Zugriffsrechte und Sichtbarkeit

Durch Pakete werden zusätzliche Zugriffsrechte und Sichtbarkeitsregeln eingeführt. Zur Steuerung der Zugriffsrechte gibt es in Java vier verschiedene Zugriffskategorien. Drei von ihnen werden durch Schlüsselwörter gekennzeichnet, die vierte ist voreingestellt und gilt, wenn keine explizite Kategorie angegeben ist.

Die Zugriffskategorien erlauben eine gezielte Vergabe von Zugriffsrechten, und zwar einzeln für jedes Attribut, jede Operation und jeden Konstruktor. Folgende Kategorien sind definiert:

- `public`: Erlaubt »weltweiten« Zugriff von außen auf das Attribut, die Operation oder den Konstruktor, *unabhängig* von der Paketzugehörigkeit.   *public UML: +*
- `private`: So deklarierte Attribute, Operationen und Konstruktoren sind nur innerhalb der eigenen Klasse sichtbar.   *private UML: -*
- `protected`: Gilt im Zusammenhang mit der sogenannten Vererbung, siehe »Einfachvererbung«, S. 183.   *protected UML: #*
- Ohne Angabe einer Zugriffskategorie sind das Attribut, die Operation oder der Konstruktor nur innerhalb des Pakets sichtbar, in dem die Klasse definiert ist (in Java `package-private` genannt). Von außerhalb des Pakets ist *kein* Zugriff möglich. Umgangssprachlich wird diese Kategorie auch »friendly« genannt.   *implizit »friendly« UML: ~*

Die Abb. 4.1-1 veranschaulicht die Zusammenhänge.

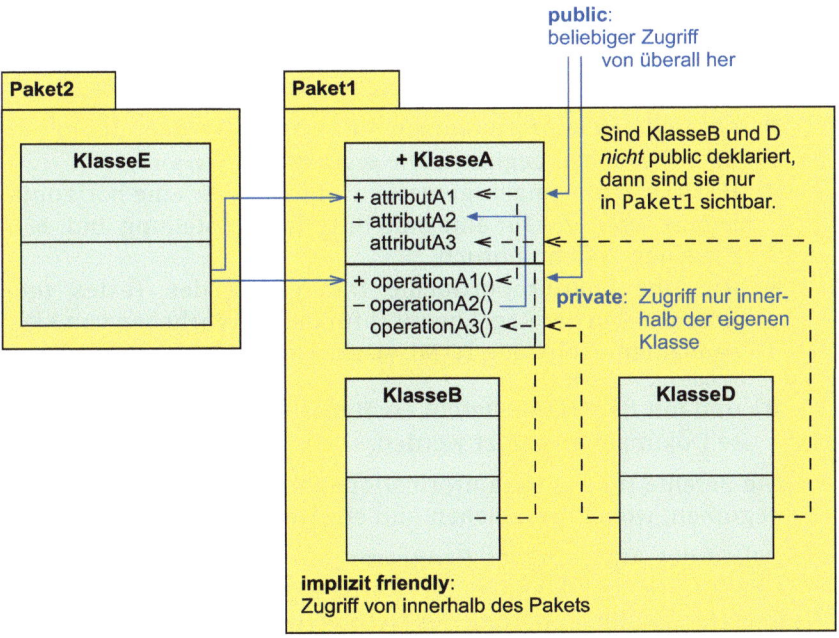

Abb. 4.1-1: Sichtbarkeitsregeln innerhalb und außerhalb von Paketen.

Kategorien für Klassen

Bei Klassen wird entweder public (UML: + vor Klassenname) oder *keine* explizite Kategorie angegeben. Ohne public-Angabe kann die Klasse nur innerhalb des Pakets, in dem sie deklariert ist, benutzt werden. public-Klassen können überall verwendet werden.

Tipp

So restriktiv wie möglich!
Der externe Zugriff auf Klassen, Attribute und Methoden sollte – soweit fachlich möglich – eingeschränkt werden. Das Geheimnisprinzip – siehe »Klassen: das Wichtigste«, S. 12 – sollte so weit wie möglich beibehalten werden. Eine ausführliche Begründung finden Sie in [Bloc05, S. 59 ff. (Item 12)].

4.2 Dokumentationskommentare und Javadoc *

In Java gibt es spezielle Dokumentationskommentare (/** Kommentar */), die durch das Werkzeug Javadoc ausgewertet werden. Es entsteht eine HTML-Dokumentation, die die Standarddokumentation für alle bereitgestellten Klassen ist.

In Java gibt es einen **Dokumentationskommentar**, der folgendermaßen aufgebaut ist: /** Kommentar */. Alle Zeichen zwischen /** und */ werden vom Compiler überlesen, von dem Java-Programm **Javadoc** sowie einigen Programmierumgebungen jedoch ausgewertet, um eine automatische Dokumentation im HTML-Format zu erstellen. In einem solchen Kommentar können

- spezielle Metainformationen eingestreut werden, die mit einem @-Zeichen beginnen wie @author und @version,
- HTML-Befehle eingefügt werden wie <hr/> für eine horizontale Line, .. für eine halb fette Textdarstellung und <br/> für einen Zeilenumbruch,
- für eine nichtproportionale Darstellung des Textes *(monospace)* – in der Regel benutzt für das Hervorheben von Klassennamen – folgende HTML-Markierungen benutzt werden: <code>...</code>
- und mit dem HTML-Befehl <a> Hyperlinks auf andere relevante Dokumente gesetzt werden.

Die Befehle für die Metainformationen müssen am Zeilenanfang beginnen, wobei Leerzeichen und ein Stern überlesen werden.

Quellcode-Kommentierung

Neben der Angabe eines **Programmvorspanns** muss auch der Quellcode selbst dokumentiert werden. Besonders wichtig ist die geeignete Kommentierung der Methoden einer Klasse. Neben der **Aufgabenbeschreibung jeder Methode** ist die **Bedeutung der Parameter** zu kommentieren, immer wenn dies aus dem Parameternamen *nicht* eindeutig ersichtlich ist.

4.2 Dokumentationskommentare und Javadoc *

Zur Kommentierung von Methoden können in Dokumentationskommentaren folgende Befehle eingestreut werden:

- `@param`: Name, Bezeichnung und ggf. gültiger Wertebereich pro Parameter (für jeden Parameter ein `@param`-Befehl.
- `@return`: Beschreibung eines Ergebnisparameters.
- `@exception` oder `@throws`: Name und Beschreibung von Ausnahmen.
- `@see`: Verweis auf eine andere Klasse.

Das Java-Programm Javadoc – das Bestandteil des **JDK** ist – generiert aus den Dokumentationsangaben eine HTML-Dokumentation. Vollständige und aktuelle Informationen über Javadoc erhalten Sie, wenn Sie in eine Suchmaschine die Wörter `oracle javadoc` eingeben.

Wählt man in der Java-Entwicklungsumgebung BlueJ im Menü `Tools` den Menüpunkt `Project Documentation`, dann wird automatisch eine Javadoc-Dokumentation erzeugt. Es wird ein Ordner `doc` angelegt. Durch Aufruf der Datei `index.html` wird die HTML-Dokumentation geöffnet.

Die Dokumentationen für alle Klassen, die für Java zur Verfügung gestellt werden, sind mit Javadoc erstellt. Sie haben dadurch dasselbe Aussehen, sodass man sich schnell in der Dokumentation fremder Klassen zurechtfindet.

Standard

Die Klasse `Wetter` sieht mit Dokumentationskommentaren folgendermaßen aus:

Beispiel

```
/** Die Klasse <b>Wetter</b> ermöglicht es,
 * die Temperatur und <br/>
 * den Namen einer Wetterstation zu verwalten.
 * <hr/>
 * @author Helmut Balzert
 * @version 1.0
 */
public class Wetter
{
 private int temperatur;
 private String station;
 /** Der Konstruktoraufruf erfordert die Namensangabe
  * der Station.
  */
 public Wetter (String station)
 {
     this.station = station;
 }
 /** Es wird die aktuelle Temperatur gespeichert.
  * @param temperatur als ganzzahliger Wert.
  */
 public void setTemperatur(int temperatur)
 {
  this.temperatur = temperatur;
```

```java
}
/** Es wird die aktuelle Temperatur zurückgegeben.
 * @return temperatur als ganzzahliger Wert.
 */
public int getTemperatur()
{
 return temperatur;
}
/** Es wird der Name der Wetterstation zurückgegeben.
 * @return Stationsname als String
 */
public String getStation()
{
    return station;
}
}
```

Die automatisch erzeugte HTML-Dokumentation zeigt ausschnittsweise die Abb. 4.2-2.

Dokumentationsrichtlinien und Code-Konventionen

Die Firma Oracle hat für Javadoc und für die Formatierung von Java-Quellcode Richtlinien und Konventionen vorgeschlagen:

- How to Write Doc Comments (http://www.oracle.com/technetwork/java/javase/documentation/index-137868.html)
- Code Conventions (http://www.oracle.com/technetwork/java/codeconv-138413.html)

Die Javadoc-Richtlinien fordern beispielsweise, dass der jeweils erste Satz einer Javadoc-Dokumentation eine kurze, aber vollständige Beschreibung der Klasse enthält. Dieser erste Satz soll mit einem Punkt gefolgt von einem Leerzeichen oder einem Zeilenende enden. Die Konventionen für die Kommentierung und die Formatierung von Quellcode sind sehr detailliert. Bei einigen Konventionen kann man auch anderer Meinung sein.

Beispiel

Eine öffnende geschweifte Klammern soll am Ende eines Sprachelements beginnen, die abschließende geschweifte Klammer allein in einer Zeile stehen:

```
if (condition) {
 statements;
} else {
 statements;
}
```

Von der Lesbarkeit und der Strukturierung her ist nach Meinung des Autors folgende Anordnung besser:

```
if (condition)
{
```

4.2 Dokumentationskommentare und Javadoc *

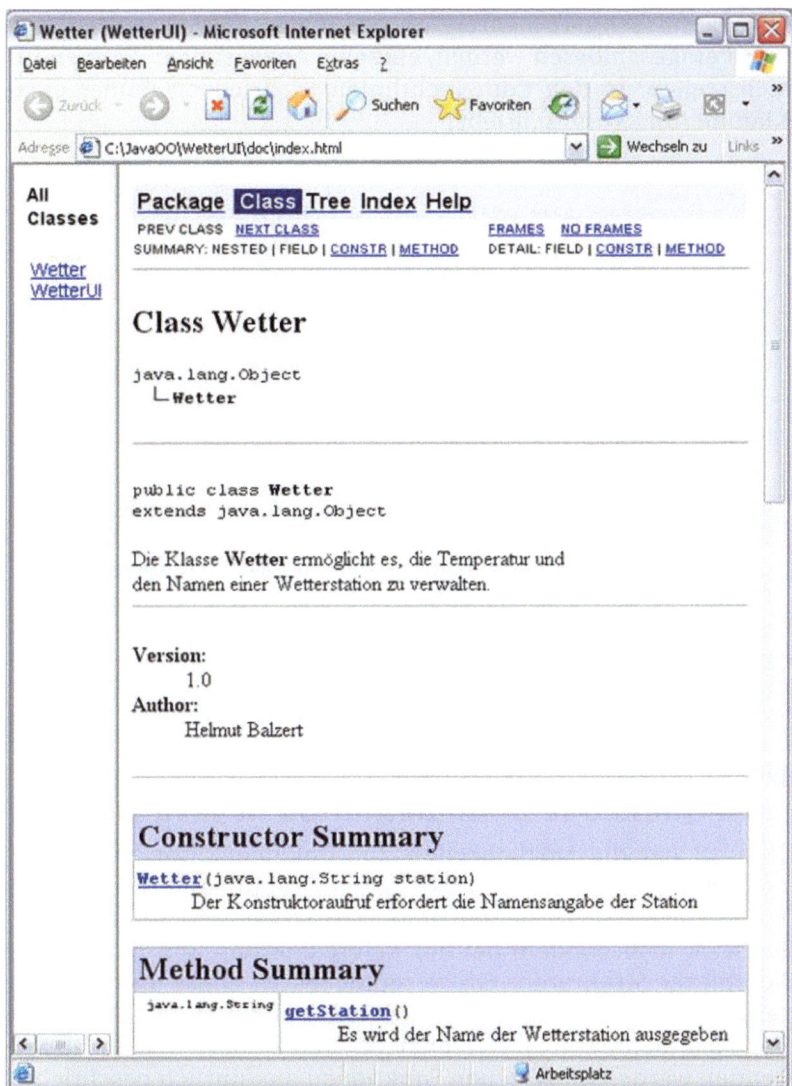

Abb. 4.2-1: Ausschnitt aus der HTML-Dokumentation der Klasse Wetter.

```
    statements;
}
else
{
    statements;
}
```
Es ist auf einen Blick zu erkennen, ob die Klammern paarweise vorhanden sind.

In Java müssen nur mehrere Anweisungen in geschweifte Klammern eingeschlossen werden, einzelne Anweisungen können für sich stehen. In den Code-Richtlinien wird jedoch immer einer Klammerung vorgeschrieben.

Beispiel
```
if (condition) {
   statement;
}
```
statt
```
if (condition)
   statement;
```
Wenn man immer die Klammerung haben will, dann hätte man diese Regel auch direkt in der Syntax verankern können – dies ist die Meinung des Autors.

Hinweis
Die Einhaltung von Richtlinien und Konventionen bei der Quellcode-Erstellung kann von Werkzeugen automatisch überprüft werden. Im kostenlosen E-Learning-Kurs zu diesem Buch finden Sie den Wissensbaustein »Checkstyle und BlueJ«. Das kostenlose Werkzeug Checkstyle kann in Kombination mit der Entwicklungsumgebung BlueJ zu Überprüfungen eingesetzt werden.

Neue Möglichkeiten der Java-Quellcode-Dokumentation in Java 18

Java 18 hat die Möglichkeiten zur Dokumentation von Quellcode deutlich erweitert. Diese neuen Funktionen erleichtern es Entwicklern, die Lesbarkeit und Wartbarkeit von Code zu verbessern, insbesondere bei der Referenzierung und Erläuterung komplexer Strukturen. Ein wesentliches Merkmal dieser Erweiterungen ist die Fähigkeit, Regionen aus anderen Java-Dateien in der Dokumentation zu referenzieren und zu beschreiben. Im Folgenden werden diese neuen Funktionen ausführlich beschrieben und mit Beispielen sowie Erklärungen verdeutlicht.

Region-Referenzen
Mit Java 18 können Sie spezifische Abschnitte (Regionen) aus anderen Java-Dateien in die Dokumentation einer Klasse, Methode oder eines anderen Elements einbinden. Dies ist besonders hilfreich, um Logik oder Strukturen zu verdeutlichen, die sich über mehrere Dateien erstrecken.

Syntax
Die grundlegende Syntax für die Referenzierung von Regionen ist wie folgt:

```
/**
 * Beschreibung der Methode.
 *
```

4.2 Dokumentationskommentare und Javadoc

```
 * {@snippet class="[Java-Klasse]" region="[Region-Name]"}
 */
```

- **class:** Gibt den vollständigen Klassennamen an, aus der die Region referenziert wird. Der Name muss auch die Paketstruktur enthalten.
- **region:** Der eindeutige Name der Region, die in der Quelldatei definiert ist.

Mit den neuen Funktionen können nicht nur Methoden, sondern auch andere Strukturen wie Klassen, Attribute oder vollständige Codeblöcke referenziert werden. Voraussetzung ist, dass der referenzierte Bereich mit //@start und //@end markiert ist.

Um Regionen referenzierbar zu machen, müssen sie in der Ursprungsdatei definiert werden. Dies erfolgt über spezielle Kommentarmarkierungen.

Definition einer Region

```java
package de.fhswf.arinir;
// Datei: MathematikBerechnungen.java
public class MathematikBerechnungen {
  //@start region=berechneQuadratwurzel
  /**
    * Diese Methode berechnet die Quadratwurzel eines
    * gegebenen Wertes.
    * @param wert Der Wert, dessen Quadratwurzel berechnet
    *             werden soll.
    * @return Die Quadratwurzel des Wertes.
    */
  public double berechneQuadratwurzel(double wert) {
      return Math.sqrt(wert);
  }
  //@end region=berechneQuadratwurzel

  //@start region=piKonstante
  /**
    * Konstante für den Wert von Pi.
    */
  public static final double PI = 3.14159265359;
  //@end region=piKonstante
}
```

Die Methode berechneQuadratwurzel und die Konstante PI sind jeweils in einer separaten Region eingeschlossen. Die Regionen können beliebige Codeelemente umfassen, solange sie durch //@start und //@end umschlossen sind.

Das nachfolgende Beispiel zeigt die Referenzierung der beiden Regionen in der Klasse Hauptprogramm.

Referenzierung von Regionen

```
package de.fhswf.arinir;

// Datei: Hauptprogramm.java
/**
```

```
 * Dieses Programm demonstriert die Verwendung der
 * Klasse MathematikBerechnungen.
 *
 * {@snippet class="de.fhswf.arinir.MathematikBerechnungen"
 *           region="berechneQuadratwurzel"}
 *
 * {@snippet class="de.fhswf.arinir.MathematikBerechnungen"
 *           region="piKonstante"}
 */
public class Hauptprogramm {
  public static void main(String[] args) {
    MathematikBerechnungen berechnungen =
                  new MathematikBerechnungen();
    double ergebnis = berechnungen.berechneQuadratwurzel(16);
    System.out.println("Die Quadratwurzel von 16 ist: "
                  + ergebnis);
    System.out.println("Der Wert von Pi ist: "
                  + MathematikBerechnungen.PI);
  }
}
```

Um sicherzustellen, dass die referenzierten Dateien und Regionen gefunden werden, muss beim Aufruf von `javadoc` der Pfad zu den Quelldateien angeben werden. Dies erfolgt über die Option `--snippet-path`.

Beispiel javadoc-Aufruf

```
javadoc -d doc
        -sourcepath ./src
        --snippet-path ./src
        de.fhswf.arinir
```

Parameter

- `-d doc`: Gibt das Zielverzeichnis für die generierte Dokumentation an.
- `-sourcepath ./src`: Gibt das Wurzelverzeichnis der Quellcode-Dateien an.
- `--snippet-path ./src`: Gibt das Verzeichnis an, in dem die referenzierten Dateien gesucht werden.
- `de.fhswf.arinir`: Definiert die Pakete, die dokumentiert werden sollen.

Durch die Referenzierung von Regionen können Codebeispiele an einer zentralen Stelle verwaltet und bei Änderungen automatisch aktualisiert werden. Die Notwendigkeit, Quellcode mehrfach zu kopieren und einzufügen, entfällt. Dies reduziert das Risiko von Inkonsistenzen. Die Dokumentation wird klarer und enthält nur relevante Informationen, während der Originalcode an der zentralen Stelle verbleibt.

Fazit

Die neuen Dokumentationsmöglichkeiten in Java 18 bieten erhebliche Vorteile für die Lesbarkeit und Nachvollziehbarkeit von Quellcode. Durch die Verwendung von `@snippet` und dessen Refe-

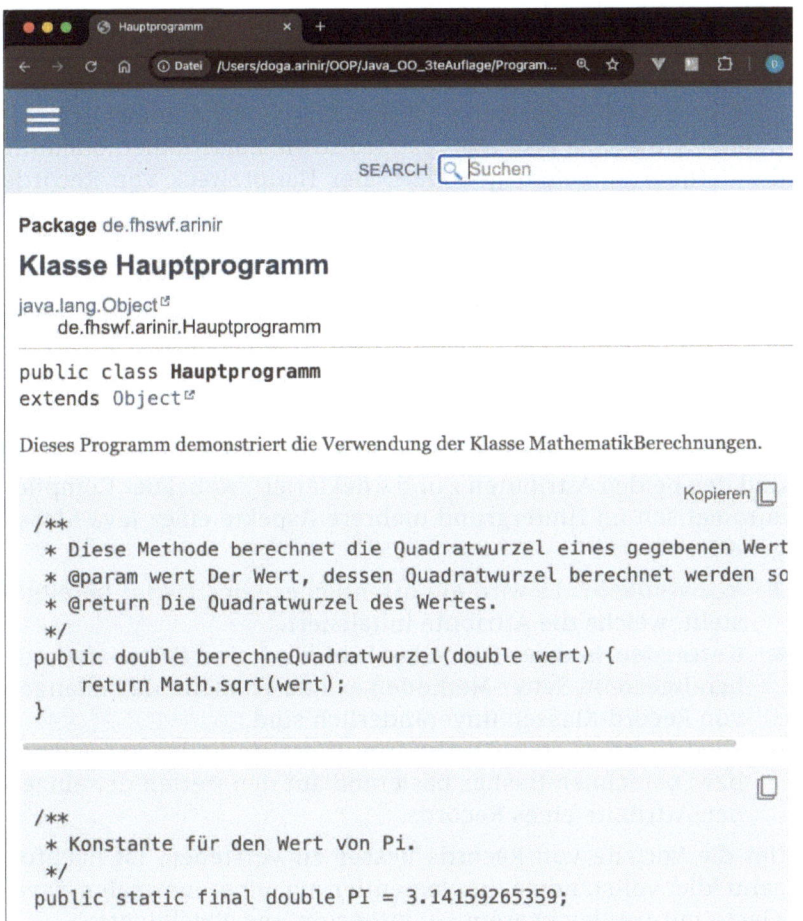

Abb. 4.2-2: Ausschnitt aus der HTML-Dokumentation der Klasse Hauptprogramm.

renzierung können Entwickler komplexe Projekte besser strukturieren und dokumentieren, ohne aufwändige Kopierarbeiten durchzuführen. Diese Erweiterungen tragen zur Qualitätssicherung und Wartungsfreundlichkeit bei und sollten insbesondere in großen Projekten genutzt werden.

4.3 Record-Klassen in Java *

Record-Klassen wurden mit Java 14 als *Preview* einführt und sind seit Java 16 fester Bestandteil der Programmiersprache. Sie werden mit dem Schlüsselwort record eingeleitet und ermöglichen es, unveränderliche *(immutable)* Datenklassen kompakt zu definieren. Der Compiler generiert automatisch Standardmethoden wie `equals`, `hashCode`, `toString` und die Zugriffsmethoden für die Felder.

Ein `Record` ist eine spezielle Art von Klasse, die automatisch Methoden wie `equals`, `hashCode`, `toString` sowie Zugriffsmethoden für die definierten Felder generiert. Der Hauptzweck von Records ist die Darstellung von **datenzentrierten Objekten**. Record-Klassen sind üblicherweise immutable, da die Felder final sind und keine Änderungsmethoden bereitgestellt werden.

Syntax Die Definition einer Record-Klasse ist sehr kompakt und kann in einigen Fällen sogar in einer einzigen Zeile erfolgen:

```
public record Point(int x, int y) {}
```

In diesem Beispiel wird eine Record-Klasse mit dem Namen `Point` und den beiden Attributen `x` und `y` deklariert, wobei der Compiler automatisch im Hintergrund mehrere Aspekte einer Java-Klasse generiert.

- **Konstruktor:** Es wird ein öffentlicher Konstruktor bereitgestellt, welche die Attribute initalisiert.
- **Getter-Methoden:** Für jedes Feld wird eine Getter-Methode bereitgestellt. Setter-Methoden existieren nicht, da Instanzen von Record-Klassen unveränderlich sind.
- `equals`- **und** `hashCode`-**Methoden:** Diese Methoden vergleichen bzw. berechnen Hashes basierend auf den Werten der einzelnen Attribute eines Records.

Klassen vs. Records Um die Vorteile von Records besser zu verstehen, ist nachfolgend die vollständige Implementierung einer normalen Java-Klasse mit vergleichbarem Funktionsumfang abgebildet:

```
public class Point {
  private final int x;
  private final int y;

  public Point(int x, int y) {
     this.x = x;
     this.y = y;
  }

  public int getX() {
     return x;
  }

  public int getY() {
     return y;
  }

  @Override
  public boolean equals(Object obj) {
     if (this == obj) return true;
```

```
        if (obj == null || getClass() != obj.getClass()) {
            return false;
        }
        Point point = (Point) obj;
        return x == point.x && y == point.y;
    }

    @Override
    public int hashCode() {
        return Objects.hash(x, y);
    }

    @Override
    public String toString() {
        return "Point[x=" + x + ", y=" + y + "]";
    }
}
```

Das vollständige Java-Beispiel zeigt, wie stark der Quellcode durch Records vereinfacht wird. Nachfolgend werden einige weitere Eigenschaften und Einschränkungen von Records anhand von Beispielen erläutert.

Ein Record kann als einfacher Datencontainer verwendet werden:

Beispiel Datencontainer

```
public record Person(String name, int age) {}

public class Main {
    public static void main(String[] args) {
        Person person = new Person("Alice", 30);
        // Zugriff auf Felder
        System.out.println(person.name());
        // Automatische toString-Methode
        System.out.println(person);
    }
}
```

Da die Felder eines Records automatisch `final` sind, ist ein Record von Natur aus unveränderlich *(immutable)*.

Beispiel Unveränderlichkeit

```
public record ImmutableExample(String data) {}

public class Main {
    public static void main(String[] args) {
        ImmutableExample example =
            new ImmutableExample("Initial Data");
        // Die Zuweisung eines Wertes nach der
        // Erzeugung ist nicht erlaubt, da 'data' final ist.
        // example.data = "New Data";
    }
}
```

Der Compiler erstellt zwar automatisch einen Konstruktor für die Initialisierung der Attribute, jedoch kann bei Bedarf auch ein

Beispiel eigene Konstruktoren

eigener Konstruktor implementiert werden, der bestimmte Eingabeparameter zunächst validiert und entsprechende Warnungen bzw. Ausnahmen *(exceptions)* auswirft.

```
public record Rectangle(int width, int height) {
    public Rectangle {
        if (width <= 0 || height <= 0) {
            throw new IllegalArgumentException("Width and " +
                                    "height must be positive");
        }
    }
}
```

Beispiel statische Felder u. Methoden

Records können auch Klassenattribute und -operationen enthalten. Zwar wird das durch die Java-Syntax unterstützt, jedoch sollte sich die Programmlogik auf das Notwendigste beschränken, da Records im Gegensatz zu gewöhnlichen Klassen lediglich für die Definition von datenzentrierten Objekten verwendet werden.

```
public record UtilityRecord(int value) {
    public static String description() {
        return "This is a utility record.";
    }
}
```

Einschränkungen

Beim Einsatz von Records müssen einige Unterschiede bzw. Einschränkungen zu gewöhnlichen Java-Klassen beachtet werden.

- **Vererbung:** Records können keine andere Klasse erweitern. Sie erben immer implizit von java.lang.Record.
- **Änderbarkeit *(mutability)*:** Attribute von Records sind immer final.
- **Zusätzliche Logik:** Records sind nicht geeignet, wenn komplexe Logik in einer Klasse erforderlich ist.

Fazit

Records bieten eine einfache, lesbare und kompakte Möglichkeit, Datenklassen in Java zu definieren. Sie reduzieren unnötigen Quellcode und sind ideal für datengetriebene unveränderliche Objekte. In komplexeren Szenarien, die Vererbung oder erweiterte Logik erfordern, sind jedoch weiterhin normale Klassen vorzuziehen.

4.4 Vorhandene Klassen benutzen *

Alle zur jeweiligen Java-Version gehörenden Klassen findet man in der *Java API Specification*. Diese Klassen sind alle mit Java-Dokumentationskommentaren versehen und besitzen eine

4.4 Vorhandene Klassen benutzen *

HTML-Dokumentation. Die Klassen sind zu Paketen zusammengefasst.

Es gibt Tausende von Klassen, die von der Firma Oracle und anderen Anbietern für Java zur Verfügung gestellt werden.

Alle Klassen, die standardmäßig zu einer Java-Version gehören, finden Sie in der Java-API-Spezifikation aufgeführt (suchen Sie im Web mit den Stichworten: jdk24, docs, api). Das Kürzel **API** steht für *Application Programming Interface* und wird allgemein benutzt um auszudrücken, dass eine Programmierschnittstelle beschrieben wird. Die Abb. 4.4-1 zeigt die Startseite der Java-API-Spezifikation. Im Hauptfenster sind links oben alle Pakete alphabetisch aufgeführt. Links unten sind alle Klassen alphabetisch aufgelistet. Eine Suche ist über `Index` möglich (rechts oben vor `Help`).

Java-API

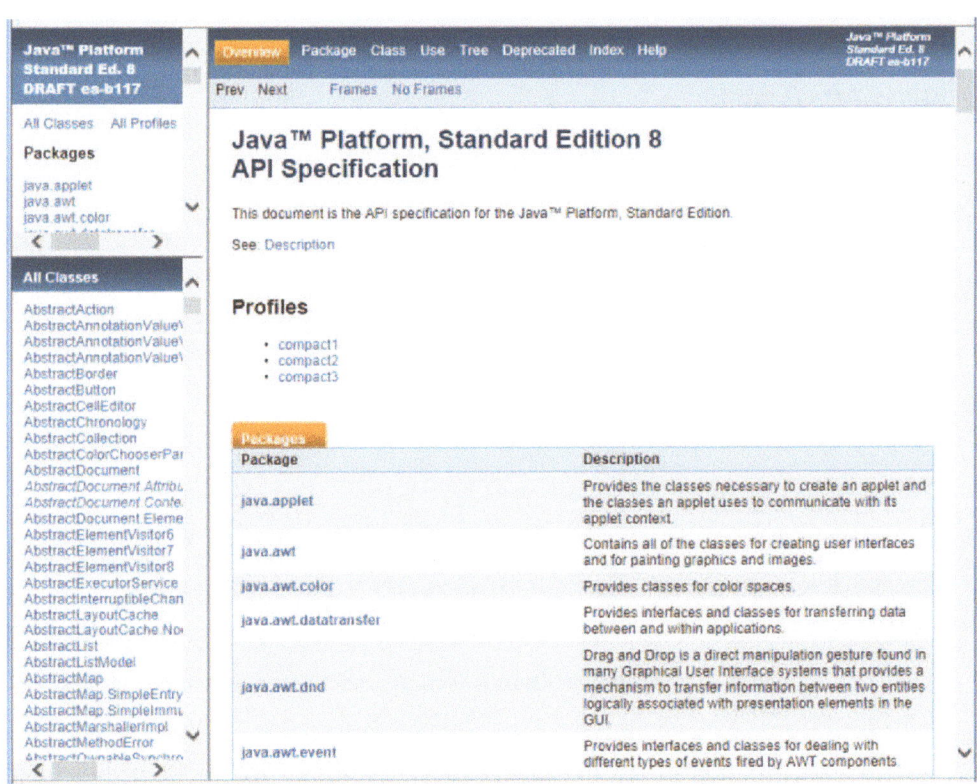

Abb. 4.4-1: So sieht die Startseite aus, von der man alle zu Java 8 gehörenden Klassen finden kann.

Wenn Sie den Namen einer Klasse kennen, dann genügt es, wenn Sie in eine Suchmaschine folgende Schlüsselworte eintragen: `jdk24 Klassenname`, z. B. `jdk24 arraylist`. Die Angabe `jdk24` ist wich-

Einzelne Klassen

tig, da es sich bei `jdk24` um die neueste Sprachversion handelt. Geben Sie nur `jdk Klassenname` ein, erhalten Sie u. U. die Klassendeklaration einen älteren Version angezeigt.

Klasse ArrayList
Bei der Suche der Klasse `ArrayList` erhalten Sie die in der Abb. 4.4-2 dargestellte Anzeige (oberer Teil). Hier wird zunächst dargestellt, welche Beziehungen diese Klasse zu anderen Klassen hat. Anschließend folgt eine verbale Kurzbeschreibung der Klasse. Wenn Sie den Link `Frames` anklicken, werden in einer linken Spalte alle verfügbaren Pakete und Klassen angezeigt, wie in der Startseite (Abb. 4.4-1).

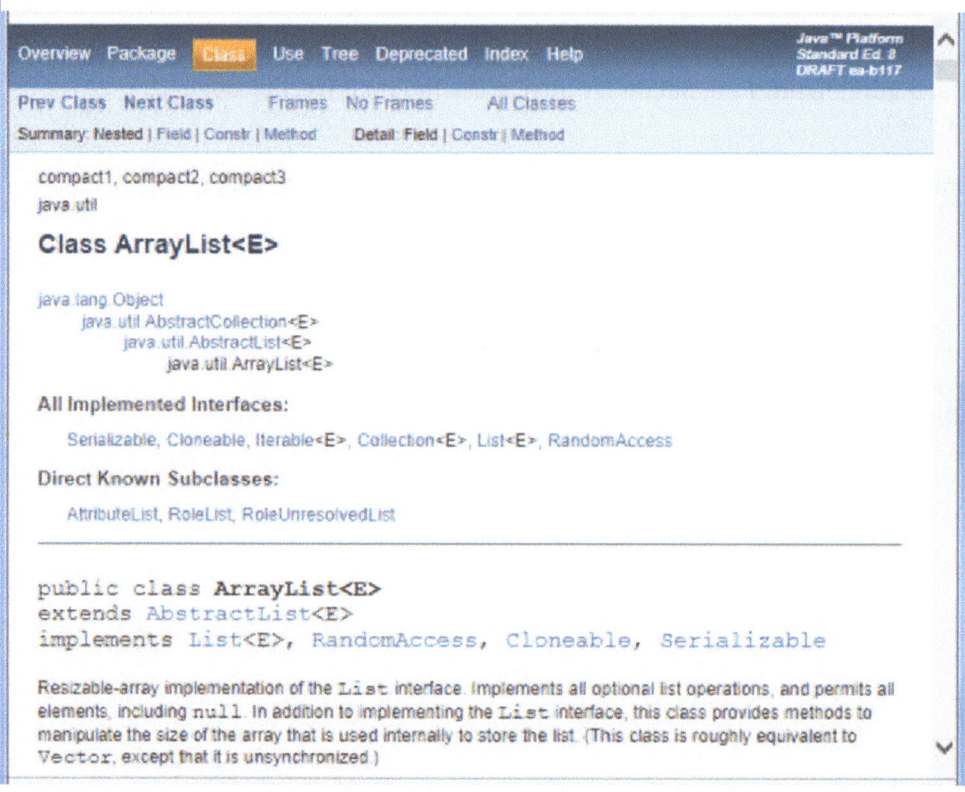

Abb. 4.4-2: So wird die Klasse `ArrayList` beschrieben (erster Teil der Beschreibung).

Im unteren Teil der Klassenbeschreibung wird ein Überblick über alle Attribute *(Field Summary)*, alle Konstruktoren *(Constructor Summary)* und alle Methoden *(Method Summary)* gegeben (Abb. 4.4-3). Ein Klick auf den jeweils angegebenen Link führt zu einer Detailbeschreibung.

```
Field Summary

Fields inherited from class java.util.AbstractList
modCount


Constructor Summary

Constructors
Constructor and Description
ArrayList()
Constructs an empty list with an initial capacity of ten.
ArrayList(Collection<? extends E> c)
Constructs a list containing the elements of the specified collection, in the order they are returned by
the collection's iterator.
ArrayList(int initialCapacity)
Constructs an empty list with the specified initial capacity.


Method Summary

All Methods   Instance Methods   Concrete Methods
Modifier and Type    Method and Description
boolean              add(E e)
                     Appends the specified element to the end of this list.
void                 add(int index, E element)
                     Inserts the specified element at the specified position in this list.
boolean              addAll(Collection<? extends E> c)
                     Appends all of the elements in the specified collection to the end of this list,
                     in the order that they are returned by the specified collection's iterator.
```

Abb. 4.4-3: Überblick über alle Attribute, Konstruktoren und Methoden der Klasse ArrayList.

Es hat sich eingebürgert, Java-Klassen immer in dieser Form zu dokumentieren. Dabei hilft das Werkzeug Javadoc, siehe »Dokumentationskommentare und Javadoc«, S. 86.

Sehen Sie sich im Web die Beschreibung der Klasse ArrayList an.

4.5 Die Hüllklassen für einfache Typen *

Viele Java-Klassen können nur mit Objekten arbeiten, aber *nicht* mit Variablen, die als Typ einen einfachen Typ besitzen wie int, float, char usw. Um dennoch diese Java-Klassen verwenden zu können, gibt es in Java sogenannte Hüllklassen *(wrapper clas-*

ses), **die es ermöglichen Werte einfacher Typen in Objekte zu wandeln.**

In Java gibt es zu jedem einfachen Typ auch eine entsprechende **Hüllklasse**, auch Hüllenklassen, einhüllende Klassen, Verpackungsklassen oder *wrapper classes* genannt. Diese Klassen heißen gleich oder ähnlich wie die zugehörigen Typen, beginnen aber, wie bei Klassennamen üblich, mit einem Großbuchstaben:

- Klasse Byte für den Typ byte,
- Klasse Short für den Typ short,
- Klasse Integer für den Typ int,
- Klasse Long für den Typ long,
- Klasse Float für den Typ float,
- Klasse Double für den Typ double,
- Klasse Character für den Typ char.

Aufgaben Diese Klassen erfüllen zwei Aufgaben:

- Auf einfachen Typen gibt es nur fest vorgegebene, erlaubte Operationen, z. B. +, -, * und / bei int-Typen. Der Programmierer kann diese Operationen i. Allg. nicht erweitern. Durch Hüllklassen ist es möglich, aus Werten einfacher Typen Objekte der jeweiligen Hüllklasse zu machen. Die Methoden der Hüllklassen können durch den Programmierer mithilfe des Kompositionsprinzips selbst erweitert werden. Auf das Kompositionsprinzip wird hier *nicht* eingegangen.
- Es gibt eine ganze Reihe von Klassen, die nur Objekte, d. h. nur Referenzvariablen, verwalten können, z. B. die Klasse ArrayList. Hüllklassen ermöglichen es, Werte einfacher Typen in Objekte zu verwandeln, sodass sie von solchen Klassen verwaltet werden können.

Die Abb. 4.5-1 verdeutlicht an einem Beispiel die unterschiedliche Speicherdarstellung eines einfachen Typs und eines Objekts.

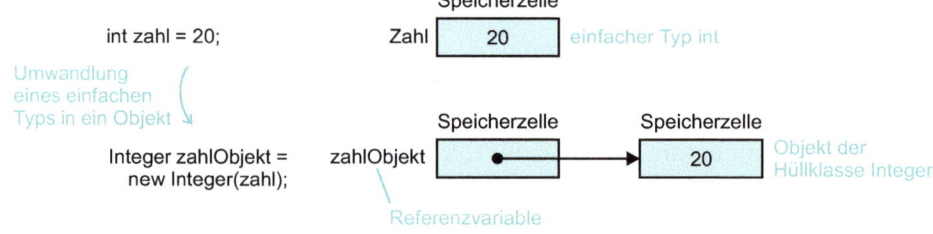

Abb. 4.5-1: Speicherdarstellung eines einfachen Typs und eines Objekts.

Konstruktoren Jede Typklasse besitzt folgende Konstruktoren und Methoden:

- Einen Konstruktor, der zu einem einfachen Typ ein Objekt der Typklasse erzeugt.

4.5 Die Hüllklassen für einfache Typen *

Beispiel

```
int ganzeZahl = 2000;
Integer i = new Integer(ganzeZahl);
//i ist ein Objekt der Klasse Integer
meineListe.add(i);
```

Durch die Umwandlung des int-Wertes 2000 in ein Objekt i der Klasse Integer kann nun dieses Objekt in der Klasse ArrayList verwaltet werden.

- Einen Konstruktor, der aus einem einfachen String-Parameter den Initialisierungswert eines Objekts ermittelt.

Beispiel

```
Integer i = new Integer("1500");
//Erzeugt ein Integer-Objekt mit dem Wert
//eines String-Objekts
```

- Eine Klassenmethode toString, die den Wert des Typobjekts in eine Zeichenkette wandelt.

Methoden

Beispiel

```
double reelleZahl = 3.14;
String Text = Double.toString(reelleZahl);
```

- Eine *Typ*Value-Operation, die den Wert eines einfachen *Typs* liefert.

Beispiel

```
Double d = new Double(132.03E3);
long ganzeZahlLang = d.longValue();
//Konvertiert eine Gleitkommazahl in eine ganze Zahl
```

- Eine Klassenmethode *Typ*.valueOf(String s), die ein neues *Typ*-Objekt zurück liefert.

Beispiel
DemoHuell
klassen

```
public class DemoHuell
{
  public static void main(String args[])
  {
    int n;
    String einText;
    Integer i;
    einText = "123";
    //Erzeugt ein Integer-Objekt, initialisiert
    //mit dem konvertierten String
    i = Integer.valueOf(einText);
    //Konversion des Objektwertes in einen
    //einfachen Typ int
    n = i.intValue();
    System.out.println("n: " + n);
  }
}
```

Als Ergebnis ergibt sich: n: 123

Neben diesen allgemeinen Konstruktoren und Methoden besitzt jede Klasse eines einfachen Typs weitere spezielle Konstruktoren und Methoden. Die Abb. 4.5-2 zeigt nochmals alle Methoden der Klasse Integer und einige praktische Anwendungen.

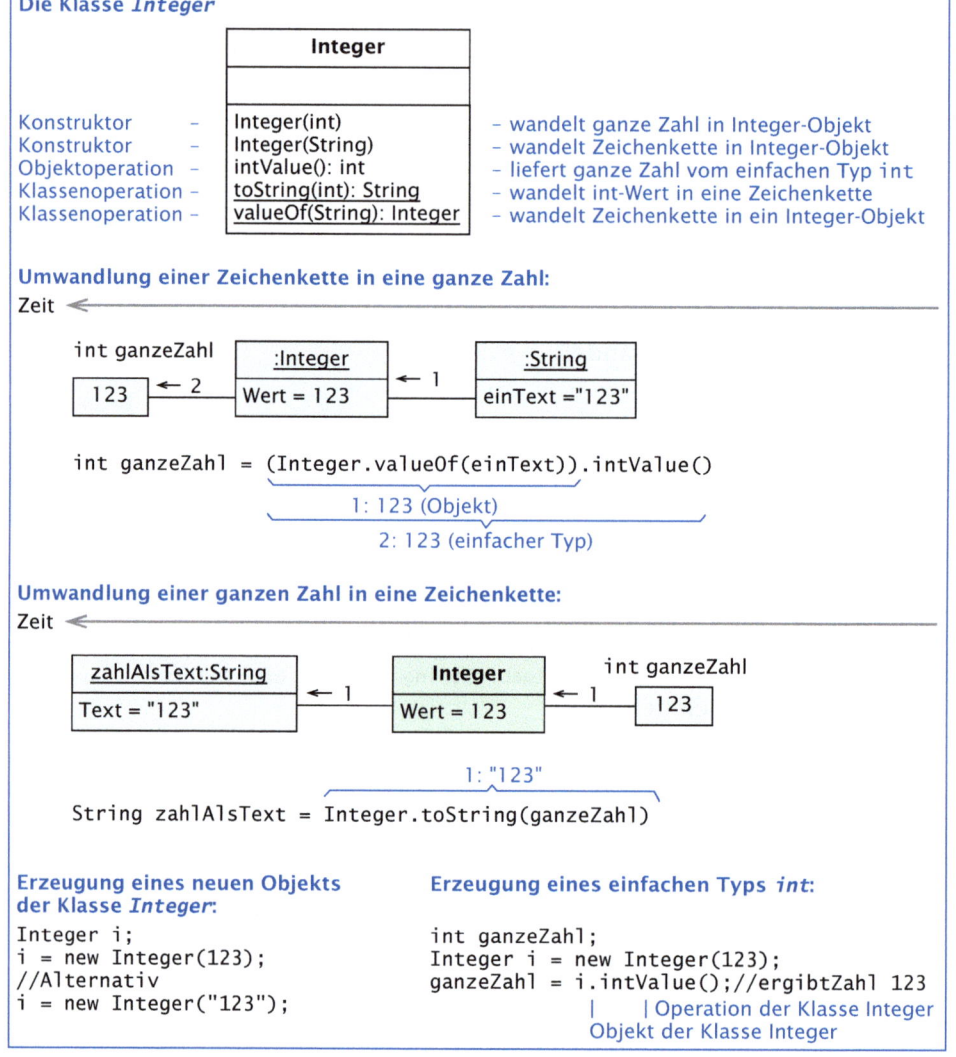

Abb. 4.5-2: Methoden und Anwendungen der Klasse Integer.

Empfehlung Verwenden Sie immer einfache Typen, wenn Objekte nicht unbedingt nötig werden. Einfache Typen werden immer schneller verarbeitet als Objekte von Hüllklassen, niemals langsamer.

Autoboxing Um die lästige manuelle Konvertierung zu vermeiden, gibt es ein sogenanntes **Autoboxing**, das die Konvertierung von Werten einfacher Typen in die jeweils korrespondierenden Werte der Hüllklassen automatisch vornimmt. Der umgekehrte Vorgang wird ebenfalls automatisch durchgeführt – *Autounboxing* genannt.

Beispiele

```
int ganzeZahl1 = 123, ganzeZahl2 = 456;
Integer ganzesObjekt1, ganzesObjekt2;

ganzesObjekt1 = new Integer(ganzeZahl1); //ohne Autoboxing
ganzesObjekt2 = ganzeZahl2; //mit Autoboxing

//ohne Autounboxing
int ganzeZahl3 = ganzesObjekt1.intValue();
//mit Autounboxing
int ganzeZahl4 = ganzesObjekt2;
```

Wird ein einfacher Typ erwartet, aber ein Objekt einer Hüllklasse übergeben, dann wird das Objekt automatisch in einen einfachen Typ umgewandelt. Wird umgekehrt ein Objekt einer Hüllklasse erwartet, aber ein einfacher Typ übergeben, dann wird der einfache Typ automatisch in ein Objekt seiner Hüllklasse konvertiert. Weitere Beispiele finden Sie in dem Kapitel »Einfache Klassenschablonen«, S. 304.

[Seib05]

Literatur

4.6 Die Klasse ArrayList<E> *

Die Klasse ArrayList<E> aus dem Java-Paket util ermöglicht es, eine Menge von Objekten linear angeordnet zu verwalten. Auf einzelne Objekte kann über einen ganzzahligen Index zugegriffen werden. Objekte können an einer Indexstelle (ersetzend oder zusätzlich) und am Ende angefügt sowie entfernt werden. In spitzen Klammern wird angegeben, von welchem Typ die zu verwaltenden Objekte sind.

Die wichtigsten Eigenschaften der Klasse ArrayList<E> sind im Folgenden zusammengefasst dargestellt:

Ein Objekt der Klasse ArrayList enthält – analog wie ein Feld (array) – Elemente, auf die über einen Index zugegriffen werden kann. Die Größe eines ArrayList-Objekts kann nach Bedarf wachsen oder schrumpfen und sich damit der Problemsituation anpassen.

Jedes Objekt der Klasse ArrayList wird mit einer bestimmten Länge (initialCapacity) initialisiert, die im Konstruktor angegeben wird. Fehlt die Angabe, wird Platz für zehn Elemente vorgesehen. Wird dem Objekt ein weiteres Element hinzugefügt, und ist dessen Kapazität bereits erschöpft, dann wird die aktuelle Kapazität um den **Faktor 1,5** vergrößert.

Initialisierung

Beispiele

```
//10 Elemente vorgesehen
ArrayList<Kunde> meineKunden = new ArrayList<>();
//5 Elemente vorgesehen
ArrayList<Kunde> meineKunden = new ArrayList<>(5);
```

Hinweis

Bei Klassen, bei denen man den zu verwaltenden Typ in spitzen Klammern angeben kann – hier Kunde –, muss beim Erzeugen eines Objekts nach new hinter dem Klassennamen ein leerer Klammerausdruck <> angegeben werden. Bei diesen Klassen handelt es sich um sogenannte generische Klassen, die in dem Kapitel »Generische Datentypen«, S. 303, näher behandelt werden.

Ist die vorgegebene Kapazität erschöpft, dann wird vom Java-Laufzeitsystem ein neuer Speicherbereich reserviert und alle Elemente in diesen Bereich kopiert. Das kostet Zeit. Daher sollte die Anfangskapazität sorgfältig überlegt werden.

Methoden

Die Klasse ArrayList stellt folgende wichtige Methoden zur Verfügung:

- boolean add(E e): Fügt das übergebene Element e am Ende der Liste an, z. B. meineKunden.add(neuerKunde);
- void add(int index, E element): Fügt das übergebene element an der Position ein, die durch index angegeben wird. Befindet sich an der angegebenen Position bereits ein Element, dann werden alle anderen Elemente, die einen Index größer oder gleich index haben, verschoben. Sie erhalten jeweils einen um Eins erhöhten Index. Ist index größer als die Größe der Liste, dann wird eine sogenannte Ausnahme ausgelöst, siehe »Ausnahmebehandlung mit throw«, S. 116.
- E set(int index, E element): Fügt das element an der Indexstelle in die Liste ein. Ein vorhandenes Element an dieser Indexposition wird entfernt. Ist index größer als die Größe der Liste, dann wird eine sogenannte Ausnahme ausgelöst, siehe »Ausnahmebehandlung mit throw«, S. 116.
- boolean remove(Object obj): Entfernt das übergebene Objekt aus der Liste, wenn es vorhanden ist. Ist es mehrmals vorhanden, dann wird das Element mit dem niedrigsten Index entfernt. Alle dahinterliegenden Elemente werden nach vorne geschoben. Das Ergebnis ist true, wenn das Objekt gefunden wurde.
- E remove(int index): Entfernt das Element an der angegebenen Position index in der Liste. Alle nachfolgenden Elemente werden um Eins nach links verschoben. Als Ergebnis wird das Element zurückgegeben, das entfernt wurde.
- E get(int index): Liefert das Element am angegebenen Index zurück.
- int size(): Liefert die Anzahl der aktuell vorhandenen Elemente.

Felder

Zwischen Feldern *(arrays)* und Objekten der Klasse ArrayList gibt es einen wichtigen Unterschied:

ArrayList
- In Feldern kann jeder Typ gespeichert werden, einschließlich nummerischer Typen und aller Klassentypen.
- Objekte der Klasse ArrayList können nur Objekte von Klassen speichern, d. h. *keine* einfachen Typen. Diese müssen vorher in Objekte gewandelt werden, siehe »Die Hüllklassen für einfache Typen«, S. 99.

Mit Hilfe der Klasse ArrayList lassen sich unter anderem sogenannte Warteschlangen einfach realisieren.

Warteschlange

Eine **Warteschlange** *(queue)* speichert Elemente, wobei neu zu speichernde Elemente hinten an die Warteschlange angehängt werden (Methode Einfügen) und zu löschende Elemente vorne aus der Warteschlange entfernt werden (Abb. 4.6-1).

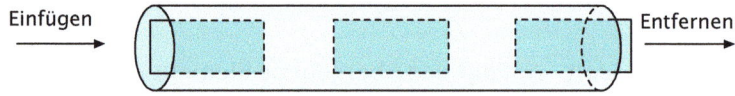

Abb. 4.6-1: Prinzip einer Warteschlange.

FIFO-Prinzip

Eine Warteschlange arbeitet in der Regel nach dem **FIFO-Prinzip** *(first in – first out)*.

Beispiel
Warteschlange
Simulation

Eine Bank möchte den Schalterbetrieb simulieren. Dazu soll ein Programm mit folgenden Anforderungen geschrieben werden:

1. Vor einem Schalter steht eine Warteschlange aus Personen, die bedient werden wollen.
2. Durch Aufruf einer Methode anstellen() wird an das Ende der Warteschlange eine Person »angehängt«.
3. Durch Aufruf einer Methode bedienen() wird die jeweils erste Person in der Warteschlange »entfernt«.
4. Durch Aufruf einer Methode Zufall wird per Zufall entschieden, ob eine Person bedient wird oder sich anstellt (zunächst ist von einem Verhältnis 50:50 auszugehen).
5. Die Personen, die sich anstellen, sollen durch einen Buchstaben gekennzeichnet werden.
6. Die Warteschlange ist zunächst mit 10 Personen zu initialisieren.
7. Es sind zunächst 20 Simulationsdurchläufe durchzuführen, wobei nach jedem Durchgang die aktuelle Warteschlangenbelegung auszugeben ist.

Die benötigte Warteschlange kann leicht mithilfe der Klasse ArrayList realisiert werden:

```
/** Programmname: Warteschlange
 * Fachkonzept-Klasse: Warteschlange
 * Aufgabe: Eine Warteschlange
```

4.6 Die Klasse ArrayList<E> *

```
* mit ArrayList realisieren
*/

import java.util.ArrayList;

class Warteschlange
{
  //Attribute
  private ArrayList<Person> eineListe = new ArrayList<>();
  //Methoden
  boolean bedienen() //Entfernen
  {
    if(eineListe.size() > 0)
    {
      eineListe.remove(0);
      return true;
    }
    else
      return false;
  }
  void anstellen(Person einePerson) //Einfügen
  {
    eineListe.add(einePerson);
  }
  int getAnzahlElemente()
  {
    return eineListe.size();
  }
  Person getPerson(int index)
  {
    return eineListe.get(index);
  }
}
```

Alle benötigten Methoden werden mithilfe der Methoden aus der Klasse ArrayList realisiert. Als Elemente werden in der Warteschlange Objekte der Klasse Person gespeichert:

```
/** Fachkonzept-Klasse: Person
* Aufgabe: Klasse, die angibt,
* welche Daten in der Warteschlange
* verwaltet werden sollen
*/
class Person
{
  private String name;

  Person(String name)
  {
    this.name = name;
  }
  String getName()
  {
    return name;
  }
}
```

Die Simulation erfolgt durch die Klasse WarteschlangeUI:

```
1  /** Programmname: WarteschlangeUI
2   * Aufgabe: Ermöglicht die Simulation und
3   * Ausgabe einer Warteschlange
4   */
5  public class WarteschlangeUI
6  {
7  //Attribute
8  private static char zchn = 'A';
9
10 private static String getNeuenNamen()
11 {
12   String name = Character.toString(zchn++);
13    //zchn++ entspricht zchn = zchn +1
14   return name;
15 }
16
17 private static void ausgebenWarteschlange
18    (Warteschlange eineWarteschlange)
19 {
20   for (int i = 0;
21     i < eineWarteschlange.getAnzahlElemente(); i++)
22    System.out.print
23      (eineWarteschlange.getPerson(i).getName() + " ");
24   System.out.println();
25 }
26
27 public static void main(String args[])
28 {
29   Person einePerson;
30   Warteschlange eineWarteschlange = new Warteschlange();
31   //10 Objekte der Klasse Person in die
32   //Warteschlange eintragen
33   System.out.println
34      ("Initialisierung der Warteschlange");
35   for (int i = 0; i < 10; i++)
36   {
37     einePerson = new Person(getNeuenNamen());
38     System.out.print(einePerson.getName() + " ");
39     eineWarteschlange.anstellen(einePerson);
40   }
41
42   System.out.println("\nKontrollausgabe");
43   //Warteschlange ausgeben
44   WarteschlangeUI.ausgebenWarteschlange
45      (eineWarteschlange);
46   System.out.println("Start Simulation");
47   for (int i = 0; i < 20; i++) //Anzahl Simulationen
48   {
49     if (Math.random() < 0.5)
50        eineWarteschlange.anstellen
51          (new Person(WarteschlangeUI.getNeuenNamen()));
52     else
53          eineWarteschlange.bedienen();
```

```
54          //Ausgabe der Warteschlange
55          System.out.print("Sim " + (i + 1) + ": ");
56          WarteschlangeUI.ausgebenWarteschlange
57              (eineWarteschlange);
58      } //Ende Simulation
59  }
60  }
```

Das Ergebnis eines Programmlaufs sieht wie folgt aus:

```
Initialisierung der Warteschlange
A B C D E F G H I J
Kontrollausgabe
A B C D E F G H I J
Start Simulation
Sim 1:  B C D E F G H I J
Sim 2:  B C D E F G H I J K
Sim 3:  B C D E F G H I J K L
Sim 4:  B C D E F G H I J K L M
Sim 5:  C D E F G H I J K L M
Sim 6:  C D E F G H I J K L M N
Sim 7:  C D E F G H I J K L M N O
Sim 8:  C D E F G H I J K L M N O P
Sim 9:  C D E F G H I J K L M N O P Q
Sim 10: D E F G H I J K L M N O P Q
Sim 11: E F G H I J K L M N O P Q
Sim 12: F G H I J K L M N O P Q
Sim 13: F G H I J K L M N O P Q R
Sim 14: G H I J K L M N O P Q R
Sim 15: G H I J K L M N O P Q R S
Sim 16: H I J K L M N O P Q R S
Sim 17: I J K L M N O P Q R S
Sim 18: I J K L M N O P Q R S T
Sim 19: I J K L M N O P Q R S T U
Sim 20: J K L M N O P Q R S T U
```

Das Programm `WarteschlangeUI` weist folgende Besonderheiten auf:

Durch die Verwendung von `Math.random()` werden unterschiedliche Abläufe simuliert. Zwei aufeinander folgende Abläufe erzeugen mit großer Wahrscheinlichkeit unterschiedliche Ergebnisse. In der Zeile 13 der Klasse `WarteschlangeUI` wird `zchn` vom einfachen Typ `char` mithilfe der Methode `toString()` in ein Objekt der Hüllklasse `Character` gewandelt, siehe »Die Hüllklassen für einfache Typen«, S. 99. Beim Ausdruck der Warteschlange in Zeile 23 werden zwei Methoden direkt hintereinander verwendet:

`eineWarteschlange.getPerson(i).getName()`

Das ist eine Abkürzungsvorschrift für folgende Anweisungen:

```
Person einePerson = eineWarteschlange.getPerson(i);
einePerson.getName();
```

In den Zeilen 50 und 51 steht folgende Anweisung:

```
eineWarteschlange.anstellen
 (new Person(WarteschlangenUI.getNeuenNamen()));
```
Hier wird auf der Parameterliste von `anstellen()` der Konstruktor von `Person` aufgerufen. Das Ergebnis ist die Referenz auf das neue Objekt von Person, die als Eingabeparameter übergeben wird.

Hinweis

Das Programm `WarteschlangeSimulation` lässt sich mit der Methode `toString()` der Klasse `Object` noch eleganter programmieren. Siehe dazu »Die Java-Klassenhierarchie und Object«, S. 200.

Vector

Die (ältere) Klasse `Vector` verfügt über ähnliche Operationen wie die Klasse `ArrayList`. Der Zugriff auf Objekte der Klasse `ArrayList` ist jedoch *nicht* synchronisiert, sodass bei der Benutzung eines Objekts durch mehrere Nutzer es ohne besondere Vorsichtsmaßnahmen zu Fehlern kommen kann. Dafür ist der Zugriff schneller.

Hinweis

Schnittstelle Queue
Warteschlangen werden in verschiedenen Varianten sehr häufig benötigt. Java stellt dazu eine eigene Schnittstelle `Queue` (siehe »Schnittstellen«, S. 231) sowie verschiedene Klassen zur Verfügung, die besser als `ArrayList` für diesen Zweck geeignet sind.

4.7 Die Klasse Scanner *

Die Klasse Scanner aus dem Java-Paket util ermöglicht es, Texte von der Konsole, aus einer Datei oder von einem String zu lesen, zu analysieren und zu verarbeiten.

Das Einlesen und Analysieren von Informationen von der Konsole, einer Datei oder einer Zeichenkette wird für viele Anwendungen benötigt. Die Klasse `Scanner` stellt dafür eine Vielzahl von Methoden zur Verfügung.

Sehen Sie sich im Internet die Dokumentation zur Klasse `Scanner` an.

Die Methoden der Klasse `Scanner` können Texte in Teiltexte – auch *Tokens* genannt – aufteilen, die durch Begrenzer bzw. Trenner – *Delimiter* genannt – voneinander getrennt sind. Die *Tokens* können dann in Objekte der Klasse `String` oder in einfache Typen gewandelt werden. Standardmäßig ist ein *whitespace* als Trenner eingestellt.

4.7 Die Klasse Scanner *

Als *whitespace* wird jedes Zeichen bezeichnet, das beim Drucken keine »Farbe« benötigt, z. B. das Leerzeichen, der Tabulator oder ein Zeilenende-Zeichen.

Sollen der Vor- und Nachname über die Konsole eingelesen werden (getrennt durch ein oder mehrere Leerzeichen), dann sieht das Programm wie folgt aus:

Beispiel
DemoScanner

```
import java.util.*;

public class DemoScanner1
{
  public static void main(String args[])
  {
    //Objekt erzeugen, das von der Konsole liest
    Scanner sc = new Scanner(System.in);
    System.out.println
      ("Bitte Vornamen und Nachnamen eingeben: ");
    //Text bis zum Leerzeichen von der Konsole lesen
    String text = sc.next();
    System.out.println("Vorname: " + text);
    //nächsten Text bis zum Leerzeichen oder
    //Zeilenende lesen
    text = sc.next();
    System.out.println("Nachname: " + text);
  }
}
```

DemoScanner1

Die Ausgabe sieht wie folgt aus:

```
Bitte Vornamen und Nachnamen eingeben:
Helmut Balzert
Vorname: Helmut
Nachname: Balzert
```

Die wichtigsten Methoden der Klasse Scanner sind:

Methoden

- `public String next()`: Findet das nächste vollständige *Token* und liefert es als Ergebnis zurück. Liest soweit, bis der nächste Begrenzer gefunden wird. Der Standardbegrenzer ist das Leerzeichen. Diese Methode wartet, bis etwas eingegeben wird.
- `public String next(String pattern)`: Gibt das nächste *Token* zurück, wenn es dem Muster *(pattern)* entspricht, das als Parameter angegeben ist. Trifft das Muster nicht zu, dann wird die Ausnahme InputMismatchException ausgegeben.

Sehen Sie sich im Internet die Klasse Pattern an.

- `Scanner useDelimiter(String pattern)`: Setzt die Begrenzer des Scanners auf die Muster, die in pattern festgelegt sind.

Es soll sichergestellt werden, dass im Vor- und Nachnamen keine Ziffern enthalten sind. Dafür kann das Muster \D+ im Parameter angegeben werden. Das große D steht für die Ver-

Beispiel
DemoScanner3

wendung von allen Zeichen *außer* den Ziffern von 0-9. + gibt an, dass diese Art von Zeichen ein- oder mehrmals auftreten darf. Dies bedeutet, dass die Verwendung von Ziffern *nicht* erlaubt ist (siehe auch: Dokumentation der Klasse Pattern).

```
import java.util.Scanner;
import java.util.InputMismatchException;

public class DemoScanner3
{
  public static void main(String args[])
  {
   //Objekt erzeugen, das von der Konsole liest
   Scanner sc = new Scanner(System.in);
   System.out.println
    ("Bitte Vornamen und Nachnamen eingeben: ");
   //Text bis zum Leerzeichen von der Konsole lesen
   try
   {
     String text = sc.next("\\D+");
     System.out.println("Vorname: " + text);
     //nächsten Text bis zum Leerzeichen oder
     //Zeilenende lesen
     text = sc.next("\\D+");
     System.out.println("Nachname: " + text);
   }
   catch(InputMismatchException e)
   {
     System.out.println
        ("Ziffern in Namen sind nicht erlaubt");
   }
  }
}
```

Der Programmlauf ergibt folgendes Ergebnis:

```
Bitte Vornamen und Nachnamen eingeben:
Helm5t Balzert
Ziffern in Namen sind nicht erlaubt
```

Beispiel DemoScannerTab

Sie erhalten Daten aus einem Kundenverwaltungsprogramm übergeben. Zu jedem Kunden sind alle Daten in einer Zeichenkette zusammengefasst. Die einzelnen Attribute sind durch Tabulator-Zeichen voneinander getrennt. Sie müssen die Attribute wieder separieren:

```
import java.util.*;

public class DemoScannerTab
{
 public static void main(String args[])
 {
    String einKundensatz = "Helmut\tBalzert\tBochum";
    System.out.println(einKundensatz);
    Scanner einScanner =
```

```
          new Scanner(einKundensatz).useDelimiter("\\t");
    String vorname = einScanner.next();
    String name = einScanner.next();
    String ort = einScanner.next();
    System.out.println("Vorname: " + vorname);
    System.out.println("Nachname: " + name);
    System.out.println("Ort: " + ort);
  }
}
```

Der Programmlauf ergibt:

```
Helmut    Balzert    Bochum
Vorname: Helmut
Nachname: Balzert
Ort: Bochum
```

- **public String nextLine()**: Liest den Rest der Eingabezeile bis zum Zeilenwechsel und gibt alle gelesenen Zeichen als Ergebnis aus. Bestätigt ein Benutzer bei der Konsoleneingabe nur die Return- oder die Enter-Taste, ohne etwas einzugeben, dann wird der leere String als Ergebnis übergeben.

Beispiel

```
import java.util.*;

public class DemoScanner2
{
  public static void main(String args[])
  {
    //Objekt erzeugen, das von der Konsole liest
    Scanner sc = new Scanner(System.in);
    System.out.println
      ("Bitte Vornamen und Nachnamen eingeben: ");
    //gesamte Zeile von der Konsole lesen
    String text = sc.nextLine();
    System.out.println("Text: " + text);
  }
}
```

DemoScanner2

Das Ergebnis sieht so aus:

```
Bitte Vornamen und Nachnamen eingeben:
Helmut Balzert
Text: Helmut Balzert
```

Zum Einlesen einfacher Typen stehen folgende Methoden zur Verfügung:

Einfache Typen

- `public boolean nextBoolean()`
- `public byte nextByte()`
- `public double nextDouble()`
- `public float nextFloat()`
- `public int nextInt()`
- `public long nextLong()`
- `public short nextShort()`

4 Klassen benutzen und bereitstellen *

Beispiel

DemoScanner4

```
1   import java.util.*;
2
3   public class DemoScanner4
4   {
5     public static void main(String args[])
6     {
7       //Objekt erzeugen, das von der Konsole liest
8       Scanner sc = new Scanner(System.in);
9       sc.useLocale(Locale.ENGLISH);
10
11      System.out.println ("Ganze Zahl eingeben: ");
12      int i = sc.nextInt();
13      System.out.println("Gelesene Zahl: " + i);
14
15      System.out.println("Zahl mit Nachkommastellen: ");
16      float f = sc.nextFloat();
17      System.out.println("Gelesene Zahl: " + f);
18    }
19  }
```

Der Programmlauf ergibt:

```
Ganze Zahl eingeben:
1234
Gelesene Zahl: 1234
Zahl mit Nachkommastellen:
12.23
Gelesene Zahl: 12.23
```

In diesem Programm werden eine ganze Zahl und eine Gleitpunktzahl eingelesen. In Java gibt es die Möglichkeit, den lokalen Kontext einzustellen. Standardmäßig ist hier die in Deutschland übliche Eingabe mit Komma bei Gleitpunktzahlen eingestellt. Will man die Gleitpunktzahl mit Punkt eingeben, dann muss mit der Anweisung sc.useLocale(Locale.ENGLISH); das Scanner-Objekt auf die englische Schreibweise umgestellt werden.

Entfernen Sie aus dem Programm die Zeile 9 und sehen Sie was passiert. Fangen Sie Fehler durch einen try-catch-Block ab.

Zusätzlich gibt es noch Methoden, die es erlauben zu überprüfen, ob das jeweils nächste *Token* als ein bestimmter einfacher Typ interpretiert werden kann:

- public boolean hasNextBoolean()
- public boolean hasNextByte()
- public boolean hasNextDouble()
- public boolean hasNextFloat()
- public boolean hasNextInt()
- public boolean hasNextLong()
- public boolean hasNextShort()

Beispiel

DemoScanner5

```
import java.util.*;
import java.io.*;
public class DemoScanner5
{
  public static void main(String args[])
  {
    int i;
    double d;
    boolean b;
    String s;
    String in =
      "Beispiel 1 Scanner true 123,12 567.89 Java false";
    Scanner sc = new Scanner(in);
    // Read to end.
    while(sc.hasNext())
    {
      if (sc.hasNextInt())
      {
         i = sc.nextInt();
        System.out.println("int: " + i);
      }
      else if(sc.hasNextDouble())
      {
        d = sc.nextDouble();
        System.out.println("double: " + d);
      }
      else if(sc.hasNextBoolean())
      {
        b = sc.nextBoolean();
        System.out.println("boolean: " + b);
      }
      else
      {
        s = sc.next();
        System.out.println("String: " + s);
      }
    }
  }
}
```

Der Programmlauf ergibt:

```
String: Beispiel
int: 1
String: Scanner
boolean: true
double: 123.12
String: 567.89
String: Java
boolean: false
```

4.8 Ausnahmebehandlung mit throw *

Um bei Fehlern einen Programmabbruch während der Laufzeit zu vermeiden, führen einige Programmiersprachen beim Auftreten von Ausnahmen *(exceptions)* **eine Ausnahmebehandlung durch, auf die der Programmierer reagieren kann. Durch die Einführung einer Ausnahme-Verarbeitung ist es möglich, die Rückgabe von Ergebnissen von der Benachrichtigung über Fehler zu trennen.**

Bei der Ausführung eines Java-Programms kann es zu Fehlersituationen kommen.

Der Programmierer kann solche möglichen Fehlersituationen – **Ausnahmen** *(exceptions)* genannt – durch Einklammerung der kritischen Anweisungen in einen try-Block zur Laufzeit überprüfen lassen und im Fehlerfall in einen catch-Block verzweigen.

Sind Abschlussarbeiten sowohl im Normalfall als auch im Fehlerfall erforderlich, dann kann noch ein sogenannter finally-Block angeschlossen werden (Abb. 4.8-1).

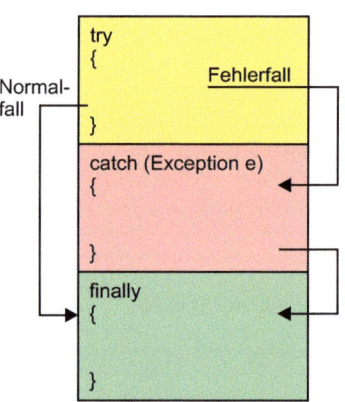

Abb. 4.8-1: Der Kontrollfluss im Normal- und im Fehlerfall bei einer try-catch-finally-Anweisung.

In vielen Fällen soll die Ausnahmebehandlung aber *nicht* in der Methode vorgenommen werden, in der die Ausnahme auftrat, sondern in der aufrufenden Methode.

Frage — Überlegen Sie, warum dies sinnvoll ist.

Antwort — Die aufgerufene Methode weiß in der Regel *nicht*, was sie im Falle einer Ausnahme tun soll. Dies weiß oft nur die aufrufende Methode. Daher muss die aufrufende Methode über die Ausnahme informiert werden – und kann dann entscheiden, was zu tun ist. Es muss daher die Möglichkeit geben, eine aufgetretene Ausnahme an die rufende Methode weiterzugeben. In Programmiesprachen, die über keine explizite Ausnahmebehandlung verfügen, signalisiert man die Ausnahmesituation über einen Ergebnisparameter. Dadurch belastet man diese Parameter mit Ausnahmen und verschlechtert die Lesbarkeit der Programme (siehe auch »Kopplung von Methoden«, S. 387).

Die Methode `readPositiveInt()` der Klasse `Console` liest positive ganze Zahlen ein. Im Fehlerfall wird eine -1 als Ergebnis übergeben, das in der aufrufenden Methode `main()` abgefragt wird:

Beispiel 1a
DemoAusnahme1

```
1   import java.util.*;
2
3   public class Console
4   {
5     //Liest eine ganze Zahl vom Typ int von der Konsole
6     public static int readPositiveInt()
7     {
8       int i = 0;
9       try
10      {
11        Scanner sc = new Scanner(System.in);
12        i = sc.nextInt();
13        if (i <= 0) i = -1;
14      }
15      catch (InputMismatchException e)
16      {
17        i = -1;
18      }
19      return i;
20    }
21  }
```

```
1   public class DemoConsole
2   {
3     public static void main(String args[])
4     {
5       int i;
6       for(;;)
7       {
8         System.out.println
9           ("Bitte ganze Zahl > 0 eingeben: ");
10        i = Console.readPositiveInt();
11        if (i != -1) break;
12      }
13      System.out.println("Gelesener Wert: " + i);
14    }
15  }
```

Damit in Java eine Ausnahme an den Aufrufer gemeldet werden kann, wird die Methoden-Deklaration um eine `throw`-Klausel ergänzt, und im Methodenrumpf wird eine Ausnahme ausgelöst.

Beispiel 1b
DemoAusnahme2

```
1   import java.util.*;
2
3   public class Console
4   {
5     //Liest eine ganze Zahl vom Typ int von der Konsole
6     public static int readPositiveInt()
7       throws InputMismatchException, Exception
8     {
9       int i = 0;
10      Scanner sc = new Scanner(System.in);
11      i = sc.nextInt();
12      if (i <= 0)
13         throw new Exception
14           ("Die ganze Zahl muss größer Null sein!");
15      return i;
16    }
17  }
```

```
import java.util.*;

public class DemoConsole
{
  public static void main(String args[])
  {
    int i = 0;
    for(;;)
    {
      System.out.println
        ("Bitte ganze Zahl > 0 eingeben: ");
      //Aufruf mit Überprüfung auf Ausnahmeauslösung
      try
      {
        i = Console.readPositiveInt(); break;
      }
      catch (InputMismatchException e)
      {
        System.out.println
          ("Es muss eine ganze Zahl > 0 eingegeben werden!");
        continue;
      }
      catch (Exception e)
      {
        System.out.println
          ("Fehlerhafte Eingabe: " + e.getMessage());
        continue;
      }
    }
    System.out.println("Gelesener Wert: " + i);
  }
}
```

Ein Programmlauf sieht wie folgt aus:

```
Bitte ganze Zahl > 0 eingeben:
-12
Fehlerhafte Eingabe: Die ganze Zahl muss größer Null sein!
Bitte ganze Zahl > 0 eingeben:
```

```
abc
Es muss eine ganze Zahl > 0 eingegeben werden!
Bitte ganze Zahl > 0 eingeben:
123
Gelesener Wert: 123
```

Die throws-Klausel hinter der Parameterliste listet die Ausnahme-Typen auf, die von einer Methode ausgelöst werden können. Die speziellen Ausnahmen sollten zuerst, die allgemeinen Ausnahmen zuletzt aufgeführt werden. Im Beispiel 1b löst die Methode readPositiveInt() nur *eine* Ausnahme vom Typ Exception aus.

In der Methode wird bei fehlerhafter Eingabe ein Objekt der Ausnahmeklasse Exception erzeugt (new Exception("Fehlerbezeichnung")). Der Exception-Konstruktor nimmt einen String als Parameter entgegen. Der String enthält eine Nachricht, die ausgegeben werden kann, wenn die Ausnahme abgefangen wird.

Die throw-Anweisung beendet die Methode und ermöglicht es dem Aufrufer, die Ausnahme abzufangen. Das Abfangen geschieht in der aufrufenden Methode in einer try-catch-Anweisung, wobei der Aufruf im try-Teil stehen muss.

Hinter der Parameterliste eines Konstruktors oder einer Methode kann eine throw-Klausel stehen.

Throws ::= **throws** *TypeNameList*   Java-Syntax

TypeNameList ::= *TypeName* ...

Überall, wo eine Anweisung *(statement)* stehen kann, kann eine throw-Anweisung stehen:

ThrowStatement ::= throw ThrowableInstance ;

ThrowableInstance muss ein Objekt der Klasse Throwable sein. Es gibt zwei Möglichkeiten, ein solches Objekt zu erhalten:

- Verwendung eines Parameters in der catch-Klausel (siehe Beispiel 1a, Zeile 15)
- Erzeugung eines Objekts mit dem new-Operator (siehe Beispiel 1b, Zeile 13).

Befindet sich in einer Methode eine throw-Anweisung, dann wird hinter dieser Anweisung der Programmablauf abgebrochen, und es wird zur nächsten catch-Klausel verzweigt.

Enthält die eigene Methode keine catch-Klausel, dann muss die Methode eine throw-Klausel hinter der Parameterliste besitzen, um dem Aufrufer damit anzuzeigen, dass er für die Ausnahmebehandlung sorgen muss.

Besitzt die rufende Methode selbst *keine* Ausnahmebehandlung, dann muss sie ebenfalls hinter der Parameterliste eine throw-Klausel haben, damit ihr Aufrufer weiß, dass Ausnahmen übergeben werden können.

Die Syntax von try-catch zeigt die Abb. 4.8-2.

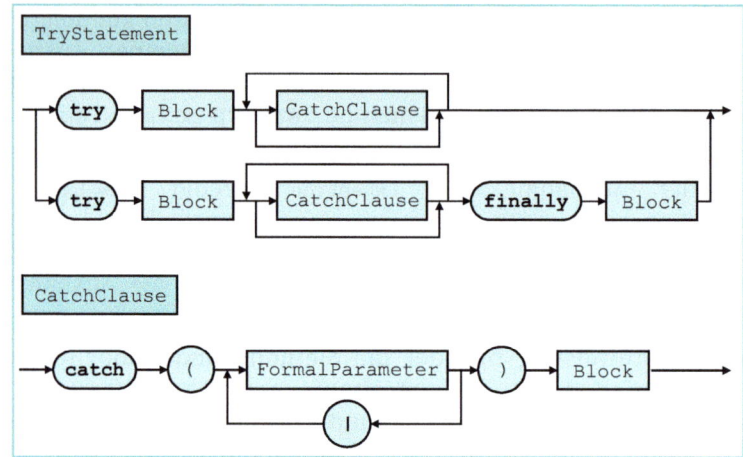

Abb. 4.8-2: Syntax von try-catch in Java.

Eine CatchClause muss genau einen Parameter besitzen, der Ausnahmeparameter genannt wird. Als Typ muss eine Ausnahme-Klasse angegeben sein, z. B. Exception. Wird die Ausführung des try-Blocks normal beendet, d. h. keine Ausnahme ist eingetreten, dann wird nichts weiter unternommen. Die catch-Konstrukte werden übergangen. Wird im try-Block eine Ausnahme ausgelöst, dann werden die catch-Konstrukte durchlaufen. Mehrere Catch-Clauses werden von oben nach unten (im Quellcode) abgearbeitet. Die CatchClause, die den aktuellen Parameter *zuerst* akzeptiert, wird ausgeführt.

finally-Konstrukt

Wird in Java eine Ausnahme ausgelöst, dann wird die weitere Ausführung der Methode abgebrochen. Mit Hilfe des finally-Konstrukts können auch dann noch Anweisungen ausgeführt werden, wenn eine Ausnahme eintritt, um z. B. Abschlussarbeiten durchzuführen. Der finally-Block wird ausgeführt, egal was im try-Block passiert.

Hinweis

Eigene Exception-Klasse
In der Regel wird man eine eigene Exception-Klasse schreiben, die speziell die gewünschte Ausnahme beschreibt. Dies ist in Form einer Unterklasse von Exception möglich (siehe »Vererbung in Java«, S. 188).

4.9 Die selbstentwickelte Klasse Console *

Die selbst entwickelte Klasse Console im Paket inout erlaubt es, eine Zeile sowie Werte einfacher Typen sowie ein Datum von der Konsole einzulesen.

In Java gibt es standardmäßig *keine* Klasse, die eine komfortable Eingabe von Werten über ein Konsolenfenster ermöglicht. Mit der Klasse Scanner (siehe »Die Klasse Scanner«, S. 110) gibt es jedoch eine Klasse, die eine einfache Realisierung einer solchen Klasse ermöglicht.

Die selbstentwickelte Klasse Console – die von Ihnen jederzeit erweitert werden kann – sieht folgendermaßen aus (sie gehört zum Paket inout):

```java
package inout;

import java.text.ParseException;
import java.time.LocalDate;
import java.time.format.DateTimeFormatter;
import java.time.format.DateTimeParseException;
import java.util.InputMismatchException;
import java.util.Locale;
import java.util.NoSuchElementException;
import java.util.Scanner;

/** Diese Klasse stellt Methoden zur Verfügung, <br/>
 * um Texte und einfache Typen von der Konsole einzulesen.<br/>
 * Die Ausnahmebehandlung ist Aufgabe des Aufrufers.<hr/>
 * @author Helmut Balzert
 * @version 3.0 / Java 8-Version
 */
public class Console
{
  private static Scanner sc;

  //Unterdrückung des default-Konstruktor,
  //um eine Objekterzeugung zu verhindern
  private Console()
  {
    //Dieser Konstruktor wird nie aufgerufen
  }

  /**Liest eine Zeile von der Konsole
   * @return Eingelesene Zeile vom Typ String.
   * @exception NoSuchElementException:
   * Es wurde keine Eingabezeile gefunden.
   * @exception IllegalStateException:
   * Die verwendete Methode ist nicht geöffnet.
   */
  public static String readString()
    throws NoSuchElementException, IllegalStateException
  {
    Scanner sc = new Scanner(System.in);
```

```
        return sc.nextLine();
}

/**Liest eine Zeile von der Konsole
 * @return Eingelesene Zeile vom Typ char[].
 * @exception NoSuchElementException:
 * Es wurde keine Eingabezeile gefunden.
 * @exception IllegalStateException:
 * Die verwendete Methode ist nicht geöffnet.
 */
public static char[] readCharArray()
  throws NoSuchElementException, IllegalStateException
{
   sc = new Scanner(System.in);
   String text = sc.nextLine();
   return text.toCharArray();
}

/**Liest einen booleschen Wert von der Konsole
 * @return Boolescher Wert true oder false.
 * @exception NoSuchElementException:
 * Es wurde keine Eingabezeile gefunden.
 * @exception IllegalStateException:
 * Die verwendete Methode ist nicht geöffnet.
 * @exception InputMismatchException:
 * Die Eingabe entspricht nicht dem Typ.
 */
public static boolean readBoolean() throws
   InputMismatchException, NoSuchElementException,
   IllegalStateException
{
   sc = new Scanner(System.in);
   return sc.nextBoolean();
}// usw.
}
```

Beispiel

Ein Beispielprogramm zur Anwendung dieser Methoden sieht wie folgt aus:

Demo Console

```
import inout.*;

public class DemoConsole
{
  public static void main(String args[])
  {
    System.out.println("Text eingeben: ");
    String text = Console.readString();
    System.out.println("Gelesener Text: " + text);

    System.out.println("Text eingeben: ");
    char [] ca = Console.readCharArray();
    System.out.println("Gelesenes char-Feld: ");
    for (char celement: ca)
      System.out.print(celement);
    System.out.println();
```

```
        System.out.println("Boolean eingeben: ");
        boolean b = Console.readBoolean();
        System.out.println("Gelesener Wert: " + b);

// usw.
```

1 Installieren Sie die Klasse Console in einem Paket inout auf Ihrem Computersystem.
2 Sehen Sie sich alle Methoden an.
3 Probieren Sie einige Methoden durch Schreiben eines Programms mit Konsoleneingabe aus.

Utility-Klasse

Bei der hier entwickelten Klasse Console handelt es sich um eine sogenannte *Utility*-Klasse (Hilfsmittelklasse), in der Klassenmethoden und/oder Klassenattribute unter fachlichen Gesichtspunkten zu einer Klasse zusammenfasst wurden – analog wie in den Java-Klassen java.lang.Math, java.util.Arrays oder java.util.Collections. Von solchen Klassen sollen *keine* Objekte erzeugt werden. Um dies zu verhindern, kann ein privater, leerer Konstruktor hinzugefügt werden, der eine Erzeugung von Objekten verhindert (siehe auch [Bloc05, S. 12 (Item 3)]).

Hinweis

4.10 Die *String*-Klassen von Java *

Zeichenketten *(strings)* sind in Java Objekte. Für den Umgang mit Zeichenketten stellt Java mehrere Klassen zur Verfügung:

- »Die Klasse String«, S. 124
  Mit dieser Klasse können **Zeichenketten-Konstanten** dargestellt werden. Dem Konstruktor wird eine Zeichenkette übergeben, die nachträglich *nicht* mehr verändert werden kann. Eine solche Klasse bezeichnet man als *immutable class* (unveränderliche Klasse), deren Objekte nicht mehr verändert werden können (siehe auch [Bloc05, S. 63 (Item 13)]). Zeichenketten können mit der split()-Methode in Teilketten zerlegt werden.

- »Die Klasse StringBuilder«, S. 132
  Mit dieser Klasse können **veränderbare Zeichenketten** angelegt und manipuliert werden. Dem Konstruktor kann optional ein Anfangswert angegeben werden. Es stehen Methoden zum Einfügen und Anhängen zur Verfügung. StringBuilder passt hierbei die Größe dynamisch den Erfordernissen an. Diese Klasse hat die ältere Klasse StringBuffer abgelöst.

- Die Klasse `StringTokenizer`
  Diese Klasse erlaubt es, eine Zeichenkette in einzelne Teilketten zu zerlegen. Es können hierzu Trennzeichen spezifiziert werden, die die einzelnen Teilketten voneinander trennen. Diese Klasse wurde durch die Klasse `Scanner` (siehe »Die Klasse Scanner«, S. 110) und die `split()`-Methode der Klasse `String` abgelöst.

4.10.1 Die Klasse `String` *

Die Java-Klasse `String` aus dem Standard-Paket `lang` erlaubt die Manipulation von Zeichenketten, die nach ihrer Erzeugung *nicht* mehr verändert werden können. Die Methode `split()` erlaubt es, Zeichenketten in Teilketten zu zerlegen.

Die Klasse `String` ist die einzige Klasse in Java, bei der Objekte *ohne* Benutzung des `new`-Operators erzeugt werden können. String-Objekte können durch String-Literale erzeugt werden, d. h. das String-Objekt wird als Zeichenkette in doppelten Anführungszeichen angegeben.

Beispiel 1a
```
String text = "Java";
```

Wird ein String-Objekt ohne den `new`-Operator erzeugt, dann wird dieses Objekt im sogenannten Konstantenpool *(literal pool)* abgelegt. Wird auf diese Weise ein weiteres String-Objekt mit demselben Literal erzeugt, dann wird eine Referenz auf das bereits im Konstantenpool liegende Objekt zurück geliefert. Es wird also *kein* neues String-Objekt erzeugt, sondern das bereits vorhandene Objekt aus dem Pool verwendet.

Beispiel 1b
```
String motto = "Java";
Es gibt jetzt nur ein String-Objekt "Java" im Konstantenpool
(Abb. 4.10-1).
```

Ein String-Objekt kann auch mit dem `new`-Operator erzeugt werden. Es wird dann ein neues Objekt angelegt, das außerhalb des Konstantenpools verwaltet wird (Abb. 4.10-1).

Beispiel 1c
```
String titel = new String("Java");
```

Wird versucht, ein String-Objekt durch eine Methode zu verändern, dann wird das Ursprungs-Objekt unverändert beibehalten und ein neues Objekt erzeugt, das außerhalb des Konstantenpools gespeichert wird.

Beispiel
```
class DemoString
{
  public static void main(String args[])
```

4.10 Die *String*-Klassen von Java *

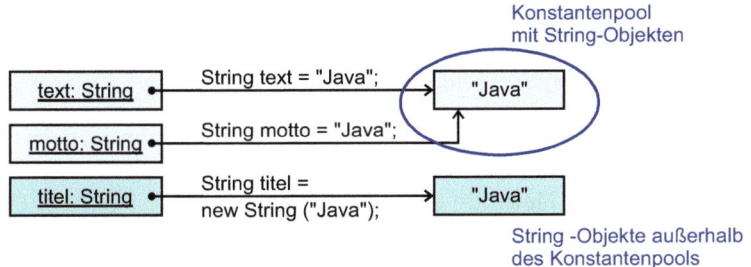

Abb. 4.10-1: Unterschiedliche Erzeugung von String-Objekten.

```
{
  String text = "Java";
  //Wandle in Großbuchstaben
  text.toUpperCase();
  //Das Ursprungsobjekt wird nicht verändert, d. h.
  //die Methode toUpperCase() hat keine Wirkung
  System.out.println(text);
  //Neues Objekt außerhalb des Konstantenpools
  String textGross = text.toUpperCase();
  System.out.println(textGross);
}
}
Ausgabe:
Java
JAVA
```

Da String-Objekte unveränderlich sind *(immutable)*, sollten gleiche Objekte *nicht* mit `String str = new String("Text")` jedes Mal neu erzeugt werden, sondern stattdessen `String str = "Text"` verwendet werden (siehe dazu auch [Bloc05, S. 13 (Item 4)]).

Diese Besonderheiten zeigen, dass die Java-Sprachentwickler eine Symbiose zwischen dem String als Objekt und dem String als »eingebauter«, einfacher Typ vorgenommen haben.

Zwei String-Objekte dürfen *nicht* mit `str1 == str2` verglichen werden, sondern nur mit `str1.equals(str2)` (siehe unten)! Mit dem Operator "==" wird überprüft, ob zwei Variablen den gleichen Wert haben. Bei Referenzvariablen wird demnach überprüft, ob zwei Referenzen identisch sind, d.h. auf denselben Speicherplatz zeigen. Ob der Inhalt von zwei Objekten übereinstimmt, kann daher mit "==" bei Referenzvariablen *nicht* festgestellt werden.

Strings bzw. Zeichenketten sind *keine* Zeichen-Felder. Es ist aber möglich, über spezielle Konstruktoren der Klasse `String` aus einem Zeichen-Feld oder einem `byte`-Feld eine Zeichenkette zu erzeugen.

Beispiel

```
char[] zeichenfeld = {'J', 'a', 'v', 'a'};
String text;
text = new String(zeichenfeld);
```

Konkatenation +

Zeichenketten können mit dem Operator + aneinandergehängt werden. Man bezeichnet dies als **Konkatenation**, z. B. "Java" + " ist toll!". Die Methode concat() bildet eine neue Zeichenkette durch Anhängen einer zweiten Zeichenkette. Sie arbeitet damit genauso wie der Konkatenationsoperator +.

Beispiel

```
alterText = "Java";
neuerText = alterText.concat(" ist toll");
neuerText = alterText + " ist toll"; //alternativ
```

toString()

Alle Java-Objekte besitzen die Methode toString(), die eine Zeichenkettendarstellung des jeweiligen Objekts zurückgibt. Bei den Hüll-Klassen der einfachen Typen (siehe »Die Hüllklassen für einfache Typen«, S. 99) liefert diese Methode die gespeicherte Zahl konvertiert in eine Zeichenkette zurück, z. B. text = Integer.toString(). Mit toString() kann also von allen Objekten eine Zeichenkettendarstellung erzeugt werden.

Syntax für Zeichenketten-Literale

Java erlaubt daher eine besondere Syntax für Zeichenketten-Literale, mit der es möglich ist, Zeichenketten mit Objektreferenzen oder einfachen Variablen zu verketten.

Beispiel

```
for(int i = 1; i <= 20; i++)
    System.out.println(i + ". Zeichenkette ");
```

String.valueOf()

Implizit wird auf alle Nichtliterale die Methode String.valueOf() angewendet. String besitzt zwei Varianten dieser Methode:

- Die Variante für Objekte ermittelt die Zeichenkettendarstellung des betreffenden Objekts, indem sie deren Operation toString() aufruft. Ist die Referenz null, dann ergibt sich die Zeichenkette "null".
- Die Variante für Zeichen-Felder nimmt die Konvertierung selbst vor.

Auch die Klassen zur »Einhüllung« nummerischer Typen sowie die Klasse Boolean besitzen die Methode valueOf(), mit denen ein Objekt für den jeweiligen Datentyp konvertiert wird. Aus diesen Objekten muss dann der Wert geholt werden. Die Klasse Integer besitzt dazu die Methode intValue().

Beispiel

```
String boolText = "true";
//Wandelt einen Text in einen booleschen Wert um
boolean boolVariable =
    Boolean.valueOf(boolText).booleanValue();
```

4.10 Die *String*-Klassen von Java *

Die Klasse `String` besitzt eine Reihe von Methoden zum Vergleichen, Suchen und Extrahieren von Zeichen und Teilzeichenketten:

- `public boolean equals(Object obj)`: Liefert `true`, wenn `obj` ein gültiges Objekt von `String` ist und dieselbe Zeichenkette wie dieses Objekt enthält, sonst `false`.

- `public int length()`: Liefert die Länge der Zeichenkette.

- `public boolean equalsIgnoreCase(String anotherString)`: Vergleicht zwei Zeichenketten unabhängig von der Groß- und Kleinschreibung.

- `public int indexOf(int ch)`: Liefert die Position des ersten Vorkommens des Zeichens `ch`. Ist das Zeichen *nicht* vorhanden, dann wird -1 zurückgeliefert.

- `public char charAt(int index)`: Gibt das Zeichen zurück, das sich an der Indexstelle befindet. Der Index geht von 0 bis `length()-1`.

- `public String repeat(int count)`: Gibt die Zeichenkette mehrfach wiederholt zurück, wobei die Anzahl der Wiederholungen durch den Parameter `count` bestimmt wird.

- `public String substring(int beginIndex)`
  `public String substring(int beginIndex, int endIndex)`: Gibt die Teilzeichenkette zurück, die von der Position `beginIndex` (einschließlich) bis zum Ende geht. Der Positionsindex beginnt bei 0. Ist der zweite Index `endIndex` gegeben, dann geht die Teilzeichenkette bis zu `endIndex - 1` (einschließlich).

- `public String[] split(String regex, int limit)`: Ein String-Objekt wird in Teilzeichenketten aufgeteilt. Als Ergebnis wird ein String-Feld mit den Teilzeichenketten übergeben.
  Der Parameter `regex` (Abkürzung für regulärer Ausdruck bzw. *regular expression*) legt das Muster *(pattern)* fest, nach dem die Zeichenkette aufgeteilt werden soll.
  Der Parameter `limit` legt fest, wie oft das Muster angewandt werden soll. Ist `limit > 0`, dann wird das Muster `limit-1` mal angewandt. Die Länge des Ergebnisfeldes wird nicht größer als `limit`. Der letzte Eintrag im Ergebnisfeld enthält alle Eingaben, nachdem das Muster zum letzten Mal angewandt wurde.
  Ist `limit` nicht positiv, dann wird das Muster so oft wie möglich angewandt und das Ergebnisfeld kann entsprechend viele Elemente besitzen. Ist `limit = 0`, dann wird das Muster so oft wie möglich angewandt und verbleibende leere Teilzeichenketten am Ende werden entfernt. Diese Methode kann auch ohne den Parameter `limit` aufgerufen werden. `limit` ist dann 0.

Beispiele DemoSplit

```
// Aufspalten eines Textes, der durch
// ::= getrennt ist
   String text = "a::=b::=c=d";
   String muster = "::=";
   String[] teiltexte = text.split(muster, -1);
// Ergebnis: ["a", "b", "c=d"]

// Aufspalten einer Formel mit " und " und " oder "
// und "; " und ";"
   String formel = "a und b oder c; a oder b;";
   muster = "[; ]+(und|oder)*[; ]*";
   teiltexte = formel.split(muster, 0);
// Ergebnis: ["a", "b", "c", "a", "b"]
```

Sehen Sie sich die Klasse Pattern in Java an. Dort wird der Aufbau von **regulären Ausdrücken** erläutert.

Probieren Sie die Wirkung des limit-Parameters aus.

Beispiel RechnerMitSpilt

Die Arbeitsweise von split() wird am Beispiel eines einfachen Taschenrechners gezeigt:

```
/** Programmname: Taschenrechner
 * Fachkonzept-Klasse: Rechner
 * Aufgabe: einfacher Taschenrechner ohne Prioritäten
 * Operanden und Operatoren durch Leerzeichen getrennt
 * abwechselnd Operanden und Operatoren
 * keine Eingabeüberprüfung
 */
public class Rechner
{
 //Methoden
 public String getErgebnis(String eingabe)
 {
   double ergebnis, neu;
   char operator;
   String muster = " ";
   //Anwendung der split-Methode
   String [] teile = eingabe.split(muster);
   //Kontrollausgabe
   for (String element : teile)
       System.out.println(element);

   // 1. Operand
   ergebnis = Double.valueOf(teile[0]).doubleValue();

   for (int i = 1; i < teile.length; i = i + 2)
   {
     //Operator
     operator = teile[i].charAt(0);
     //Operand
     neu = Double.valueOf(teile[i+1]).doubleValue();
     switch (operator)
     {
```

```
         case '+': { ergebnis += neu;break; }
         case '-': { ergebnis -= neu;break; }
         case '*': { ergebnis *= neu;break; }
         case '/': { ergebnis /= neu;break; }
      }
    }
    return String.valueOf(ergebnis);
  }
}
/* Programmname: Taschenrechner
 * UI-Klasse: RechnerUI
 */

import inout.Console;

public class RechnerUI
{
   public static void main(String a[])
   {
     Rechner einRechner = new Rechner();
     System.out.println("Bitte Rechenausdruck eingeben" +
     "(mit Leerzeichen trennen): ");
     String eingabe = Console.readString();
     System.out.println("Ergebnis von " + eingabe + " = " +
        einRechner.getErgebnis(eingabe));
   }
}
```

Das Ergebnis für ein Beispiel sieht wie folgt aus:

```
Bitte Rechenausdruck eingeben(mit Leerzeichen trennen):
3.2 + 6.8 / 2 * 5
3.2
+
6.8
/
2
*
5
Ergebnis von 3.2 + 6.8 / 2 * 5 = 25.0
```

Alle Methoden können auch auf Zeichenketten-Literale angewandt werden.

```
String text = "Java";
if ("java".equals(text))
   System.out.println("Gleich");
else
   System.out.println("Ungleich");
```
Beispiel

Die Klassenmethode `format()` der Klasse `String` ermöglicht es, Zeichenketten zu formatieren:

format()

- `public static String format(String format, Object... args)`: Es wird eine formatierte Zeichenkette ausgegeben, die das angegebene Format und die angegebenen Parameter verwendet. Die Zeichenkette format enthält neben den auszugebenden Zeichen weitere so genannte Formatspezifizierer, die angeben, wie die variable Anzahl von Parametern args formatiert werden sollen. Die Tab. 4.10-1 enthält einige wichtige Formatspezifizierungen.

Formatangabe	Wirkung
%s	Unformatierte Ausgabe eines Strings
%d	Dezimalzahl
%f	Gleitpunktzahl
%e	Halblogarithmische Darstellung der Zahl
%n	Neue Zeile
%%	Prozentzeichen
%t	Datum und Zeit

Tab. 4.10-1: Mögliche Formatangaben.

Werden für die Formatangaben Großbuchstaben verwendet, erfolgt die Ausgabe in Großbuchstaben.

Die Zuordnung der Parameter zu den Formatangaben kann durch die Kennzeichnung 1$ für den 1. Parameter in der Parameterliste, 2$ für den 2. Parameter usw. erfolgen. Dadurch können Parameter mehrfach in dem Format-String referenziert werden.

Hinweis

Die Methode format() nutzt das Konzept der variablen Parameterliste. Durch drei Punkte (sogenanntes Auslassungszeichen) hinter der jeweiligen Typangabe, hier Object..., wird angegeben, dass die Parameteranzahl beim Aufruf variabel sein darf. Pro Parameterliste darf nur ein variabler Parameter angegeben werden, der am Ende der Parameterliste stehen muss.

Beispiel

DemoFormat

```
public class DemoFormat
{
  public static void main (String args[])
  {
    String t = "ein Text";
    int eineGanzzahl = 123;
    double eineGleitpunktzahl = 123456.789;
    double nocheineGleitpunktzahl = -98765.4321;
    String s = String.format
      ("Dies ist %S und dies eine ganze Zahl %d",
      t,eineGanzzahl);
    String s2 = String.format
      ("Gleitpunktzahl: %f %nund halblogarithmisch: %e",
      eineGleitpunktzahl, eineGleitpunktzahl);
```

```
    System.out.println(s);
    System.out.println(s2);
    String s3 = String.format
      ("Gleitpunktzahl: %2$f %nund halblogarithmisch: %1$e",
       eineGleitpunktzahl, nocheineGleitpunktzahl);
    System.out.println(s3);
    String s4 = String.format
      ("Doppelt: %1$d - %1$S", eineGanzzahl);
    System.out.println(s4);
  }
}
```

Und so sieht die Ausgabe aus:

```
Dies ist EIN TEXT und dies eine ganze Zahl 123
Gleitpunktzahl: 123456,789000
und halblogarithmisch: 1,234568e+05
Gleitpunktzahl: -98765,432100
und halblogarithmisch: 1,234568e+05
Doppelt: 123 - 123
```

Neben diesen Formatierungen gibt es noch eine Vielzahl zusätzlicher Möglichkeiten.

Im Gegensatz zur Klassenmethode `format()` der Klasse `String` bietet die Instanzmethode `formatted()` einen kürzeren Stil, da er direkt auf einer Instanz einer Zeichenkette eingesetzt werden kann. Diese Operation wurde mit Java 15 eingeführt und bietet insbesondere bei String-Vorlagen eine lesbarere und modernere Syntax an.

`formatted()`

Seit Java 13 gibt es mit der Einführung von **mehrzeiligen Zeichenketten** *(text blocks)* eine moderne Möglichkeit, einen längeren Text auf mehrere Zeilen zu verteilen und ihn übersichtlich in den Code zu integrieren. Mehrzeilige Zeichenketten werden In Java durch dreifache Anführungszeichen (""") eingefasst und bieten eine komfortable Alternative zu herkömmlichen String-Literalen, insbesondere für Inhalte wie HTML, JSON, SQL oder XML, die oft über mehrere Zeilen gehen.

Java 13

Ein mehrzeilige Zeichenkette wird wie folgt definiert:

```
String mehrzeiligerText = """
  Dies ist ein mehrzeiliger Text.
  Er kann über mehrere Zeilen geschrieben werden,
  ohne dass explizite Escape-Zeichen verwendet werden müssen.
  """;
```

Mehrzeilige Zeichenkette

Die wichtigsten Vorteile von *text blocks* sind:

Vorteile

- **Lesbarkeit:** Der Text bleibt im Quellcode gut lesbar, da keine Escape-Zeichen (\n oder \") notwendig sind.

- **Automatisches Einrücken:** Das führende Leerzeichen, das durch die Einrückung im Code entsteht, wird automatisch entfernt.
- **Konsistenz:** Zeilenumbrüche und Formatierungen werden so behandelt, wie sie im Block stehen, was besonders bei formatierten Daten nützlich ist.

Innerhalb von mehrzeiligen Zeichenketten können ebenfalls Platzhalter und Variablen verwendet werden, die durch die String.format() Operation unterstützt werden. Dadurch lassen sich dynamische Inhalte einfügen:

Mehrzeilige Zeichenkette

```
String name = "Max";
String text = """
    Hallo, %s!
    Willkommen in der Welt der mehrzeiligen Strings.
    """.formatted(name);
System.out.println(text);
```

Das Beispiel gibt folgendes aus:

```
Hallo, Max!
Willkommen in der Welt der mehrzeiligen Strings.
```

Mit *text blocks* wird die Arbeit mit mehrzeiligen Zeichenketten in Java erheblich erleichtert. Sie sorgen für übersichtlicheren Code, weniger Fehlerpotenzial und sind besonders hilfreich beim Arbeiten mit formatierten Daten oder Markup-Sprachen.

Sehen Sie sich die Dokumentation der Klassen String und Formatter im Internet an.

4.10.2 Die Klasse StringBuilder *

Die Java-Klasse StringBuilder aus dem Standard-Paket lang erlaubt es, in der Länge veränderbare Zeichenketten zu manipulieren.

Die Klasse StringBuilder stellt eine veränderbare Zeichenkette zur Verfügung. Diese Klasse ist mit der Klasse String vergleichbar und besitzt teilweise gleichnamige Methoden. Es handelt sich jedoch um voneinander unabhängige Klassen. Objekte können u. a. mit folgenden Konstruktoren erzeugt werden:

Konstruktoren
- public StringBuilder(): Erzeugt ein neues Objekt ohne Vorbesetzung mit einer Startkapazität von 16 Zeichen.
- public StringBuilder(int capacity): Erzeugt ein neues Objekt ohne Vorbesetzung, das zunächst capacity-Zeichen speichern kann.
- public StringBuilder(String str): Erzeugt ein neues Objekt, das mit dem Wert von str initialisiert wird.

Die Klasse StringBuilder besitzt vor allem Methoden zum Manipulieren einer Zeichenkette. Die wichtigsten sind:

- StringBuilder append(String str): Hängt eine Zeichenkette str an das Ende der vorhandenen Zeichenkette an.
- StringBuilder insert(int offset, String str): Fügt eine Zeichenkette str an der Stelle offset ein.
- void setCharAt(int index, char ch): Ersetzt das Zeichen an der Position index durch das Zeichen ch.
- int length(): Liefert die Länge der momentanen Zeichenkette in Anzahl Zeichen.

Methoden

Sehen Sie sich die Dokumentation der Klasse im Internet an.

```
public class DemoStringBuilder
{
 public static void main(String args[])
 {
  StringBuilder sb= new StringBuilder("Wie");
  sb.append(" funktioniert");
  sb.append(" Java?");
  String einNeuerString = sb.toString();
  System.out.println(einNeuerString);
 }
}
```
Ergebnis: Wie funktioniert Java?

Beispiel DemoStringBuilder

Bei vielen Konkatenationsoperationen ist StringBuilder effektiver als die concat()- bzw. +-Operation von String, da String immer neue Objekte zum Zwischenspeichern erzeugt, während dies bei StringBuilder nicht der Fall ist.

String vs. StringBuilder

Weitgehend kompatibel zu dieser Klasse ist die (ältere) Klasse StringBuffer. Im Gegensatz zu StringBuffer ist die Ausführung von Operationen auf Objekte der Klasse StringBuilder schneller, da *keine* Synchronisation mehrerer gleichzeitiger Zugriffe erfolgt. Wird ein synchronisierter Zugriff benötigt, dann sollte die Klasse StringBuffer verwendet werden.

Hinweis

4.11 Das Paket java.time *

Klassen, die zu einer *Human Time Line* gehören, ermöglichen die Darstellung von Datum und Zeit, so dass sie von Menschen leicht verarbeitet werden können, z. B. Tagesnamen, Monatsnamen usw. Es gibt Klassen *ohne* Bezug zu Zeitzonen, z. B. LocalDate, LocalTime und LocalDateTime, Klassen *mit* einer festen Verschiebung zu Zeitzonen, z. B. OffsetTime, und Klassen mit voller Zeitzonenunterstützung (ZonedDateTime). Auf Nanosekunden genau können Zeitpunkte (`Instant`) und Zeitspannen (`Duration`) mit Klassen der *Machine Time Line* bestimmt werden.

Seit Java 8 gibt es ein Paket `java.time` mit mehreren Unterpaketen und über 60 Klassen und Schnittstellen. Prinzipiell wird unterschieden zwischen

- einer *Human Time Line* und
- einer *Machine Time Line*.

Human Time Line

In der *Human Time Line* werden Datum und Zeit so dargestellt, dass sie sich von Menschen verarbeiten lassen. Es wird unterschieden zwischen

- lokalen Datumsangaben und Zeiten, d. h. Angaben ohne einen Bezug zu einer Zeitzone, mit den Klassen `LocalDate`, `LocalTime` und `LocalDateTime`,
- Angaben mit einer festen Verschiebung *(offset)*, z. B. +02:00, mit den Klassen `OffsetTime` und `OffsetDateTime` sowie
- Zeitangaben mit voller Zeitzonenunterstützung einschl. Sommer- und Winterzeit mit der Klasse `ZonedDateTime`.

In vielen Anwendungen sind Zeitzonen irrrelevant, daher werden oft folgende Klassen verwendet:

LocalDate
- `public final class LocalDate` mit folgenden wichtigen Methoden:
  - `public static LocalDate now()`: Liefert die aktuelle Zeit der Systemuhr.
  - `public static LocalDate of(int year, int month, int dayOfMonth)`: Erzeugt ein Objekt mit den spezifizierten Angaben.
  - `public static LocalDate parse(CharSequence text)`: Erzeugt ein Objekt mit den Angaben, die im Format `jjjj-mm-tt` vorliegen müssen.
  - `public boolean isBefore(ChronoLocalDate other)`: Prüft, ob diese Zeit vor der angegebenen Zeit liegt.
  - `public Period until(ChronoLocalDate endDateExclusive)`: Berechnet die Zeit zwischen diesem Datum und dem übergebenen Datum. Das Ergebnis ist negativ, wenn das Ende vor dem Start liegt.

Period
- `public final class Period`: Diese Klasse erlaubt es, Zeiten in Jahres-, Monats- und Tages-Einheiten zu manipulieren. Wichtige Methoden sind:
  - `public int getDays()`: Gibt die Tageseinheiten als Ergebnis zurück.
  - `public int getMonths()`: Gibt die Monatseinheiten als Ergebnis zurück.

- public int getYears(): Gibt die Jahreseinheiten als Ergebnis zurück.

Beispiel 1a

DemoLocalDate

```
import inout.Console;
import java.time.LocalDate;

public class DemoLocalDate
{
  public static void main (String args[])
  {
    LocalDate aktuellesDatum = null;
    LocalDate fertigDatum = null;
    LocalDate geburtsDatum = null;

    //23.12.2013 soll gesetzt werden
    fertigDatum = LocalDate.of(2013, 12, 23);

    //Fertigstellungsdatum ausgeben
    System.out.println("Fertigstellungs-Datum: "+ fertigDatum);

    //Aktuelles Datum soll gesetzt werden
    aktuellesDatum = LocalDate.now();
    System.out.println("Aktuelles Datum: " + aktuellesDatum);

    //Einlesen eines Datums
    System.out.println("Ihr Geburtsdatum: jjjj-mm-tt:");
    String datumStr = Console.readString();

    //Eingelesenes Datum umwandeln
    geburtsDatum = LocalDate.parse(datumStr);

    //Eingelesenes Datum ausgeben
    System.out.println("Ihr Geburtsdatum: " + geburtsDatum);

    //Plausibilitaet pruefen
    if(aktuellesDatum.isBefore(geburtsDatum))
    {
      System.out.println("Sie sind noch nicht geboren!");
    }
    else
    {
      System.out.println("Ihr Alter: "
        + geburtsDatum.until(aktuellesDatum).getYears());
    }
  }
}
```

Ein Programmlauf ergibt folgendes Ergebnis:

```
Fertigstellungs-Datum: 2013-12-23
Aktuelles Datum: 2013-11-16
Ihr Geburtsdatum: jjjj-mm-tt:
1922-08-04
Ihr Geburtsdatum: 1922-08-04
Ihr Alter: 91
```

Sehen Sie sich die analogen Klassen LocalTime und LocalDateTime in der Java-API an.

DateTime Formatter

In vielen Ländern und Regionen gibt es spezielle Ein- und Ausgabeformate für Datum und Zeit. In Java stellt die Klasse `DateTimeFormatter` entsprechende Methoden zur Verfügung:

- `public final class DateTimeFormatter`: Die Klasse enthält Methoden zum Ausgeben und Parsen von Datumsangaben und Zeiten. Wichtige Methoden sind:
  - `public String format(TemporalAccessor temporal)`: Formatiert ein Datums-Zeit-Objekt unter Verwendung des angegebenen Formatierers.
  - `public static DateTimeFormatter ofPattern(String pattern, Locale locale)`: Erzeugt einen Formatierer unter Verwendung des angegebenen Musters und der lokalen Angaben.
  - `public <T> T parse(CharSequence text, TemporalQuery<T> query)`: Parst den angegebenen Text, um das gewünschte Datums-Zeit-Format zu erzeugen.

Locale

Ein Objekt der Klasse `Local` repräsentiert eine spezifische geographische, politische oder kulturelle Region. Diese Klasse stellt eine Reihe von Klassenkonstanten für häufig benötigte Länder und Regionen zur Verfügung. Ein lokales Objekt für Deutschland wird wie folgt erzeugt: `Locale.GERMAN`.

Die Tab. 4.11-1 zeigt einige Beispielmuster zur Formatierung und zum Parsen.

Symbol	Bedeutung	Darstellung	Beispiele
E	Tag der Woche	Text	Mon; Montag; M
M/L	Monat des Jahres	Text/Zahl	Jul; July; J; 7; 07
Y	Wochenbasiertes Jahr	Jahr	2013; 14
d	Tag des Monats	Zahl	20
D	Tag des Jahres	Zahl	271

Tab. 4.11-1: Beispielmuster.

Die Anzahl der Musterbuchstaben bestimmt das Format:

- Text: Bei weniger als 4 Buchstaben wird ein kurzes Format verwendet, exakt 4 Buchstaben führen zu einem vollen Format, exakt 5 Buchstaben zu einem engen Format.
- Zahlen: Ist die Anzahl der Buchstaben Eins, dann wird das Ausgabeformat genommen, das mit einem Minimum an Ziffern auskommt. Sonst wird die Anzahl der Ziffern für die Breite des Ausgabefeldes genommen. Der Buchstabe d darf zweimal hintereinander folgen, der Buchstabe D kann dreimal aufeinanderfolgen.

4.11 Das Paket java.time *

Sehen Sie sich in der Java-API die vorgestellten Klassen und die detaillierten Formatregeln an.

Das Beispiel 1a sieht mit Formatregeln wie folgt aus:

Beispiel 1b

DemoLocalDate2

```java
import inout.Console;
import java.time.LocalDate;
import java.time.format.DateTimeFormatter;
import java.util.Locale;

public class DemoLocalDate2
{
  public static void main (String args[])
  {
    LocalDate aktuellesDatum = null;
    LocalDate fertigDatum = null;
    LocalDate geburtsDatum = null;

    //Ausgabeformat setzen: Montag, 23. Dezember 2013
    DateTimeFormatter meinAusgabeFormat =
       DateTimeFormatter.ofPattern("dd.MM.yyyy", Locale.GERMAN);

    //23.12.2013 soll gesetzt werden
    fertigDatum = LocalDate.of(2013, 12, 23);

    //Fertigstellungsdatum ausgeben
    System.out.println("Fertigstellungs-Datum: "
       + fertigDatum.format(meinAusgabeFormat));

    //Aktuelles Datum soll gesetzt werden
    aktuellesDatum = LocalDate.now();
    System.out.println("Aktuelles Datum: "
       + aktuellesDatum.format(meinAusgabeFormat));

    //Einlesen eines Datums
    System.out.println("Ihr Geburtsdatum: tt.mm.jjjj:");
    String datumStr = Console.readString();

    //Eingabeformat setzen: 23.12.2013
    DateTimeFormatter meinEingabeFormat =
       DateTimeFormatter.ofPattern("dd.MM.yyyy", Locale.GERMAN);

    //Eingelesenes Datum speichern
    geburtsDatum = LocalDate.parse(datumStr, meinEingabeFormat);

    //Eingelesenes Datum ausgeben
    System.out.println("Ihr Geburtsdatum: "
       + geburtsDatum.format(meinAusgabeFormat));

    //Plausibilitaet pruefen
    if(aktuellesDatum.isBefore(geburtsDatum))
    {
      System.out.println("Sie sind noch nicht geboren!");
    }
    else
    {
```

```
        System.out.println("Ihr Alter: "
          + geburtsDatum.until(aktuellesDatum).getYears());
      }
    }
}
```

Folgendes Ergebnis wird ausgegeben:

```
Fertigstellungs-Datum: Montag, 23. Dezember 2013
Aktuelles Datum: Sonntag, 17. November 2013
Ihr Geburtsdatum: tt.mm.jjjj:
12.03.1976
Ihr Geburtsdatum: Freitag, 12. März 1976
Ihr Alter: 37
```

Entfernen Sie die Angabe Locale.GERMAN. Was passiert? Lokalisieren Sie das Programm auf die Vereinigten Staaten von Amerika. Was passiert jetzt?

Machine Time Line

Mit Hilfe der *Machine Time Line* ist es möglich, einen Zeitpunkt (Klasse Instant) bzw. eine Zeitspanne (Klasse Duration) durch das Computersystem auf Nanosekunden genau abbilden zu lassen. Die Klasse Instant speichert einen Zeitpunkt relativ zu einer Epoche, die Klasse Duration speichert eine Zeitspanne z. B. 18,5 Sekunden.

Anwendung

Instant kann benutzt werden, um ein Ereignis mit einem Zeitstempel zu versehen, Duration kann benutzt werden, um die Länge von Animationszyklen zu verwalten.

Beispiel 1a

DemoInstant
Duration

Dieses Beispiel zeigt einige Eigenschaften der Klassen Instant und Duration:

```
import java.time.Duration;
import java.time.Instant;

public class DemoInstantDuration
{
  public static void main(String[] args)
  {
    Instant zeitpunktaktuell, zeitpunktplus, zeitpunktminus;
    //Aktuelle Zeit holen
    zeitpunktaktuell = Instant.now();

    //Ausgabe im ISO-8601-Format
    //Datum: JJJJ-MM-TT,
    //Uhrzeit: hh:mm:ss.f (Bruchteile von Sekunden)
    //Zusammen: JJJJ-MM-TTThh:mm:ss.fZ (Zeitzone: Z = UTC)
    System.out.println("Zeitpunkt aktuell: " + zeitpunktaktuell);

    // 10 Stunden und 5 Minuten dazuaddieren
    zeitpunktplus = zeitpunktaktuell.plus
      (Duration.ofHours(10).plusMinutes(5));
```

```
        System.out.println
          ("Zeitpunkt + 10 h + 5 min: " + zeitpunktplus);

        zeitpunktminus = zeitpunktaktuell.minus(Duration.ofDays(5));
        System.out.println("Zeitpunkt - 5 Tage: " + zeitpunktminus);

        System.out.println("ZeitpunktPlus vor Zeitpunktaktuell? "
          + zeitpunktplus.isAfter(zeitpunktaktuell));

        System.out.println("ZeitpunktMinus nach Zeitpunktaktuell? "
          + zeitpunktplus.isBefore(zeitpunktaktuell));
    }
}
```

Die Ausgabe sieht wie folgt aus:

```
Zeitpunkt aktuell: 2013-11-17T17:55:38.479Z
Zeitpunkt + 10 h + 5 min: 2013-11-18T04:00:38.479Z
Zeitpunkt - 5 Tage: 2013-11-12T17:55:38.479Z
ZeitpunktPlus vor Zeitpunktaktuell? true
ZeitpunktMinus nach Zeitpunktaktuell? false
```

Sehen Sie sich die Klassen `Instant` und `Duration` in der Java-API an.

4.12   Vom Problem zur Lösung: Teil 1 **

Ein Programm zu entwickeln ist *nicht* einfach. Beim Programmieren geht es immer darum, zu einem gegebenen Problem eine Lösung zu finden. Programmieren kann man daher gleichsetzen mit Problemlösen.

Ein Problem lässt sich durch folgende Aspekte charakterisieren:

- einen Anfangszustand,
- einen Zielzustand und
- einen Problemlöseraum.

Der Problemlöseraum bestimmt,

- ob es eine Lösung, mehrere Lösungen oder keine Lösung gibt, um den Anfangszustand in den Zielzustand zu überführen,
- welche Mittel für eine Lösung zur Verfügung stehen,
- welche Einschränkungen zu berücksichtigen sind.

»Ein Problem löst man, indem man einen Weg zwischen bestehendem Ausgangs- und gewünschtem Zielzustand findet« [FuZu06, S. 217].

Beim Problemlösen müssen

- Lösungswege gesucht und
- notwendige Entscheidungen getroffen werden sowie
- die Entscheidungen in der richtigen Reihenfolge erfolgen.

Die Abb. 4.12-1 veranschaulicht den Weg vom Problem zur Lösung.

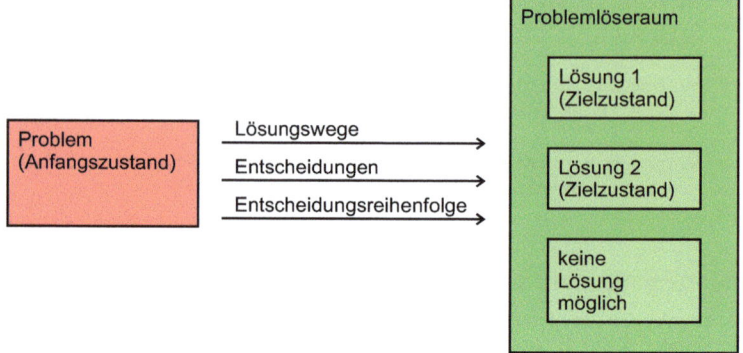

Abb. 4.12-1: Vom Problem zur Lösung.

In der Regel lassen sich Programmierprobleme *nicht* schematisch lösen.

Hinweis

Die theoretische Informatik hat übrigens nachgewiesen, dass es *keinen* Algorithmus gibt, der für ein beliebiges Problem ein Programm erstellt.

Das folgende Beispiel zeigt, wie Sie systematisch vorgehen können, um ein Programmierproblem **objektorientiert** zu lösen.

Voraussetzungen

Es wird bei diesem Beispiel davon ausgegangen, dass Sie mit Ihrem bisherigen Programmierwissen dieses Problem lösen können. Das Problem ist so gestaltet, dass es mit *einer* Fachkonzeptklasse und einer UI-Klasse gelöst werden kann. Die Benutzungsoberfläche kann textorientiert gestaltet werden. Auf eine langfristige Datenhaltung (Persistenz) wird verzichtet.

Hinweis

Die im folgenden gegebenen Hinweise zur systematischen Problemlösung gelten nur für sehr einfache Probleme. Die Lösung von komplexen Problemen gehört zu dem Gebiet *Requirements Engineering*, einer Teildisziplin der Softwaretechnik. In dem »Lehrbuch der Softwaretechnik – Basiskonzepte und Requirements Engineering« (mit E-Learning-Kurs) wird gezeigt, wie komplexe Probleme systematisch gelöst werden können [Balz09a].

Es sollte folgende Entscheidungsreihenfolge eingehalten werden:

1 Ermittlung der Fachkonzeptklasse
2 Erstellung der UI-Klasse

4.12 Vom Problem zur Lösung: Teil 1 **

Bei der Ermittlung der **Fachkonzeptklasse** sollte wie folgt vorgegangen werden:

1. Identifikation der **Fachkonzeptklasse**, d. h. gibt es mehrere oder viele Objekte mit gleichen Eigenschaften und Operationen, die durch eine Klasse repräsentiert werden können? Wahl eines geeigneten Klassennamens (Substantiv im Singular), der für ein einzelnes Objekt steht.
2. Identifikation von **Objektattributen**, die jedes Objekt besitzen muss. Prüfen, ob einfache Typen ausreichen oder ob und wenn ja, welche **Datenstruktur** am besten zur Problemlösung geeignet ist. Zu beachten ist, dass die Datenstrukturen die Problemstellungen möglichst transparent und gut verständlich wiedergeben.
   Prüfen, ob vorhandene Klassen zur Problemlösung verwendet werden können.
3. Identifikation von **Operationen** bzw. **Methoden**. Zu beachten ist das Wechselspiel zwischen der Komplexität von Operationen und der Komplexität von Datenstrukturen, auf denen die Operationen arbeiten. Es ist zu klären, ob bei dem zu lösenden Problem mehr schreibende Operationen oder mehr lesende Operationen während der Laufzeit auftreten. In Abhängigkeit davon ist eine geeignete Komplexität der Operationen und Datenstrukturen zu wählen. Operationen, die nur für »interne« Hilfsaufgaben benötigt werden, sind als private zu kennzeichnen.
4. Operationen sollten in der Regel nur eine einzige Aufgabe erledigen und über möglichst **wenig Parameter** verfügen, im Idealfall nur Parameter einfacher Typen. Die **Kontrollstrukturen** in einer Operation sollten möglichst einfach sein.
5. Identifikation von **Klassenattributen**, die alle Objekte gemeinsam besitzen müssen und für alle Objekte gleich sind.
6. Identifikation von **Klassenoperationen** bzw. **Klassenmethoden**, die auf die Klassenattribute zugreifen.

> Die Firma WetterPlus benötigt ein Programm, um die Wettervorhersagen für verschiedene Orte zu speichern, zu verwalten und auszugeben. Folgende Anforderungen soll das Programm erfüllen:
> - /10/ Pro Ort sind für jeweils 14 Tage die Wetterprognosen zu speichern.
> - /20/ Jeden Tag kommt eine neue Prognose hinzu und die älteste Prognose wird entfernt.
> - /30/ Pro Tag sind folgende Informationen zu speichern (bei allen Daten handelt es sich um ganzzahlige Werte):
>   □ Höchsttemperatur

Beispiel

- Mindesttemperatur
- Niederschlagswahrscheinlichkeit
- Luftfeuchtigkeit
- Windgeschwindigkeit
- ■ /40/ Für die gespeicherten Informationen sind außerdem jeweils die Durchschnittswerte für alle 14 Tage zu ermitteln.

Mögliche Lösungsschritte sind:

Schritt 1

Identifikation und Benennung der Fachkonzeptklasse
Die Wettervorhersagen pro Ort sind die **Objekte** der Klasse `Wettervorhersage`. Alle diese Objekte haben dieselben Eigenschaften und Operationen. Daher können sie in einer Klasse verwaltet werden.

Schritt 2/3

Wahl geeigneter Datenstrukturen und **Zugriffsoperationen**
Da auf die Vorhersagedaten von verschiedenen Methoden aus zugegriffen wird, muss die Datenstruktur für die Vorhersagedaten als **Objektattribut** deklariert werden.

Frage

Überlegen Sie, welche Alternativen es für die Datenstruktur der Vorhersagedaten gibt und welche Vor- und Nachteile die einzelnen Alternativen haben.

Antwort

Prinzipiell lassen sich vier Alternativen unterscheiden, wobei die vierte Alternative hier nur der Vollständigkeit halber erwähnt wird, da diese Alternative noch nicht behandelt wurde:

○ **1. Alternative**: Repräsentation der Vorhersagedaten durch ein zweidimensionales `int`-Feld. Die erste Dimension gibt den Tag an, in der zweiten Dimension werden die Wetterdaten gespeichert:

`private int[][] vorhersage;`

Steht für einen neuen Tag eine neue Vorhersage bereit, dann muss diese gespeichert werden. Vorher werden der 2. Tag in den 1. Tag kopiert (der damit überschrieben wird), dann der 3. Tag in den 2. Tag usw. Anschließend wird der neue Wert an das Ende (14. Tag) eingetragen (Abb. 4.12-2). Die Methode `neueVorhersage` sieht wie folgt aus:

```
//Naechste Vorhersage (Naechster Tag nach
//den 14 vorhandenen Vorhersagen)
  public void neueVorhersage
    (int minTemp, int maxTemp,
      int niederschlag, int luft, int wind)
  {
    //Temporaer einen Eintrag erstellen
    int[] vorhersageTag = new int[]
      {minTemp, maxTemp, niederschlag, luft, wind};
```

```
            //Alle bisherigen Vorhersagen
            // (ausser erste Vorhersage) kopieren
            for(int i=1; i<vorhersage.length; i++)
            {
                vorhersage[i-1]=vorhersage[i];
            }
            //Neue Vorhersage ans Ende
            vorhersage[vorhersage.length-1] = vorhersageTag;
            //Durchschnittswerte neu berechnen
            berechneDurchschnittswerte();
        }
```

- Der Nachteil dieser Lösung besteht darin, dass bei jedem neuen Vorhersagewert die vorhandenen Werte umkopiert werden.

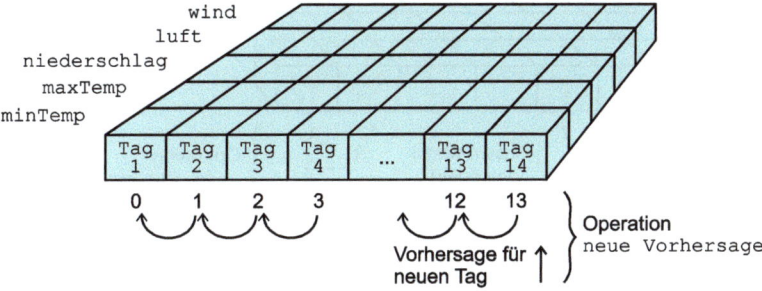

Abb. 4.12-2: Bei neuer Vorhersage erfolgt ein Umkopieren der Feldinhalte.

○ **2. Alternative**: Verwaltung der Vorhersagedaten in einer `ArrayList<int[]>`. Als Elemente der `ArrayList` wird ein eindimensionales `int`-Feld zur Speicherung der Tagesdaten verwendet:
`private ArrayList<int[]> vorhersage;`
Für die Verwaltung können folgende Operationen verwendet werden (Abb. 4.12-3):
`remove(int index)`: Entfernen des 1. Tages (Alle nachfolgenden Elemente werden automatisch intern um eine Position nach links verschoben).
`add(Object o)`: Einfügen der neuen Vorhersage an das Ende.
`get(int index)`: Ausgabe der Vorhersage für einen bestimmten Tag.
Diese Lösung verlagert die Verwaltungsarbeiten auf die Operationen der `ArrayList`.
Die Methode `neueVorhersage` sieht wie folgt aus:
```
    //Naechste Vorhersage (Naechster Tag nach
    //den 14 vorhandenen Vorhersagen)
    public void neueVorhersage
        (int minTemp, int maxTemp,
            int niederschlag, int luft, int wind)
    {
```

```
            //Ersten Eintrag entfernen
            vorhersage.remove(0);
            //Neuen Eintrag ans Ende haengen
            vorhersage.add(new int[]{minTemp, maxTemp,
                    niederschlag, luft, wind});
            //Durchschnittwerte neu berechnen
            berechneDurchschnittswerte();
        }
```
+ Die Verwaltung wird einfacher.
− Intern werden auch in der `ArrayList` Feldelemente umkopiert.

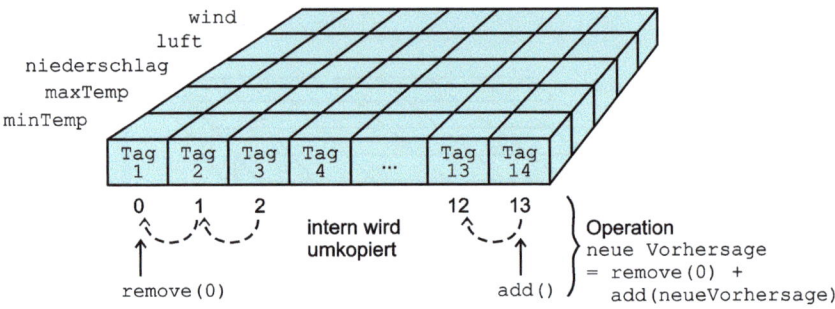

Abb. 4.12-3: Wettervorhersage mit Verwendung von ArrayList.

○ **3. Alternative**: Verwaltung der Vorhersagedaten durch einen zweidimensionalen Ringspeicher:
`private int[][] vorhersage;`
In einem zweidimensionales Feld wird eine Variable `ersterTag` dazu verwendet, auf das Feldelement zu zeigen, das die Daten für den 1. Tag enthält. Kommt ein neuer Vorhersagewert hinzu, dann wird diese Variable um 1 erhöht und Modulo 14 berechnet (Abb. 4.12-4). In das Feldelement, auf das `ersterTag` vorher zeigte, werden die neuen Vorhersagewerte eingetragen.
Die Methode `neueVorhersage` sieht wie folgt aus:
```
    //Naechste Vorhersage (Naechster Tag nach
    //den 14 vorhandenen Vorhersagen)
      public void neueVorhersage
        (int minTemp, int maxTemp,
         int niederschlag, int luft, int wind)
      {
        //Temporaer einen Eintrag erstellen
        int[] vorhersageTag = new int[]{minTemp, maxTemp,
           niederschlag, luft, wind};
        //Ersten Tag ueberschreiben
        vorhersage[ersterTag] = vorhersageTag;
        //Index erhoehen
        //(Maximal bis Eintrag 13, daher Modulo 14)
        ersterTag = (ersterTag + 1) % 14;
```

```
        //Durchschnittwerte neu berechnen
        berechneDurchschnittswerte();
    }
```
+ Diese Lösung hat den Vorteil, dass *keine* Feldelemente umkopiert werden müssen.

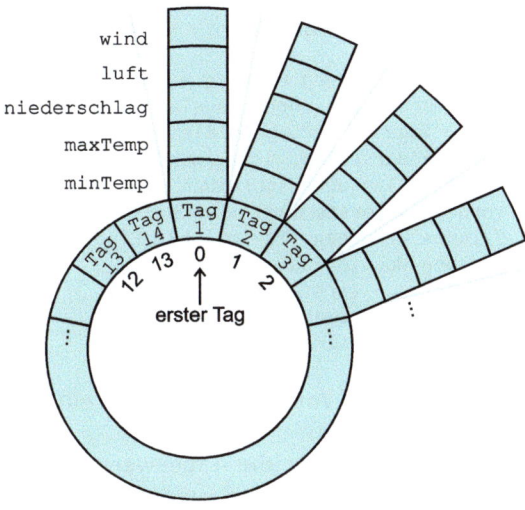

ersterTag=(ersterTag+1)%14;

Abb. 4.12-4: Wettervorhersage mit Verwendung eines Ringspeichers.

○ **4. Alternative**: Verwaltung der Vorhersagedaten in einem eindimensionalen Ringspeicher (Abb. 4.12-5):
```
private Tagesvorhersage[] vorhersage;
```
Jedes Feldelement enthält eine Referenz auf ein Objekt der zusätzlichen Klasse `Tagesvorhersage`. Jedes Objekt dieser Klasse speichert die Vorhersagedaten für einen Tag:
```
public class Tagesvorhersage
{
    private int minTemp, maxTemp, niederschlag, luft, wind;

    public Tagesvorhersage(int minTemp, int maxTemp,
      int niederschlag, int luft, int wind)
    {
        this.minTemp=minTemp;
        this.maxTemp=maxTemp;
        this.niederschlag=niederschlag;
        this.luft=luft;
        this.wind=wind;
    }

    public int[] getWerte()
    {
        return new int[]{minTemp, maxTemp,
            niederschlag, luft, wind};
```

```
        }
    }
    Die Methode neueVorhersage sieht wie folgt aus:
    //Naechste Vorhersage (Naechster Tag nach den
    //14 vorhandenen Vorhersagen)
      public void neueVorhersage
        (int minTemp, int maxTemp, int niederschlag,
          int luft, int wind)
      {
          //Temporaer einen Eintrag erstellen
          Tagesvorhersage vorhersageTag =
            new Tagesvorhersage(minTemp, maxTemp,
              niederschlag, luft, wind);
          //Ersten Tag ueberschreiben
          vorhersage[ersterTag] = vorhersageTag;
          //Index erhoehen (Maximal bis Eintrag 13,
          //daher Modulo 14)
          ersterTag = (ersterTag + 1) % 14;
          //Durchschnittwerte neu berechnen
          berechneDurchschnittswerte();
      }
```

+ Diese Lösung hat den Vorteil, dass *keine* Feldelemente umkopiert werden müssen.
+ Die Verwaltungsdaten für die Tageswerte werden in eine eigene Klasse ausgelagert, so dass die Klasse Wettervorhersage davon entlastet wird.

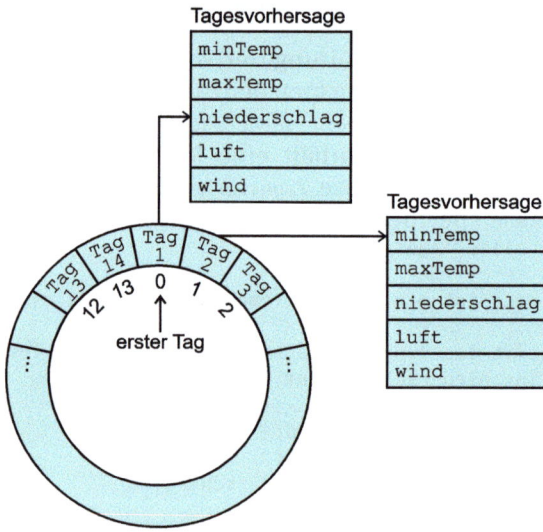

Abb. 4.12-5: Wettervorhersage mit Ringspeicher und Tagesvorhersage-Objekten.

Weitere Operationen:
Neben der Operation neueVorhersage() wird noch eine Operati-

on `gibVorhersage()` benötigt. Diese Operation sieht in Abhängigkeit der vier Alternativen wie folgt aus:

- **1. Alternative**:
  ```
  public int[][] gibVorhersage()
  {
      return vorhersage;
  }
  ```
- **2. Alternative**:
  ```
  public int[][] gibVorhersage()
  {
      return vorhersage.toArray(new int[14][5]);
  }
  ```
- **3. Alternative**:
  ```
  public int[][] gibVorhersage()
    {
      int[][] temp = new int[14][5];
      for(int i=0;i<vorhersage.length;i++)
      {
        int index = (i+ersterTag)%14;
        temp[i] = new int[]{
          vorhersage[index][0],
          vorhersage[index][1],
          vorhersage[index][2],
          vorhersage[index][3],
          vorhersage[index][4]
        };
      }
      return temp;
    }
  ```
- **4. Alternative**:
  ```
  public int[][] gibVorhersage()
    {
      int[][] temp = new int[14][5];
      for(int i=0;i<vorhersage.length;i++)
      {
        int index = (i+ersterTag)%14;
        temp[i] = new int[]{
          vorhersage[index].getWerte()[0],
          vorhersage[index].getWerte()[1],
          vorhersage[index].getWerte()[2],
          vorhersage[index].getWerte()[3],
          vorhersage[index].getWerte()[4]
        };
      }
      return temp;
    }
  ```

Bei den Alternativen 3 und 4 müssen die Ergebnisse in ein Feld, beginnend mit dem Index 0, umkopiert werden, wenn die aufrufende Klasse ein solches Ergebnis erwartet. Damit würde der Vorteil des Nichtkopierens entfallen. Bei diesen Alternativen wäre es daher sinnvoll, das Originalfeld, d. h. den Ringspeicher, zusammen mit dem Startindex zu übergeben und die Ausgabe beginnend vom Startindex Modulo 14 durchzuführen.

Schritt 4

Wahl geeigneter Operationen bzw. Methoden
Bei der Wahl geeigneter Operationen ist zwischen dem Ziel der Allgemeinheit und der Spezialität abzuwägen. Allgemeinheit bedeutet, eine Operation löst nicht nur eine spezielle Aufgabe, sondern möglichst eine Aufgabenklasse. Spezialität bedeutet, eine Operation erledigt nicht viele unterschiedliche Aufgaben, sondern genau eine. Der Konstruktor benötigt als Parameter den Ort für die Wettervorhersage:

```
public Wettervorhersage1(String ort)
```

Die Methode `neueVorhersage()` benötigt die Temperaturdaten für den neuen Tag als Parameter:

```
public void neueVorhersage
    (int minTemp, int maxTemp, int niederschlag,
     int luft, int wind)
```

Die Methode `gibVorhersage()` kommt ohne Eingabeparameter aus. Ausgabeparameter können entfallen, wenn der Ausdruck innerhalb der Fachkonzeptklasse erfolgt, was aber *nicht* optimal ist, da die Fachkonzeptklasse dann nicht unabhängig von der Benutzungsoberfläche ist. Besser ist die Übergabe der Daten an die rufende Methode:

```
public int[][] gibVorhersage()
```

Schritt 5/6

Identifikation von Klassenattributen und Klassenmethoden
Da die Durchschnittswerte für den jeweiligen Voraussagezeitraum ermittelt werden sollen, werden folgende Klassenattribute benötigt:

```
// Klassenattribute
private double minTempDurch=0.0, maxTempDurch=0.0,
niederschlagDurch=0.0, luftDurch=0.0, windDurch=0.0;
```

Jedesmal, wenn ein neuer Vorhersagetag eingefügt wird, müssen die Werte neu berechnet werden. Dafür eignet sich eine private Hilfsmethode:

```
private void berechneDurchschnittswerte() //für Alternative 1
{
  for(int i=0;i<vorhersage.length;i++)
  {
    minTempDurch = minTempDurch + vorhersage[i][0];
    //Mindesttemperatur
    maxTempDurch = maxTempDurch + vorhersage[i][1];
    //Hoechsttemperatur
    niederschlagDurch = niederschlagDurch
      + vorhersage[i][2];
    //Niederschlagswahrscheinlichkeit
```

4.12 Vom Problem zur Lösung: Teil 1 **

```
        luftDurch = luftDurch + vorhersage[i][3];
        //Luftfeuchtigkeit
        windDurch = windDurch + vorhersage[i][4];
        //Windgeschwindigkeit
    }
    minTempDurch = minTempDurch / 14;
    maxTempDurch = maxTempDurch / 14;
    niederschlagDurch = niederschlagDurch / 14;
    luftDurch = luftDurch / 14;
    windDurch = windDurch / 14;
}
```

Auch die Durchschnittwerte müssen ausgegeben werden. Dafür wird folgende Methode ohne Eingabeparameter benötigt:

`public double[] gibDurchschnittwerte()`

Für die Fachkonzeptkasse dieses Beispiels ergibt sich das UML-Diagramm der Abb. 4.12-6.

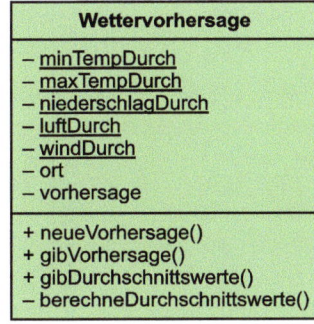

Abb. 4.12-6: UML-Klassendiagramm der Fachkonzeptklasse Wettervorhersage.

Interessant an dieser Lösung ist, dass die Methoden und Methodensignaturen für alle vier Alternativen gleich sind, unabhängig davon, wie die Datenstrukturen und Methoden innerhalb der Fachkonzeptklasse realisiert sind.

Obwohl die Laufzeiteffizienz bei diesem kleinen Beispiel keine wesentliche Rolle spielt, sind die Lösungsalternativen 3 und 4 jedoch wesentlich besser als die Lösungsalternativen 1 und 2. Bei der Lösungsalternative 2 kann bei einer »unbedarften« Anwendung übersehen werden, dass intern in dieser Klasse trotzdem eine Kopie der Elemente vorgenommen wird.

Bewertung

Laden Sie die Programme im kostenlosen E-Learning-Kurs zu diesem Buch auf Ihr Computersystem herunter und analysieren Sie sie.

Hinweis   Mit Hilfe einer Schnittstelle (`interface` in Java) kann die Lösung noch verallgemeinert werden. Die Klasse `WetterUI` benutzt eine Schnittstelle, die wiederum durch verschiedene Klassen implementiert werden kann (siehe »Schnittstellen«, S. 231).

5 Assoziationen *

Die objektorientierte Welt besteht aus Objekten. Die während der Laufzeit eines Programms entstehenden Objekte stehen *nicht* isoliert für sich, sondern haben Beziehungen untereinander:

- »Links: Beziehungen zwischen Objekten«, S. 152

Welche Objekte mit welchen anderen Objekten während der Laufzeit welche Beziehungen eingehen können oder müssen, wird durch Assoziationen auf der Klassenebene festgelegt:

- »Assoziationen: Beziehungen zwischen Klassen«, S. 157

Um zu wissen, welche Bedeutung eine Assoziation hat, werden Assoziationen mit Namen versehen und an den Klassen sogenannte Rollen vermerkt, die diese Klassen in der jeweiligen Assoziation spielen:

- »Assoziationsnamen und Rollen«, S. 161

Wenn eine Autoverleihfirma Autos an Kunden verleiht, dann will sie wissen, welche Autos aktuell an welche Kunden verliehen sind. Sie will aber auch wissen, welches Auto in den letzten Jahren an welche Kunden verliehen war. Um beispielsweise die Historie mit aufzubewahren, ist es möglich, an eine Assoziation eine Klasse zu »hängen«, die diese Daten pro Verleihvorgang aufbewahrt:

- »Assoziationsklassen – wenn die Assoziation zur Klasse wird«, S. 164

In der Regel bestehen Beziehungen zwischen jeweils zwei Objekten. Es ist jedoch auch möglich, dass eine Beziehung drei oder mehrere Objekte miteinander verknüpft:

- »Höherwertige Assoziationen«, S. 166

Eine Beziehung kann zwar zwei oder mehr Objekte miteinander verbinden. Jedes miteinander verbundene Objekt muss aber nicht unbedingt das jeweils andere Objekt kennen oder »sehen«. Es ist möglich, dass ein Objekt das andere Objekt sieht, aber nicht umgekehrt:

- »Navigierbarkeit«, S. 167

Der Programmieraufwand zur Umsetzung einer Assoziation hängt von der gegenseitigen Sichtbarkeit bzw. Unsichtbarkeit und von der sogenannten Wertigkeit der Assoziation ab:

- »Navigierbarkeit und Multiplizitäten in Java«, S. 170

Jedes Objekt kennt die Klasse, von der es erzeugt wurde. Die Umkehrung gilt aber *nicht*: Eine Klasse hat *kein* Gedächtnis darüber, welche Objekte von ihr erzeugt wurden. Benötigt man jedoch ein Programm, das z. B. eine Liste aller Kunden ausgibt, dann muss man alle Kunden-Objekte kennen. Dazu muss man die Kunden-Objekte verwalten. Dies geschieht durch eine sogenannte Container-Klasse:

- »Container«, S. 176

Da man von einer Container-Klasse in der Regel *nur ein* Objekt benötigt, in dem man die anderen Objekte verwaltet, erfordert ein defensiver Programmierstil, dass sichergestellt wird, dass von einer solchen Klasse nur genau ein Objekt erzeugt werden kann. Dies geschieht durch eine geschickte Programmierung:

- »Das Singleton-Muster«, S. 179

Interessant ist, dass es für Assoziationen in Programmiersprachen kein spezielles Sprachkonstrukt gibt, sondern dass Assoziationen immer »ausprogrammiert« werden müssen. Historisch betrachtet hat es zehn Jahre lang gedauert, bis die Bedeutung der Assoziationen für die Modellierung von Softwaresystemen erkannt wurde. Die erste objektorientierte Programmiersprache war Smalltalk-80. Wie der Name schon sagt, entstand sie 1980. Erst 1990 wurde die Bedeutung von Assoziationen in der Objektorientierung erkannt. Einer der Pioniere auf diesem Gebiet war Peter Coad, der 1990 mit seinem Buch »Object-Oriented Analysis« dazu beitrug, dass die Objektorientierung auf breiter Front den Durchbruch schaffte.

5.1 Links: Beziehungen zwischen Objekten *

Zwischen den Objekten von Klassen können Verbindungen *(links)* bestehen. Der Standardfall sind binäre Links, an denen zwei Objekte beteiligt sind. Sie werden in der UML durch eine Linie zwischen den Objekten dargestellt.

In der realen Welt gibt es eine Vielzahl von Objekten, die miteinander in Beziehung stehen und miteinander agieren. Analog sehen Softwaresysteme aus, die die reale Welt »nachbauen« bzw. verwalten. Zwischen Objekten können Objektbeziehungen bzw. Objektverbindungen *(links)* bestehen.

Beispiel

Frau Hasselbusch hat eine Anzeige mit dem Titel Gut erhaltener Gartentisch und eine weitere Anzeige mit dem Titel Elektrorasenmäher – wie neu beim Schöntaler-Anzeiger aufgegeben. Es existieren daher Beziehungen zwischen dem Kunden-Objekt Hasselbusch und den Anzeigen-Objekten Gut erhaltener Gartentisch und Elektrorasenmäher – wie neu. In der UML wird dies durch eine Linie zwischen diesen Objekten dargestellt (Abb. 5.1-1).

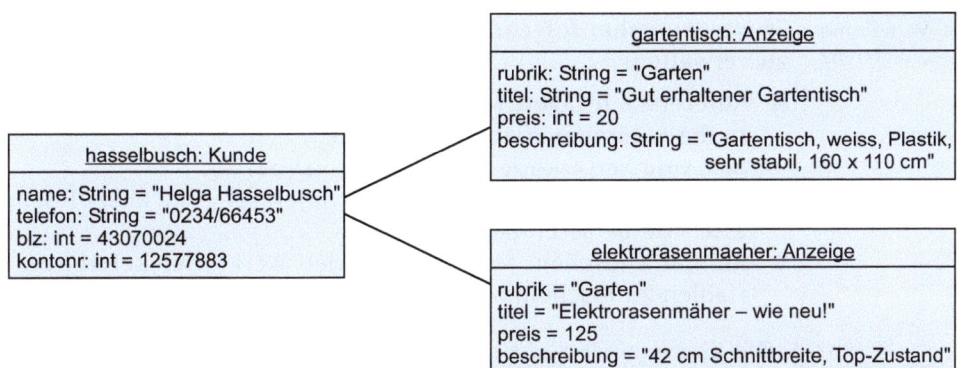

Abb. 5.1-1: UML-Objektdiagramm, das die Beziehungen (Links) zwischen den drei Objekten zeigt.

Diese Zusammenhänge werden in der **UML** auf der Objektebene in **Objektdiagrammen** *(object diagram)* spezifiziert. Objektdiagramme beschreiben Objekte, Attribute und Verbindungen zwischen Objekten zu einem bestimmten Zeitpunkt. Die Verbindungen werden durch **Linien zwischen den Objekten** dargestellt. Objektdiagramme bilden sozusagen **Momentaufnahmen des Systems**.

Objektebene

Soll in Java ein Bezug von einem Objekt zu einem anderen Objekt hergestellt werden, dann geschieht dies durch **Referenzvariablen**, auch Referenzattribute, Referenzen oder Links genannt. Sie werden wie normale Variablen am Anfang der Klasse deklariert. Als Typbezeichnung wird der Klassenname angegeben, auf dessen Objekte die Referenzvariable später zeigen soll.

Referenzen

> Ein Kunden-Objekt der Klasse Kunde soll auf das zugehörige Anzeigen-Objekt der Klasse Anzeige zeigen (Annahme: Ein Kunde gibt maximal eine Anzeige auf). In der Klasse Kunde wird daher eine Referenzvariable wie folgt deklariert:
> `private Anzeige eineAnzeige;`

Beispiel

Die Referenzvariable dient dazu, die Speicheradresse des referenzierten Objekts aufzubewahren. Objekte stehen im Arbeitsspeicher. Jede Arbeitsspeicherzelle besitzt eine eindeutige ganzzahlige Nummer. Diese Nummer wird in die Referenzvariable eingetragen. Damit ist der Speicherplatz bekannt und es kann auf das entsprechende Objekt zugegriffen werden.

Referenzvariable

Die Deklaration einer Referenzvariablen allein reicht aber noch nicht aus. Standardmäßig wird sie in Java mit dem sogenannten null-Wert vorbelegt, der angibt, dass noch *keine* Speicheradresse eingetragen ist.

null

Verwaltung einer Referenz

Es werden daher folgende Methoden benötigt, um eine Referenz zu verwalten:

- Referenz eintragen: Methode, die es ermöglicht eine Referenz in die Referenzvariable einzutragen,
  z. B. `void setLinkAnzeige(Anzeige eineAnzeige)`.
- Referenz lesen: Methode, um die Objektreferenz auszulesen,
  z. B. `Anzeige getLinkAnzeige()`.
- Referenz löschen: Methode, um den Wert einer Referenzvariablen zu löschen, z. B. `void removeLinkAnzeige()`.

Beispiel KundeAnzeige

Die Klasse Kunde sieht mit den zusätzlichen Methoden für die **Verwaltung der Referenzvariablen** folgendermaßen aus:

```
//Verwaltung von Referenzen
public class Kunde
{
 //Attribute
 private String name;
 //Referenzattribut
 private Anzeige eineAnzeige;

 //Konstruktor
 public Kunde()
 {
 }
 //Lesende Objektoperationen
 public String getName()
 {
  return name;
 }

 /** Referenz auf Anzeige lesen */
 public Anzeige getLinkAnzeige()
 {
     return eineAnzeige;
 }
 //Schreibende Objektoperationen
 public void setName(String kundenname)
 {
  name = kundenname;
 }
 public Anzeige erzeugeAnzeige(String titel, int preis)
 {
     Anzeige neueAnzeige;
     neueAnzeige = new Anzeige(titel);
     neueAnzeige.setPreis(preis);
     return neueAnzeige;
 }
 /** Verbindung zu Anzeige herstellen */
 public void setLinkAnzeige(Anzeige eineAnzeige)
 {
     this.eineAnzeige = eineAnzeige;
 }
 /** Referenz zu Anzeige löschen */
```

```java
    public void removeLinkAnzeige()
    {
        eineAnzeige = null;
    }
}
```

Die Klasse Anzeige sieht folgendermaßen aus:

```java
public class Anzeige
{
 //Objektattribute
 private String titel;
 private int preis; //in Eurocent
 //Konstruktor
 public Anzeige(String titel)
 {
    this.titel = titel;
 }
 //Lesende Objektoperationen
 public String getTitel()
 {
  return titel;
 }
 public int getPreis()
 {
  return preis;
 }
 //Schreibende Objektoperationen
 public void setTitel(String titel)
 {
  this.titel = titel;
 }
 public void setPreis(int preis)
 {
  this.preis = preis;
 }
}
```

Über eine UI-Klasse können nun die Objekte erzeugt und miteinander verlinkt werden.

```java
public class KundeUI
{
 public static void main(String arg[])
 {
     //Aufruf des Konstruktors
     Kunde einKunde = new Kunde();
     //Aufrufe von Objektoperationen
     einKunde.setName("Helga Hasselbusch");
     Anzeige merkeAdresse =
        einKunde.erzeugeAnzeige
          ("Gut erhaltener Gartentisch", 2000);
     //Speicheradresse merken
     einKunde.setLinkAnzeige(merkeAdresse);
     String kundenname = einKunde.getName();
     //Speicheradresse lesen
     Anzeige adresseAnzeige = einKunde.getLinkAnzeige();
```

```
        System.out.println("Kunde " + kundenname +
        " hat die Anzeige\n\"" + adresseAnzeige.getTitel() +
        "\" aufgegeben");
    }
}
```

Der Programmlauf ergibt folgendes Ergebnis:

Kunde Helga Hasselbusch hat die Anzeige
"Gut erhaltener Gartentisch" aufgegeben

Die Abb. 5.1-2 veranschaulicht die Vorgänge anhand eines Sequenz- und Objektdiagramms.

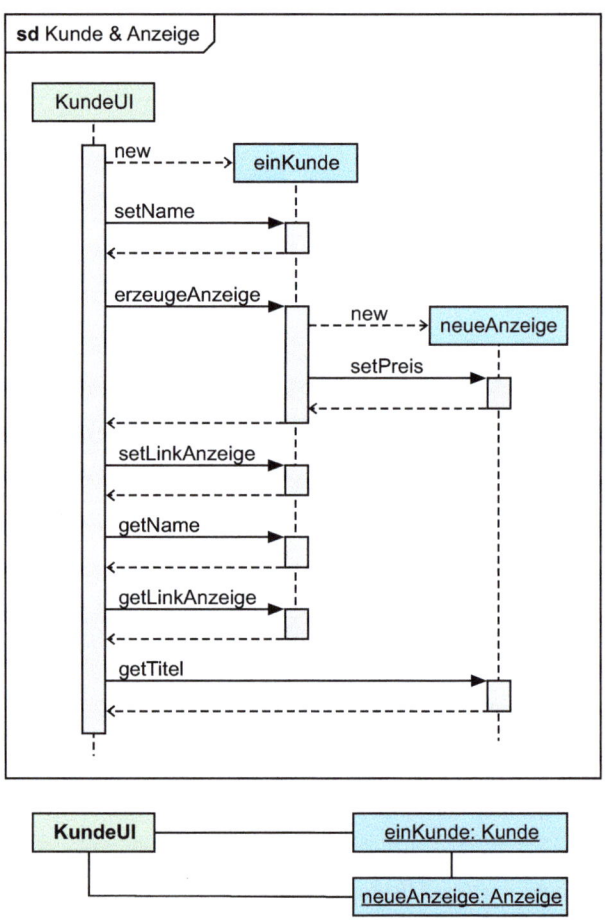

Abb. 5.1-2: Beziehung zwischen einem Kunden-Objekt und einem Anzeigen-Objekt anlegen.

Das Setzen einer Referenz auf ein neu erzeugtes Objekt geschieht in Java in der Regel durch den Aufruf des Konstruktors der Klasse, von der ein Objekt erzeugt werden soll, und Zuweisung des Referenzwertes an eine Referenzvariable (siehe Methode erzeugeAnzeige()).

5.2 Assoziationen: Beziehungen zwischen Klassen *

Eine Assoziation beschreibt auf Klassenebene die grundsätzlichen Beziehungen zwischen Objekten. Durch die Multiplizität wird die Wertigkeit einer Assoziation festgelegt. Eine Mussbeziehung legt fest, dass zwischen Objekten Beziehungen bestehen müssen (Notation durch eine 1). Eine Kannbeziehung gibt an, dass Beziehungen bestehen können, aber nicht müssen (Notation durch eine 0).

Assoziationen

Während der Laufzeit eines Softwaresystems entstehen eine Vielzahl von Objekten mit einer Vielzahl von Beziehungen zwischen einzelnen Objekten, die auf- und auch wieder abgebaut werden. Bei der Konzeption eines Softwaresystems ist es daher *nicht* möglich und sinnvoll, alle diese Objekte mit ihren Links in einem Objektdiagramm darzustellen.

Analog wie man von Objekten zu Klassen abstrahiert, abstrahiert man auch von Links zwischen Objekten zu sogenannten **Assoziationen** zwischen Klassen.

Die Menge aller Verbindungen zwischen Kunden- und Anzeige-Objekten wird als Assoziation zwischen den Klassen Kunde und Anzeige bezeichnet (Abb. 5.2-1).

Beispiel 1a

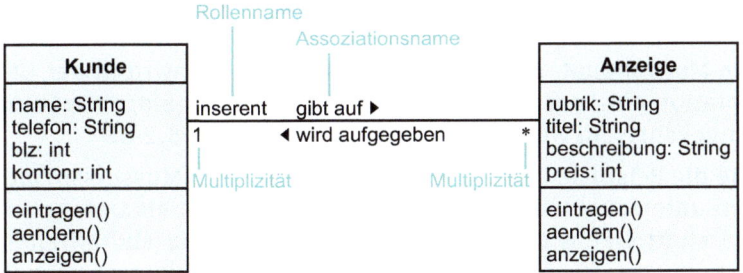

Abb. 5.2-1: Das UML-Klassendiagramm zeigt die Assoziation zwischen den Klassen Kunde und Anzeige.

Klassen-
diagramm

Klassen und Assoziationen werden im **Klassendiagramm** *(class diagram)* modelliert. Bestehen zwischen Objekten von Klassen Beziehungen, dann wird dies durch **Linien zwischen diesen Klassen** angegeben. Das Klassendiagramm beschreibt im Gegensatz zum Objektdiagramm *nicht* einen Schnappschuss, sondern die **grundsätzliche Struktur des Systems**.

Multiplizitäten

Ein Objekt kann zu *keinem* anderen Objekt, zu *genau einem* anderen Objekt oder *zu vielen anderen* Objekten eine Beziehung haben.

Beispiel 1b

Für die Objekte der Klassen Kunde und Anzeige gilt:
- Jeder Kunde *kann* mehrere Anzeigen aufgeben.
- Jede Anzeige *gehört zu genau* einem Kunden.

Die erste Aussage bedeutet, dass jeder Kunde null, eine oder mehrere Anzeigen aufgeben kann. Er muss also keine Anzeige aufgeben – er kann!

Die zweite Aussage gibt an, dass jede Anzeige zu genau einem Kunden gehören muss! Es gibt also *keine* Anzeige, die für sich alleine – ohne Bezug zu einem Kunden – existiert.

Dieser Sachverhalt wird durch die sogenannten **Multiplizitäten** *(multiplicities)* der Assoziation beschrieben. Während die Assoziationslinie zwischen zwei Klassen zunächst nur aussagt, dass sich Objekte der beteiligten Klassen kennen können, spezifiziert die Multiplizität – auch Wertigkeit genannt – *wie viele* andere Objekte ein bestimmtes Objekt kennen kann oder muss.

Notation

Eine Assoziation wird durch eine Linie zwischen zwei Klassen beschrieben. An jedem Ende der Linie *muss* zusätzlich die Multiplizität angegeben werden.

Die Abb. 5.2-2 zeigt ein Beispiel für mögliche Multiplizitäten zwischen zwei Klassen, dargestellt in der UML-Notation.

Die Multiplizität, die zu einer Klasse A gehört, wird in der UML-Notation am Assoziationsende bei der Klasse B eingetragen und umgekehrt! Ein weiteres Beispiel zeigt die Abb. 5.2-3.

Muss- und
Kann-
Assoziation

Wie die Beispiele zeigen, lassen sich Kann- und Muss-Assoziationen unterscheiden. Eine **Kann-Assoziation** hat als Untergrenze die Multiplizität 0, eine **Muss-Assoziation** die Multiplizität 1 oder größer. Die Notation * stellt dabei eine Abkürzung für 0..* dar. Die Abb. 5.2-4 zeigt weitere mögliche Multiplizitäten. Die Notation 1,3,5 besagt beispielsweise, dass eine, drei oder fünf Objektbeziehungen vorliegen müssen.

5.2 Assoziationen: Beziehungen zwischen Klassen *

Objekte der Klasse A können Beziehungen zu 0, 1 oder mehreren Objekten der Klasse B haben (Notation: *).
Objekte der Klasse **B** müssen eine Beziehung zu genau einem Objekt der Klasse A haben (Notation: **1**).

Abb. 5.2-2: Beispiel für mögliche Multiplizitäten zwischen zwei Klassen.

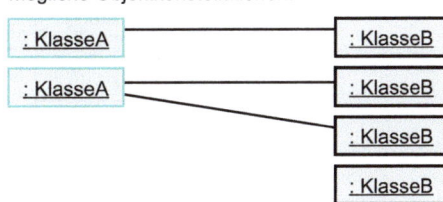

Objekte der Klasse A müssen zu einem oder mehreren Objekten der Klasse B Beziehungen haben (Notation: 1..*).
Objekte der Klasse **B** können zu keinem oder zu genau einem Objekt der Klasse A eine Beziehung haben (Notation: **0..1**).

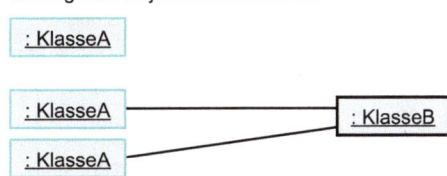

Abb. 5.2-3: Beispiel für mögliche Multiplizitäten zwischen zwei Klassen.

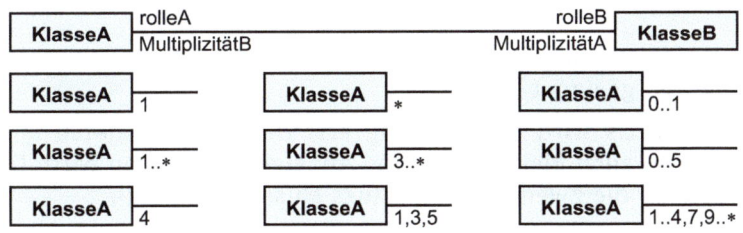

Abb. 5.2-4: Beispiele für Multiplizitäten in der UML-Notation.

Beispiel 1c

Die Abb. 5.2-5 macht die Unterschiede zwischen Kann- und Muss-Assoziation nochmals deutlich. In beiden Fällen gibt es zu jeder Anzeige genau einen Inserenten.

- Im ersten Fall *kann* man Inserent des Schöntaler-Anzeigers werden, ohne dass eine Anzeige aufgegeben wird (Multiplizität *). Im Laufe der Zeit können den Inserenten beliebig viele Anzeigen zugeordnet und auch wieder entfernt werden.
- Im zweiten Fall *muss* ein Inserent des Schöntaler-Anzeigers mindestens eine Anzeige aufgegeben haben (Multiplizität 1..*). Das bedeutet, dass für einen neuen Inserenten auch gleich eine Anzeige aufgegeben werden muss. Wird die letzte Anzeige eines Inserenten gelöscht, dann muss auch der entsprechende Inserent gelöscht werden.

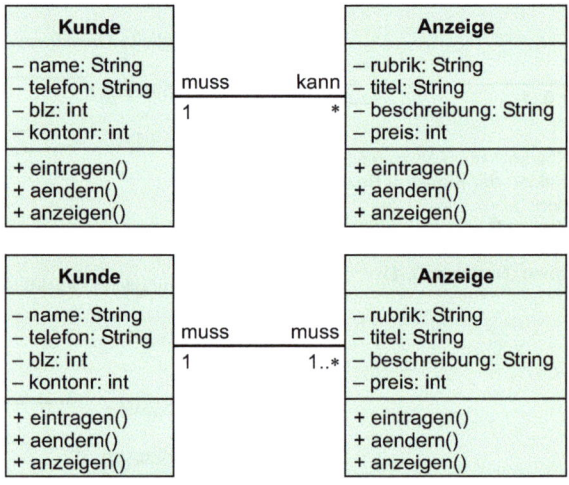

Abb. 5.2-5: Beispiel für den Unterschied einer Muss-Kann- und einer Muss-Muss-Assoziation.

Frage: Überlegen Sie, welche der beiden Alternativen für das Problem am besten geeignet ist.

Antwort: In der Praxis wird eine Zeitung erst dann Kundendaten anlegen, wenn auch gleichzeitig eine Anzeige aufgegeben wird. Das spricht für die zweite Lösung (Muss-Muss-Beziehung).

Tipp

Nur wenige Muss-Assoziationen
Die meisten Klassendiagramme enthalten *zu viele* Muss-Assoziationen. Im Zweifelsfalle sollten Sie daher immer mit einer Kann-Assoziation arbeiten.

5.3 Assoziationsnamen und Rollen *

Um die Semantik einer Assoziation zu verdeutlichen, können an die Assoziationslinie Assoziationsnamen angetragen werden. Die Leserichtung gibt dabei ein dreieckiger Pfeil an. Noch wichtiger ist die Vergabe von Rollennamen, die angeben, welche Rolle das Objekt einer Klasse in dieser Assoziation spielt. Eine reflexive Assoziation liegt vor, wenn die Objekte einer Klasse untereinander in Beziehungen stehen. Zwischen zwei Klassen kann auch mehr als eine Assoziation bestehen.

Assoziationen können benannt werden. Der **Assoziationsname** beschreibt im Allgemeinen nur eine Richtung der Assoziation, wobei ein schwarzes Dreieck die Leserichtung angibt (Abb. 5.3-1). Oft handelt es sich bei Assoziationsnamen um ein Verb. Der Assoziationsname kann fehlen, wenn die Bedeutung der Assoziation offensichtlich ist.

Assoziationsname

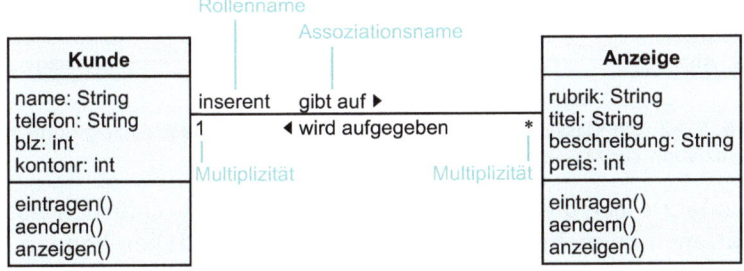

Abb. 5.3-1: Das UML-Klassendiagramm zeigt die Assoziation zwischen den Klassen Kunde und Anzeige.

Während der Assoziationsname die Semantik der Assoziation beschreibt, enthält der sogenannte Rollenname – kurz **Rolle** genannt – Informationen über die Bedeutung einer Klasse – bzw. ihrer Objekte – in der Assoziation. Der Rollenname (Anfangsbuchstabe klein geschrieben) wird jeweils an ein Ende der Assoziation geschrieben, und zwar bei der Klasse, deren Bedeutung in der Assoziation sie näher beschreibt. Die geschickte Wahl der Rollennamen kann zur Verständlichkeit des Klassenmodells mehr beitragen als der Name der Assoziation. Auch in Objektdiagrammen können die modellierten Objektbeziehungen durch Rollen- und Assoziationsnamen genauer beschrieben werden.

Rolle

> Die Angaben in der Abb. 5.3-1 sind wie folgt zu lesen:
> - Assoziationsname: Ein Kunde »gibt auf« keine, eine oder mehrere Anzeigen (Leserichtung von links nach rechts).
> - Assoziationsname: Eine Anzeige »wird aufgegeben« von einem Kunden (Leserichtung von rechts nach links).

Beispiel 1a

> - Rollenname: Ein Kunde in seiner Rolle als »Inserent« kann eine oder mehrere Anzeigen aufgeben.
> - Multiplizität angetragen an der Klasse Anzeige: *: Ein Objekt der Klasse Kunde *kann* mit null, einem oder mehreren Objekten der Klasse Anzeige verbunden sein.
> - Multiplizität angetragen an der Klasse Kunde: 1: Ein Objekt der Klasse Anzeige *muss* mit genau einem Objekt der Klasse Kunde verbunden sein.

Frage Warum ist es *nicht* sinnvoll in dem Beispiel Anzeigenverwaltung die Klasse Kunde in Klasse Inserent umzubenennen, obwohl die Klassenbezeichnung Inserent am Anfang naheliegt?

Antwort Ein Klassenname Inserent würde die Verwendung der Klasse auf eine Inserentenverwaltung einschränken. Soll z. B. die Aboverwaltung mit übernommen werden, dann kann die Klasse Kunde eine Assoziation zu einer Klasse Abo bekommen und als Rollenname wird abonnent eingetragen (Abb. 5.3-2).

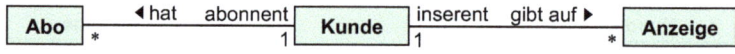

Abb. 5.3-2: Die Klasse Kunde hat eine Assoziation zur Klasse Anzeige und eine Assoziation zur Klasse Abo.

Assoziationen zu mehr als einer Klasse Das letzte Beispiel zeigt, dass von einer Klasse natürlich Assoziationen zu mehr als einer anderen Klasse bestehen können. In der Regel haben Klassen zu mehreren anderen Klassen Assoziationen.

Beispiel
> Die Abb. 5.3-3 zeigt die Klasse Mitarbeiter, die zu den Klassen Firma und PKW eine Assoziation besitzt. Die Assoziationen sind wie folgt zu lesen:
> - Eine Firma hat in ihrer Rolle als Arbeitgeber null, einen oder mehrere Mitarbeiter.
> - Ein Mitarbeiter ist in seiner Rolle als Arbeitnehmer Mitglied genau einer Firma.
> - Ein Mitarbeiter kann in seiner Rolle als Fahrer einen PKW fahren.
> - Ein PKW kann in seiner Rolle als Dienstwagen von einem Mitarbeiter gefahren werden (kann Dienstwagen eines Mitarbeiters sein).

Abb. 5.3-3: Beispiel für die sinnvolle Wahl von Rollennamen.

Auch in Objektdiagrammen
Auch in Objektdiagrammen können Links zwischen Objekten durch Rollen- und Linknamen genauer spezifiziert werden.

Hinweis

Reflexive Assoziationen

Es ist auch möglich, dass zwischen Objekten der gleichen Klasse eine Assoziation besteht. Man spricht dann von einer **reflexiven Assoziation**.

Rollennamen sind bei reflexiven Assoziationen immer anzugeben, damit die Verständlichkeit gewährleistet ist.

Die Abb. 5.3-4 zeigt eine Klasse Angestellter, bei der es zwischen den Objekten eine Beziehung Chef - Mitarbeiter geben kann.

Beispiel

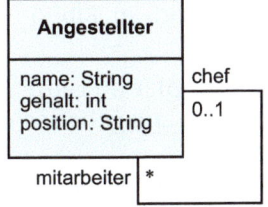
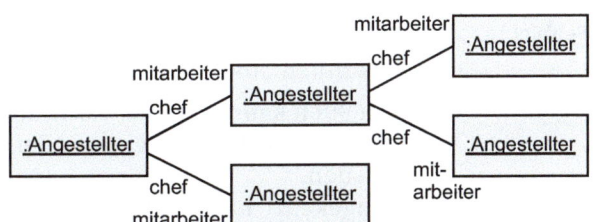

Abb. 5.3-4: Beispiel für eine reflexive Assoziation und eine mögliche Objektkonstellation.

Mehrere Assoziationen zwischen zwei Klassen

In vielen Fällen gibt es zwischen zwei Klassen auch mehr als eine Assoziation. In diesen Fällen müssen Rollen- oder Assoziationsnamen angegeben werden.

Zwischen den Klassen Sportler und Wettbewerb (siehe Abb. 5.3-5) gibt es zwei Assoziationen.
Zwischen den Assoziationen gibt es noch die Randbedingung, dass die Sieger eine Teilmenge der Teilnehmer bilden.

Beispiel

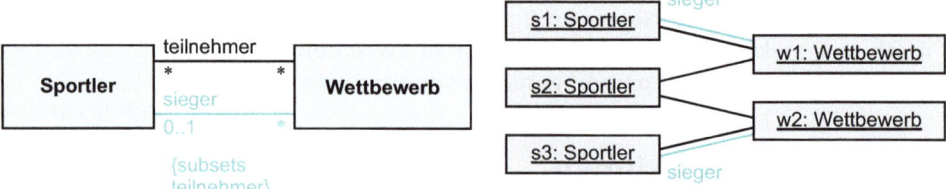

Abb. 5.3-5: Darstellung von zwei Assoziationen zwischen zwei Klassen, ergänzt um eine mögliche Objekt-Konstellation.

5.4 Assoziationsklassen – wenn die Assoziation zur Klasse wird *

Eine Assoziationsklasse besitzt sowohl die Eigenschaften einer Assoziation als auch die einer Klasse. Sie kann nach festen Regeln in eine »normale« Klasse und Assoziationen aufgelöst werden.

Beispiel 1a

In einer Bibliothek werden Bücher verwaltet und an Bibliothekskunden ausgeliehen:
○ Ein Buch kann in seiner Rolle als Ausleihexemplar im Laufe der Zeit an keinen, einen oder viele Kunden ausgeliehen werden.
○ Umgekehrt kann ein Bibliothekskunde in seiner Rolle als Leser im Laufe der Zeit kein Buch, ein Buch oder viele Bücher ausleihen.

Zwischen den beiden Klassen liegt also eine * zu * - Assoziation vor – man spricht auch von einer m zu n-Assoziation.

Frage

Überlegen Sie, ob diese Assoziation die Realität ausreichend widerspiegelt? Woher weiß man, wann ein Buch ausgeliehen und zurückgegeben wurde? Woher weiß man, ob die Ausleihdauer eines Buches verlängert wurde?

Antwort

Ein erster Ansatz, um sowohl die Ausleihdaten als auch eine mögliche Verlängerung zu vermerken, besteht darin, diese Informationen beim jeweiligen Buchobjekt oder Kundenobjekt zu speichern. Das funktioniert, wenn diese Informationen nur vom jeweils letzten Leser bzw. Buch aufzubewahren sind. Will man jedoch nachvollziehen können, wann welcher Leser ein Buch entliehen und zurückgegeben hatte, dann ist diese Lösung nicht mehr sinnvoll. Das würde nämlich bedeuten, dass beliebig viele Attribute mit diesen Informationen beim jeweiligen Buchobjekt oder Kundenobjekt gespeichert werden müssten.

5.4 Assoziationsklassen – wenn die Assoziation zur Klasse wird *

Eine fachlich bessere Lösung ist es, die Informationen zur Ausleihe an die Assoziation zu »hängen«. Weil alle Daten in der objektorientierten Welt in einer Klasse gekapselt werden müssen, wird für diese Fälle das Konzept der Assoziationsklasse verwendet (Abb. 5.4-1).

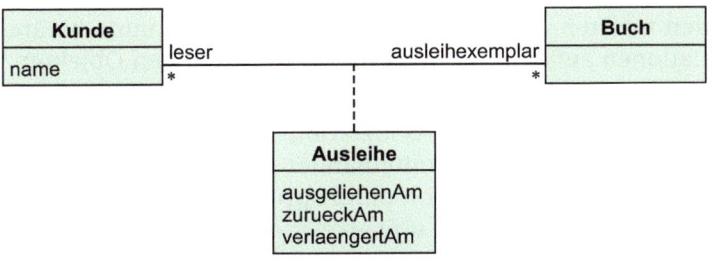

Abb. 5.4-1: Ausleihinformationen werden in einer Assoziationsklasse gespeichert, die an die Assoziation zwischen Kunde und Buch »angehängt« ist.

Eine Assoziation kann zusätzlich die Eigenschaften einer Klasse besitzen, d. h. sie hat Attribute und Operationen sowie Assoziationen zu anderen Klassen. Zur Darstellung wird ein Klassensymbol verwendet, das über eine gestrichelte Linie mit der Assoziation verbunden wird (Abb. 5.4-1). Sie heißt **Assoziationsklasse** (association class).

Assoziationsklasse – Klasse und Assoziation

Durch die Modellbildung mit einer Assoziationsklasse bleibt die ursprüngliche Assoziation zwischen den beteiligten Klassen bestehen und damit im Modell deutlich sichtbar. Beim Übergang zur objektorientierten Programmierung ist es notwendig, eine Assoziationsklasse in eine eigenständige Klasse und zwei Assoziationen aufzulösen. Diese Transformation erfolgt nach dem Schema der Abb. 5.4-2.

Von der Assoziations- zur »normalen« Klasse

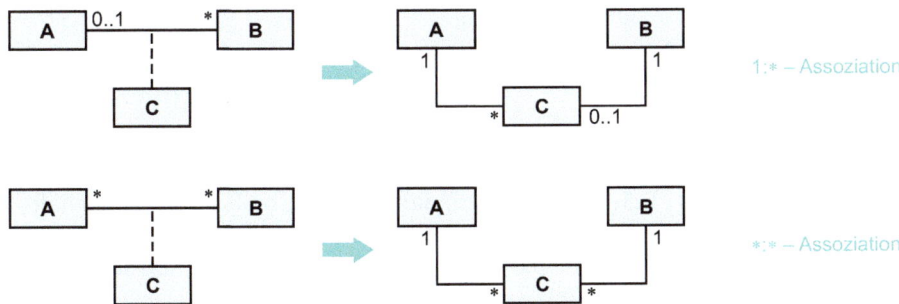

Abb. 5.4-2: Auflösen einer Assoziationsklasse.

5.5 Höherwertige Assoziationen ***

Höherwertige oder n-äre Assoziationen ermöglichen es, zwischen mehr als zwei Klassen eine Assoziation aufzubauen. Eine ternäre Assoziation verknüpft beispielsweise drei Objekte durch eine Beziehung miteinander.

In den meisten Anwendungsfällen treten sogenannte binäre Assoziationen auf, d. h. Assoziationen zwischen den Objekten von jeweils zwei Klassen.

Prinzipiell ist auch eine Assoziation möglich, die Objekte von drei oder mehr Klassen miteinander in Beziehung setzt. Liegt eine solche Assoziation vor, dann spricht man von **höherwertigen Assoziationen** oder **n-ären Assoziationen**.

Höherwertige Assoziationen werden mithilfe eines Diamanten-Symbols modelliert, von dem die Linien zu den beteiligten Klassen ausgehen.

Beispiel

Die Abb. 5.5-1 modelliert, welcher Programmierer in welchem Projekt welche Programmiersprache verwendet. Konkrete Beziehungen zeigt die Tab. 5.5-1.

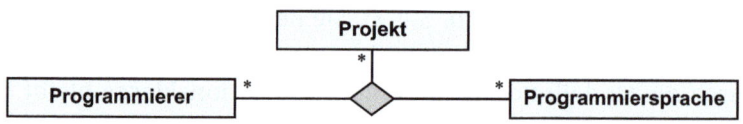

Abb. 5.5-1: Beispiel für eine ternäre Assoziation.

Programmierer	Projekt	Programmiersprache
Meier	A	C++
Schröder	B	Java
Ludwig	A	Java

Tab. 5.5-1: Beispiel für eine ternäre Assoziation.

Beispiel

Die Abb. 5.5-2 modelliert, dass ein Fußballspieler innerhalb eines Jahres in verschiedenen Vereinen aktiv sein kann. Hier ist die ternäre Assoziation zusätzlich mit einer assoziativen Klasse verbunden.

Beispielsweise kann für den Fußballer »Müller« festgehalten werden, welches Ergebnis er im Jahr 2013 für den Verein »FC 06« erzielt hat.

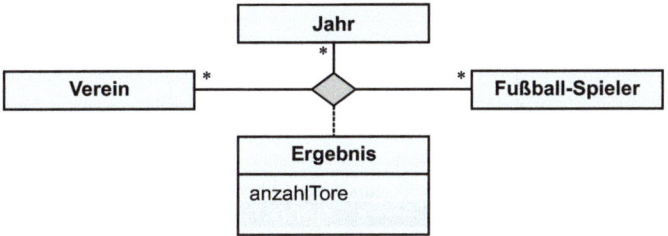

Abb. 5.5-2: Beispiel für eine ternäre Assoziation mit einer assoziativen Klasse.

5.6 Navigierbarkeit *

Eine Assoziation kann um die Navigierbarkeit ergänzt werden. Sie sagt aus, ob die Assoziation uni- oder bidirektional realisiert werden soll.

Assoziationen sind zunächst unspezifiziert. Die UML ermöglicht es, zusätzlich die **Navigierbarkeit** *(navigability)* einer Assoziation zu definieren. Besteht zwischen zwei Klassen A und B eine Assoziation und ist diese Assoziation von A nach B navigierbar, dann bedeutet dies, dass Objekte von A auf Objekte von B zugreifen können, aber *nicht* umgekehrt. In welchen Richtungen eine Assoziation navigierbar ist, wird im UML-Klassendiagramm durch Pfeile angegeben. Binäre Assoziationen können in eine oder in beide Richtungen navigierbar sein.

Navigierbarkeit – Assoziation mit Richtung

Unidirektional – nur ein Objekt kennt das andere

> Ein Shop nimmt Bestellungen über Fax entgegen. Die Abb. 5.6-1 zeigt anhand einer Faxbestellung die Modellierung einer Bestellung.

Beispiel 1a

> Nach der Transformation der Assoziationsklasse, der Festlegung der Multiplizitäten und der Rollen ergibt sich das Modell der Abb. 5.6-2. Fachlich betrachtet muss von Position auf Artikel zugegriffen werden, aber *nicht* umgekehrt. Analog muss vom Auftrag auf die Positionen zugegriffen werden, jedoch *nicht* von den Positionen auf den Auftrag.

Beispiel 1b

Beziehungen, bei denen nur eine Navigationsrichtung bekannt sein muss, werden als **unidirektionale Assoziationen** bezeichnet und modelliert. Sie werden auch einseitige oder gerichtete Assoziationen genannt.

5 Assoziationen *

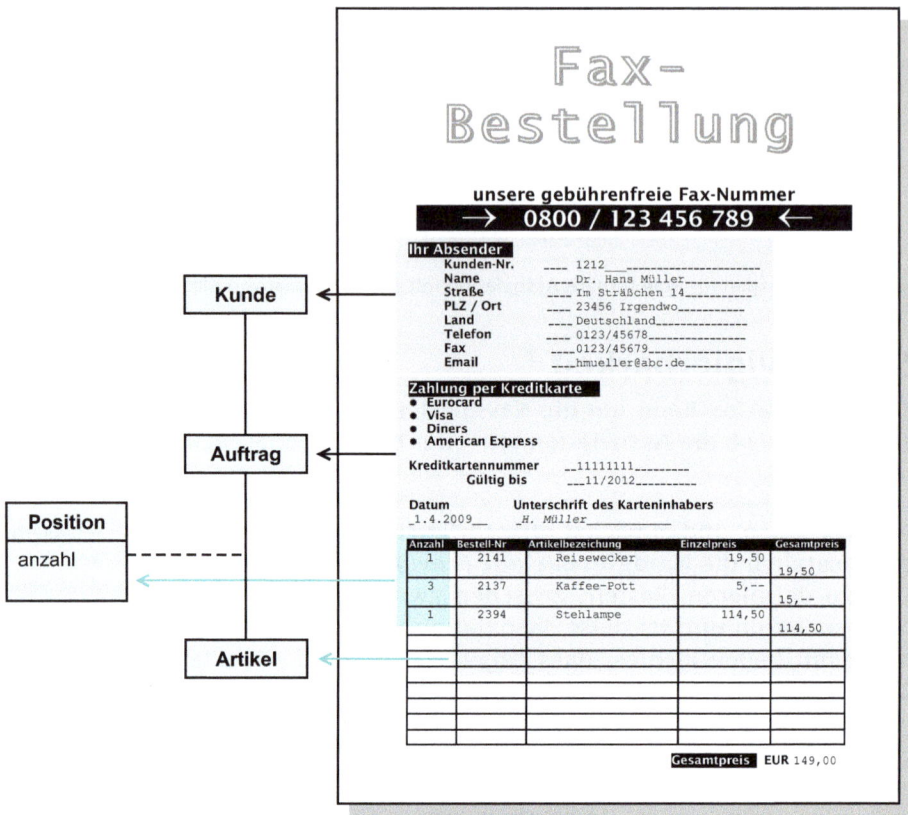

Abb. 5.6-1: Formular zur Fax-Bestellung.

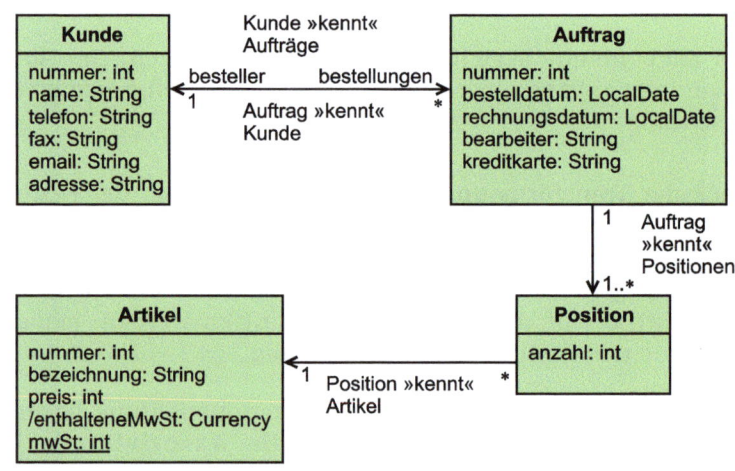

Abb. 5.6-2: Navigationsrichtung der Assoziationen im Shop.

Bidirektional – beide Objekte kennen einander

Zwischen Kunde und Auftrag existiert eine bidirektionale Assoziation, da vom Auftrag ausgehend ein neuer Kunde (Besteller) erfasst oder ein vorhandener Kunde zugeordnet und umgekehrt zu jedem Kunden die Liste aller erteilten Aufträge (Bestellungen) angezeigt werden soll. Ein Kunden-Objekt kennt also seine Auftrags-Objekte und jedes Auftrags-Objekt kennt sein Kunden-Objekt.

Beispiel 1c

Bei einer **bidirektionalen Assoziation** können die entsprechenden Objektbeziehungen in beiden Richtungen durchlaufen werden. Eine bidirektionale Assoziation ist gleichwertig zu zwei gerichteten Assoziationen (Abb. 5.6-3) (beide Assoziationen im unteren Diagramm tragen denselben Assoziationsnamen).

Sie ist komplexer zu realisieren als eine unidirektionale Assoziation (wegen der Referenzverwaltung auf beiden Seiten und der Konsistenzhaltung) und sollte nur dort eingesetzt werden, wo sie wirklich benötigt wird.

Abb. 5.6-3: Bidirektionale Assoziation.

Notation Navigierbarkeit

Die Richtung, in der eine Assoziation realisiert werden muss, wird im UML-Klassendiagramm mit einer Pfeilspitze gekennzeichnet. Soll eine Assoziation in beiden Richtungen durchlaufen werden, werden beide Pfeilspitzen eingetragen. In der UML ist es auch möglich, Navigationsrichtungen explizit auszuschließen. Dies wird durch ein »x« auf der Linie gekennzeichnet.

Ist nur eine Linie gezeichnet, dann ist die Assoziation unspezifiziert, d. h. über die Navigation wird noch nichts ausgesagt. Die Abb. 5.6-4 zeigt die verschiedenen Möglichkeiten zur Navigierbarkeit im Überblick.

Abb. 5.6-4: Navigierbarkeit von Assoziationen.

5.7 Navigierbarkeit und Multiplizitäten in Java *

Für Assoziationen gibt es *kein* Java-Sprachkonstrukt. Sie müssen immer »ausprogrammiert« werden. Liegen *-Multiplizitäten vor, dann kann zur Verwaltung der Beziehungen z. B. die Klasse ArrayList verwendet werden. Bei bidirektionalen Assoziationen müssen die Referenzen gegenseitig gespeichert werden. Um die eigene Speicheradresse zu übergeben, wird das Schlüsselwort this verwendet.

Kein Sprachkonstrukt

Assoziationen spielen in der Praxis eine große Rolle. Dennoch besitzt keine Programmiersprache ein direktes Sprachkonstrukt, das es erlaubt ohne Programmieraufwand eine Assoziation zu spezifizieren.

Aufwand

Der Programmieraufwand hängt davon ab, ob es sich um eine unidirektionale oder bidirektionale Assoziation handelt und ob die Multiplizität größer als 1 ist oder nicht.

*Beispiel 1a: unidirektional, Multiplizität **

Bei einer Artikel-/Lieferantenverwaltung (Programm Artikel-Lieferant) soll es möglich sein, einen Artikel von null, einem oder mehreren Lieferanten zu beziehen (*-Multiplizität). Zum Lieferanten soll nur über den Artikel navigierbar sein (unidirektional). Beim Lieferanten wird *nicht* vermerkt, welche Artikel er liefert. Die Abb. 5.7-1 zeigt das zugehörige Klassendiagramm sowie ein mögliches Objektszenario.

Überlegen Sie, wie sich dieses Modell programmieren lässt.

Beispiel 1b

Um das Modell zu realisieren, müssen bei den Objekten der Klasse Artikel alle Referenzen der jeweiligen Lieferanten gespeichert werden. Zur Verwaltung der Referenzen eignet sich die Klasse ArrayList (siehe »Die Klasse ArrayList<E>«, S. 103). Zusätzlich muss die Klasse Artikel Operationen zur Verfügung stellen, um die Referenzen zu verwalten:

5.7 Navigierbarkeit und Multiplizitäten in Java *

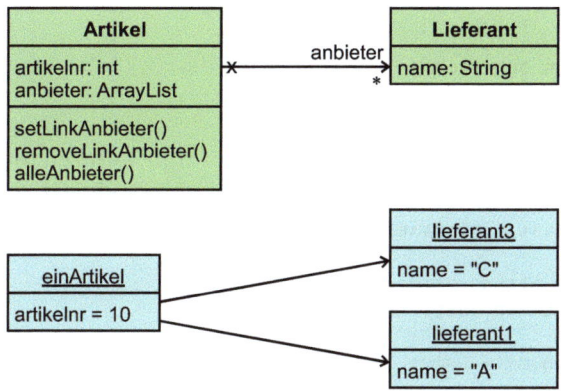

Abb. 5.7-1: Unidirektionale Assoziation mit der Multiplizität * sowie ein Objektszenario.

```
//Klasse Artikel verwaltet
//n Anbieter-Referenzen

import java.util.*;

public class Artikel
{
  private int artikelnr;
  //Verwaltung der Assoziation
  //anbieter ist Rollenname
  //des Lieferanten in der Assoziation
  private ArrayList<Lieferant> anbieter = new ArrayList<>();

  public Artikel(int artikelnr)
  {
     this.artikelnr = artikelnr;
  }
  public int getArtikelnr()
  {
     return artikelnr;
  }
  //Assoziationsoperationen
  //Verbindung zu Anbieter herstellen
  public void setLinkAnbieter(Lieferant einAnbieter)
  {
     //Einen Anbieter hinzufügen
     anbieter.add(einAnbieter);
  }
  //Verbindung zu Anbieter löschen
  public void removeLinkAnbieter(Lieferant einAnbieter)
  {
     anbieter.remove(einAnbieter);
  }
  //Liefert alle Anbieter eines Artikels
  public ArrayList<Lieferant> gibAlleAnbieter()
```

```
  {
    return anbieter;
  }
}
```

Die Klasse Lieferant weiß nichts von den Referenzen. Daher kann von Lieferant auch nicht auf Artikel navigiert werden:

```
public class Lieferant
{
  private String name;
  public Lieferant(String name)
  {
    this.name = name;
  }
  public String getName()
  {
    return name;
  }
}
```

In der Klasse ArtikelLieferantenUI wird ein Artikel erzeugt und mit Lieferanten verknüpft:

```
//Erzeugen der Beziehungen
import java.util.*;

public class ArtikelLieferantUI
{
 public static void main(String args[])
 {
  Artikel ersterArtikel = new Artikel(10);
  Lieferant lieferant1, lieferant2, lieferant3;
  lieferant1 = new Lieferant("A");
  lieferant2 = new Lieferant("B");
  lieferant3 = new Lieferant("C");

  ersterArtikel.setLinkAnbieter(lieferant3);
  ersterArtikel.setLinkAnbieter(lieferant1);

  //Navigieren
  System.out.println("Alle Lieferanten des Artikels 10:");

  druckeLieferanten(ersterArtikel);
 }

 private static void druckeLieferanten(Artikel einArtikel)
 {
  Lieferant einLieferant;
  ArrayList<Lieferant> alleLieferanten =
    einArtikel.gibAlleAnbieter();

  for (int i = 0; i < alleLieferanten.size(); i++)
  {
    einLieferant = alleLieferanten.get(i);
    System.out.println(einLieferant.getName());
  }
```

```
}
}
```
Der Programmlauf ergibt folgendes Ergebnis:
```
Alle Lieferanten des Artikels 10:
C
A
```
Die `for`-Schleife zur Ausgabe von Referenzen lässt sich noch wie folgt vereinfachen:
```
for (Lieferant l : alleLieferanten)
{
    System.out.println(l.getName());
}
```

Bei bidirektionalen Assoziationen müssen die Referenzen gegenseitig gespeichert werden, um eine Navigierbarkeit von beiden Klassen aus zu ermöglichen.

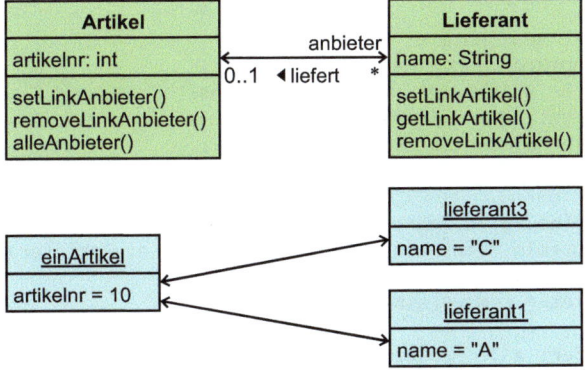

Abb. 5.7-2: Bidirektionale Assoziation sowie ein Objektszenario.

Soll es auch möglich sein, vom Lieferanten-Objekt aus, auf den Artikel zu navigieren (bidirektional, Multiplizität 0..1), dann muss beim Setzen einer Referenz vom Artikel-Objekt auf das Lieferanten-Objekt auch eine Referenz vom Lieferanten-Objekt auf das Artikel-Objekt gespeichert werden (Programm `ArtikelLieferant2`). Das Klassendiagramm sowie dasselbe Objektszenario zeigt die Abb. 5.7-2. Sowohl die Klasse `Artikel` als auch die Klasse `Lieferant` müssen erweitert werden:

Beispiel 1c: bidirektional, 0..1

```
//Klasse Artikel verwaltet
//n Anbieter-Referenzen

import java.util.*;

public class Artikel
{
```

```
  private int artikelnr;
  //Verwaltung der Assoziation
  //anbieter ist Rollenname
  //des Lieferanten in der Assoziation
  private ArrayList<Lieferant> anbieter = new ArrayList<>();

  public Artikel(int artikelnr)
  {
    this.artikelnr = artikelnr;
  }
  public int getArtikelnr()
  {
    return artikelnr;
  }

  //Assoziationsoperationen
  //Verbindung zu Anbieter herstellen
  public void setLinkAnbieter(Lieferant einAnbieter)
  {
    if (!anbieter.contains(einAnbieter))
    {
      //Einen Anbieter hinzufügen
      anbieter.add(einAnbieter);
      //Beim Anbieter dafür sorgen, dass
      //dort der Artikel eingetragen wird
      einAnbieter.setLinkArtikel(this);
    }
  }
  //Verbindung zu Anbieter löschen
  public void removeLinkAnbieter(Lieferant einAnbieter)
  {
    anbieter.remove(einAnbieter);
  }
  //Liefert alle Anbieter eines Artikels
  public ArrayList<Lieferant> gibAlleAnbieter()
  {
    return anbieter;
  }
}
import java.util.*;

public class Lieferant
{
  private String name;
  //Verwaltung der Assoziation
  //"liefert" ist der Assoziationsname
  private Artikel liefert;

  public Lieferant(String name)
  {
    this.name = name;
  }
  public String getName()
  {
    return name;
```

```java
  }
  //Assoziationsoperationen
  //Verbindung zu Artikel herstellen
  public void setLinkArtikel(Artikel einArtikel)
  {
    if (liefert != einArtikel)
    {
      //Wird von Artikel-Objekt aufgerufen
      liefert = einArtikel;
      einArtikel.setLinkAnbieter(this);
    }
  }
  //Referenz zu Artikel übergeben
  public Artikel getLinkArtikel()
  {
    //Wird von Artikel-Objekt aufgerufen
    return liefert;
  }
  //Verbindung zu Artikel löschen
  public void removeLinkArtikel(Artikel einArtikel)
  {
    //Wird von Artikel-Objekt aufgerufen
    liefert = null;
  }
}
//Erzeugen der Beziehungen
import java.util.*;

public class ArtikelLieferantUI
{
 public static void main(String args[])
 {
  Artikel ersterArtikel = new Artikel(10);
  Lieferant lieferant1, lieferant2, lieferant3;
  lieferant1 = new Lieferant("A");
  lieferant2 = new Lieferant("B");
  lieferant3 = new Lieferant("C");
  ersterArtikel.setLinkAnbieter(lieferant3);
  ersterArtikel.setLinkAnbieter(lieferant1);

  //Navigieren
  System.out.println("Alle Lieferanten des Artikels 10:");
  druckeLieferanten(ersterArtikel);
  System.out.println(
    "Der Lieferant C liefert folgenden Artikel:");
  System.out.println
    (lieferant3.getLinkArtikel().getArtikelnr());
 }

 static void druckeLieferanten(Artikel einArtikel)
 {
  Lieferant einLieferant;
  ArrayList<Lieferant> alleLieferanten =
    einArtikel.gibAlleAnbieter();
```

```
    for (Lieferant l : alleLieferanten)
    {
        System.out.println(l.getName());
    }
  }
 }
}
```

Der Programmlauf ergibt folgendes Ergebnis:

```
Alle Lieferanten des Artikels 10:
C
A
Der Lieferant C liefert folgenden Artikel:
10
```

this
Der Programmcode in den Methoden setLinkAnbieter() und removeLinkAnbieter() enthält noch eine Besonderheit. In beiden Methoden wird eine Methode der Klasse Lieferant aufgerufen und in der Parameterliste als Parameter das Schlüsselwort this angegeben:

- einAnbieter.setLinkArtikel(this);
- einAnbieter.removeLinkArtikel(this);

Durch die Angabe von this wird bewirkt, dass die Referenz, d. h. die eigene Speicheradresse, an die aufgerufene Methode übergeben wird.

5.8 Container *

Will man wissen, welche Objekte von einer Klasse erzeugt wurden, dann benötigt man zur Verwaltung der Objektreferenzen eine Container-Klasse. Nach dem Erzeugen eines Objekts wird die Objektreferenz anschließend der Container-Klasse zur Speicherung übergeben.

Sie benötigen eine Liste aller Kunden. Sie haben aus einer Klasse Kunde 1000 Objekte erzeugt. Wie erzeugen Sie die Kundenliste?

Objekt kennt Klasse
Ein Charakteristikum der objektorientierten Programmierung ist, dass jedes erzeugte Objekt seine Klasse – von der es erzeugt wurde – kennt, aber *nicht* umgekehrt. Eine Klasse hat also »keine Ahnung« von den Objekten, die von ihr erzeugt wurden.

Container
Benötigt man zur Lösung einer Aufgabe alle oder eine Teilmenge der Objekte, die von einer Klasse erzeugt wurden, dann muss man diese Objekte selbst verwalten. Es wird also eine **Objektverwaltung** benötigt. Es hat sich bewährt, die Verweise auf die erzeugten Objekte einer Klasse in einer eigenständigen Klasse, oft **Container-Klasse** genannt, zu verwalten.

Namenskonvention
Der Name einer Container-Klasse sollte aus dem **Plural des Klassennamens** gefolgt von dem Namen Container bestehen.

Lautet die Fachkonzept-Klasse Kunde, dann heißt die zugehörige Container-Klasse KundenContainer.

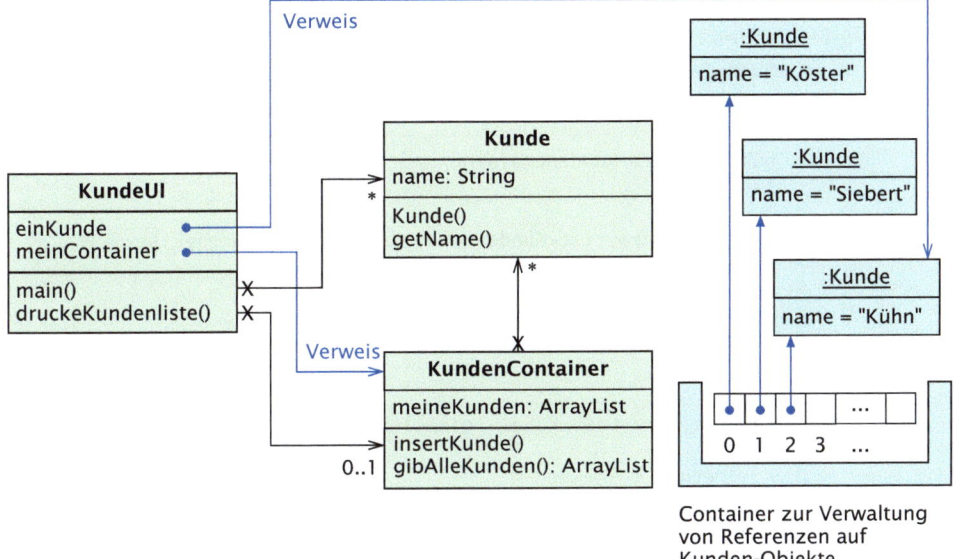

Abb. 5.8-1: Veranschaulichung der Objektverwaltung für das Programm Kundenverwaltung.

> Für eine Klasse Kunde soll ein Kunden-Container programmiert werden, um eine Kundenliste auszugeben (Programm Kundenverwaltung). Zur Verwaltung der Objekt-Referenzen wird die Klasse ArrayList (siehe »Die Klasse ArrayList<E>«, S. 103) verwendet. Das Klassenmodell zeigt die Abb. 5.8-1. Die Klasse Kunde steht für sich allein und kennt weder die Klasse KundenContainer noch die Klasse KundeUI (unidirektionale Assoziation).
>
> Die Klasse Kunde (hier in vereinfachter Form) sieht wie folgt aus:
> ```
> public class Kunde
> {
>  //Attribute
>  private String name = "";
>
>  //Konstruktor
>  public Kunde(String name)
>  {
>      this.name = name;
>  }
>  public String getName()
>  {
>   return name;
> ```

Beispiel

}
}

Die Klasse KundenContainer ermöglicht es, eine Objektreferenz eines Objekts der Klasse Kunde zu speichern (Operation insertKunde()) und alle Referenzen als ArrayList auszugeben:

```java
import java.util.*;

public class KundenContainer
{

  private ArrayList<Kunde> meineKunden = new ArrayList<>();

  public void insertKunde(Kunde einKunde)
  {
     meineKunden.add(einKunde);
  }

  public ArrayList<Kunde> gibAlleKunden()
  {
     return meineKunden;
  }
}
```

In der Klasse KundeUI wird jeweils nach dem Erzeugen eines Kundenobjekts die Referenz an den KundenContainer zum Speichern übergeben:

```java
import java.util.*;

public class KundeUI
{
 public static void main(String args[])
 {
  KundenContainer meinContainer = new KundenContainer();
  Kunde einKunde = new Kunde("Köster");
  //Erzeugtes Objekt im Kundencontainer
  //verwalten
  meinContainer.insertKunde(einKunde);
  einKunde = new Kunde("Siebert");
  meinContainer.insertKunde(einKunde);
  einKunde = new Kunde("Kühn");
  meinContainer.insertKunde(einKunde);
  //Kundenliste ausgeben
  druckeKundenliste(meinContainer);
 }

 private static void druckeKundenliste
    (KundenContainer einContainer)
 {
  for (Kunde k : einContainer.gibAlleKunden())
  {
      System.out.println(k.getName());
  }
 }
}
```

> Der Programmlauf ergibt folgende Ausgabe:
> Köster
> Siebert
> Kühn

Nicht mehr benötigte Objekte müssen natürlich aus einem Container wieder entfernt werden (im obigen Beispiel zunächst weggelassen). Nur dann kann die Speicherbereinigung *(garbage collection)* die Objekte aus dem Speicher entfernen. Sonst tritt irgendwann ein Speicherüberlauf ein. Allgemein eignen sich Container-Klassen nur für kleine bis mittlere Datenmengen.

Die Entfernung nicht mehr benötigter Objektreferenzen wird in [Bloc05, S. 17 (Item 5)] ausführlich behandelt.

5.9 Das Singleton-Muster *

Das Singleton-Muster beschreibt eine technische Lösung, die sicherstellt, dass von einer Klasse nur genau ein Objekt erzeugt werden kann. Bei der Programmierung von Container-Klassen zur Objektverwaltung sollte dieses Muster stets eingesetzt werden.

Sie wollen zu einer Klasse eine Container-Klasse programmieren (siehe »Container«, S. 176). Wieviele Objekte benötigen Sie von der Container-Klasse, um von einer anderen Klasse die Objekte zu verwalten? — Frage

Werden Container-Klassen zur Verwaltung von Objekten verwendet, dann genügt in der Regel *genau ein* Container-Objekt, um diese Aufgabe zu erledigen. Es ist daher sinnvoll, die Container-Klasse so zu programmieren, dass es nur möglich ist, genau ein Objekt zu erzeugen. — Antwort

Wie kann man dafür sorgen, dass von einer Klasse nur einmal ein Objekt erzeugt wird und dann kein weiteres? Womit werden Objekte erzeugt? Wie kann man verhindern, dass dieser Erzeugungsmechanismus benutzt wird? — Frage

Objekte werden durch den Aufruf von Konstruktoren erzeugt. Bei jedem Aufruf wird ein neues Objekt erzeugt. Man muss also sicherstellen, dass der Konstruktor nur einmal aufgerufen wird. Dies kann dadurch geschehen, dass man den öffentlichen Zugriff auf den Konstruktor durch Angabe des Schlüsselworts `private` verbietet. — Antwort

Wenn auf einen Konstruktor *nicht* mehr öffentlich zugegriffen werden kann, wie kann er dann noch aufgerufen werden? — Frage

Innerhalb einer Klasse kann jede Methode jede andere Methode aufrufen. Da es aber in diesem Falle noch kein Objekt gibt, muss — Antwort eine Klassenmethode verwendet werden, um den Konstruktor aufzurufen. In dieser öffentlichen Klassenmethode greift man auf ein privates Klassenattribut zu, in dem nach der Objekterzeugung die Referenz auf das Objekt aufbewahrt wird. Ist das Objekt noch nicht erzeugt, dann steht in diesem Klassenattribut die Voreinstellung null.

Der »Kniff« der einmaligen Erzeugung besteht nun darin, in die Klassenmethode eine Abfrage einzubauen, die das Klassenattribut daraufhin abfragt, ob es den Voreinstellungswert null enthält. Wenn ja, dann ist das Objekt noch *nicht* erzeugt. In diesem Falle wird von der Klassenmethode aus der private Konstruktor aufgerufen und ein Objekt der Container-Klasse erzeugt. Die Objektreferenz wird in dem Klassenattribut gespeichert. Steht bereits eine Objektreferenz in dem Klassenattribut, dann wird kein weiteres Objekt erzeugt, sondern nur die Referenz zurückgegeben.

Beispiel

Die Objektverwaltung einer Klasse Kunde sieht mit diesem defensiven Programmierkonzept wie folgt aus (Programm KundenContainerSingleton):

```
public class Kunde
{
 //Attribute
 private String name = "";

 //Konstruktor
 public Kunde(String name)
 {
     this.name = name;
 }
 public String getName()
 {
   return name;
 }
}
```

```
//Container mit Singleton-Muster
import java.util.*;

public class KundenContainer
{
 //Attribut
 private ArrayList<Kunde> meineKunden = new ArrayList<>();
 //Klassen-Attribut
 //Speichert Referenz auf das einzige Objekt
  private static KundenContainer
     einKundenContainer = null;
 //Konstruktor, von außen nicht zugreifbar
 private KundenContainer()
 {
 }
```

5.9 Das Singleton-Muster *

```
//Klassen-Operation, die die Objektreferenz liefert
//Wenn Objekt noch nicht vorhanden, dann wird es erzeugt
public static KundenContainer getObjektreferenz()
{
  if (einKundenContainer == null)
    einKundenContainer = new KundenContainer();
    //Konstruktor, kann nur einmal aufgerufen werden
  return einKundenContainer;
}

//Methoden
public void insertKunde(Kunde einKunde)
{
   meineKunden.add(einKunde);
}

public ArrayList<Kunde> alleKunden()
{
   return meineKunden;
}
}
import java.util.*;

public class KundeUI
{
 public static void main(String args[])
 {
  KundenContainer meinContainer =
    KundenContainer.getObjektreferenz();
  Kunde einKunde = new Kunde("Köster");
  //Erzeugtes Objekt im Kundencontainer
  //verwalten
  meinContainer.insertKunde(einKunde);
  einKunde = new Kunde("Siebert");
  meinContainer.insertKunde(einKunde);
  einKunde = new Kunde("Kühn");
  meinContainer.insertKunde(einKunde);
  //Kundenliste ausgeben
  druckeKundenliste(meinContainer);
 }

 static void druckeKundenliste(KundenContainer einContainer)
 {
  Kunde einKunde;
  ArrayList<Kunde> meineKunden = einContainer.alleKunden();

  for (Kunde k : meineKunden)
    System.out.println(k.getName());
 }
}
```

Der Programmlauf ergibt:

Köster
Siebert
Kühn

Singleton-Muster

Immer wenn man sicherstellen will, dass von einer Klasse *nur genau ein* Objekt erzeugt werden kann, sollte man das dargestellte Muster verwenden. In der Softwaretechnik heißt dieses Muster das **Singleton-Muster**. Die englische Bezeichnung *Singleton* bedeutet Einzelkarte, Einzelfall. Eine allgemeine Klassendarstellung des Musters zeigt die Abb. 5.9-1. Das Rechteck mit der eingeknickten rechten oberen Ecke steht in der UML für ein **Kommentarsymbol**, das mit einer gestrichelten Linie mit der Stelle verbunden wird, die es kommentiert. Hier ist der Programmcode zu der Methode getObjektreferenz() aufgeführt.

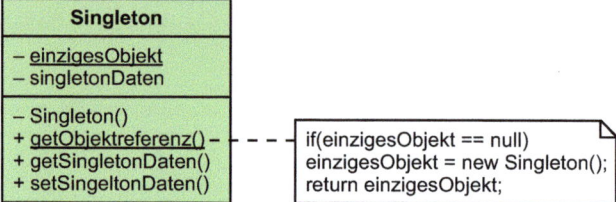

Abb. 5.9-1: Singleton-Muster.

Eine alternative Implementierung des Singleton-Musters in Java wird in [Bloc05, S. 10f. (Item 2)] vorgestellt und mit Vor- und Nachteilen erörtert.

Muster

Ein **Muster** *(pattern)* ist in der Softwaretechnik eine bewährte, generische Lösung für ein immer wiederkehrendes Problem, das in bestimmten Situationen auftritt.

Beispiel

Das Problem, dass man aus einer Klasse nur genau ein Objekt erzeugen will, tritt öfters auf. Eine Situation ist die Objektverwaltung. Die bewährte Lösung besteht darin, den Konstruktor als privat zu kennzeichnen und über eine Klassenoperation darauf zuzugreifen. Diese Lösung ist generisch, d. h. in diesem Fall allgemeingültig, da sie mit verschiedenen objektorientierten Programmiersprachen umgesetzt werden kann.

Beim Singleton-Muster handelt es sich um ein sogenanntes **Entwurfs-Muster** *(design pattern)*, da es im Softwareentwurf eingesetzt wird (siehe auch »Von OOA zu OOP«, S. 449).

6 Einfachvererbung *

Neben den Konzepten **Objekt** und **Klasse** ist das Konzept der **Vererbung** untrennbar mit der Objektorientierung verbunden. Das Vererbungskonzept trägt wesentlich zur Mächtigkeit der objektorientierten Programmierung bei – erhöht aber auch die Komplexität objektorientierter Programme.

Ausgangspunkt sind oft Klassen, die ähnliche Attribute und Operationen besitzen. Durch **Verallgemeinerung** versucht man, Gemeinsamkeiten in sogenannten **Oberklassen** zusammenzufassen:

- »Generalisieren – entdecke Gemeinsamkeiten«, S. 184

In Java wird hinter dem Klassennamen durch das Schlüsselwort extends, gefolgt von dem Namen der Oberklasse, eine Vererbungsstruktur hergestellt:

- »Vererbung in Java«, S. 188

Neben der Verallgemeinerung ist es oft auch sinnvoll Klassen zu **spezialisieren**, d. h. eine sogenannte **Unterklasse** zu bilden, die alle Attribute, Operationen und Assoziationen der Oberklasse benutzen kann, aber zusätzliche Attribute, Operationen und Assoziationen hinzufügt. Dabei ist es sogar möglich, Operationen der Oberklasse zu redefinieren, d. h. zu modifizieren:

- »Klassen spezialisieren und Methoden redefinieren«, S. 193

In Java ergibt sich durch das Generalisieren und Spezialisieren eine **Vererbungshierarchie**, an deren Spitze die sogenannte Klasse Object steht. Diese Klasse stellt einige Basismethoden zu Verfügung, die von allen anderen Klassen benutzt werden können:

- »Die Java-Klassenhierarchie und Object«, S. 200

Durch die Anwendung und Redefinition dieser Basismethoden können eine Reihe von Aufgaben erledigt werden. Objekte können verglichen werden:

- »Identität vs. Gleichheit«, S. 203

Objekte können geklont oder kopiert werden:

- »Klonen vs. Kopieren«, S. 205

Zur Laufzeit kann festgestellt werden, zu welcher Klasse oder Oberklasse ein Objekt gehört:

- »Klassenzugehörigkeit eines Objekts«, S. 212

Bei der Vererbung sind eine ganze Menge von Regeln zu beachten:

- »Die Vererbungsregeln«, S. 216

Durch das Vererbungskonzept ergeben sich zusätzliche Zugriffsrechte und neue Sichtbarkeitsbereiche:

- »Zugriffsrechte und Sichtbarkeit«, S. 218

Java-Klassen können nur Attribute, nur Methoden, nur Klassenattribute oder nur Klassenmethoden besitzen:

- »Sonderfälle«, S. 222

Verbunden mit dem Vererbungskonzept ist das **Konzept des Polymorphismus**. Es besagt, dass ein Sender Botschaften an Objekte senden kann, ohne sich um die Klassenzugehörigkeit des Objekts und das Vorhandensein der entsprechenden Methode zu kümmern. Die Methode muss nur in der übergeordneten Klassenhierarchie definiert sein:

- »Polymorphismus«, S. 224

In Java kann jede Klasse nur *genau eine* direkte Oberklasse besitzen – man spricht dann von einer **einfachen Vererbung**. In manchen Anwendungsfällen ist es aber sinnvoll, dass eine Klasse Attribute, Operationen und Assoziationen von mehreren Klassen erbt. Ist dies möglich, dann spricht man von einer **Mehrfachvererbung**. Die Programmiersprache C++ erlaubt beispielsweise die Mehrfachvererbung. In Java behilft man sich mit sogenannten Schnittstellen und der Schnittstellenvererbung:

- »Mehrfachvererbung und Schnittstellen«, S. 229

6.1 Generalisieren – entdecke Gemeinsamkeiten *

Die Generalisierung ermöglicht es, gemeinsame Eigenschaften und Verhaltensweisen von Klassen in einer allgemeinen Klasse, der Oberklasse, zusammenzufassen. Dabei muss immer gelten: Jedes Objekt der Unterklasse »ist ein« *(is a)* **Objekt der Oberklasse, sonst handelt es sich um** *keine* **wirkliche Generalisierung bzw. Verallgemeinerung.**

In der Regel besteht ein Softwaresystem aus einer Vielzahl von Klassen. Manche Klassen besitzen dabei gemeinsame oder ähnliche klingende Attribute und Operationen.

Beispiel 1a

Das Geschäftsmodell der Immobilienfirma Nobel & Teuer bestand bisher darin, exklusive Einfamilienhäuser zu verkaufen. Auf der Grundlage der UML-Klasse Einfamilienhaus (siehe Abb. 6.1-1, linke Seite) wurde ein Programm erstellt, um die Verkäufe abzuwickeln.

Nobel & Teuer hat sich nun entschlossen auch noch Geschäftshäuser anzubieten. Analog wie beim Einfamilienhaus wurde eine Klasse Geschaeftshaus gebildet (siehe Abb. 6.1-1, rechte Seite).

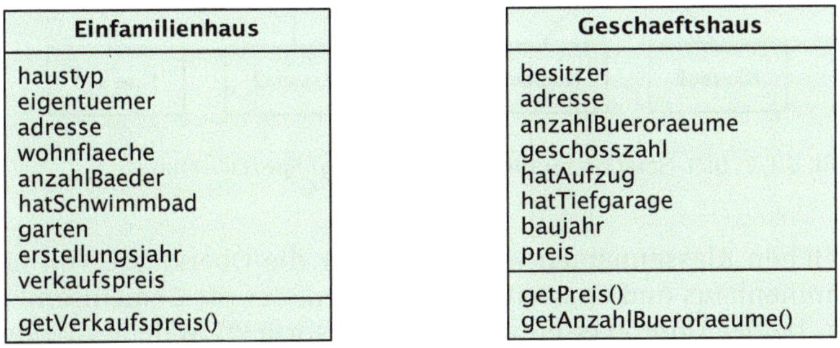

Einfamilienhaus
haustyp eigentuemer adresse wohnflaeche anzahlBaeder hatSchwimmbad garten erstellungsjahr verkaufspreis
getVerkaufspreis()

Geschaeftshaus
besitzer adresse anzahlBueroraeume geschosszahl hatAufzug hatTiefgarage baujahr preis
getPreis() getAnzahlBueroraeume()

Abb. 6.1-1: Die Klassen Einfamilienhaus und Geschaeftshaus.

Vergleichen Sie bitte beide Klassen. Was fällt Ihnen auf? Achten Sie nicht nur auf die Namen, sondern auf die Semantik, die dahinter steckt. — *Frage*

Vergleicht man die Attribute und Operationen der beiden Klassen, dann fällt sofort auf, dass das Attribut adresse bei beiden Klassen auftritt. Ein genauer Blick auf die Semantik zeigt, dass eigentümer und besitzer, erstellungsjahr und baujahr, verkaufspreis und preis sowie getVerkaufspreis() und getPreis() offenbar dasselbe aussagen, auch wenn unterschiedliche Bezeichnungen dafür verwendet wurden. — *Antwort*

In der Objektorientierung spricht man von **Generalisieren**, wenn man in Klassen **semantische Gemeinsamkeiten** feststellt. Diese Gemeinsamkeiten, die sich auf Attribute, Operationen und Assoziationen beziehen, werden in einer neuen sogenannten **Oberklasse** *(superclass)* – auch **Basisklasse** genannt – zusammengefasst. Aus den betrachteten Klassen werden die Gemeinsamkeiten entfernt. Diese Klassen heißen dann **Unterklassen** *(subclass)* – auch **abgeleitete Klassen** genannt – und werden in der UML durch eine Linie mit einem weißen bzw. transparenten Dreieckspfeil mit der Oberklasse verbunden, wobei der Pfeil zur Oberklasse zeigt (Abb. 6.1-2). In der UML spricht man von Generalisierungs-/Spezialisierungshierarchien, in der objektorientierten Programmierung von Vererbung.

Wie die Abb. 6.1-2 zeigt, gibt es zwei alternative Notationen. Die Linien können von jeder Unterklasse direkt zur Oberklasse geführt werden (linke Notation) oder die Linien werden zuerst zusammengeführt und dann ein Pfeil zur Oberklasse gezeichnet (rechte Notation).

6 Einfachvererbung *

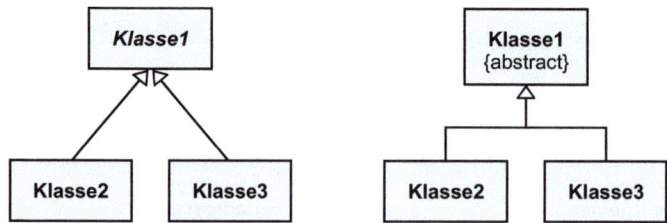

Abb. 6.1-2: UML-Notation für die Generalisierung/ Spezialisierung.

Frage Welchen Klassennamen würden Sie für die Oberklasse von Einfamilienhaus und Geschäftshaus wählen, der die Gemeinsamkeiten beider Unterklassen am besten ausdrückt? Welche Attributnamen würden Sie für die Oberklasse wählen?

Antwort Als Klassennamen für die Oberklasse bietet sich der Name Immobilie an. Statt eigentuemer wird besitzer gewählt, statt erstellungsjahr baujahr und statt preis verkaufspreis. Es ergibt sich das UML-Klassendiagramm der Abb. 6.1-3. Die Klasse Immobilie vererbt alle ihre Attribute und Operationen an die Klassen Einfamilienhaus und Geschaeftshaus. Die Klasse Einfamilienhaus besitzt also zusätzlich zu ihren eigenen Attributen und Operationen alle Attribute und Operationen der Klasse Immobilie. Analog gilt dies für die Klasse Geschaeftshaus.

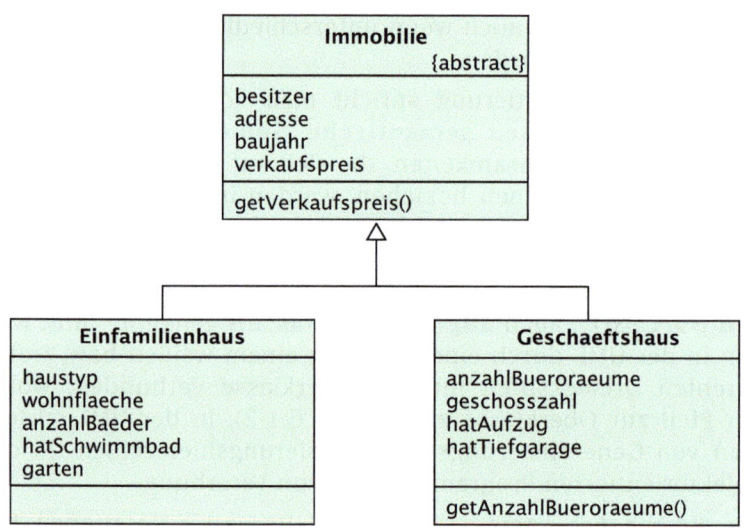

Abb. 6.1-3: Vererbungsstruktur.

Frage Ist es sinnvoll von der Klasse Immobilie Objekte zu erzeugen?

Bei der Generalisierung entsteht eine neue Oberklasse. Es stellt sich die Frage, ob von dieser Oberklasse auch Objekte benötigt werden? Das hängt mit der Semantik der Oberklasse zusammen. Wenn ein Objekt der Oberklasse nur mit den eigenen Attributen und Operationen Sinn macht, dann sollte die Objekterzeugung möglich gemacht werden. Wenn es sinnvoll ist, Immobilien bereits zu verwalten, obwohl man noch nicht weiß, ob es sich um Einfamilienhäuser oder Geschäftshäuser handelt, dann sollten Objekte von der Oberklasse erzeugt werden können.

Antwort

Wenn eine Objekterzeugung *nicht* sinnvoll ist, dann sollte sie verboten werden. Dies erreicht man dadurch, dass man die Oberklasse zu einer **abstrakten Klasse** macht. Man unterscheidet daher konkrete Klassen, kurz Klassen genannt, von denen Objekte erzeugt werden können, und abstrakte Klassen, von denen *keine* Objekte erzeugt werden können.

In der UML kennzeichnet ein kursiv geschriebener Klassenname eine abstrakte Klasse. Alternativ oder zusätzlich kann in geschweiften Klammern auch das Wort abstract rechts unter den Klassennamen geschrieben werden (Abb. 6.1-2).

> Bei der Firma Nobel & Teuer ist jede Immobilie entweder ein Einfamilienhaus oder ein Geschäftshaus. Daher ist es *nicht* sinnvoll, von der Klasse Immobilie Objekte zu erzeugen. Sie wird daher als abstrakte Klasse gekennzeichnet (Abb. 6.1-3).

Beispiel 1b

Beim Generalisieren, d. h. beim Suchen nach Gemeinsamkeiten in Klassen, darf man sich nicht durch gleiche Bezeichnungen in verschiedenen Klassen dazu verleiten lassen, sofort auf gleiche Semantik zu schließen. Es ist daher immer sorgfältig zu prüfen, ob mit gleichen Bezeichnungen auch die gleiche Semantik verbunden ist.

Eine Unterklasse ist vollständig konsistent mit ihrer Oberklasse, enthält aber in der Regel zusätzliche Informationen (Attribute, Operationen, Assoziationen). Durch die Vererbung entsteht eine **Klassenhierarchie** bzw. eine Vererbungsstruktur.

Hierarchie

Bei der **Vererbung** geht es *nicht* nur darum, gemeinsame Eigenschaften und Verhaltensweisen zusammenzufassen, sondern eine Vererbungshierarchie muss immer auch eine Generalisierung bzw. Spezialisierung darstellen. Man muss sagen können:

»ist ein«

Jedes Objekt der Unterklasse »ist ein« *(is a)* Objekt der Oberklasse.

Beispielsweise ist ein Einfamilienhaus eine Immobilie. Ebenfalls ist ein Geschäftshaus eine Immobilie. Man spricht daher bei einer Vererbung auch von einer »ist ein«-Beziehung zwischen Klassen.

6.2 Vererbung in Java *

In Java wird eine Unterklasse durch das Schlüsselwort extends nach dem Klassennamen und gefolgt von dem Namen der Oberklasse spezifiziert. Jede Klasse kann genau eine Oberklasse besitzen (einfache Vererbung). Soll es von einer Oberklasse keine Objekte geben, dann wird sie durch abstract gekennzeichnet (vor dem Klassennamen).

In Java wird in einer Unterklasse durch das Schlüsselwort extends gefolgt von dem Klassennamen der Oberklasse (hinter dem Klassennamen) angegeben, zu welcher Oberklasse die Klasse gehört (Abb. 6.2-1). Die Oberklasse weiß *nicht*, welche Unterklassen zu ihr gehören! Das hat den Vorteil, dass man zu einer Oberklasse jederzeit neue Unterklassen hinzufügen kann, ohne irgendeine Änderung an der Oberklasse vornehmen zu müssen.

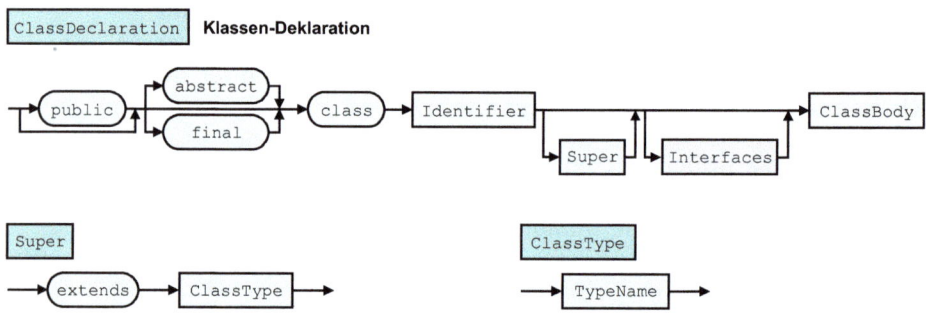

Abb. 6.2-1: Java-Syntax für Klassen.

Beispiel 1a
Immobilie

Die Umsetzung der Klassen Immobilie, Einfamilienhaus und Geschaeftshaus aus dem Beispiel der Firma Nobel & Teuer (siehe »Generalisieren – entdecke Gemeinsamkeiten«, S. 184) sieht in Java wie folgt aus (Alle Klassen liegen in demselben Paket):

```java
public abstract class Immobilie
{
  //Attribute
  protected String besitzer = "";
  private int verkaufspreis = 0;

  //Konstruktor
  protected Immobilie
  (String besitzer, int verkaufspreis)
  {
    this.besitzer = besitzer;
    this.verkaufspreis = verkaufspreis;
  }

  public String getBesitzer()
  {
```

```
    return besitzer;
  }
  public int getVerkaufspreis()
  {
    return verkaufspreis;
  }
}
```

Der Programmcode für die Klassen Einfamilienhaus und Geschaeftshaus reduziert sich:

```
public class Einfamilienhaus extends Immobilie
{
  //Attribute
  private String haustyp = "Stadthaus";

  //Konstruktor
  public Einfamilienhaus
    (String besitzer, int verkaufspreis, String haustyp)
  {
    super(besitzer, verkaufspreis);
    this.haustyp = haustyp;
  }
  public String getHaustyp()
  {
    return haustyp;
  }
}
public class Geschaeftshaus extends Immobilie
{
  //Attribute
  protected int anzahlBueroraeume = 0;

  //Konstruktor
  public Geschaeftshaus
    (String besitzer, int verkaufspreis, int anzahlBueroraeume)
  {
    super(besitzer, verkaufspreis);
    this.anzahlBueroraeume = anzahlBueroraeume;
  }
  public int getAnzahlBueroraeume()
  {
    return anzahlBueroraeume;
  }
}
```

Das Programm ImmobilieUI nutzt die Klassen Einfamilienhaus und Geschaeftshaus:

```
1  import java.util.*;
2
3  public class ImmobilieUI
4  {
5    public static void main(String args[])
6    {
7      Einfamilienhaus einHaus =
```

```
 8      new Einfamilienhaus("Köster", 300000, "Stadthaus");
 9    Geschaeftshaus nocheinHaus =
10      new Geschaeftshaus("Möller", 1500000, 10);
11    System.out.println("Daten zum Einfamilienhaus");
12    System.out.println("Haustyp: "+einHaus.getHaustyp());
13    System.out.println
14      ("Besitzer: " + einHaus.getBesitzer());
15    System.out.println
16      ("Verkaufspreis: " + einHaus.getVerkaufspreis());
17
18    System.out.println("Daten zum Geschäftshaus");
19    System.out.println ("Anzahl Büroräume: "
20        + nocheinHaus.getAnzahlBueroraeume());
21    System.out.println
22    ( "Besitzer: " + nocheinHaus.besitzer);
23    //Zugriff möglich, da im selben Paket
24    System.out.println(
25    "Verkaufspreis: " + nocheinHaus.getVerkaufspreis());
26    }
27  }
```

Der Programmlauf ergibt folgende Ausgabe:

```
Daten zum Einfamilienhaus
Haustyp: Stadthaus
Besitzer: Köster
Verkaufspreis: 300000
Daten zum Geschäftshaus
Anzahl Büroräume: 10
Besitzer: Möller
Verkaufspreis: 1500000
```

Das Beispiel macht verschiedene Aspekte des Vererbungskonzepts deutlich:

- Von einer als `abstract` gekennzeichneten Klasse können *keine* Objekte erzeugt werden. Wenn Sie den Konstruktor einer abstrakten Klasse aufrufen, dann erhalten Sie eine Fehlermeldung vom Compiler.
- Eine abstrakte Klasse besitzt in der Regel Konstruktoren, die jedoch nur von den Unterklassen aufgerufen werden können. Voraussetzung dazu ist, dass die Konstruktoren als `public` oder `protected` gekennzeichnet sind.
- Ist ein Konstruktor, eine Methode oder ein Attribut mit dem Schlüsselwort `protected` deklariert, dann kann von allen Unterklassen *und* von allen Klassen innerhalb desselben Pakets darauf zugegriffen werden. In einem UML-Diagramm wird `protected` durch das Symbol # dargestellt (siehe auch »Zugriffsrechte und Sichtbarkeit«, S. 218).

- Attribute sollten generell als `private` deklariert werden, um das Geheimnisprinzip zu bewahren. Aus Unterklassen heraus kann dann *nicht direkt* auf die Attribute, sondern nur über

Methoden zugegriffen werden, die dann als protected oder public deklariert sein müssen.

Um von dem Konstruktor einer Unterklasse auf den Konstruktor der Oberklasse zuzugreifen, muss der Konstruktor der Oberklasse mit dem Schlüsselwort super gefolgt von der Parameterliste aufgerufen werden. Der Standardkonstruktor einer Oberklasse wird bei der Erzeugung eines Unterklassenobjekts immer automatisch aufgerufen.

Hinweis

Der Standardkonstruktor einer Oberklasse wird bei der Erzeugung eines Unterklassenobjekts immer automatisch aufgerufen. Von dieser Regel gibt es eine Ausnahme. Wird der Standardkonstruktor explizit implementiert, dann gilt die Implementierung auch für die Unterklasse. Ein expliziter Aufruf von super() ist *nicht* notwendig.

Beispiel

```
public class Oberklasse
{
  Oberklasse ()
  {
    System.out.println("Konstruktor der Oberklasse");
  }
}

public class Unterklasse extends Oberklasse
{
  Unterklasse()
  {
    //super(); Hier unnötig
    System.out.println("Konstruktor der Unterklasse");
  }
}

public class DemoKonstruktoraufrufUI
{
  public static void main (String args[])
  {
    Unterklasse einObjekt = new Unterklasse();
  }
}
```

Auf der Konsole wird Folgendes ausgegeben:
Konstruktor der Oberklasse
Konstruktor der Unterklasse

Beispiel 1b

Im Beispiel 1a ist das Attribut besitzer in der Klasse Immobilie mit protected deklariert.

Dadurch kann von dem Objekt nocheinHaus aus direkt mit nocheinHaus.besitzer (siehe Zeile 22 in der Klasse ImmobilieUI) auf das Attribut zugegriffen werden, da die Klasse ImmobilieUI im selben Paket liegt wie die Klasse `Immobilie`. Das sollten Sie *nicht* tun.

Besser ist es, die Attribute als `private` zu deklarieren und über die Methoden darauf zuzugreifen, wie mit `nocheinHaus.getVerkaufspreis()` (siehe Zeile 24 in der Klasse `ImmobilieUI`).

In der Klasse `Geschaeftshaus` wird mit der Anweisung `super(besitzer, verkaufspreis);` der Konstruktor der Oberklasse aufgerufen. Analog in der Klasse `Einfamilienhaus`.

Ablauf — Was läuft nun bei der Vererbung im Arbeitsspeicher ab? Alle beteiligten Klassen befinden sich im Arbeitsspeicher. Die Anweisung

```
Einfamilienhaus einHaus =
    new Einfamilienhaus("Köster", 300000, "Stadthaus");
```

in der Klasse `ImmobilieUI` bewirkt, dass eine Botschaft an die Klasse `Einfamilienhaus` gesendet wird, mit der Aufforderung ein neues Objekt der Klasse `Einfamilienhaus` zu erzeugen.

Es wird der Konstruktor der Klasse `Einfamilienhaus` ausgeführt. In der ersten Anweisung wird der Konstruktor der Oberklasse aufgerufen:

`super(besitzer, verkaufspreis);`

Der Konstruktor sorgt dafür, dass ein Objekt der Klasse `Immobilie` angelegt wird mit den Attributen `besitzer="Köster"` und `verkaufpreis="300000"`.

Anschließend wird die Anweisung

`this.haustyp = haustyp;`

im Konstruktor der Klasse `Einfamilienhaus` ausgeführt. Dem bereits erzeugten Objekt wird das Attribut `haustyp` mit dem Wert `"Stadthaus"` hinzugefügt. Damit ist der Konstruktor beendet, das Objekt erzeugt und die Referenz auf das Objekt wird in der Klasse `ImmobilieUI` in der Variablen `einHaus` gespeichert.

Es wird automatisch eine Referenz vom erzeugten Objekt auf die Klasse `Einfamilienhaus` gesetzt (Jedes Objekt kennt seine Klasse).

Die Botschaft `einHaus.getBesitzer()` bewirkt nun Folgendes:

Vom Objekt `einHaus` wird auf die zugehörige Klasse `Einfamilienhaus` referenziert. Dort wird nachgesehen, ob es eine Methode `getBesitzer()` gibt. Das ist *nicht* der Fall.

Als nächstes wird von der Klasse `Einfamilienhaus` zur Oberklasse `Immobilie` verzweigt (Jeder Unterklasse besitzt eine Referenz auf ihre Oberklasse, aber nicht umgekehrt.) Jetzt wird dort nachgesehen, ob es eine Methode `getBesitzer()` gibt.

Dies ist der Fall. Jetzt wird diese Methode auf das Objekt einHaus angewandt und der Wert "Köster" ausgelesen und übergeben.

Im E-Learning-Kurs zu diesem Buch veranschaulicht eine Animation das Konzept der Vererbung.

Überlegen Sie, welche Vor- und Nachteile die Vererbung mit sich bringt.

Frage

Folgenden Vorteil bringt die Vererbung:

Antwort

+ Die vererbten Methoden müssen nur einmal – und zwar in der Oberklasse – gespeichert werden. Änderungen und Erweiterungen fallen nur an einer Stelle an.

Nachteilig ist:

− Wenn in einer Oberklasse etwas falsch gemacht wurde, dann wirkt sich der Fehler auf alle Unterklassen aus.

6.3 Klassen spezialisieren und Methoden redefinieren *

Klassen können spezialisiert werden, d. h. eine Klasse bekommt eine Unterklasse. Sie enthält zusätzliche Attribute und/oder Operationen, benötigt aber auch alle Attribute und Operationen der bisherigen Klasse. Muss eine geerbte Operation modifiziert werden, dann kann sie in der Unterklasse überschrieben bzw. redefiniert werden, wobei die Signatur gleich bleiben muss.

Beim Vorgang der Generalisierung geht es darum, aus vorhandenen Klassen Gemeinsamkeiten zu isolieren und in einer Oberklasse zusammenzufassen. In der Praxis kommt aber auch der umgekehrte Vorgang vor: Eine vorhandene Klasse um Spezialitäten zu erweitern, d. h. an eine vorhandene Klasse eine Unterklasse hängen. Dieser Vorgang wird **Spezialisieren** genannt.

Eine Bank verwaltet ihre Kunden. Jeder Kunde kann ein Konto besitzen. Ein Konto ist dadurch gekennzeichnet, dass der Kunde sowohl einen positiven als auch negativen Kontostand besitzen kann. Der obere Teil der Abb. 6.3-1 zeigt die bisherige Modellierung. Über die Klasse KundeUI wird auf die Klasse Kunde zugegriffen. Ebenfalls besteht eine Assoziation zur Klasse Konto. Wird ein Konto angelegt, dann wird beim Erzeugen eine Referenz auf das zugehörige Kundenobjekt gesetzt. Die Kontonummern werden automatisch durchgezählt. Dafür gibt es ein Klassenattribut kontonrglobal, das die jeweils nächste freie Nummer speichert.

Beispiel 1

6 Einfachvererbung *

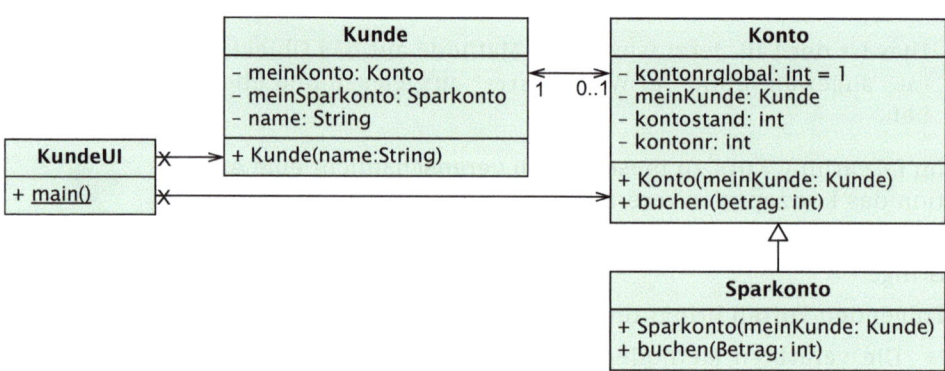

Abb. 6.3-1: Vererbung von Assoziationen und Redefinition von Operationen.

Es sollen jetzt mit demselben Programm zusätzlich Sparkonten verwaltet werden. Jeder Kunde kann neben einem Konto auch ein Sparkonto besitzen – oder auch nur ein Sparkonto. Eine Analyse der Klasse Konto ergibt, dass ein Sparkonto über dieselben Attribute und Operationen wie ein Konto verfügt.

Allerdings darf der Kontostand bei einem Sparkonto nie negativ werden. Im Sparkontoobjekt muss ebenfalls eine Referenz auf das zugehörige Kundenobjekt gespeichert werden.

Die einfache Lösung besteht darin, eine neue Klasse Sparkonto als Unterklasse unter die Klasse Konto zu »hängen« (siehe Abb. 6.3-1, unterer Teil). Alle Attribute werden automatisch vererbt. Es wird *kein* zusätzliches Attribut benötigt. Der Konstruktor muss nur den Konstruktor von Konto aufrufen: super(meinKunde); (siehe unten).

Die Operation buchen() wird ebenfalls vererbt. In der Klasse Sparkonto hat sie aber eine andere Bedeutung. Der Kontostand darf *nicht* negativ werden. Dennoch muss *nicht* eine neue Operation hinzugefügt werden, sondern die geerbte Operation wird redefiniert bzw. überschrieben.

Dies geschieht dadurch, dass die Operation mit einem geänderten Operationsrumpf nochmals in der Unterklasse aufgeführt wird (siehe unten Klasse Sparkonto). Die Klassen sehen wie folgt aus (Programm Konto):

```
public class Kunde
{
  //Attribute
  private Konto meinKonto = null;
  private Sparkonto meinSparkonto = null;
  private String name = "";

  //Konstruktor
```

```
public Kunde(String name)
{
 this.name = name;
}
public String getName()
{
 return name;
}
public Konto getMeinKonto()
{
 return meinKonto;
}
public void setMeinKonto(Konto meinKonto)
{
   this.meinKonto = meinKonto;
}
public Sparkonto getMeinSparkonto()
{
 return meinSparkonto;
}
public void setMeinSparkonto(Sparkonto meinSparkonto)
{
   this.meinSparkonto = meinSparkonto;
}
}
public class Konto
{
//Attribute
private Kunde meinKunde = null;
//zum Merken der nächsten nr
private static int kontonrglobal = 1;
private int kontostand = 0; //in Cent
private int kontonr = 0; //für jedes Objekt

//Konstruktor
public Konto(Kunde meinKunde)
{
   this.meinKunde = meinKunde;
   this.kontonr = kontonrglobal;
   kontonrglobal++;
}
public int getKontonr()
{
 return kontonr;
}
public int getKontostand()
{
 return kontostand;
}
public Kunde getMeinKunde()
{
 return meinKunde;
}
public void buchen(int betrag)
{
```

```java
    kontostand = kontostand + betrag;
  }
}
public class Sparkonto extends Konto
{
 //Konstruktor
 public Sparkonto(Kunde meinKunde)
 {
    super(meinKunde);
 }

 @Override
 public void buchen(int betrag)
 {
    if (getKontostand() + betrag > 0)
      super.buchen(betrag);
 }
}
```

In der Klasse KundeUI wird zunächst ein Kundenobjekt Schubert erzeugt und initialisiert. Anschließend wird ein Kontoobjekt erzeugt und die Verlinkung hergestellt. Dann werden 2000 Cent gebucht. Für denselben Kunden wird dann noch ein Sparkontoobjekt angelegt, verlinkt und 500 Cent gebucht.

Im Anschluss daran wird ein Kundenobjekt König mit einem Sparkonto angelegt:

```java
import java.util.*;

public class KundeUI
{
 public static void main(String args[])
 {
   //Kunde mit Konto anlegen und initialisieren
   Kunde einKunde =
     new Kunde("Schubert");
   Konto einKonto = new Konto(einKunde);
   einKunde.setMeinKonto(einKonto);
   einKonto.buchen(2000);
   System.out.println("Kunde " + einKunde.getName() +
   " hat ein Konto mit der Kontonr "
   + einKunde.getMeinKonto().getKontonr() +
   " mit dem Kontostand "
   + einKunde.getMeinKonto().getKontostand());

   //für denselben Kunden Sparkonto anlegen
   Sparkonto einSparbuch = new Sparkonto(einKunde);
   einKunde.setMeinSparkonto(einSparbuch);
   einSparbuch.buchen(500);
   System.out.println("Kunde " + einKunde.getName() +
   " hat ein Sparkonto mit der Kontonr " +
   einKunde.getMeinSparkonto().getKontonr() +
   " mit dem Kontostand "
   + einKunde.getMeinSparkonto().getKontostand());
```

6.3 Klassen spezialisieren und Methoden redefinieren *

```
//2. Kunden mit Sparbuch anlegen
einKunde = new Kunde("König");
Sparkonto nocheinKonto = new Sparkonto(einKunde);
einKunde.setMeinSparkonto(nocheinKonto);
nocheinKonto.buchen(1000);
System.out.println("Kunde " + einKunde.getName() +
" hat ein Sparkonto mit der Kontonr " +
einKunde.getMeinSparkonto().getKontonr() +
" mit dem Kontostand "
+ einKunde.getMeinSparkonto().getKontostand());

//Über Sparkonto des ersten Kunden auf
//dessen Namen zugreifen
System.out.println("Das Sparbuch mit der Kontonr. " +
einSparbuch.getKontonr() + " gehört dem Kunden " +
einSparbuch.getMeinKunde().getName());
  }
}
```

Der Programmlauf liefert folgende Ausgabe:

```
Kunde Schubert hat ein Konto mit der Kontonr 1
mit dem Kontostand 2000
Kunde Schubert hat ein Sparkonto mit der Kontonr 2
mit dem Kontostand 500
Kunde König hat ein Sparkonto mit der Kontonr 3
mit dem Kontostand 1000
Das Sparbuch mit der Kontonr. 2 gehört dem Kunden Schubert
```

Das Beispiel verdeutlicht folgende **Eigenschaften der Vererbung**:

- Durch das Konzept der Vererbung ist es in einer Unterklasse möglich, geerbte Operationen zu überschreiben und geerbte Attribute zu verbergen. Eine Unterklasse **überschreibt** *(override)* bzw. redefiniert *(redefine)* eine Operation einer Oberklasse, wenn sie eine Operation gleichen Namens enthält. Bei der Redefinition ist folgende Einschränkung zu beachten: In einer redefinierten Operation müssen die Anzahl und die Typen der Ein-/Ausgabeparameter gleich bleiben. Mit anderen Worten: Die Schnittstelle der neuen Operation in der Unterklasse muss konform zur Operation der Oberklasse sein. Überschreiben erleichtert es also den Unterklassen, das Verhalten einer bestehenden Klasse zu erweitern.

  Überschreiben von Operationen

- Nicht nur Attribute und Operationen werden vererbt, sondern auch **Assoziationen**. Dem Konstruktor Sparkonto() wird die Referenz auf den Kunden übergeben. Der aufgerufene Konstruktor von Kunde() trägt die Referenz dann in das Attribut meinKunde ein.

  Vererben von Assoziationen

Eine weitere wichtige Eigenschaft der Vererbung zeigt eine Modifikation des Beispiels 1.

6 Einfachvererbung *

Frage Was muss im Beispiel 1 geändert werden, wenn ein Kunde entweder nur ein Konto oder nur ein Sparkonto besitzen soll?

Antwort Ändert sich die Anforderung an die Kundenverwaltung so, dass ein Kunde entweder ein Konto oder ein Sparkonto haben kann, dann *entfällt* in der Klasse Kunde die Notwendigkeit zwei Referenzen zu verwalten. Die Klasse Kunde sieht dann wie folgt aus:

```
public class Kunde
{
 //Attribute
 private Konto meinKonto = null;
 private String name = "";

 //Konstruktor
 public Kunde(String name)
 {
    this.name = name;
 }
 public String getName()
 {
  return name;
 }
 public Konto getMeinKonto()
 {
  return meinKonto;
 }
 public void setMeinKonto(Konto meinKonto)
 {
    this.meinKonto = meinKonto;
 }
}
```

Wird jetzt in der Klasse KundeUI ein Sparkonto angelegt und anschließend die Referenz in Kunde eingetragen, dann sieht das so aus:

```
1  einKunde = new Kunde("König");
2  Sparkonto nocheinKonto = new Sparkonto(einKunde);
3  einKunde.setMeinKonto(nocheinKonto);
```

Die formale Parameterliste der Operation setMeinKonto() sieht wie folgt aus:

```
public void setMeinKonto(Konto meinKonto)
```

Es wird eine Referenz vom Typ Konto gefordert. Auf der aktuellen Parameterliste (siehe Zeile 3) steht aber ein Objekt vom Typ Sparkonto!

Unterklassen-Objekte wie Oberklassen-Objekte Dieses modifizierte Beispiel verdeutlicht folgende weitere Eigenschaft der Vererbung:

- Klassen können wie Typen verwendet werden. Spezifiziert man eine Operation, die einen Parameter vom Typ der Oberklasse enthält, dann kann während der Laufzeit dort auch ein Objekt einer Unterklasse stehen. Anders ausgedrückt: Steht

6.3 Klassen spezialisieren und Methoden redefinieren *

auf der Parameterliste ein Referenz-Attribut vom Typ der Klasse Konto, dann kann beim Aufruf der Operation, d. h. zur Laufzeit, eine Referenz auf ein Objekt der Klasse Konto oder eine Referenz auf ein Objekt der Unterklasse Sparkonto angegeben werden.

Generell gilt: Ein Objekt einer Unterklasse kann überall dort verwendet werden, wo ein Objekt der Oberklasse erlaubt ist.

Hinweis

Keine völlig andere Funktionalität
Die überschriebene Operation sollte *nicht* eine völlig andere Funktionalität realisieren, sondern die ursprüngliche Operation mit super.XXX() nutzen und nur um zusätzliche Funktionalität erweitern.

Exkurs: Annotationen in Java

In Java gibt es die Möglichkeit, durch sogenannte **Annotationen** Anmerkungen zu Programmelementen in den Quelltext einzufügen. Annotationen werden auch als **Metadaten** bezeichnet, da sie Informationen *über* Daten – hier Programmelemente – enthalten. Annotationen haben keine direkte Auswirkung auf die Übersetzung des Programms. Im Gegensatz zu Kommentaren kann jedoch zur Laufzeit auf sie zugegriffen werden. Es gibt mehrere sogenannte vordefinierte Annotationstypen. Zwei häufig verwendete sind:

Annotationen

- @Override: Ermöglicht es, eine Methode zu kennzeichnen, die die Methode ihrer Oberklasse überschreibt.
- @Deprecated: Es können Klassen, Attribute und Methoden gekennzeichnet werden, die nicht mehr verwendet werden sollen. Der Compiler gibt eine Warnung aus, wenn ein so gekennzeichnetes Programmelement verwendet wird.

Jede Annotation beginnt mit dem Zeichen @, gefolgt von dem Annotationstyp. Die Annotationen @Override und @Deprecated sind sogenannte Markierungs-Annotationen *(marker annotations)*, die keine zusätzlichen Informationen enthalten. Zusätzlich gibt es noch Annotationen mit genau einem Wert sowie Annotationen mit Schlüssel-Werte-Paaren.

Überschriebene Methoden kennzeichnen
Um die Lesbarkeit eines Programms zu verbessern, sollten überschriebene Methoden mit der Annotation @Override gekennzeichnet werden (wie im Beispiel 1).

Tipp

6.4 Die Java-Klassenhierarchie und `Object` *

In Java gibt es nur eine Einfachvererbung, d.h. zu jeder Klasse gibt es genau eine Oberklasse. Dadurch entsteht eine Baumhierarchie mit der Klasse `Object` an der Spitze. Wichtige Operationen von `Object` sind: `equals()`, `getClass()`, `toString()` und `clone()`. Durch `final` vor dem Klassennamen kann verhindert werden, dass eine Unterklasse gebildet wird.

Einfache Vererbung

In Java gehört jede Klasse zu genau einer Oberklasse. Es ist *nicht* möglich, einer Klasse mehr als eine Oberklasse zuzuordnen. Diese Art der Vererbung wird einfache Vererbung bzw. Einfachvererbung genannt.

Durch die Einfachvererbung in Java ergibt sich eine baumförmige Klassenhierarchie mit einer **Wurzelklasse** an der Spitze.

Object

Diese Klasse heißt in Java `Object` und wird – neben vielen anderen Klassen – standardmäßig zur Verfügung gestellt. Alle Klassen in Java erben von `Object`. Ist *nicht* explizit eine bestimmte Klasse als direkte Oberklasse einer Klasse angegeben, dann nimmt Java automatisch an, dass `Object` die Oberklasse ist.

Beispiel

Die Vererbungshierarchie der Klasse `ArrayList` sieht wie folgt aus:

```
java.lang.Object
   java.util.AbstractCollection<E>
      java.util.AbstractList<E>
         java.util.ArrayList<E>
```

Die direkte Oberklasse von `ArrayList` ist die Klasse `AbstractList`, darüber kommt `AbstractCollection` und darüber `Object`. Wie die Bezeichnungen der Oberklassen schon nahelegen, handelt es sich bei den Oberklassen – außer bei `Object` – um abstrakte Klassen, von denen keine Objekte erzeugt werden können. `ArrayList` erbt aber alle Attribute und Methoden:

Von der Klasse `AbstractList` erbt `ArrayList` folgende Methoden: `equals`, `hashCode`.

Von der Klasse `AbstractCollection` erbt `ArrayList` folgende Methoden: `containsAll`, `toString`.

Von der Klasse `Object` erbt `ArrayList` folgende Methoden: `finalize`, `getClass`, `notify`, `notifyAll`, `wait`.

Allein dieses Beispiel zeigt deutlich, welche Mächtigkeit das Vererbungskonzept mit sich bringt. Es können viele Methoden benutzt werden, ohne sie selbst implementieren zu müssen.

6.4 Die Java-Klassenhierarchie und Object *

Da alle Klassen von Object abgeleitet sind, stehen auch allen Klassen die in Object definierten Methoden zur Verfügung.

Object stellt Methoden zur Verfügung, um Kopien von Objekten anzulegen, Objekte auf Gleichheit zu überprüfen und den Wert eines Objekts in eine Zeichenkette umzuwandeln. Die wichtigsten Methoden sind:

- public boolean equals(Object obj):
  Diese Methode sollte dazu benutzt werden, um zu prüfen, ob die Attributwerte von zwei Objekten semantisch gleich sind. Dazu muss die Methode in der Regel in der jeweiligen Unterklasse redefiniert werden (siehe »Identität vs. Gleichheit«, S. 203).

  equals()

- protected Object clone() throws CloneNotSupportedException:
  Erzeugt eine Kopie des Objekts und gibt die Kopie als Ergebnis zurück. Diese Methode ist protected, kann also *nicht* von außerhalb der Vererbungshierarchie bzw. des Pakets aufgerufen werden. Die Methode kann aber in der Unterklasse überschrieben und der Sichtbarkeitsbereich auf public gesetzt werden! In der redefinierten Methode einer Unterklasse muss mit super.clone() die Methode clone() von Object aufgerufen werden (siehe »Klonen vs. Kopieren«, S. 205).

  clone()

- public final Class<? extends Object> getClass():
  Liefert zur Laufzeit von einem Objekt die zugehörige Klasse. Um den Namen der Klasse zu erhalten, muss anschließend an die Klasse die Botschaft getName() gesandt werden (siehe »Klassenzugehörigkeit eines Objekts«, S. 212).

  getClass()

- public String toString():
  Gibt eine Zeichenkettendarstellung des Objekts zurück. Alle Unterklassen sollten diese Methode überschreiben und dabei selbst festlegen, was als Name zurückgegeben werden soll.

  toString()

Im Kapitel »Die Klasse ArrayList<E>«, S. 103, wurde eine Warteschlange simuliert (Programm WarteschlangeSimulation). Vom Programmierstil kann dieses Programm verbessert werden. Da die Klasse Warteschlange implizit von Object erbt, wird die geerbte Methode toString() wie folgt überschrieben:

Beispiel

```
public String toString() //Warteschlange ausgeben
{
   StringBuilder str = new StringBuilder("");
   for(Object obj : eineListe)
   {
     Person person = (Person) obj;
     str = str.append(person.toString() + " ");
   }
   return str.toString();
}
```

Warteschlange
Simulation2

> Die Klasse Warteschlange weiß jetzt selbst, wie sie sich ausgibt! Damit wird die Methode getPerson() überflüssig, weil von außen kein Zugriff auf sie mehr erforderlich ist. In der Klasse WarteschlangeUI entfällt die Methode ausgebenWarteschlange(). Stattdessen wird das Objekt selbst ausgegeben, also anstatt ausgebenWarteschlange(eineWarteschlange); wird benutzt: System.out.println(eineWarteschlange);
>
> Das entspricht (wegen der Überschreibung): System.out.println(eineWarteschlange.toString());

 Sehen Sie sich die exakten Methodenbeschreibungen zu Object im Java-API an.

Da in einer Vererbungshierarchie an jeder Stelle, an der ein Objekt einer Oberklasse stehen kann, auch ein Objekt der Unterklasse erlaubt ist, kann ein Referenz-Attribut, das vom Typ Object ist, auch auf jedes andere Objekt irgendeiner Klasse zeigen.

final In Java kann durch das Schlüsselwort final vor dem Klassennamen angegeben werden, dass von dieser Klasse *keine* Unterklassen gebildet werden können. Steht final vor einem Methodennamen, dann kann die Methode *nicht* überschrieben werden.

Abstrakte Klassen Das Schlüsselwort abstract vor dem Klassennamen legt fest, dass es sich um eine abstrakte Klasse handelt. Von einer abstrakten Klasse können *keine* Objekte erzeugt werden. Abstrakte Klassen können **abstrakte Methoden** enthalten. Das sind Methoden, die deklariert, aber *noch nicht* implementiert sind.

Abstrakte Methoden Eine abstrakte Methode wird ebenfalls durch das Schlüsselwort abstract gekennzeichnet. Abstrakte Methoden dienen dazu, einheitliche Signaturen in allen Unterklassen sicherzustellen.

private Innerhalb einer Klasse sollte das Geheimnisprinzip gelten. Durch das Schlüsselwort private vor den Attributen wird dies sichergestellt. Hilfsoperationen, die nur innerhalb einer Klasse benötigt werden, sollten ebenfalls durch private vor externem Gebrauch geschützt werden. Private Attribute werden mitvererbt, es kann aber nur über Methoden auf sie zugegriffen werden.

protected In einer Vererbungshierarchie ist es in Sonderfällen nützlich, dass eine Unterklasse auf Attribute und/oder Hilfsmethoden seiner Oberklassen direkt zugreifen kann. Durch das Schlüsselwort protected (geschützt) – anstelle von private – vor den Attributen und Methoden wird dies erlaubt. Damit verbunden ist natürlich eine »Aufweichung« des Geheimnisprinzips.

Nur in Sonderfällen benutzen Daher sollte von protected nur sehr vorsichtig Gebrauch gemacht werden. Greifen Unterklassen auf die Attribute einer Oberklasse direkt zu, dann müssen alle diese Unterklassen mit geändert werden, wenn die Attribute der Oberklasse sich ändern. Das erschwert die Änderbarkeit und Wartbarkeit eines Programms (siehe dazu auch [Bloc05, S. 59 f. (Item 12)]).

Geschützte Methoden sind sinnvoller. Eine Klasse kann eine Methode als protected deklarieren, wenn sie schwierig anzuwenden ist. Es ist anzunehmen, dass von den Unterklassen aus diese Methode korrekt benutzt wird, da Unterklassen in der Regel ihre Oberklassen gut kennen.

Die Verwendung außerhalb der Vererbungshierarchie und außerhalb des Pakets wird durch protected verhindert.

6.5 Identität vs. Gleichheit *

Zwei Objekte sind im Regelfall gleich, wenn ihre Attributwerte gleich sind – überprüfbar mit der redefinierten equals()-Methode der Klasse Object. Zwei Objekte sind identisch, wenn ihre Objektreferenzen gleich sind – überprüfbar mit dem Operator ==.

Wenn Sie zwei Variablen vergleichen, die einen einfachen Typ besitzen, dann gibt es *keinen* Unterschied zwischen Identität und Gleichheit.

Beispiel
```
int a = 10, b = 10;
boolean identisch = a == b; //Ergebnis true
```
Bei einfachen Typen befinden sich in den Speicherzellen die Werte der Variablen. Da sich in beiden Speicherzellen die gleichen Inhalte befinden – hier die Zahl 10 – ergibt sich das Ergebnis true.

Mit dem Vergleichsoperator == wird in Java überprüft, ob die Inhalte von zwei Speicherzellen identisch sind. Befinden sich bei einfachen Typen die gleichen Werte in den verglichenen Speicherzellen, dann liegt Identität vor.

Überlegen Sie, wie die Situation beim Vergleich von Objekten aussieht. Was steht in den Speicherzellen? — Frage

In den Referenzvariablen von Objekten befinden sich die Speicheradressen, die auf den Speicherbereich des jeweiligen Objekts verweisen. Eine Abfrage mit dem Operator == führt also dazu, dass die Speicheradressen der Referenzvariablen auf Gleichheit geprüft werden. Liegt Gleichheit vor, dann weiß man, dass beide Referenzvariablen auf dasselbe Objekt verweisen. — Antwort

Wie kann man feststellen, ob zwei unterschiedliche Objekte die gleichen Inhalte besitzen? — Frage

Antwort · Um zu überprüfen, ob zwei unterschiedliche Objekte die gleichen Inhalte besitzen, benötigt man eine Methode, die diesen Vergleich vornimmt. Die Methode `equals()` der Klasse `Object` liefert eine geeignete Signatur für solche Gleichheitsabfragen:

equals()

- `public boolean equals(Object obj)`: Es wird `true` zurückgegeben, wenn die Referenzen auf dasselbe Objekt zeigen. `equals()` ist in `Object` wie folgt implementiert:
  `public boolean equals(Object obj) { return (this == obj) }` In der Klasse `Object` kann die Methode `equals()` jedoch nur die Identität von Objektreferenzen überprüfen. Um festzustellen, ob die Inhalte von zwei Objekten gleich sind, muss diese Methode in den Unterklassen immer entsprechend redefiniert werden.

Beispiel: Demo Gleichheit

Das Programm `DemoGleichheit` sieht wie folgt aus:

```
public class Auftrag extends Object
{
  private int nummer = 0;
  private int auftragssumme = 0;// in Cent

  public Auftrag(int nummer, int auftragssumme)
  {
    this.nummer = nummer;
    this.auftragssumme = auftragssumme;
  }
  //getter-Methoden
  public int getNummer()
  {
    return nummer;
  }

  public int getAuftragssumme()
  {
    return auftragssumme;
  }

  //Redefinierte Methode
  @Override
  public boolean equals(Object obj)
  {
    if(obj == this) return true;
    if(!(obj instanceof Auftrag)) return false;

    Auftrag einAuftrag = (Auftrag) obj;
    if (nummer == einAuftrag.getNummer() &&
       auftragssumme == einAuftrag.getAuftragssumme())
       return true;
    else
       return false;
  }
}
```

```
public class AuftragUI
{
  public static void main(String args[])
  {
    //Attribute
    Auftrag einAuftrag, identischerAuftrag,
    nocheinAuftrag;

    //1 Objekt erzeugen
    einAuftrag = new Auftrag(5, 5000);
    //Referenz kopieren
    identischerAuftrag = einAuftrag;
    //neues Objekt erzeugen
    nocheinAuftrag = new Auftrag(5,5000);

    System.out.println
      ("einAuftrag ist identisch mit identischerAuftrag: "
      + (einAuftrag == identischerAuftrag));

    System.out.println
      ("einAuftrag ist identisch mit nocheinAuftrag: "
      + (einAuftrag == nocheinAuftrag));

    System.out.println
      ("einAuftrag ist inhaltlich gleich mit nocheinAuftrag: "
      + einAuftrag.equals(nocheinAuftrag));
  }
}
```
Der Programmlauf führt zu folgendem Ergebnis:

```
einAuftrag ist identisch mit identischerAuftrag: true
einAuftrag ist identisch mit nocheinAuftrag: false
einAuftrag ist inhaltlich gleich mit nocheinAuftrag: true
```

6.6 Klonen vs. Kopieren *

Zum Kopieren von vorhandenen Objekten kann die `clone()`-Methode der Klasse `Object` redefiniert oder ein Kopier-Konstruktor geschrieben werden.

In der Praxis kommt es oft vor, dass von Objekten ähnliche oder inhaltlich identische Objekte benötigt werden. In solchen Fällen liegt es nahe, von einem bereits vorhandenen Objekt ein geklontes Objekt zu erzeugen.

Java bietet zwei Möglichkeiten dazu an:
- Mit Hilfe der Methode `clone()` der Klasse `Object` kann ein geklontes Objekt erzeugt werden.
- Es kann ein sogenannter **Kopier-Konstruktor** *(copy constructor)* geschrieben werden, der eine Kopie eines Objekts erzeugt.

Beispiel 1a

In einer Klasse `Zaehler` werden Zählerstände verwaltet, z. B. Kilowattstunden bei einem Elektrozähler. Die Klasse `Zaehler` besitzt eine Assoziation zu einer Klasse `Verbraucher`. In einer Unterklasse `Unterzaehler` werden Zähler verwaltet, die dem Hauptzähler untergeordnet sind, z. B. Elektrozähler für vermietete Wohnungen. Werden die physikalischen Zähler, z. B. in einer Wohnung wegen Ablauf der Eichdauer, gegen neue ausgetauscht, dann muss von dem bisherigen Verwaltungsobjekt ein Klon bzw. eine Kopie mit dem bisherigen Zählerstand erzeugt werden.

Klonen eines Objekts

Die Klasse `Object` stellt eine Methode `clone()` zur Verfügung, die wie folgt aussieht:

`clone()`

- `protected Object clone() throws CloneNotSupportedException`: Erzeugt eine Kopie des Objekts und gibt die Kopie als Ergebnis zurück. Diese Methode ist `protected`, kann also *nicht* von außerhalb der Vererbungshierarchie oder des Pakets aufgerufen werden. Die Methode kann daher in der Unterklasse überschrieben und der Sichtbarkeitsbereich auf `public` erweitert werden! Um einen Klon zu erzeugen, ist Folgendes zu tun bzw. zu beachten:

  - In der redefinierten Methode einer Unterklasse wird mit `super.clone()` die Methode `clone()` von `Object` aufgerufen. Die Java-Laufzeitumgebung erzeugt ein neues Objekt und kopiert elementweise die aktuellen Objektattribute in das neue Objekt. `clone()` erzeugt standardmäßig nur sogenannte **flache Kopien** *(shallow copy)*. Ein flache Kopie bedeutet Folgendes: Besitzt ein Objekt eine oder mehrere Referenzen auf andere Objekte, dann wird bei der Ausführung der `clone()`-Methode von dem oder den referenzierten Objekten *keine* Kopie erzeugt. Das geklonte Objekt verweist also auf dasselbe bzw. dieselben referenzierten Objekte wie das Originalobjekt. Das Gegenteil von flachen Kopien sind sogenannte **tiefe Kopien** *(deep copies)*. Dabei werden auch die referenzierten Objekte selbst kopiert.

  - Die Klasse, die `clone()` redefiniert, muss die sogenannte **Markierungsschnittstelle** *(tagging interface, marker interface)* (siehe »Die Java-Syntax und -Semantik für Schnittstellen«, S. 237) `Cloneable` implementieren (angegeben durch `implements Cloneable` hinter dem Klassennamen bzw. dem Oberklassennamen – wenn eine Vererbung vorliegt). Dadurch wird für die Klasse angezeigt, dass die Methode `Object.clone()` eine »flache« Kopie (siehe unten) für Objekte dieser Klasse erzeugen darf. Ist dies *nicht* der Fall und die Methode Object.clone() wird aufgerufen, dann wird die Ausnahme CloneNotSupportedException ausgelöst.

☐ Beim Redefinieren von clone() kann als Rückgabewert der Typ der Unterklasse angegeben werden. Java erlaubt sogenannte **kovariante Rückgabetypen**, d.h. beim Redefinieren kann ein Untertyp angegeben werden.

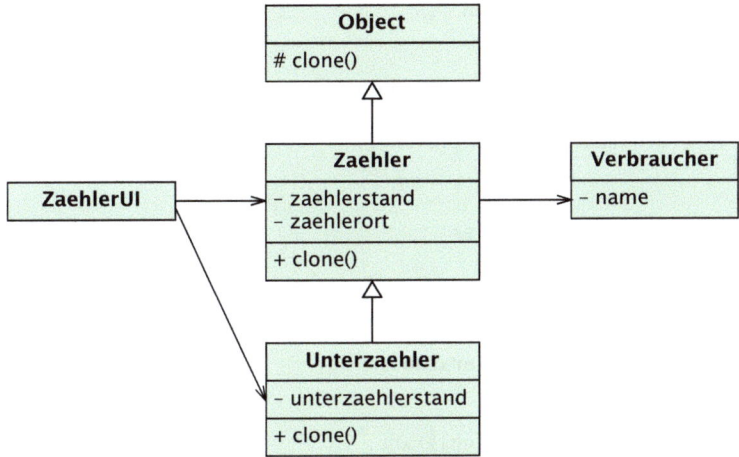

Abb. 6.6-1: Klassendiagramm zum Beispiel Zählerverwaltung.

Die Abb. 6.6-1 zeigt das Klassendiagramm, das das Beispielszenario modelliert. Die Programme sehen wie folgt aus:

Beispiel 1b:
DemoKlonen

```
public class Zaehler
  extends Object implements Cloneable
//extends Object kann auch weggelassen werden
//gilt implizit
{
//Attribute
private int zaehlerstand = 0;
private String zaehlerart ="";
private Verbraucher meinVerbraucher = null;

//Konstruktor
Zaehler(String zaehlerart, Verbraucher meinVerbraucher,
  int zaehlerstand)
{
  this.zaehlerart = zaehlerart;
  this.meinVerbraucher = meinVerbraucher;
  this.zaehlerstand = zaehlerstand;
}
//Methoden
public int getZaehlerstand()
{
  return zaehlerstand;
```

```java
  }
  public String getZaehlerart()
  {
   return zaehlerart;
  }
  public Verbraucher getMeinVerbraucher()
  {
      return meinVerbraucher;
  }
  //Redefinierte Methoden
  @Override
  public Zaehler clone()
   throws CloneNotSupportedException
  {
     return (Zaehler)super.clone();
  }
}
public class Unterzaehler
   extends Zaehler
   implements Cloneable
{
 //Attribute
 private int unterzaehlerstand = 0;

 //Konstruktor
 Unterzaehler(String zaehlerart,
    Verbraucher meinVerbraucher, int zaehlerstand)
 {
     super(zaehlerart, meinVerbraucher, 0);
     unterzaehlerstand = zaehlerstand;
 }
 //Methoden
 public int getUnterzaehlerstand()
 {
   return unterzaehlerstand;
 }

 //Redefinierte Methoden
 @Override
 public Unterzaehler clone()
   throws CloneNotSupportedException
 {
    return (Unterzaehler)super.clone();
 }
}
public class Verbraucher
{
  private String name;

  Verbraucher(String name)
  {
     this.name = name;
  }
  public String getName()
```

```java
   {
     return name;
   }
}
public class ZaehlerUI
{
 public static void main(String args[])
 {
    //Attribute
    Zaehler einZaehler, klonZaehler =null;

    Verbraucher einVerbraucher = new Verbraucher("Schulz");
    einZaehler = new Zaehler("Elektro",einVerbraucher,123);

    //Klonen
    try
    {
     klonZaehler = einZaehler.clone();
    }
    catch(CloneNotSupportedException e)
    {
      System.out.println("Fehler");
    }
    System.out.println
    ("Zählerstand = "
     + einZaehler.getZaehlerstand()
     + " gehört zu Verbraucher " +
     einZaehler.getMeinVerbraucher().getName());

    System.out.println
    ("Geklonter Zähler: Zählerstand = "
     + klonZaehler.getZaehlerstand()
     + " gehört zu Verbraucher " +
     klonZaehler.getMeinVerbraucher().getName());

    if (einZaehler.getMeinVerbraucher() ==
        klonZaehler.getMeinVerbraucher())
       System.out.println("Verbraucher identisch");
    else
        System.out.println("Verbraucher nicht identisch");
    //---------------------------------------------

    Unterzaehler nochEinZaehler =
     new Unterzaehler("Gas", einVerbraucher, 500);
    System.out.println
    ("Zählerstand = "
     + nochEinZaehler.getZaehlerstand()+
     " Unterzählerstand: "
     + nochEinZaehler.getUnterzaehlerstand()
     + " gehört zu Verbraucher " +
     nochEinZaehler.getMeinVerbraucher().getName());

    //Klonen
    Unterzaehler klonUnterzaehler = null;
    try
```

```
    {
      klonUnterzaehler = nochEinZaehler.clone();
    }
    catch(CloneNotSupportedException e)
    {
      System.out.println("Fehler");
    }
    System.out.println
    ("GeklonterUnterzähler: Zählerstand = "
     + klonUnterzaehler.getZaehlerstand()+
    " Unterzählerstand: "
    + klonUnterzaehler.getUnterzaehlerstand()
     + " gehört zu Verbraucher "
    + klonUnterzaehler .getMeinVerbraucher().getName());
  }
}
```

Der Programmlauf ergibt:

```
Zählerstand =  123 gehört zu Verbraucher Schulz
Geklonter Zähler:
   Zählerstand =  123 gehört zu Verbraucher Schulz
Verbraucher identisch
Zählerstand =  0
   Unterzählerstand: 500 gehört zu Verbraucher Schulz
GeklonterUnterzähler: Zählerstand =  0 Unterzählerstand: 500
   gehört zu Verbraucher Schulz
```

Die Abb. 6.6-2 zeigt die erzeugten Objekte. Wie das Beispiel zeigt, nimmt die `clone()`-Methode dem Programmierer die Arbeit des manuellen Kopierens ab. Es erfolgt jedoch nur eine flache Kopie, d. h. die geklonten Objekte referenzieren auf dasselbe Verbraucherobjekt.

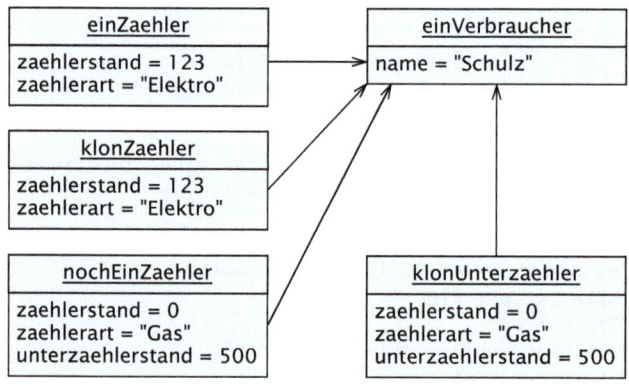

Abb. 6.6-2: Objektdiagramm zum Beispiel Zählerverwaltung.

Tiefe Kopien mit clone()
Mit clone() können auch »tiefe« Kopien erzeugt werden. Voraussetzung ist allerdings, dass alle referenzierten Objekte Cloneable() implementieren.

Hinweis

Kopieren eines Objekts

Eine Alternative zur Methode clone() besteht darin, eine eigene Kopier-Methode zu schreiben. Am einfachsten geschieht dies durch einen **Kopier-Konstruktor** *(copy constructor)*. Dabei kann der Programmierer selbst entscheiden, ob er flach oder tief kopiert.

Anstelle der clone()-Methode kann in der Klasse Zaehler die folgende Methode zum tiefen Kopieren verwendet werden:

Beispiel 1c

```
//Kopier-Konstruktor
Zaehler(Zaehler einZaehler)
{
  this.zaehlerart = einZaehler.zaehlerart;
  this.zaehlerstand = einZaehler.zaehlerstand;
  //neuer Verbraucher - tiefe Kopie
  Verbraucher alterVerbraucher =
    einZaehler.getMeinVerbraucher();
  this.meinVerbraucher =
    new Verbraucher (alterVerbraucher.getName());
}
```

In der Klasse Unterzaehler kann ebenfalls ein Kopier-Konstruktor verwendet werden:

```
//Kopier-Konstruktor
public Unterzaehler(Unterzaehler einUnterzaehler)
{
  super(einUnterzaehler.getZaehlerart(),
    new Verbraucher
      (einUnterzaehler.getMeinVerbraucher().getName()),
    einUnterzaehler.getZaehlerstand());

  this.unterzaehlerstand =
    einUnterzaehler.getUnterzaehlerstand();
}
```

Beim Erzeugen einer Kopie wird jetzt auch gleichzeitig ein neues Verbraucher-Objekt angelegt.

Eine ausführliche Diskussion der Vor- und Nachteile der beiden Klonmöglichkeiten ist in [Bloc05, S. 45 ff. (Item 10)] zu finden. Es wird empfohlen, einen Kopier-Konstruktor zu verwenden.

6.7 Klassenzugehörigkeit eines Objekts *

Die Zugehörigkeit eines Objekts zu einer Klassenhierarchie kann zur Laufzeit mit der Methode getClass() der Klasse Object festgestellt werden. Den Klassennamen erhält man durch den anschließenden Aufruf der Methode getName() der Klasse Class. Ist die mögliche Klasse bereits bekannt, dann kann die Klassenzugehörigkeit mit dem binären Operator instanceof überprüft werden.

getClass()

Zur Laufzeit eines Programms entstehen viele Objekte. Der Zustand eines Objekts zur Laufzeit wird durch Objekte der Klasse Class verwaltet, die automatisch erzeugt werden. Die Klasse Object stellt die Methode getClass() zur Verfügung, die die Referenz auf das jeweilige Verwaltungsobjekt zu diesem Objekt liefert. Die Klasse Class wiederum besitzt die Methode getName(), die als Ergebnis den Namen der Klasse liefert, zu dem das Objekt gehört. Außerdem gibt es eine Methode getSuperclass(), die die Oberklasse des aufrufenden Objekts übergibt. Damit ist es also möglich, zur Laufzeit die Klasse und Oberklasse eines Objekts zu ermitteln.

Beispiel

Das folgende Programm DemoClass verdeutlicht die Möglichkeiten:

```java
public class A
{
  private String name = "Klasse A";

  public String toString()
  {
    return name;
  }
}
```

```java
public class B extends A
{
  private String name = "Klasse B";

  public String toString()
  {
    return name;
  }
}
```

```java
public class DemoClass
{
 public static void main(String args[])
 {
   A a = new A();
   B b = new B();
   Class verw;
   //Referenz auf Verwaltungs-Objekt holen
   //über Methode von Object
```

6.7 Klassenzugehörigkeit eines Objekts *

```
    verw = a.getClass();
    System.out.println("a ist ein Objekt der Klasse: "
    + verw.getName());
    System.out.println("Stringdarstellung des Objekts: "
      + a.toString());

    verw = b.getClass();
    System.out.println("b ist ein Objekt der Klasse: "
    + verw.getName());
    System.out.println("Stringdarstellung des Objekts: "
      + b.toString());

    verw = verw.getSuperclass();
    System.out.println("b's Oberklasse ist: "
    + verw.getName());
  }
}
```

Das Ergebnis lautet:

```
a ist ein Objekt der Klasse: A
Stringdarstellung des Objekts: Klasse A
b ist ein Objekt der Klasse: B
Stringdarstellung des Objekts: Klasse B
b's Oberklasse ist: A
```

Eine andere Möglichkeit bietet der binäre Operator `instanceof`, mit dem festgestellt werden kann, ob ein Objekt zu einer bestimmten Klasse oder Oberklasse gehört. Um den Operator einsetzen zu können, muss aber bereits bekannt sein, zu welcher Klasse ein Objekt gehören könnte.

instanceof

```
1  boolean b;
2  String einText = "Hallo";
3  b = einText instanceof String; //Ergebnis true
4  b = einText instanceof Object; //Ergebnis true
5
6  b = einText instanceof StringBuilder;
7  //Compilerfehler: inconvertible types
```

Beispiel

Der Ausdruck in Zeile 4 ist ebenfalls wahr, da `Object` eine Oberklasse von `String` ist, und damit `einText` auch vom Typ `Object` ist.

Zeile 6 führt zu einem Compilerfehler, da der Compiler bereits weiß, dass `StringBuilder` *keine* Oberklasse von `String` ist.

`object instanceof type`: Das Ergebnis ist `true`, wenn `object` ein Objekt bzw. eine Instanz von `type` ist.

Syntax

`instanceof` ist in Java ein Schlüsselwort. Daher wird es komplett mit Kleinbuchstaben geschrieben – wie alle Schlüsselwörter.

`instanceof` kann verwendet werden, um beispielsweise bei einer Containerverwaltung (siehe »Container«, S. 176) festzustellen, von welcher Klasse ein gespeichertes Objekt ist. In einem Con-

Einsatz

tainer können Objektreferenzen von Objekten unterschiedlicher Klassen verwaltet werden. Beim Zugriff auf die Objekte muss dann aber bekannt sein, welche Klassenzugehörigkeit sie haben. Insbesondere sollte die Klassenzugehörigkeit geprüft werden, bevor ein *cast* auf die jeweilige Klasse erfolgt.

Beispiel

```
if (container[10] instanceof Kunde)
{
    einKunde = (Kunde)container[10];
}
```

Pattern Matching in Java 14

Mit Java 14 wurde das *Pattern Matching* für die `instanceof`-Abfrage eingeführt, was den Umgang mit Typprüfungen deutlich erleichtert. Diese Verbesserung reduziert den Quellcode und macht Programme lesbarer und weniger fehleranfällig.

Problematik vorheriger Java-Versionen

Vor Java 14 war es notwendig, explizit einen Downcast vorzunehmen, nachdem man mit `instanceof` geprüft hatte, ob ein Objekt zu einem bestimmten Typ gehört. Dies führte zu redundantem Quellcode und potenziellen Fehlerquellen:

```
if (obj instanceof String) {
  // Downcast erforderlich
  String str = (String) obj;
  System.out.println("Die Länge des Strings ist: "
                     + str.length());
}
```

Wie das Beispiel zeigt, muss die Klasse `String` zweimal angegeben werden: einmal für die Prüfung und ein zweites Mal für den *Downcast*. Dieser wiederholte Quellcode ist umständlich und kann leicht Fehler verursachen.

Lösung

Mit dem mit Java 14 eingeführten *Pattern Matching* wird die Typprüfung und der *Downcast* in einem Schritt zusammengefasst. Die Syntax sieht wie folgt aus:

```
if (obj instanceof String str) {
  System.out.println("Die Länge des Strings ist: "
                     + str.length());
}
```

Hier erklärt die Bedingung `obj instanceof String str`, dass `obj` nicht nur vom Typ `String` ist, sondern gleichzeitig auch einer neuen lokalen Variable `str` zugewiesen wird. Diese Variable steht dann im Scope des `if`-Blocks zur Verfügung.

Vorteile

- **Weniger Quellcode:** Da kein expliziter *Downcast* stattfindet, reduzieren sich die Befehle im Quellcode.

6.7 Klassenzugehörigkeit eines Objekts *

- **Kompakter und lesbarer Code:** Da die Typprüfung und -zuweisung in einer Zeile erfolgen, ist der entstandene Quellcode kompakter.
- **Sicherere Zuweisung:** Der Compiler stellt sicher, dass die Variable nur dann verwendet wird, wenn die Bedingung erfüllt ist.

Nachfolgend sollen einige praktische Beispiele den Nutzen dieses Mechanismus verdeutlichen.

Mit dem *Pattern Matching* können verschiedene Typen effizient behandelt werden:

Beispiel 1

```
public void process(Object obj) {
  if (obj instanceof String str) {
     System.out.println("String mit Länge: " + str.length());
  } else if (obj instanceof Integer i) {
     System.out.println("Integer-Wert: " + i);
  } else {
     System.out.println("Unbekannter Typ: "
                   + obj.getClass().getName());
  }
}
```

Pattern Matching lässt sich auch mit weiteren Bedingungen kombinieren:

Beispiel 2

```
if (obj instanceof String str && str.length() > 5) {
  System.out.println("Langer String: " + str);
}
```

In diesem Beispiel wird nicht nur geprüft, ob obj ein String ist, sondern auch, ob die Länge des Strings größer als 5 ist.

Ab Java 17 kann das hier beschriebene *Pattern Matching* auch innerhalb von switch-Anweisungen verwendet werden:

```
switch (obj) {
  case String str && str.length() > 5 ->
     System.out.println("Langer String: " + str);
  case Integer i ->
     System.out.println("Integer-Wert: " + i);
  default ->
     System.out.println("Unbekannter Typ");
}
```

Die Variable, die durch *Pattern Matching* erstellt wird, ist nur innerhalb des zugehörigen Blocks verfügbar. Auch ist die Variable final, so dass eine erneute Wertzuweisung nicht zugelassen ist:

Einschränkungen

```
if (obj instanceof String str) {
  System.out.println(str); // Gültig

  //Compiler-Fehler: Erneute Wertzuweisung nicht möglich
```

```
    str = "Hallo Welt";
}
// Compiler-Fehler: str existiert hier nicht
// System.out.println(str);
```

Das *Pattern Matching* für `instanceof` in Java 14 ist ein bedeutender Schritt zur Vereinfachung des Codes. Es reduziert ihn, erhöht die Lesbarkeit und minimiert Fehlerpotenziale. Man kann dadurch effizienter arbeiten und sich auf die Logik der Anwendungen konzentrieren, ohne sich um überflüssige Typumwandlungen zu kümmern.

6.8 Die Vererbungsregeln *

In einer Vererbungsstruktur erben Unterklassen Attribute, Operationen und Assoziationen von ihren Oberklassen. Unterklassen kennen ihre direkte Oberklasse, d.h. es gibt eine Referenz von jeder Unterklasse auf ihre Oberklasse. Eine Oberklasse kennt aber *nicht* ihre Unterklassen. Eine Botschaft an ein Objekt einer Unterklasse führt dazu, dass – wenn die Operation in der zugehörigen Klasse *nicht* enthalten ist – über die Vererbungshierarchie in der jeweils nächsthöheren Oberklasse nachgesehen wird, ob die Operation existiert. Wenn ja, wird sie auf das Objekt angewendet, wenn nicht gibt es eine Fehlermeldung.

Vererbung

Vererbung bedeutet, dass eine spezialisierte Klasse (Unterklasse, *subclass*, abgeleitete Klasse) über die Eigenschaften, das Verhalten und die Assoziationen einer allgemeinen Klasse (Oberklasse, *superclass*, Basisklasse) verfügen kann. Eine Unterklasse ist vollständig konsistent mit ihrer Oberklasse, enthält aber in der Regel zusätzliche Informationen (Attribute, Operationen, Assoziationen). Durch die Vererbung entsteht eine **Klassenhierarchie** bzw. eine Vererbungsstruktur. Der Mechanismus der Vererbung wird anhand der Abb. 6.8-1 erklärt.

Oberklassen & Unterklassen

In einer Vererbungsstruktur heißen alle Klassen, von denen eine Klasse Eigenschaften, Verhalten und Assoziationen erbt, Oberklassen dieser Klasse. `KlasseA` und `KlasseB` in der Abb. 6.8-1 sind **Oberklassen** von `KlasseC1` und `KlasseC2`. `KlasseB` ist **direkte Oberklasse** von `KlasseC1` und `KlasseC2`, `KlasseA` ist direkte Oberklasse von `KlasseB`. Alle Klassen, die in einer Klassenhierarchie Eigenschaften, Verhalten und Assoziationen von einer Klasse erben, sind **Unterklassen** dieser Klasse. `KlasseB`, `KlasseC1` und `KlasseC2` sind Unterklassen von `KlasseA`. `KlasseC1` und `KlasseC2` sind **direkte Unterklassen** von `KlasseB`.

Unterklassen »unsichtbar«

Jede Klasse »kennt« nur ihre eigenen Attribute, Operationen und Assoziationen und die ihrer Oberklassen, sofern diese für sie

6.8 Die Vererbungsregeln *

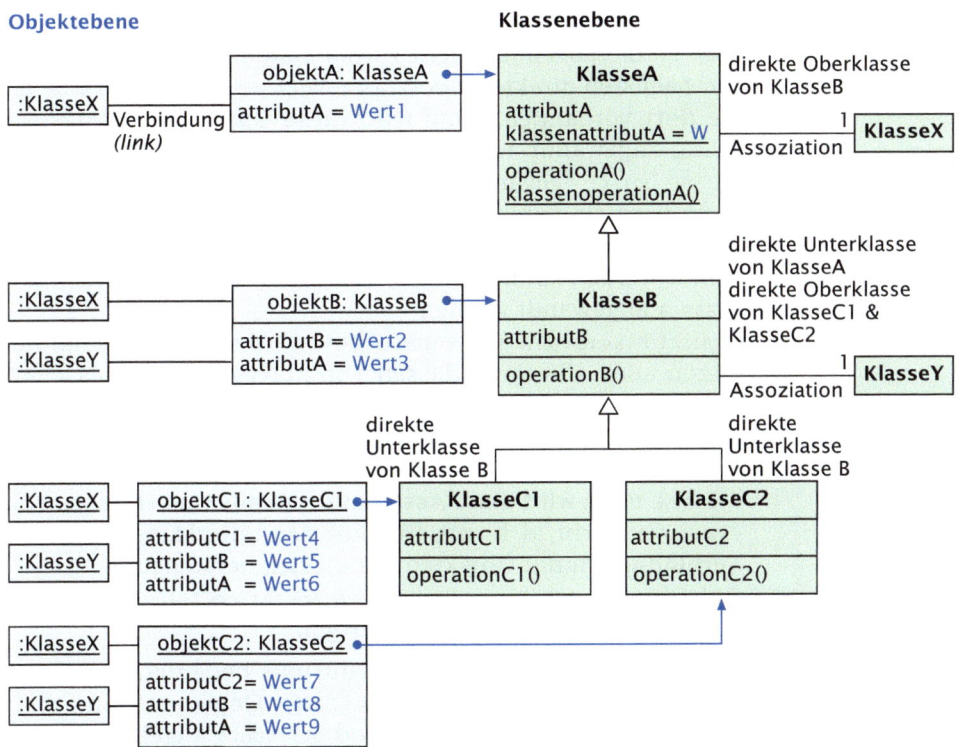

Abb. 6.8-1: Beispiel für den Vererbungsmechanismus.

sichtbar sind. Die Attribute, Operationen und Assoziationen ihrer Unterklasse sind *nicht* sichtbar.

Eine Oberklasse vererbt folgendes an ihre Unterklassen (wenn alle Attribute und Operationen als öffentlich, d. h. public, oder protected gekennzeichnet sind):

Was wird vererbt?

1 Besitzen alle Objekte von KlasseA ein attributA, dann besitzen es auch alle Objekte von KlasseB, KlasseC1 und KlasseC2. Die anderen Eigenschaften von Attributen, wie Typ, Zugriffsart, Sichtbarkeitsbereich und Restriktionen, sind auch in den Unterklassen gültig. Man kann sich auch auf den Standpunkt stellen, dass als private gekennzeichnete Attribute und Methoden mit vererbt werden. Sie sind nur nicht sichtbar bzw. zugreifbar. Über öffentliche Methoden sind auch private-Attribute »erfahrbar«.

2 Alle Operationen, die auf Objekte von KlasseA angewandt werden können, sind auch auf alle Objekte der Unterklassen von KlasseA anwendbar. Wird beispielsweise die Botschaft operationA() an objektC2 gesandt, dann wird zu KlasseC2 verzweigt und dort operationA() gesucht. Ist sie dort nicht vorhanden,

dann wird sie bei der direkten Oberklasse gesucht (hier Klasse B). Ist sie dort auch nicht vorhanden, dann wird wiederum zur nächsten direkten Oberklasse verzweigt (hier KlasseA). Ist sie dort vorhanden, dann wird diese Operation auf das ObjektC2 angewandt. Ist sie *nicht* vorhanden, wird bis zur Oberklasse Object »gegangen«. Ist sie auch dort nicht vorhanden, dann wird ein Fehler gemeldet, da Object keine Oberklassen mehr besitzt. Alle Klassenoperationen, die auf KlasseA angewandt werden können, können auch auf die Unterklassen der KlasseA angewandt werden.

3 Besitzt KlasseA ein Klassenattribut mit dem Wert W, dann besitzen auch alle Unterklassen von KlasseA dieses Klassenattribut mit dem Wert W. Es handelt sich um ein und dasselbe Attribut.

4 Existiert eine Assoziation zwischen KlasseA und einer Klasse KlasseX, dann wird diese Assoziation an alle Unterklassen von KlasseA vererbt, d. h. die Objekte der Unterklassen können Verbindungen mit Objekten der KlasseX herstellen.

5 Auf Objekte von KlasseC1 können operationC1(), operationB() und operationA() angewandt werden.

Der beschriebene Vererbungsmechanismus bedeutet, dass beim Erzeugen eines Objekts der KlasseC1 ein Objekt mit Speicherplätzen für attributC1, attributB und attributA angelegt werden muss. Eine **abstrakte Klasse** kann auf zwei verschiedene Arten konzipiert werden (siehe auch »Generalisieren – entdecke Gemeinsamkeiten«, S. 184):

Abstrakte Klasse

- Alle Operationen werden – wie bei einer konkreten Klasse – vollständig implementiert. Es ist jedoch *nicht* beabsichtigt, von dieser Klasse Objekte zu erzeugen.
- Mindestens eine Operation wird *nicht* implementiert, d. h. der Rumpf der Operation ist leer. Es wird nur die Signatur der Operation angegeben. Man spricht dann von einer abstrakten Operation, z. B. public abstract void berechne(int a, int b);.

6.9 Zugriffsrechte und Sichtbarkeit *

In der UML und in Java gibt es vier Zugriffskategorien, die für jede Operation, jeden Konstruktor und jedes Attribut Zugriffsrechte bzw. Zugriffsverbote festlegen. In der Regel wird beim Überschreiben einer Operation die geerbte Zugriffskategorie beibehalten. Die Zugriffsrechte dürfen nur erweitert, aber *nicht* weiter eingeschränkt werden. In einer Unterklasse neu deklarierte Attribute können geerbte Attribute verbergen. Das geerbte Attribut ist in der Unterklasse dann nicht sichtbar. Um von einer Unterklasse überschriebene Operationen der Oberklasse aufrufen bzw. auf verborgene Attribute der

6.9 Zugriffsrechte und Sichtbarkeit *

Oberklasse zugreifen zu können, wird das Schlüsselwort super verwendet.

Durch das Vererbungskonzept werden zusätzliche Zugriffsrechte und Sichtbarkeitsregeln eingeführt (Abb. 6.9-1).

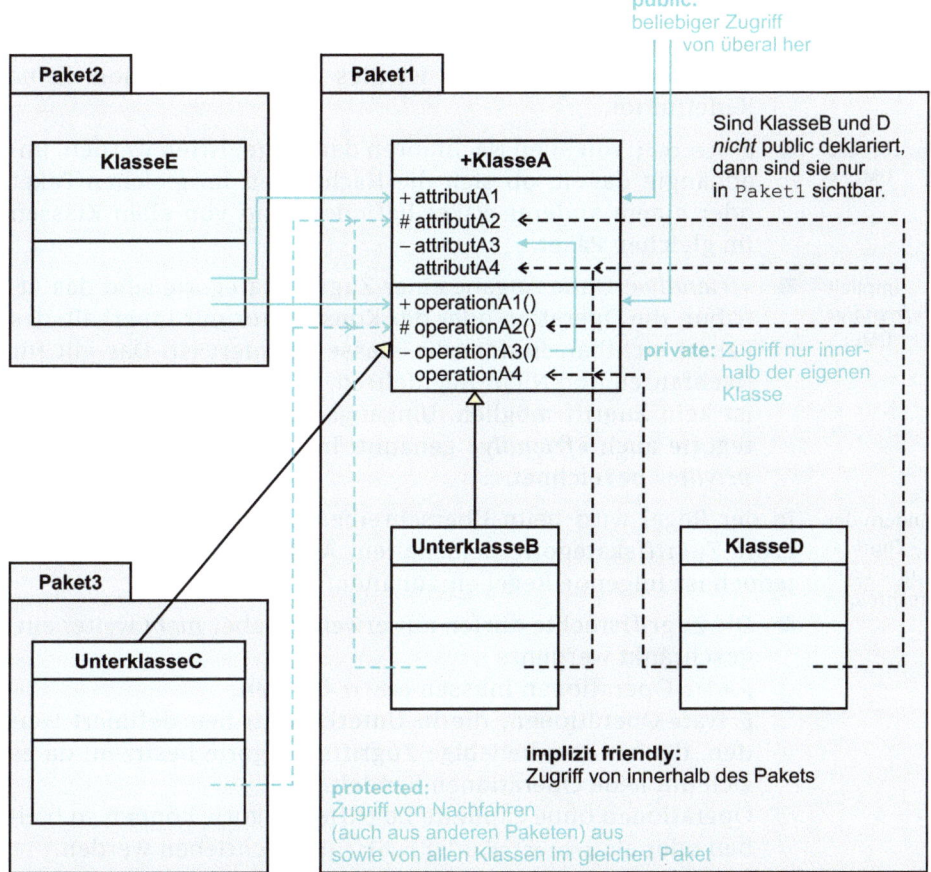

Abb. 6.9-1: Zugriffsrechte und Sichtbarkeit.

Zur Steuerung der Zugriffsrechte gibt es in Java vier verschiedene Zugriffskategorien. Drei von ihnen werden durch Schlüsselwörter gekennzeichnet, die vierte ist voreingestellt und gilt, wenn *keine* explizite Kategorie angegeben ist. Die Zugriffskategorien erlauben eine gezielte Vergabe von Zugriffsrechten, und zwar einzeln für jede Operation, jeden Konstruktor und jedes Attribut. Folgende Kategorien sind definiert:

4 Kategorien

- public: Erlaubt »weltweiten« Zugriff sowohl von außen als auch von allen Nachfahren aus auf das Attribut, die Opera-

public
UML: +

tion oder den Konstruktor, *unabhängig* von der Paketzugehörigkeit.

private
UML: -
- private: So deklarierte Attribute, Operationen und Konstruktoren sind nur innerhalb der eigenen Klasse sichtbar. Sie werden vererbt, sind aber von den Unterklassen aus *nicht* zugreifbar. Wenn eine Unterklasse eine Operation definiert, deren Kopf formal mit dem einer private-Operation des Vorfahren übereinstimmt, dann ist dies eine Neudefinition, *keine* Redefinition.

protected
UML: #
- protected: Von allen Nachfahren darf zugegriffen werden, unabhängig davon, ob sich die Nachfahren im gleichen Paket oder einem anderen Paket befinden, und von allen Klassen im gleichen Paket.

implizit
»friendly«
UML: ~
- *»friendly«*: Ohne Angabe einer Zugriffskategorie sind das Attribut, die Operation oder der Konstruktor nur innerhalb des Pakets sichtbar, in dem die Klasse definiert ist. Das gilt für Nachfahren und Nicht-Nachfahren. Von außerhalb des Pakets ist kein Zugriff möglich. Umgangssprachlich wird diese Kategorie auch *»friendly«* genannt. In Java auch als *»package-private«* bezeichnet.

Ändern der Zugriffskategorie beim Überschreiben
In der Regel wird beim Überschreiben einer Operation die geerbte Zugriffskategorie beibehalten. Änderungen sind möglich, jedoch ist folgende Regel einzuhalten:

- Die Zugriffsrechte dürfen nur erweitert, aber *nicht* weiter eingeschränkt werden:
  - public-Operationen müssen public bleiben.
  - private-Operationen, die in Unterklassen neu definiert werden, dürfen eine beliebige Zugriffskategorie besitzen, da es sich um neue Operationen handelt.
  - Operationen ohne explizite Zugriffskategorie können so bleiben oder als protected oder public überschrieben werden.
  - protected darf als public überschrieben werden.

Der Grund für diese Regeln liegt darin, dass es möglich sein muss, an eine Variable, die auf ein Objekt verweist, auch Objekte aller Unterklassen zuzuweisen. Daher muss die Unterklasse nach außen hin mindestens alles das zur Verfügung stellen, was auch ihr Vorfahre zur Verfügung stellt. Beim Überschreiben darf der Zugriff daher *nicht* weiter eingeschränkt werden.

Verbergen von Attributen
Die Attribute einer Klasse können in einer Unterklasse sowohl neu deklariert als auch geerbt sein. In einer Unterklasse neu deklarierte Attribute können geerbte Attribute **verbergen** *(hide)*. Dies ist dann der Fall, wenn der Name eines neu deklarierten Attributs mit dem Namen eines geerbten Attributs identisch ist.

6.9 Zugriffsrechte und Sichtbarkeit *

Verbergen bedeutet, dass das geerbte Attribut in der Unterklasse *nicht* sichtbar ist.

Wird ein Attribut durch ein anderes Attribut verdeckt, dann können beide Attribute einen unterschiedlichen Typ besitzen.

Um von einer Unterklasse überschriebene Operationen der Oberklasse aufrufen bzw. auf verborgene Attribute der Oberklasse zugreifen zu können, ist eine besondere Notation erforderlich. In Java geschieht dies durch Angabe des Schlüsselwortes super.

super

Das folgende Programm DemoAttributVererbung verdeutlicht diese Effekte:

Beispiel

```java
public class DemoOberklasse
{
 //Attribute
 protected int attribut = 123;

 public int getAttribut()
 {
  return attribut;
 }
}
```

```java
public class DemoUnterklasse extends DemoOberklasse
{
 //Überdeckt Oberklassenattribut
 private int attribut = 456;

 public int getAttribut()
 {
   //Holt Oberklassenattribut
   return super.attribut;
 }
}
```

```java
public class DemoUI
{
 public static void main(String args[])
 {
    DemoOberklasse einObjekt =
     new DemoOberklasse();
    System.out.println
      ("Attribut Oberklasse = "
      + einObjekt.getAttribut());

    DemoUnterklasse nochEinObjekt =
      new DemoUnterklasse();
    System.out.println
      ("Attribut Unterklasse = "
      + nochEinObjekt.getAttribut());
 }
}
```

Es wird folgendes Ergebnis ausgegeben:

```
Attribut Oberklasse = 123
Attribut Unterklasse = 123
```
Wird super entfernt, dann sieht das Ergebnis wie folgt aus:
```
Attribut Oberklasse = 123
Attribut Unterklasse = 456
```

6.10 Sonderfälle *

Abstrakte Klassen sollten in der Vererbungshierarchie oben stehen. In Klassen können nur Attribute, aber auch nur Operationen stehen. In Java sind Klassen ohne Konstruktoren möglich. Ein Standardkonstruktor wird dann vom Compiler eingefügt. Klassen können auch nur Klassenattribute und/oder Klassenoperationen enthalten. Das Bilden von Unterklassen wird durch final verboten.

Durch die Möglichkeit der Vererbung gibt es eine Reihe von Sonderfällen, die manchmal sinnvoll sind. Im Folgenden werden diese Sonderfälle kurz skizziert.

Abstrakte Klassen

- Abstrakte Klassen sind nur sinnvoll, wenn sie in einer Vererbungshierarchie oben stehen.
- Eine abstrakte Klasse ist nur sinnvoll, wenn sie mindestens eine konkrete Unterklasse besitzt. In der Regel sollte es jedoch mindestens zwei konkrete Unterklassen geben.
- Abstrakte Klassen können Unterklassen abstrakter Klassen sein.

Beispiel: Die Klassen AbstractCollection und AbstractList sind in Java abstrakte Klassen.

Klassen ohne Operationen

- Sinnvoll, wenn die Gemeinsamkeiten aus Attributen, die Spezialisierungen aber aus Operationen bestehen.

- In Java sind get- und set-Operationen *nicht* vorgeschrieben. Die Attribute müssen dann aber als protected spezifiziert sein, damit von Unterklassen zugegriffen werden kann.

Klassen ohne Attribute

- Nicht sinnvoll! Wenn nur logisch zusammengehörige Operationen zusammengefasst werden sollen, dann sind diese als Klassenoperationen zu deklarieren (siehe unten).

Klassen ohne Konstruktoren

- In Java erlaubt, allerdings wird dann ein voreingestellter Konstruktor vom Compiler unsichtbar eingefügt:
  class A { A() { super(); } }
- Enthält in Java eine Klasse einen Konstruktor, dann wird *kein* voreingestellter Konstruktor hinzugefügt.

```
public class Kunde
{
   private String name;
   public Kunde (String firmenname)
   {
      name = firmenname;
   }
}
```
Es ist in diesem Beispiel nicht möglich Kunde() aufzurufen, da es diesen Konstruktor *nicht* gibt!

Beispiel

Klassen nur mit Klassenattributen und/oder Klassenoperationen

- Sinnvoll, wenn allgemeine Attribute und Operationen, zusammengefasst nach logischen Gesichtspunkten, zur Verfügung gestellt werden sollen.

  ○ Die Klasse Math in Java stellt wichtige mathematische Funktionen sowie einige Konstanten (e, π) zur Verfügung.
  ○ Operationen, die Daten von der Konsole einlesen, in andere Typen umwandeln und überprüfen, werden in einer Klasse Console zusammengefasst (siehe »Die selbstentwickelte Klasse Console«, S. 121).

Beispiele

Bei so aufgebauten Klassen handelt es sich um sogenannte *Utility*-Klassen (Hilfsmittelklassen).

Utility-Klasse

Von solchen Klassen sollen *keine* Objekte erzeugt werden. Um dies zu verhindern, kann ein privater, leerer Konstruktor hinzugefügt werden, der eine Erzeugung von Objekten verhindert (siehe auch [Bloc05, S. 12 (Item 3)]).

Als Nebeneffekt wird durch den privaten Konstruktor verhindert, dass von der Klasse Unterklassen abgeleitet werden können. Alle Unterklassen müssen einen zugreifbaren Oberklassenkonstruktor aufrufen – explizit oder implizit.

Bei einem privaten Oberklassenkonstruktor kann die Unterklasse keinen Oberklassenkonstruktor aufrufen.

Klassen, die keine Unterklassen erlauben

- In Java kann durch das Schlüsselwort final verhindert werden, dass von einer Klasse Unterklassen abgeleitet werden. Sinnvoll, wenn verhindert werden soll, dass vererbte Operationen redefiniert werden.

Beispiel
> Die Klassen Math und String in Java erlauben keine Unterklassen.

6.11 Polymorphismus *

Der Polymorphismus erlaubt es, gleiche Botschaften an Objekte unterschiedlicher Klassen zu senden. Schreibt man eine Operation, die einen Parameter vom Typ der Oberklasse enthält, dann kann während der Laufzeit dort auch ein Objekt einer Unterklasse stehen. Erst beim Aufruf der Operation steht fest, auf welches Objekt welcher Klasse die Operation angewandt werden soll. Durch dieses Konzept kann man flexible und leicht änderbare Programme entwickeln.

Ein wichtiges Konzept der objektorientierten Softwareentwicklung ist der **Polymorphismus**. Der Begriff lässt sich wörtlich mit »viele Erscheinungsformen« übersetzen. Polymorphismus bedeutet, dass dieselbe Botschaft an Objekte verschiedener Klassen (einer Vererbungshierarchie) gesendet werden kann und dass die Empfängerobjekte jeder Klasse auf ihre eigene – evtl. ganz unterschiedliche – Art darauf reagieren. Das bedeutet, dass der Sender einer Botschaft *nicht* wissen muss, zu welcher Klasse das Empfängerobjekt gehört.

Analogie
In den meisten Programmiersprachen werden die arithmetischen Operationen +, - und * sowohl auf ganze als auch auf reelle Zahlen angewendet. Der Algorithmus ist jedoch je nach Typ der Operanden ganz unterschiedlich. In den objektorientierten Sprachen wurde dieses Konzept systematisch weiterentwickelt und allgemein verfügbar gemacht.

Der Polymorphismus ermöglicht es, den gleichen Namen für gleichartige Operationen zu verwenden, die auf Objekten verschiedener Klassen auszuführen sind. Der Sender muss nur wissen, dass ein Empfängerobjekt das gewünschte Verhalten besitzt. Er muss *nicht* wissen, zu welcher Klasse das Objekt gehört und auch nicht, welche Operation das gewünschte Verhalten erbringt. Dieser Mechanismus ermöglicht es, flexible und leicht änderbare Systeme zu entwickeln.

Dieses Konzept wird im Folgenden am Beispiel der Programmiersprache Java näher erläutert.

6.11 Polymorphismus *

Klassen können wie Typen verwendet werden. Spezifiziert man eine Operation, die einen Parameter vom Typ der Oberklasse enthält, dann kann während der Laufzeit dort auch ein Objekt einer Unterklasse stehen.

Klasse = Typ

Steht auf der Parameterliste ein Referenz-Attribut vom Typ der Klasse Konto, dann kann beim Aufruf der Operation, d. h. zur Laufzeit, eine Referenz auf ein Objekt der Klasse Konto oder eine Referenz auf ein Objekt der Unterklasse Sparkonto angegeben werden.

Beispiel

Generell gilt: Ein Objekt einer Unterklasse kann überall dort verwendet werden, wo ein Objekt der Oberklasse erlaubt ist.

Das folgende Programm DemoPolymorphismus verdeutlicht das Konzept:

Beispiel

```
public class Konto
{
 private int kontostand = 0; //in Cent
 private int kontonr = 0;

 //Konstruktor
 public Konto(int kontonr, int kontostand)
 {
   this.kontonr = kontonr;
   this.kontostand = kontostand;
 }
 public int getKontonr()
 {
  return kontonr;
 }
 public int getKontostand()
 {
  return kontostand;
 }
 public void buchen(int betrag)
 {
    kontostand = kontostand + betrag;
 }
}
public class Sparkonto extends Konto
{
 //Konstruktor
 public Sparkonto(int kontonr, int kontostand)
 {
     super(kontonr, kontostand);
 }
 @Override
 public void buchen(int betrag)
 {
    if(getKontostand()+ betrag > 0)
      super.buchen(betrag);
```

```
   }
 }
 public class KontoUI
 {
  public static void main(String args[])
  {
   Konto einKonto = new Konto(1, 1000);
   Sparkonto einSparkonto = new Sparkonto(5,500);

   einzahlen(einKonto,2000);
   einzahlen(einSparkonto,700);
  }
  private static void einzahlen(Konto einObjekt, int betrag)
  {
    einObjekt.buchen(betrag);
    System.out.println("Das Konto mit der Nr. " +
    einObjekt.getKontonr() + " hat den Kontostand " +
    einObjekt.getKontostand());
  }
 }
```

Der Programmlauf ergibt:

Das Konto mit der Nr. 1 hat den Kontostand 3000
Das Konto mit der Nr. 5 hat den Kontostand 1200

Beim Übersetzen der Operation einzahlen() ist dem Compiler *nicht* bekannt, von welchem Typ das Referenz-Attribut einObjekt ist, d. h. auf welches Objekt das Referenz-Attribut einObjekt zeigt. Daher kann er *nicht* entscheiden, welche Operation buchen() aufzurufen ist (buchen() der Oberklasse Konto oder redefiniertes buchen() der Unterklasse Sparkonto) (Abb. 6.11-1).

Spätes Binden

Die Zuordnung des Aufrufs einObjekt.buchen(betrag) zur Operation buchen() der Oberklasse oder zur Operation buchen() der Unterklasse kann erst zur Laufzeit erfolgen. Diese »späte« Zuordnung bezeichnet man als **spätes Binden** oder **dynamisches Binden**. Wichtig ist, dass die Operation einzahlen() *nicht* geändert werden muss, wenn die Oberklasse Konto um weitere Unterklassen ergänzt wird.

Das hier skizzierte Polymorphismus-Konzept ist wirksam, wenn Vererbung, spätes Binden und redefinierte Operationen zusammenwirken. Die verwendete Programmiersprache muss diese Konzepte ermöglichen. Ohne den Polymorphismus müssten bei der Programmierung umfangreiche Mehrfachauswahl-Anweisungen (switch) verwendet werden. Eine Mehrfachauswahl-Anweisung müsste entsprechend dem Typ eine entsprechende Aktion auslösen. Das Vorhandensein solcher Mehrfachauswahl-Anweisungen ist ein Indiz dafür, dass der Polymorphismus *nicht* angewendet wurde und Klassenhierarchien schlecht durchdacht sind.

6.11 Polymorphismus *

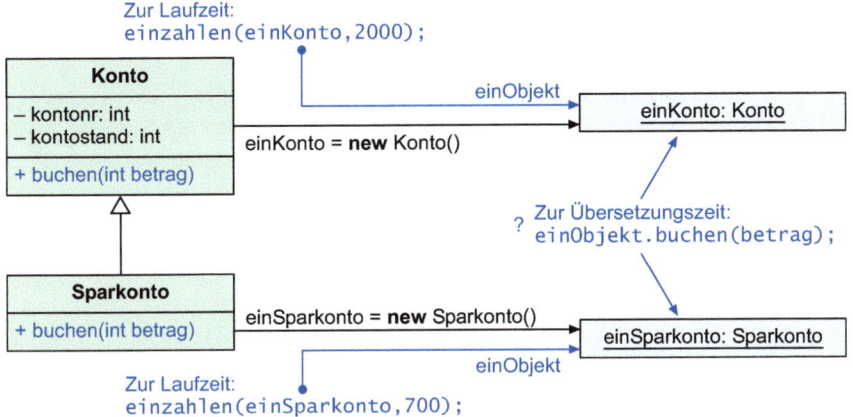

Abb. 6.11-1: Veranschaulichung des Polymorphismus.

Bei der herkömmlichen prozeduralen Programmierung wäre folgende Konstruktion notwendig:

Beispiel

```java
public class KontoUI2
{
  static final  int istKonto = 0;
  static final  int istSparkonto = 1;
  static Konto einKonto;
  static Sparkonto einSparkonto;

 public static void main(String args[])
 {
  einKonto = new Konto(1, 1000);
  einSparkonto = new Sparkonto(5,500);

  einzahlen(2000,0);
  einzahlen(700,1);
 }
 static void einzahlen(int betrag, int kontoart)
 {
  switch (kontoart)
  {
    case
     istKonto:
        einKonto.buchen(betrag);
        System.out.println("Das Konto mit der Nr. " +
        einKonto.getKontonr() + " hat den Kontostand " +
        einKonto.getKontostand()); break;
    case
     istSparkonto:
        einSparkonto.buchenSparkonto(betrag);
        System.out.println("Das Konto mit der Nr. " +
        einSparkonto.getKontonr()+" hat den Kontostand "+
        einSparkonto.getKontostand()); break;
  }
}
```

Die Klasse Sparkonto würde wie folgt aussehen:
```
public class Sparkonto extends Konto
{
 //Konstruktor
 public Sparkonto(int kontonr, int kontostand)
 {
     super(kontonr, kontostand);
 }
 public void buchenSparkonto(int betrag)
 {
     if(getKontostand()+ betrag > 0)
       super.buchen(betrag);
 }
}
```
Neue Kontoarten führen jeweils zu einer Erweiterung der `switch`-Anweisung.

Durch die Verwendung des Polymorphismus werden also große Mehrfachauswahl-Anweisungen überflüssig, weil jedes Objekt seinen eigenen Typ bzw. seine eigene Klasse implizit kennt.

Notation   Beim Polymorphismus handelt es sich um ein Konzept, das sich syntaktisch in *keiner* Notation niederschlägt.

Bewertung   Das Konzept der Vererbung besitzt folgende Vor- und Nachteile:

- ➕ Unter Verwendung existierender Klassen können mit wenig Aufwand neue, spezialisierte Klassen erstellt werden. Die Oberklassen müssen *nicht* neu übersetzt werden, da sie von ihren Unterklassen nichts wissen müssen.
- ➕ Änderungen sind leicht durchführbar, da sich Änderungen von Attributen, Operationen und Assoziationen in der Oberklasse automatisch auf alle Unterklassen der Vererbungshierarchie auswirken.
- ➖ Das Geheimnisprinzip wird u. U. verletzt, da in vielen Programmiersprachen von Unterklassen aus direkt auf Attribute der Oberklassen, d. h. ohne Verwendung von Operationen, zugegriffen werden kann. Dies kann dadurch verhindert werden, dass die Attribute auf `private` gesetzt werden und der Zugriff nur über `get`- und `set`-Methoden erfolgt.
- ➖ Um eine Unterklasse zu verstehen, müssen auch alle Oberklassen verstanden werden.
- ➖ Wird eine Oberklasse neu implementiert, dann müssen unter Umständen auch ihre Unterklassen neu programmiert werden.

7 Mehrfachvererbung und Schnittstellen *

Ein zentrales Konzept der Objektorientierung ist das Konzept der Vererbung. Neben der einfachen Vererbung (siehe »Einfachvererbung«, S. 183) gibt es die Mehrfachvererbung und das Schnittstellen-Konzept.

Die Mehrfachvererbung ermöglicht es einer Klasse, mehrere direkte Oberklassen zu besitzen:

- »Mehrfachvererbung«, S. 229

Ein modifiziertes Mehrfachvererbungskonzept stellt das Schnittstellen-Konzept dar:

- »Schnittstellen«, S. 231

Die Umsetzung des allgemeinen Schnittstellen-Konzepts in Java beinhaltet noch einige Besonderheiten:

- »Die Java-Syntax und -Semantik für Schnittstellen«, S. 237

Die in einer Schnittstelle deklarierten Methodensignaturen müssen in der Regel in den Klassen, die eine Schnittstelle implementieren, realisiert werden. Es sind aber auch leere Rümpfe möglich:

- »Leere Implementierung von Schnittstellen«, S. 240

Eine Klasse kann mehrere Schnittstellen implementieren. Schnittstellen können selbst Schnittstellen vererben:

- »Schnittstellen und Vererbung«, S. 241

Eine Besonderheit in Java stellt die Möglichkeit dar, Konstanten in Schnittstellen zu deklarieren:

- »Konstanten in Schnittstellen«, S. 243

Java stellt Schnittstellen bereit, die es ermöglichen, Datensammlungen mit immer gleichen Methodenaufrufen zu durchlaufen:

- »Die Schnittstellen Iterator und Iterable«, S. 245

7.1 Mehrfachvererbung *

Neben der Einfachvererbung gibt es in der objektorientierten Softwareentwicklung auch das Konzept der Mehrfachvererbung. Bei der Mehrfachvererbung kann eine Klasse von mehr als einer direkten Oberklasse Attribute und Operationen erben.

Die **Mehrfachvererbung** ist eine Vererbungsstruktur, in der jede Klasse *mehrere direkte* Oberklassen besitzen kann. Sie kann als azyklisches Netz dargestellt werden. Bei der Mehrfachvererbung kann der Fall auftreten, dass eine Klasse von ihren Oberklassen mehrere Attribute oder Operationen *gleichen* Namens erbt.

In solchen Fällen muss festgelegt werden, wie diese Konflikte zu lösen sind.

Beispiel
> Die Abb. 7.1-1 zeigt ein Beispiel für die Mehrfachvererbung. Die Klasse UhrAnzeige ist hier als abstrakte Klasse modelliert, weil es – in diesem Modell – außer der Digital-, der Analog- und der Analog-Digital-Anzeige keine andere Anzeige gibt.

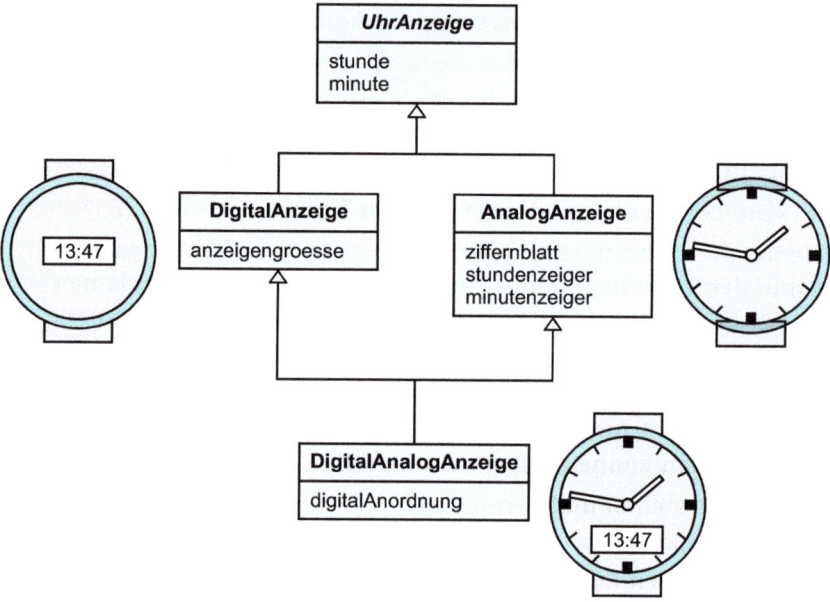

Abb. 7.1-1: Beispiel für die Mehrfachvererbung.

In Java ist eine echte Mehrfachvererbung *nicht* möglich. Durch die Verwendung von Schnittstellen ist aber eine Art Mehrfachvererbung möglich (siehe »Schnittstellen«, S. 231).

In C++ ist eine echte Mehrfachvererbung möglich (siehe »Vererbung und Polymorphismus«, S. 490).

Praxis
In der Praxis wird die Mehrfachvererbung in der Spezifikationsphase, in der das Fachkonzept modelliert wird, kaum benötigt. Im Entwurf, in dem das technische Konzept modelliert wird, wird die Mehrfachvererbung aber häufig benötigt und eingesetzt.

7.2 Schnittstellen *

Schnittstellen *(interfaces)* stellen in der objektorientierten Softwareentwicklung eine oder mehrere Operationssignaturen (abstrakte Operationen) zur Verfügung. Klassen können Schnittstellen implementieren. In Java kann eine Klasse keine, eine oder beliebig viele Schnittstellen implementieren (implements). Zusätzlich ist es in Java auch möglich, in Schnittstellen öffentliche, konstante Klassenattribute sowie einzelne mit Default gekennzeichnete Methoden zu deklarieren, die Code enthalten können. Auf Schnittstellen können Referenzvariablen verweisen. Dadurch wird Polymorphismus ermöglicht.

Schnittstellen in der Softwareentwicklung

In der objektorientierten Softwareentwicklung gibt es neben Klassen noch **Schnittstellen** *(interfaces)*. Der Begriff wird *nicht* einheitlich verwendet. In der Regel definieren Schnittstellen Dienstleistungen für Anwender, d. h. für aufrufende Klassen, ohne etwas über die Implementierung der Dienstleistungen festzulegen. Es werden **funktionale Abstraktionen** in Form von Operationssignaturen bereitgestellt, die das »Was«, aber nicht das »Wie« festlegen. Eine Schnittstelle besteht also im Allgemeinen nur aus Operationssignaturen, d. h. sie besitzt *keine* Operationsrümpfe, *keine* Attribute oder Assoziationen. Schnittstellen können jedoch in Vererbungsstrukturen verwendet werden. Eine Schnittstelle ist äquivalent zu einer Klasse, die *keine* Attribute und ausschließlich **abstrakte Operationen** besitzt. Für manche Situationen ist es auch nützlich, öffentliche Attribute in einer Schnittstelle bereitzustellen.

In der UML-Notation gibt es zwei alternative Notationen für eine Schnittstelle:

- Eine Schnittstelle kann wie eine Klasse, allerdings mit dem Zusatz <<interface>> vor dem Schnittstellennamen, dargestellt werden. Implementiert eine Klasse eine Schnittstelle, dann wird zwischen der Klasse und der Schnittstelle ein gestrichelter Vererbungspfeil gezeichnet (Abb. 7.2-1, linke Seite).
- Ebenso kann eine Schnittstelle als *nicht* ausgefüllter Kreis, beschriftet mit dem Schnittstellenname gezeichnet werden (in der UML als *ball* bezeichnet). Die implementierende Klasse wird durch eine Linie mit dem Kreissymbol verbunden (Abb. 7.2-1, rechte Seite).

Ein Attribut in einer Schnittstelle bedeutet, dass die Klasse, die diese Schnittstelle realisiert, sich so verhalten muss, als ob sie das Attribut selbst besitzt.

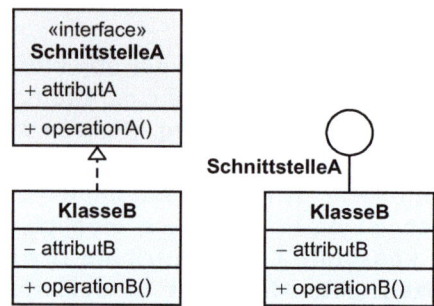

Abb. 7.2-1: Alternative UML-Notationen für eine Schnittstelle.

Das Java-Schnittstellenkonzept

Java-Schnittstellen erlauben die Deklaration abstrakter Operationen, öffentlicher konstanter Klassenattribute sowie einzelner mit default gekennzeichnete Methoden, die Code enthalten können (siehe »Box: Funktionale Sprachkonzepte im Überblick 1«, S. 365). Die Implementierung der abstrakten Operationen erfolgt durch Java-Klassen.

Dabei ist es möglich, dass verschiedene Java-Klassen dieselbe Schnittstelle auf unterschiedliche Weise implementieren. Für die aufrufende Klasse ergibt sich dadurch keine Änderung, da die Schnittstelle unverändert bleibt.

Benutzt eine Klasse eine Schnittstelle, dann wird dies in der UML durch einen gestrichelten Pfeil mit der Beschriftung <<use>> angegeben (Abb. 7.2-2 oben). Wird die Schnittstelle durch einen Kreis dargestellt, dann wird durch ein Halbkreissymbol (in der UML als *socket* bezeichnet) angedeutet, dass die damit verbundene Klasse die angegebene Schnittstelle benötigt (Abb. 7.2-2 unten). Durch die Kombination von Kreis- und Halbkreissymbol wird verdeutlicht, wie Schnittstellenbereitsteller und Schnittstellenbenutzer ineinandergreifen.

Lollipop = Lutscher, Eis am Stil

Wegen ihres Aussehens wird diese Darstellung umgangssprachlich auch als *Lollipop*-Darstellung bezeichnet.

Konvention

Schnittstellennamen mit -able oder I

Oft wird ein Schnittstellenname mit der Endung –able (im Englischen) beendet, z. B. Cloneable, Serializable.

Ich ergänze den Schnittstellennamen am Ende um ein großes I für *Interface*, z. B. DialogI. Eine andere Variante ist, das I als Prefix zu verwenden (z. B. IDialog) – so wird es beispielsweise in der Eclipse-Programmierumgebung gehandhabt.

7.2 Schnittstellen *

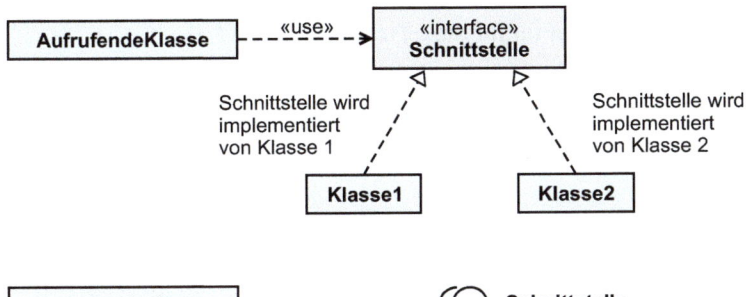

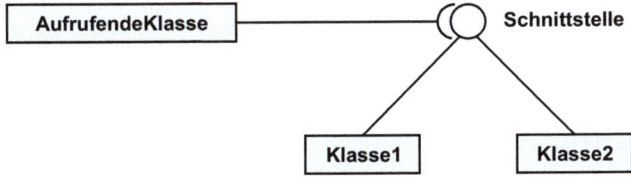

Abb. 7.2-2: Das Schnittstellenkonzept.

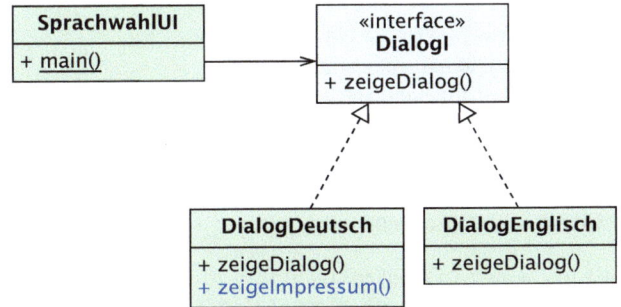

Abb. 7.2-3: Beispiel für das Schnittstellenkonzept.

Es soll ein Programm Mehrsprachigkeit geschrieben werden, bei dem die Benutzungsoberfläche auf verschiedene Sprachen eingestellt werden kann. Zunächst sollen die Sprachen Deutsch und Englisch wählbar sein. Später sollen aber weitere Sprachen hinzugefügt werden können, ohne das Programm neu schreiben zu müssen. Das Klassendiagramm zeigt die Abb. 7.2-3. Die einzelnen Klassen sehen wie folgt aus:

Beispiel 1a

```
public interface DialogI
{
  //abstrakte Operation
  public abstract void zeigeDialog();
}
```

```
public class DialogDeutsch implements DialogI
{
  public void zeigeDialog()
  {
```

```
      System.out.println("Herzlich willkommen");
    }
    public void zeigeImpressum()
    {
      System.out.println("Impressum");
    }
}
public class DialogEnglisch implements DialogI
{
    public void zeigeDialog()
    {
      System.out.println("Welcome");
    }
}
import inout.*;

public class Sprachwahl
{
  public static void main(String args[])
  {
    System.out.println("Bitte Sprache wählen. "
        + "Please choose your language.");
    System.out.println("Deutsch: d   English: e");
    char sprache = Console.readChar();
    DialogI einDialog;
    //Sprachauswahl
    if(sprache == 'd')
      einDialog = new DialogDeutsch();
    else
      einDialog = new DialogEnglisch();
    //ab hier ist die Sprache eingestellt
    einDialog.zeigeDialog();
  }
}
```

Zwei Programmläufe nacheinander ausgeführt ergeben Folgendes:

```
Bitte Sprache wählen. Please choose your language.
Deutsch: d   English: e
d
Herzlich willkommen
Bitte Sprache wählen. Please choose your language.
Deutsch: d   English: e
e
Welcome
```

In der main-Methode wird die Referenzvariable einDialog vom Schnittstellentyp DialogI deklariert. Nach der Sprachwahl wird dieser Referenzvariablen entweder eine Referenz auf ein Objekt der Klasse DialogDeutsch oder auf ein Objekt der Klasse DialogEnglisch zugewiesen.

7.2 Schnittstellen *

Wie das Beispiel zeigt, können – analog wie Referenzen auf Objekte gesetzt werden können – auch Variablen vom Schnittstellentyp deklariert werden. Die Methode, die ausgeführt wird, wird während der Laufzeit dynamisch ausgewählt, d. h. das Schnittstellenkonzept unterstützt ebenfalls den **Polymorphismus**.

Referenzen auf Schnittstellen

Dadurch ist es auch möglich, dass Klassen später erstellt werden, als der Code, der die Methoden dieser Klassen aufruft. Die aufrufende Klasse kann den Aufruf über die Schnittstelle senden, ohne irgendetwas über die gerufene Klasse zu wissen. Dies ist vergleichbar mit der Benutzung einer Oberklassen-Referenz, um auf ein Unterklassen-Objekt zuzugreifen.

Über eine Schnittstellen-Referenz-Variable können *nur* die Methoden, die in der Schnittstelle deklariert sind, aufgerufen werden. Es gibt jedoch vordefinierte Methoden einer Schnittstelle.

Das Programm DemoInterface verdeutlicht das Konzept:
```
public interface DemoI
{
}
public class DemoKlasse implements DemoI
{
}
public class DemoUI
{
   public static void main(String args[])
   {
      DemoKlasse einObjekt = new DemoKlasse();
      System.out.println(einObjekt.toString());
      //Schnittstellentyp
      DemoI nocheinObjekt = new DemoKlasse();
      System.out.println(nocheinObjekt.toString());
   }
}
```
Die Klasse DemoKlasse besitzt keine Methoden, erbt jedoch implizit von Object, z. B. die Methode toString(). Die Schnittstelle DemoI besitzt *keine* Methoden. Dennoch erlaubt es Java, die Methoden von Object zu nutzen.

Beispiel

Es können also alle Methoden von Object benutzt werden, auch wenn eine Schnittstelle diese Methoden gar nicht besitzt. Jede Schnittstelle ist also eine indirekte Erweiterung von Object.

Für Mehrsprachigkeit java.util.ResourceBundle verwenden
Das Beispiel Mehrsprachigkeit wurde hier wegen seiner Anschaulichkeit gewählt. In der Praxis ist es besser, Mehrsprachigkeit mithilfe der Klasse ResourceBundle zu realisieren.

Hinweis

7 Mehrfachvererbung und Schnittstellen *

Zusätzliche Methoden

Es ist erlaubt, dass Klassen, die Schnittstellen implementieren, eigene *zusätzliche* Methoden definieren. Im Beispiel könnte die Klasse `DialogDeutsch` eine weitere Methode `zeigeImpressum()` definieren. Auf diese Methode kann aber nur von Objekten zugegriffen werden, die eine Referenz auf die entsprechende Klasse haben. Ein Referenz auf eine Schnittstelle reicht *nicht* aus.

Beispiel 1b

Die `main`-Methode könnte wie folgt ergänzt werden, um die Methode `zeigeImpressum()` auszuführen:

```
einDialog.zeigeDialog();
if(sprache == 'd')
{
   DialogDeutsch deutscherDialog;
   deutscherDialog = (DialogDeutsch)einDialog;
   deutscherDialog.zeigeImpressum();
}
```

Die hier gezeigte Möglichkeit sollte im Regelfall *nicht* genutzt werden, da dadurch der durch Schnittstellen und Polymorphismus erreichte Abstraktionsgrad »unterwandert« wird.

CharSequence

Die Java-Klassen `String`, `StringBuilder` und `StringBuffer` (siehe auch »Die String-Klassen von Java«, S. 123) können über eine Schnittstelle, nämlich die Schnittstelle `CharSequence`, angesprochen werden. In der Schnittstelle werden folgende Methoden deklariert:

- `char charAt(int index)`: Gibt das Zeichen an der Index-Stelle zurück.
- `int length()`: Gibt die Länge der Zeichenkette zurück.
- `CharSequence subSequence(int start, int end)`: Gibt eine neue `CharSequence` zurück, die eine Teilkette der vorhandenen ist.
- `String toString()`: Gibt einen `String` zurück, der die Zeichen der Zeichenkette in derselben Reihenfolge enthält.

Beispiel

```
public class DemoCharSequence
{
 public static void main(String args[])
 {
  String einString = "Java ist toll";
  StringBuilder einStringBuilder =
    new StringBuilder ("Java ist weit verbreitet");
  //Schnittstellenreferenz
  CharSequence str;
  str = einString;
  System.out.println("Länge: " + str.length());
  System.out.println("Teilkette: " + str.subSequence(9,13));
  str = einStringBuilder;
  System.out.println("Länge: " + str.length());
  System.out.println("Teilkette: " + str.subSequence(9,13));
 }
}
```

Ergebnis:
```
Länge: 13
Teilkette: toll
Länge: 24
Teilkette: weit
```

Die Schnittstelle CharSequence ermöglicht es, Teilzeichenketten zu liefern, wenn es egal ist, ob das Original als String-, StringBuilder- oder StringBuffer-Objekt vorliegt. CharSequence realisiert eine unveränderliche, nur lesbare Sequenz von Zeichen.

7.3 Die Java-Syntax und -Semantik für Schnittstellen *

Das Schnittstellen-Konzept von Java erlaubt es, Konstanten sowie abstrakte und Default-Methoden zu einer Schnittstelle (interface) zu bündeln. Eine Klasse kann mit dem Schlüsselwort implements ein oder auch mehrere Schnittstellen erben. Sie erbt damit alle Konstanten, abstrakten und Default-Methoden. Die abstrakten Methoden müssen dann geeignet implementiert werden.

Eine Schnittstelle ist ähnlich wie eine Klasse aufgebaut (Abb. 7.3-1). Wie die Syntax zeigt, haben die deklarierten Methoden *keinen* Rumpf – außer bei Default-Methoden (siehe »Box: Funktionale Sprachkonzepte im Überblick 1«, S. 365). Es handelt sich um **abstrakte Methoden** *ohne* Implementierung. Innerhalb der Schnittstellen-Deklaration können konstante Klassenattribute deklariert werden, die implizit public, final und static sind, d. h. sie können durch die implementierende Klasse *nicht* verändert werden. Die Attribute müssen mit einem konstanten Wert initialisiert werden. In einer Schnittstelle dürfen *keine* Konstruktoren und *keine* Klassenmethoden deklariert werden.

interface

Wie die Abb. 7.3-1 zeigt, können auch Schnittstellen *ohne* Methoden und *ohne* Konstanten deklariert werden. Solche *leeren* Schnittstellen heißen **Markierungsschnittstellen** *(tagging interface, marker interface)*. Durch die Angabe von Markierungsschnittstellen in einer Klasse gibt der Programmierer an, dass bestimmte Eigenschaften sichergestellt sind.

Markierungsschnittstellen

Durch die Angabe implements Cloneable gibt der Programmierer beispielsweise an, dass es der Methode Object.clone() erlaubt ist, eine flache Kopie anzufertigen (siehe »Klonen vs. Kopieren«, S. 205).

Beispiel

7 Mehrfachvererbung und Schnittstellen *

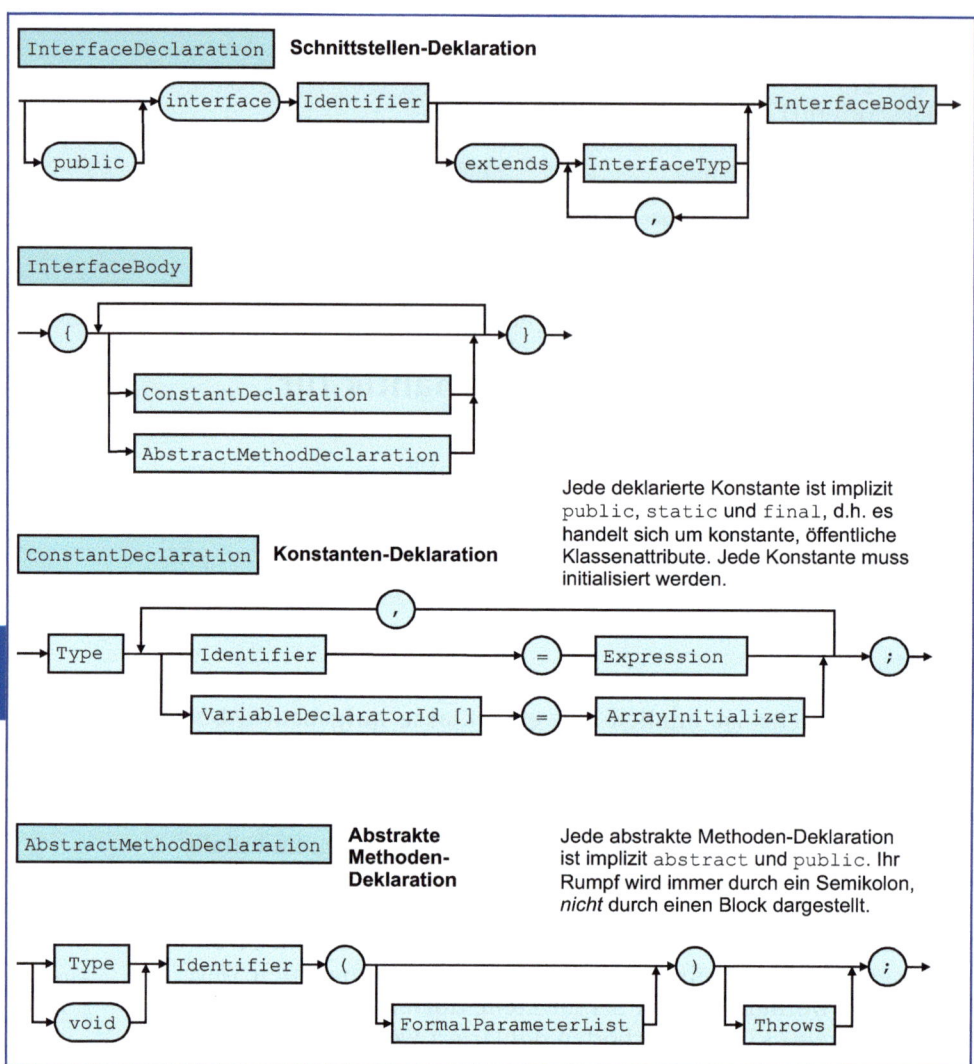

Abb. 7.3-1: Java-Syntax für Schnittstellen.

instanceof Mit Hilfe des Operators `instanceof` (siehe »Klassenzugehörigkeit eines Objekts«, S. 212) kann überprüft werden, ob ein Objekt eine gewünschte Eigenschaft besitzt (im Beispiel `Cloneable`).

Beispiel

DemoMarker
Interface

```
public class DemoMarkerInterface
   extends Object implements Cloneable
{
 public static void main(String args[])
    throws CloneNotSupportedException
 {
    DemoMarkerInterface a = new DemoMarkerInterface();
```

7.3 Die Java-Syntax und -Semantik für Schnittstellen *

```
    DemoMarkerInterface b = a.clone();
    boolean c;

    c = a instanceof Cloneable;
    System.out.println(c);
    c = b instanceof Cloneable;
    System.out.println(c);
  }
  public DemoMarkerInterface clone()
  throws CloneNotSupportedException
  {
    return (DemoMarkerInterface)super.clone();
  }
}
```

Ergebnis:

true
true

Ist eine Schnittstelle deklariert, dann können eine oder mehrere Klassen die Schnittstelle implementieren. Jede Klasse, die eine Schnittstelle implementiert, muss *alle* abstrakten Methoden der Schnittstelle implementieren. Nach der optionalen Angabe einer Oberklasse werden in einer Klassen-Deklaration die implementierten Schnittstellen angegeben (Abb. 7.3-2). Wenn eine Klasse die abstrakten Methoden einer Schnittstelle *nicht* vollständig implementiert, dann muss die Klasse als abstrakte Klasse deklariert werden.

implements

Werden die Methoden von Schnittstellen in einer Klasse implementiert, dann müssen sie als public gekennzeichnet werden, da die Methoden in den Schnittstellen immer automatisch public sind (siehe auch »Zugriffsrechte und Sichtbarkeit«, S. 218). Außerdem muss die Typ-Signatur der implementierenden Operation exakt mit der Typ-Signatur übereinstimmen, die in der Schnittstellen-Definition spezifiziert ist.

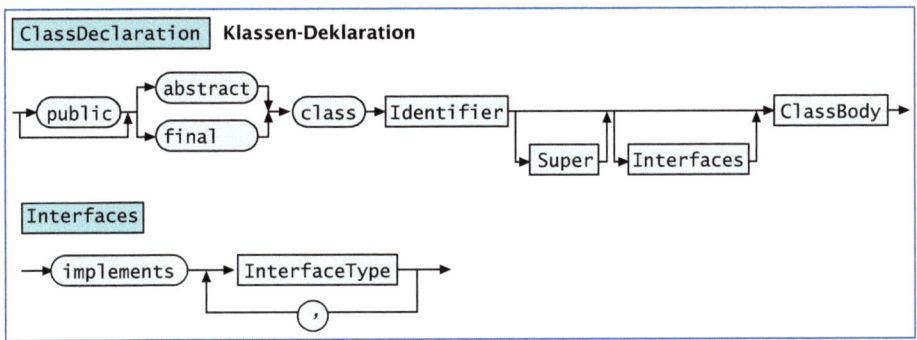

Abb. 7.3-2: Java-Syntax für Klassen mit Schnittstellen.

Mehrere Schnittstellen

Während eine Klasse nur *eine* direkte Oberklasse besitzen kann (Einfachvererbung), kann eine Klasse *mehrere* Schnittstellen implementieren. Dadurch ist es in Java möglich, eine Art Mehrfachvererbung zu realisieren. Fordern mehrere Schnittstellen die Implementierung identischer Methoden, dann stellt dies *kein* Problem dar, da keine Implementierungen vererbt werden, wie dies bei einer echten Mehrfachvererbung der Fall wäre (siehe »Mehrfachvererbung«, S. 229). Konflikte kann es aber bei Default-Methoden geben (siehe »Box: Funktionale Sprachkonzepte im Überblick 1«, S. 365).

Probleme treten auch bei mehrdeutigen Rückgabetypen auf wie String clone() und Object clone(). Es liegt die gleiche Parameterliste vor. Dies ist nicht möglich!

7.4 Leere Implementierung von Schnittstellen *

Implementiert eine Klasse eine oder mehrere Schnittstellen, dann kann die Klasse die abstrakten Methoden auch leer implementieren, d. h. der Rumpf muss *keinen* Code enthalten – ggf. aber eine return-Anweisung.

Wenn eine Klasse eine Schnittstelle implementiert, dann muss sie alle ihre abstrakten Methoden implementieren. Es spielt jedoch keine Rolle, ob die Klasse den Methoden der Schnittstelle tatsächlich eine Funktionalität verleiht oder sie einfach *leer* implementiert.

Beispiel

Folgende Implementierung ist erlaubt:
```
public interface DialogI
{
   //abstrakte Methode
   void zeigeDialog();
}

public class DialogChinesisch implements DialogI
{
   public void zeigeDialog()
   {

   }
}
```

Bei Methoden, die Ergebniswerte erfordern, kann ein Standard-Wert zurückgegeben werden (z. B. return 0.0 bei einem Ergebniswert double).

Dieses Beispiel wirkt künstlich. Bei der Ereignisverarbeitung in Java – die insbesondere bei grafischen Benutzungsoberflächen benötigt wird – kommt oft die Situation vor, dass umfangreiche Schnittstellen-Methoden nur leer implementiert werden, da oft nur wenige benötigt werden. Dort gibt es jedoch sogenannte Adapterklassen, die bereits über leere Implementierungen verfügen, und so die Programmierung wieder vereinfachen.

7.5 Schnittstellen und Vererbung *

In Java kann zwischen Schnittstellen eine Vererbungshierarchie aufgebaut werden (extends). Es ist möglich, dass eine Schnittstelle auch von *mehreren* anderen Schnittstellen erbt. Eine Klasse kann ein oder mehrere Schnittstellen implementieren (implements). Es müssen jeweils alle abstrakten Methoden aller Schnittstellen, die implementiert werden und in der Schnittstellenhierarchie angeordnet sind, in der Klasse implementiert werden.

Jede Schnittstelle kann eine oder *mehrere* **Oberschnittstellen** besitzen, d.h. jede Schnittstelle kann eine oder mehrere Schnittstellen erben (Schlüsselwort extends). Man spricht dann auch von **Unterschnittstellen** (*subinterfaces*).

Mehrfachvererbung von Schnittstellen

Eine Klasse kann auch dann eine Schnittstelle implementieren, wenn sie selbst Unterklasse ist. Die Unterklasse erbt von ihrer (abstrakten) Oberklasse und hat zusätzlich die Aufgabe, die Methoden der Schnittstelle(n) zu implementieren.

Wenn eine Klasse eine Schnittstelle B implementiert, die eine Schnittstelle A erbt, dann muss die Klasse alle abstrakten Methoden implementieren, die in der Vererbungskette definiert sind (Abb. 7.5-1).

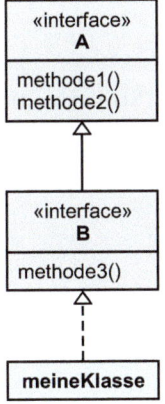

Abb. 7.5-1: Beispiel für die Vererbung von Schnittstellen.

Beispiel

Das Programm DemoSchnittstellen veranschaulicht das Konzept:

```java
// Schnittstellen können vererbt werden
interface A
{
   void methode1();
   void methode2();
}

//B erbt die Methoden methode1() und methode2()
//methode3() kommt neu hinzu
interface B extends A
{
   void methode3();
}

//Diese Klasse muss alle Methoden
//von A und B implementieren
class MeineKlasse implements B
{
 public void methode1()
 {
    System.out.println
      ("Implementierung von methode1()");
 }

 public void methode2()
 {
    System.out.println("Implementierung von methode2()");
 }

 public void methode3()
 {
    System.out.println("Implementierung von methode3()");
 }
}

class MeinProgrammUI
{
  public static void main(String arg[])
  {
    MeineKlasse meinObjekt =
    new MeineKlasse();

    meinObjekt.methode1();
    meinObjekt.methode2();
    meinObjekt.methode3();
  }
}
```

Ergebnis:

```
Implementierung von methode1()
Implementierung von methode2()
Implementierung von methode3()
```

Schnittstellen vs. abstrakte Klassen

Schnittstellen und abstrakte Klassen (siehe »Generalisieren – entdecke Gemeinsamkeiten«, S. 184) besitzen Gemeinsamkeiten und Unterschiede. Beide deklarieren Methoden, die die implementierenden Klassen realisieren müssen. Eine Klasse kann jedoch beliebig viele Schnittstellen, aber nur eine Oberklasse implementieren.

Abstrakte Klassen eignen sich besonders gut dazu, gefundene Gemeinsamkeiten von Klassen in eine abstrakte Oberklasse auszulagern. Abstrakte Klassen können eigene Implementierungen besitzen, was Schnittstellen *nicht* möglich ist – außer bei Default-Methoden (siehe »Box: Funktionale Sprachkonzepte im Überblick 1«, S. 365). Müssen Schnittstellen nachträglich geändert werden, dann müssen alle implementierenden Klassen die neuen abstrakten Methoden nachimplementieren. Wird eine abstrakte Klasse um neue Methoden erweitert, dann erfordert dies keine Neuimplementierung ihrer Unterklassen.

7.6 Konstanten in Schnittstellen *

In Java können in Schnittstellen Klassenkonstanten deklariert werden, die in implementierenden Klassen wie eigene Konstanten verwendet werden können. Die Klassenkonstanten in Schnittstellen können mehrfach vererbt werden.

Durch die Deklaration von Konstanten in Schnittstellen kann sichergestellt werden, dass diese überall gleich verwendet werden. Es handelt sich dabei um öffentliche, konstante Klassenattribute.

Konstanten in Schnittstellen und konstante Klassenvariablen werden in Java mit Großbuchstaben und durch Unterstriche getrennt geschrieben.

Konvention

```
interface Bildschirmformat
{
  int X_VGA  = 640,  Y_VGA  = 480;
  int X_SVGA = 800,  Y_SVGA = 600;
  int X_XGA  = 1024, Y_XGA  = 768;
  int X_SXGA = 1280, Y_SXGA = 1024;
  int X_UXGA = 1600, Y_UXGA = 1200;
  int X_QXGA = 2048, Y_QXGA = 1536;
}
class Fenster implements Bildschirmformat
{
  ...
  if (bildschirmformat == VGA)
    setSize(Bildschirmformat.X_VGA, Bildschirmformat.Y_VGA);
```

Beispiel 1a

```
    else ...
}
```

Innerhalb jeder Klasse, die Bildschirmformate enthält, werden die Konstanten so behandelt, als wären sie in jeder Klasse selbst definiert oder von einer Oberklasse geerbt.

Wenn eine Schnittstelle *keine* Methoden besitzt, dann wird von der Klasse, die die Schnittstelle enthält, nichts implementiert. Es ist, als ob die Klasse Konstanten in den Gültigkeitsbereich der Klasse importiert.

Dies ist vergleichbar mit *header*-Dateien in C++, um eine Anzahl von Konstanten zu erzeugen (siehe »Trennung Schnittstelle – Implementierung«, S. 482).

Vererbung

Konstanten können auch anderen Schnittstellen vererbt werden (siehe »Schnittstellen und Vererbung«, S. 241).

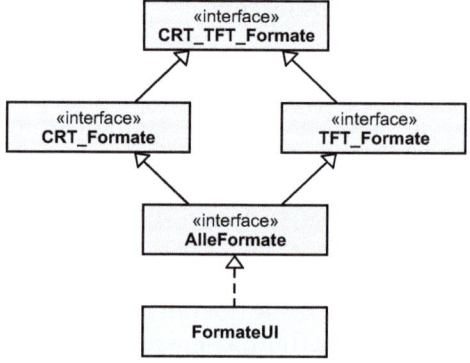

Abb. 7.6-1: Beispiel für eine Mehrfachvererbung von Schnittstellen.

Beispiel 1b

Eine Mehrfachvererbung von Schnittstellen zeigt Abb. 7.6-1. Das Programm Bildschirmformate sieht wie folgt aus:

```
public interface CRT_TFT_Formate
{
  int X_XGA  = 1024, Y_XGA  = 768;
  int X_SXGA = 1280, Y_SXGA = 1024;
  int X_UXGA = 1600, Y_UXGA = 1200;
  int X_QXGA = 2048, Y_QXGA = 1536;
}
public interface CRT_Formate extends CRT_TFT_Formate
{
  int X_VGA  = 640, Y_VGA  = 480;
  int X_SVGA = 800, Y_SVGA = 600;
}
public interface TFT_Formate extends CRT_TFT_Formate
{
  int X_WUXGA = 1920, Y_WUXGA = 1200;
```

```
   int X_SVGA = 900, Y_SVGA = 700;
}
public interface AlleFormate extends CRT_Formate,TFT_Formate
{
   int X_17 = 1152, Y_17 = 870;
}
class FormateUI implements AlleFormate
{
   public static void main(String arg[])
   {
     System.out.println
       (CRT_Formate.X_XGA + " " + CRT_Formate.Y_XGA);
     System.out.println
       (AlleFormate.X_XGA + " " + AlleFormate.Y_XGA);
     System.out.println
       (TFT_Formate.X_WUXGA + " " + TFT_Formate.Y_WUXGA);
     // System.out.println
     // (AlleFormate.X_SVGA + " " + AlleFormate.Y_SVGA);
   }
}
```

Der Programmlauf ergibt:

```
1024 768
1024 768
1920 1200
```

Die letzte auskommentierte Anweisung führt zu folgendem Compilerfehler:

```
reference to X_SVGA is ambiguous, both variable X_SVGA in
CRT_Formate and variable X_SVGA in TFT-Formate match.
```

Das Programm verdeutlicht folgende Eigenschaften:

- Schnittstellen vererben ihre Konstanten an die Unterschnittstellen (CRT_Formate erbt XGA von CRT_TFT_Formate).
- Erbt eine Schnittstelle (im Beispiel AlleFormate) von mehreren Oberschnittstellen, die wiederum eine gemeinsame Oberschnittstelle besitzen (im Beispiel CRT_TFT_Formate), dann ist dies erlaubt (im Beispiel erbt AlleFormate z. B. die Konstanten X_XGA und Y_XGA).
- Werden identische Konstanten von unterschiedlichen Schnittstellen geliefert, dann führt dies zu einem Compilerfehler (im Beispiel beim Zugriff auf AlleFormate.X_SVGA).

7.7 Die Schnittstellen Iterator und Iterable *

Um das Durchlaufen von Datensammlungen über einheitliche Methodenaufrufe zu ermöglichen, können Java-Klassen die Schnittstellen Iterator und Iterable implementieren. Es stehen dann die Methoden hasNext(), next(), remove() sowie iterator() zum Traversieren zur Verfügung.

Gruppen von Elementen werden oft zu einer Einheit zusammengefasst und verwaltet – man spricht dann allgemein von **Sammlungen** *(collections)*. Ein Beispiel für eine Klasse, die eine Sammlung verwaltet, ist die Klasse `ArrayList`.

Iterieren

Über Sammlungen muss man oft iterieren, d. h. man muss jedes Element der Sammlung erhalten, um z. B. eine Liste aller Elemente auszudrucken. Dabei möchte man sich *nicht* mit der internen Verwaltung der Sammlung beschäftigen, sondern zum Iterieren immer dieselben Methoden verwenden. Dieser Wunsch wird durch die Schnittstelle `Iterator` erfüllt. Diese Schnittstelle fordert von allen Klassen, die sie implementieren, die Bereitstellung folgender Methoden:

Iterator<E>

- `boolean hasNext()`: Liefert den Wert `true`, wenn es in der Iteration noch weitere Elemente gibt.
- `E next()`: Liefert das nächste Element der Iteration. Hat die Iteration keine Elemente mehr, dann wird die Ausnahme `NoSuchElementException` ausgelöst.
- `void remove()`: Entfernt von der Sammlung das letzte Element, das vom Iterator zurückgegeben wurde (optionale Operation). Diese Methode kann nur einmal pro `next()`-Aufruf aufgerufen werden. Das Verhalten dieser Methode ist nicht spezifiziert, wenn die Sammlung während der Iteration verändert wird, außer durch den Aufruf dieser Methode. Wenn diese Methode durch diesen Iterator nicht unterstützt wird, dann wird folgende Ausnahme ausgelöst: `UnsupportedOperationException`. Wurde die `next()`-Methode vorher nicht aufgerufen oder wurde diese Methode mehr als einmal hintereinander aufgerufen, dann wird die Ausnahme `IllegalStateException` ausgelöst.

Das `E` steht für einen beliebigen Typ. Die Schnittstelle `Iterator<E>` ist eine sogenannte generische Schnittstelle (siehe »Generische Datentypen«, S. 303). Die Schnittstelle `Iterator` sieht wie folgt aus:

```
public interface Iterator <E>
{
 boolean hasNext();
 <E> next();
 void remove();
}
```

Beispiel 1a

In einer Sammlung werden Informationen als Zeichenketten verwaltet, die durch Tabulatoren getrennt in einem String gespeichert sind (siehe auch »Die Klasse Scanner«, S. 110). Es soll die Schnittstelle `Iterator` implementiert werden (Programm `DemoIterator`):

```
import java.util.*;
```

7.7 Die Schnittstellen Iterator und Iterable *

```java
public class Sammlung implements Iterator
{
  String einKundensatz = "Helmut\tBalzert\tBochum";
  Scanner einScanner =
    new Scanner(einKundensatz).useDelimiter("\\t");
  //Implementierung der Schnittstelle Iterator
  public boolean hasNext()
  {
    return einScanner.hasNext();
  }
  public Object next()
  {
    return einScanner.next();
  }
  public void remove()
    throws UnsupportedOperationException
  {
  }
}
import java.util.*;

public class SammlungUI
{
  public static void main(String args[])
  {
    Sammlung eineSammlung = new Sammlung();
    String einElement;
    //Alle Objekte ausgeben
    while (eineSammlung.hasNext())
    {
      einElement = (String)eineSammlung.next();
      System.out.println("Element: " + einElement);
    }
  }
}
```

Der Programmlauf liefert:

```
Element: Helmut
Element: Balzert
Element: Bochum
```

Das Beispiel zeigt, dass über den internen Aufbau der Sammlung *nichts* bekannt sein muss. Die Realisierung der `Iterator`-Methoden ist hier einfach, da die Klasse `Scanner` bereits die Schnittstelle `Iterator` implementiert.

Iterator statt Enumeration
Die Schnittstelle `Iterator` hat die frühere Schnittstelle `Enumeration` abgelöst.

Hinweis

Implementiert eine Klasse die Schnittstelle `Iterable`, dann kann das entsprechende Objekt in einer erweiterten `for`-Schleife verwendet werden. Die Schnittstelle ist wie folgt spezifiziert:

Iterable

```
public interface Iterable
{
  Iterator iterator();
}
```

Das bedeutet, dass die Operation `iterator()` einen `Iterator` liefern muss. Damit dies gewährleistet ist, ist es daher manchmal sinnvoll, gleichzeitig auch die Schnittstelle `Iterator` zu implementieren.

Beispiel 1b

Das Beispiel 1a lässt sich dann folgendermaßen vereinfachen (Programm `DemoIterator1`):

```java
import java.util.*;

public class Sammlung implements Iterator, Iterable
{
  String einKundensatz = "Helmut\tBalzert\tBochum";
  Scanner einScanner =
    new Scanner(einKundensatz).useDelimiter("\\t");
  //Implementierung der Schnittstelle Iterator
  public boolean hasNext()
  {
    return einScanner.hasNext();
  }
  public Object next()
  {
    return einScanner.next();
  }
  public void remove()
    throws UnsupportedOperationException
  {
  }
  //Implementierung der Schnittstelle Iterable
  public Iterator iterator()
  {
    return this;
  }
}
```

```java
import java.util.*;

public class SammlungUI
{
  public static void main(String args[])
  {
    Sammlung eineSammlung = new Sammlung();
    String einElement;
    //Alle Objekte ausgeben
    for (Object o : eineSammlung)
    {
      einElement = (String)o;
      System.out.println("Element: " + einElement);
    }
  }
}
```

7.7 Die Schnittstellen Iterator und Iterable *

Die Schnittstellen Iterable und Iterator sorgen also dafür, dass die aufrufenden Klassen (hier: SammlungUI) *nicht* geändert werden müssen, wenn sich die Realisierung einer Sammlung ändert.

Wenn Sie *keine* Java-Datenstruktur verwenden, die bereits die Schnittstellen Iterator und Iterable implementieren, dann müssen Sie die Implementierung in Ihrer Klasse selbst vornehmen.

Eigene Implementierung

Dieses – etwas konstruierte – Beispiel zeigt wie eine eigene Implementierung der Schnittstellen aussehen kann.

Beispiel DemoIterator Ampel

```java
import java.util.Iterator;

public class DemoIteratorAmpel implements Iterator, Iterable
{
  private int rot = 0, gelb = 1, gruen = 2, ausserBetrieb = 3;
  private int ampelwert = 0, betriebszaehler = 0;

  public boolean hasNext()
  {
    betriebszaehler ++;

    if (betriebszaehler < 10)
      return true;
    else return false;
  }
  public Object next()
  {
    return (ampelwert++) % 4;
  }
  public void remove()
    throws UnsupportedOperationException
  {
  }
  public Iterator iterator()
  {
    return this;
  }
}

public class DemoIteratorAmpelUI
{
  public static void main (String args[])
  {
    DemoIteratorAmpel eineAmpel = new DemoIteratorAmpel();
    while (eineAmpel.hasNext() )
    {
      switch ((Integer)(eineAmpel.next()))
      {
        case 0: System.out.println("Ampel = rot"); break;
        case 1: System.out.println("Ampel = gelb"); break;
        case 2: System.out.println("Ampel = gruen"); break;
        case 3: System.out.println
          ("Ampel = außer Betrieb"); break;
        default: System.out.println("Fehler");
```

```
            }
         }
         System.out.println("Ausgabe über Schnittstelle Iterable");
         DemoIteratorAmpel nocheineAmpel = new DemoIteratorAmpel();
         Integer einElement;
         for (Object o: nocheineAmpel)
         {
            einElement = (Integer)o;
            System.out.println("Ampelwert = " + einElement);
         }
      }
   }
```

Die Konsolenausgabe sieht wie folgt aus:

```
Ampel = rot
Ampel = gelb
Ampel = gruen
Ampel = außer Betrieb
Ampel = rot
Ampel = gelb
Ampel = gruen
Ampel = außer Betrieb
Ampel = rot
Ausgabe über Schnittstelle Iterable
Ampelwert = 0
Ampelwert = 1
Ampelwert = 2
Ampelwert = 3
Ampelwert = 0
Ampelwert = 1
Ampelwert = 2
Ampelwert = 3
Ampelwert = 0
```

7.8 Innere und anonyme Klassen *

In Java ist es möglich, dass innerhalb von Klassen eingeschachtelte Klassen deklariert werden. Mitgliedsklassen werden wie ein Attribut innerhalb einer Klasse definiert. Lokale Klassen befinden sich in der Regel innerhalb einer Methode. Anonyme Klassen sind lokale Klassen ohne Klassennamen.

In Java können Klassen in Klassen deklariert werden. Es werden Mitgliedsklassen, lokale Klassen und anonyme Klassen unterschieden.

Wie ein Attribut   Eine **Mitgliedsklasse** wird wie ein Attribut innerhalb einer Klasse definiert und hat Zugriff auf alle Attribute der äußeren Klasse, selbst auf diejenigen, die als private deklariert sind.

7.8 Innere und anonyme Klassen *

Eine **lokale Klasse** wird innerhalb einer Methode, einem Anweisungsblock oder einem Initialisierungsblock definiert. Sie kann *nur* in dem Block, in dem sie definiert ist, benutzt werden.

Innerhalb eines Blocks

```
public class AeussereKlasse
{
  private String a ="Attribut der äußeren Klasse";

  //Mitgliedsklasse; Definition wie Attribut
  public class InnereMitgliedsklasse
  {
    //Zugriff auf Attribute der äußeren Klasse
    String mitglied = a;
  }; //Abschluss mit ;

  public void auessereMethode()
  {
    //Lokale innere Klasse
    class LokaleKlasse
    {
      public void ausgeben()
      {
        System.out.println("Lokale innere Klasse");
      }
    }; //Abschluss mit ;

    new LokaleKlasse().ausgeben();
  }
}
```

Beispiel

Anonyme Klassen werden auch als »Einweg-Klassen« bezeichnet. Es sind lokale Klassen, die *keinen* Klassennamen haben und immer zusammen mit einem Objekt entstehen. Die anonyme Klasse erbt i. Allg. von der Oberklasse. Statt einer Oberklasse kann auch eine Schnittstelle angegeben werden. Handelt es sich um eine Schnittstelle, dann wird ein Objekt der anonymen Klasse erzeugt, die diese Schnittstelle implementiert. Nach dem Schlüsselwort new wird der Name der Oberklasse oder der Schnittstelle angegeben, gefolgt von dem Klassenrumpf:

Ohne Namen

```
new Oberklasse(Konstruktor-Parameterliste)
{
    // Modifikationen und Erweiterungen der Oberklasse
};
```

In der Regel wird eine anonyme Klasse bei der Übergabe eines Objekts an eine Methode oder als Rückgabewert einer Methode innerhalb einer einzigen Anweisung deklariert und gleichzeitig ein Objekt von ihr erzeugt:

```
methodenname(new Oberklasse()
// Das Klammerpaar steht für einen Konstruktor ohne Parameter
{
  // Rumpf der anonymen Klasse
```

Schema

} // Ende der anonymen Klasse
); // Ende des Methodenaufrufs

Eine solche Konstruktion kann überall dort stehen, wo ein elementarer Java-Ausdruck erlaubt ist.

Handelt es sich bei dem Typ um eine Klasse, dann kann eine beliebige Anzahl von Parametern dem Konstruktor übergeben werden.

Der Compiler erzeugt für anonyme Klassen eigene `class`-Dateien.

DemoAnonyme Klasse

```
public interface BerechnungDouble
{
   public double berechne(double wert);
}
public class DemoAnonymeKlasse
{
  public static void druckeTabelle(BerechnungDouble methode)
  {
    System.out.println("Wertetabelle");
    for (int x = 0; x <= 5; x++)
    {
      System.out.println(x + " - > " + methode.berechne(x));
    }
  }

  public static void main(String[] args)
  {
    druckeTabelle(
      new BerechnungDouble() //anonyme Klasse implementiert
      //Schnittstelle BerechnungDouble
      {
        //Methode der anonymen Klasse
        public double berechne(double wert)
        {
          return Math.sqrt(wert);
        }
      }//Ende der anonymen Klasse
    );//Ende der Methodenaufrufs druckeTabelle
  }
}
```

Folgendes wird ausgegeben:

```
Wertetabelle
0 - > 0.0
1 - > 1.0
2 - > 1.4142135623730951
3 - > 1.7320508075688772
4 - > 2.0
5 - > 2.23606797749979
```

In diesem Beispiel implementiert die anonyme Klasse die Schnittstelle `BerechnungDouble()`.

7.9 Aufzählungen mit enum *

In Java können mit enum eigene Aufzählungstypen definiert werden, z. B. enum Ampel {Rot, Gelb, Gruen}. Die aufgeführten Werte werden als Konstanten angesehen, daher können enum-Konstanten in switch-Anweisungen verwendet werden. Mit einer erweiterten for-Schleife kann eine Aufzählung durchlaufen werden. Die Deklaration von eigenen Aufzählungen erfolgt innerhalb einer Klasse, aber *nicht* in Methoden, sondern gleichrangig neben Methoden.

Aufzählungen sind in Java eine besondere Form von Klassen, von denen der Programmierer jedoch *keine* Objekte erzeugen kann. Außerdem können *keine* Unterklassen gebildet werden. Aufzählungen können aber beliebige Werte enthalten und sogar eigene Methoden besitzen.

Im einfachsten Fall wird eine Aufzählung wie eine Klasse notiert. Anstelle des Schlüsselworts class steht das Schlüsselwort enum. In geschweiften Klammern werden die Werte, durch Kommata getrennt, aufgeführt. Die aufgeführten Werte werden als **Konstanten** angesehen. Intern erzeugt der Compiler aus den einzelnen Wert-Elementen Objekte.

Syntax

```
enum Kategorie {BERUF, PRIVAT};
```
Der Compiler setzt diese Klasse intern in etwa wie folgt um:
```
class Kategorie extends Enum
{
  public static final Kategorie BERUF =
    new Kategorie("BERUF",0);
  public static final Kategorie PRIVAT =
    new Kategorie("PRIVAT",1);
  Kategorie(String s, int i)
  {
    super(s,i);
  }
}
```

Beispiel 1a

enum-Konstanten können in switch-Anweisungen verwendet werden, da sie intern über eine ganze Zahl identifiziert werden. Diese Zahl wird vom Compiler für die Aufzählung eingesetzt.

In switch einsetzbar

Standardmäßig erhalten die vom Compiler erzeugten enum-Objekte eine Reihe zusätzlicher Eigenschaften:

Enum

- Jedes Aufzählungsobjekt erbt von der abstrakten Klasse Enum.
- Es werden die von Object geerbten Methoden toString(), hashCode() und equals() sinnvoll redefiniert.
- Es werden die Schnittstellen Serializable und Comparable implementiert.
- Aufzählungsobjekte können *nicht* geklont werden.

- Vergleichsabfragen erfolgen mit ==.
- Die Methode `ordinal()` gibt den Wert zurück, der die Reihenfolge in der Aufzählung angibt (Startwert ist 0).
- Die Methode `values()` ermöglicht es, über alle Werte der Aufzählung zu iterieren.
- Die Methode `name()` liefert den Namen der Konstanten.

Beispiel 1b

```
for (Kategorie e: Kategorie.values())
  System.out.pintln("Kategorie: " + e.name());
```

Innere Klasse

`enum`-Klassen werden in der Regel als innere Klassen eingesetzt (siehe »Innere und anonyme Klassen«, S. 250).

Aufzählungen mit Werten

Da eine Aufzählung eine Klasse in Java darstellt, können den Konstanten Attribute zugeordnet werden. Dies geschieht dadurch, dass bei der Deklaration der Konstanten in runden Klammern ein Parameter für den Konstruktor angegeben wird.

Beispiel

Roemisch

```
//Beispiel für Aufzählungen mit Attributen
public class Roemisch
{
  //enum als innere Klasse
  public enum Roman
  {
    I(1), V(5), X(20), L(50), C(100), D(500), M(1000);
    private final int wert;

    //Konstruktor
    Roman(int wert)
    {
      this.wert = wert;
    }
    //get-Methode
    public int getWert()
    {
      return wert;
    }
  }

  public static void main (String args[])
  {
    System.out.println(Roman.I);
    System.out.println(Roman.I.getWert());
    System.out.println(Roman.I.ordinal());

    for (Roman r : Roman.values())
      System.out.println(r + "\t" + r.getWert() +
        "\t" + r.ordinal());
  }
}
```

Der Konstruktur speichert den jeweiligen Argument-Wert in der internen Variablen `wert`. Der Programmlauf ergibt folgendes Ergebnis:

I	1	0
I	1	0
V	5	1
X	20	2
L	50	3
C	100	4
D	500	5
M	1000	6

7.10 Versiegelte Klassen und Schnittstellen *

Java 15 hat mit der Einführung von `sealed` Klassen und Schnittstellen eine bedeutende Neuerung eingeführt. Diese Funktion erlaubt es, die Möglichkeiten der Vererbung explizit einzuschränken und zu kontrollieren. Dies ist besonders nützlich, um bessere Wartbarkeit, klarere Architektur und eine bessere Ausdrucksmöglichkeit im Code zu gewährleisten.

Die Hauptmotivation hinter versiegelten Klassen liegt darin, die Vererbung kontrollierbarer zu machen. In Java können standardmäßig alle Klassen erweitert und alle Interfaces implementiert werden, sofern sie nicht explizit als final markiert sind. Dies kann in größeren Projekten dazu führen, dass ungewollte oder unübersichtliche Vererbungsstrukturen entstehen. Versiegelte Klassen und Schnittstellen schaffen Abhilfe, indem sie:

Motivation

- Die erlaubten Unterklassen explizit definieren.
- Den Compiler bei der Überprüfung der Vollständigkeit von Switch-Ausdrücken unterstützen.
- Die Absichten hinter einer Implementierung deutlicher machen.

Eigenschaften

1. **Kompilergestützte Einschränkung:** Der Compiler erzwingt, dass alle in der `permits`-Klausel angegebenen Klassen direkt von der `sealed class` erben. Wird eine nicht erlaubte Klasse erstellt, die versucht, von der `sealed class` zu erben, resultiert dies in einem Kompilierungsfehler.
2. **Modifikatoren:** Unterklassen einer `sealed class` müssen eine der folgenden drei Kategorien verwenden:
   - `final:` Die Klasse kann nicht weiter vererbt werden.
   - `sealed:` Die Vererbung wird erneut eingeschränkt.
   - `non-sealed:` Die Klasse hebt die Einschränkung der Vererbung auf und erlaubt unkontrollierte Vererbung.

7 Mehrfachvererbung und Schnittstellen *

```java
public sealed class Animal permits Dog, Cat {}

public final class Dog extends Animal {
    // Dog kann nicht weiter vererbt werden.
}

public non-sealed class Cat extends Animal {
    // Cat kann beliebig vererbt werden.
}

public class PersianCat extends Cat {
    // Erlaubt, da Cat non-sealed ist.
}
```

3 **Schutz vor unbeabsichtigter Vererbung:** Nur Klassen im gleichen Modul oder Pakete mit entsprechenden Exporten können als Unterklassen verwendet werden.

sealed interface

Das Schlüsselwort `sealed` funktionieren auch mit Schnittstellen. Dabei gelten dieselbe Syntax und dieselben Regeln:

```java
public sealed interface Vehicle permits Car, Truck, Motorcycle {
    void drive();
}

public final class Car implements Vehicle {
    @Override
    public void drive() {
        System.out.println("Driving a car");
    }
}

public non-sealed class Truck implements Vehicle {
    @Override
    public void drive() {
        System.out.println("Driving a truck");
    }
}

public final class Motorcycle implements Vehicle {
    @Override
    public void drive() {
        System.out.println("Riding a motorcycle");
    }
}
```

Verwendung mit Switch-Expressions

Eine weitere Stärke von `sealed classes` ist ihre Integration mit Switch-Expressions. Da die erlaubten Unterklassen einer `sealed class` bekannt sind, kann der Compiler sicherstellen, dass ein `Switch`-Ausdruck vollständig ist.

```
public static String describeShape(Shape shape) {
    return switch (shape) {
        case Circle c -> "This is a circle.";
        case Rectangle r -> "This is a rectangle.";
        case Square s -> "This is a square.";
    };
}
```

Wenn eine neue Unterklasse von Shape hinzufügt wird, erzwingt der Compiler, dass der Switch-Ausdruck entsprechend angepasst wird.

- **Komplexität der Hierarchien:** Sealed classes können in komplexen Vererbungshierarchien unübersichtlich werden, insbesondere wenn Unterklassen selbst wieder sealed oder non-sealed sind.
- **Einschränkung auf ein Modul oder Paket:** Nur Klassen im gleichen Modul oder Paket können als Unterklassen verwendet werden. Das kann manchmal Einschränkungen bei der Architektur mit sich bringen.

Einschränkungen

Versiegelte Klassen und Schnittstellen sind eine leistungsstarke Ergänzung zu Java, die eine präzisere Kontrolle über Vererbung und Implementierung ermöglichen. Durch ihre Integration mit Switch-Ausdrücken und ihre kompilerseitige Sicherheit machen sie Java-Code nicht nur sicherer, sondern auch ausdrucksstärker. Mit ihren vielseitigen Einsatzmöglichkeiten können sie dazu beitragen, klarere und wartbarere Softwaresysteme zu entwickeln.

Fazit

7.11 Vom Problem zur Lösung: Teil 2 **

Ein Programm zu entwickeln ist *nicht* einfach. Beim Programmieren geht es immer darum, zu einem gegebenen Problem eine Lösung zu finden. Programmieren kann man daher gleichsetzen mit Problemlösen.

Das folgende Beispiel zeigt, wie Sie systematisch vorgehen können, um ein Programmierproblem **objektorientiert** zu lösen.

Es wird bei diesem Beispiel davon ausgegangen, dass Sie mit Ihrem bisherigen Programmierwissen dieses Problem lösen können. Das Problem ist so gestaltet, dass es mit *mehreren* Fachkonzeptklassen und einer UI-Klasse gelöst werden kann. Die Benutzungsoberfläche kann textorientiert gestaltet werden. Auf eine langfristige Datenspeicherung (Persistenz) wird zunächst verzichtet.

Voraussetzungen

> Die im folgenden gegebenen Hinweise zur systematischen Problemlösung gelten nur für einfache Probleme. Die Lösung von komplexen Problemen gehört zu dem Gebiet *Require-*

Hinweis

ments Engineering, einer Teildisziplin der Softwaretechnik. In dem »Lehrbuch der Softwaretechnik – Basiskonzepte und Requirements Engineering« (mit E-Learning-Kurs) wird gezeigt, wie komplexe Probleme systematisch gelöst werden können [Balz09a].

Eine objektorientierte Lösung beginnt in der Regel damit, zunächst eine **objektorientierte Analyse** (OOA) des Problems durchzuführen. Ziel einer objektorientierten Analyse ist es, das Fachkonzept des Problems zu identifizieren und in der Regel durch ein UML-Klassendiagramm zu modellieren.

Folgende Entscheidungsreihenfolge hat sich bewährt [Balz09a, S. 562]:

1 **Klassen identifizieren**
   Für jede Klasse nur so viele Attribute und Operationen identifizieren, wie für das Problemverständnis und das einwandfreie Erkennen der Klasse notwendig sind (siehe »Vom Problem zur Lösung: Teil 1«, S. 139).

2 **Assoziationen identifizieren**
   Zunächst nur die reinen Verbindungen in ein UML-Klassendiagramm eintragen, d. h. noch keine genaueren Angaben, z. B. zur Multiplizität oder zur Art der Assoziation, machen (siehe »Assoziationen: Beziehungen zwischen Klassen«, S. 157). Bei Unklarheiten ein UML-Objektdiagramm erstellen. Alternative Problemlösungen prüfen.

3 **Attribute identifizieren**
   Identifizieren aller Attribute des Fachkonzepts (siehe »Vom Problem zur Lösung: Teil 1«, S. 139).

4 **Vererbungsstrukturen identifizieren**
   Aufgrund der identifizierten Attribute Vererbungsstrukturen erstellen (siehe »Einfachvererbung«, S. 183).

5 **Assoziationen vervollständigen**
   Festlegung der Multiplizitäten, Rollen, Namen und Restriktionen (siehe »Assoziationsnamen und Rollen«, S. 161, »Navigierbarkeit«, S. 167).

6 **Auf Allgemeinheit und Erweiterbarkeit hin prüfen**
   Erfahrungen haben gezeigt, dass Softwaresysteme vor oder nach ihrem erstmaligen Einsatz modifiziert und/oder erweitert werden. Daher sollte in der objektorientierten Analyse bereits geprüft werden, inwieweit mögliche Änderungen durch die vorgesehene oder eine allgemeinere Lösung »abgedeckt« werden.

Im Anschluss an die objektorientierte Analyse erfolgt in der Regel ein **objektorientierter Entwurf** (OOD), bei dem die Lösung des Fachkonzepts sowohl um die Benutzungsschnittstelle als auch die Datenhaltung sowie um weitere technische Klassen ergänzt wird.

Objektorientierte Analyse

Die junge Fluggesellschaft INNOAIR startet ihren Flugbetrieb mit einem Flugzeug vom Typ Dash 8. Jeden Tag wird ein Flug angeboten. Flüge können ein Jahr im voraus gebucht werden. Die Flugnummern entsprechen den Tagen im Jahr, z. B. 2. Januar = Flugnr. 2. Die Abb. 7.11-1 zeigt die verfügbaren Sitze in dem Flugzeug.

Beispiel 1a

Da INNOAIR zunächst im Billigflugsegment tätig sein will, gibt es nur die Klasse Economy. Eine Reservierungssoftware soll es möglich machen, Sitzplätze ein Jahr im voraus zu reservieren. Folgende Funktionen soll die Reservierungssoftware besitzen:

7 Mehrfachvererbung und Schnittstellen *

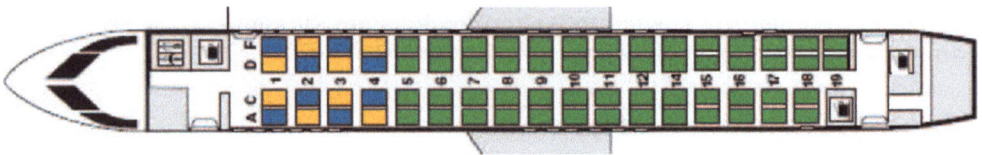

Abb. 7.11-1: Sitzplätze in dem Flugzeug.

- /10/ Ausgabe aller freien Sitze (Reihe + Buchstabe) für einen Flug.
- /20/ Ausgabe aller belegten bzw. reservierten Sitze (Reihe + Buchstabe) für einen Flug.
- /30/ Buchung eines Sitzplatzes für einen Flug, Eingabe des Sitzplatzes: Reihe + Buchstabe.
- /40/ Einen gebuchten Sitzplatz für einen Flug stornieren, Eingabe des Sitzplatzes: Reihe + Buchstabe.

Mögliche Lösungsschritte sind:

Schritt 1

Klassen identifizieren

Anhand der Problemstellung lassen sich zunächst folgende Klassen identifizieren:

- Klasse Flugzeug:
- Attribut: Flugzeugtyp

Da es nur ein Flugzeug gibt und eigentlich keine Informationen über das Flugzeug gefordert werden, ist zu prüfen, ob diese Klasse wirklich nötig ist.

- Klasse Flug
- Attribut: Flugnr (=Tag des Jahres)
- Methode: gibFreiePlaetze()
- Methode: gibBelegtePlaetze()
- Methode: bucheSitzplatz()
- Methode: storniereSitzplatz()
- Klasse Sitzplatz
- Attribut: reihennummer
- Attribut: buchstabe

Beim Sitzplatz stellt sich die Frage, ob es eine Eigenschaft des Sitzplatzes ist, ob er reserviert bzw. gebucht ist oder nicht.

Frage   Überlegen Sie, welche Konsequenzen es hat, wenn die Reservierungseigenschaft mit dem Sitzplatz verknüpft ist. Welche Alternative gibt es?

Antwort   Wird pro Sitzplatz gespeichert, ob er für einen Flug reserviert ist oder nicht, dann müssen pro Flug alle Sitzplätze als Objekte vorhanden sein (365 Flüge mal 74 Sitzplätze = 27.010 Sitzplatzobjekte).

Alternativ wird eine Reservierung durch ein Buchungsobjekt repräsentiert. Es werden dann nur 74 Sitzplatzobjekte benötigt, die für alle Flüge referenziert werden können.

> ■ Klasse Buchung
>
> Ein Objekt der Klasse Buchung wird nur dann erzeugt, wenn eine Sitzplatzbuchung für einen Flug erfolgt. Das Objekt muss dann eine Beziehung zwischen dem Flug und dem gewünschten Sitzplatz herstellen. Es besitzt *keine* eigenen Attribute.
>
> **Assoziationen identifizieren**
> Zwischen folgenden Klassen gibt es Assoziationen:
>
> - Flugzeug – Sitzplatz (Flugzeug besteht aus Sitzplätzen, jeder Sitzplatz gehört zu einem Flugzeug).
> - Flugzeug – Flug (Mit dem Flugzeug werden Flüge durchgeführt, ein Flug wird von einem Flugzeug durchgeführt).
> - Flug – Sitzplatz (Für jeden Flug stehen die Sitzplätze zur Verfügung, jeder Sitzplatz steht für jeden Flug zur Verfügung).
> - Die Klasse Buchung stellt eine assoziative Klasse dar, die zur Assoziation Flug – Sitzplatz gehört, wenn eine Buchung vorgenommen wird.
>
> Alternativ könnte man auch auf die Klasse Flug verzichten und die Klasse Buchung an die Assoziation zwischen Flugzeug und Sitzplatz knüpfen und in dem Buchungsobjekt die Flugnummer vermerken. Beide Alternativen zeigt die Abb. 7.11-2.

Schritt 2

Frage

Vergleichen Sie beide Varianten und diskutieren Sie die Vor- und Nachteile. Spielen Sie die Methoden durch. Liefern sie über die Methoden und die Assoziationen die notwendigen Informationen.

Antwort

In der Variante 1 ist die Klasse Flugzeug offensichtlich *nicht* notwendig, da die Methoden nur auf die Klasse Sitzplatz zugreifen. Da die Reservierungsinformationen nur durch Objekte der Klasse Buchung repräsentiert werden, ist es ausreichend, wenn jedes Objekt der Klasse Flug nur eine Klassenreferenz bzw. statische Referenz auf die Objekte der Klasse Sitzplatz haben.

Bei der Variante 2 stellt sich die Frage, ob die Methoden fachlich zum Flugzeug gehören. Eine genauere Betrachtung zeigt, dass die Platzbuchung zu Flügen und nicht zu Flugzeugen gehört. Wünscht die Firma INNOAIR später eine Methode, die alle verfügbaren Flüge auflistet, dann ist dies mit der Variante 2 nicht möglich, da es eine Klasse Flug nicht gibt.

Diese Betrachtungen führen zu einer modifizierten Variante 1 (ohne die Klasse Flugzeug).

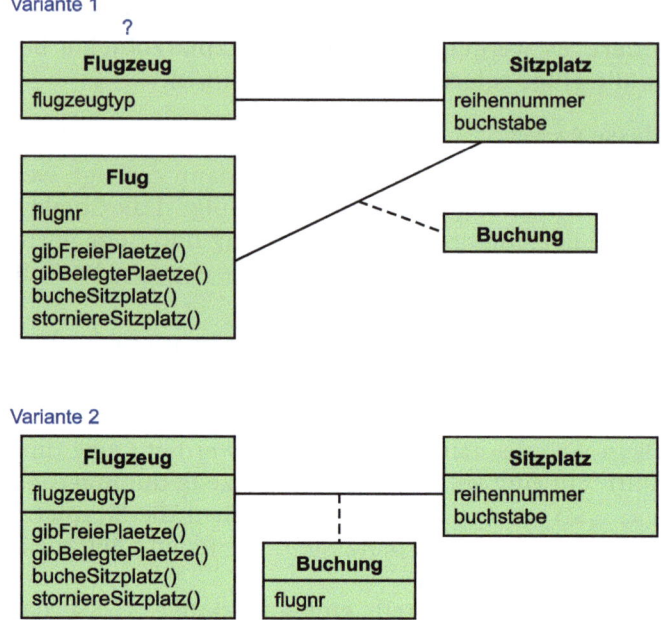

Abb. 7.11-2: Zwei Varianten zur Modellierung der Software Reservierung.

Wie Sie sehen, sind solche grundlegenden Betrachtungen zunächst wichtig, da sie ganz wesentlich die Programmierung beeinflussen. Eine falsche fachliche Modellierung führt sonst zu fachlich falschen Softwaresystemen.

Schritt 3   **Attribute identifizieren**
Den identifizierten Attributen können nun Typen zugeordnet werden (Abb. 7.11-3).

Schritt 4   **Vererbungsstrukturen identifizieren**
Vererbungsstrukturen sind *nicht* vorhanden.

Schritt 5   **Assoziationen vervollständigen**
Die Abb. 7.11-3 zeigt das UML-Klassendiagramm mit vervollständigten Attributen und Assoziations-Festlegungen.

In der Abb. 7.11-3 ist die assoziative Klasse Buchung in eine normale Klasse umgewandelt worden. Die Multiplizitäten und die Navigationsrichtungen sind eingezeichnet. Zwischen der Klasse Flug und der Klasse Sitzplatz ist eine Assoziation notwendig. Diese Assoziation gehört jedoch zur Klasse Flug und *nicht* zu den Objekten der Klasse Flug.

Schritt 6   **Auf Allgemeinheit und Erweiterbarkeit hin prüfen**

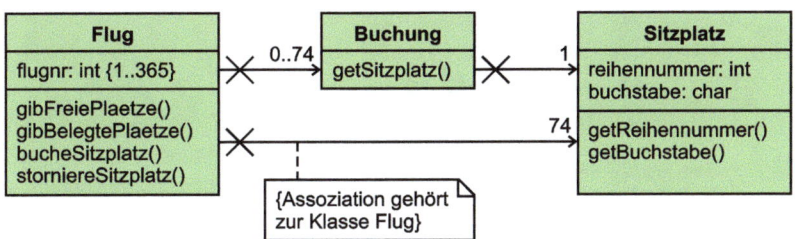

Abb. 7.11-3: Endgültiges OOA-Klassendiagramm für die Software Reservierung.

Überlegen Sie sich verschiedene neue Anforderungen und skizzieren Sie dafür eine mögliche Lösung. Beispiele für neue Anforderungen sind:

- Es wird eine Business-Klasse eingeführt (die ersten vier Reihen werden nur mit jeweils einem Passagier belegt).
- Pro Sitzplatz soll gespeichert werden, ob es sich um einen Fenster- oder Gangplatz handelt.
- Die Flugzeugflotte wächst auf 10 Maschinen vom gleichen Typ.
- Es kommen neue Flugzeuge mit anderer Sitzplatzanordnung hinzu (siehe z. B. Abb. 7.11-4).
- Pro Tag gibt es mehr als einen Flug.

Objektorientierter Entwurf

Beispiel 1b
Es kommt eine neue Klasse ReservierungUI hinzu, in der die 365 Flüge erzeugt werden. Diese Klasse greift auf die Klasse Flug zu.

Objektorientierte Programmierung

Beispiel 1c
Die einzelnen Klassen mit ihren Assoziationen werden ausprogrammiert. Notwendige Hilfsmethoden werden identifiziert und programmiert.

Führen Sie das Programm auf Ihrem Computersystem aus und analysieren Sie die einzelnen Klassen.

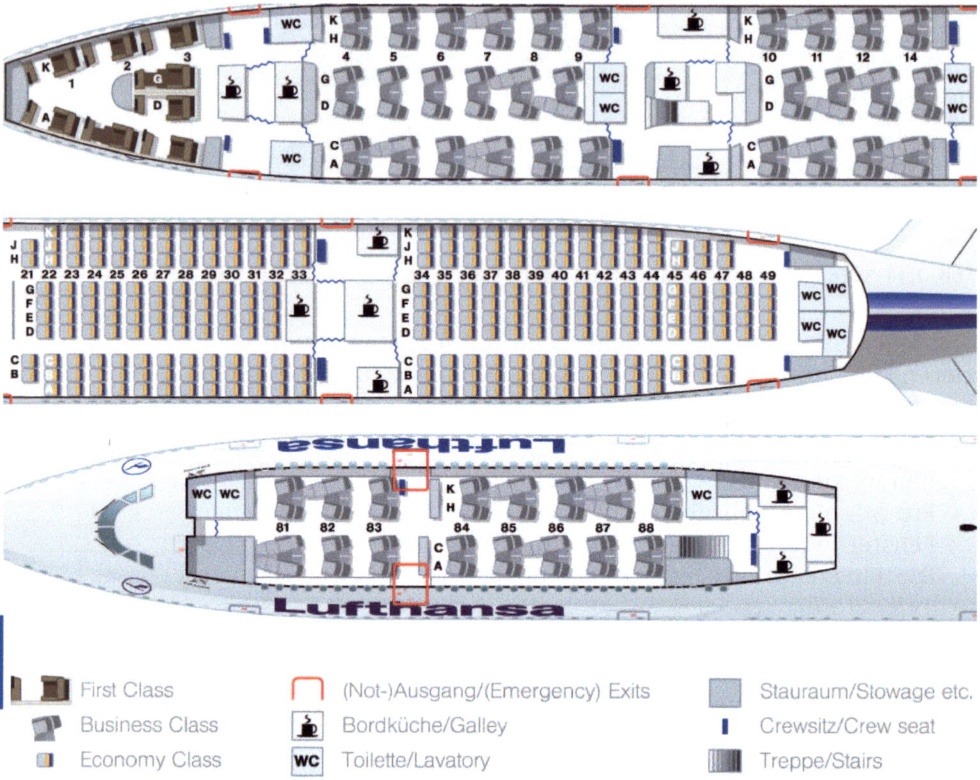

7 Mehrfachvererbung und Schnittstellen *

Abb. 7.11-4: Sitzplatzanordnung in einem Flugzeug (Quelle: Mit freundlicher Genehmigung der Lufthansa AG).

8 Persistenz und Datenhaltung *

Wird ein Programm im Arbeitsspeicher ausgeführt, dann werden in der Regel auch die erzeugten Objekte im Arbeitsspeicher aufbewahrt und verwaltet. Wird das Computersystem ausgeschaltet, dann werden die Inhalte des Arbeitsspeichers gelöscht. Möchte man die erzeugten Objekte und ihre Verbindungen zu anderen Objekten über den aktuellen Programmlauf hinaus aufbewahren, dann muss man diese Informationen in geeigneter Form auf externen Speichern aufbewahren. **Persistenz** liegt vor, wenn es möglich ist, aus den langfristig gespeicherten Daten wieder einen analogen Arbeitsspeicherzustand wie vor der Speicherung herzustellen.

Externe Speicher

Es gibt heute im Wesentlichen zwei verschiedene Möglichkeiten, Daten langfristig aufzubewahren. Persistente Objekte erhält man durch geeignete Speicherung in

Dateien & Datenbanken

- Dateien und
- **Datenbanken**.

Im Gegensatz zu Dateien stellen Datenbanken umfangreiche Verwaltungssysteme für große Datenmengen zur Verfügung, auf die viele Benutzer zugreifen können. Im Folgenden wird nur die Speicherung in Dateien behandelt.

In Java geschieht die Ein- und Ausgabe von Informationen über sogenannte **Ströme**:

- »Persistenz und Datenhaltung in Java«, S. 266

Mit Hilfe der Klassen InputStream und Reader können Bytes und Unicode-Zeichen sequenziell gelesen werden:

- »Dateien sequenziell lesen«, S. 269

Analog ist ein sequenzielles Schreiben mithilfe der Klassen OutputStream und Writer möglich:

- »Dateien sequenziell schreiben«, S. 273

Es gibt verschiedene Formen der **Dateiorganisation**. Eine **Indexverwaltung** erlaubt den direkten Schreib- und Lesezugriff auf eine Datei:

- »Eine einfache Indexverwaltung«, S. 444

Benutzungsoberfläche und Fachkonzept sollen immer voneinander getrennt werden, ebenso Fachkonzept und Datenhaltung:

- »Drei-Schichten-Architektur«, S. 283

Ausgehend von einem Fachkonzept werden für die Realisierung pro Fachkonzeptklasse mehrere sogenannte technische Klassen benötigt:

- »Vom Fachkonzept zur Drei-Schichten-Architektur«, S. 285

© Der/die Autor(en), exklusiv lizenziert an
Springer-Verlag GmbH, DE, ein Teil von Springer Nature 2025
H. Balzert und D. Arinir, *Java: Objektorientiert programmieren*,
https://doi.org/10.1007/978-3-662-71350-1_8

Während der Programmierer bei der Speicherung von Informationen in Dateien selbst dafür sorgen muss, dass die Attributwerte und die Referenzen für die Speicherung geeignet aufbereitet werden, geschieht dies beim Konzept der **Serialisierung** automatisch:

- »Die Serialisierung von Objekten«, S. 289

Die Serialisierung erlaubt nicht nur die einfache Speicherung von Objekten, sondern erlaubt die automatische Speicherung von Objekt-Netzen:

- »Vernetzte Objekte serialisieren«, S. 297

8.1 Persistenz und Datenhaltung in Java *

Zustände und Verbindungen von Objekten können durch die Persistenz langfristig auf externen Speichern aufbewahrt werden. Zur Realisierung der Persistenz ist eine Datenhaltung erforderlich. Die Datenhaltung kann mit Hilfe von Dateien selbst programmiert werden. Bei der sequenziellen Organisation werden alle Informationen nacheinander geschrieben oder nacheinander gelesen. Jede neu zu speichernde Information wird hinter den bisher gespeicherten Informationen abgelegt. Umgekehrt werden alle Informationen von vorne nach hinten aus der Datei gelesen. In Java dienen Ströme dazu, Informationen sequenziell zu speichern und zu lesen.

Streams In Java wird die **Ein-** und **Ausgabe** von Daten mithilfe von **Strömen** *(streams)* durchgeführt. Ein Strom stellt die Schnittstelle eines Programms nach außen dar. Ströme sind geordnete Folgen von Daten, die eine Quelle oder eine Senke haben.

Ein Strom ist vergleichbar mit einer **Pipeline**. Auf der einen Seite wird die Pipeline mit Daten gefüllt, auf der anderen Seite werden die Daten entnommen. Die Daten werden in der Pipeline solange zwischengespeichert bzw. gepuffert, bis sie entnommen werden. Das Verhalten ist analog zu einer Warteschlange.

Die Datenströme sind an *kein* spezielles Ein- oder Ausgabeobjekt gebunden. Daher können sie beliebig ineinander geschachtelt werden.

Ströme sind in der Regel unidirektional. Ein Eingabestrom kann *nicht* zur Ausgabe benutzt werden und umgekehrt.

java.io Alle für die Ein- und Ausgabe zuständigen, über dreißig Klassen sind in Java in dem Paket java.io zusammengefasst. Dieses Paket ist immer zu importieren, wenn diese Klassen verwendet werden sollen.

8.1 Persistenz und Datenhaltung in Java *

Es werden **Byte**- und **Unicode**-Ströme unterschieden. Das Lesen und Schreiben von Unicode-Strömen ist einfacher, da die Daten nicht auf festgelegten Zeichensätzen arbeiten müssen.

Byte vs. Unicode

Für das Lesen von **Byte-Strömen** gibt es eine Klassenhierarchie mit der abstrakten Oberklasse InputStream, für das Schreiben eine Klassenhierarchie mit der abstrakten Oberklasse OutputStream.

Analog gibt es für das Lesen von **Unicode-Strömen** eine Klassenhierarchie mit der abstrakten Oberklasse Reader, für das Schreiben eine Klassenhierarchie mit der abstrakten Oberklasse Writer.

Diese abstrakten Klassen besitzen mehrere Unterklassen, die spezielle Typen von Ein- und Ausgabeströmen implementieren. Stromtypen treten fast immer in Paaren auf. Zu einem BufferedReader gibt es einen BufferedWriter usw.

Zusätzlich gibt es eine Klasse RandomAccessFile, die das Lesen *und* Schreiben einer Datei ermöglicht, Klassen zum Umgang mit Dateinamen (File, FileDescriptor) sowie weitere Klassen für spezielle Aufgaben.

Sehen Sie sich die Dokumentation zum Java-Paket io an.

Grundsätzlich lassen sich in Java folgende **Typen von Strömen** unterscheiden (Abb. 8.1-1):

- Standarddatenströme:
  - Standardeingabestrom System.in: Strom, der Zeichen von der Tastatur einliest. Beispiel: System.in.read();
  - Standardausgabestrom System.out: Strom, der Zeichen auf den Bildschirm ausgibt. Beispiel: System.out.println(...);
  - Standardfehlerstrom System.err: Strom, der Fehlermeldungen auf den Bildschirm ausgibt. Beispiel: System.err.println(...);

Standarddatenströme

Die Klasse System gehört zum Paket java.lang und ermöglicht den Zugriff auf die Systemfunktionalität. System.in ist eine Klassenvariable, die eine Referenz auf ein Objekt enthält, das den Standardeingabestrom implementiert. Analog gilt dies für System.out und System.err.

- Unicode-Dateiströme:
  - FileReader: Eingabestrom auf einer im zugrunde liegenden Dateisystem vorhandenen Datei.
  - FileWriter: Ausgabestrom auf einer im zugrunde liegenden Dateisystem vorhandenen Datei.

Unicode-Dateiströme

Ein Dateistrom kann durch Angabe eines Dateinamens, eines File-Objekts oder eines FileDescriptor-Objekts erzeugt werden (gilt auch für Byte-Ströme).

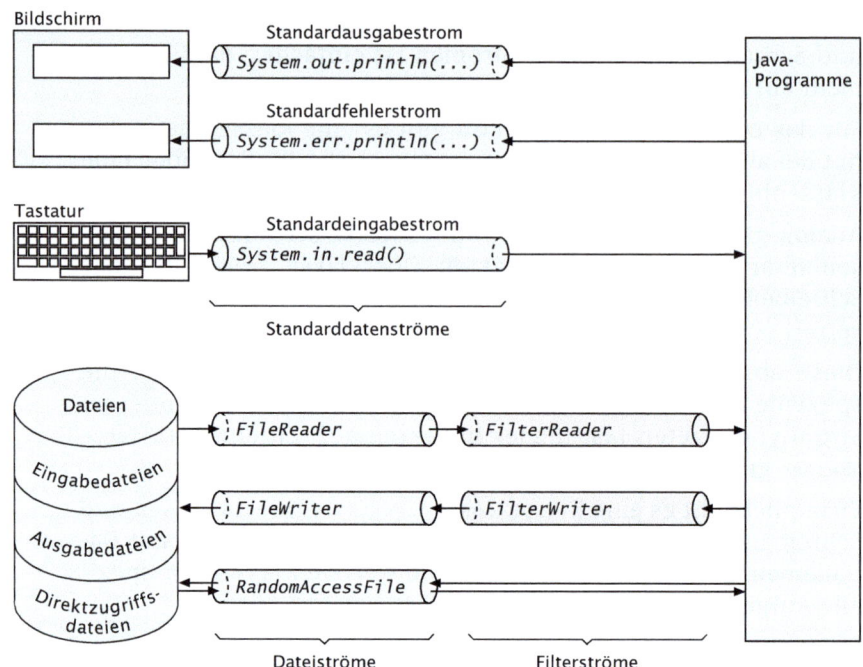

Abb. 8.1-1: Veranschaulichung des Stromkonzepts in Java.

Unicode-Filterströme
- **Filterströme:** Verbinden einen Strom mit einem anderen Strom, um die aus einem Originalstrom gelesenen oder in einen Originalstrom geschriebenen Daten zu filtern.
  - `FilterReader` (abstrakt) mit Unterklassen, z. B. `PushbackReader`.
  - `FilterWriter` (abstrakt).

Ähnliche Filterstrom-Klassen gibt es für Byte-Datenströme.

Um einen Filterstrom verwenden zu können, muss er mit dem entsprechenden Ein- oder Ausgabestrom initialisiert werden. Dies geschieht bei der Erzeugung des Filterstroms.

Gepufferte Ströme
Gepufferte Ströme (`BufferedReader`, `BufferedWriter`) erweitern die Standardklassen um die Pufferung. Dadurch muss nicht für jeden Lese- und Schreibaufruf auf das Dateisystem zugegriffen werden (gilt auch für Byteströme).

Automatisches Öffnen
Ein- und Ausgabeströme werden automatisch bei der Erzeugung geöffnet. Sie müssen explizit mit der Methode `close()` geschlossen werden (am besten in einem `finally`-Block).

Viele Methoden in `java.io` verwenden zur Anzeige von Ausnahmen die Ausnahmeklasse `IOException`.

8.2 Dateien sequenziell lesen *

Zum Lesen von sogenannten sequenziellen Datenströmen stehen in Java die abstrakten Oberklassen `InputStream` (für Byte-Ströme) und `Reader` (für Unicode-Ströme) zur Verfügung. Zum Lesen von Zeichen aus Dateien ist die Klasse `FileReader`, eine Unterklasse von `Reader`, gut geeignet. Durch einen Puffer ermöglicht die Klasse `BufferedReader` ein zeilenweises Einlesen von Zeichenketten. Mit Hilfe der Hüllklassen-Methoden `Typ.parseTyp(str)` können Zeichenketten leicht in einfache Typen gewandelt werden, z. B. `Long.parseLong(str)`. Die Klasse `LineNumberReader` liefert beim Lesen auch noch die Zeilennummer mit.

In Java gibt es zwei unterschiedliche Klassenhierarchien zum sequenziellen Lesen von Daten aus Datenströmen:

- Die abstrakte Klasse `InputStream` mit allen Unterklassen ermöglicht das Lesen von Daten im **Byte-Format**.
- Die abstrakte Klasse `Reader` mit allen Unterklassen ermöglicht das Lesen von Daten im **Unicode-Format**.

Bei den Datenströmen kann es sich z. B. um Daten aus Dateien *(files)*, um Daten aus Zeichenketten oder Daten aus Zeichen-Feldern handeln. Die Unterklassen beziehen sich auf bestimmte Eingabegeräte mit einem charakteristischen Verhalten.

Im Folgenden wird beispielhaft das Lesen aus Dateien gezeigt, die Daten im Unicode-Format gespeichert haben. Auf das Lesen aus Dateien ist die Klasse `FileReader` zugeschnitten, die folgende wichtige Methoden besitzt:

FileReader

- `public FileReader(String fileName) throws FileNotFoundException`: Öffnet die Datei mit dem Namen `fileName` zum Lesen. Ist sie nicht vorhanden oder lässt sie sich nicht öffnen, dann wird eine Ausnahme ausgelöst.

Konstruktor

- `public int read() throws IOException` (geerbt von der Klasse `Reader`): Liest das nächste Zeichen aus dem Eingabestrom. Wartet, wenn kein Zeichen bereitliegt. Das gelesene Zeichen wird als `int`-Wert im Bereich von 0 bis 65535 (0x00-0xffff) zurückgegeben. Eine -1 (0xffffffff) wird geliefert, wenn das Ende des Datenstroms erreicht ist.

Methoden

- `public void close() throws IOException` (geerbt von der direkten Oberklasse `InputStreamReader`): Schließt den Datenstrom. Weitere Aufrufe von `read()` führen zu einer Ausnahme.

```
//Liest einen Text aus einer Textdatei

import java.io.*;
```

Beispiel 1a
LeseDatei

```java
class LeseDatei
{
  public static void main (String args[])
  {
    FileReader eineEingabeDatei = null;
    try
    {
      eineEingabeDatei =
        new FileReader("LeseDatei.java");
      int c;
      while ( (c = eineEingabeDatei.read()) != -1 )
      System.out.print((char) c);
    }
    catch(IOException eineAusnahme)
    {
      System.out.println("Fehlermeldung: " + eineAusnahme);
    }
    finally //Schließen der Datei
    {
      if (eineEingabeDatei != null)
      try
      {
        eineEingabeDatei.close();
      }
      catch (IOException eineAusnahme)
      {
        System.out.println("Fehlermeldung: " + eineAusnahme);
      }
    }
  }
}
```

Das Programm gibt den eigenen Quellcode aus.

Sehen Sie sich die Dokumentation der Klasse FileReader und insbesondere die verfügbaren Konstruktoren und Methoden an.

Hinweis: Java 7

Seit Java 7 gibt es eine neue try-Anweisung, die es erlaubt, in einem try-Block eine Ressource zu öffnen und diese automatisch zu schließen, wenn der Block fertig durchlaufen ist – ARM genannt *(Automatic Resource Management)*. Nach dem Wortsymbol try werden in runden Klammern, durch Semikolons getrennt, die Ressourcen aufgeführt, die am Ende des try-Blocks wieder geschlossen werden sollen. Die so aufgeführten Ressourcen müssen die Schnittstelle java.lang.Autocloseable implementieren.

Beispiel 1b
LeseDatei2

Das Programm aus Beispiel 1a vereinfacht sich dadurch wie folgt:

```
//Liest einen Text aus einer Textdatei

import java.io.*;
```

```
class LeseDatei
{
  public static void main (String args[])
  {
    try (FileReader eineEingabeDatei =
                    new FileReader("LeseDatei.java"))
    {
      int c;
      while ( (c = eineEingabeDatei.read()) != -1 )
        System.out.print((char) c);
    }
    catch(IOException eineAusnahme)
    {
      System.out.println
        ("Fehlermeldung: " + eineAusnahme);
    }
  }
}
```

Im Folgenden wird immer die neue `try-with-resources`-Anweisung verwendet.

Die Klasse `BufferedReader`, eine Unterklasse von `Reader`, benutzt einen Puffer, in den eine voreingestellte Anzahl von Zeichen auf einmal eingelesen wird. Das verringert die Anzahl der Systemzugriffe, erhöht drastisch die Effizienz und sollte daher immer verwendet werden:

Buffered Reader

- `public BufferedReader(Reader in)`: Erzeugt einen puffernden Zeichenstrom mit einer voreingestellten Puffergröße. Als Parameter wird ein `Reader` erwartet, z. B. ein Objekt einer Unterklasse von `Reader` wie `FileReader`.

Konstruktor

- `public String readLine() throws IOException`: Liest eine Textzeile bis zum Zeilenende und gibt die Zeichenkette ohne die Endezeichen ('\n', '\r' oder '\r\n') zurück. Das Ergebnis ist `null`, wenn der Strom am Ende ist.

Zusätzliche Methode

Das folgende Programm `LeseDateiGepuffert` liest ganze Textzeilen auf einmal:

Beispiel 1c

```
//Liest einen Text aus einer Textdatei gepuffert

import java.io.*;

class LeseDatei
{
  public static void main (String args[])
  {
    try (FileReader  eineEingabeDatei =
           new FileReader("Lesedatei.java");
         BufferedReader eingabeDaten =
           new BufferedReader(eineEingabeDatei))
    {
```

```
    //Erste Zeile lesen
    String zeile = eingabeDaten.readLine();
    //Wenn eine Zeile gelesen wurde, gib sie aus
    //und lese die restlichen Zeilen
    while (zeile  != null)
    {
      System.out.println(zeile);
      zeile = eingabeDaten.readLine();
    }
  }
  catch(IOException eineAusnahme)
  {
    System.out.println
      ("Fehlermeldung: " + eineAusnahme);
  }
 }
}
```

Andere Typen

Die Methode `readLine()` der Klasse `BufferedReader` liest *nur* Text in ein String-Objekt. Zeichenketten, die Zahlen repräsentieren können durch die Hüllklassen (siehe »Die Hüllklassen für einfache Typen«, S. 99) in einfache Typen konvertiert werden. Dafür gibt es folgende Methoden:

`Integer.parseInt(str)`, `Short.parseShort(str)`,
`Byte.parseByte(str)`, `Long.parseLong(str)`, `Float.parseFloat(str)`,
`Double.parseDouble(str)`.

Beispiel 2a

Das Programm `LeseDateiDouble` liest zeilenweise Messwerte vom Typ `double` aus einer Datei:

```
//Liest double-Messwerte aus einer Textdatei
//und berechnet die Summe aller Messwerte

import java.io.*;

class LeseDatei
{
  public static void main (String args[])
  {
    double summe =0.0;

    try (FileReader eineEingabeDatei =
        new FileReader("Messwertedatei.txt");
      BufferedReader eingabeDaten =
        new BufferedReader(eineEingabeDatei))
    {
      String zeile = eingabeDaten.readLine();
      while ( zeile  != null )
      {
        summe = summe + Double.parseDouble(zeile);
        System.out.println(zeile);
        zeile = eingabeDaten.readLine();
      }
      System.out.println("Summe: " + summe);
```

```
      }
      catch(IOException eineAusnahme)
      {
         System.out.println("Fehlermeldung: " + eineAusnahme);
      }
   }
}
```

Sehen Sie sich die Dokumentation der Klasse BufferedReader und insbesondere die verfügbaren Konstruktoren und Methoden an.

Die Klasse LineNumberReader, eine Unterklasse von BufferedReader, liest die Eingabezeilen und zählt gleichzeitig die gelesenen Zeilen:

LineNumber Reader

- public int getLineNumber():
  Liefert die aktuelle Zeilennummer.

Methode

Das Programm LeseDateiMitZeilennr liest einen Text aus einer Textdatei und gibt die Zeilennummern mit aus:

Beispiel 2b

```
...
LineNumberReader eingabeDaten =
    new LineNumberReader(eineEingabeDatei);
String zeile = eingabeDaten.readLine();
while (zeile != null)
{
   System.out.println
      (eingabeDaten.getLineNumber() + ": " + zeile);
   zeile = eingabeDaten.readLine();
}
...
```

Sehen Sie sich die Dokumentation der Klasse LineNumberReader und insbesondere die verfügbaren Konstruktoren und Methoden an.

8.3 Dateien sequenziell schreiben *

Zum Schreiben von sogenannten sequenziellen Datenströmen stehen in Java die abstrakten Oberklassen OutputStream (für Byte-Ströme) und Writer (für Unicode-Ströme) zur Verfügung. Zum Schreiben von Zeichen und Zeichenketten in Dateien ist die Klasse FileWriter, eine Unterklasse von Writer, gut geeignet. Alle einfachen Typen sowie Zeichenketten und Objekte der Klasse Object kann die Klasse PrintWriter schreiben, sowohl mit und ohne Zeilenendezeichen.

Weitgehend spiegelbildlich zu den Klassen, die ein sequenzielles Lesen von Datenströmen ermöglichen (siehe »Dateien sequenziell lesen«, S. 269), gibt es zwei Klassenhierarchien zum sequenziellen Schreiben von Datenströmen:

8 Persistenz und Datenhaltung *

- Die abstrakte Klasse OutputStream mit allen Unterklassen ermöglicht das Schreiben von Daten, die im **Byte-Format** vorliegen.
- Die abstrakte Klasse Writer mit allen Unterklassen ermöglicht das Schreiben von Daten, die im **Unicode-Format** vorliegen.

Bei den Datenströmen kann es sich z. B. um Daten für Dateien *(files)*, um Daten für Zeichenketten oder Daten für Zeichen-Felder handeln. Die Unterklassen beziehen sich auf bestimmte Ausgabegeräte mit einem charakteristischen Verhalten.

FileWriter Im Folgenden wird beispielhaft das Schreiben in Dateien gezeigt, die Daten im Unicode-Format speichern. Auf das Schreiben in Dateien zugeschnitten ist die Klasse FileWriter, die folgende wichtige Methoden besitzt:

Konstruktor
- public FileWriter(String fileName, boolean append) throws IOException: Erzeugt eine Datei mit dem Namen fileName. Existiert bereits ein Datei mit dem Namen fileName, dann wird die existierende Datei gelöscht. Soll eine bereits existierende Datei *nicht* gelöscht, sondern die Daten ans Ende angehängt werden, dann muss der Parameter append = true sein. Fehlt der Parameter, dann gilt append = false. Eine Ausnahme wird ausgelöst, wenn sich die Datei nicht erzeugen oder öffnen lässt.

Methoden
- public void write(int c) throws IOException (geerbt von der Klasse Writer): Schreibt ein einzelnes Zeichen. Es werden die unteren 16 Bit der ganzen Zahl geschrieben. Die oberen 16 Bit werden ignoriert.
- public void write(String str) throws IOException: Schreibt eine Zeichenkette.
- public void close() throws IOException (geerbt von der direkten Oberklasse OutputStreamWriter): Schließt den Datenstrom.

Beispiel

Das Programm SchreibeDatei schreibt einen Text in eine Textdatei:

```
//Schreibt einen Text in eine Textdatei

import java.io.*;

class SchreibeDatei
{
 public static void main (String args[])
 {
    try (FileWriter eineAusgabeDatei =
        new FileWriter("Schreibedatei.txt") )
    {
      eineAusgabeDatei.write("Erste Zeile Text\n");
      eineAusgabeDatei.write("Zweite Zeile Text\n");
```

```
      }
      catch(IOException eineAusnahme)
      {
        System.out.println
          ("Fehlermeldung: " + eineAusnahme);
      }
    }
  }
}
```
Nach dem Lauf enthält die Datei folgenden Inhalt:
```
Erste Zeile Text
Zweite Zeile Text
```

Sehen Sie sich die Dokumentation der Klasse `FileWriter` und insbesondere die weiteren Methoden an.

Die Klasse `PrintWriter` erweitert die direkte Oberklasse `Writer` und bietet Methoden zur Konvertierung von Zeichenketten in alle einfachen Typen sowie die Speicherung eines Objekts der Klasse `Object`. Vor dem Schreiben werden die Daten gepuffert.

PrintWriter

- `public PrintWriter(String fileName) throws FileNotFoundException`: Erzeugt ein neues Objekt der Klasse `PrintWriter` mit dem Dateinamen `fileName`. Bei einem Zeilenendezeichen wird *nicht* automatisch der Puffer geschrieben. Dieser Konstruktor benötigt *keinen* existierenden `Writer`, z. B. `FileWriter`. Der Konstruktor erzeugt intern einen `FileWriter`.

Konstruktor

- `public void print(Type t)`: Schreibt ein Element von `Type`. Als `Type` kann stehen: `boolean`, `char`, `int`, `long`, `float`, `double`, `char[]`, `String`, `Object`.

Methoden

- `public void println(Type t)`: Analog wie `print()`, jedoch schließt die Zeile mit einem Zeilenendezeichen ab. Fehlt der Parameter, dann wird nur ein Zeilenendezeichen (der jeweiligen Plattform) geschrieben.
- `public void close()`: Schließt den Datenstrom.
- `public void flush()`: Schreibt gepufferte Daten.

Keine der Methoden erzeugt eine `IOException`.

Das Programm `SchreibeDateiMitPrintWriter` schreibt double-Literale in eine Textdatei:

Beispiel

```java
import java.io.*;

class SchreibeDatei
{
  public static void main (String args[])
  {
    try (PrintWriter eineAusgabeDatei =
      new PrintWriter("MesswerteDatei.txt"))
    {
      eineAusgabeDatei.println(200.32);
```

```
    eineAusgabeDatei.println(55.43);
  }
  catch(FileNotFoundException eineAusnahme)
  {
    System.out.println
      ("Fehlermeldung: " + eineAusnahme);
  }
 }
}
```

In der Textdatei steht nach dem Programmlauf:

```
200.32
55.43
```

Sehen Sie sich die Dokumentation der Klasse `PrintWriter` und insbesondere die Konstruktoren und Methoden an.

Buffered Writer

Analog zur lesenden Klasse `BufferedReader` gibt es die schreibende Klasse `BufferedWriter`. Sie puffert Dateiausgaben, die mit `write()` in den Strom geschrieben werden.

Sehen Sie sich die Dokumentation der Klasse `BufferedWriter` an.

8.4 Eine einfache Indexverwaltung *

Wird kein Datenbanksystem für die Speicherung benötigt, dann können die üblichen Verfahren der **Dateiorganisation** [HaNe05, S. 418 ff.] verwendet werden. Die grundlegenden Dateiorganisationsformen sind:

- **Sequenzielle Dateiorganisation**: Es existiert eine Hauptdatei, auf die nur sequenziell zugegriffen werden kann, d. h. die Datei kann nur Datenelement für Datenelement durchsucht werden, bis das gewünschte Datenelement gefunden ist.
- **Direkte Dateiorganisation**: Es erfolgt ein direkter Zugriff über eine Satznummer. Hat beispielsweise jeder Datensatz eine Länge von 100 Bytes und wird der siebte Datensatz gesucht, dann ergibt sich ein Abstand von 600 Bytes vom Dateianfang (1. bei Null, 2. bei 100 usw.).
- **Indexbasierte Dateiorganisation**: Neben einer Hauptdatei existiert eine Hilfsdatei (Index), über die der Zugriff auf die Hauptdatei erfolgt.
  ☐ Beim indizierten Zugriff mit *physisch* sortiertem Index entspricht die physische Reihenfolge der Datenelemente auf einem Speichermedium der Sortierreihenfolge.
  ☐ Beim indizierten Zugriff mit *logisch* sortiertem Index wird ein neuer Indexeintrag physisch an das Ende des Datenbestands geschrieben, aber logisch sortiert eingefügt.
- **Gestreute Dateiorganisation** (**Hash-Verfahren**): Die Adressen der Datensätze werden über einen Algorithmus aus dem Schlüssel berechnet.

Im Folgenden wird eine indizierte Organisation mit physisch sortiertem Index entwickelt:

- »Das Konzept einer indexbasierten Dateiorganisation«, S. 277

In Java wird dafür die Klasse RandomAccessFile verwendet:
- »Direktzugriffsspeicher in Java«, S. 279

8.4.1 Das Konzept einer indexbasierten Dateiorganisation *

Bei einer indexbasierten Dateiorganisation wird die Position, ab der eine Information in einer Datei gespeichert ist, in einer Indextabelle aufbewahrt. Die Indextabelle stellt den Zusammenhang zwischen dem Schlüssel, z. B. der Kundennr., und der Speicherposition her. Die Indextabelle wird ebenfalls in einer Datei gespeichert.

Sind umfangreiche Daten zu verwalten, dann können nicht mehr alle Daten gleichzeitig im Arbeitsspeicher aufbewahrt werden. Dennoch möchte man einen direkten Zugriff auf die auf einem Langfristspeicher abgelegten Datensätze haben.

Fast alle Programmiersprachen unterstützen eine Direktzugriffspeicherungsform, meist *random access* genannt, die es ermöglicht, Datensätze zu speichern und einen beliebigen Datensatz *direkt* wieder zu lesen und erneut zu speichern, *ohne* die Datei von vorne nach hinten durchsuchen zu müssen. Voraussetzung für diese Speicherungsform ist, dass alle Datensätze *dieselbe* Länge haben. Um zugreifen zu können, muss man einen Zeiger auf den Anfang des gewünschten Datensatzes positionieren.

random access

Da der Endbenutzer *nicht* weiß, an welcher Position ein Datensatz beginnt, muss eine Zuordnung zwischen einem **fachkonzeptorientierten Schlüssel** und der Position des Datensatzes hergestellt und verwaltet werden.

In der Regel werden im kaufmännischen Bereich Nummern für die Identifikation verwendet, z. B. Kundennummer, Artikelnummer usw. Bei einer Indexverwaltung wird in einer Tabelle eine Zuordnung zwischen einem solchen Schlüssel und einer zugehörigen Datensatzposition verwaltet.

Da die Indextabelle nur wenig Platz beansprucht, kann sie komplett in den Arbeitsspeicher geladen werden. Sie wird aber selbst ebenfalls in einer Datei gespeichert und bei Änderungen aktualisiert.

Indextabelle

Beispiel Die Abb. 8.4-1 zeigt ein Beispiel zur Veranschaulichung des Konzepts. Der Schlüssel der Indextabelle sei beispielsweise die Kundennummer. Die Indextabelle wird zunächst mit -1 initialisiert. Dadurch wird angegeben, dass zu dieser Kundennummer noch kein Datensatz existiert. Wird nun ein Datensatz zur Kundennummer 2 erfasst, dann wird dieser Datensatz in der Hauptdatei ab der Position 0 gespeichert. Diese Position wird in die Indextabelle an der Stelle 2 eingetragen. Es wird angenommen, dass jeder Datensatz eine Länge von 100 Bytes hat. Wird als nächstes ein Datensatz zur Kundennummer 5 erfasst, dann wird er ab der Position 100 gespeichert und die Nummer des Datensatzes als 1 in der Indextabelle gespeichert. Soll der Datensatz zur Kundennummer 5 gelesen werden, dann wird in der Indextabelle beim Index 5 nachgesehen. Dort steht die Datensatznummer 1, die mit der Datensatzlänge 100 multipliziert (= 100) die Position in der Hauptdatei angibt (alternativ hätte man in der Indextabelle auch direkt die Datensatzposition speichern können). Ein Zeiger wird in der Hauptdatei auf die Position 100 gesetzt und die nächsten 100 Bytes dort ausgelesen.

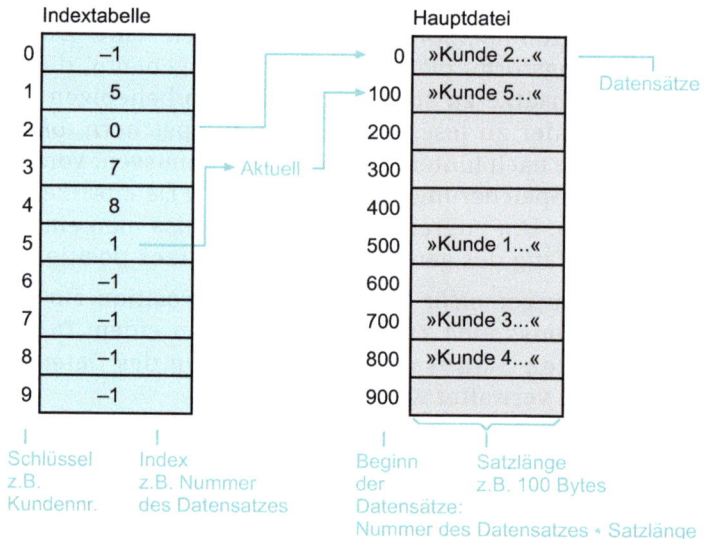

Abb. 8.4-1: Beispiel einer Indexverwaltung.

Frage Warum muss die Indextabelle ebenfalls in einer Datei gespeichert werden?

Antwort Nur in der Indextabelle ist der Zusammenhang zwischen der Kundennummer bzw. dem Schlüssel und dem Kunden-Datensatz gespeichert. Nur wenn die Indextabelle ebenfalls in einer Datei gespeichert ist, kann sie nach dem Start des Programms gelesen und im Arbeitsspeicher neu aufgebaut werden.

Warum sollte die Indextabelle nach jedem Eintrag eines neuen Kundendatensatzes auf der Festplatte gespeichert werden? — *Frage*

Im Prinzip reicht es, wenn die Indextabelle am Programmende in einer Datei gespeichert wird. Werden jedoch neue Kundendatensätze in einer Datei gespeichert und es gibt vor dem Programmende einen Software- oder Hardwarefehler, dann ist die Indextabelle nicht mehr auf dem aktuellen Stand. Die Informationen in der Indextabelle und in der Hauptdatei sind nicht konsistent. Es ist daher aus Zuverlässigkeitsgründen sinnvoll, nach jedem schreibenden Zugriff auf die Hauptdatei anschließend auch die aktuelle Indextabelle neu in der Indexdatei zu speichern. — *Antwort*

Was passiert, wenn beim Aktualisieren der Hauptdatei ein Software- oder Hardwarefehler auftritt, bevor die Indexdatei aktualisiert ist? — *Frage*

Indextabelle und Hauptdatei sind dann nicht mehr konsistent. Dieses Problem kann man durch ein Transaktionskonzept umgehen. Bei einer **Transaktion** werden Aktionen, die zusammen ausgeführt werden müssen, zu einer Einheit zusammengefasst. Wenn alle Aktionen ordnungsgemäß ausgeführt werden, wird die Transaktion bestätigt *(commit)*, sonst wird ein Fehler gemeldet und die bereits durchgeführten Teilaktionen werden rückgängig gemacht *(rollback)*. Datenbanksysteme und auch Programmiersprachen, z. B. Java, stellen entsprechende Konzepte zur Verfügung. — *Antwort*

Diese Fragen machen deutlich, dass unabhängig von der Programmierung zunächst grundlegende Überlegungen zur Softwarearchitektur angestellt werden müssen. Erst wenn diese Fragen in Abhängigkeit von den Anforderungen, z. B. hohe Zuverlässigkeit, geklärt sind, sollte mit der Programmierung begonnen werden.

8.4.2 Direktzugriffsspeicher in Java *

Bei der wahlfreien Organisation *(random access)* kann im Gegensatz zur sequenziellen Organisation gezielt ein Datensatz gelesen und ein Datensatz geschrieben werden. Beim Schreiben kann jedoch kein Datensatz zwischen vorhandene »dazwischengeschoben« werden, sondern es kann nur ein vorhandener überschrieben oder der neue ans Ende angehängt werden. Bei der Verwendung eines Direktzugriffsspeichers wird der direkte Zugriff besonders einfach, wenn alle Datensätze auf dieselbe Satzlänge abbildbar sind.

Die Klasse `RandomAccessFile` ermöglicht in Java die Verwaltung eines Direktzugriffsspeichers. Der Nachteil der normalen `Streams` besteht darin, dass *kein* Datensatz direkt »aus der Mitte« der Datei gelesen werden kann. Man kann natürlich auch bei normalen `Streams` an jeder Stelle n lesen, nur muss man dann vorher n-1 Stellen gelesen haben. Bei seltenen Zugriffen kann dies akzeptabel sein.

Besitzen alle zu speichernden Datensätze die *gleiche* Länge, dann kann ohne Zusatzaufwand auf alle Datensätze in der gleichen Zeit zugegriffen werden. Im Prinzip geht dies auch, wenn die Sätze unterschiedlich lang sind. Dann muss aber eine weitere Datei geführt werden, die die Länge der einzelnen Sätze speichert, und es muss jeweils über alle Längen summiert werden.

Die Klasse `RandomAccessFile` stellt folgende wichtige Methoden zur Verfügung:

Konstruktor
- `RandomAccessFile(String name, String mode) throws FileNotFoundException`: Öffnet die Datei. Löst eine Ausnahme aus, falls die Datei *nicht* geöffnet werden kann. Im 1. Parameter wird der systemabhängige Dateiname angegeben, der 2. Parameter gibt an, ob die Datei nur zum Lesen ("r") oder zum Lesen und Schreiben geöffnet ("rw") angelegt werden soll. Wird "rw" eingestellt, dann können ans Ende der Datei neue Daten angehängt werden. Existiert die Datei noch nicht, dann wird sie neu angelegt, und ihre Startgröße ist null. Falls die Datei geöffnet wird, kann sie mit der Methode `close()` wieder geschlossen werden.

Methoden
- `public final void writeInt(int)`: Schreibt ein `int` in die Datei (jeweils 4 Bytes).
- `public final int readInt()`: Liest eine 32-Bit-lange ganze Zahl von der Datei.
- `public final void writeChar(int)`: Schreibt ein Zeichen im Unicode (2 Bytes) in die Datei.
- `public final char readChar()`: Liest ein Unicode-Zeichen von der Datei.

Analog zu diesen Methoden gibt es weitere Lese-/Schreibmethoden für verschiedene Datentypen.

Die Lesemethoden setzen den Dateipositionszeiger automatisch jeweils eine Position weiter. Der Dateipositionszeiger kann jedoch auch manuell an eine selbst gewählte Stelle gesetzt werden. Dadurch ist es möglich, durch die Datei zu navigieren. Die nachfolgenden Schreib- und Lesezugriffe beginnen dann dort.

- `public void seek(long pos)`: Der Dateipositionszeiger wird auf die absolute Satzposition gestellt. Ab dieser Position wird dann mit den Lese- und Schreiboperationen gelesen bzw. ge-

schrieben. pos gibt dabei die Byte-Position an, d.h. die Länge der Datensätze wird in Bytes gezählt.
- `public int skipBytes(int n)`: n ist die Anzahl, um die der Dateipositionszeiger relativ bewegt wird.
- `public long length()`: Gibt die Länge der Datei zurück.

Index
– MAX: int
– dateinname: String
– indextabelle[]: int
– eineIndexDatei: RandomAccessFile
+ erzeugeEintrag(schluessel: int, index: int): void
+ gibIndexZuSchluessel(schluessel: int): int
+ ladeIndexDatei(): void
+ speichereIndexDatei(): void
– aktualisiereIndexDatei(schluessel: int): void

Datei
– aktuell: int
– dateiname: String
– SATZLAENGE: int
– eineStammdatei: RandomAccessFile
+ speichereSatz(satz: String, index: int): void
+ leseSatz(index: int): String
+ oeffneDatei(name: String): void
+ schliesseDatei(): void
+ gibAnzahlDatensaetze(): int
– positioniereAufSatz(index: int): void
– readFixedString(laenge: int): String
– writeFixedString(einDatensatz: String, laenge: int): void

Abb. 8.4-2: Klassen zur Realisierung einer Indexverwaltung.

Zur Realisierung einer indexbasierten Dateiorganisation werden zwei Klassen verwendet, wobei die Klasse Datei die Hauptdatei – auch Stammdatei genannt – verwaltet. Die Klasse Index verwaltet die Indextabelle. Da die Indextabelle aber ebenfalls persistent gespeichert werden muss, bietet sich auch dafür eine Direktzugriffsdatei an. Das UML-Diagramm beider Klassen zeigt die Abb. 8.4-2. Die beiden Klassen sind unabhängig voneinander. Dadurch ist es möglich, die Indexverwaltung auszutauschen oder zu erweitern, ohne dass die Klasse Datei geändert werden muss. Soll beispielsweise eine Bezeichnung wie Kundenname zusätzlich als Schlüssel verwendet werden, dann kann eine weitere Indexklasse eine Zuordnung zwischen Bezeichnung und Datensatzposition verwalten.

Beispiel
Index
verwaltung

```
/** Programmname: Indexverwaltung
 * Datenhaltungs-Klasse: Direktzugriffsspeicher
 * Aufgabe: Verwalten und Lesen/Schreiben einer Indextabelle
 * in einem Direktzugriffsspeicher
 */

import java.util.*;
import java.io.*;

public class Index
{
   //Attribute
   private final int MAX = 10;
   private String dateiname = "Indexdatei.txt";
   private int indextabelle[]; //0..MAX-1
```

```java
private RandomAccessFile eineIndexDatei;
//Konstruktor
public Index()
{
   indextabelle = new int[MAX];
   //Initialisierung der indextabelle
   for (int i = 0; i < MAX; i++) indextabelle[i] = -1;
   //Kein Datensatz zum Schlüssel vorhanden
}
//Methoden
public void erzeugeEintrag(int schluessel, int index)
   throws IOException
{
   /**Speichert zu einem Schlüssel den zugehörigen
   * Datensatz-Index in der indextabelle */
   if(schluessel < MAX)
      indextabelle[schluessel] = index;
   //Aktualisieren der Indexdatei,
   //d. h. Abspeichern der Datei
   aktualisiereIndexDatei(schluessel);
}
public int gibIndexZuSchluessel(int schluessel)
{
   //Gibt zu dem Schlüssel den gefundenen
   //Datensatz-Index zurück
   if(schluessel < MAX)
        return indextabelle[schluessel];
    // oder -1, wenn Schlüssel zu groß ist
    else
        return -1;
}
public void ladeIndexDatei() throws IOException
{
   /**Liest die Indextabelle vollständig aus einer Datei
   * Dies geschieht nur beim Start des Programms */
   eineIndexDatei = new RandomAccessFile(dateiname, "r");
   int index;
   for(int schluessel = 0; schluessel < MAX; schluessel++)
   {
      index = eineIndexDatei.readInt();
      indextabelle[schluessel] = index;
   }
   eineIndexDatei.close();
}
public void speichereIndexDatei()throws IOException
{
   /**Speichert die Indextabelle vollständig in einer Datei
   * Dies geschieht beim Beenden des Programms */
   eineIndexDatei = new RandomAccessFile(dateiname, "rw");
   for (int schluessel=0; schluessel < MAX; schluessel++)
      eineIndexDatei.writeInt(indextabelle[schluessel]);
   eineIndexDatei.close();
}
private void aktualisiereIndexDatei(int schluessel)
   throws IOException
```

```java
{
    /** Aktualisiert die Indextabelle in der Indexdatei
    * Dies geschieht beim Hinzufügen eines neuen
    * Indexes oder Ändern eines alten Indexes */
    eineIndexDatei = new RandomAccessFile(dateiname, "rw");
    //Positionieren auf den entsprechenden Eintrag;
    //eine int-Zahl belegt 4 Bytes
    eineIndexDatei.seek((long)(schluessel*4));
    eineIndexDatei.writeInt(indextabelle[schluessel]);
    eineIndexDatei.close();
}
//Zum Testen
public void gibIndextabelleAus()
{
    int schluessel = 0;
    for (int element : indextabelle)
    {
        System.out.println(schluessel + "  " + element);
        schluessel ++;
    }
}
}
```

Die Verwaltung der Hauptdatei ist etwas aufwendiger. Wenn der zu speichernde Datensatz als String geliefert wird, dann muss vor dem Speichern der String noch auf eine einheitliche Länge gebracht werden. Dies geschieht in einer Hilfsoperation, die bis zur Datensatzlänge mit Nullen auffüllt. Beim Lesen des Datensatzes werden die restlichen Nullen wieder entfernt.

Laden Sie das gesamte Programm Indexverwaltung auf Ihr Computersystem. Achten Sie darauf, dass das Java-Paket inout auf Ihrem Computersystem vorhanden ist. Falls es noch nicht vorhanden ist, laden Sie es ebenfalls herunter. Sehen Sie sich alle Klassen Zeile für Zeile an. Führen Sie das Testprogramm IndexUI mit verschiedenen Datensätzen aus. Zeichnen Sie zur Verdeutlichung ein UML-Sequenzdiagramm.

8.5 Drei-Schichten-Architektur *

Durch die Datenhaltung entsteht eine Schichten-Architektur mit drei Schichten: Benutzungsoberfläche, Fachkonzept, Datenhaltung. Diese Drei-Schichten-Architektur *(three tier architecture)* **sollte immer eingehalten werden, da sie eine Verteilung der Anwendung auf Clients und Server ermöglicht. Von den oberen Schichten (hier: Benutzungsoberfläche) kann immer nur auf die unteren Schichten (strikte Ordnung) bzw. nur auf die jeweils direkt untergeordnete Schicht (lineare Ordnung) zugegriffen werden. Innerhalb einer Schicht können untereinander Dienstleistungen beliebig in Anspruch genommen werden.**

Ein Prinzip der Softwaretechnik besteht darin, Benutzungsoberfläche und Fachkonzept strikt zu trennen. Dadurch ist es möglich, die Benutzungsoberflächen auszutauschen, ohne dass das Fachkonzept geändert werden muss.

Durch die Datenhaltung kommt eine neue Schicht hinzu. Auch hier empfiehlt es sich, zwischen der Datenhaltung und dem Fachkonzept klar zu trennen. Dadurch erhält man eine **Drei-Schichten-Architektur** *(three tier architecture)* (Abb. 8.5-1).

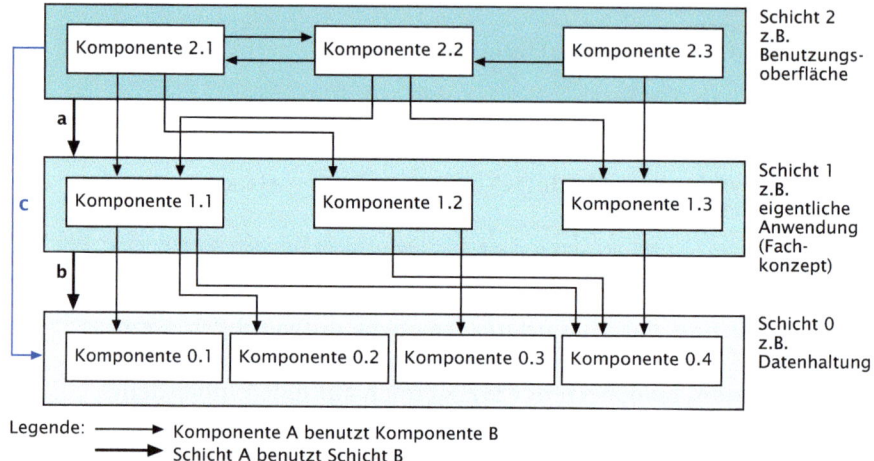

Abb. 8.5-1: Beispiel für eine Drei-Schichten-Architektur.

Allgemein spricht man von einer **Schichtenarchitektur**. Schichten innerhalb einer solchen Architektur sind meist dadurch gekennzeichnet, dass Komponenten innerhalb einer Schicht beliebig aufeinander zugreifen können. Zwischen den Schichten selbst gelten dann strengere Zugriffsregeln:

- Schichten mit strikter Ordnung
- Schichten mit linearer Ordnung

Strikte Ordnung — Die Schichten werden entsprechend ihrem Abstraktionsniveau angeordnet. Bei einem Schichtenmodell mit strikter Ordnung kann von Schichten mit höherem Abstraktionsniveau auf alle Schichten mit niedrigerem Abstraktionsniveau zugegriffen werden, aber *nicht* umgekehrt. In der Abb. 8.5-1 ist dies durch die Benutzt-Pfeile **a**, **b** und **c** angegeben.

Lineare Ordnung — Ein Schichtenmodell mit linearer Ordnung ist restriktiver. Von einer Schicht kann immer nur auf die nächstniedrigere zugegriffen werden. Der Benutzt-Pfeil **c** in der Abb. 8.5-1 ist dann *nicht* erlaubt. Beispiel für ein Schichtenmodell mit linearer Ordnung ist die TCP/IP-4-Schichtenarchitektur.

Eine Schichtenarchitektur ist dann sinnvoll, wenn
- die Dienstleistungen einer Schicht sich auf demselben Abstraktionsniveau befinden und
- die Schichten entsprechend ihrem Abstraktionsniveau geordnet sind, sodass eine Schicht nur die Dienstleistungen der tieferen Schichten benötigt.

Diese Voraussetzungen sind bei der oben beschriebenen Drei-Schichten-Architektur mit den folgenden Schichten gegeben:
- Benutzungsoberfläche,
- eigentliche Anwendung (Fachkonzept-Schicht) und
- Datenhaltung.

Eine solche Architektur ermöglicht es, die einzelnen Schichten je nach Bedarf auf Client und Server aufzuteilen (Abb. 8.5-2). Bei der Client-Server-Verteilung erfolgt manchmal noch eine Aufteilung des Fachkonzepts in zwei Teile.

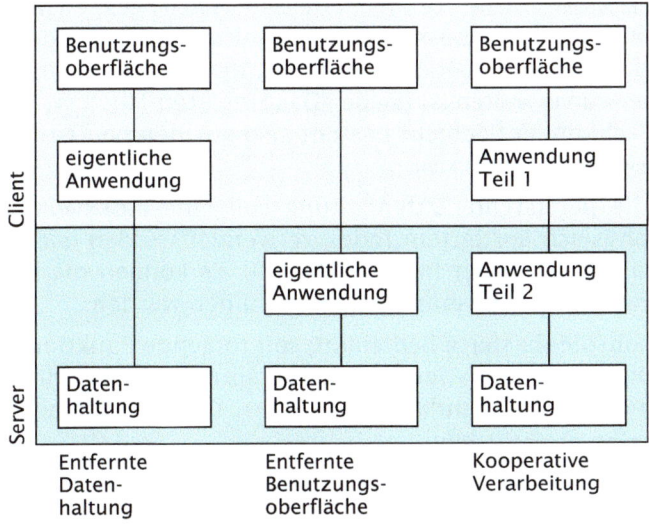

Abb. 8.5-2: Verteilungsalternativen beim Client-Server-Konzept.

8.6 Vom Fachkonzept zur Drei-Schichten-Architektur *

Ausgangspunkt jeder Softwareentwicklung ist die Modellierung des Fachkonzepts, das anschließend in der Regel durch eine Drei- oder Mehr-Schichten-Architektur realisiert wird. Zur Umsetzung einer Fachkonzeptklasse werden oft drei oder mehr zusätzliche technische Klassen benötigt.

8 Persistenz und Datenhaltung *

Eine übliche und bewährte Vorgehensweise bei der Entwicklung eines Softwaresystems besteht darin, zunächst auf fachlicher Ebene eine Modellierung vorzunehmen. Diesen ersten Schritt bezeichnet man auch als **objektorientierte Analyse**. Das entstandene Klassenmodell ist die Basis für den nächsten Schritt: der **Entwurf einer Software-Architektur**. In vielen Anwendungen ist das Ziel eine Drei-Schichten-Architektur. Es muss entschieden werden, wie die Datenhaltung aussehen soll und wie die Benutzungsoberfläche gestaltet werden soll. Für die Verwaltung des Fachkonzepts wird oft noch eine Container-Klasse benötigt. Sind alle Klassen für die Drei-Schichten-Architektur entworfen, dann kann die Implementierung erfolgen. Im folgenden Beispiel werden diese Schritte an einem einfachen Beispiel demonstriert.

Beispiel Fachkonzept-Schicht

Für eine Anzeigenverwaltung sollen die Inserenten als Kunden verwaltet werden (siehe »Objekte: das Wichtigste«, S. 8). Die fachliche Analyse ergibt, dass in einer Klasse Kunde die Attribute kundennr, name, telefon, blz und kontonr gespeichert und verwaltet werden müssen. Zur Verwaltung aller Kunden wird eine Klasse KundenContainer benötigt, der nach dem Singleton-Muster zu verwalten ist (siehe »Das Singleton-Muster«, S. 179). Die Fachkonzept-Schicht besteht also aus den beiden Klassen KundenContainer und Kunde.

Datenhaltungs-Schicht

Für die persistente Datenhaltung soll eine Indexverwaltung mit physisch sortiertem Index verwendet werden (siehe »Direktzugriffsspeicher in Java«, S. 279). Es können die Klassen Index und Datei unverändert übernommen werden.

UI-Schicht

Die konsolenbasierte Bedienung soll folgende Funktionen zur Verfügung stellen: »Neuen Kunden eintragen«, »Kundendaten lesen«, »Alle Kundendaten ausgeben«. Dafür wird eine Klasse KundenverwaltungUI benötigt.

Die entstehende Drei-Schichten-Architektur zeigt Abb. 8.6-1. Wie die Abbildung zeigt, handelt es sich um eine **Schichtenarchitektur mit linearer Ordnung** (siehe »Drei-Schichten-Architektur«, S. 283). Die Klasse Kunde kennt ihre Umgebung nicht!

Die Klasse KundenContainer hat die Aufgabe, die Attribute der Klasse Kunde so aufzubereiten, dass die verwendete Datenhaltung die Daten speichern kann.

Dazu werden alle Attribute in Zeichenketten gewandelt und durch Tabulator-Zeichen voneinander getrennt in eine Zeichenkette gepackt. Beim Lesen wird die Zeichenkette wieder in die Einzelteile zerlegt und ein Kundenobjekt mit diesen Daten wieder neu erzeugt.

8.6 Vom Fachkonzept zur Drei-Schichten-Architektur *

Zu dem Programm KundenverwaltungSchichten gehören die folgenden Klassen Kunde, KundenContainer, KundenverwaltungUI, Index und Datei. Die Klassen Index und Datei sind unverändert (siehe »Direktzugriffsspeicher in Java«, S. 279).

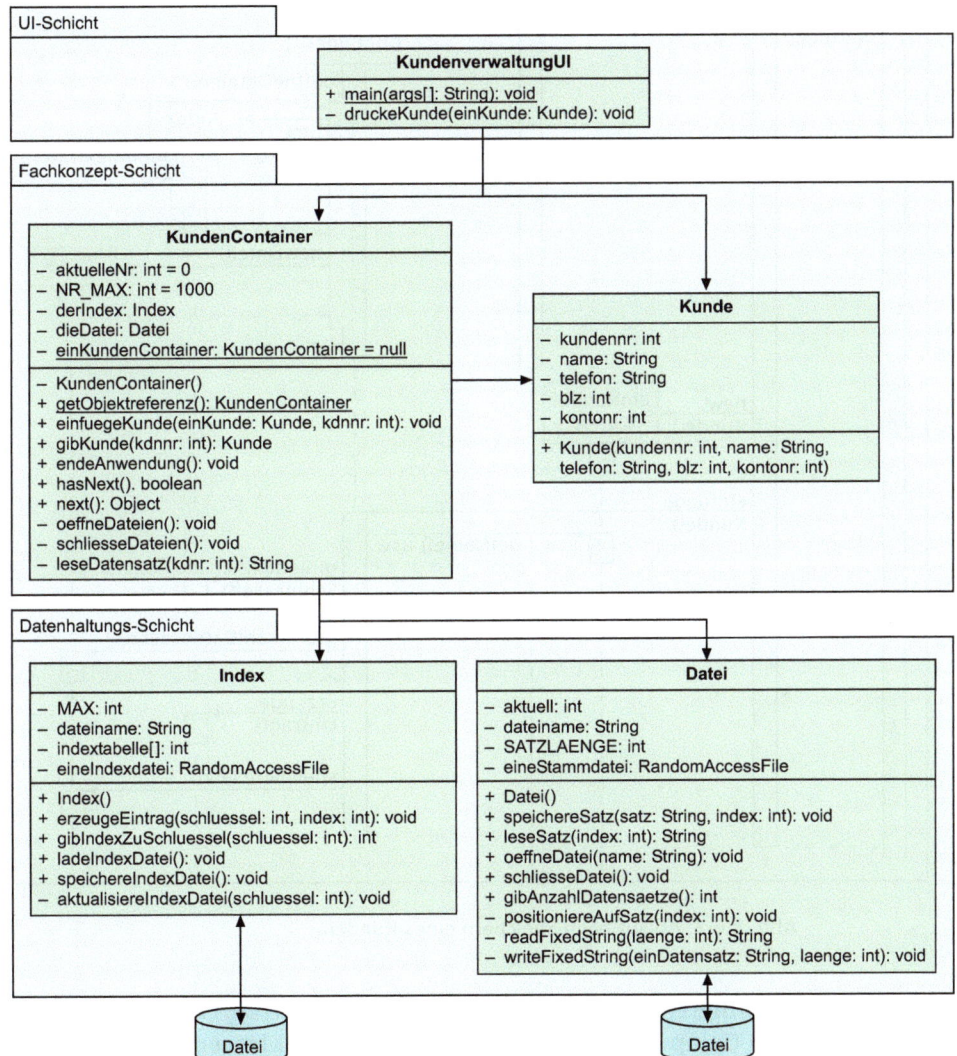

Abb. 8.6-1: Drei-Schichten-Architektur der Kundenverwaltung.

Die Abb. 8.6-2 zeigt den Ablauf »Neuen Kunden eintragen« in Form eines UML-Sequenzdiagramms.

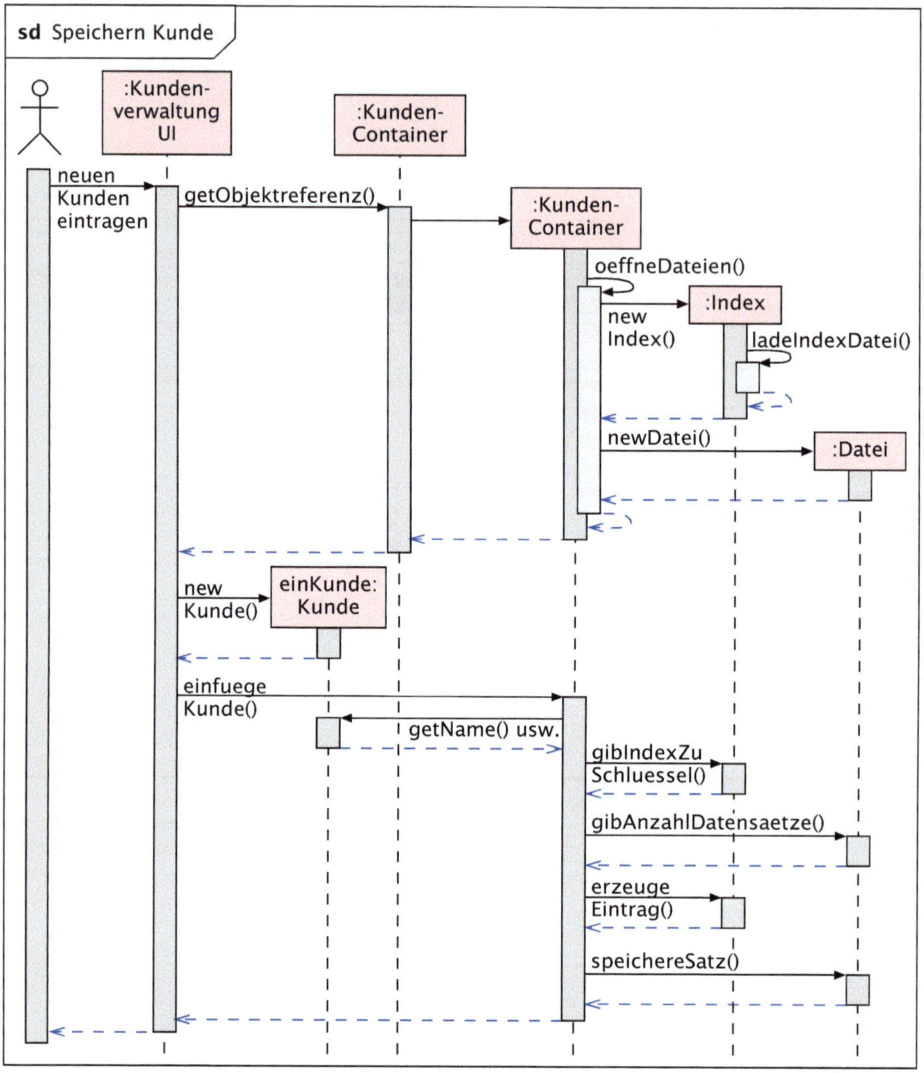

8 Persistenz und Datenhaltung *

```
sd Speichern Kunde
```

Abb. 8.6-2: Ablauf beim Speichern eines Kunden.

Installieren Sie das Programm Kundenverwaltung3Schichten auf Ihrem Computersystem, sehen Sie sich die Klassen Zeile für Zeile an und führen Sie das Programm mit verschiedenen Szenarien aus. Zeichnen Sie ein UML-Sequenzdiagramm für den Vorgang »Kundendaten lesen«. Was passiert, wenn Kundendaten zu einer Kundennummer bereits vorhanden sind?

Die Aufteilung eines Softwaresystems in drei oder mehrere Schichten ist oft *nicht* ganz einfach. In dem obigen Beispiel kennt die Klasse KundenContainer die Art der Datenspeicherung und bereitet die Daten bereits entsprechend auf. Um eine strikte Trennung zu erreichen, müsste eine weitere Klasse in der Datenhaltungschicht – oder in einer gesonderten Anpassungsschicht – angeordnet werden, die die Aufbereitung der Daten für die Speicherung vornimmt. Auf der anderen Seite macht es keinen Sinn die spezielle Datenaufbereitung in die Indexverwaltung aufzunehmen, da dadurch der anwendungsneutrale Einsatz der Indexverwaltung nicht mehr gegeben wäre.

8.7 Die Serialisierung von Objekten *

Objekte können durch Objekt-Ströme serialisiert und deserialisiert werden. Bei der Serialisierung wird der Zustand eines Objekts und seiner Referenzen in eine Byte- oder XML-Repräsentation umgewandelt und bei der Deserialisierung entsprechend in eine Objektdarstellung rücktransformiert.

Eine indexbasierte Dateiorganisation ist gut geeignet, wenn

- Daten zu speichern sind, die vom selben Typ sind, und
- die Datensätze eine feste Länge besitzen.

Sollen jedoch beliebige Objekte, die außerdem noch zu unterschiedlichen Klassen gehören können, gespeichert werden, dann erfordert dies einen hohen Aufwand.

Ein anderes Konzept, um eine elementare Objekt-**Persistenz** zu erreichen, ist das Konzept der **Serialisierung**. Bei der Serialisierung werden Objekte in eine Form konvertiert, so dass sie problemlos gespeichert und auch über Netzwerke transportiert werden können. Um die ursprünglichen Objekte wieder zu erhalten, muss eine Deserialisierung vorgenommen werden.

Serialisierung

In Java gibt es zwei Möglichkeiten der Serialisierung:

- Objekte können in einen **Byte-Strom** serialisiert werden. Dafür steht die Klasse `ObjectOutputStream` zur Verfügung. Zum **Deserialisieren** wird die Klasse `ObjectInputStream` verwendet. Der Nachteil bei dieser Serialisierungsform ist, dass der erzeugte Byte-Strom von einem Menschen schwer zu lesen ist.

- Objekte können in ein **XML-Format** serialisiert werden. **XML** ist eine Auszeichnungssprache mit frei wählbaren Markierungen *(tags)*. XML benutzt Markierungen in spitzen Klammern zur Auszeichnung von Dokumenten. In einem XML-Dokument können beliebige Markierungen verwendet werden. Eine Überschrift könnte man in XML wie folgt auszeichnen: `<headline>Titel</headline>`. Seit Java 5 gibt es im Paket `java.beans` die Klassen `XMLDecoder` (vergleichbar mit `ObjectOutputStream`) und `XMLEncoder` (vergleichbar mit `ObjectInputStream`).

8 Persistenz und Datenhaltung *

Die Serialisierung erfolgt im XML-Format, so dass man die serialisierten Objekte als Mensch gut lesen kann.

Im Folgenden wird nur die XML-Serialisierung behandelt.

Voraussetzungen

Damit eine XML-Serialisierung erfolgen kann, müssen die Klassen, die serialisiert werden sollen, folgende Eigenschaften besitzen:

- Die Klassen müssen `public` sein.
- Die Klassen müssen einen Standardkonstruktor besitzen.
- Die serialisierbaren Attribute müssen *Getter*- und *Setter*-Methoden zur Verfügung stellen.

Klassen mit diesen Eigenschaften werden als **JavaBean**-Klassen bezeichnet.

XMLEncoder

Zum **Serialisieren** steht die Klasse `XMLEncoder` zur Verfügung. Die wichtigsten Methoden lauten:

- `public XMLEncoder(OutputStream out)`: Der Konstruktor erwartet einen konkreten `OutputStream`. Um Objekte persistent zu machen, verwendet man in der Regel einen `FileOutputStream`.
- `public void writeObject(Object obj)`: Diese Methode schreibt das spezifizierte Objekt `obj` in den `OutputStream`.

XMLDecoder

Zum **Deserialisieren** steht die Klasse `XMLDecoder` zur Verfügung. Die wichtigsten Methoden lauten:

- `public XMLDecoder(InputStream in)`: Der Konstruktor erwartet einen konkreten `InputStream`. Persistente Objekte werden in der Regel aus einen `FileInputStream` gelesen.
- `public Object readObject() throws ArrayIndexOutOfBoundsException`: Diese Methode liest das nächste Objekt aus dem `InputStream`. Die Ausnahme wird erzeugt, wenn keine Objekte (mehr) im Eingabestrom vorhanden sind.

Beispiel DemoXML Serialisierung

Es soll ein Personen-Objekt serialisiert und deserialisiert werden.

Die JavaBean-Klasse `Person` sieht wie folgt aus:

```java
public class Person
{
  private String name;
  private String vorname;
  private int alter;

  public Person() {}

  public Person(String name, String vorname, int alter)
  {
    this.name = name;
    this.vorname = vorname;
    this.alter = alter;
```

```java
}

public String getName()
{
  return name;
}

public void setName(String name)
{
  this.name = name;
}

public String getVorname()
{
  return vorname;
}

public void setVorname(String vorname)
{
  this.vorname = vorname;
}

public int getAlter()
{
  return alter;
}

public void setAlter(int alter)
{
  this.alter = alter;
}

}
```

Zum Serialisieren und Deserialisieren wird folgende Klasse eingesetzt:

```java
import java.io.*;
import java.beans.*;

public class DemoXMLSerialisierung
{
  public static void main( String[] args )
  {
    //Bei der Benutzung von BlueJ nötig
    Thread.currentThread().setContextClassLoader
      (DemoXMLSerialisierung.class.getClassLoader());

    Person einePerson =
      new Person("Mustermann", "Harald", 38);
    String filename = "Beispiel.xml";

    // Serialisieren

    try (XMLEncoder enc =
      new XMLEncoder(new FileOutputStream(filename)))
```

```
    {
      enc.writeObject( einePerson );
    }
    catch (IOException e)
    {
      e.printStackTrace();
    }

    // Deserialisieren

    try (XMLDecoder dec =
      new XMLDecoder(new FileInputStream(filename)))
    {
      Person wiedereinePerson = (Person) dec.readObject();
      System.out.println( wiedereinePerson.getName() + ", "
        + wiedereinePerson.getVorname() + ", Alter: "
        + wiedereinePerson.getAlter());
    }
    catch (IOException e)
    {
      e.printStackTrace();
    }
  }
}
```

Es wird eine Text-Datei `Beispiel.xml` mit folgendem Inhalt erzeugt:

```
<?xml version="1.0" encoding="UTF-8" ?>
  <java version="1.6.0_06" class="java.beans.XMLDecoder">
    <object class="Person">
      <void property="alter">
        <int>38</int>
      </void>
      <void property="name">
        <string>Mustermann</string>
      </void>
      <void property="vorname">
        <string>Harald</string>
      </void>
    </object>
  </java>
```

Auf der Konsole wird folgendes ausgegeben:
`Mustermann, Harald, Alter: 38`

Objekt-Graph, Wurzelobjekt

Die Methode `writeObject()` der Klasse `XMLEncoder` serialisiert mit dem als Parameter übergebenen Objekt auch *alle* Objekte, die von diesem aus durch Referenzen erreichbar sind. Es wird also stets ein ganzer **Objekt-Graph** serialisiert, der mit der Methode `readObject()` der Klasse `XMLDecoder` wieder deserialisiert werden kann. Die Referenzen zwischen den Objekten werden bei der Deserialisierung automatisch wiederhergestellt. Das an `writeObject()` übergebene Objekt wird **Wurzelobjekt** genannt.

Alle zu speichernden Objekte müssen »in einem Rutsch«, d. h. mit einem einzigen Aufruf der Operation `writeObject()` serialisiert werden. Beim Entwurf eines System ist daher darauf zu achten, dass es ein Wurzelobjekt gibt, von dem aus alle zu serialisierenden Objekte durch Referenzen erreicht werden können. Zusammenhängende Objekte (Objekt-Graphen), die mit mehreren Aufrufen von `writeObject()` serialisiert wurden, können *nicht* mehr korrekt deserialisiert werden.

Sollen Objekte auf einem externen Speicher gespeichert werden, werden sie alle in *dieselbe* Datei serialisiert. Ein zu ladender Objekt-Graph muss vollständig in den Arbeitsspeicher geladen werden können. Daher ist die Objekt-Serialisierung für große Datenmengen *ungeeignet*.

> Die in dem Kapitel »Vom Fachkonzept zur Drei-Schichten-Architektur«, S. 285, vorgestellte Kundenverwaltung soll nun mithilfe der Objektserialisierung implementiert werden. Dazu werden die Klassen `Index` und `Datei` durch eine Klasse `ObjektDatei` ersetzt. Im Gegensatz zum Direktzugriffsspeicher müssen bei der Objektserialisierung alle Objekte »in einem Rutsch« geschrieben und gelesen werden.
>
> Die Fachkonzeptklasse `Kunde` bleibt im Prinzip unverändert, wird aber um die Eigenschaften ergänzt, die eine JavaBean erfordert.
>
> Die Klasse `KundenverwaltungUI` muss im Prinzip nicht geändert werden (die Testausgabe der Indextabelle entfällt allerdings). Modifiziert werden muss jedoch die Klasse `KundenContainer`. Die Verwaltung geschieht jetzt im Arbeitsspeicher mithilfe der Klasse `ArrayList` (siehe »Die Klasse ArrayList<E>«, S. 103). Beim Start des Programms `KundenverwaltungSerialisiert` wird die Objektdatei eingelesen und beim Programmende wieder abgespeichert. Dazwischen erfolgt die Verwaltung der Kundendaten nur im `KundenContainer`.

Beispiel Kundenverwaltung Serialisiert

```
/* Programmname: Objektspeicherung
 * Datenhaltungs-Klasse: ObjektDatei
 * Aufgabe: Eine Objekt nach und von
 * XML serialisieren.
 */

import java.io.*;
import java.beans.*;

public class ObjektDatei
{
  private String einDateiname;

  //Konstruktor
```

```java
  public ObjektDatei(String einDateiname)
  {
    this.einDateiname = einDateiname;
  }
  //Methoden
  public void speichereObjekt(Object einObjekt)
  {
    try (XMLEncoder enc = new XMLEncoder
      (new BufferedOutputStream
        (new FileOutputStream(einDateiname))))
    {
      enc.writeObject(einObjekt);
    }
    catch (IOException ioe)
    {
      System.out.println("Fehler in speichereObjekt: " + ioe);
    }
  }
  public Object leseObjekt() throws Exception
  {
    Object einObject = null;

    try (XMLDecoder denc =
      new XMLDecoder(new BufferedInputStream
        (new FileInputStream(einDateiname))))
    {
      einObject = denc.readObject();
    }
    catch(IOException ioe)
    {
      System.out.println("Fehler in leseObjekt: " + ioe);
    }
    return einObject;
  }
}
```

```java
/* Programmname: Kundenverwaltung
 * Container-Klasse: KundenContainer
 * Aufgabe: Verwaltung von Objekten der Klasse Kunde
 * Verwaltungsmechanismus: ArrayList
 * Muster: Singleton
 * Iterator: integriert
 * Annahmen: Der Aufrufer muss selbst prüfen, ob ein übergebenes
 * Objekt vom Typ Kunde null ist oder nicht
 */

import java.util.*;

public class KundenContainer implements Iterable
{
  //Attribut
  private ArrayList<Kunde> meineKunden;
  private ObjektDatei eineObjektDatei;

  //Klassen-Attribut
  private static KundenContainer einKundenContainer = null;
```

```
//Konstruktor, von außen nicht zugreifbar
private KundenContainer()
{
  eineObjektDatei = new ObjektDatei("Kundendatei.xml");
  //Nur nötig, wenn BlueJ verwendet wird
  Thread.currentThread().setContextClassLoader
    (getClass().getClassLoader());
  //ArrayList-Objekt einlesen
  try
  {
    meineKunden =
      (ArrayList<Kunde>)eineObjektDatei.leseObjekt();
  }
  catch (Exception e)
  {
    System.out.println("Konstruktor: Fehler " + e);
  }
  //Wenn die Daten nicht eingelesen werden können,
  //dann wird mit einer leeren ArrayList begonnen
  if (meineKunden == null)
  {
    System.out.println("ArrayList neu anlegen");
    meineKunden = new ArrayList<>();
  }
}
//Klassen-Methode, die die Objektreferenz liefert
//Wenn Objekt noch nicht vorhanden, dann wird es erzeugt
public static KundenContainer getObjektreferenz()
{
  if (einKundenContainer == null)
    einKundenContainer = new KundenContainer();
  return einKundenContainer;
}
//Methoden
public void einfuegeKunde(Kunde einKunde)
{
  meineKunden.add(einKunde);
}

public Kunde gibKunde(int kundennr)
{
  System.out.println(meineKunden.size());
  for(int i = 0; i < meineKunden.size(); i++)
  {
    Kunde kunde = meineKunden.get(i);
    if(kunde.getKundennr() == kundennr) return kunde;
  }
  return null;
}

public void endeAnwendung()
{
  eineObjektDatei.speichereObjekt(meineKunden);
}
public Iterator iterator()
```

```
    {
      return meineKunden.iterator();
    }
}
```

Die XML-Datei sieht nach einer Kundendaten-Eingabe wie folgt aus:

```
<?xml version="1.0" encoding="UTF-8"?>
<java class="java.beans.XMLDecoder" version="1.8.0-ea">
  <object class="java.util.ArrayList">
    <void method="add">
      <object class="Kunde">
        <void property="blz">
          <int>50040010</int>
        </void>
        <void property="kontonr">
          <int>9876</int>
        </void>
        <void property="kundennr">
          <int>1</int>
        </void>
        <void property="name">
          <string>Musterfrau</string>
        </void>
        <void property="telefon">
          <string>0231/12345</string>
        </void>
      </object>
    </void>
  </object>
</java>
```

Frage Überlegen Sie sich die Vor- und Nachteile der Objektserialisierung im obigen Beispiel. Was passiert, wenn das Computersystem während des Programmlaufs »abstürzt«?

Antwort Bei der Objektserialisierung werden die Objekte in einem Rutsch geschrieben und gelesen. Der Vorteil daran ist, dass man ein konsistentes Abbild der Objektstruktur abspeichert. Insbesondere kann es nicht vorkommen, dass Objekte »lückenhaft« (etwa durch fehlende Referenzen) gespeichert werden. Es ist nicht möglich, nur den Teil, der geändert wurde, zu überschreiben. Genau das wäre aber effizienter, wenn an einer großen Objektstruktur nur kleine Änderungen stattgefunden haben. Im vorliegenden Programm wird immer nur beim Beenden abgespeichert (und beim Beginn geladen). Wenn zwischendurch das Computersystem abstürzt, gehen die bis dahin gemachten Änderungen verloren.

8.8 Vernetzte Objekte serialisieren *

Bei der Serialisierung werden ausgehend von einem Wurzelobjekt alle von dort aus durch Referenzen erreichbaren Objekte (Objekt-Graph) auf »einen Schlag« gespeichert. Dadurch entfällt die Notwendigkeit, die Referenzen selbst zu verwalten.

In den meisten Anwendungsfällen besteht ein Fachkonzept aus mehreren Klassen, die in der Regel durch Assoziationen miteinander verbunden sind. Werden solche Fachkonzepte mithilfe von Datenbanken realisiert, dann werden die Objekte in Tabellen abgespeichert und die Referenzen zwischen den Objekten werden durch Tabellenreferenzen nachgebildet.

Da in Java bei der Serialisierung eines Objekts auch alle referenzierten, serialisierbaren Objekte mit serialisiert und in den Strom geschrieben werden, ist es damit auch möglich, Assoziationen einfach zu speichern.

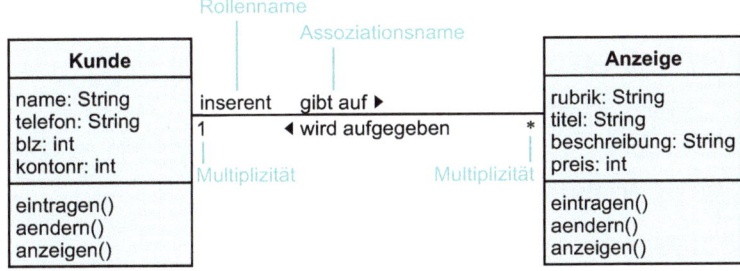

Abb. 8.8-1: Das UML-Klassendiagramm zeigt die Assoziation zwischen den Klassen Kunde und Anzeige.

Es soll eine Inserentenverwaltung (KundeAnzeigeMitSpeicherung) realisiert werden (siehe »Assoziationen: Beziehungen zwischen Klassen«, S. 157). Die Abb. 8.8-1 zeigt das Klassendiagramm des Fachkonzepts. Die Klassen Kunde und Anzeige müssen jeweils JavaBeans sein. Außerdem müssen beide Klassen um eine Assoziationsverwaltung entsprechend den in der Abb. 8.8-1 angegebenen Multiplizitäten ergänzt werden. Die Klasse ObjektDatei aus dem Kapitel »Die Serialisierung von Objekten«, S. 289, kann unverändert übernommen werden.

Die Klasse KundenContainer wird in ObjektContainer umbenannt. Sie muss statt Kunden nun Kunden *und* Anzeigen verwalten. Die Methoden für Kunden werden analog für Anzeigen erstellt.

Da es in diesem Beispiel kein natürliches Wurzelobjekt gibt, muss künstlich ein solches hinzugefügt werden. Dafür wird die Klasse Datenbasis eingeführt. In ihr werden lediglich für

Beispiel

Wurzelobjekt

Kunden und Anzeigen je eine `ArrayList` gespeichert. Ein Objekt der Klasse `Datenbasis` dient innerhalb des `ObjektContainers` als Wurzelobjekt für die Serialisierung. Die Klassen des Programms `KundeAnzeigeMitSpeicherung` sehen wie folgt aus:

```java
/** Programmname: Kunden- und Anzeigenverwaltung
 * Fachkonzept-Klasse: Datenbasis
 * Aufgabe: Schaffung einer künstlichen Wurzelklasse
 * zur Serialisierung aller
 * Kunden und Anzeigen in einem ObjectStream
 */

import java.util.*;

public class Datenbasis
{
  private ArrayList<Kunde> meineKunden = new ArrayList<>();
  private ArrayList<Anzeige> meineAnzeigen = new ArrayList<>();

  public Datenbasis()
  {
  }

  public ArrayList<Kunde> getMeineKunden()
  {
    return meineKunden;
  }

  public ArrayList<Anzeige> getMeineAnzeigen()
  {
    return meineAnzeigen;
  }

  public void setMeineKunden(ArrayList<Kunde> meineKunden)
  {
    this.meineKunden = meineKunden;
  }

  public void setMeineAnzeigen(ArrayList<Anzeige> meineAnzeigen)
  {
    this.meineAnzeigen = meineAnzeigen;
  }
}

//Container zum Verwalten von Kunden und Anzeigen

import java.util.*;

public class ObjektContainer
{
  //Attribute
  private Datenbasis basis;
  private ObjektDatei eineObjektDatei;

  //Singleton-Muster
```

```
private static ObjektContainer einObjektContainer = null;

//Konstruktor -private!
private ObjektContainer()
{
  //Gespeicherte Daten einlesen
  //Falls noch keine Daten gespeichert wurden, kann keine
  //Datei gelesen werden, es gibt dann eine Ausnahme
  eineObjektDatei = new ObjektDatei("Datenbasis.xml");
  basis = (Datenbasis) eineObjektDatei.leseObjekt();
  if(basis==null)
  {
    System.out.println
      ("Es wurde eine neue Datenbasis angelegt");
    basis = new Datenbasis();
  }
}

//Klassen-Operation, die die Objektreferenz liefert
//Wenn Objekt noch nicht vorhanden, dann wird es erzeugt
public static ObjektContainer getObjektreferenz()
{
  if (einObjektContainer == null)
  {
    einObjektContainer = new ObjektContainer();
  }
  return einObjektContainer;
}

//Methoden für Kunden-----------------------------
public void einfuegeKunde(Kunde einKunde)
{
  basis.getMeineKunden().add(einKunde);
}

public Kunde gibKunde(int kundennr)
{
  for(int i = 0; i < basis.getMeineKunden().size(); i++)
  {
    Kunde kunde = basis.getMeineKunden().get(i);
    if(kunde.getNummer() == kundennr) return kunde;
  }
  return null;
}

public Iterator iteratorKunden()
{
  return basis.getMeineKunden().iterator();
}

//Methoden für Anzeigen-----------------------------
public void einfuegeAnzeige(Anzeige eineAnzeige)
{
  basis.getMeineAnzeigen().add(eineAnzeige);
}
```

```
  public Anzeige gibAnzeige(int anzeigennr)
  {
    for(int i = 0; i < basis.getMeineAnzeigen().size(); i++)
    {
      Anzeige anzeige = basis.getMeineAnzeigen().get(i);
      if(anzeige.getAnzeigennr() == anzeigennr) return anzeige;
    }
    return null;
  }

  public Iterator iteratorAnzeigen()
  {
    return basis.getMeineAnzeigen().iterator();
  }

  //Operation zum Speichern der Daten ------------------
  public void endeAnwendung()
  {
    System.out.println("ObjektContainer: endeAnwendung");
    eineObjektDatei.speichereObjekt(basis);
  }
}
```

Eine Beispieleingabe sieht wie folgt aus:

```
Bitte Funktion auswählen:
1: Neuen Kunden/Anzeige eintragen
2: Kundendaten & assoziierte Anzeigen lesen
3: Alle Kunden & Anzeigen ausgeben
9: Speichern und Ende
Bitte Ziffer 1, 2, 3 oder 9 eingeben:
1
Kundendaten eingeben:
Kundennr:
1
Name:
Musterfrau
Telefon:
0234/76543
BLZ:
40050000
Kontonr:
0009876
Anzeigendaten eingeben:
Anzeigennr:
10
Titel:
Gartentisch
Anzeige wird dem Kunden zugeordnet
Bitte Funktion auswählen:
1: Neuen Kunden/Anzeige eintragen
2: Kundendaten & assoziierte Anzeigen lesen
3: Alle Kunden & Anzeigen ausgeben
9: Speichern und Ende
Bitte Ziffer 1, 2, 3 oder 9 eingeben:
2
```

```
Kundennr:
1
Kundennr: 1
Name: Musterfrau
Telefon: 0234/76543
BLZ: 40050000
Kontonr: 9876
10 Gartentisch
Bitte Funktion auswählen:
1: Neuen Kunden/Anzeige eintragen
2: Kundendaten & assoziierte Anzeigen lesen
3: Alle Kunden & Anzeigen ausgeben
9: Speichern und Ende
Bitte Ziffer 1, 2, 3 oder 9 eingeben:
9
ObjektContainer: endeAnwendung
Ende des Programms
```

Die XML-Datei sieht für ein Beispiel wie folgt aus:

```xml
<?xml version="1.0" encoding="UTF-8"?>
<java class="java.beans.XMLDecoder" version="1.8.0-ea">
 <object class="Datenbasis">
  <void property="meineAnzeigen">
   <void method="add">
    <object id="Anzeige0" class="Anzeige">
     <void property="anzeigennr">
      <int>10</int>
     </void>
     <void property="linkKunde">
      <object id="Kunde0" class="Kunde">
       <void property="anzeigen">
        <void method="add">
         <object idref="Anzeige0"/>
        </void>
       </void>
       <void property="blz">
        <int>40050000</int>
       </void>
       <void property="kontonr">
        <int>9876</int>
       </void>
       <void property="kundennr">
        <int>1</int>
       </void>
       <void property="name">
        <string>Musterfrau</string>
       </void>
       <void property="telefon">
        <string>0234/76543</string>
       </void>
      </object>
     </void>
     <void property="titel">
      <string>Gartentisch</string>
     </void>
```

```
    </object>
   </void>
  </void>
  <void property="meineKunden">
   <void method="add">
    <object idref="Kunde0"/>
   </void>
  </void>
 </object>
</java>
```

9 Generische Datentypen *

Viele Programme erledigen eine Aufgabe, die unabhängig von den verwendeten Datentypen ist.

Sie schreiben ein Sortierprogramm. Der Algorithmus ist unabhängig davon, ob ganze Zahlen, Gleitkommazahlen oder Zeichenketten sortiert werden sollen. Will man vermeiden, ein Sortierprogramm für jeden Datentyp zu schreiben, dann muss die verwendete Programmiersprache geeignete Sprachkonzepte zur Verfügung stellen, um anstelle eines Typs einen »generischen« Typ, d. h. einen Stellvertreter, für den konkreten Typ anzugeben.	Beispiel

Eine einfache Möglichkeit für Klassen besteht darin, die Klasse mit einem **generischen Typ** zu »parametrisieren«:

■ »Einfache Klassenschablonen«, S. 304

Klassenschablonen

In vielen Programmen werden Operationen mit den definierten Datentypen ausgeführt, z. B. Vergleichsoperationen. Es muss nun sichergestellt werden, dass auf allen Typen, die bei diesen Programmen verwendet werden, diese Operationen auch definiert sind:

Typeinschränkung

■ »Typeinschränkung bei generischen Datentypen«, S. 310

Es können nicht nur Klassen, sondern auch einzelne Methoden mit einem Typ parametrisiert werden:

Methodenschablonen

■ »Einfache Methodenschablonen«, S. 314

Klassen- und Methodenschablonen können nicht nur einen Typparameter, sondern mehrere besitzen:

Mehrere Typparameter

■ »Mehrere Typparameter«, S. 316

Von generischen Klassen können generische, aber auch nicht-generische Unterklassen gebildet werden:

Vererbung

■ »Vererbung von generischen Typen«, S. 319

Sortieralgorithmen können generisch geschrieben werden. Dazu wird der Typ der zu sortierenden Elemente generisch definiert und gleichzeitig die Typeinschränkung Comparable festgelegt:

■ »Generisches Sortieren«, S. 325

Oft sollen die Attribute einer Klasse nach verschiedenen Sortierkriterien sortiert werden. Java bietet für diese Aufgabe eine elegante, generische Lösung:

■ »Generisches Sortieren mit mehreren Sortierkriterien«, S. 328

Das Konzept der sogenannten **generischen Programmierung** ist *nicht* neu. Es entstand bereits vor der objektorientierten Pro-

Zur Historie

grammierung. Beispielsweise war es bereits in der Programmiersprache ADA (1979) realisiert. Die objektorientierte Programmierung und die generische Programmierung sind orthogonal zueinander, d. h. es handelt sich um jeweils eigenständige Konzepte, die jedoch kombiniert eingesetzt werden können. In Kombination mit der objektorientierten Programmierung führt die generische Programmierung zu einem höheren Abstraktionsniveau und zu allgemeineren Lösungen.

9.1 Einfache Klassenschablonen *

Viele Programme, d. h. Klassen und Methoden, sind weitgehend unabhängig von Datentypen. Algorithmen zum Suchen und Sortieren funktionieren beispielsweise unabhängig davon, ob Integer-, Float-, String- oder sonstige Werte gesucht oder sortiert werden sollen. Durch generische Typen ist es möglich, Klassen und Methoden zu verallgemeinern. Sie werden typunabhängig programmiert. Als Typ wird ein Typ-Stellvertreter eingesetzt, der erst bei der Anwendung durch einen konkreten Typ ersetzt wird.

Das Problem

Bei der Programmierung mit Java müssen bei Variablen in Klassen und Methoden sowie auf der Parameterliste von Methoden jeweils die **Typen** angegeben werden, obwohl das zu lösende Problem oft *unabhängig* von den Typen ist.

Beispiel 1a
Datenspeicher
MinMaxdouble

Sie erhalten den Auftrag, für mehrere Wetterstationen die Temperaturen zu überwachen. Sie benötigen einen Datenbehälter, der die jeweils höchste und tiefste gemessene Temperatur pro Wetterstation speichert. Bei den Temperaturwerten handelt es sich um double-Werte. Sie entwerfen folgende Klasse:

```
public class DatenspeicherMinMaxdouble
{
  private double min, max;

  public void setMax(double neueTemperatur)
  {
    max = neueTemperatur;
  }

  public void setMin(double neueTemperatur)
  {
    min = neueTemperatur;
  }

  public double getMax()
  {
    return max;
```

```
}
public double getMin()
{
  return min;
}
}
```

Wenig später erhalten Sie von der Firma Pegeldienst AG den Auftrag, den minimalen und maximalen Wasserstand verschiedener Flüsse zu verwalten. Sie erhalten die Angaben jeweils in Zentimetern. Millimeterwerte gibt es nicht. Sie erinnern sich noch an Ihren Auftrag mit den Wetterstationen und betrachten die damals entwickelte Klasse DatenspeicherMinMaxdouble. Sie stellen erstaunt fest, dass Sie diese Klasse fast unverändert übernehmen können. Nur den Datentyp double müssen Sie an allen Stellen durch den Datentyp int austauschen. Dies tun Sie in Ihrer Entwicklungsumgebung mit Suchen und Ersetzen. Bei der daran anschließenden Durchsicht der Klasse stellen Sie noch fest, dass der Bezeichner neueTemperatur jetzt nicht mehr zutrifft. Um bei einer erneuten Wiederverwendung der Klasse eine Änderung des Bezeichners zu vermeiden, wählen Sie jetzt anstelle von neuerPegelstand den neutralen Bezeichner neuerWert.

```
public class DatenspeicherMinMaxint
{
  private int min, max;

  public void setMax(int neuerWert)
  {
   max = neuerWert;
  }
  public void setMin(int neuerWert)
  {
   min = neuerWert;
  }
  public int getMax()
  {
    return max;
  }
  int getMin()
  {
    return min;
  }
}
```

Datenspeicher
MinMaxint

Als Sie wenig später von einem Linguistik-Büro den Auftrag erhalten, in Artikeltexten jeweils das alphabetisch größte und kleinste Zeichen zu speichern, fragen Sie sich, ob es nicht eine elegantere Lösung gibt, als jeweils mit einem Texteditor die Datentypen zu ändern und jeweils neue Klassen anzulegen.

Als Lösungsmöglichkeit fällt Ihnen ein, anstelle der einfachen Datentypen `int`, `double` und `char` den Typ `Object` zu verwenden, da ja alle anderen Klassen Unterklassen von `Object` sind. Sie schreiben ein Programm `DatenspeicherMinMaxO`:

Datenspeicher MinMaxO

```
public class DatenspeicherMinMaxObject
{
  private Object min, max;

  public void setMax(Object neuerWert)
  {
   max = neuerWert;
  }
  public void setMin(Object neuerWert)
  {
   min = neuerWert;
  }
  public Object getMax()
  {
   return max;
  }
  public Object getMin()
  {
   return min;
  }
}
```

Beim Schreiben dieser Klasse fällt Ihnen jedoch ein, dass es jetzt nicht mehr möglich ist, Werte von einfachen Datentypen in dieser Klasse zu speichern, da `int`, `double` und `char` ja keine Klassen sind, die von der Wurzelklasse `Object` erben. Als Abhilfe bietet es sich an, jeweils die Objekte der jeweiligen Hüllklassen zu verwenden. Soll beispielsweise der `double`-Wert 1.534 gespeichert werden, dann geschieht dies in folgender Form:

`eineWetterstation.setMax(new Double(1.534));`

Beim Einsatz dieser neuen Klasse machen Sie beim Setzen des Min-Wertes einmal den Fehler, dass Sie anstelle von `eineWetterstation.setMin(new Double(-5));`

folgendes schreiben:

`eineWetterstation.setMin(new Integer(-5));`

Sie sind überrascht, dass Sie vom Compiler *keine* Fehlermeldung erhalten. Beim Nachdenken darüber stellen Sie aber fest, dass dies *kein* Fehler ist. Bei diesem Klassenaufbau kann der Compiler *nicht* sicherstellen – und soll es in vielen Anwendungsfällen auch nicht – dass jeweils identische Typen für `min` und `max` verwendet werden. Die von Ihnen vorgenommene Verallgemeinerung mit der Verwendung von `Object` funktioniert, ist aber *nicht* typsicher.

Nachteilig ist außerdem, dass bei Leseoperationen ein *Casting* erfolgen muss, um den ursprünglichen Typ wieder zu erhalten:

```
Double wert1 = (Double)eineWetterstation.getMax();
```

Seit der Java-Version 5 sind sogenannte **generische Datentypen** erlaubt. Anstelle eines speziellen Datentyps wie `int`, `double`, `char` oder `Object` wird ein **Typ-Stellvertreter** – auch **Typparameter** oder **Typvariable** genannt – eingesetzt. Der Name des Stellvertreters wird in der Klassendeklaration hinter dem Klassennamen angegeben, eingeschlossen in spitze Klammern. Beispielsweise kann man den Buchstaben `T` (für Typ) als Stellvertreter wählen.

Die Lösung: generische Typen

Mit Hilfe generischer Typen erhalten Sie folgende generische Klasse:

```
public class DatenspeicherMinMax<T>
{
  private T min, max;

  public void setMax(T neuerWert)
  {
    max = neuerWert;
  }
  public void setMin(T neuerWert)
  {
    min = neuerWert;
  }
  public T getMax()
  {
    return max;
  }
  public T getMin()
  {
    return min;
  }
}
```

Beispiel 1b
Datenspeicher MinMaxT

Anstelle eines konkreten Typs steht jetzt einfach `T`. Die Deklaration des Typnamens steht nur *einmal* hinter dem Klassennamen.

Um die benötigten speziellen Klassen zu erhalten, erzeugen Sie sich nun diese Klassen aus der generischen Klasse:

```
DatenspeicherMinMax<Double> einDoubleDatenspeicherMinMax =
  new DatenspeicherMinMax<>();
DatenspeicherMinMax<Integer> einIntegerDatenspeicherMinMax =
  new DatenspeicherMinMax<>();
DatenspeicherMinMax<Character> einCharDatenspeicherMinMax =
  new DatenspeicherMinMax<>();
```

> Hinter dem Klassennamen wird in spitzen Klammern der konkrete Typ angegeben. Alle generischen Eigenschaften besitzt jetzt der angegebene Typ. Im Konstruktor muss nach dem Klassennamen nur eine leere Raute (<>) angegeben werden.

Erfreut stellen Sie fest, dass die oben aufgeführten zwei Probleme damit verschwunden sind:

Die **Typsicherheit** ist wieder da, da Sie nur Werte mit dem angegebenen Typ in min und max speichern können – aber keine gemischten. Außerdem entfällt beim Lesen das *Casting*. Allerdings können generische Typen nur Referenztypen sein. Es ist also *nicht* möglich, <int> oder <double> zu schreiben.

Solche generischen Klassen werden als **einfache Klassenschablonen** bezeichnet. Der Name des Typ-Stellvertreters muss in der Klassendeklaration angegeben werden, da es mehr als einen Stellvertreter geben kann!

Autoboxing

Das Problem, dass bei generischen Klassen keine einfachen Typen verwendet werden können, wird durch das *Autoboxing* gelöst. Einfache Werte werden selbstständig in Objekte umgewandelt und umgekehrt.

Beispiel 1c
Datenspeicher
MinMaxT

Sie schreiben ein kleines Testprogramm, um Ihr Programm mit dem generischen Datentyp zu testen:

```
public class Test
{
  public static void main(String args[])
  {
    DatenspeicherMinMax<Double> eineWetterstation =
      new DatenspeicherMinMax<>();
    eineWetterstation.setMax(new Double(12.67));
    Double dieMaxTemp = eineWetterstation.getMax();
    System.out.println("Temperatur: " + dieMaxTemp);

    DatenspeicherMinMax<Integer> einePegelstation =
      new DatenspeicherMinMax<>();
    einePegelstation.setMax(new Integer(223));
    Integer derMaxPegel = einePegelstation.getMax();
    System.out.println("Pegel: " + derMaxPegel);

    DatenspeicherMinMax<Character> einText =
      new DatenspeicherMinMax<>();
    einText.setMin(new Character('c'));
    Character dasMinZeichen = einText.getMin();
    System.out.println("Zeichen: " + dasMinZeichen);

    // Test Autoboxing
    eineWetterstation.setMin(3.76);
    double dieMinTemp = eineWetterstation.getMin();
    System.out.println("Temperatur: " + dieMinTemp);
```

```
    einePegelstation.setMax(180);
    derMaxPegel = einePegelstation.getMax();
    System.out.println("Pegel: " + derMaxPegel);
    
    einText.setMin('x');
    dasMinZeichen = einText.getMin();
    System.out.println("Zeichen: " + dasMinZeichen);
  }
}
```

Der Java-Compiler übersetzt Ihr Programm ohne Fehler und Sie erhalten die gewünschten Ergebnisse:

```
Temperatur: 12.67
Pegel: 223
Zeichen: c
Temperatur: 3.76
Pegel: 180
Zeichen: x
```

Klassenschablonen können auf zwei verschiedene Art und Weisen realisiert werden:

Übersetzung

- Bei der **heterogenen Realisierung** wird für jeden Typ individueller Code erzeugt. In dem obigen Beispiel würde für jeden der Typen Double, Integer und Character jeweils eine eigene Klasse angelegt.
- Bei der **homogenen Realisierung** wird für jede parametrisierte Klasse genau eine Klasse erzeugt. Statt des generischen Typs wird der Typ Object eingesetzt. Für einen konkreten Typ werden Typanpassungen in die Anweisungen eingefügt. Java nutzt diese Realisierungsvariante. Der Java-Compiler löscht bei generischen Typen dabei alle Typinformationen *(type erasure)*. Diese Typinformationen sind daher zur Laufzeit *nicht* mehr verfügbar.

In der UML werden Klassenschablonen **parametrisierte Klassen** *(parameterized classes, template classes)* genannt. Der Typparameter, in der UML auch *Template*-Parameter genannt, wird als gestricheltes Rechteck rechts oben in das Klassensymbol gezeichnet (Abb. 9.1-1).

Die Erzeugung spezieller Klassen – gebundene Klasse *(bound class)* genannt – wird durch ein Klassensymbol angegeben, das durch eine gestrichelte Linie, abgeschlossen durch einen transparenten Dreieckspfeil, mit der parametrisierten Klasse verbunden ist. An die Linie wird <<bind>> geschrieben. Außerdem wird die aktuelle Belegung des Typparameters in folgender Form angegeben: < template-param-name -> actual-template-parameter >. Die gebundene Klasse kann einen anderen Klassennamen als die parametrisierte Klasse haben oder eine sogenannte anonyme gebundene Klasse sein.

9 Generische Datentypen *

Im letzteren Fall wird die aktuelle Bindung des Typparameters in das Klassensymbol eingetragen. In Java ist nur diese Form möglich.

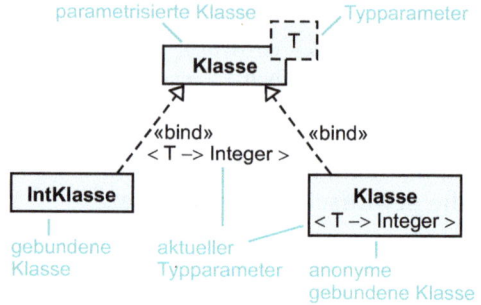

Abb. 9.1-1: UML-Notation für parametrisierte Klassen (template classes).

Beispiel 1d Die UML-Notation zum Beispiel zeigt die Abb. 9.1-2.

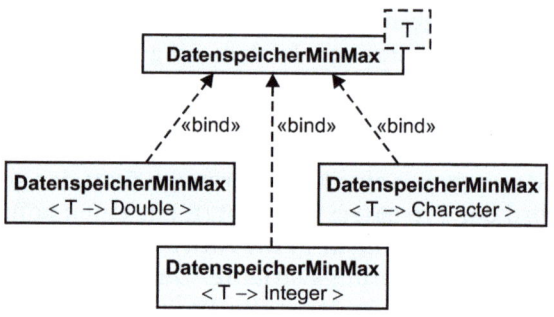

Abb. 9.1-2: UML-Darstellung der parametrisierten Klasse DatenspeicherMinMax.

Literatur [KrLa07a], [KrLa07b]

9.2 Typeinschränkung bei generischen Datentypen *

Werden auf generischen Typen Operationen ausgeführt, dann müssen diese Operationen auch auf den konkreten Typen definiert sein, z. B. eine Abfrage auf »>«. Damit dies sichergestellt ist, können auf generischen Typen Typeinschränkungen spezifiziert werden.

Wird eine Klasse mit einem Typparameter versehen, dann muss sichergestellt werden, dass die in den Methoden verwendeten Operationen auch vom jeweiligen aktuellen Typ bereitgestellt werden.

Ein Programm für Wetterstationen speichert die jeweils höchste und tiefste gemessene Temperatur pro Wetterstation. Von Messsensoren werden ständig die aktuellen Messwerte geliefert. Es soll jeweils geprüft werden, ob der neue Wert größer oder kleiner als die bisher gespeicherten Werte sind. Wenn ja, dann wird der alte Wert überschrieben. Es ergibt sich folgendes generische Programm (siehe auch »Einfache Klassenschablonen«, S. 304):

Beispiel 1a
Datenspeicher
MinMax

```
public class DatenspeicherMinMax2<T>
{
  private T min, max;

  public void pruefeMax(T neuerWert)
  {
    if (neuerWert > max)
      max = neuerWert;
  }
  public void pruefeMin(T neuerWert)
  {
    if (neuerWert < min)
      min = neuerWert;
  }
  public void setMax(T neuerWert)
  {
    max = neuerWert;
  }
  public void setMin(T neuerWert)
  {
    min = neuerWert;
  }
  public T getMax()
  {
    return max;
  }
  public T getMin()
  {
    return min;
  }
}
```

Das Testprogramm sieht folgendermaßen aus:

```
public class Test
{
  public static void main(String args[])
  {
    DatenspeicherMinMax2<Float> eineWetterstation =
      new DatenspeicherMinMax2<>();

    // Test Autoboxing
    eineWetterstation.setMin(2.76f);
    eineWetterstation.pruefeMin(3.76f);
    float dieMinTemp = eineWetterstation.getMin();
    System.out.println("Temperatur: " + dieMinTemp);
```

            }
        }
Sie übersetzen Ihr Programm und stellen erstaunt fest, dass Ihnen der Compiler Fehlermeldungen ausgibt:

```
DatenspeicherMinMax2.java:7:
operator > cannot be applied to T,T
    if (neuerWert > max)
                  ^
DatenspeicherMinMax2.java:12:
operator < cannot be applied to T,T
    if (neuerWert < min)
                  ^
2 errors
```

Das Problem ist, dass der Vergleichsoperator <, der für die Abfrage benötigt wird, *nicht* auf beliebigen Typen definiert ist. Es muss daher sichergestellt werden, dass alle Typen, die diese Klasse verwenden auch über einen definierten Vergleichsoperator verfügen. Der generische Typ T muss daher eingeschränkt werden auf alle Typen mit einem definierten Vergleichsoperator <.

Typbindung

Die Typparameter können in Java beliebig um **Typbindungen** *(bounds)* erweitert werden. Man spricht von Typbindung, weil sie Typparameter an ein oder mehrere Schnittstellen *(interfaces)* bindet. Durch die explizite Angabe der Typbindung ist der Anwendungsbereich eines generischen Typs gut erkennbar. Soll ein generischer Typ an mehrere Schnittstellen gebunden werden, dann werden die Schnittstellen durch das &-Zeichen verknüpft.

Beispiel 1b Datenspeicher MinMax

Das geänderte Programm DatenspeicherMinMax2 sieht folgendermaßen aus:

```java
public class DatenspeicherMinMax2<T extends Comparable<T>>
{
  private T min, max;

  public void pruefeMax(T neuerWert)
  {
    if (neuerWert.compareTo(max) > 0)
      max = neuerWert;
  }

  public void pruefeMin(T neuerWert)
  {
    if (neuerWert.compareTo(min) < 0)
      min = neuerWert;
  }

  public void setMax(T neuerWert)
  {
    max = neuerWert;
```

```
}

public void setMin(T neuerWert)
{
  min = neuerWert;
}

public T getMax()
{
  return max;
}

public T getMin()
{
  return min;
}
}
```

Zur Laufzeit ergeben sich folgende Ergebnisse:

```
Temperatur: 2.76
Pegel: 200
Zeichen: v
```

Sehen Sie sich die Dokumentation zur Schnittstelle Comparable an. Die Schnittstelle Comparable<T> ist eine generische Schnittstelle. Sie fordert die Implementierung folgender Methode:

- int compareTo(T o): Es wird dieses Objekt verglichen mit dem Objekt auf der Parameterliste, wobei das Objekt auf der Parameterliste vom Typ T sein muss. Dadurch wird Typsicherheit hergestellt.

Durch die Angabe | Beispiel 1c

```
class DatenspeicherMinMax2<T extends Comparable<T>>
```

im Beispiel 1b wird gefordert, dass der Typ T eine Vergleichsmethode compareTo(T o) zur Verfügung stellt, die einen Vergleich auf dem gleichen Typ T definiert, wie er als Typparameter der Klasse angegeben ist!

Typparameter können mehrfach eingeschränkt werden. Hinter extends darf an erster Stelle eine Klasse *oder* eine Schnittstelle stehen. Alle weiteren Einschränkungen dürfen nur Schnittstellen sein, die durch das kaufmännische Und-Zeichen & jeweils getrennt, hintereinander aufgeführt werden: | Mehrfache Einschränkungen Syntax

`<T extends T1 & I2 & I3 ...>`

```
public class Beispiel<T extends Comparable<T> & Serializable>
  implements Serializable
{ ...
}
```
Beispiel

9.3 Einfache Methodenschablonen **

Viele Algorithmen, z. B. zum Suchen und Sortieren, funktionieren unabhängig davon, welche Datentypen die jeweiligen Elemente besitzen. Durch die Verwendung von Typparametern entstehen generische Methoden, die eine allgemeine Problemlösung ermöglichen.

Problem

Für viele Algorithmen ist der Datentyp, auf dem der Algorithmus arbeitet, nicht relevant. Es ist daher in Java möglich, eine Methode **generisch** zu deklarieren, *ohne* dass die Klasse generisch sein muss (siehe auch »Einfache Klassenschablonen«, S. 304).

Beispiel
Dreieckstausch

Zwei Werte vom gleichen Typ sollen vertauscht werden. Der einfache Algorithmus Dreieckstausch ist unabhängig vom Datentyp:

```
public class Dreieckstausch
{
  //generische Methodendeklaration
  public static <Elem> void tausche(Elem[] feld)
  {
    Elem merke= feld[0];
    feld[0] = feld[1];
    feld[1] = merke;
  }

  public static void main (String args[])
  {
    Double einFeld[] = {new Double(1.0f),new Double(2.0f)};
    Dreieckstausch.tausche(einFeld);
    System.out.println("Element[0] " + einFeld[0]);
    System.out.println("Element[1] " + einFeld[1]);

    String nocheinFeld[] = {"Eins","Zwei"};
    Dreieckstausch.tausche(nocheinFeld);
    System.out.println("Element[0] " + nocheinFeld[0]);
    System.out.println("Element[1] " + nocheinFeld[1]);
  }
}
```

Der Programmlauf liefert folgende Ergebnisse:

```
Element[0] 2.0
Element[1] 1.0
Element[0] Zwei
Element[1] Eins
```

Felder

Wie das Beispiel zeigt, können auch Felder *(arrays)* typisiert, d. h. mit Typparametern versehen werden.

Es sind **generische Objektmethoden** und **generische Klassenmethoden** möglich.

Typeinschränkungen

Analog wie bei generischen Klassen können auch bei generischen Methoden Einschränkungen für die aktuellen Typen festgelegt werden (siehe auch »Typeinschränkung bei generischen Datentypen«, S. 310).

Sie benötigen eine Methode, die Ihnen von zwei Werten den jeweils größten Wert zurückliefert. Da der Algorithmus unabhängig vom Datentyp der Werte ist, schreiben Sie folgende generische Methode (Programm MaxGenerischerVergleich):

Beispiel
MaxGenerischerVergleich

```
// Beispiel für den Einsatz generischer Datentypen
// mit Typeinschränkung

public class MaxGenerischerVergleich
{
 //generische Methodendeklaration
 static  <T extends Comparable<T>>
     T gibMax(T wert1, T wert2)
 {
  if (wert1.compareTo(wert2) > 0)
    return wert1;
  else
    return wert2;
 }

 public static void main (String args[])
 {
   System.out.println
     ("Max " + gibMax(new Double(1.0), new Double(2.0)));
   System.out.println("Max "+ gibMax("Z", "A"));
   //Mit Autoboxing
   System.out.println("Max "+ gibMax(22, 99));
 }
}
```

Zur Laufzeit wird folgendes ausgegeben:

```
Max 2.0
Max Z
Max 99
```

Prüfen Sie, was passiert, wenn Sie im letzten Beispiel statt `<T extends Comparable<T>>` schreiben:

Frage

`<T extends Comparable>`, d.h. Sie lassen die Typangabe bei der Schnittstelle `Comparable` weg.

Prüfen Sie, ob folgender Aufruf übersetzt wird:
`System.out.println(gibMax(new Double(1.0f), "Z"));`

Was passiert zur Laufzeit?

Wenn die Typangabe bei der Schnittstelle `Comparable` weggelassen wird, gibt der Compiler folgende Warnung aus:

Antwort

```
Note: MaxGenerischerVergleich.java uses unchecked or
  unsafe operations.
Note: Recompile with -Xlint:unchecked for details.
```

Zur Laufzeit gibt es keinen Unterschied zu verzeichnen.

Der Aufruf `System.out.println(gibMax(new Double(1.0f), "Z"));` wird nur dann übersetzt, wenn die Typangabe bei der Schnittstelle `Comparable` fehlt. Zur Laufzeit gibt es beim übersetzten Programm folgenden Fehler:

```
Exception in thread "main" java.lang.ClassCastException:
  java.lang.String cannot be cast to java.lang.Double
```

9.4 Mehrere Typparameter *

Generische Klassen und generische Methoden können über mehrere Typparameter verfügen, sodass sehr allgemeine Klassen und Methoden programmiert werden können. Viele Java-Klassen nutzen generische Datentypen, z. B. die Klasse `HashMap<K,V>`.

Syntax

Klassen- und Methodenschablonen können in Java mit mehreren Typparametern versehen werden. In spitzen Klammern werden die Typparameter, jeweils getrennt durch Kommata, hinter den Klassennamen bzw. vor den Methodennamen geschrieben.

Beispiel 1
Datenspeicher
Paar

Es wird ein Datenspeicher benötigt, in dem jeweils zwei Typen als Paar gespeichert werden können (Programm Datenspeicher-Paar):

```
class DatenspeicherPaar <T1, T2>
{
  private T1 wert1;
  private T2 wert2;

  public void setPaar(T1 neuerWert1, T2 neuerWert2)
  {
    wert1 = neuerWert1;
    wert2 = neuerWert2;
  }
  public T1 getWert1()
  {
    return wert1;
  }
  public T2 getWert2()
  {
    return wert2;
  }
}
public class TestPaar
{
  public static void main(String args[])
  {
    //Speicher für String und Double
    DatenspeicherPaar<String, Double>
      einArtikelPlusPreis =
        new DatenspeicherPaar<>();
```

```
        einArtikelPlusPreis.setPaar
           ("Java - Anwendungen programmieren", 29.90);
        System.out.println("Artikel: " +
           einArtikelPlusPreis.getWert1());
        System.out.println("Preis in Euro: " +
           einArtikelPlusPreis.getWert2());

        //Speicher für Character und Integer
        DatenspeicherPaar<Character, Integer>
           kundenanzahlProBuchstabe =
             new DatenspeicherPaar<>();
        kundenanzahlProBuchstabe.setPaar('A', 367);
        System.out.println("Buchstabe: " +
           kundenanzahlProBuchstabe.getWert1());
        System.out.println("Kundenanzahl: " +
           kundenanzahlProBuchstabe.getWert2());
    }
}
```

Das Ergebnis des Programmlaufs sieht folgendermaßen aus:

```
Artikel: Java - Anwendungen programmieren
Preis in Euro: 29.9
Buchstabe: A
Kundenanzahl: 367
```

Beispiel: Java-Klasse HashMap<K,V>

Viele Java-Klassen nutzen generische Datentypen, z. B. die Klasse HashMap<K,V>. Diese Klasse implementiert die Schnittstelle Map<K,V>. Diese Schnittstelle ordnet einem Schlüssel vom Typ K einen Wert vom Typ V zu. Über den Schlüssel kann dann wieder schnell auf den gespeicherten Wert zugegriffen werden. Eine Sortierung der Schlüssel nach einem gegebenen Kriterium ist aber nicht möglich. Intern erfolgt die Zuordnung von Schlüsseln zu Werten mithilfe des so genannten **Hash-Verfahrens**.

Die Schnittstelle Map<K,V> definiert u. a. folgende Methoden: Map<K,V>

- V put(K key, V value): Speichert den Schlüssel key und den zugeordneten Wert value.
- V get(Object key): Gibt den Wert zurück, der mit dem Schlüssel key assoziiert ist oder null.

Die Klasse HashMap<K,V> implementiert die Methoden der Schnittstelle Map<K,V>.   HashMap<K,V>

Die folgenden zwei Beispiele zeigen die Anwendung dieser Klasse.

```
import java.util.HashMap;
import java.util.Map;
import inout.Console;

public class Lexikon
```

Beispiel 2

Lexikon

```
{
  public static void main (String [] args)
  {
    Map<String, String> lex = new HashMap<>();

    lex.put("Paket", "package");
    lex.put("Klasse", "class");
    lex.put("Muster", "pattern");
    lex.put("Ausnahme", "exception");

    String deutsch = Console.readString();
    System.out.println (deutsch + " in Englisch: "
      + lex.get(deutsch));
  }
}
```

Beispiel für einen Programmlauf:

```
Muster
Muster in Englisch: pattern
```

In diesem Beispiel ist sowohl der Schlüssel vom Typ String als auch der assoziierte Wert vom Typ String.

Da die Zuordnungen zwischen Schlüssel und Wert unabhängig von den Typen sind, können beliebige Typen verwendet werden, wie das Beispiel 3 zeigt.

Beispiel 3

Geburtstagsverzeichnis

```
import java.util.HashMap;
import java.util.Map;
import java.time.LocalDate;
import inout.Console;

public class Geburtstagsverzeichnis
{
  public static void main (String [] args)
  {
    Map<String, LocalDate> gebver = new HashMap<>();

    gebver.put("Sabine", LocalDate.of(1994,12,23));
    gebver.put("Heiko", LocalDate.of(1977,07,11));
    gebver.put("Irma", LocalDate.of(1985,01,01));
    gebver.put("Stefan", LocalDate.of(1976,04,30));

    String vorname = Console.readString();
    System.out.println (vorname + " hat Geburtstag am: "
      + gebver.get(vorname));
  }
}
```

Beispiel für ein Programmlauf:

```
Heiko
Heiko hat Geburtstag am: 1977-07-11
```

9.5 Vererbung von generischen Typen ***

Das Konzept der generischen Typen lässt sich mit dem Konzept der Vererbung kombinieren. Es können generische Unterklassen von generischen Oberklassen gebildet werden. In einer Unterklasse können auch mehrere Typparameter wieder zusammengefasst werden. Unterklassen von generischen Oberklassen können auch *nicht generisch* sein.

Obwohl das Konzept der generischen Typen orthogonal zum Konzept der Objektorientierung ist, lassen sich dennoch beide Konzepte sinnvoll miteinander kombinieren. Im Zusammenhang mit der Vererbung stellt sich die Frage: Wie wirken sich Typparameter in Unterklassen aus?

Generische Unterklassen

Von generischen Klassen lassen sich **generische Unterklassen** bilden.

Es liegt ein Datenspeicher vor, der mit einem Typ parametrisiert ist (Programm DatenspeicherVererbung):

```
public class Datenspeicher<T>
{
 private T wert;

 void setWert(T neuerWert)
 {
  wert = neuerWert;
 }

 T getWert()
 {
  return wert;
 }
}
```

Beispiel 1a Datenspeicher Vererbung

Ist es von der Problemstellung her nötig, einen Datenspeicher zu besitzen, der zwei parametrisierte Typen besitzt, dann kann eine Unterklasse gebildet werden, in der der zweite Typparameter hinzugefügt wird:

```
public class DatenspeicherPaar<T, T2>
   extends Datenspeicher<T>
{
 private T2 wert2;

 void setPaar(T neuerWert1, T2 neuerWert2)
 {
  setWert(neuerWert1);
  wert2 = neuerWert2;
 }
```

```
T getWert1()
{
 return getWert();
}
T2 getWert2()
{
 return wert2;
}
}
```

Das Testprogramm sieht wie folgt aus:

```
public class TestPaar
{
  public static void main(String args[])
  {
    //Speicher für String und Double
    DatenspeicherPaar<String, Double> einArtikelPlusPreis =
        new DatenspeicherPaar<>();
    einArtikelPlusPreis.setPaar
       ("Java - Anwendungen programmieren", 29.9);
    System.out.println
       ("Artikel: " + einArtikelPlusPreis.getWert1());
    System.out.println
       ("Preis in Euro: " + einArtikelPlusPreis.getWert2());

    //Speicher für Character und Integer
    DatenspeicherPaar<Character, Integer>
       kundenanzahlProBuchstabe =
          new DatenspeicherPaar<>();
    kundenanzahlProBuchstabe.setPaar('A', 367);
    System.out.println
       ("Buchstabe: "
      + kundenanzahlProBuchstabe.getWert1());
    System.out.println
       ("Kundenanzahl: "
      + kundenanzahlProBuchstabe.getWert2());
  }
}
```

Als Ergebnis ergibt sich:

```
Artikel: Java - Anwendungen programmieren
Preis in Euro: 29.9
Buchstabe: A
Kundenanzahl: 367
```

Die Abb. 9.5-1 veranschaulicht die Vererbung als UML-Klassendiagramm.

Zusammenfassung von Typparametern

In einer Unterklasse können auch **mehrere Typparameter zusammengefasst** werden.

9.5 Vererbung von generischen Typen ***

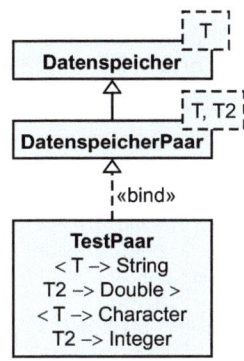

Abb. 9.5-1: UML-Darstellung des Programms DatenspeicherVererbung.

Wird ein Datenspeicher benötigt, bei dem Paare gespeichert werden, die jeweils vom selben Typ sind, dann können in einer Unterklasse zwei Typparameter zu einem Typparameter zusammengefasst werden (Programm: DatenspeicherPaarUni):

Beispiel 1b
Datenspeicher
PaarUni

```
//Klasse, die Paare gleichen Typs speichert
public class DatenspeicherPaarUni <T>
   extends DatenspeicherPaar <T, T>
{
 public void setPaar(T neuerWert1, T neuerWert2)
 {
   super.setPaar(neuerWert1, neuerWert2);
 }
 public T getWert1()
 {
   return super.getWert1();
 }
 public T getWert2()
 {
   return super.getWert2();
 }
 public void vertausche()
 {
   super.setPaar(getWert2(), getWert1());
 }
}
```

Zusätzlich wird in der Klasse DatenspeicherPaarUni noch eine Methode vertausche() definiert, die die Werte eines Paars vertauscht. Das Testprogramm sieht wie folgt aus:

```
public class TestPaarUni
{
  public static void main(String args[])
  {
    //Speicher für String und String
    DatenspeicherPaarUni<String> einName =
        new DatenspeicherPaarUni<>();
```

```
        einName.setPaar("Helmut", "Balzert");
        System.out.println("Vorname: " + einName.getWert1());
        System.out.println("Nachname: " + einName.getWert2());
        einName.vertausche();
        System.out.println("Vorname: " + einName.getWert1());
        System.out.println("Nachname: " + einName.getWert2());

        //Speicher für Character und Integer
        DatenspeicherPaar<Character, Integer>
            kundenanzahlProBuchstabe =
                new DatenspeicherPaar<>();
        kundenanzahlProBuchstabe.setPaar('A', 367);
        System.out.println
            ("Buchstabe: "
             + kundenanzahlProBuchstabe.getWert1());
        System.out.println
            ("Kundenanzahl: "
             + kundenanzahlProBuchstabe.getWert2());
    }
}
```

Als Ergebnis ergibt sich:

```
Vorname: Helmut
Nachname: Balzert
Vorname: Balzert
Nachname: Helmut
Buchstabe: A
Kundenanzahl: 367
```

Die Abb. 9.5-2 veranschaulicht das Programm als UML-Klassendiagramm.

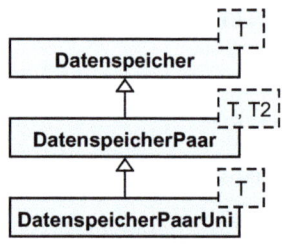

Abb. 9.5-2: UML-Klassendiagramm des Programms `DatenspeicherPaarUni`.

Nicht generische Unterklassen

Unterklassen einer generischen Klasse können auch **nicht generisch** sein.

Beispiel Datenspeicher Integer

Es wird ein Datenspeicher für ganze Zahlen benötigt. Es gibt bereits einen Datenspeicher, der mit dem Typ T parametrisiert ist:

```java
public class Datenspeicher <T>
{
 private T Wert;

 public void setWert(T neuerWert)
 {
  Wert = neuerWert;
 }
 public T getWert()
 {
  return Wert;
 }
}

public class DatenspeicherInteger
   extends Datenspeicher<Integer>
{
 @Override
 public void setWert(Integer neuerWert)
 {
   super.setWert(neuerWert);
 }
 @Override
 public Integer getWert()
 {
   return super.getWert();
 }
}
```

Das Testprogramm sieht wie folgt aus:

```java
public class TestDatenspeicher
{
   public static void main(String args[])
   {
     Datenspeicher<String> einName =
         new Datenspeicher<>();
     einName.setWert("Helmut");
     System.out.println("Vorname: " + einName.getWert());

     //Speicher für Integer
     DatenspeicherInteger eineZahl=
         new DatenspeicherInteger();
     eineZahl.setWert(367);
     System.out.println("Zahl: " + eineZahl.getWert());
   }
}
```

Als Ergebnis wird ausgegeben:

Vorname: Helmut
Zahl: 367

Die Abb. 9.5-3 veranschaulicht das Programm als UML-Klassendiagramm.

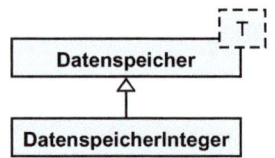

Abb. 9.5-3: UML-Klassendiagramm zu dem Programm DatenspeicherInteger.

Frage Müssen in DatenspeicherInteger die Methoden setWert() und getWert() überschrieben werden oder können Sie ganz entfallen? Wäre auch Datenspeicher<Integer> eineZahl = new Datenspeicher<>(); möglich?

Antwort Weil die Methoden setWert() und getWert() nicht abstrakt sind und vererbt werden, müssen sie nicht überschrieben werden und können auch entfallen. Es ist auch durch

Datenspeicher<Integer> eineZahl = new Datenspeicher<>();

möglich, ein Integer-typisiertes Datenspeicher-Objekt zu erhalten. Dies ist eine Alternative zur Nutzung der Klasse DatenspeicherInteger.

Einen Überblick über die Kombinationsmöglichkeiten objektorientierter und generischer Konzepte gibt die Abb. 9.5-4.

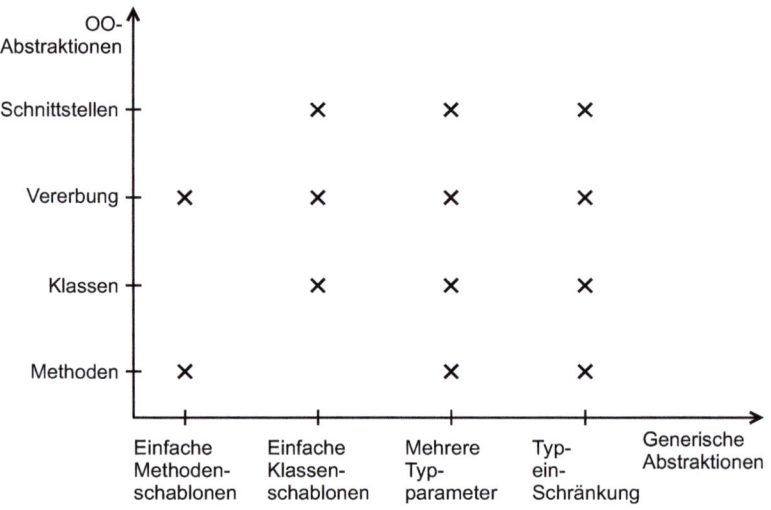

Abb. 9.5-4: Kombinationsmöglichkeiten der Objektorientierung mit generischen Typen.

9.6 Generisches Sortieren *

In Java können generische Sortieralgorithmen geschrieben werden, indem der Typ der zu sortierenden Elemente generisch definiert und dabei gleichzeitig die Typeinschränkung Comparable<T> festgelegt wird. Die Klasse Collections stellt eine generische Methode sort() bereit.

Die meisten Sortieralgorithmen funktionieren unabhängig davon, welche Datentypen die zu sortierenden Informationen besitzen. Es liegt daher nahe, Sortieralgorithmen generisch zu programmieren. Da bei Sortieralgorithmen immer Elemente auf ihre Rangfolge hin verglichen werden müssen, muss von dem Typ der Datenelemente verlangt werden, dass auf ihnen eine Vergleichsoperation definiert ist. Soll beispielsweise in Java eine ArrayList sortiert werden, dann muss der Methodenkopf wie folgt aussehen:

<E extends Comparable<E>>
void sortieren(ArrayList<E> liste)

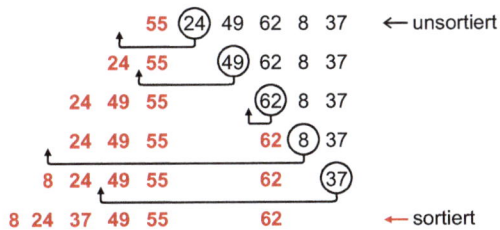

Abb. 9.6-1: Beispiel für das Sortieren durch Einfügen.

> Ein einfaches Sortierverfahren ist **Sortieren durch Einfügen** *(insertion sort)*. Der Algorithmus geht wie folgt:
> 1 Die Zahlenfolge in der 1. Zeile soll aufsteigend (von links nach rechts) sortiert werden (Abb. 9.6-1).
> 2 Der Algorithmus startet bei dem 2. Element (in der 1. Zeile eingekreist). Das 1. Element wird als einelementige bereits sortierte Teilfolge angesehen!
> 3 Es wird geprüft, ob in der Folge links vom markierten Element noch größere Elemente vorliegen. Wenn ja, dann wird es vor das nächst größere Element einsortiert (in der 1. Zeile wird die 24 vor die 55 einsortiert). Es liegt jetzt die zweielementige sortierte Teilfolge 24, 55 vor (Zahlen fett dargestellt).
> 4 Jetzt wird das 3. Element betrachtet (in der 2. Zeile eingekreist). Da die 49 kleiner als 55 aber größer als 24 ist, wird

Beispiel

sie dazwischen eingeordnet. Es liegt jetzt die dreielementige sortierte Teilfolge 24, 49, 55 vor.

5   Jetzt wird das 4. Element betrachtet und analog verfahren, usw.

DemoSort Generisch

Umgesetzt in Java zum Sortieren einer `ArrayList` ergibt sich folgendes Programm DemoSortGenerisch:

```
//Beispiel für das generische Sortieren durch Einfügen

import java.util.*;

public class DemoSortGenerisch
{
  public static <E extends Comparable<E>>
    void sortieren(ArrayList<E> liste)
  {
    int i, j;
    E merke;
    for (i = 1; i < liste.size(); i++)
    { //Element herausgreifen
      merke = liste.get(i);
      //Platz schaffen / neuen Platz suchen
      for (j = i-1; j >= 0
        && merke.compareTo(liste.get(j)) < 0; j--)
        liste.set(j+1,liste.get(j));
      //Einfügen des Elements
      liste.set(j+1,merke);
    }
  }

  public static void main (String args[])
  {
    System.out.println("Sortieren von Zeichenketten");
    ArrayList<String> eineStringListe =
      new ArrayList<>();
    eineStringListe.add("Meyer");
    eineStringListe.add("Schulz");
    eineStringListe.add("Balzert");
    eineStringListe.add("Dorakov");
    DemoSortGenerisch.sortieren(eineStringListe); //Aufruf
    for (String element : eineStringListe)
      System.out.println(element);

    System.out.println("Sortieren von Zahlen");
    ArrayList<Integer> eineIntegerListe =
      new ArrayList<>();
    eineIntegerListe.add(10); eineIntegerListe.add(50);
    eineIntegerListe.add(30); eineIntegerListe.add(1);
    DemoSortGenerisch.sortieren(eineIntegerListe);
    for (Integer element : eineIntegerListe)
      System.out.println(element);

    System.out.println("Sortieren von Namen");
    System.out.println("Sortierkriterum Nachname");
```

```
        ArrayList<Freund> eineFreundListe =
            new ArrayList<>();
        eineFreundListe.add(new Freund("Meyer", "Hans"));
        eineFreundListe.add(new Freund("Schulz", "Joe"));
        eineFreundListe.add(new Freund("Balzert", "Helmut"));
        eineFreundListe.add(new Freund("Dorakov", "Johanna"));
        DemoSortGenerisch.sortieren(eineFreundListe);
        for (Freund element : eineFreundListe)
            System.out.println(element.getVorname() + " "
                + element.getNachname());

        System.out.println("Sortieren mit Collections.sort");
        Collections.sort(eineFreundListe);
        for (Freund element : eineFreundListe)
            System.out.println(element.getVorname() + " "
                + element.getNachname());
    }
}
```

Der Sortieralgorithmus wird zunächst zum Sortieren von Zeichenketten aufgerufen, dann zum Sortieren von Zahlen. Auf beiden Datentypen ist die Methode compareTo() vordefiniert. Anschließend werden Objekte der Klasse Freund nach dem Nachnamen sortiert. Dafür wird in der Klasse Freund die Schnittstelle Comparable<Freund> in Form der Methode compareTo(Freund einFreund) implementiert:

```
public class Freund implements Comparable<Freund>
{
    private String nachname, vorname;

    Freund(String nachname, String vorname)
    {
        this.nachname = nachname;
        this.vorname = vorname;
    }
    public String getNachname()
    {
        return nachname;
    }
    public String getVorname()
    {
        return vorname;
    }
    public int compareTo(Freund einFreund)
        throws ClassCastException
    {
        return
            (this.nachname.compareTo(einFreund.getNachname()));
    }
}
```

Folgende Ausgaben erzeugt das Programm:
```
Sortieren von Zeichenketten
Balzert
```

```
Dorakov
Meyer
Schulz
Sortieren von Zahlen
1
10
30
50
Sortieren von Namen
Sortierkriterum Nachname
Helmut Balzert
Johanna Dorakov
Hans Meyer
Joe Schulz
Sortieren mit Collections.sort
Helmut Balzert
Johanna Dorakov
Hans Meyer
Joe Schulz
```

sort() In Java gibt es die Klasse Collections, die die generische Methode sort() zur Verfügung stellt:

- public static <T extends Comparable<? super T>> void sort(List<T> list): Diese Sortiermethode sortiert eine Liste vom generischen Typ T, wobei für den Vergleich die durch die Schnittstelle Comparable festgelegte Methode compareTo() verwendet wird. Die Festlegung <? super T> hinter Comparable besagt Folgendes:
  Das ? gibt an, dass der genaue Typ *nicht* bekannt ist – ? stellt ein sogenanntes *Wildcard*-Symbol dar (*wildcard* = Platzhalter).
  super T gibt an, dass der Element-Typ T ist, aber auch eine Oberklasse von T erlaubt ist. Diese Festlegung wird als »*lower bounded wildcard*« bezeichnet. List ist eine Schnittstelle.
  Somit lässt sich die Bedeutung herleiten: Die übergebene Liste implementiert die Schnittstelle List, besteht aus Elementen vom Typ T, T implementiert die Schnittstelle Comparable<X>, und X ist dabei vom Typ T oder eine ihrer Oberklassen.

Das obige Beispiel zeigt die Wirkung der Methode. Da die Klasse ArrayList die Schnittstelle List implementiert, kann als Argument die Methode mit ArrayList aufgerufen werden.

9.7 Generisches Sortieren mit mehreren Sortierkriterien *

Sollen die Attribute einer Klasse nach verschiedenen Sortierkriterien sortiert werden, dann kann in Java für jedes Sortier-

9.7 Generisches Sortieren mit mehreren Sortierkriterien *

kriterium eine Klasse geschrieben werden, die die Schnittstelle Comparator<T> implementiert. Ein Objekt dieser Klasse wird dann beim Aufruf einer Sortiermethode mit angegeben, z. B. Collections.sort(eineListe, new SortierComparator()). Die Comparator-Klassen können auch als anonyme Klassen in die Klasse geschachtelt werden, die die zu sortierenden Attribute enthält.

Besitzen Objekte einer Klasse mehrere Attribute, dann sollen Tabellen oder Listen aller Objekte oft nach verschiedenen Sortierkriterien sortiert ausgegeben werden. In Java ist es möglich, durch die Implementierung der Comparable-Schnittstelle in der Methode compareTo() festzulegen, welches Sortierkriterium benutzt wird (siehe »Generisches Sortieren«, S. 325). Da aber in einer Klasse nur eine compareTo()-Methode vorhanden sein kann, können mit diesem Mechanismus *nicht* unterschiedliche Sortierkriterien gewählt werden.

Das Problem

Um Objekte auf verschiedene Art und Weise vergleichen zu können, stellt Java die Schnittstelle Comparator<T> zur Verfügung, die folgende Methode definiert:

Die Lösung

- int compare(T o1, T o2): Als Ergebnis wird 0 zurückgegeben, wenn o1 und o2 gleich sind. Eine negative ganze Zahl wird zurückgegeben, wenn o1 kleiner als o2 ist, eine positive ganze Zahl, wenn o1 größer als o2 ist.

Die Objekte einer Klasse Freund, die Vor- und Nachnamen sowie das Alter speichert, soll einmal nach den Vornamen, einmal nach den Nachnamen und einmal nach dem Alter sortiert werden (Programm DemoSortMehrfach). Die Standardsortierung nach dem Nachnamen wird als compareTo()-Methode in der Klasse Freund implementiert. Für die anderen Sortiermodi werden jeweils eigene Klassen geschrieben:

Beispiel 1a DemoSort Mehrfach

```
public class Freund implements Comparable<Freund>
{
  private String nachname, vorname;
  private int alter;

  Freund(String nachname, String vorname, int alter)
  {
     this.nachname = nachname;
     this.vorname = vorname;
     this.alter = alter;
  }
  //get-Methoden
  //...
  //Standardsortierung nach Nachname
  public int compareTo(Freund einFreund)
          throws ClassCastException
  {
```

```
       return
         (this.nachname.compareTo(einFreund.getNachname()));
  }
}
//Vergleich der Vornamen
import java.util.Comparator;

public class VornameComparator
  implements Comparator<Freund>
{
 public int compare(Freund freund1, Freund freund2)
 {
    String vorname1 = freund1.getVorname();
    String vorname2 = freund2.getVorname();
    return vorname1.compareTo(vorname2);
 }
}
//Vergleich des Alters
import java.util.Comparator;

public class AlterComparator
  implements Comparator<Freund>
{
  public int compare(Freund freund1, Freund freund2)
  {
     int alter1 = freund1.getAlter();
     int alter2 = freund2.getAlter();
     return alter1 - alter2;
  }
}
//Beispiel für das generische Sortieren
//mit verschiedenen Sortierkriterien
import java.util.*;
class DemoSortMehrfach
{
 public static void main (String args[])
 {
  System.out.println("Sortieren von Freunden");
  ArrayList<Freund> eineListe =
     new ArrayList<>();
  eineListe.add(new Freund("Meyer", "Hans", 42));
  eineListe.add(new Freund("Schulz", "Joe", 27));
  eineListe.add(new Freund("Bohn", "Helga",17));
  eineListe.add(new Freund("Dorakov", "Johanna", 66));

  System.out.println
    ("--- Sortierkriterum Nachname ---");
  Collections.sort(eineListe);
  for (Freund element : eineListe)
     System.out.println(element.getNachname() + " "
       + element.getVorname() + " "
       + element.getAlter());

  System.out.println
```

```
      ("--- Sortierkriterium Vorname ---");
   Collections.sort
      (eineListe, new VornameComparator());
   for (Freund element : eineListe)
      System.out.println(element.getVorname() + " "
      + ((Freund) element).getNachname() + " "
      + ((Freund) element).getAlter());

   System.out.println
      ("--- Sortierkriterium Alter ---");
   Collections.sort
      (eineListe, new AlterComparator());
   for (Freund element : eineListe)
      System.out.println(element.getAlter() + " "
      + element.getNachname() + " "
      + element.getVorname());
  }
}
```

Der Programmlauf ergibt:

```
Sortieren von Freunden
--- Sortierkriterum Nachname ---
Bohn Helga 17
Dorakov Johanna 66
Meyer Hans 42
Schulz Joe 27
--- Sortierkriterium Vorname ---
Hans Meyer 42
Helga Bohn 17
Joe Schulz 27
Johanna Dorakov 66
--- Sortierkriterium Alter ---
17 Bohn Helga
27 Schulz Joe
42 Meyer Hans
66 Dorakov Johanna
```

Die Klasse `Collections` stellt folgende generische Methode zur Verfügung:

- `public static <T> void sort(List<T> list, Comparator<? super T> c)`: Diese Sortiermethode sortiert eine Liste vom generischen Typ `T`, wobei für den Vergleich die durch die Schnittstelle `Comparator` festgelegte Methode `compareTo()` verwendet wird. Die Festlegung `<? super T>` hinter `Comparator` besagt, dass der Element-Typ T ist, aber auch eine Oberklasse von T erlaubt ist.

Bei vielen Sortierkriterien entstehen ein Vielzahl von separaten Klassen. Um dies zu vermeiden, ist es in Java möglich, diese Klassen als sogenannte **anonyme Klassen** innerhalb einer anderen Klasse zu deklarieren (siehe »Innere und anonyme Klassen«, S. 250).

Beispiel 1b
DemoSort
Mehrfach2

Die Klassen VornameComparator und AlterComparator werden als Klassen in die Klasse Freund »eingeschachtelt« (Programm DemoSortMehrfach2):

```java
import java.util.Comparator;

public class Freund
 implements Comparable<Freund>
{
  //....

    //Anonyme eingeschachtelte Klassen ------------------
    public static final Comparator<Freund>
      vornameComparator =   //Anweisung
        new Comparator<Freund>() //anonyme Klasse
        //implementiert Schnittstelle Comparator<Freund>
      {
      //Klassenrumpf der anonymen Klasse
      public int compare(Freund freund1, Freund freund2)
      {
        String vorname1 = freund1.getVorname();
        String vorname2 = freund2.getVorname();
        return vorname1.compareTo(vorname2);
      }
    };

    public static final Comparator<Freund>
      alterComparator =   //Anweisung
      new Comparator<Freund>() //anonyme Klasse
        //implementiert Schnittstelle Comparator<Freund>
      {
      //Klassenrumpf der anonymen Klasse
      public int compare(Freund freund1, Freund freund2)
      {
        int alter1 = freund1.getAlter();
        int alter2 = freund2.getAlter();
        return alter1 - alter2;
      }
    };
}

//Beispiel für das generische Sortieren
//mit verschiedenen Sortierkriterien

import java.util.*;

class DemoSortMehrfach
{
  public static void main (String args[])
  {
    System.out.println("Sortieren von Freunden");
    ArrayList<Freund> eineListe =
      new ArrayList<>();
    eineListe.add(new Freund("Meyer", "Hans", 42));
    eineListe.add(new Freund("Schulz", "Joe", 27));
    eineListe.add(new Freund("Bohn", "Helga",17));
```

9.7 Generisches Sortieren mit mehreren Sortierkriterien *

```
    eineListe.add(new Freund("Dorakov", "Johanna", 66));

    System.out.println
     ("--- Sortierkriterum Nachname ---");
    Collections.sort(eineListe);
    for (Freund element : eineListe)
        System.out.println(element.getNachname() + " "
        + element.getVorname() + " "
        + element.getAlter());

    System.out.println
     ("--- Sortierkriterium Vorname ---");
    Collections.sort
     (eineListe, Freund.vornameComparator);
    for (Freund element : eineListe)
        System.out.println(element.getVorname() + " "
        + ((Freund) element).getNachname() + " "
        + ((Freund) element).getAlter());

    System.out.println
     ("--- Sortierkriterium Alter ---");
    Collections.sort
     (eineListe, Freund.alterComparator);
    for (Freund element : eineListe)
        System.out.println(element.getAlter() + " "
        + element.getNachname() + " "
        + element.getVorname());
  }
}
```

Überlegen Sie, welche Vor- und Nachteile anonyme Klassen haben. — *Frage*

Der Einsatz von anonymen Klassen führt zu kompaktem und eventuell übersichtlicherem Quellcode. Dies ist abhängig von der Länge der anonymen Klasse. Wenn die Erweiterungen in der anonymen Klasse zu umfangreich sind, dann sollte eher eine Mitgliedsklasse oder eine eigenständige Klasse verwendet werden. — *Antwort*

Es kann nachteilig sein, dass von einer anonymen Klasse nur ein Objekt erzeugt werden kann. Ein anderer Punkt ist, dass kein Konstruktor geschrieben bzw. überschrieben werden kann, da die anonyme Klasse ja keinen Namen besitzt. Durch **Objekt-Initialisierungsblöcke** kann dieser Nachteil behoben werden. Dieser Code-Block wird bei der Erzeugung eines Objekts ausgeführt (noch vor dem Konstruktor, falls gegeben, und – wichtig für anonyme innere Klassen – *nach* dem Aufruf des Konstruktors der Oberklasse):

```
class Jahr
{
    int tageImMonat[];
    // hier folgt der Objekt-Initialisierungsblock
    {
```

```
        tageImMonat = new int[12];
        tageImMonat[0] = 31;
        ...
        tageImMonat[11] = 31;
    }
    ...
}
```

9.8 Kreuzworträtsel 2 *

Prüfen Sie, ob Sie anhand des Kreuzworträtsels der Abb. 9.8-1 in der Lage sind, den Erklärungen die wichtigsten Begriffe der objektorientierten Programmierung bezogen auf Assoziationen, Vererbung, Persistenz und generische Datentypen zuzuordnen.

Gesuchte Wörter:
Senkrecht:

1 Datenstruktur mit den Operationen Einfügen und Entfernen.
2 Stellt in der UML Objekte und ihre Verbindungen dar.
3 Spezialisierte Klasse in einer Vererbung.
4 Führt zu Laufzeitfehlern.
7 Steht stellvertretend für den konkreten Typ einer lokalen Variablen oder eines Attributs (zusammengeschrieben).
8 Verbindet Klassen im UML-Klassendiagramm.
9 Allgemeinere Klasse in einer Vererbung.
10 Wird in der Softwaretechnik nicht durch die Post ausgeliefert.

Waagerecht:

5 Java-Klasse, die als Halbfabrikat bzw. Komponente wiederverwendet werden soll.
6 Definiert Dienstleistungen für Anwender, d. h. für aufrufende Klassen, ohne etwas über die Implementierung der Dienstleistungen festzulegen.
7 Beschreibt in abstrakter Form eine bewährte Lösung für ein Problem.
11 Standard für objektorientierte, grafische Notation (Abkürzung).
12 Beschreibt Beziehung zwischen Basisklasse und spezialisierter Klasse.
13 Enthält die zu verwaltenden Daten eines Anwendungsbereichs in einem Datenbanksystem.
14 Wenn eine Unterklasse eine geerbte Operation der Oberklasse – unter dem gleichen Namen – neu implementiert.
15 Langfristige Speicherung von Objekten mit ihren Zuständen und Verbindungen, sodass ein analoger Zustand im Arbeitsspeicher wiederhergestellt werden kann.

9.8 Kreuzworträtsel 2 *

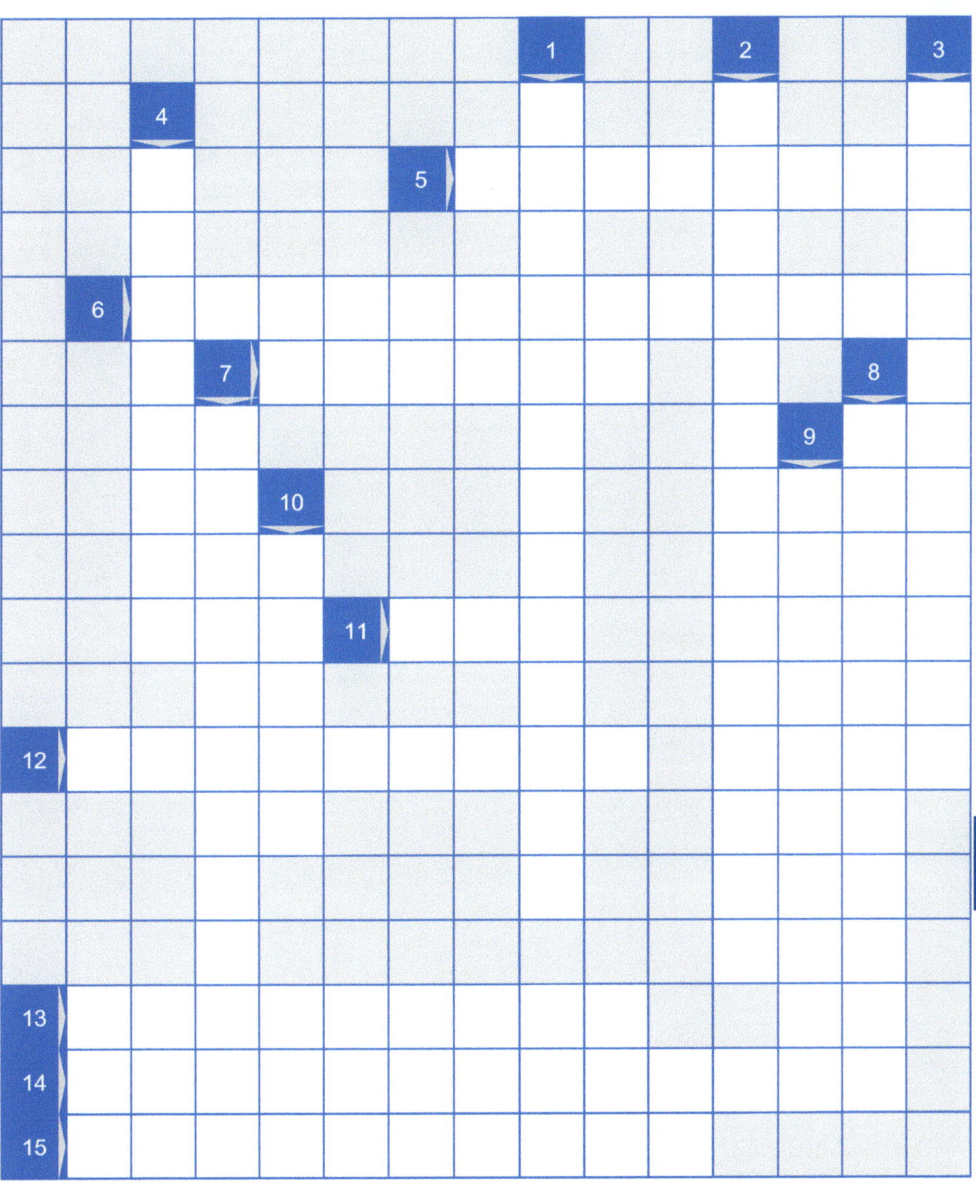

Abb. 9.8-1: Kreuzworträtsel zu fortgeschrittenen Konzepten der Objektorientierung.

10 Funktionale Programmierung **

Algorithmische Probleme lassen sich programmtechnisch durch verschiedene Konzepte realisieren. Programmiersprachen lassen sich danach unterscheiden, welche Konzepte sie jeweils unterstützen. Eine bestimmte Kombination verschiedener Konzepte führt zu so genannten **Programmierparadigmen**, die jeweils einen bestimmten Programmierstil besonders gut unterstützen. Die Abb. 10.0-1 gibt einen Überblick über wichtige Programmierparadigmen.

Paradigma = Denkmuster

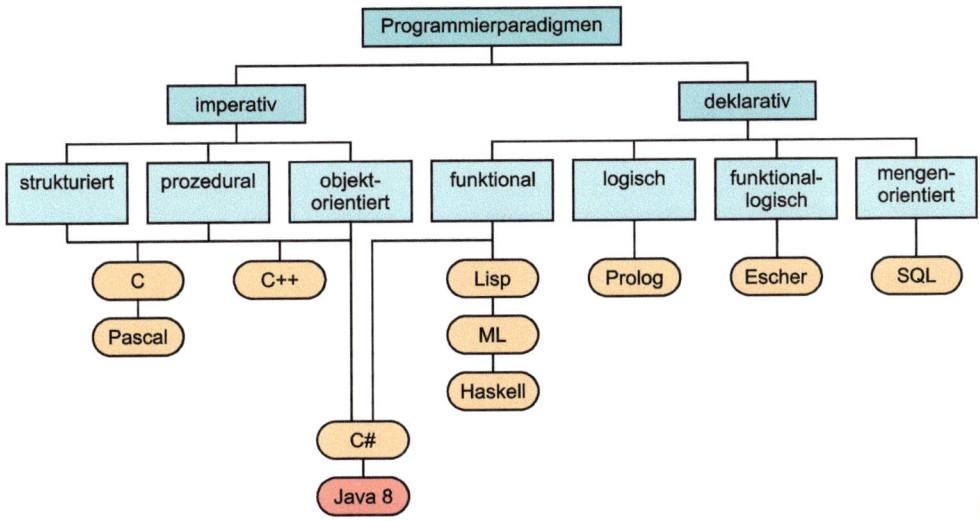

Abb. 10.0-1: Wichtige Programmierparadigmen und zugeordnete Programmiersprachen.

Prinzipiell lassen sich zwei grundlegende Programmierparadigma unterscheiden:

- das imperative Paradigma und
- das deklarative Paradigma.

Beim imperativen Programmierparadigma muss der Programmierer detailliert Schritt für Schritt beschreiben, *wie* der Computer das Ergebnis ermitteln soll.

Wie

Beim deklarativen Programmierparadigma gibt der Programmierer im Prinzip an, *was* für ein Ergebnis erwartet bzw. welche Bedingungen das Ergebnis erfüllen soll. Um den Rest kümmert sich der Compiler.

Was

Wie die Abb. 10.0-1 zeigt, unterstützen viele Programmiersprachen mehrere Programmierparadigmen. Seit Java 8 stellt Ja-

Multiparadigmatisch

va nicht nur Konzepte für das strukturierte, prozedurale und objektorientierte Programmieren zur Verfügung, sondern auch Konzepte für den deklarativen, funktionalen Programmierstil in Form von so genannten Lambda-Ausdrücken.

Den Unterschied zwischen dem imperativen Paradigma und dem deklarativen Paradigma veranschaulicht folgendes Beispiel.

Beispiel

Teilnehmer

```java
/**
 * Demonstration des Unterschieds zwischen
 * imperativen und deklarativem Programmieren
 * Beispiel in Java 7
 */

import java.util.ArrayList;

public class Teilnehmer
{
   public static void findeTeilnehmerImperativ
      (ArrayList<String> teilnehmerliste)
   {
    boolean teilgenommen = false;
    for(String teilnehmer : teilnehmerliste) {
      if(teilnehmer.equals("Mustermann"))
      {
         teilgenommen = true;
         break;
      }
    }
    System.out.println("Mustermann hat teilgenommen? "
       + teilgenommen);
   }

   public static void findTeilnehmerDeklarativ
      (ArrayList<String> teilnehmerliste)
   {
      System.out.println("Mustermann hat teilgenommen? "
         + teilnehmerliste.contains("Mustermann"));
   }

   public static void main(String[] args)
   {
      ArrayList<String> teilnehmerliste = new ArrayList<>(5);
      teilnehmerliste.add("Sommer");
      teilnehmerliste.add("Wenzel");
      teilnehmerliste.add("Mustermann");
      teilnehmerliste.add("Borschel");
      teilnehmerliste.add("Zink");
      findeTeilnehmerImperativ(teilnehmerliste);
      findTeilnehmerDeklarativ(teilnehmerliste);
   }
}
```

In der Methode findeTeilnehmerImperativ wird detailliert beschrieben, wie aus der ArrayList jedes Element entnommen

> und auf den Teilnehmer Mustermann überprüft wird. Der Erfolg oder Misserfolg wird in einer boolschen Variablen teilgenommen festgehalten.
>
> Im Gegensatz dazu wird in der Methode findTeilnehmerDeklarativ durch Anwendung der Methode contains("Mustermann") auf die teilnehmerliste ausgedrückt, welches Ergebnis erwartet wird:
>
> Es wird einfach gesagt, prüfe, ob "Mustermann" in der teilnehmerliste enthalten ist. Wie contains() dies tut, wird nicht gesagt und muss den Programmierer auch nicht interessieren. Eine deklarative Programmierung ist hier möglich, weil die Klasse ArrayList eine entsprechende Methode zur Verfügung stellt.

Um eine umfangreiche funktionale Programmierung zu ermöglichen, wurde Java in der Version 8 um eine Reihe von Möglichkeiten erweitert. Diese Möglichkeiten erlauben es, viele Probleme deklarativ zu programmieren:

- »Deklarativer Zugriff auf Sammlungen (Collections)«, S. 339
- »Deklarative Programmierung von Datenströmen (Streams)«, S. 344
- »Eine Sammlung auf einen Wert reduzieren«, S. 346
- »Implementierung von Vergleichsoperationen«, S. 349

Zusammenfassend wird ein Überblick über die funktionalen Sprachkonzepte gegeben:

- »Box: Funktionale Sprachkonzepte im Überblick 1«, S. 365
- »Box: Funktionale Sprachkonzepte im Überblick 2«, S. 372

[Subr13]

Weiterführende Literatur

10.1 Deklarativer Zugriff auf Sammlungen *(Collections)* **

Seit Java 8 ist es möglich, Funktionen in Form von Lambda-Ausdrücken als Parameter von Methoden zu übergeben. Es ist dann nicht mehr notwendig, anonyme innere Klassen zu deklarieren. Schnittstellen können Default-Methoden besitzen, die bei der Implementierung der Schnittstellen benutzt, überschrieben oder ignoriert werden können. Mithilfe dieser Möglichkeiten können Operationen auf Sammlungen *(Collections)* weitgehend deklarativ programmiert werden.

Viele Anwendungen benötigen dynamische Datenstrukturen. Eine **dynamische Datenstruktur** ist eine Datenstruktur, deren Größe und damit auch ihr Speicherbedarf sich dynamisch, d. h.

zur Laufzeit der Anwendung, den jeweiligen Erfordernissen angepasst. Werden einer solchen Datenstruktur neue Elemente hinzugefügt, dann wächst sie mit, umgekehrt wird nicht benötigter Speicherplatz wieder zur Verfügung gestellt, wenn Elemente aus der Datenstruktur gelöscht werden.

Java stellt mit dem **Collection-Framework** eine umfangreiche und flexible Sammlung von Klassen und Schnittstellen für dynamische Datenstrukturen zur Verfügung. Alle von diesem **Framework** bereitgestellten Klassen sind Container, d. h. sie speichern Objekte beliebiger Typen als Elemente.

Häufige Operationen auf Sammlungen – auch Aufzählungen genannt – *(Collections)* sind Iterationen, Transformationen in neue Sammlungen, Extraktion von Elementen aus einer Sammlung sowie das Zusammenfügen von Elementen einer Sammlung. Java 8 bietet neue Möglichkeiten, diese Operationen deklarativ zu beschreiben.

Schnittstellen mit `default`-Methoden

Zur Theorie

In Java 8 können bei der Definition von Schnittstellen *(interfaces)* einzelne Methoden mit dem Schlüsselwort `default` deklariert werden und Code enthalten. Bei der Implementierung der Schnittstelle kann der Programmierer entweder die Implementierung der Default-Methoden übernehmen oder die Methode durch eine eigene Implementierung überschreiben.

forEach()

Java 8 erweitert die Schnittstelle `Iterable` (siehe »Die Schnittstellen Iterator und Iterable«, S. 245) um eine Methode `forEach()`:

```
// Default-Methoden in Schnittstellen
@FunctionalInterface
public interface Iterable<T>...
{
  default void forEach(Consumer<? super T> action)
  {
    Iterables.forEach(this, Action);
  }
}
```

Dieser Code-Ausschnitt zeigt die Deklaration der neuen Methode `forEach()`. Durch das Schlüsselwort `default` bleiben bisherige Implementierungen unverändert. Wer Java 8 nutzt, dem steht nun die neue Methode `forEach()` zur Verfügung:

- `default void forEach(Consumer<? super T> action)`:
  Diese Methode führt die angegebene Aktion (`action`) auf den Inhalt in der Reihenfolge der Elemente aus, bis alle Elemente verarbeitet sind oder die Aktion eine Ausnahme »wirft«.

accept()

Die Schnittstelle `Consumer<T>` »konsumiert« oder benutzt alles, was ihr durch die Methode `accept(T t)` übergeben wird:

10.1 Deklarativer Zugriff auf Sammlungen *(Collections)* **

- void accept(T t):
  Führt diese Operation auf dem übergebenen Parameter aus.

> In Java 8 gibt es die informelle Annotation `@FunctionalInterface`, um zu kennzeichnen, dass es sich bei einer Schnittstelle um eine sogenannte »funktionale Schnittstelle« handelt. Eine solche Schnittstelle hat genau *eine* abstrakte Methode. Da Default-Methoden eine Implementierung besitzen, sind sie nicht abstrakt.

Hinweis

Zur Praxis

> Es soll eine Teilnehmerliste ausgegeben werden. Das folgende Programm zeigt verschiedene Programmierversionen:

Beispiel 1a

```
/**
 * Demonstration des Unterschieds zwischen
 * imperativen und deklarativem Programmieren
 * Beispiel in Java 8
 * Durchlaufen einer Liste
 */

import java.util.ArrayList;
import java.util.function.Consumer;

public class Teilnehmer2
{
  public static void main(String[] args)
  {
    ArrayList<String> teilnehmerliste = new ArrayList<>(5);
    teilnehmerliste.add("Sommer");
    teilnehmerliste.add("Wenzel");
    teilnehmerliste.add("Mustermann");
    teilnehmerliste.add("Borschel");
    teilnehmerliste.add("Zink");

    System.out.println("(1) Teilnehmerliste klassisch");
    for(int i = 0; i < teilnehmerliste.size(); i++)
    {
      System.out.println(teilnehmerliste.get(i));
    }

    System.out.println(
        "(2) Teilnehmerliste mit erweiterter for-Schleife");
    for(String name : teilnehmerliste)
    {
      System.out.println(name);
    }

    System.out.println(
        "(3) Teilnehmerliste mit forEach aus Java 8");
    //Anonyme innere Klasse mit internem Iterator
    teilnehmerliste.forEach(
```

Teilnehmer2

```java
            new Consumer<String >()
            //anonyme Klasse implementiert Schnittstelle Consumer
            {
                //Methode der anonymen Klasse
                public void accept(String name)
                {
                    System.out.println(name);
                }
            } //Ende der anonymen Klasse
        ); //Ende des Methodenaufrufs forEach

        System.out.println(
          "(4) Lambda-Ausdruck ersetzt innere Klasse");
        teilnehmerliste.forEach
          ( (String name) -> System.out.println(name) );

        System.out.println("(5) Lambda-Ausdruck ohne Typangabe");
        //wird automatisch vom Compiler kontextabhängig ergänzt
        teilnehmerliste.forEach(
           (name) -> System.out.println(name) );

        System.out.println(
          "(6) Lambda-Ausdruck mit einem Parameter");
        //Klammer um Parameter kann entfallen
        teilnehmerliste.forEach(
           name -> System.out.println(name) );

        System.out.println(
           "(7) Rumpf ersetzt durch Methodenreferenz");
        teilnehmerliste.forEach( System.out::println );
    }
}
```

Die Version 1 zeigt die klassische imperative Programmierung. Der Programmierer iteriert über jedes Element der Liste und gibt es aus. Dieser Programmierstil ist »langatmig« und fehleranfällig. Ist i < oder i <= richtig?

Die alternative for-Schleife in der Version 2 vereinfacht die Iteration. Intern wird die Iterator-Schnittstelle benutzt und ruft die Methoden hasNext() und next() auf.

Beide Versionen sind sogenannte externe Iterationen, die das »Wie« und das »Was« miteinander vermischen.

In der Version 3 wird die forEach()-Methode auf der teilnehmerliste aufgerufen. Es wird ein anonymes Objekt von Consumer als Parameter übergeben. Die forEach()-Methode ruft die accept()-Methode für jedes Element in der Sammlung von Consumer auf und führt die im Rumpf angegebenen Anweisungen aus, hier: System.out.println(name); (siehe »Generisches Sortieren«, S. 325). Auch diese Version ist sehr »langatmig«.

10.1 Deklarativer Zugriff auf Sammlungen *(Collections)* **

> In der Version 4 wird die anonyme innere Klasse durch einen sogenannten Lambda-Ausdruck ersetzt (siehe unten). Die for-Each()-Methode ist eine sogenannte Funktion höherer Ordnung *(higher-order function)*, die einen Lambda-Ausdruck oder einen Code-Block im Kontext jedes Elements der Sammlung ausführt. Die Variable name ist an jedes Element der Sammlung während des Aufrufs »gebunden«. Die zu Grunde liegende Bibliothek entscheidet, wie der Lambda-Ausdruck ausgeführt wird. Er kann verzögert, in jeder Reihenfolge oder parallel zur Ausführung kommen.
>
> Die Versionen 4 bis 7 werden unten näher erläutert.

λ-Ausdrücke

Mit Hilfe des λ-Kalküls (meist Lambda-Kalkül geschrieben) können Funktionen und so genannte gebundene Parameter definiert werden. Es wurde in den dreißiger Jahren von Alonzo Church und Stephen Cole Kleene als formale Sprache definiert und bildet die Grundlage für Programmiersprachen wie Lisp und Scheme. In Form von **Lambda-Ausdrücken** wurden wichtige Konzepte in Java 8 übernommen.

λ = 11. Buchstabe im griechischen Alphabet

λ-Ausdrücke in Java 8

Die Syntax eines Lambda-Ausdrucks sieht in Java 8 wie folgt aus:

- Eine durch Kommata getrennte Liste formaler Parameter eingeschlossen in runde Klammern. Der Datentyp der Parameter kann weggelassen werden (wird vom Compiler ermittelt). Gibt es nur einen Parameter, dann können auch die runden Klammern weggelassen werden.
- Ein Pfeil-Symbol -> (Pfeiloperator).
- Einem Rumpf, der aus einem einfachen Ausdruck oder einem Anweisungsblock besteht.

λ-Syntax

> Die Version 4 enthält folgenden Lambda-Ausdruck:
>
> `(String name) -> System.out.println(name)` wobei `(String name)` der einzige formale Parameter ist und `System.out.println(name)` der Rumpf ist.
>
> Die Version 5 macht von der Möglichkeit Gebrauch, den Datentyp des Parameters wegzulassen:
>
> `(name) -> System.out.println(name)`
>
> Da es sich nur um einen formalen Parameter handelt, wird in der Version 6 auch das Klammerpaar um den formalen Parameter weggelassen:
>
> `name -> System.out.println(name)`

Beispiel 1b

> In der Version 7 ist der Rumpf des Lambda-Ausdrucks durch eine Methoden-Referenz ersetzt, d. h. es wird die Methode `println()` von `System.out` referenziert.

10.2 Deklarative Programmierung von Datenströmen *(Streams)* **

Ab Java 8 können sequenzielle Datenströme *(Streams)* mit einer Sammlung *(Collection)* als Quelle erzeugt werden, auf denen nacheinander verschiedene Operationen ausgeführt werden können. Es entsteht eine Sequenz von Strom-Methoden, wobei diese Methoden in der Regel Lambda-Ausdrücke als Parameter verwenden. Dadurch ist eine deklarative Programmierung auf Sammlungen möglich.

Zur Theorie

Die Schnittstelle `Collection<E>` ist die Wurzel-Schnittstelle in der Hierarchie der *Collections*.

stream()

Die Default-Methode `stream()` von `Collection<E>` kann auf alle Sammlungen angewandt werden und liefert als Ergebnis einen sequenziellen Datenstrom mit der Sammlung als Quelle:

- `default Stream<E> stream()`

Ein **Datenstrom** transportiert Daten von einer Quelle, z. B. einer Sammlung, durch eine Pipeline. Eine **Pipeline** besteht aus einer Sequenz von Strom-Methoden. Diese Methoden verwenden in der Regel Lambda-Ausdrücke als Parameter. Die Elemente werden in der Pipeline *nicht* gespeichert, sondern von einer Methode zur nächsten weitergereicht (von der Idee her analog wie *Pipes* unter Unix/Linux).

Methoden

Die neue Schnittstelle `Stream<T>` in Java 8 ermöglicht es, nacheinander Funktionen auf Sammlungen in Datenströmen auszuführen. Folgende wichtige abstrakte Methoden für die Massendatenverarbeitung *(Bulk Data Operations)* stehen zur Verfügung:

- `<R> Stream<R> map(Function<? super T,? extends R> mapper)`:
  Transformiert eine Eingabesequenz entsprechend der angegebenen Funktion in eine Ausgabesequenz.
- `Stream<T> filter(Predicate<? super T> predicate)`: Filtert den Eingabestrom entsprechend dem angegebenen Prädikat und liefert das gefilterte Ergebnis als Ausgabestrom.
- `void forEach(Consumer<? super T> action)`: Führt die angegebene Aktion für jedes Element aus.

Eine Strom-Pipeline kann als eine Abfrage auf der Stromquelle angesehen werden.

10.2 Deklarative Programmierung von Datenströmen (Streams) **

Für alle Teilnehmer einer Veranstaltung sollen die Nachnamen in Großbuchstaben für Namensschilder ausgedruckt werden. Außerdem soll die Länge jedes Namens bestimmt werden. Zusätzlich sollen alle Namen ermittelt werden, die mit dem Buchstaben Z beginnen.

Beispiel

Teilnehmer3

```java
//Lambda-Ausdrücke in Datenströmen

import java.util.ArrayList;
import java.util.function.Consumer;

public class Teilnehmer3
{
  public static void main(String[] args)
  {
    ArrayList<String> teilnehmerliste = new ArrayList<>(5);
    teilnehmerliste.add("Sommer");
    teilnehmerliste.add("Wenzel");
    teilnehmerliste.add("Mustermann");
    teilnehmerliste.add("Borschel");
    teilnehmerliste.add("Zink");

    System.out.println("(1) Namen in Grossbuchstaben");
    teilnehmerliste
          .stream()
          .map(name -> name.toUpperCase())
          .forEach(name -> System.out.print(name + " "));

    System.out.println();
    System.out.println(
       "(2) Namen in Grossbuchstaben mit Methodenreferenz");
    teilnehmerliste
          .stream()
          .map(String::toUpperCase)
          .forEach(name -> System.out.print(name + " "));

    System.out.println();
    System.out.println("(3) Länge jedes Namens");
    teilnehmerliste
          .stream()
          .map(name -> name.length())
          .forEach(laenge -> System.out.print(laenge + " "));

    System.out.println();
    System.out.println("(4) Alle Namen, die mit Z beginnen");
    teilnehmerliste
          .stream()
          .filter(name -> name.startsWith("Z"))
          .forEach(name -> System.out.print(name + " "));
  }
}
```

Der Programmlauf ergibt folgendes Ergebnis:

```
(1) Namen in Grossbuchstaben
SOMMER WENZEL MUSTERMANN BORSCHEL ZINK
```

```
(2) Namen in Grossbuchstaben mit Methodenreferenz
SOMMER WENZEL MUSTERMANN BORSCHEL ZINK
(3) Länge jedes Namens
6 6 10 8 4
(4) Alle Namen, die mit Z beginnen
Zink
```

Auf die Teilnehmerliste wird jeweils die Methode `stream()` angewendet. Anschließend werden auf den *Stream* verschiedene Methoden angewandt. In den ersten drei Versionen wird zunächst die Methode `map()` aufgerufen.

In der Version 1 wird der Lambda-Ausdruck `name -> name.toUpperCase()` als Parameter übergeben, der dafür sorgt, dass jedes Element der Sammlung in Großbuchstaben gewandelt wird, d. h. die Sammlung wird in eine neue Sammlung transformiert, die die Eigenschaften besitzt, die in dem Lambda-Ausdruck angegeben sind. Der Lambda-Ausdruck fordert die Anwendung der Methode `toUpperCase()` der Klasse `String` auf jedes Element der Sammlung. Anschließend werden die Elemente der transformierten Sammlung mit `forEach()` ausgegeben.

In der Version 2 wird anstelle des Lambda-Ausdrucks eine Methodenreferenz auf die Klassenmethode `toUpperCase()` der Klasse `String` gesetzt (statische Methodenreferenz). Die Syntax dafür lautet: `Klassenname :: Methodenname`

In der Version 3 wird von jedem Element mit der Methode `length()` der Klasse `String` die Länge festgestellt. Die Längenangaben ergeben die neue Sammlung, die anschließend ausgegeben wird.

Analog dazu wird in der Version 4 mit der Methode `startsWith()` der Klasse `String` festgestellt, welche Elemente mit dem Buchstaben Z beginnen. Nur Elemente, die diese Eigenschaft besitzen, werden in die Zielsammlung aufgenommen. Daher wird hier auch die Methode `filter()` und nicht die Methode `map()` verwendet. Das Ergebnis der Methode `filter()` kann eine neue Sammlung mit keinem, einem, mehreren oder allen Elementen der Quellsammlung sein. Die Zielsammlung ist immer eine Teilmenge der Quellsammlung.

10.3 Eine Sammlung auf einen Wert reduzieren **

Terminal Operations können als letzte Operationen auf einem Datenstrom in Java 8 ausgeführt werden. Sie liefern einen Wert als Ergebnis. Beispiele für diese Operationen sind `sum()`, `min()`, `max()`, `count()`, `average()` und `reduce()`.

10.3 Eine Sammlung auf einen Wert reduzieren **

In Java 8 ist es auch möglich, Berechnungen über alle Elemente einer Sammlung durchzuführen oder Elemente einer Sammlung miteinander zu vergleichen.

Zur Theorie

Für die Berechnung von Werten stehen unter anderem folgende Methoden *(terminal operations)* zur Verfügung:

- `int sum()`: Liefert die Summe aller Elemente dieses Stroms.
- `OptionalInt<T> min()`: Liefert das minimale Element dieses Stroms oder ein leeres `OptionalInt`, wenn der Strom leer ist.
- `OptionalInt<T> max()`: Liefert das maximale Element dieses Stroms oder ein leeres `OptionalInt`, wenn der Strom leer ist.
- `long count()`: Gibt die Anzahl der Elemente dieses Stroms zurück.
- `OptionalDouble average()`: Gibt das arithmetische Mittel der Elemente dieses Stroms zurück oder ein leeres `OptionalDouble`, wenn der Strom leer ist.
- `OptionalInt reduce(IntBinaryOperator op)`: Liefert das Ergebnis der Reduktion.

Eine *Terminal Operation* muss die letzte Operation auf einem Strom sein. Ist eine *Terminal Operation* einmal aufgerufen, dann ist der Strom konsumiert und nicht mehr länger benutzbar. Im Gegensatz dazu lässt eine *Intermediate Operation* den Strom offen und erlaubt anschließend weitere Operationen.

Hinweis

Die Klasse `Optional<T>` ist ein Container-Objekt, das einen Wert enthält oder nicht. Wenn ein Wert vorhanden ist, dann liefert die Methode `isPresent()` den Wert `true` und die Methode `get()` liefert den vorhandenen Wert. `Optional<T>` ist ein Weg, um eine `NullPointerException` zu vermeiden.

`Optional<T>`

Auf einer Teilnehmerliste sollen verschiedene Operationen ausgeführt werden:

Beispiel

```
/**
 * Lambda-Ausdrücke in Datenströmen
 * Terminal Operations
 */

import java.util.ArrayList;
import java.util.function.Consumer;
import java.util.Optional;

public class Teilnehmer4
{
  public static void main(String[] args)
  {
    ArrayList<String> teilnehmerliste = new ArrayList<>(5);
    teilnehmerliste.add("Sommer");
```

Teilnehmer4

```java
        teilnehmerliste.add("Wenzel");
        teilnehmerliste.add("Mustermann");
        teilnehmerliste.add("Borschel");
        teilnehmerliste.add("Zink");

        System.out.println("(1) Längster Name?");

        Optional<String> laengsterName =
          teilnehmerliste
              .stream()
              .reduce((name1, name2) ->
                  name1.length() >= name2.length() ? name1 : name2);
        laengsterName.ifPresent(name ->
          System.out.println("Der längste Name ist: " + name));


        System.out.println();
        System.out.println("(2) Summe der Länge aller Namen: " +
          teilnehmerliste
              .stream()
              .mapToInt(name -> name.length())
              .sum()
        );

        System.out.println();
        System.out.println(
          "(3) Durchschnittliche Länge aller Namen: " +
          teilnehmerliste
              .stream()
              .mapToInt(name -> name.length())
              .average()
        );
    }
}
```

Das Ergebnis des Programmlaufs lautet:

```
(1) Längster Name?
Der längste Name ist: Mustermann

(2) Summe der Länge aller Namen: 34

(3) Durchschnittliche Länge aller Namen: OptionalDouble[6.8]
```

In dem Programmteil (1) soll der längste Name der Teilnehmerliste bestimmt werden. Dazu wird die Methode reduce() aufgerufen. Als Parameter erhält sie einen Lambda-Ausdruck mit den zwei Parametern name1 und name2.

Mit diesen Parameter soll die Funktion name1.length() >= name2.length()? name1 : name2 ausgeführt werden. Ist bei dem ?-Operator der Vergleich name1.length() >= name2.length() == true, dann wird als Ergebnis name1, sonst name2 als Ergebnis übergeben. Die reduce()-Methode nimmt das Ergebnis und vergleicht es mit den restlichen Elementen der Sammlung.

Zunächst wird der Lambda-Ausdruck mit den ersten beiden Elementen der Sammlung ausgeführt. Das Ergebnis wird für den folgenden Ausdruck verwendet. Beim zweiten Aufruf wird `name1` an das Ergebnis des vorherigen Aufrufs »gebunden«. `name2` wird an das dritte Element der Sammlung »gebunden« usw.

Das Ergebnis der `reduce()`-Methode ist optional (`Optional`), da die Sammlung leer sein kann. In einem solchen Fall gibt es keinen längsten Namen. Hat die Sammlung nur ein Element, dann wird dieses Element zurückgegeben und der Lambda-Ausdruck wird *nicht* ausgewertet. Es ist auch möglich, einen Voreinstellungswert als gesonderten, ersten Parameter an die `reduce()`-Methode zu übergeben, z. B.

```
String laengsterName =
    teilnehmerliste.stream()
        .reduce( "Sonnenstrahl" ,(name1, name2) ->
            name1.length() >= name2.length() ? name1 : name2);
    System.out.println
        ("Der längste Name ist: " + laengsterName);
```

Da es in dieser Variante keine leere Sammlung gibt, wird auch kein `Optional` zurückgegeben.

Die `reduce()`-Methode weiß nicht, welche Funktion über den Lambda-Ausdruck übergeben wird. Es handelt sich um eine »leichtgewichtige« Anwendung des Strategie-Musters [GHJ+95, S. 315 ff.].

Im Programmteil (2) wird zunächst mit `mapToInt(name -> name.length())` die ganzzahlige Länge jedes Namens bestimmt und anschließend mit `sum()` die Gesamtsumme ermittelt. Die `mapToInt()`-Methode ist eine Variation der `map()`-Methode und erzeugt einen `IntStream`.

Im Programmteil (3) wird die durchschnittliche Länge aller Namen berechnet.

10.4 Implementierung von Vergleichsoperationen **

In vielen Anwendungsfällen werden Vergleichsoperationen benötigt. In Java 8 ist die Schnittstelle `Comparator` eine funktionale Schnittstelle, die als Parameter Lambda-Ausdrücke akzeptiert. Dadurch können beispielsweise in der Methode `sorted()` der Schnittstelle `Stream` Lambda-Ausdrücke für die Definition von Vergleichen verwendet werden.

In Java wird die Schnittstelle `Comparator` für Suchoperationen, zum Sortieren und ähnliches oft benutzt. In Java 8 wurde diese Schnittstelle in eine **funktionale Schnittstelle** *(functional inter-*

Zur Theorie

face) gewandelt. Dadurch können Vergleichsoperationen leichter implementiert werden.

sorted() — Zum Sortieren der Elemente eines Stroms stellt die Schnittstelle Stream<T> folgende Methode zur Verfügung:

- Stream<T> **sorted**(Comparator<? super T> comparator):
  Es entsteht ein Strom, der aus den Elementen des bisherigen Stroms besteht, sortiert entsprechend dem Comparator.

compare() — Die Methode sorted() erwartet einen Comparator als Parameter. Die abstrakte Methode compare() der Schnittstelle Comparator<T> sieht wie folgt aus:

- int **compare**(T o1, T o2):
  Vergleicht die beiden Argumente. Wenn o1 < o2, dann wird eine negative ganze Zahl als Ergebnis zurückgegeben, wenn o1 == o2, dann wird Null zurückgegeben, sonst eine positive ganze Zahl.

reversed() — Die Default-Methode reversed() der Schnittstelle Comparator ermöglicht es, die umgekehrte Reihenfolge des Comparators zu erstellen:

- default Comparator<T> **reversed()**

collect() — Die Schnittstelle Stream<T> stellt eine Methode zur Verfügung, mit der es möglich ist, das Ergebnis eines Stroms in einen gewünschten Typ oder ein gewünschtes Format zu transformieren:

- <R> R **collect**(Supplier<R> supplier, BiConsumer<R,? super T> accumulator, BiConsumer<R,R> combiner)

toList() — Die Klasse Collectors stellt eine Klassenmethode zur Verfügung, die es erlaubt, die Elemente in eine neue Liste zu wandeln:

- public static <T> Collector<T,?,List<T>> **toList()**

Zur Praxis — Obwohl die Theorie kompliziert aussieht, ist die Anwendung in der Praxis sehr einfach.

Im folgenden wird das Beispiel DemoSortMehrfach (siehe »Generisches Sortieren«, S. 325) mit den Möglichkeiten von Java 8 neu implementiert.

Beispiel 1a — Die Objekte einer Klasse Freund, die Vor- und Nachnamen sowie das Alter speichert, soll einmal nach dem Alter, dem Nachnamen und kombiniert sortiert werden.

Freund

```
public class Freund
{
  private String nachname, vorname;
  private int alter;

  public Freund(String nachname, String vorname, int alter)
  {
```

```java
    this.nachname = nachname;
    this.vorname = vorname;
    this.alter = alter;
  }
  public String getNachname()
  {
    return nachname;
  }
  public String getVorname()
  {
    return vorname;
  }
  public int getAlter()
  {
    return alter;
  }
  //Altersunterschied
  public int alterUnterschied(Freund einFreund)
  {
    return alter - einFreund.alter;
  }
  public String toString() {
    return String.format(
      "%s - %s - %d", nachname,vorname, alter);
  }
}
//Beispiel für das Sortieren mit Lambda-Ausdrücken
import java.util.ArrayList;
import java.util.List;
import java.util.Comparator;
import java.util.function.Function;
import static java.util.stream.Collectors.toList;
import static java.util.Comparator.comparing;

class DemoSortMehrfachLambda
{
  public static void main (String args[])
  {

    ArrayList<Freund> eineListe =
      new ArrayList<Freund>();
    eineListe.add(new Freund("Meyer", "Hans", 42));
    eineListe.add(new Freund("Schulz", "Joe", 27));
    eineListe.add(new Freund("Bohn", "Helga",17));
    eineListe.add(new Freund("Dorakov", "Johanna", 66));
    eineListe.add(new Freund("Müller", "Dirk", 27));

    //Version (1) mit Lambda-Ausdruck
    List<Freund> aufsteigendesAlter =
      eineListe.stream()
        .sorted((freund1, freund2)
          -> freund1.alterUnterschied(freund2))
        .collect(toList());

    druckeFreunde("Sortierung nach aufsteigendem Alter:",
```

DemoSort
MehrfachLambda

```
    aufsteigendesAlter);

//Version (2) mit Methodenreferenz
aufsteigendesAlter =
  eineListe.stream()
    .sorted(Freund::alterUnterschied)
    .collect(toList());

druckeFreunde("Sortierung nach aufsteigendem Alter:",
  aufsteigendesAlter);

//Version (3) Absteigendes Alter - Vertauschen der Parameter
aufsteigendesAlter =
  eineListe.stream()
    .sorted((freund1, freund2)
      -> freund2.alterUnterschied(freund1))
    .collect(toList());

druckeFreunde("Sortierung nach absteigendem Alter:",
  aufsteigendesAlter);

//Version (4) - Absteigendes Alter mit reverse()
Comparator<Freund> aufsteigendAlter = (freund1, freund2) ->
  freund1.alterUnterschied(freund2);
Comparator<Freund> absteigendAlter =
  aufsteigendAlter.reversed();

aufsteigendesAlter =
  eineListe.stream()
    .sorted(absteigendAlter)
    .collect(toList());

druckeFreunde("Sortierung nach absteigendem Alter:",
  aufsteigendesAlter);

//Version (5) - Sortierung nach aufsteigenden Nachnamen
List<Freund> aufsteigendNachnamen =
  eineListe.stream()
    .sorted((freund1, freund2) ->
      freund1.getNachname().compareTo(
        freund2.getNachname()))
    .collect(toList());

druckeFreunde("Sortierung nach aufsteigendem Nachnamen:",
  aufsteigendNachnamen);

//Version (6) - Mit funktionaler Schnittstelle
final Function<Freund, String> nachName =
  freund -> freund.getNachname();

aufsteigendNachnamen =
  eineListe.stream().sorted(comparing(nachName))
    .collect(toList());

druckeFreunde("Sortierung nach aufsteigendem Nachnamen:",
```

10.4 Implementierung von Vergleichsoperationen **

```
    aufsteigendNachnamen);

  //Version (7) Sortierung zuerst nach Alter, dann nach Nachn.
  final Function<Freund, Integer> nachAlter =
    freund -> freund.getAlter();

  druckeFreunde("Sortierung aufsteigend zuerst nach Alter, "
    + "dann nach Nachnamen: ",
    eineListe.stream()
      .sorted(comparing(nachAlter).thenComparing(nachName))
      .collect(toList()));
}

private static void druckeFreunde
  (String titel, List<Freund> freunde)
{
  System.out.println(titel);
  freunde.forEach(System.out::println);
}
}
```

In der Programmversion (1) wird die Freundesliste in einen Strom umgewandelt. Die Listenelemente werden sortiert. Die Sortierreihenfolge wird durch den Lambda-Ausdruck

`(freund1, freund2) -> freund1.alterUnterschied(freund2)`

festgelegt. Der Lambda-Ausdruck besteht aus den zwei Parametern `freund1` und `freund2`. Auf das Objekt `freund1` wird die Methode `alterUnterschied()` mit dem Parameter `freund2` angewandt. Ist der erste Freund jünger als der zweite, dann wird eine negative Zahl zurückgegeben. Ist es umgekehrt, dann eine positive Zahl. Sind beide gleich alt, dann wird Null als Ergebnis geliefert. Die `sorted()`-Methode iteriert über jedes Element und wendet den Vergleichsoperator an. Die `collect()`-Methode packt das Ergebnis der Sortierung in eine Liste, die anschließend ausgedruckt wird.

In der Programmversion (2) wird der Lambda-Ausdruck durch eine Methodenreferenz auf die Methode `alterUnterschied()` der Klasse `Freund` ersetzt. Die Syntax lautet:
Klassenname::*Methodenname*.

In der Programmversion (3) soll nach absteigendem Alter sortiert werden. Dies kann dadurch erreicht werden, dass die Parameter im Lambda-Ausdruck vertauscht werden:
`freund2.alterUnterschied(freund1)`

In der Programmversion (4) werden zunächst zwei Schnittstellen definiert. Die zweite Schnittstelle referenziert die erste Schnittstelle und wendet darauf die Methode `reversed()` an, die die Reihenfolge umdreht.

> In der Programmversion (5) soll nach aufsteigenden Nachnamen sortiert werden. Es wird ein Lambda-Ausdruck verwendet, der jeweils zwei Nachnamen vergleicht.

Function
Java 8 stellt die funktionale Schnittstelle `Function<T,R>` zur Verfügung, die ein Argument vom Typ `T` akzeptiert und ein Ergebnis vom Typ `R` als Ergebnis erzeugt. Sie verfügt u.a. über folgende Methoden:

- `R apply(T t)`:
  Abstrakte Methode, die diese Funktion auf das gegebene Argument anwendet.
- `default <V> Function<T,V> andThen(Function<? super R,? extends V> after)`:
  Gibt eine zusammengesetzte Funktion zurück, die zunächst die erste Eingabefunktion ausführt und dann auf das Ergebnis die Funktion hinter `after` anwendet.

Lambda-Ausdrücke implementieren die abstrakte Methode `apply()`.

Comparator
Die funktionale Schnittstelle `Comparator` stellt die Klassenmethode `comparing()` zur Verfügung, die eine Funktion akzeptiert, die einen Sortierschlüssel vom Typ T enthält. Als Ergebnis wird ein `Comparator` geliefert, der anhand des Sortierschlüssels vergleicht:

- `static <T,U> Comparator<T> comparing(Function<? super T,? extends U> keyExtractor, Comparator<? super U> keyComparator)`

Beispiel 1b
In der Programmversion (6) wird eine Schnittstelle `Function` deklariert und mit einem Lambda-Ausdruck initialisiert. Der `sorted()`-Methode wird der Parameter `comparing(nachName)` übergeben.

In der Programmversion (7) werden zwei Lambda-Ausdrücke verwendet, um das Alter eines Freundes und den Nachnamen eines Freundes zu ermitteln. Diese beiden Ausdrücke werden dann in der `sorted()`-Methode kombiniert. Die `comparing()`-Methode gibt einen `Comparator` zurück, um nach dem Alter zu vergleichen. Auf diesem `Comparator` wird dann die `thenComparing()`-Methode aufgerufen, um einen zusammengesetzten »Vergleicher« zu erzeugen, der nach Alter und Nachname vergleicht.

Der Programmlauf führt zu folgender Ausgabe:

```
Sortierung nach aufsteigendem Alter:
Bohn - Helga - 17
Schulz - Joe - 27
Müller - Dirk - 27
Meyer - Hans - 42
Dorakov - Johanna - 66
Sortierung nach aufsteigendem Alter:
```

```
Bohn - Helga - 17
Schulz - Joe - 27
Müller - Dirk - 27
Meyer - Hans - 42
Dorakov - Johanna - 66
Sortierung nach absteigendem Alter:
Dorakov - Johanna - 66
Meyer - Hans - 42
Schulz - Joe - 27
Müller - Dirk - 27
Bohn - Helga - 17
Sortierung nach absteigendem Alter:
Dorakov - Johanna - 66
Meyer - Hans - 42
Schulz - Joe - 27
Müller - Dirk - 27
Bohn - Helga - 17
Sortierung nach aufsteigendem Nachnamen:
Bohn - Helga - 17
Dorakov - Johanna - 66
Meyer - Hans - 42
Müller - Dirk - 27
Schulz - Joe - 27
Sortierung nach aufsteigendem Nachnamen:
Bohn - Helga - 17
Dorakov - Johanna - 66
Meyer - Hans - 42
Müller - Dirk - 27
Schulz - Joe - 27
Sortierung aufsteigend zuerst nach Alter, dann nach Nachnamen:
Bohn - Helga - 17
Müller - Dirk - 27
Schulz - Joe - 27
Meyer - Hans - 42
Dorakov - Johanna - 66
```

10.5 Teeing-Collector **

Java Streams bieten eine leistungsfähige Möglichkeit, Daten zu verarbeiten und zu manipulieren. Mit Java 12 wurden neue Aspekte hinzugefügt, die Streams noch vielseitiger machen. Der mit Java 12 eingeführte Teeing-Collector ist ein Feature, um komplexe Aggregationen gleichzeitig bei der Bearbeitung eines Streams durchzuführen.

Der **Teeing-Collector** ist ein neues Feature in Java 12, das es ermöglicht, einen Stream gleichzeitig in zwei verschiedene Collector-Pipelines aufzuteilen und die Ergebnisse zu kombinieren. Dies ist besonders nützlich, wenn mehrere Berechnungen aus demselben Stream abgeleitet werden müssen, ohne den Stream mehrfach durchlaufen zu müssen.

Syntax Der Teeing-Collector wird durch die Methode `Collectors.teeing` bereitgestellt. Die Syntax sieht wie folgt aus:

```
Collectors.teeing(Collector<? super T, A1, R1> downstream1,
                  Collector<? super T, A2, R2> downstream2,
                  BiFunction<? super R1, ? super R2, R> merger)
```

- **downstream1:** Der erste Collector, der einen Teil des Ergebnisses erzeugt.
- **downstream2:** Der zweite Collector, der parallel dazu arbeitet.
- **merger:** Eine Funktion, die die Ergebnisse von `downstream1` und `downstream2` kombiniert

Vorteile Mit dem einmaligem Durchlaufen des Streams können gleichzeitig zwei Aggregationsfunktionen aufgerufen werden, was die Effizienz erheblich steigert. Komplexe Aggregationen werden durch die Verwendung eines einzigen Collectors leichter verständlich, wobei durch die verschiedenen Arten von Aggregationen die Flexibilität erhöht wird.

Praxisbeispiele

Beispiel 1 Ein häufiges Szenario ist die gleichzeitige Berechnung des Durchschnitts und der Summe einer Liste von Zahlen. Ohne den Teeing-Collector wäre dies komplizierter und würde mehrere Streams erfordern.

```java
import java.util.List;
import java.util.stream.Collectors;

public class TeeingExample {
 public static void main(String[] args) {
  List<Integer> numbers = List.of(1, 2, 3, 4, 5);

  var result = numbers.stream().collect(
        Collectors.teeing(
            // Summe
            Collectors.summingInt(Integer::intValue),
            // Durchschnitt
            Collectors.averagingDouble(Integer::doubleValue),
            // Kombination
            (sum, avg) -> "Summe: " + sum
                        + ", Durchschnitt: " + avg
        ));
   System.out.println(result);
 }
}
Ausgabe:
Summe: 15, Durchschnitt: 3.0
```

10.5 Teeing-Collector **

Dieses Beispiel verwendet die Kollektor-Funktion `Collectors.summingInt`, um die Summe der Einzelwerte zu berechnen. Gleichzeitig wird aber auch der Durchschnitt bereitgestellt, in dem im zweiten **Downstream** der Kollektor `Collectors.averagingDouble` zum Einsatz kommt. Beide Ergebnisse werden anschließend über eine Lambda-Funktion kombiniert.

Bei diesem mit dem Obigen vergleichbaren Beispiel werden während der Iteration durch den Stream sowohl der kleineste als auch der größte Wert aus einer Liste ermittelt.

Beispiel 2

```java
import java.util.List;
import java.util.stream.Collectors;

public class MinMaxExample {
  public static void main(String[] args) {
    List<Integer> numbers = List.of(3, 7, 2, 8, 6);

    var result = numbers.stream().collect(
      Collectors.teeing(
        // Minimum
        Collectors.minBy(Integer::compare),
        // Maximum
        Collectors.maxBy(Integer::compare),
        // Kombination
        (min, max) -> "Min: " + min.orElse(null)
                    + ", Max: " + max.orElse(null)
      ));
    System.out.println(result);
  }
}
```

Ausgabe:
```
Min: 2, Max: 8
```

Beide Beispiele zeigen anschaulich, dass zur Berechnung dieser Werte keine zwei separaten Streams erforderlich sind. Beide Werte, die über entsprechende Kollektoren ermittelt werden, können anschließend kombiniert und als ein einzelnes Ergebnis zurückgegeben werden.

In dem nachfolgenden Beispiel werden als einer Liste von Personen die Gesamtanzahl und die durchschnittliche Altersgruppe berechnet.

Beispiel 3 komplexe Objekte

```java
import java.util.List;
import java.util.stream.Collectors;

class Person {
  String name;
  int age;

  Person(String name, int age) {
```

```
            this.name = name;
            this.age = age;
        }
    }

    public class PersonExample {
        public static void main(String[] args) {
            List<Person> people = List.of(
                new Person("Alice", 30),
                new Person("Bob", 40),
                new Person("Charlie", 25)
            );

            var result = people.stream().collect(
                Collectors.teeing(
                    // Anzahl der Personen
                    Collectors.counting(),
                    // Durchschnittsalter
                    Collectors.averagingInt(p -> p.age),
                    (count, avgAge) -> "Anzahl: " + count
                                    + ", Durchschnittsalter: " + avgAge
                ));
            System.out.println(result);
        }
    }
```

Ausgabe:

Anzahl: 3, Durchschnittsalter: 31.666666666666668

Zusammenfassung

Der Teeing-Collector ist eine der nützlichsten Erweiterungen in Java 12 für Streams. Er reduziert den Aufwand und verbessert die Lesbarkeit des Codes bei gleichzeitiger Beibehaltung der Effizienz. Mit den vorgestellten Beispielen sollten Sie nun in der Lage sein, dieses Feature effektiv in Ihren Projekten einzusetzen.

Für weitergehende Anwendungen bietet der Teeing-Collector die Möglichkeit, komplexe Aggregationen einfach und nachvollziehbar zu gestalten. Probieren Sie ihn in Ihren Projekten aus, um von diesen Vorteilen zu profitieren.

10.6 Neuerungen in den Collections mit Java 9 **

Mit Java 9 wurden zahlreiche Verbesserungen eingeführt, die die Arbeit mit Collections erheblich vereinfachen und effizienter gestalten. Insbesondere die neuen Methoden zur Erstellung von unveränderlichen (immutable) Collections sind dabei hervorzuheben.

Factory-Methoden

Eine wichtige Neuerung in Java 9 in Zusammenhang mit Collections sind **Fabrikmethoden**. Mit den statischen Methoschen List.of(), Set.of() und Map.of() lassen sich unveränderliche Collections auf einfache Weise erstellen. Diese Methoden sind direkt in den Interfaces `List`, `Set` und `Map` enthalten und bieten eine kompakte und lesbare Syntax an.

Die mit `of()` erzeugten Collections sind unveränderlich *(immutable)*. Jegliche Versuche, Elemente hinzuzufügen, zu entfernen oder zu ändern, führen zu einer `UnsupportedOperationException`. Die Elemente in `Set.of()` dürfen keine Duplikate enthalten. Bei einem Versuch, doppelte Elemente hinzuzufügen, wird eine `IllegalArgumentException` geworfen.

Eigenschaften

- Unveränderliche Liste erstellen

```
List<String> list = List.of("Apfel", "Banane", "Orange");
System.out.println(list); // [Apfel, Banane, Orange]

// Versuch, die Liste zu modifizieren:
list.add("Traube"); // UnsupportedOperationException
```

- Unveränderliche Set erstellen

```
Set<String> set = Set.of("Apfel", "Banane", "Orange");
System.out.println(set); // [Apfel, Banane, Orange]

// Versuch, ein Duplikat hinzuzufügen:
Set<String> invalidSet = Set.of("Apfel", "Banane", "Apfel");
    // IllegalArgumentException
```

- Unveränderliche Map erstellen

```
Map<String, Integer> map = Map.of(
    "Apfel", 1,
    "Banane", 2,
    "Orange", 3
);
System.out.println(map); // Apfel=1, Banane=2, Orange=3

// Versuch, die Map zu modifizieren:
map.put("Traube", 4); // UnsupportedOperationException
```

Beispiel

Optimierungen in `Stream` und `Optional`

Java 9 hat das Stream-API erweitert und neue Methoden eingeführt, die eng mit Collections verwendet werden. Diese neuen Methoden bieten mehr Flexibilität bei der Verarbeitung von Daten.

- **takeWhile(Predicate):** Gibt eine Teilliste zurück, solange die Bedingung erfüllt ist.
- **dropWhile(Predicate):** Überspringt Elemente, solange die Bedingung erfüllt ist und gibt den Rest zurück.
- **ofNullable(T):** Erzeugt einen Stream mit einem einzelnen Element oder einem leeren Stream, wenn der Wert `null` ist.

Neue Methoden in Streams

Beispiel

```java
List<Integer> numbers = List.of(1, 2, 3, 4, 5, 6);

// Elemente nehmen, solange sie kleiner als 4 sind
List<Integer> taken = numbers.stream()
    .takeWhile(n -> n < 4)
    .toList();
System.out.println(taken); // [1, 2, 3]

// Elemente überspringen, solange sie kleiner als 4 sind
List<Integer> dropped = numbers.stream()
    .dropWhile(n -> n < 4)
    .toList();
System.out.println(dropped); // [4, 5, 6]
```

Neue Methoden in Optional

- **ifPresentOrElse(Consumer, Runnable):** Führt eine Aktion aus, wenn ein Wert vorhanden ist. Wenn kein Wert vorhanden ist, wird eine alternative Aktion ausgeführt.
- **or(Supplier):** Gibt einen alternativen Optional zurück, wenn der ursprüngliche leer ist.
- **stream():** Wandelt ein Optional in einen Stream um.

Beispiel

```java
Optional<String> optional = Optional.of("Apfel");

// Aktion ausführen, wenn ein Wert vorhanden ist
optional.ifPresentOrElse(
    value -> System.out.println("Wert: " + value),
    () -> System.out.println("Kein Wert vorhanden")
);

// Optional in einen Stream umwandeln
optional.stream()
    .map(String::toUpperCase)
    .forEach(System.out::println); // APFEL
```

Verbesserungen bei `Map.Entry`

Zusätzlich wurden neue Hilfsmethoden für das Map.Entry-Interface eingeführt, die Comparatoren bereitstellen, um Map-Einträge nach Schlüsseln oder Werten zu sortieren:

- `Map.Entry.comparingByKey()`
- `Map.Entry.comparingByValue()`

Beispiel

```java
Map<String, Integer> map = Map.of(
    "Apfel", 3,
    "Banane", 1,
    "Orange", 2
);

// Map-Einträge nach Werten sortieren
map.entrySet().stream()
    .sorted(Map.Entry.comparingByValue())
```

```
        .forEach(entry -> System.out.println(entry));

// Ausgabe:
// Banane=1
// Orange=2
// Apfel=3
```

Preallocated HashMaps in Java 19

Mit Java 19 wurde die Möglichkeit eingeführt, **Preallocated HashMaps** zu erstellen. Diese Funktion erlaubt es, eine `HashMap` mit einer bestimmten Anzahl an vorab allokierten Einträgen zu erstellen, was insbesondere in Szenarien mit bekannten Datenmengen die Performance verbessern kann. Sie bieten folgende Vorteile:

- **Effizienz**: Reduziert die Anzahl der internen Reallokationen, da der Speicherplatz bereits im Voraus reserviert wird.
- **Performanz**: Besonders hilfreich bei Anwendungen, die große oder oft erweiterte `HashMaps` verwenden.

Beispiel

```
// Standard-HashMap ohne Vorab-Allokation
Map<String, Integer> standardMap = new HashMap<>();

for (int i = 0; i < 100; i++) {
    standardMap.put("Key" + i, i);
}

// Preallocated HashMap
Map<String, Integer> efficientMap = new HashMap<>(100);

for (int i = 0; i < 100; i++) {
    efficientMap.put("Key" + i, i);
}
```

Die zweite Variante vermeidet interne Speichererweiterungen, da der Platz für 100 Einträge bereits reserviert wurde.

Die mit Java 9 eingeführten Funktionen bieten zahlreiche Vorteile. Durch die kompakte Syntax ist die Erstellung von unveränderlichen Collections deutlich einfacher und erfordert weniger Quellcode. Dadurch ist der Quellcode auch leichter zu verstehen, so dass die Lesbarkeit verbessert ist. Unveränderliche Collections verhindern unbeabsichtigte Modifikationen, was generell zu robusteren Programmen führt. Mit diesen Verbesserungen wird die Arbeit mit Collections und verwandten Klassen deutlich angenehmer und sicherer gestaltet.

Fazit

10.7 Typinferenz mit var in Java **

Seit Java 10 wurde mit der Einführung von var ein neues Feature bereitgestellt, das die Typinferenz auf Variablenebene erlaubt. Dieses Konzept wurde in Java 11 erweitert, sodass var nun auch in Lambda-Ausdrücken verwendet werden kann. Durch Verwendung dieses neuen Sprachkonstruktes werden Java-Programme lesbarer und kürzer.

Hinweis

Bei dem Begriff **Inferenz** handelt es sich um abgeleitetes oder aufbereitetes Wissen, welches aufgrund logischer Schlussfolgerungen erschlossen bzw. gewonnen wurde.

Einführung

Das Schlüsselwort var weist den Compiler an, den Typ einer Variablen basierend auf dem zugewiesenen Wert zu bestimmen. Es kann nur für lokale Variablen verwendet werden.

Beispiel

```
// Der Compiler inferiert den Typ als String
var message = "Hallo, Welt!";
System.out.println(message);

// Der Compiler inferiert den Typ als int
var number = 42;
System.out.println(number);

// Der Compiler inferiert den Typ als ArrayList<String>
var list = new ArrayList<String>();
list.add("Java");
System.out.println(list);
```

Regeln

- **Deklaration und Initialisierung:** Eine var-Variable kann nicht mit null initialisiert werden, da der Typ nicht ableitbar ist.

  ```
  // Fehler: Variablen mit 'var' müssen initialisiert werden
  var name;
  name = "Java";
  ```

- **Kein null als Initialisierung:** Eine var-Variable kann nicht mit null initialisiert werden, da der Typ nicht ableitbar ist.

  ```
  var value = null; // Fehler
  ```

- **Nur lokale Variablen:** Das Schlüsselwort var kann nicht für Felder, Methodensignaturen oder Parameter verwendet werden.

  ```
  class Example {
      // Fehler: 'var' nicht für Felder erlaubt
      var field = "Feld";
  }
  ```

Vorteile

Das Schlüsselwort var bietet eine Reihe von Vorteile. Es bietet zunächst eine kürzere und lesbare Syntax, was insbesondere bei langen Generics einen unnötig aufgeblähten Quellcode *(boilerplate code)* vermeidet. Da der Quellcode bei Typänderungen flexibel bleibt, solange die Zuweisung konsistent ist, wird die Wartbarkeit in der Regel erhöht. In der frühen Entwicklungsphase eines Projektes ermöglicht die var-Typeinferenz ein schnelleres Schreiben von Programmen.

Typinferenz in Lambda-Ausdrücken (ab Java 11)

Mit Java 11 wurde die Verwendung von var in Lambda-Ausdrücken eingeführt. Dies ist besonders nützlich, wenn Annotationen in Lambda-Parametern erforderlich sind.

Beispiel
```
// Ohne 'var'
List<String> names = List.of("Alice", "Bob", "Charlie");
var lengths = names.stream()
    .map(name -> name.length())
    .toList();
System.out.println(lengths);

// Mit 'var' und Annotationen
var annotatedLengths = names.stream()
    .map((@NotNull var name) -> name.length())
    .toList();
System.out.println(annotatedLengths);
```

Vorteile

Auf den ersten Blick mag es unnötig erscheinen, var in Lambda-Ausdrücken zu verwenden, da die Typen in vielen Fällen vollständig weggelassen werden können. Es gibt jedoch spezifische Vorteile:

- **Verwendung von Annotationen:** In Situationen, in denen Annotationen wie @NotNull oder @Nullable notwendig sind, wird var zur einzigen Option, da der Typ ohne var oder explizite Typangabe nicht annotiert werden kann. Dies ist besonders in Projekten nützlich, die stark auf Annotationen zur Verbesserung der Codequalität setzen.

```
var filteredNames = names.stream()
    .filter((@NotNull var name) -> !name.isEmpty())
    .toList();
System.out.println(filteredNames);
```

- **Konsistenz:** Wenn Annotationen in Lambda-Parametern verwendet werden, sorgt var für eine einheitliche und lesbare Typangabe. Ohne var müsste der vollständige Typ explizit geschrieben werden, was bei generischen oder komplexen Typen die Lesbarkeit erschweren kann.

```
// Ohne 'var'
names.stream()
    .map((@NotNull String name) -> name.toUpperCase())
```

```
        .toList();

// Mit 'var'
names.stream()
    .map((@NotNull var name) -> name.toUpperCase())
    .toList();
```

- **Flexibilität bei Typänderungen:** Wenn der Typ des Lambda-Parameters sich in der Zukunft ändert, bleibt der Code mit var flexibel, da der Compiler den Typ automatisch ableitet. Bei expliziten Typen müsste jede Änderung manuell angepasst werden.
- **Klarheit in komplexen Ausdrücken:** In manchen Fällen kann var verwendet werden, um die Typstruktur von Parametern in komplexen Ausdrücken explizit zu machen, ohne die Lesbarkeit durch vollständige Typangaben zu beeinträchtigen.

Empfehlung Für einfache Lambda-Ausdrücke ohne Annotationen bringt var keinen Vorteil und ist daher nicht erforderlich. Auch sollte vermieden werden, dass einige Lambda-Parameter mit var typisiert und andere ohne Typisierung deklariert werden.

```
// Fehlerhaft
(var x, y) -> x + y;

// Korrekt
(var x, var y) -> x + y;
```

Best Practices Das Schlüsselwort var ist besonders nützlich in Kombination mit einer for-each-Schleife, um über Sammlungen zu iterieren:

```
var numbers = List.of(1, 2, 3, 4, 5);
for (var number : numbers) {
    System.out.println(number);
}
```

Die Typinferenz macht die Schreibweise von Streams kürzer und lesbarer:

```
var words = List.of("Java", "Var", "Stream");
var upperCaseWords = words.stream()
    .map(word -> word.toUpperCase())
    .toList();
System.out.println(upperCaseWords);
```

Auch hilft var dabei, lange Typ-Deklarationen im Zusammenhang mit Generics zu vermeiden:

```
var map = new HashMap<String, List<Integer>>();
map.put("eins", List.of(1));
System.out.println(map);
```

In Situationen, in denen der Typ für den Leser nicht eindeutig ermittelt werden kann, sollte var vermieden werden. Zwar ist die folgende Zeile syntaktisch korrekt und der Compiler kann den Typ ermitteln, jedoch weiß man beim Betrachten der Zeile nicht, welchen Rückgabetyp die Operation getPrice() besitzt:

```
// Vermeiden, wenn unklar ist,
// was 'getPrice()' zurückgibt
var price = getPrice();
```

Die Einführung von var in Java 10 und die Erweiterung für Lambda-Ausdrücke in Java 11 bieten eine Möglichkeit, Code schlanker und lesbarer zu gestalten. Dennoch erfordert die Verwendung von var Bedacht und ein Verständnis dafür, wann und wo es sinnvoll ist. Richtig eingesetzt, können diese Features die Effizienz und Wartbarkeit des Codes erheblich verbessern.

Zusammenfassung

10.8 Box: Funktionale Sprachkonzepte im Überblick 1 **

Im Folgenden werden wichtige Sprachkonzepte zur funktionalen Programmierung in Java 8 zusammengefasst dargestellt.

Lambda-Ausdrücke

Ein **Lambda-Ausdruck** ist eine Funktion, die für einige oder alle Kombinationen der Eingabewerte einen Ausgabewert spezifiziert. In Java kann ein Lambda-Ausdruck als eine Art »anonyme Methode« mit einer kompakten Syntax angesehen werden.

Die zwei grundlegenden Syntaxvarianten eines Lambda-Ausdrucks sind:

Syntax

(parameters) -> *expression*

(parameters) -> { *statements*; }

Aufbau: *Argumentliste Pfeiloperator Rumpf*

```
1  //Lambda-Ausdrücke  ohne Parameter
2  () -> 4711 //Gibt 4711 zurück
3  () -> "Java 8" //Gibt Zeichenkette "Java 8" zurück
4
5  //Lambda-Ausdrücke mit einem Parameter
6  (int i ) -> i++ //Gibt ganze Zahl i=i+1 zurück
7  (i) -> 2*i //Verdoppelt Zahl i
8  i -> i*i //Gibt das Quadrat von i zurück
9  (String s) -> System.out.println(s)
```

Beispiele

```
10   //Druckt den Wert von s und gibt nichts zurück
11
12   //Lambda-Ausdrücke mit mehreren Parametern
13   (int x, int y) -> x * y
14   //Nimmt 2 ganze Zahlen und gibt das Produkt zurück
15   (x, y) -> x + y //Nimmt 2 Zahlen und gibt Summe zurück
16   (int i, String s) -> s.substring(i,i+5)
17   //Gibt die Teilzeichenkette zurück
18
19   //Lambda-Ausdruck mit Block
20   c -> { int s = c.size(); c.clear(); return s; }
21   //Nimmt eine Collection,
22   //ermittelt die Anzahl der Elemente, löscht die Elemente
23   //und gibt die Anzahl zurück
```

- Die Typen der Parameter können *explizit deklariert* (Beispiele Zeilen 6, 9, 13, 16) oder *implizit abgeleitet* (Beispiele Zeilen 2, 3, 7, 8, 15, 20) werden. Deklarierte und abgeleitete Typangaben dürfen in einem einfachen Lambda-Ausdruck *nicht* gemischt verwendet werden. In den meisten Fällen kann der Java-Compiler aus dem Kontext den Datentyp der Parameter ermitteln.
- Der Rumpf kann ein Block (eingeschlossen in geschweiften Klammern, Beispiel Zeile 20) oder ein Ausdruck (alle anderen Beispiele) sein. Der Rumpf eines Blockes kann einen Rückgabewert zurückgeben (*value-compatible*, Beispiel Zeile 20) oder nichts (*void-compatible*).
- Handelt es sich bei dem Rumpf um einen Ausdruck, dann kann er einen Wert zurückgeben (Beispiel Zeilen 2, 3, 6, 7, 8, 13, 15, 16, 20) oder nichts (Beispiel Zeile 9).
- Ist nur ein Parameter vorhanden, dann können die runden Klammern entfallen (Beispiele Zeilen 8, 20).
- Nach dem Kommentar zum Beispiel der Zeile 20 kann der Lambda-Ausdruck auf einer Collection arbeiten. In Abhängigkeit vom Kontext, in dem er erscheint, kann er aber auch auf einem Objekt arbeiten, das die Methoden size() und clear() besitzt.

Funktionale Schnittstellen *(functional interfaces)*

Eine **funktionale Schnittstelle** muss genau eine *abstrakte* Methode besitzen – **funktionale Methode** genannt. Eine solche abstrakte Methode kann Lambda-Ausdrücke als Parameter besitzen. Eine funktionale Schnittstelle kann mit der Annotation @FunctionalInterface versehen werden. Funktionale Schnittstellen repräsentieren i. Allg. abstrakte Konzepte.

10.8 Box: Funktionale Sprachkonzepte im Überblick 1 **

Beispiel 1a

TaschenrechnerInt

```
public class TaschenrechnerInt
{
    @FunctionalInterface
    interface MathInteger
    {
        int berechne(int a, int b);
    }

    public static void main(String args[])
    {
        MathInteger addiere = (c,d) -> c + d;
        MathInteger multipliziere = (x,y) -> x * y;

        System.out.println(addiere.berechne(10,20));
        System.out.println(multipliziere.berechne(10,20));
    }
}
```

In diesem Beispiel wird die funktionale Schnittstelle `MathInteger` mit der abstrakten Methode `berechne()` deklariert. Die abstrakte Methode erhält zwei Eingabeparameter vom Typ `int` und liefert ein Ergebnis vom Typ `int`.

Für diese funktionale Schnittstelle werden anschließend zwei Objekte erzeugt und mit Hilfe von Lambda-Ausdrücken (= anonyme Methoden) initialisiert: `addiere` und `multipliziere`.

Anschließend wird auf diesen Objekten die Methode `berechne()` ausgeführt.

Hinweis

Lambda-Ausdrücke sind – mit einer Einschränkung – Objekte. Sie sind Exemplare von Objekt-Subtypen, besitzen aber nicht notwendigerweise eine eindeutige Identität. Ein Lambda-Ausdruck ist ein Exemplar einer funktionalen Schnittstelle, welche selbst wiederum ein Subtyp von `Object` ist. Lambda-Ausdrücke erben die Methoden von `Object`. Da Lambda-Ausdrücke aber nicht notwendigerweise eine eindeutige Identität besitzen, besitzt die vererbte `equals`-Methode von `Object` keine konsistente Semantik.

Funktionale Schnittstellen können auch als Parameter in Methoden auftreten.

Beispiel 1b

TaschenrechnerInt2

```
1  public class TaschenrechnerInt2
2  {
3      @FunctionalInterface
4      interface MathInteger
5      {
6          int berechne(int a, int b);
7      }
8
9      public static int ergebnis (int x,int y, MathInteger op)
10     {
```

```
11      return op.berechne(x, y);
12    }
13
14    public static void main(String args[])
15    {
16      int c = 10, d = 20;
17      System.out.println(ergebnis(c, d, (c1,d1) -> c1 - d1));
18      System.out.println(ergebnis(c, d, (c1,d1) -> d1 / c1));
19    }
20  }
```

In diesem Beispiel wird eine Methode ergebnis() deklariert, die als einen Parameter den Typ der funktionalen Schnittstelle MathInteger erhält. Die Methode ergebnis() erhält nun über die Parameterschnittstelle die Berechnungsmethode in Form eines Lambda-Ausdrucks übergeben, d. h. über die Parameterschnittstelle wird eine Methode übergeben! Da die Berechnungsmethode erst beim Aufruf angegeben wird, erhält man ein sehr flexibles Konzept. In der Zeile 18 sind die Parameter im Lambda-Ausdruck vertauscht, so dass 20/10 und nicht 10/20 berechnet wird.

Closure

Manche Funktionen benötigen zur Ausführung ihrer Aufgaben den Zugriff auf Variablen des umschließenden Kontexts, d. h. auf Variablen, die in der Funktion selbst nicht definiert sind, aber in dem Kontext, in dem der Lambda-Ausdruck enthalten ist. Lambda-Ausdrücken ist es erlaubt, auf alle Variablen des umgebenden Kontextes zuzugreifen, wenn sie als final deklariert sind oder sich wie final-Variablen verhalten *(effectively final)*. Eine Funktion, die Zugriff auf den eigenen Erstellungskontext enthält, wird als **Closure** (Funktionsabschluss) bezeichnet. Beim Aufruf greift dann die Funktion auf diesen Kontext zu.

Beispiel 1c

```
int c = 10, d = 20, e = 30;
System.out.println(ergebnis(c, d, (c1,d1) -> c1 - d1 * e));
System.out.println(ergebnis(c, d, (c1,d1) -> d1 / c1 + e));
```

In diesem Codeausschnitt (siehe Beispiel 1b) wird in den Lambda-Ausdrücken auf die umgebende Variable e zugegriffen, die hier nach der Initialisierung nicht mehr verändert wird *(effectively final)*. Würde nach der Initialisierung noch eine Anweisung e++; folgen, dann würde der Compiler folgende Fehlermeldung ausgeben:

```
Local variables referenced from a lambda expression
must be final or effectively final
```

Default-Methoden

In Schnittstellen können nicht-abstrakte Methoden *mit* Implementierung definiert werden. Sie müssen mit dem Schlüsselwort default versehen werden. Diese Methoden können unverändert in Klassen verwendet werden, die die Schnittstelle implementieren, oder durch neuen Code überschieben werden. Klassenmethoden *(static methods)* können ebenfalls in Schnittstellen mit Implementierung definiert werden.

```java
@FunctionalInterface
interface MathInteger
{
  int berechne(int a, int b);

  default long berechneLong (int a, int b)
  {
    return (long) a * (long) b;
  }

  static double berechneStatisch (int a, int b)
  {
    return (double) a / (double) b ;
  }
}

public class TaschenrechnerInt3 implements MathInteger
{
  public int berechne(int a, int b)
  {
      return a + b;
  }

  public static void main(String args[])
  {
    System.out.println(MathInteger.berechneStatisch(10,20));
    TaschenrechnerInt3 meinRechner = new TaschenrechnerInt3();
    long x = meinRechner.berechneLong(100000,200000);
    System.out.println(x);
  }
}
```

Beispiel 1d

Taschen
rechnerInt3

Durch die Einführung von Default-Methoden in Schnittstellen ist in Java implizit eine Mehrfachvererbung möglich. Siehe dazu z.B. auch Java Blog Mehrfachvererbung (http://doanduyhai.wordpress.com/2012/07/15/java-8-lambda-in-details-part-iv-multiple-inheritance-resolution-for-defender-methods/).

Hinweis

Methodenreferenzen

Es gibt verschiedene Arten von **Methodenreferenzen** mit jeweils leicht unterschiedlicher Syntax:

- Referenz auf eine Klassenmethode bzw. statische Methode:
  `ClassName::methName`
- Referenz auf eine Objektmethode bzw. Instanz-Methode eines bestimmten Objekts: `instanceRef::methName` (siehe Beispiel 1a, »Implementierung von Vergleichsoperationen«, S. 349, und Beispiel 1b, »Deklarativer Zugriff auf Sammlungen (Collections)«, S. 339).
- Referenz auf eine super-Methode eines bestimmten Objekts: `super::methName`
- Referenz auf eine Objektmethode bzw. Instanz-Methode eines beliebigen Objekts von einem bestimmten Typ:
  `ClassName::methName`
- Referenz auf einen Klassenkonstruktor: `ClassName::new`
- Referenz auf einen array-Konstruktor: `TypeName[]::new`

Allgemeine funktionale Schnittstellen *(general purpose functional interfaces)*

Jeder Programmierer kann funktionale Schnittstellen selbst definieren. Bestimmte Formen von funktionalen Schnittstellen werden jedoch häufig benötigt. Das Paket `java.util.function` stellt eine Reihe allgemeiner funktionaler Schnittstellen zur Verfügung. Die wichtigsten davon sind:

Predicate
- `public interface Predicate<T>` mit folgender abstrakten Methode:
  - `boolean test(T t)`: Prüft, ob das angegebene Prädikat t gültig ist. Wenn ja, dann ist das Ergebnis `true`, sonst `false`.

Consumer
- `public interface Consumer<T>` mit folgenden Methoden:
  - `void accept(T t)`: Führt diese Operation auf dem gegebenen Argument aus, gibt nichts zurück (abstrakte Methode).
  - `default Consumer<T> andThen(Consumer<? super T> after)`: Gibt einen zusammengesetzten `Consumer` zurück, der sequenziell zunächst diese Operation und anschließend die Operation after ausführt.

Supplier
- `public interface Supplier<T>` mit folgender abstrakten Methode:
  - `T get()`: Erhält keine Eingabe, liefert aber ein `T` als Ausgabe.

Function
- `public interface Function<T,R>` mit folgenden wichtigen Methoden:
  - `R apply(T t)`: Führt diese Funktion auf dem gegebenen Argument t aus und gibt ein R als Ausgabe aus (abstrakte Methode).
  - `default <V> Function<T,V> andThen(Function<? super R,? extends V> after)`:
    Gibt eine zusammengesetzte Funktion zurück, die zu-

nächst die erste Eingabefunktion ausführt und dann auf das Ergebnis die Funktion hinter after anwendet.

- public interface BinaryOperator<T> mit folgenden Klassenmethoden:
  □ static <T> BinaryOperator<T> minBy(Comparator<? super T> comparator): Gibt einen BinaryOperator zurück, der das kleinere von zwei Elementen entsprechend dem spezifizierten Comparator liefert.
  □ static <T> BinaryOperator<T> maxBy(Comparator<? super T> comparator): Gibt einen BinaryOperator zurück, der das größere von zwei Elementen entsprechend dem spezifizierten Comparator liefert.

BinaryOperator

Spezialisierungen existieren für int, long und double, z. B. IntConsumer.

Dieses Beispiel zeigt die Anwendung von zwei allgemeinen funktionalen Schnittstellen:

Beispiel 1e

TaschenrechnerInt4

```
import java.util.function.IntFunction;
import java.util.function.IntPredicate;

public class TaschenrechnerInt4
{
  @FunctionalInterface
  interface MathInteger
  {
    int berechne(int a, int b);
  }

  public static void main(String args[])
  {
    MathInteger addiere = (c,d) -> c + d;
    MathInteger multipliziere = (x,y) -> x * y;

    System.out.println(addiere.berechne(10,20));
    System.out.println(multipliziere.berechne(10,20));

    IntFunction quadriere = e -> e*e;
    System.out.println(quadriere.apply(9));

    IntPredicate geradeZahl = f -> f%2 == 0 ? true : false;
    System.out.println(geradeZahl.test(8));

  }
}
```

10.9 Box: Funktionale Sprachkonzepte im Überblick 2 **

Im Folgenden werden wichtige Sprachkonzepte zur funktionalen Programmierung in Java 8 im Zusammenhang mit Strömen *(streams)* zusammengefasst dargestellt.

Datenströme

Ein **Datenstrom** besteht aus einer Folge von Werten. Quelle eines Datenstroms kann ein Feld *(array)*, eine Sammlung *(collection)*, eine Generatorfunktion oder ein Ein-/Ausgabe-Kanal *(IO channel)* sein. Außerdem kann ein Datenstrom das Ergebnis einer Operation auf einem anderen Datenstrom sein.

Sammlungen und Datenströme haben unterschiedliche Ziele. Die Elemente einer Sammlung sollen effizient verwaltet werden. Außerdem soll ein effizienter Zugriff auf die einzelnen Elemente möglich sein. Im Gegensatz dazu erlauben Datenströme keinen direkten Zugriff auf die enthaltenen Elemente. Es wird vielmehr deklarativ angegeben, welche Operationen auf den Elementen ausgeführt werden sollen.

Intermediate operations vs. *Terminal operations*

Eine Quelle kann mithilfe der Methode `stream()` in einen Datenstrom verwandelt werden. Anschließend können keine, eine oder mehrere *Intermediate operations* auf dem Datenstrom ausgeführt werden, abgeschlossen durch eine *Terminal operation* (Abb. 10.9-1). Es entsteht eine Pipeline von Strom-Methoden.

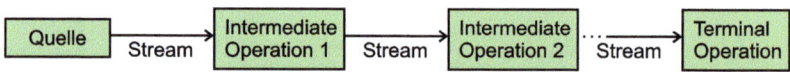

Abb. 10.9-1: Operationen auf einem Datenstrom.

Das Ergebnis einer *Intermediate operation* ist wieder ein Strom, auf dem dann weitere Operationen ausgeführt werden können. Die letzte Operation, die auf einem Strom aufgerufen wird, ist eine *Terminal operation*. Wird diese Operation aufgerufen, dann wird der Strom »konsumiert« und ist danach nicht mehr benutzbar.

»Fleißige« und »faule« Operationen

Intermediate operations sind faule Operationen *(lazy operations)*. Ihr Operationsrumpf (in der Regel ein Lambda-Ausdruck) wird für eine spätere Ausführung zwischengespeichert. Nur wenn ei-

10.9 Box: Funktionale Sprachkonzepte im Überblick 2 **

ne *Terminal operation (eager operation)* aufgerufen wird, werden die zwischengespeicherten Methodenrümpfe ausgeführt, aber nur solange, bis das gewünschte Ergebnis ermittelt wurde.

Beispiel

Aus einer Liste von Vornamen soll der erste Name, der nur aus drei Buchstaben besteht, ermittelt und in Großbuchstaben umgewandelt werden (in Anlehnung an [Subr13, S. 106 ff.]):

DemoLazy

```
//Lazy Evaluation von Operationen

import java.util.ArrayList;
import java.util.stream.Stream;

public class DemoLazy {
  private static int gibLaenge(final String name)
  {
    System.out.println("Namenslänge ermitteln von " + name);
    return name.length();
  }

  private static String wandleInGross(final String name )
  {
    System.out.println("Umwandeln in Großbuchstaben: " +name);
    return name.toUpperCase();
  }

  public static void main(String[] args)
  {
    ArrayList<String> namen = new ArrayList<>(12);
    namen.add("Anne"); namen.add("Maria"); namen.add("Mia");
    namen.add("Susanne"); namen.add("Amy");
    namen.add("Linda"); namen.add("Sophie");
    namen.add("Bettina"); namen.add("Britta");
    namen.add("Jasmin"); namen.add("Inge");
    namen.add("Ida");

    String ersterVornameMit3Buchstaben =
      namen.stream()
        .filter(name -> gibLaenge(name) == 3)
        .map(name -> wandleInGross(name))
        .findFirst()
        .get();

    System.out.println("Erster Vorname mit 3 Buchstaben: " +
      ersterVornameMit3Buchstaben);
  }
}
```

Der Programmlauf ergibt folgendes Ergebnis:

```
Namenslänge ermitteln von Anne
Namenslänge ermitteln von Maria
Namenslänge ermitteln von Mia
Umwandeln in Großbuchstaben: Mia
Erster Vorname mit 3 Buchstaben: MIA
```

Normalerweise würde man erwarten, dass es sich bei der filter()-Methode um eine »fleißige« Operation handelt, die zunächst die gesamte Liste durchläuft und die beiden Namen mit 3 Buchstaben herausfiltert, hier Mia und Amy. Anschließend würde dann die map()-Methode die gefundenen beiden Namen in Großbuchstaben wandeln. Die first()-Methode würde dann aus der reduzierten Liste den ersten Namen entnehmen und als Ergebnis zurückliefern. Wie die Abb. 10.9-2 zeigt, wären dazu 15 Operationen nötig.

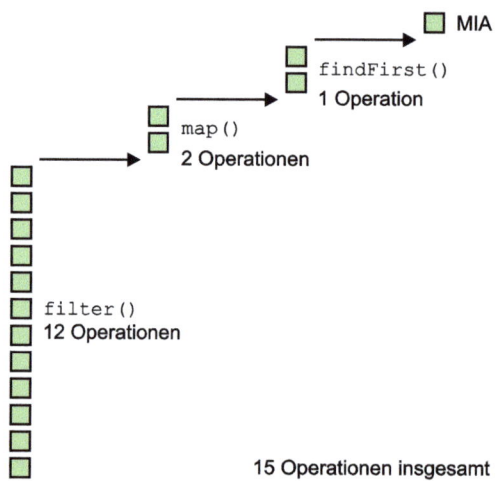

Abb. 10.9-2: Hypothetische *fleißige* Evaluation der Operationen [Subr13, S. 107].

In Datenströmen wird jedoch eine »faule« Verarbeitung durchgeführt. Die Ausführung der Methoden filter() und map() beginnt, wenn die terminale Operation findFirst() aufgerufen wird. Die filter()-Methode durchläuft *nicht* alle Elemente der Sammlung, sondern stoppt, wenn das erste Element gefunden ist, das die angegebene Bedingung erfüllt.

Dieses Element gibt sie in der Stromkette an die nächste Methode weiter. Die nächste Methode, hier map(), erledigt ihre Aufgabe auf dem übergebenen Namen, hier Mia, und gibt das Ergebnis MIA an die terminale Operation weiter.

Die terminale Operation prüft, ob das erhaltene Ergebnis dem entspricht, was erwartet wurde. Wenn ja, dann wird die Berechnung beendet. Ist die terminale Operation mit dem Ergebnis nicht zufrieden, dann wird die Kette der Berechnungen wieder mit den nächsten Elementen der Sammlung gestartet.

Wie die Abb. 10.9-3 zeigt, werden die meisten Elemente der Beispielliste *nicht* evaluiert, wenn ein Kandidatenname erst einmal gefunden wurde. Dieses Beispiel zeigt die wirkliche Stärke eines Datenstroms in Java 8.

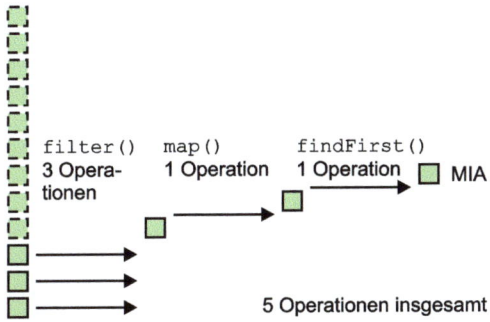

Abb. 10.9-3: Wirkliche *faule* Auswertung der Operationen [Subr13, S. 108].

Sequenzielle vs. parallele Verarbeitung von Datenströmen

Da immer mehr Computer über mehrere Prozessoren verfügen, ist es für die Programmierung eine Herausforderung, Programme so zu schreiben, dass sie parallel verarbeitet werden können. Das war bisher schwierig. Datenströme in Java 8 können dagegen einfach parallelisiert werden.

> Von Wetterstationen werden Temperaturwerte im Bereich von -30 Grad bis +40 Grad gemeldet. Diese Werte sollen sortiert werden. Anschließend sollen die Werte herausgefiltert werden, die 25 Grad übersteigen (sowohl bei Minus- als auch bei Pluswerten).
>
> ```
> //Sequenzielle vs. parallele Berechnung
>
> import java.util.stream.Stream;
> import java.util.List;
> import java.util.stream.Collectors;
>
> public class DemoParallel
> {
>   public static void main(String[] args)
>   {
>     long start = System.currentTimeMillis();
>
>     double uGrenze = -30.0, oGrenze = +40.0;
>     //Bereiche der Zufallszahlen
>     //Liste mit 10 Mio. Daten erzeugen
>     List<Double> d = Stream.generate(
> ```

Beispiel

DemoParallel

```
      () -> new Double(uGrenze+(Math.random()*
        (oGrenze-uGrenze+1) ) ) )
      .limit(10_000_000).collect(Collectors.toList());

    List<Double> temp =
      d.stream()
      .parallel()
      .sorted()
      .filter(wert -> (Math.abs(wert) > 25.0 ))
      .collect(Collectors.toList());

    long stop = System.currentTimeMillis();
    System.out.println("Verbrauchte Zeit in ms: "
      + (stop - start));
  }
}
```

In dem Programm wird am Anfang mit der Methode generate() eine Liste mit 10 Millionen Einträgen erstellt. Es werden jeweils Zufallszahlen zwischen den Grenzen -30 und +40 erzeugt. Anschließend wird ein Strom temp erzeugt, dann die Methode parallel() angegeben. Ab diesem Zeitpunkt sorgt Java automatisch dafür, dass die folgenden Methoden parallel verarbeitet werden. Messungen auf einem Prozessor mit 4 Kernen haben ergeben, dass die Parallelverarbeitung ungefähr doppelt so schnell verläuft wie die sequenzielle Verarbeitung.

Lassen Sie das Programm auf Ihrem Computersystem einmal sequenziell und einmal parallel ablaufen und vergleichen Sie die Zeiten.

11 Konstruktive Qualitätssicherung **

Ziel jeder Softwareentwicklung ist es, ein qualitativ hochwertiges Produkt zu erstellen. Dazu gibt es zwei Wege: Konstruktive und analytische Qualitätssicherungsmaßnahmen.

Konstruktive Qualitätssicherungsmaßnahmen sind Methoden, Sprachen, Werkzeuge, Richtlinien, Standards und Checklisten, die dafür sorgen, dass das entstehende Produkt bzw. der Erstellungsprozess à priori bestimmte Eigenschaften besitzt. Bei einer objektorientierten Softwareentwicklung ist also zu überlegen, wie »gute« Klassen und »gute« Methoden aussehen. Wie unterscheiden sie sich von »schlecht« entworfenen Klassen und Methoden?

Konstruktiv

Im Gegensatz zu konstruktiven Maßnahmen handelt es sich bei **analytischen Qualitätssicherungsmaßnahmen** um diagnostische Maßnahmen, d. h. sie bringen in das Produkt oder den Entwicklungsprozess *keine* Qualität per se. Durch analytische Maßnahmen wird das existierende Qualitätsniveau gemessen. Ausmaß und Ort der Defekte können identifiziert werden. Das Ziel ist also die Prüfung und Bewertung der Qualität der Prüfobjekte.

Analytisch

Die Struktur eines Softwaresystems wird im Wesentlichen durch die Bindung jeder Systemkomponente und die Kopplungen zwischen den Systemkomponenten untereinander bestimmt (Abb. 11.0-1). Bei einem objektorientierten System sind die Systemkomponenten Klassen und Pakete. Die Kopplungen sind die Assoziationen und Vererbungsstrukturen.

Struktur

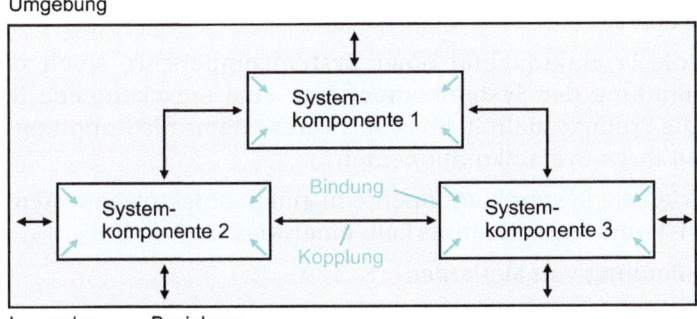

Abb. 11.0-1: Bindung und Kopplung.

Bindung *(cohesion)* ist ein qualitatives Maß für die Kompaktheit einer Systemkomponente. Es werden dazu die Beziehungen zwischen den Elementen *innerhalb* einer Systemkomponente betrachtet. Es wird untersucht, wie eng die Elemente verbunden

Bindung

sind und wie viele Aufgaben in der Systemkomponente erledigt werden. In einem stark gebundenen System ist jede Komponente (Methode, Klasse, Paket) für eine definierte Aufgabe verantwortlich *(responsible)*.

Kopplung
Das Gegenstück zur Bindung stellt die Kopplung dar. **Kopplung** *(coupling)* ist ein qualitatives Maß für die Schnittstellen zwischen Systemkomponenten. Es werden der Kopplungsmechanismus, die Schnittstellenbreite und die Kommunikationsart betrachtet. Der Kopplungsgrad bestimmt, wie einfach oder schwierig es ist, Änderungen an einem System vorzunehmen. Sind Klassen eng miteinander gekoppelt, dann erfordert die Änderung in einer Klasse gleichzeitig viele Änderungen in anderen Klassen. Außerdem ist es oft schwierig festzustellen, in welchen anderen Klassen Änderungen nötig sind. In einem losen gekoppelten System dagegen haben Änderungen in einer Klasse im Optimalfall keinerlei Auswirkungen auf andere Klassen.

Ziel
Zur Ausprägung einer Struktur lässt sich folgende These aufstellen:

- Die Struktur eines Systems ist um so ausgeprägter und die Modularität ist um so höher, je stärker die Bindungen der Systemkomponenten im Vergleich zu den Kopplungen zwischen den Systemkomponenten sind.

Je stärker die Ausprägung einer Struktur ist, desto geringer ist auch die Komplexität dieser Struktur. Geringe Komplexität bedeutet aber hoher Grad an Einfachheit, gute Verständlichkeit, leichte Einarbeitung.

- Die Forderung nach Einfachheit wird erfüllt, wenn die **Kopplungen minimiert und die Bindungen maximiert werden**.

Für die Produktqualität einer Systemkomponente spielt daher die Bindung der Systemkomponente eine entscheidende Rolle, für die Produktqualität eines Softwaresystems die Kopplung zwischen ihren Systemkomponenten.

Die kleinste Systemkomponente in einem objektorientierten System ist eine Methode innerhalb einer Klasse:

Methode
- »Bindung von Methoden«, S. 379

Klasse
Auf der Ebene einer Klasse muss dafür gesorgt werden, dass sie jeweils ein einzelnes semantisch bedeutungsvolles Konzept repräsentiert:

- »Bindung von Klassen«, S. 385

Wie stark Methoden miteinander gekoppelt sind, hängt von mehreren Kriterien ab:

- »Kopplung von Methoden«, S. 387

Nicht nur Methoden, sondern auch Klassen stehen zueinander in Beziehungen, die im Wesentlichen durch Assoziationen ausgedrückt werden:

- »Kopplung von Klassen«, S. 391

Jedes Softwaresystem sollte nach Vornahme von vielen Änderungen wieder auf seine optimale Struktur hin überprüft werden:

- »Refactoring von Klassen und Methoden«, S. 396

Für die konstruktive Qualitätssicherung gibt es in der Regel nicht »richtig« oder »falsch«, sondern es ist immer der Kontext zu berücksichtigen und oft müssen Vor- und Nachteile einer Lösung gegeneinander abgewogen werden. Viele Konzepte stammen aus praktischen Projekten. Konzepte, die sich in der Praxis bewährt haben, bezeichnet man als *best practices*. Eine Reihe von Büchern fassen solche *best practices* zusammen. Besonders empfehlen möchte ich die Bücher

Weiterführende Literatur

- Martin Fowler: *Refactoring – Improving Design of Existing Code* [Fowl05] und
- Joshua Bloch: *Effective Java – Programming Language Guide* [Bloc05].

Das Buch von Fowler zeigt nicht nur, an welchen Merkmalen man schlechte Programme erkennt, sondern er beschreibt auch, wie man systematisch solche Defizite »ausmerzen« kann.

11.1 Bindung von Methoden **

Für Methoden ist eine funktionale Bindung anzustreben, bei der alle Elemente an der Verwirklichung einer einzigen, abgeschlossenen Aufgabe beteiligt sind.

Eine gute Bindung liegt vor, wenn nur solche Elemente zu einer Methode zusammengefasst werden, die auch zusammengehören. Ziel ist es, eine sogenannte funktionale Bindung zu erreichen.

Eine **funktionale Bindung** liegt vor, wenn alle Elemente an der Verwirklichung einer einzigen, abgeschlossenen Funktion beteiligt sind.

Ziel: funktional

Die folgende Methode berechnet die Quadratwurzel:
```
public double berechneQuadratwurzel(double x)
{
  double y0, y1;
  int i;
  assert (x >= 0.0);
  y1 = 1.0;
```

Beispiel

```
    i = 1;
    for (;;)
    {
      y0 = y1;
      y1 = 0.5 * (y0 + x / y0);
      i++; assert (i <= 50);
      if (Math.abs(y1 - y0) < 1e-6)
        return y1;
    }
}
```

Eine Analyse dieser Methode zeigt, dass alle Anweisungen nur dazu beitragen, aus dem Eingabewert die Quadratwurzel zu ermitteln. Sie ist daher funktional gebunden. Würde diese Methode jetzt so erweitert, dass sie noch eine Statistik über die Häufigkeit gleicher Quadratwurzelberechnungen erstellt, dann wäre sie *nicht* mehr funktional gebunden, da sie noch eine weitere Funktion ausführen würde.

Eine funktionale Bindung ermöglicht *nicht* nur die Realisierung primitiver Methoden. Funktional gebundene Methoden liegen auch vor, wenn komplexe Aufgaben realisiert werden. Zur Realisierung solcher komplexer Aufgaben werden jedoch andere Methoden benutzt (andere Methoden der eigenen Klasse oder Methoden anderer Klassen), die ebenfalls funktional gebunden sein sollten.

Beispiel 1a
DemoBindung

Das folgende Programm DemoBindung besitzt eine Methode zum Drucken aller Namen:

```java
import java.util.*;

public class DemoBindung
{
  private static void druckeAlleNamen
      (ArrayList<String> eineListe)
  {
    System.out.println("+++++ Namensliste +++++" );
    System.out.println("-----------------------");
    for (Object element : eineListe)
    {
      System.out.println("Name: " + element);
      System.out.println("-----------------------");
    }
    System.out.println("+++ Ende Namensliste ++" );
  }

  public static void main(String arg[])
  {
    ArrayList<String> alleNamen = new ArrayList<>();
    alleNamen.add("Meyer");
    alleNamen.add("Schulz");
    alleNamen.add("Balzert");
```

```
    alleNamen.add("Dorakov");
    //Drucke alle Namen
    druckeAlleNamen(alleNamen);
  }
}
```

Als Ergebnis wird ausgegeben:

```
+++++ Namensliste +++++
----------------------
Name: Meyer
----------------------
Name: Schulz
----------------------
Name: Balzert
----------------------
Name: Dorakov
----------------------
+++ Ende Namensliste ++
```

Überlegen Sie, ob die Methode `druckeAlleNamen()` funktional gebunden ist. — Frage

Eine Analyse des Programms in Beispiel 1a zeigt, dass die Methode `druckeAlleNamen()` eigentlich zwei Aufgaben erledigt: »Drucken eines Namens« sowie »Durchlaufen der gesamten Namensliste«. Soll bei einer Änderung beispielsweise ein Name zusätzlich nochmals gedruckt werden, dann kann die Methode `druckeAlleNamen()` dazu *nicht* benutzt werden. — Antwort

Eine funktionale Bindung wird erreicht, wenn die Funktion »Drucke einen Namen« aus der Methode `druckeAlleNamen()` herausgelöst wird. Es entsteht folgendes Programm `DemoBindung2`: — Beispiel 1b DemoBindung2

```java
import java.util.*;

public class DemoBindung
{
  private static void druckeEinenNamen(String einName)
  {
    System.out.println("Name: " + einName);
    System.out.println("----------------------");
  }
  private static void druckeAlleNamen
      (ArrayList<String> eineListe)
  {
    System.out.println("+++++ Namensliste +++++" );
    System.out.println("----------------------");
    for (Object element : eineListe)
      druckeEinenNamen((String)element);
    System.out.println("+++ Ende Namensliste ++" );
  }
  public static void main(String arg[])
  {
    //....
```

```
    druckeAlleNamen(alleNamen);
  }
}
```
Es wird dasselbe Ergebnis ausgegeben.

Beispiel 2a PasswortUI

Das folgende Programm `PasswortUI` soll prüfen, ob ein gewähltes Passwort größer als eine vorgegebene Länge ist und mindestens eine Ziffer enthält:

```
import inout.Console;

public class PasswortUI
{
  private final static int MIN_LAENGE_PASSWORT = 6;
  private static boolean
  pruefePasswortLaengeUndAufZiffer(String passwort)
  {
    boolean ok = false;
    if(passwort.length() < MIN_LAENGE_PASSWORT)
      System.out.println
        ("Ihr Passwort hat weniger als 6 Zeichen");
    else
      ok = true;
    if (ok) //Länge >= minimale Länge
    {
      for (int i = 0; i < passwort.length(); i++)
      {
        if(Character.isDigit(passwort.charAt(i)))
        {
          ok = true; break;
        }
        else
        {
          ok = false;
        }
      }//Ende for
      if (! ok)
        System.out.println
          ("Ihr Passwort hat keine Ziffer");
    }//Ende if
    return ok;
  }

  public static void main(String args[])
  {
    System.out.println
      ("Wählen Sie ein Passwort (mindestens 6 Zeichen"
      + " und 1 Ziffer)");
    String passwort = Console.readString();

    boolean freigabe =
      pruefePasswortLaengeUndAufZiffer(passwort);
    if (freigabe)
      System.out.println("Ihr Passwort " + passwort
```

```
          + " entspricht unseren Vorgaben");
      //....
   }
}
```

Überlegen Sie, ob die Methode `pruefePasswortLaengeUndAufZiffer()` funktional gebunden ist und begründen Sie Ihre Antwort.   *Frage*

Wie der Name der Methode bereits nahelegt, werden in der Methode zwei Aufgaben erledigt: Überprüfung der Länge *und* Prüfung, ob Ziffer vorhanden ist. Funktional gebunden, besser strukturiert und kürzer sind folgende Methoden: *Antwort*

```
import inout.Console;

public class PasswortUI
{
 private final static int MIN_LAENGE_PASSWORT = 6;

 public static boolean pruefePasswortLaenge(String passwort)
 {
   if (passwort.length() < MIN_LAENGE_PASSWORT)
   {
      System.out.println
         ("Ihr Passwort hat weniger als " +
           MIN_LAENGE_PASSWORT + " Zeichen");
      return false;
   }
   return true;
 }
 public static boolean pruefePasswortHatZiffer
    (String passwort)
 {
   for (int i = 0; i < passwort.length(); i++)
   {
      if(Character.isDigit(passwort.charAt(i)))
         return true;
   }//Ende for
   System.out.println
         ("Ihr Passwort hat keine Ziffer");
   return false;
 }
 public static boolean pruefePasswortPolitik
    (String passwort)
 {
   if(pruefePasswortLaenge(passwort)
      && pruefePasswortHatZiffer(passwort))
      return true;
   return false;
 }

 public static void main(String args[])
 {
   //...
```

```
        boolean freigabe = pruefePasswortPolitik(passwort);
        //....
    }
}
```

Kriterien *Keine* funktionale Bindung liegt in den folgenden Fällen vor:

- Sie benötigen zur Beschreibung einer Methode mehrere Verben, die mit »und« oder »oder« verknüpft sind (z. B. »prüfe und drucke Rechnung«). In solchen Fällen ist es besser, wenn die Funktionalität auf zwei oder mehr Methoden aufgeteilt wird.
- Die von der Methode ausgeführten Teilfunktionen lassen sich zusammenfassend nur durch ein nichtssagendes Verb (z. B. »verarbeite«) beschreiben. Finden Sie in diesem Fall für jede Teilfunktion einen aussagefähigen Namen und bilden Sie aus jeder gut benannten Teilfunktion eine Methode.

Kennzeichen Eine funktionale Bindung besitzt folgende Kennzeichen:

- Alle Elemente tragen dazu bei, ein einzelnes, spezifisches Ziel zu erreichen.
- Es gibt keine überflüssigen Elemente.
- Die Aufgabe lässt sich mit genau einem Verb und genau einem Objekt vollständig beschreiben.
- Leichter Austausch gegen eine andere Methode, die denselben Zweck erfüllt.
- Hohe Kontextunabhängigkeit, d. h. einfache Beziehungen zur Umwelt.
- Die Methode ist »kurz« (siehe auch [Fowl05, S. 76 ff.]).

Eine funktionale Bindung führt zu einer wesentlichen Verfestigung der internen Methodenstruktur. Eine funktionale Bindung bringt folgende Vorteile mit sich:

- Der Umfang der Methode ist überschaubar und besteht aus relativ wenigen Zeilen Code.
- Hohe Kontextunabhängigkeit der Methode (die Bindungen befinden sich innerhalb einer Methode, nicht zwischen Methoden).
- Geringe Fehleranfälligkeit bei Änderungen.
- Hoher Grad der Wiederverwendbarkeit, da weniger spezialisiert.
- Leichte Erweiterbarkeit und Wartbarkeit, da sich Änderungen auf isolierte, kleine Teile beschränken.

Der Bindungsgrad einer Methode lässt sich *nicht* automatisch ermitteln. Er kann durch manuelle Prüfmethoden bestimmt werden (Entwurfs- und Codeüberprüfung).

Eine funktionale Bindung steht nicht unbedingt im Widerspruch zum Allgemeinheitsgrad einer Methode. Unter Umständen wäre es im Beispiel 1 sinnvoll die Methode `druckeEinenNamen()` zu verallgemeinern, sodass sie auch in anderen Kontexten eingesetzt werden kann – ohne die funktionale Bindung aufzugeben.

Speziell vs. allgemein

Überlegen Sie, wie eine Verallgemeinerung aussehen könnte.

Frage

Eine Verallgemeinerung von Beispiel 1 könnte wie folgt aussehen (DemoBindung3):

Antwort

```
private static void druckeEinElement(String einElement,
    String elementbez)
{
   System.out.println(elementbez + ": " + einElement);
   System.out.println("----------------------");
}

private static void druckeAlleNamen
    (ArrayList<String> eineListe)
{
   System.out.println("+++++ Namensliste +++++" );
   System.out.println("----------------------");
   for (Object element : eineListe)
      druckeEinElement(element.toString(), "Name");
   System.out.println("+++ Ende Namensliste ++" );
}
```

11.2 Bindung von Klassen **

In einer Klasse sollen Attribute und Methoden zusammengefasst sein, die gemeinsam eine gut definierte Aufgabe erledigen bzw. eine Teilfunktionalität innerhalb eines Softwaresystems realisieren – man spricht von einem verantwortungsgetriebenen Entwurf einer Klasse *(responsibility-driven design)*. Jede Klasse sollte in sich eine starke Bindung und zu anderen Klassen hin eine geringe Kopplung besitzen.

Eine Klasse besitzt eine **starke Bindung**, wenn alle ihre Methoden zusammenarbeiten, um eine einzige, identifizierbare Aufgabe innerhalb eines Softwaresystems auszuführen. Dazu ist es erforderlich, dass

Bindung

- jede Methode der Klasse für sich funktional gebunden ist (siehe »Bindung von Methoden«, S. 379),
- alle Methoden der Klasse auf einer einzigen Datenstruktur arbeiten,
- die Klasse *keine* Methoden enthält, die an andere Klassen delegiert werden können.

11 Konstruktive Qualitätssicherung **

responsibility-driven
Um dieses Ziel zu erreichen, sollte der Entwurf einer Klasse »verantwortungsgetrieben« sein – im Englischen bezeichnet als *responsibility-driven design* (RDD) [WiMc02]. Jeder Klasse sollten gut definierte Verantwortlichkeiten zugeordnet werden, die einen Teil der Anwendungs-Funktionalität abdecken. Jede Klasse sollte für ihre eigenen Daten verantwortlich sein.

Beispiel 1a
> In einem E-Learning-System werden die Lernenden in einem `LernendenContainer` verwaltet. In einer Liste werden dort die Referenzen auf die einzelnen Lernenden-Objekte aufbewahrt (siehe auch »Container«, S. 176). Zusätzlich soll noch eine Statistik über das Verhalten der Lernenden erstellt werden, wie durchschnittliche Lerndauer aller Lernenden, Lernzeiten im Laufe eines Tages, einer Woche, eines Monats usw.

Frage
Wo würden Sie diese Informationen berechnen und ablegen?

Antwort
Es bieten sich zwei Alternativen an: Die Klasse `LernendenContainer` kann um entsprechende Klassenattribute und Klassenmethoden erweitert werden. Oder es wird eine neue Klasse `LernendenStatistik` angelegt, die nur die für die Statistik notwendigen Attribute und Methoden enthält. Betrachtet man die Verantwortlichkeiten, dann ist nur die zweite Lösung geeignet, um eine starke Bindung der Klassen sicherzustellen.

Kopplung
Um zu anderen Klassen hin eine **geringe Kopplung** sicherzustellen, müssen

- alle Attribute der Klasse nach außen hin verborgen sein, d. h. das **Geheimnisprinzip** muss eingehalten werden (in Java sollten alle Attribute als `private` gekennzeichnet sein),
- darf auf Attribute nur über `get`- und `set`-Methoden zugegriffen werden,
- darf nur das »Was« einer Klasse, aber nicht das »Wie« einer Klasse nach außen sichtbar sein.

code duplication
Weder innerhalb einer Klasse noch zwischen Klassen dürfen Code-Stücke in identischer Form mehrfach vorkommen. Bei Änderungen findet ein Wartungs-Programmierer oft nur eines dieser identischen Code-Stücke und ändert dann nur dieses. Schwer zu findende Folgefehler treten dann auf.

Vererbungsstrukturen
Neben der Bindung einzelner Klassen muss auch noch die **Bindung von Vererbungsstrukturen** untersucht werden. Es muss nicht nur die direkte Unterklassen-Oberklassen-Beziehung überprüft werden, sondern die gesamte Vererbungshierarchie.

Starke Bindung
Eine Vererbungs-Bindung ist stark, wenn es sich bei der Hierarchie um eine Generalisierungs-/Spezialisierungshierarchie im Sinne einer konzeptuellen Modellierung handelt.

Von der Unterklasse zur Oberklasse hin muss man immer sagen können »ist ein«, z. B. ein Dozent (Unterklasse) »ist eine« Person (Oberklasse) (siehe auch »Generalisieren – entdecke Gemeinsamkeiten«, S. 184).

Sie ist schwach, wenn die Vererbungshierarchie nur für *codesharing* benutzt wird, und die Klassen sonst nichts miteinander zu tun haben.

Schwache Bindung

Das Ziel jeder neu definierten Unterklasse muss darin bestehen, ein einzelnes semantisches Konzept auszudrücken.

Ziel

Hinweise, was bei der Vererbung zu beachten ist, werden in [Bloc05, S. 78 (Item 15)] gegeben. In [Fowl05] werden folgende Symptome aufgeführt, die auf eine schlechte Klassenstruktur schließen lassen:

- Zu umfangreiche Klassen mit zu vielen Attributen *(Large Class)*.
- Eine Änderung betrifft viele Klassen *(Shotgun Surgery)*.
- Die Methode einer Klasse ruft vor allem Methoden anderer Klassen auf *(Feature Envy)*.
- Die gleichen Datengruppen treten an mehreren Stellen auf *(Data Clumps)*.
- Parallele Vererbungshierarchien *(Parallel Inheritance Hierarchies)*.
- Klassen, die zu wenig »tun« *(Lazy Class)*.
- Spekulative Allgemeingültigkeit *(Speculative Generality)*.
- Unnötige Vermittlungsklassen *(Middle Man)*.
- Klassen wissen zu viel von anderen Klassen *(Inappropriate Intimacy)*.
- Klassen, die nur Attribute und `get`- und `set`-Methoden haben *(Data Class)*.

Für alle diese Symptome werden Lösungsalternativen vorgestellt.

11.3 Kopplung von Methoden ***

Die Beziehungen zwischen Methoden lassen sich durch qualitative Kopplungskriterien klassifizieren. Jedes Softwaresystem benötigt ein Minimum an Kopplung zwischen seinen Komponenten, sonst kann es seine Aufgabe nicht erfüllen. Ziel der Entwicklung muss es sein, zusätzliche und unnötige Kopplung zu vermeiden bzw. zu eliminieren. Methoden sollen eine »schmale Datenkopplung« besitzen.

Jede Methode kommuniziert mit ihrer Umwelt. Methoden werden von anderen Methoden aufgerufen bzw. in Anspruch genommen. Umgekehrt verwenden Methoden andere Methoden, um ihre eigenen Dienstleistungen zu erledigen. Jede Kommunikation führt zu Abhängigkeiten zwischen den Methoden, die miteinander kommunizieren.

Die Kontextunabhängigkeit einer Methode ist um so höher, je geringer ihre Kopplung mit anderen Methoden ist. Um eine Methode zu verstehen oder zu verändern, müssen die Wirkungen der benutzten Methoden klar sein. Umgekehrt muss man zum Verständnis einer Methode *nicht* wissen, wer diese Methode benutzt. Ziel ist es, die Kopplungen zwischen Methoden zu minimieren. Methodenkopplungen setzen sich aus folgenden Komponenten zusammen:

- Kopplungsmechanismus,
- Schnittstellenbreite,
- Kommunikationsart.

Um eine Kopplung zu minimieren, muss die jeweils schwächste Kopplungsart jeder Komponente angestrebt werden. Zusätzlich kommt die Forderung hinzu, dass die Kopplung so klar und verständlich wie möglich sein soll, um die Einarbeitung, Übersichtlichkeit und Wartung zu erleichtern.

Aufruf

Der einfachste, verständlichste und flexibelste Kopplungsmechanismus ist der **Aufruf mit Übergabe von expliziten Parametern** über Parameterlisten. Dies ist bei modernen objektorientierten Programmiersprachen sichergestellt.

Schnittstellenbreite

Die Breite einer Schnittstelle wird bestimmt durch

- die Anzahl der Parameter und
- den Datentyp der Parameterelemente (einfacher Typ, Klasse, Schnittstelle).

Eine Methodenkopplung ist um so geringer, je weniger Parameter vorhanden sind und je mehr Parameterelemente einfache Typen sind.

Anzahl Parameter

Je weniger Daten also eine Schnittstelle passieren, desto geringer ist die Kopplungsstärke. Der Umfang der Daten bezieht sich dabei auf die Breite der Schnittstelle, d. h. auf die Anzahl der Parameter, und nicht auf die Intensität des Datenaustausches während der Laufzeit, d. h. wie oft eine Methode aufgerufen wird.

Datenstrukturkopplung

Durch das Bündeln von Parametern (Datenstrukturkopplung) sinkt zwar die Anzahl der Parameter, die Kopplungsstärke wird aber *nicht* verringert, sondern eher erhöht, da die Verständlichkeit der Schnittstelle beeinträchtigt wird. Man erhält zusätzlich einen künstlichen Datentyp, in dem mehrere *nicht* zusammengehörende Daten zufällig gebündelt werden.

> **Beispiel**
>
> Eine Methode `berechneZinsen` besitzt folgende Parameterliste: `double berechneZinsen (double k, double p, LocalDate datum1, LocalDate datum2)`
>
> Jeder der vier Eingabeparameter hat eine unterschiedliche Bedeutung. Der engste Zusammenhang besteht zwischen `datum1` und `datum2`. Würde man beide Datumswerte zu einem Feld zusammenfassen, dann spart man einen Parameter:
>
> `double berechneZinsen (double k, double p, LocalDate [] datum12)`
>
> Damit die rufende Methode auf `datum1` zugreifen kann, muss dann geschrieben werden: `datum12[0]`. Aus Gründen der Verständlichkeit ist es jedoch hier angebracht, beide Größen für sich zu übergeben.

Wie das Beispiel zeigt, wird durch das Bündeln von Parametern der Aufwand für den Aufrufer größer, da er die künstliche Struktur wieder entpacken muss bzw. es für ihn aufwendiger ist, auf das gewünschte Element zuzugreifen.

Im Allgemeinen ist anzustreben, eine maximale Anzahl von Einzelelementen zu übergeben, da dadurch die Verständlichkeit erhöht wird. Ausgenommen von dieser Regel sind homogene Datenreihungen, bei denen jedes Element die gleiche Art von Informationen trägt *(arrays)*, d. h. zusammengehörende Daten sollten als ein Parameter übergeben werden.

Obwohl klar ist, dass Daten über Schnittstellen ausgetauscht werden müssen, wird die Kopplung um so schwächer, je schmaler die Schnittstelle ist. Erfahrungen haben gezeigt, dass die Parameteranzahl selten zehn übersteigt.

In [Fowl05, S. 78 f.] wird beschrieben, wie lange Parameterlisten reduziert werden können. In [Bloc05, S. 126 ff. (Item 25)] werden Kriterien für gute Methodensignaturen angegeben. — *Literatur*

Die Kommunikation kann auf zwei Arten geschehen: — *Kommunikationsart*

- über Daten und
- über Steuerinformation (Kontrollinformation).

Die einfachste Kommunikationsart liegt vor, wenn *reine* Daten übergeben werden. Eine solche **Datenkopplung** ist für das Funktionieren eines Systems notwendig, aber auch ausreichend. — *Ziel*

Wird ein Parameter verwendet, um dem Aufrufer mitzuteilen, *was* er tun soll, dann handelt es sich um Steuerinformationen. Die Übergabe von Steuerinformationen in Form von Daten ist jedoch *nicht* erforderlich. Durch eine solche Kommunikationsart wird die Kopplung zwischen Methoden erhöht.

Durch eine geeignete Systemstruktur und/oder die Verwendung der Ausnahmebehandlung in modernen Programmiersprachen kann die Übergabe von Steuerinformation vermieden werden. Wenn ein Steuerungsparameter von der gerufenen an die aufrufende Methode übergeben wird (Rückkehrparameter), dann handelt es sich um eine Umkehr der Autoritäten.

Oft ist es schwierig, zwischen reinen Daten und Steuerdaten zu unterscheiden. Boolesche Parameter kennzeichnen nicht unbedingt Steuerdaten (z. B. männlich/weiblich) und umgekehrt. Außerdem müssen Zustandsmeldedaten deutlich von Steuerdaten unterschieden werden.

Beispiel

> Eine Methode liest Sätze aus der Kundenstammdatei.
>
> Rückmeldung 1: »(Du musst die) Fehlermeldung Kundenstammsatz nicht gefunden ausgeben.«
>
> Rückmeldung 2: »(Ich habe den) Kundenstammsatz nicht gefunden«.
>
> Im ersten Fall handelt es sich um eine Steuerinformation, im zweiten Fall um eine Zustandsmeldung, da die rufende Methode selbst entscheiden kann, ob sie den Fehler umgehen kann. Vielleicht liegt auch gar kein Fehler vor. Vielleicht wollte die rufende Methode nur prüfen, ob ein Satz vorhanden ist.

Die Beschreibung des Parameters und sein Name geben oft Anhaltspunkte über die Parameterart. Datenparameter werden durch Substantive, Zustandsmeldeparameter durch Adjektive und Steuerungsparameter durch Verben beschrieben.

Eine besonders unübersichtliche, änderungsunfreundliche Steuerungskopplung liegt vor, wenn verschiedenen Wertebereichen eines Parameters eine unterschiedliche Bedeutung zugeordnet wird.

Beispiel

```
positive Zahl = Betrag in Cent
negative Zahl = Lastenkontonummern

Personalnummer < 1000 Arbeiter, sonst Angestellter
```

Ziel

Die Kopplungsstärke zwischen Methoden ist am geringsten, d. h. die Wechselwirkungen zwischen Methoden werden minimiert, wenn alle Methoden durch **schmale Datenkopplungen** verknüpft werden. Die einfachste Verbindung ist jene, die einen Aufruf benutzt, um eine minimale Anzahl von Datenparametern auf die verständlichste Weise zu übertragen. Die Stärke einer Kopplung wird jeweils paarweise zwischen einzelnen Methoden bestimmt. Eine schmale Datenkopplung bringt folgende Vorteile mit sich:

➕ Größtmögliche Kontextunabhängigkeit der Methoden.   Vorteile
➕ Hohe Änderungsfreundlichkeit der Methoden, da Änderungen an einer Methode nur geringe Auswirkungen auf andere Methoden haben.
➕ Hoher Grad der Wiederverwendbarkeit.
➕ Leichte Erweiterbarkeit und Wartbarkeit.
➕ Gute Verständlichkeit der Schnittstellen.
➕ Geringe Gefahr der Fehlerfortpflanzung.

Folgende Voraussetzungen müssen erfüllt sein, damit die schmale Datenkopplung erfolgreich anwendbar ist:

- Methodenkopplungen werden nur durch Aufruf anderer Methoden hergestellt.
- Die eigentliche Kommunikation erfolgt nur über explizite Parameter.
- Das Geheimnisprinzip wird eingehalten.

Die Interna einer jeden Methode sind für den Anwender unsichtbar, sodass er keine Annahmen z. B. über die interne Kontrollstruktur machen kann. Außerdem kann auf interne Größen kein Bezug genommen werden.

Werden diese Voraussetzungen eingehalten, dann kann sich die Überprüfung der Methodenkopplung auf folgende Fragen konzentrieren:

- »Liegt eine reine Datenkopplung vor?« und
- »Handelt es sich um eine schmale Schnittstelle?«

Beide Fragen können nur durch manuelle Prüfmethoden beantwortet werden (Entwurfs- und Codeüberprüfung). Ist eine Methode durch eine Steuerungskopplung mit anderen Methoden gekoppelt, dann muss die Systemstruktur überprüft werden. Insbesondere muss nachgesehen werden, ob alle betroffenen Methoden funktional gebunden sind. Ist die Schnittstelle breit, dann deutet dies ebenfalls auf eine ungeeignete Systemstruktur hin.

11.4 Kopplung von Klassen **

Die Anzahl der Assoziationen zwischen Klassen und ihre Multiplizitäten bestimmen die mögliche Komplexität eines Softwaresystems zur Laufzeit. Assoziationen sind aus fachlichen Gründen nötig, sollten aber immer daraufhin geprüft werden, ob der Grad der Multiplizität reduziert werden kann und ob eine unidirektionale Assoziation ausreicht. Klassen sollten aus Vererbungsstrukturen entfernt werden, wenn sie beispielsweise nur Teile der Oberklassen benötigen.

Reduktion von Assoziationen

Die Komplexität eines objektorientierten Systems wird durch die Vielfalt der Objektbeziehungen zur Laufzeit bestimmt. Die möglichen Objektbeziehungen lassen sich anhand der Art und Anzahl der Assoziationen zwischen den Klassen auf der Modellierungsebene abschätzen.

Die Kopplung zwischen Klassen ist umso geringer (siehe »Assoziationen«, S. 151),

- je weniger Assoziationen es zwischen den Klassen gibt,
- je mehr Assoziationen unidirektional sind,
- je mehr Assoziationen Kann-Multiplizitäten besitzen und
- je mehr Assoziationen nur eine Beziehung zulassen (1er Multiplizität).

Beispiel 1

> Zu einem Artikel werden folgende Informationen benötigt: nr, bezeichnung, preisHaendler, preisGrosskunde, preisEinzelkunde, waehrung, lagerbezeichnung, lagerort. Pflichtattribute sind nr und bezeichnung.

Frage Überlegen Sie sich eine geeignete Klassenstruktur.

Antwort Es gibt drei Alternativen:

- Es werden alle Attribute einer Klasse Artikel zugeordnet.
- Es werden die drei Klassen Artikel, Preis und Lager modelliert (siehe Abb. 11.4-1, oben).
- Es werden die zwei Klassen Artikel und Lager modelliert (siehe Abb. 11.4-1, unten).

Welche Alternative ist die beste? Die Angaben zum Preis sind offensichtlich Attribute, da sie ohne ein entsprechendes Artikelobjekt *keinen* Sinn ergeben. Eine eigene Klasse mit der notwendigen Assoziation erhöht unnötig die Anzahl der Klassen. Außerdem besteht zwischen den Klassen Artikel und Preis dann eine starke Kopplung.

Ein Lager wird sinnvollerweise durch eine eigene Klasse modelliert. Ein konkretes Lager soll unabhängig davon, ob es gerade Artikel enthält, im System existieren. Es sollen Anfragen der Art »Welche Artikel befinden sich im Lager West in der Nordstadt« möglich sein. Daher stellt die dritte Alternative die beste Modellierung dar.

1:1-Assoziation Besteht zwischen zwei Klassen eine 1:1-Assoziation, dann ist zu prüfen, ob eine Zusammenfassung sinnvoll ist oder nicht. Zwei Klassen sind zu modellieren, wenn

- die Verbindung in einer oder beiden Richtungen optional ist und sich die Verbindung zwischen beiden Objekten ändern kann,

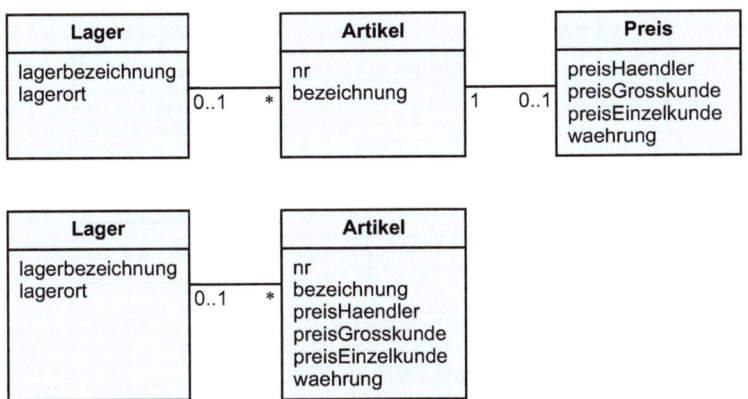

Abb. 11.4-1: Zwei Modellierungsalternativen für Artikeldaten.

- es sich um zwei umfangreiche Klassen handelt,
- die beiden Klassen eine unterschiedliche Semantik besitzen.

Um diese Kriterien zu überprüfen, ist es sinnvoll, Objektdiagramme zu erstellen.

> In einer Leihbibliothek soll gespeichert werden, welcher Leser welches Buchexemplar ausgeliehen hat und wann es zurückgegeben wurde. Es soll nur der jeweils aktuelle Ausleiher vermerkt werden (Schnappschuss).

Beispiel 2

Überlegen Sie sich verschiedene Modellierungsalternativen. — Frage

Die Abb. 11.4-2 zeigt zwei Alternativen. Die obere Modellierung ist vorzuziehen, da die Ausleihe eine inhärente Eigenschaft eines Buchexemplars in einer Leihbücherei ist und die Menge der Attribute gering ist. Eine assoziative Klasse ist daher überflüssig. — Antwort

In [Fowl05, S. 84] wird noch darauf hingewiesen, dass Botschaften-Ketten *(Message Chains)* ein Hinweis auf eine schlechte Struktur ist: Ein Objekt fragt ein anderes Objekt nach einem anderen usw. — Literatur

In [Bloc05, S. 156 (Item 34)] wird vorgeschlagen, dass Objekte – wenn immer möglich – **auf Schnittstellen referenzieren** sollen und nicht auf Klassen. Dadurch wird die Flexibilität erhöht und die Abhängigkeit von Klassen reduziert.

```
//Referenz auf Interface - Gut!
CharSequence einText = new StringBuilder("Das ist richtig!");

statt

//Referenz auf Klasse - Schlecht!
StringBuilder einText = new StringBuilder("Das ist richtig!");
```

Beispiel

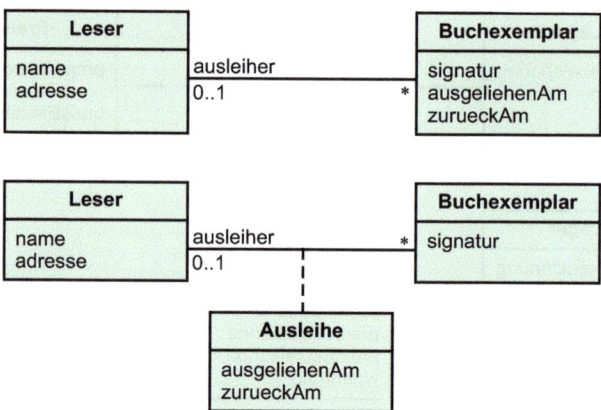

Abb. 11.4-2: Alternative Modellierung einer Buchausleihe.

Vorschläge, wie der Zugriff auf Klassen reduziert werden kann, sind in [Bloc05, S. 59 ff. (Item 12)] aufgeführt.

Reduktion von Vererbungen

Vererbungsstrukturen ermöglichen die leichte Wiederverwendung bereits existierender Attribute und Methoden. Auf der anderen Seite sind Unterklassen sehr sensibel, wenn in ihren Oberklassen Änderungen vorgenommen werden. Die Kopplung von Klassen kann also reduziert werden, wenn Klassen aus Vererbungsstrukturen entfernt werden. In der Praxis oft angewandte Konzepte dazu sind

- »*Replace Inheritance with Delegation*«, d. h. ersetze eine Vererbung durch eine Einbettung und eine Delegation (siehe [Fowl05, S. 352]), und
- »*Favor Composition over Inheritance*«, d. h. bevorzuge eine Komposition anstelle einer Vererbung (siehe [Bloc05, S. 71 ff. (Item 14)]).

Beispiel

DemoEinbettung Delegation

Eine Klasse NeueKlasse ist als Unterklasse einer Klasse Oberklasse realisiert:

```
public class Oberklasse
{
    protected void methode1 ()
    {
        System.out.println("Methode 1");
    }
    protected void methode2 ()
    {
        System.out.println("Methode 2");
    }
}
```

11.4 Kopplung von Klassen **

```
public class NeueKlasse extends Oberklasse
{
  public void methodeNeu()
  {
    super.methode1();
  }
}
public class DemoUI
{
  public static void main(String args[])
  {
    NeueKlasse nk = new NeueKlasse();
    nk.methodeNeu();
  }
}
```

Da die Klasse `NeueKlasse` aber von `Oberklasse` nur `methode1()` benötigt, aber nicht `methode2()`, kann anstelle der Vererbungsbeziehung eine Assoziation verwendet werden, d. h. die Oberklasse wird sozusagen über eine Referenz in die `NeueKlasse` eingebettet. Ruft `DemoUI` nun `methode1()` von `NeueKlasse` auf, dann wird der Aufruf sozusagen an das Objekt der Oberklasse delegiert. `methodeNeu()` hat nur die Aufgabe, den Aufruf an das Objekt der Oberklasse weiterzugeben (Delegation):

```
public class NeueKlasse
{
  private Oberklasse ok;//Einbettung

  public NeueKlasse()
  {
    ok = new Oberklasse();
  }
  public void methodeNeu()
  {
    ok.methode1(); //Delegation
  }
}
```

DemoEinbettung
Delegation1

Die Abb. 11.4-3 zeigt die Unterschiede anhand eines UML-Klassendiagramms.

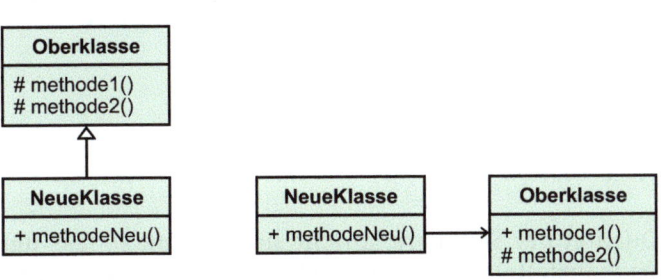

Abb. 11.4-3: Links : Vererbung Rechts: Einbettung und Delegation.

11.5 *Refactoring* von Klassen und Methoden **

Jedes Softwaresystem »lebt« und wird – bedingt durch neue Kundenwünsche oder Änderungen der Umgebung – durch Wartungsprogrammierer erweitert und angepasst. Da ein Wartungsprogrammierer in der Regel keinen Überblick über das Gesamtsystem hat, fügt er notwendige Änderungen in die bestehende Softwarestruktur ein. Daher ist es notwendig, ab und zu eine Re-Strukturierung bzw. Umstrukturierung *(refactoring)* eines Systems vorzunehmen, um wieder eine optimale Bindung und Kopplung herzustellen.

Trotz aller Sorgfalt und Vorschau beim Entwurf eines Softwaresystems werden im Laufe der Zeit Änderungen erforderlich werden. Mit dem Begriff *refactoring* – zu Deutsch Umstrukturierung oder **Re-Strukturierung** – wird die Umstrukturierung existierender Klassen und Methoden bezeichnet, um sie an geänderte Anforderungen und Funktionalitäten anzupassen. Häufig werden nach und nach zusätzliche Funktionen hinzugefügt, was dazu führt, dass die Methoden und Klassen immer länger werden. Wird der Code immer mehr erweitert, dann erfüllt eine Methode oder Klasse irgendwann nicht mehr nur eine klar definierte Aufgabe, sondern mehrere. Der Bindungsgrad sinkt. *Refactoring* bedeutet, Klassen und Methoden zu überdenken und neu zu entwerfen. Oft wird dabei eine Klasse in zwei Klassen aufgeteilt oder aus einer Methode entstehen mehrere. Das Zusammenfassen mehrerer Klassen oder Methoden zu einer ist ebenfalls möglich, kommt aber seltener vor.

Beispiel

DemoRefactoring

Ein Seminarveranstalter bietet nur firmeninterne Veranstaltungen an. Zur Verwaltung der Veranstaltung gibt es die Klasse Veranstaltung mit folgenden Attributen:

```
import java.time.LocalDate;

public class VeranstaltungFirmenintern
{
    private int nummer;
    private short dauer;
    private LocalDate vom, bis;
    private String ort, adresse;
    private short teilnehmerMax;
    private double pauschalpreis;
    private boolean storniert = false;
}
```

Die Qualität der Seminare spricht sich herum, sodass der Seminarveranstalter sich entschließt Veranstaltungen auch öffentlich anzubieten. Die Klasse Veranstaltung wird durch einen

Wartungsprogrammierer um zusätzlich notwendige Attribute ergänzt:

```java
import java.time.LocalDate;

public class VeranstaltungErweitert
{
  private int nummer;
  private short dauer;
  private LocalDate vom, bis;
  private String ort, adresse;
  private short teilnehmerMax;
  private double pauschalpreis; //nur wenn firmenintern
  private boolean storniert = false;
  private short teilnehmerMin; //nur wenn öffentlich
  private short teilnehmerAktuell; //nur wenn öffentlich
  private double stornogebühr; //nur wenn öffentlich
}
```

Es entsteht eine Situation, in der je nach Seminarart einige Attribute *nicht* belegt werden. Das widerspricht dem Prinzip der starken Klassenbindung (siehe »Bindung von Klassen«, S. 385), da *nicht mehr alle* Attribute immer benötigt werden, um den Zweck der Klasse zu erfüllen. Um eine starke Bindung sicherzustellen ist eine **Umstrukturierung** nötig. Es werden zwei Unterklassen FirmeninterneVeranstaltung und OeffentlicheVeranstaltung gebildet. Die Klasse Veranstaltung wird zur abstrakten Oberklasse:

```java
import java.time.LocalDate;

public abstract class Veranstaltung
{
  private int nummer;
  private short dauer;
  private LocalDate vom, bis;
  private String ort, adresse;
  private short teilnehmerMax;
  private boolean storniert = false;
}

public class FirmeninterneVeranstaltung
  extends Veranstaltung
{
  private double pauschalpreis;
}

public class OeffentlicheVeranstaltung
  extends Veranstaltung
{
  private short teilnehmerMin;
  private short teilnehmerAktuell;
  private double stornogebühr;
}
```

In [Fowl05, S. 84] wird diese schlechte Struktur als *Temporary Field* bezeichnet.

Beispiel

In einem Verein werden zu jedem Mitglied neben den persönlichen Daten auch die Bankverbindung gespeichert, damit der Mitgliedsbeitrag per Lastschrift abgebucht werden kann:

Demo Refactoring2

```
public class Mitglied
{
  private String nachname, vorname;
  private String geldinstitut;
  private long blz, kontonr;
}
```

Ein Mitglied teilt dem Verein mit, dass ab dem nächsten Jahr eine andere Bankverbindung gilt. In diesem Jahr soll noch von dem alten Konto abgebucht werden. Ein Wartungsprogrammierer erweitert daher die Klasse Mitglied wie folgt:

```
import java.time.LocalDate;

public class MitgliedErweitert
{
  private String nachname, vorname;
  private String geldinstitut;
  private long blz, kontonr;
  private String geldinstitut2;
  private long blz2, kontonr2;
  private LocalDate gueltigAb; //für Konto 2
}
```

Frage Überlegen Sie, ob es eine bessere Lösung gibt.

Antwort Eine allgemeinere Lösung zeigt die Abb. 11.5-1. Die Daten des Geldinstituts werden in eine eigene Klasse ausgelagert. Zwischen der Klasse Mitglied und der Klasse Geldinstitut wird eine assoziative Klasse Bankverbindung gesetzt (siehe auch »Assoziationsklassen – wenn die Assoziation zur Klasse wird«, S. 164).

Abb. 11.5-1: UML-Klassendiagramm nach dem Refactoring.

Frage Welche Vorteile hat diese Lösung?

Antwort
○ Die Bankverbindung ist von der Klasse Mitglied gelöst, d. h. bei einer neu hinzukommenden Bankverbindung muss die Klasse Mitglied nicht mehr geändert werden.
○ Dem Mitglied können beliebig viele Konten zugeordnet werden.

- Wenn zwei Mitglieder die gleiche Bankverbindung haben, können sie auf das gleiche Bankverbindung-Objekt verweisen, somit müssen Daten nicht redundant gespeichert werden.
- Für Bankverbindungen, die dem gleichen Geldinstitut zugehören, müssen die Daten des Geldinstituts ebenfalls nur einmal (und nicht mehrmals, und damit redundant) gespeichert werden.

Das Umstrukturieren eines Programms bedeutet, ein lauffähiges Programm teilweise massiv zu verändern. Die Wahrscheinlichkeit, dass dabei Fehler entstehen ist groß. Es sollten daher zunächst Testfälle – wenn noch nicht vorhanden – aufgestellt werden und das bisherige Programm damit durchlaufen werden. Diese Testfälle müssen für **Regressionstests** aufbewahrt werden (siehe »Analytische Qualitätssicherung«, S. 403). *Vorgehensweise*

Wurden die Tests erfolgreich mit der bisherigen Programmversion durchlaufen, dann wird die Umstrukturierung vorgenommen – ohne die Funktionalität zu erweitern. Anschließend erfolgt der Regressionstest.

Erst nach dem erfolgreich verlaufenen Regressionstest werden die gewünschten Änderungen eingebaut und mit neuen Tests überprüft.

In [Fowl05] werden detailliert die Prinzipien des *Refactoring* sowie eine systematische Vorgehensweise beschrieben. *Literatur*

11.6 Java Modulsystem **

Mit Java 9 wurde das Modulsystem (das sogenannte Jigsaw-Projekt) eingeführt, um die Strukturierung und Wartbarkeit von Anwendungen zu verbessern. Es ermöglicht eine feingranulare Kontrolle über den Zugriff auf Klassen und Pakete, wodurch die Kohäsion (innere Kopplung) gesteigert und unnötige Abhängigkeiten vermieden werden können. Dies ist besonders relevant, um den Quellcode eines Java Programms modular, lesbar und wartbar zu gestalten.

Ein Modul ist eine logische in sich geschlossene Einheit, die in einem Java Programm Pakete gruppiert, die zusammengehören. Im Gegensatz zu einem Java Paket kann innerhalb eines Moduls feingranular festgelegt werden, welche Bestandteile des Moduls von außen sichtbar sein sollen, welche Bestandteile ein Modul **exportiert**. Daneben spielt es für die Integrität einer Anwendung auch eine wichtige Rolle, auf welche anderen Module ein gegebenes Modul angewiesen ist, welche Bestandteile dieses Moduls demnach **importiert** werden müssen. *Was ist ein Modul?*

Das Java Modulsystem bietet neue Sprachkonzepte an, um diese Aspekte eines modularen Softwaresystems, demnach eines Systems, welche auf Basis wiederverwendbarer Softwaremodule entwickelt wird, zu beschreiben. Die Wiederverwendung von Softwaremodulen ist eine Methodik innerhalb der Softwarearchitektur, mit der zunehmenden Komplexität von Software umzugehen und die Entwicklungsaufwände in einem wirtschaftlichen Bereich zu halten.

Kohäsion

Die modulare Softwareentwicklung verfolgt dem engeren Sinn nach das auch aus anderen Ingenieurdisziplinen bekannte Prinzip der Herstellung eines Ganzen durch Integration von Halbfabrikaten. Für diese Art der Wiederverwendung ist es wichtig, dass die inneren Bestandteile eines Moduls eng miteinander verwandt sind und auf ein gemeinsames Ziel hinarbeiten und damit eine hohe Kohäsion besitzen. Ein Modul muss eine klar definierte Aufgabe oder Verantwortung haben und diese logisch und effizient umsetzen.

Durch eine hohe Kohäsion werden:

- **Die Lesbarkeit und Verständlichkeit verbessert:** Entwickler können die Funktion eines Moduls schnell nachvollziehen, da alle Komponenten thematisch zusammengehören.
- **Fehlerquellen werden reduziert:** Wenn ein Modul genau eine Aufgabe erfüllt, ist es einfacher, einen Fehler zu lokalisieren und zu beheben.
- **Wiederverwendbarkeit:** Ein Modul mit klarer Verantwortung kann leichter in anderen Projekten oder Kontexten wiederverwendet werden.

Reduzierung von Abhängigkeiten

Während innerhalb eines Moduls der innere Zusammenhalt hoch sein sollte, müssen aus Gründen der Wartbarkeit Abhängigkeiten zwischen den Modulen reduziert werden, da ansonsten Änderungen an einem Modul hohe Auswirkungen auf weitere Module haben und Nacharbeiten nach sich ziehen. Das Java Modulsystem hilft dabei, Abhängigkeiten explizit zu machen und auf das Wesentliche zu reduzieren. Dieses Vorgehen bietet folgende Vorteile:

- **Bessere Wartbarkeit:** Weniger Abhängigkeiten bedeuten, dass Änderungen in einem Modul weniger andere Module beeinflussen.
- **Erleichterte Tests:** Module mit wenigen Abhängigkeiten können isoliert getestet werden.
- **Verbesserte Sicherheit:** Nicht exportierte oder nicht benötigte Abhängigkeiten sind vor unbeabsichtigtem Zugriff geschützt und können innerhalb eines Moduls ausgetauscht oder angepasst werden, ohne dass das Auswirkungen auf andere Module hat.

Damit liegen die Vorteile des Java Modulsystems auf der Hand. Durch explizit exportierte Pakete sind innere Aspekte eines Moduls gekapselt. Durch eine explizite Deklaration von Abhängigkeiten ist formal spezifiziert, auf welche anderen Module ein Modul angewiesen ist. Dies erhöht die Integrität eines Softwaresystems. Abhängigkeiten zu anderen Modulen sind durch klare Schnittstellen definiert. Implementierungsdetails sind hinter einer Schnittstelle verborgen, was die Wartbarkeit verbessert und die Testbarkeit erhöht.

Vorteile Modulsystem

Auflistung der bekannten Module

Auch die Java-Laufzeitumgebung macht regen Gebrauch von dem Modulsystem. Die Liste der in der aktuellen Java-Umgebung verfügbaren Module kann mit dem Befehl `java -list-modules` abgefragt werden. Dies liefert eine Übersicht aller Standard-Module und benutzerdefinierten Module, die sich im `Classpath` befinden:

```
java --list-modules
Beispielausgabe:
com.azul.crs.client@21.0.3
com.azul.tooling@21.0.3
java.base@21.0.3
java.compiler@21.0.3
java.datatransfer@21.0.3
java.desktop@21.0.3
java.instrument@21.0.3
java.logging@21.0.3
java.management@21.0.3
java.management.rmi@21.0.3
java.naming@21.0.3
java.net.http@21.0.3
java.prefs@21.0.3
java.rmi@21.0.3
java.scripting@21.0.3
java.se@21.0.3
java.security.jgss@21.0.3
java.security.sasl@21.0.3
...
```

Module werden in Java über einen **Moduldeskriptor** spezifiziert. Dies wird durch eine Datei mit dem Namen `module-info.java` durchgeführt. Dabei kommen zwei zentrale Schlüsselwörter zum Einsatz:

Definition von Java Modulen

- **exports:** Dieses Schlüsselwort gibt an, welche Pakete eines Moduls nach außen sichtbar sind. Nur exportierte Pakete können von anderen Module genutzt werden.
- **requires:** Mit diesem Schlüsselwort werden die Abhängigkeiten eines Moduls auf andere Module definiert. Es gibt an, dass

ein Modul Zugriff auf die exportierten Pakete eines anderen Moduls benötigt.

Ein Beispiel für eine `module-info.java` Datei sieht wie folgt aus. Das Schlüsselwort `module` leitet die Moduldeklaration ein und erwartet einen eindeutigen Modulnamen. Die beiden nächsten Zeilen definieren zunächst, dass das Modul Zugriff auf ein anderes Modul mit der Bezeichnung `java.sql` benötigt, da sie auf die Pakete dieses Moduls angewiesen ist. Die letzte Anweisung dient dazu, das Paket `de.fhswf.arinir.service` anderen Modulen bereitzustellen.

```
module de.fhswf.arinir.meinmodul {
    requires java.sql; //Importiert Abhängigkeit
    exports de.fhswf.arinir.service; //Exportiert eigenes Paket
}
```

Erstellung eines Moduls

1. Erstellen Sie die Verzeichnisstruktur

   ```
   mkdir -p src/de.fhswf.arinir.service/de/fhswf/arinir/service
   ```

2. Erstellen Sie die Datei `module-info.java` im Modulverzeichnis

   ```
   touch src/de.fhswf.arinir.service/module-info.java
   ```

3. Kopieren Sie den Inhalt der oben definierten beispielhaften Moduldeklaration `de.fhswf.arinir.meinmodul` und implementieren Sie Ihre Klassen.

4. Kompilieren Sie das Modul

   ```
   javac -d out --module-source-path
       src -m de.fhswf.arinir.service
   ```

5. Starten Sie die Anwendung mit dem Modul

   ```
   java --module-path out -m de.fhswf.arinir.meinmodul/
                   de.fhswf.arinir.service.Main
   ```

Unterschiede zu JAR-Dateien

JAR-Dateien sind einfache Archive, die Klassen und Ressourcen enthalten, jedoch keine expliziten Informationen über Abhängigkeiten oder Exporte. Module enthalten neben den Klassen eine `module-info.java`, die die Beziehungen zu anderen Modulen definiert und dadurch eine bessere Kapselung und Kontrolle über Abhängigkeiten ermöglicht. Ein Modul kann auch als modulare JAR-Datei verpackt werden, indem die `module-info.class` in das JAR aufgenommen wird.

12 Analytische Qualitätssicherung **

Beim Erstellen und Ändern von Programmen können sich vielfältige Fehler »einschleichen«.

Als **Fehler** wird jede Abweichung der tatsächlichen Ausprägung eines Qualitätsmerkmals von der vorgesehenen Soll-Ausprägung, jede Inkonsistenz zwischen der Spezifikation und der Implementierung und jedes strukturelle Merkmal des Programmtextes, das ein fehlerhaftes Verhalten des Programms verursacht, bezeichnet [Ligg93, S. 335].

Fehler

Konstruktives Ziel muss es sein, fehlerfreie Programme zu entwickeln. Analytisches Ziel muss es sein, die Fehlerfreiheit eines Programms nachzuweisen bzw. vorhandene Fehler zu finden. Alle Maßnahmen, die dazu dienen, werden unter dem Begriff **analytische Qualitätssicherung** zusammengefasst.

Ziel

Im Bereich der analytischen Qualitätssicherung gibt es eine Reihe von Begriffen und Grundkonzepten, die für das weitere Verständnis wichtig sind:

- »Testen – Terminologie und Konzepte«, S. 404

Zum Testen werden oft Testverfahren eingesetzt, bei denen ein Programm mit Testfällen durchlaufen wird:

- »Dynamische Testverfahren«, S. 408

Die Testverfahren unterscheiden sich danach, woraus die Testfälle abgeleitet werden. Wird nur die Spezifikation eines Programms zur Ableitung von Testfällen benutzt, dann werden folgende Verfahren zur Testfallermittlung eingesetzt:

- »Funktionale Äquivalenzklassenbildung«, S. 414
- »Grenzwertanalyse und Test spezieller Werte«, S. 419

Als besonders wirkungsvoll hat sich eine Kombination von Testverfahren herausgestellt:

- »Kombinierter Funktions- und Strukturtest«, S. 422

Sollen Unterklassen getestet werden, dann sind einige Regeln bei der Verwendung von Testfällen zu beachten:

- »Testen von Unterklassen«, S. 433

Da Programmierer nach dem Erstellen eines Programms oft keinen systematischen Test mehr vornehmen – in dem Glauben ihr Programm würde schon fehlerfrei laufen – entstand Ende der 90er-Jahre die *Test first*-Methode, um dieses Problem prinzipiell zu vermeiden:

- »Testgetriebenes Programmieren«, S. 437

12 Analytische Qualitätssicherung **

12.1 Testen – Terminologie und Konzepte **

Ein Programm – Prüfling, Testling oder Testobjekt genannt – wird mit Testfällen, die aus mehreren Testdaten bestehen können, ausgeführt, um Fehler zu finden. Besitzt das zu testende Programm keine Benutzungsschnittstelle, dann wird ein Testtreiber benötigt, um die Testfälle einzugeben und die Ergebnisse zu erhalten. Als Endekriterium für einen Test sollte ein Test-Überdeckungsmaß festgelegt werden. Um festzustellen, welche Anweisungen beim Test durchlaufen wurden, muss der Quellcode instrumentiert werden.

Jedes Programm lässt sich gliedern in

- die Spezifikation und
- die Implementierung.

Die analytischen Maßnahmen lassen sich danach gliedern, ob sie die Spezifikation *und* die Implementierung oder nur eines von beiden benötigen.

Begriffe Im Testbereich gibt es eine Reihe von Begriffen, die in der Literatur und in diesem Buch immer wieder auftauchen. Sie werden daher an dieser Stelle erläutert.

Unter einer **Spezifikation** versteht man die möglichst exakte Beschreibung eines Programms aus Auftraggeber- und/oder Benutzersicht. Im Zusammenhang mit Testen ist hier insbesondere die Beschreibung der Funktionalität erforderlich. Eine Spezifikation kann formal, semiformal oder verbal beschrieben sein. Für das Testen ist eine formale Spezifiaktion der Methodensignatur besonders wichtig.

Die Softwarekomponente bzw. das Programm, das getestet werden soll, wird als **Prüfling**, **Testling** oder **Testobjekt** bezeichnet. Prüfling ist dabei der allgemeine Begriff, während Testling die dynamische Ausführung eines Programms impliziert. Beim dynamischen Test geschieht die Überprüfung des Testobjekts dadurch, dass es mit Testfällen ausgeführt wird.

Ein **Testfall** besteht aus einem Satz von Testdaten, der die vollständige Ausführung eines zu testenden Programms bewirkt. Ein **Testdatum** ist ein Eingabewert, der einen Eingabeparameter oder eine Eingabevariable des Testobjekts mit einem Datum im Rahmen eines Testfalls versorgt.

Handelt es sich bei dem Prüfling um eine Methode in einer Fachkonzept- oder Datenhaltungsklasse, dann kann sie meist *nicht* direkt getestet werden. Vielmehr muss der Tester für die jeweilige Klasse einen Testrahmen programmieren, der ein interaktives Aufrufen der Methoden ermöglicht. Einen solchen Testrahmen nennt man Testtreiber. **Testtreiber** können durch sogenannte Testrahmengeneratoren auch automatisch erzeugt werden. Ruft der Testling selbst andere Methoden auf, dann müssen diese beim Testen zur Verfügung stehen.

Führt man einen Testling mit einem Testfall aus, dann erhält man in der Regel Ausgabedaten als Ergebnis der eingegebenen Testdaten. Entspricht das Ergebnis aber nicht den spezifizierten Erwartungen, dann kann der Tester zunächst nicht nachvollziehen, welche Anweisungen des Testlings mit dem Testfall durchgeführt wurden, um den Fehler zu lokalisieren.

Um mitprotokollieren zu können, welche Teile des Prüflings bei der Ausführung eines Testfalls durchlaufen wurden, kann man den Prüfling instrumentieren. Bei der **Instrumentierung** wird der Quellcode des Testlings durch ein Testwerkzeug analysiert. In den Quellcode werden Zähler eingefügt. Dann wird der instrumentierte Prüfling übersetzt. Wird nun der Prüfling mit einem Testfall ausgeführt, dann werden alle Zähler, die durchlaufen werden, entsprechend der Anzahl der Ausführungen erhöht. Das Testwerkzeug wertet nach dem Testlauf die Zählerstände aus und zeigt in einem Protokoll die durchlaufenen Anweisungen an.

Für einen Tester stellt sich beim Testen die Frage, wann er den Prüfling ausreichend getestet hat, d.h. wann er mit dem Testen aufhören kann. Der **Überdeckungsgrad** ist ein Maß für den Grad der Vollständigkeit eines Tests bezogen auf ein bestimmtes Testverfahren.

Nach Modifikationen an getesteten Prüflingen – egal ob zur Korrektur gefundener Fehler oder zur Erweiterung des Funktionsumfangs – ist ein **Regressionstest** durchzuführen. Hierbei wird der modifizierte Testling mit allen Testfällen der Vorversion erneut durchgeführt, um einerseits die Wirksamkeit der Modifikation nachprüfen zu können, und um andererseits sicherzustellen, dass korrekt arbeitende Programmfunktionen durch die nachträglichen Änderungen nicht beeinträchtigt wurden.

Hat man einen Prüfling z.B. mit 50 Testfällen untersucht, dann wäre es sehr zeitaufwendig, alle 50 Testfälle nochmals neu einzugeben. Ein Testwerkzeug sollte daher einen automatischen Regressionstest ermöglichen. Das Testwerkzeug speichert alle durchgeführten Testfälle und erlaubt die automatische Wiederholung aller bereits durchgeführten Tests nach Änderungen des Prüflings verbunden mit einem Soll/Ist-Ergebnisvergleich.

Die aufgeführten Begriffe werden an einem einfachen Beispiel verdeutlicht.

Beispiel

Programmspezifikation:
Die Methode ermittelt aus zwei eingegebenen ganzzahligen Werten den größten Wert und gibt ihn als Ergebnis zurück.

Programmimplementierung (Testtreiber):
```
public int bestimmeMax (int a, int b)
{
  if (a > b)
    return a;
  else
    return b;
}
```

Programmspezifikation und Programmimplementierung zusammen bilden den Prüfling, Testling bzw. das Testobjekt. Da diese Methode keine direkte Ein-/Ausgabe von Testdaten über die Benutzungsoberfläche ermöglicht, wird ein entsprechender Testrahmen bzw. Testtreiber benötigt. In diesem Beispiel wird die Methode in ein UI-Programm Testtreiber eingebettet, das eine entsprechende Ein- und Ausgabe der Testdaten gestattet:

Testtreiber

```
import inout.Console;
public class Testtreiber
{
 public static int bestimmeMax (int a, int b)
 {
  if (a > b)
    return a;
  else
    return b;
 }
 public static void main(String args[])
 {
  System.out.print("Wert für a: ");
  int a = Console.readInt();
  System.out.print("Wert für b: ");
  int b = Console.readInt();
  //Aufruf des Testlings
  System.out.println("Max: " + bestimmeMax(a,b));
 }
}
```

Ein Programmlauf ergibt:
```
Wert für a: 20
Wert für b: 30
Max: 30
```

Anhand dieser eingegebenen Testdaten kann man aber noch *nicht* feststellen, ob alle relevanten Teile des Testlings mit Testfällen durchlaufen wurden. In diesem Beispiel sollte sicher sowohl der Ja-Zweig der Auswahlanweisung als auch der Nein-Zweig der Auswahlanweisung mindestens einmal durchlaufen werden. Um dies feststellen zu können, muss der Testling geeignet instrumentiert werden:

```
static boolean jaAnw = false;
static boolean neinAnw = false;
//Instrumentierter Testling
static int bestimmeMax (int a, int b)
{
  if (a > b)
  {
    jaAnw = true;
    return a;
  }
  else
  {
    neinAnw = true;
    return b;
  }
}
```

Testtreiber2

Die Instrumentierung allein reicht nicht aus. Es muss der erreichte Überdeckungsgrad noch ausgegeben werden, d. h. der Testrahmen muss entsprechend erweitert werden:

```
import inout.Console;
public class Testtreiber
{
  static boolean jaAnw = false;
  static boolean neinAnw = false;

  //Instrumentierter Testling
  //...
  public static void main(String args[])
  {
    for(;;)
    {
      System.out.print("Wert für a: ");
      int a = Console.readInt();
      System.out.print("Wert für b: ");
      int b = Console.readInt();
      //Aufruf des Testlings
      System.out.println
        ("Max: " + bestimmeMax(a,b));
      System.out.println
        ("Durchlauf JaAnweisung: " + jaAnw);
      System.out.println
        ("Durchlauf NeinAnweisung: " + neinAnw);
      System.out.print("Weiter: J/N ");
      if (Console.readChar() == 'N') break;
    }
  }
}
```

Testtreiber2

Ergebnis nach der Eingabe von zwei geeignet ausgewählten Testfällen führt zu einer Überdeckung beider Zweigalternativen (100 % Überdeckung):

```
Wert für a: 30
Wert für b: 20
Max: 30
Durchlauf JaAnweisung: true
Durchlauf NeinAnweisung: false
Weiter: J/N j
Wert für a: 40
Wert für b: 50
Max: 50
Durchlauf JaAnweisung: true
Durchlauf NeinAnweisung: true
Weiter: J/N N
```

In der Praxis werden die Instrumentierung und teilweise auch die Testrahmenerstellung von entsprechenden Testwerkzeugen vorgenommen.

Bei Einsatz einer Programmierumgebung wie BlueJ kann oft auf einen Testrahmen bzw. einen Testtreiber verzichtet werden, da es BlueJ ermöglicht, direkt Methoden einer Fachkonzept-Klasse aufzurufen und außerdem die Attributwerte inspiziert werden können (siehe »Java-Konstruktoren: das Wichtigste«, S. 25).

12.2 Dynamische Testverfahren **

Testverfahren haben das Ziel, Fehler zu erkennen. Bei dynamischen Testverfahren wird das Programm zur Laufzeit mit Testfällen überprüft. Werden die Testfälle aus der Programmspezifikation abgeleitet, dann können funktionale Testverfahren verwendet werden. Werden die Testfälle dagegen aus dem Programmcode hergeleitet, dann liegen strukturelle Testverfahren vor. Als minimales Testkriterium wird oft ein 100%-ige Zweigüberdeckung angesehen.

Frage · Wie würden Sie ein von Ihnen entwickeltes Programm auf Fehlerfreiheit hin überprüfen?

Antwort · Da es viele Möglichkeiten gibt, beim Programmieren Fehler zu machen, existieren auch vielfältige Testverfahren, um bestimmte Fehlerarten zu finden. Zwei große Gruppen von Testverfahren lassen sich unterscheiden:

- Dynamische Testverfahren und
- statische Testverfahren.

Bei den **dynamischen Testverfahren** wird – wie die Bezeichnung schon nahelegt – das übersetzte Programm auf einem Computersystem ausgeführt. Im Gegensatz dazu wird bei **statischen Testverfahren** das Programm *nicht* ausgeführt, sondern der Quellcode sozusagen »per Augenschein« betrachtet und analysiert, um Fehler zu finden. Am häufigsten werden für den statischen Test manuelle Prüfmethoden wie Inspektionen, *Reviews* und *Walkthroughs* eingesetzt.

Recherchieren Sie im Internet, was man unter Inspektionen, *Reviews* und *Walkthroughs* versteht.

Es gibt eine Vielzahl von **dynamischen Testverfahren**, die alle die folgenden gemeinsamen Merkmale besitzen:

Dynamischer Test

- Das übersetzte, ausführbare Programm wird mit konkreten Eingabewerten versehen und ausgeführt.
- Das Programm wird in der realen Umgebung getestet.
- Es handelt sich um Stichprobenverfahren, d. h. die generelle Korrektheit des getesteten Programms wird *nicht* bewiesen.

Eigenschaften

Die dynamischen Testverfahren lassen sich wiederum in zwei große Gruppen gliedern:

- Funktionale Testverfahren (*Black Box*-Test) und
- Strukturtestverfahren (*White Box*-Test, *Glass Box*-Test)

Funktionale Testverfahren

Bei **funktionalen Testverfahren** wird die **Programmspezifikation** benutzt, um Testfälle zu erstellen. Die interne Programmstruktur wird dazu *nicht* betrachtet und sollte für den Tester sogar unsichtbar sein *(black box)*.

Der Testling sollte für den Tester mit Ausnahme der Spezifikation ein »schwarzer Kasten« sein. Die Begründung, ein Programm gegen seine Spezifikation zu testen, liegt darin, dass es unzureichend ist, ein Programm lediglich gegen sich selbst zu testen. Die eigentliche Aufgabe eines Programms ist in der Spezifikation beschrieben. Ihre Erfüllung durch das realisierte Programm muss also auch daran gemessen werden.

Black Box

Ziel des funktionalen Tests ist eine möglichst umfassende – aber redundanzarme – Prüfung der spezifizierten Funktionalität. Für die vollständige Durchführung des Tests ist eine Überprüfung aller Programmfunktionen notwendig. Die Testfälle und Testdaten für den Funktionstest werden allein aus der jeweiligen Programmspezifikation abgeleitet. Beim Test sollten möglichst alle Funktionen überprüft werden (Funktionsüberdeckung).

Ziel

Zur Beurteilung der Vollständigkeit eines Funktionstests, der Korrektheit der erzeugten Ausgaben und zur Definition von Testfällen ist eine Programmspezifikation notwendig. Problematisch ist, dass Programmspezifikationen meist in verbaler Form beschrieben sind, sodass die Angaben oft *nicht* eindeutig zu interpretieren sind.

Voraussetzung: Spezifikation

Testplanung

Aufgabe der Testplanung ist es, aus der Programmspezifikation Testfälle herzuleiten, mit denen das Programm getestet werden soll. Zu einem Testfall gehören sowohl die Eingabedaten in das Testobjekt als auch die erwarteten Ausgabedaten oder Ausgabereaktionen (Soll-Ergebnisse).

Die Hauptschwierigkeiten beim Funktionstest bestehen in der Ableitung der geeigneten Testfälle. Ein vollständiger Funktionstest ist im Allgemeinen *nicht* durchführbar. Ziel einer Testplanung muss es daher sein, Testfälle so auszuwählen, dass die Wahrscheinlichkeit groß ist, Fehler zu finden. Für die Testfallbestimmung gibt es folgende wichtige Verfahren:

- »Funktionale Äquivalenzklassenbildung«, S. 414
- »Grenzwertanalyse und Test spezieller Werte«, S. 419

Testfallbestimmung

Strukturtestverfahren

Bei den Strukturtestverfahren werden die Testfälle anhand des **Kontroll- oder Datenflusses** des Programms abgeleitet. Beispielsweise sieht man sich einen Durchlauf durch ein Programm an und überlegt dann, mit welchem Testfall man diesen Programmablauf erreichen kann. Dabei kann es durchaus vorkommen, dass man keinen geeigneten Testfall konstruieren kann. Dann hat man bereits einen Fehler bei dieser Art der Durchsicht des Programms gefunden.

Die Analyse der Programmstruktur dient aber auch dazu, die Vollständigkeit bzw. Eignung einer Menge von Testfällen anhand des Kontroll- oder Datenflusses zu ermitteln.

Kontrollflussorientierte Testverfahren

Eine wichtige Gruppe der Strukturtestverfahren sind die **kontrollflussorientierten Testverfahren**.

Testziele

Bei diesen Testverfahren werden Strukturelemente wie Anweisungen, Zweige oder Bedingungen benutzt, um Testziele zu definieren. Der Anweisungsüberdeckungstest, der Zweigüberdeckungstest und der Pfadüberdeckungstest sind die bekanntesten kontrollflussorientierten Testverfahren (Abb. 12.2-1). Ihr Ziel ist es, mit einer Anzahl von Testfällen alle vorhandenen Anweisungen, Zweige bzw. Pfade auszuführen. Der Pfadüberdeckungstest nimmt eine Sonderstellung ein. Er stellt das umfassendste kontrollflussorientierte Testverfahren dar, ist wegen der unpraktikabel hohen Pfadanzahl realer Programme jedoch *nicht* sinnvoll einsetzbar.

Zweigüberdeckung

Als minimales Testkriterium wird oft die Überprüfung der Zweigüberdeckung angesehen. Der **Zweigüberdeckungstest**, auch C_1-**Test** genannt (C = *Coverage*), fordert die Ausführung aller Zweige eines Programms. Die Zweigüberdeckung wird auch als Entscheidungsüberdeckung bezeichnet, da jede Entscheidung

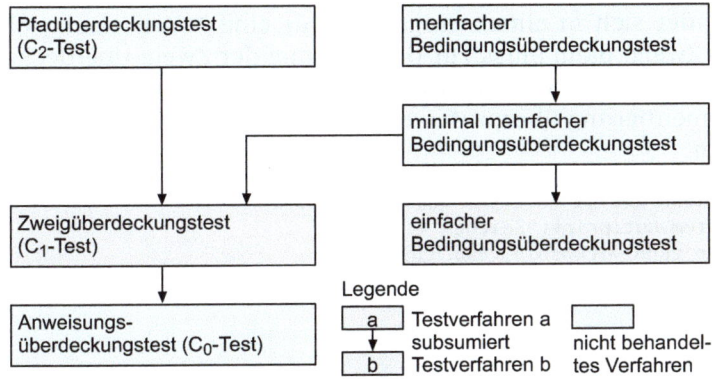

Abb. 12.2-1: Subsumptionsrelationen der kontrollflussorientierten Testverfahren.

die Wahrheitswerte wahr und falsch mindestens einmal annehmen muss. Das Durchlaufen aller Zweige führt zur Ausführung aller Anweisungen. Der Zweigüberdeckungstest subsumiert daher den Anweisungsüberdeckungstest. Die Vorteile des Zweigüberdeckungstests gegenüber einem Anweisungsüberdeckungstest zeigt folgendes Beispiel.

> Gegeben sei folgender Ausschnitt aus einem Java-Programm: Beispiel
> ```
> int x = 1;
> if (x >= 1)
>    x = x + 1;
> ```
> Der Anweisungsüberdeckungstest fordert die Ausführung aller Anweisungen, also auch der Anweisung innerhalb des Auswahlkonstrukts. Das ist jedoch mit jedem Testfall zu erreichen, da die Entscheidung stets den Wahrheitswert `true` besitzt. Die Anweisungsüberdeckung prüft die Semantik des Auswahlkonstrukts nicht, da sie die Eigenschaft einer Entscheidung, sowohl `false` als auch `true` werden zu können, nicht in jedem Fall testet.
>
> Für eine vollständige Anweisungsüberdeckung reicht in diesem Beispiel die Überprüfung des Wahrheitswertes `true`, da dem Wahrheitswert `false` keine Anweisungen zugeordnet sind. Möglicherweise ist in der Entscheidung die falsche Variable verwendet worden. Vielleicht wollte der Programmierer die Entscheidung (y >= 1) verwenden. Dieser Fehler würde mit dem Anweisungsüberdeckungstest nicht notwendig erkannt.
>
> Der Zweigüberdeckungstest, der für Entscheidungen fordert, dass sie beide Wahrheitswerte mindestens einmal besessen haben, wird diesen Fehler auf jeden Fall erkennen.

12 Analytische Qualitätssicherung **

Leerer else-Zweig

Befindet sich in einem Programm nur eine if-Anweisung ohne else-Zweig, dann muss zur Überprüfung der Zweig-Überdeckung ein leerer else-Zweig ergänzt werden. Nur so kann durch eine Instrumentierung überprüft werden, ob beide Wahrheitswerte vorlagen.

Beispiel Demo-Ueberdeckung

```
boolean zweig1 = false, zweig2 = false;
System.out.print("Zeichen = ");
char zchn = Console.readChar() ;
if (zchn == 'X')
{
  System.out.println("X vorhanden");
  zweig1 = true;
}
else
  zweig2 = true;

System.out.println("Zweig 1 durchlaufen: " + zweig1);
System.out.println("Zweig 2 durchlaufen: " + zweig2);
```

Zwei Programmläufe liefern folgendes Ergebnis:

```
Zeichen = X
X vorhanden
Zweig 1 durchlaufen: true
Zweig 2 durchlaufen: false
Zeichen = y
Zweig 1 durchlaufen: false
Zweig 2 durchlaufen: true
```

Frage

Entfernen Sie aus dem Programm den else-Zweig und lassen Sie das Programm mit zwei Werten laufen. Welches Ergebnis erhalten Sie?

Antwort

```
Zeichen = X
X vorhanden
Zweig 1 durchlaufen: true
Zweig 2 durchlaufen: true
Zeichen = y
Zweig 1 durchlaufen: false
Zweig 2 durchlaufen: true
```

Zweig 2 wird also in beiden Fällen als durchlaufen angezeigt.

Vorteile

- Durch eine 100-prozentige Zweigüberdeckung wird sichergestellt, dass im Prüfling *keine* Zweige existieren, die niemals ausgeführt wurden.
- Nicht ausführbare Programmzweige können gefunden werden. Dies ist der Fall, wenn keine Testdaten erzeugt werden können, die die Ausführung eines bisher nicht durchlaufenden Zweigs bewirken.
- Die Anzahl der Schleifendurchläufe kann durch Betrachtung der Zählerstände der instrumentierten Zähler kontrolliert werden.

+ Die Korrektheit des Kontrollflusses an den Verzweigungsstellen kann überprüft werden.
+ Besonders oft durchlaufene Programmteile können erkannt und gezielt optimiert werden.

Der Zweigüberdeckungstest weist vier Schwächen auf: *Nachteile*

- Er ist unzureichend für den Test von Schleifen.
- Er berücksichtigt *nicht* die Abhängigkeiten zwischen Zweigen, sondern betrachtet jeden Zweig einzeln für sich.
- Er ist unzureichend für den Test komplexer, d. h. zusammengesetzter Bedingungen.
- Fehlende Zweige werden *nicht* gefunden.

Die ersten beiden Nachteile versuchen den Pfadüberdeckungstest und seine Varianten zu beseitigen. Den vorletzten Nachteil beheben die sogenannten Bedingungsüberdeckungstests.

Welches Problem tritt beim Zweigüberdeckungstest auf, wenn folgende Bedingung im Programm steht: *Frage*
if ((kontonr < 0) || (kontonr > 999))

In diesen Zweig gelangt das Programm, wenn eine der angegebenen Bedingungen zutrifft. Somit handelt es sich eigentlich um zwei Zweige, die hier gebündelt sind. Da diese beiden Zweige nicht mehr unterschieden werden können, kann die Zweigüberdeckung nicht vollständig überprüft werden. *Antwort*

Beschränkungen des dynamischen Tests

Die Möglichkeiten, die das dynamische Testen bietet, drückt folgender Satz von Dijkstra [Dijk72, S. 6] aus:

»*Program testing can be used to show the presence of bugs, but never to show their absence!*«.

Durch dynamische Tests lässt sich nur das **Vorhandensein von Fehlern** beweisen. Selbst wenn alle durchgeführten Testfälle keine Fehler aufzeigen, ist damit nur bewiesen, dass das Programm genau diese Fälle richtig verarbeitet. Trotzdem ist es natürlich das Ziel des Testens, ein weitgehend fehlerfreies Produkt abzuliefern. Beim Anwenden des dynamischen Testens sollte man sich jedoch über die Vor- und Nachteile dieser Methode stets im klaren sein:

+ Die Umgebung, in der das Produkt real laufen wird, kann berücksichtigt werden. *Vorteile*
+ Als Nebeneffekt können oft noch andere Qualitätssicherungsmerkmale mit überprüft werden, z. B. Güte der Programmdokumentation.
+ Der Testaufwand ist durch Festlegung der Toleranzschwelle steuerbar.

| Nachteile | – Die Korrektheit eines Programms kann durch Testen *nicht* bewiesen werden.
– Das Vertrauen in das getestete Programm hängt von der Auswahl repräsentativer Testfälle, von der Überprüfung von Grenzwerten, von Testfällen mit guter Überdeckung und vielen anderen Randbedingungen ab, d. h. ein ungutes Gefühl bleibt immer zurück.
– Keine Unterscheidung möglich, ob ein beobachteter Effekt dem Prüfling oder der realen Umgebung zuzuschreiben ist. |
|---|---|
| Resümee | Trotz der aufgeführten Nachteile des dynamischen Testens hat sich der kombinierte Funktions- und Strukturtest als ein sehr effektives und ökonomisches Testverfahren für den Test von Software-Komponenten erwiesen (siehe »Kombinierter Funktions- und Strukturtest«, S. 422). |

12.3 Funktionale Äquivalenzklassenbildung **

Liegt zu einem Programm eine funktionale Spezifikation vor, dann können anhand der geforderten Eingaben und Ausgaben Testfälle für das Programm abgeleitet werden. Die Werte, die nach der Spezifikation vom Programm wahrscheinlich gleichartig behandelt werden, bilden eine Äquivalenzklasse. Es werden gültige und ungültige Äquivalenzklassen unterschieden. Als Testfälle werden »Repräsentanten« aus gültigen und ungültigen Äquivalenzklassen gewählt.

Bei der **funktionalen Äquivalenzklassenbildung** werden die Tests aus der funktionalen Spezifikation eines Programms abgeleitet. Dies geschieht durch Bildung von sogenannten Äquivalenzklassen.

Ziel	Die Definitionsbereiche der Eingabeparameter und die Wertebereiche der Ausgabeparameter von Methoden werden in Äquivalenzklassen zerlegt.
Annahme	Es wird davon ausgegangen, dass eine Methode bei der Verarbeitung eines Repräsentanten aus einer Äquivalenzklasse so reagiert, wie bei allen anderen Werten aus dieser Äquivalenzklasse. Wenn die Methode mit dem repräsentativen Wert der Äquivalenzklasse fehlerfrei läuft, dann ist zu erwarten, dass es auch für andere Werte aus dieser Äquivalenzklasse korrekt funktioniert. Voraussetzung ist natürlich die sorgfältige Wahl der Äquivalenzklassen. Wegen der Heuristik der Äquivalenzklassenbildung ist es möglich, dass sich die Äquivalenzklassen überschneiden. Daher ist der Äquivalenzklassenbegriff *nicht* unbedingt im strengen Sinne der Mathematik zu verstehen.

12.3 Funktionale Äquivalenzklassenbildung **

> ```
> void setzeMonat(int aktuellerMonat); //Eingabeparameter
> //Es muss gelten: 1 <= aktuellerMonat <= 12
> ```
> Eine gültige Äquivalenzklasse lautet:
> `1 <= aktuellerMonat <= 12`
>
> Es gibt zwei ungültige Äquivalenzklassen:
> `aktuellerMonat < 1` und `aktuellerMonat > 12`
>
> Aus den Äquivalenzklassen lassen sich folgende Testfälle herleiten:
>
> **1** `aktuellerMonat = 5`
> (Repräsentant der gültigen Äquivalenzklasse)
> **2** `aktuellerMonat = -3`
> (Repräsentant einer ungültigen Äquivalenzklasse)
> **3** `aktuellerMonat = 25`
> (Repräsentant einer ungültigen Äquivalenzklasse)

Beispiel

Anhand folgender Regeln können Äquivalenzklassen gebildet werden (nach [Myer79]):

Regeln

Bildung von Eingabeäquivalenzklassen

- Spezifiziert eine Eingabebedingung einen zusammenhängenden Wertebereich, dann sind eine gültige Äquivalenzklasse und zwei ungültige Äquivalenzklassen zu bilden.

  1

> Eingabebereich: `1 <= Tage <= 31` Tage
> Eine gültige Äquivalenzklasse: `1 <= Tage <= 31`
> Zwei ungültige Äquivalenzklassen: `Tage < 1, Tage > 31`

Beispiel

- Spezifiziert eine Eingabebedingung eine Anzahl von Werten, so sind eine gültige Äquivalenzklasse und zwei ungültige Äquivalenzklassen zu bilden.

  2

> Für ein Auto können zwischen einem und sechs Besitzer eingetragen sein. Eine gültige Äquivalenzklasse:
>
> ○ Ein Besitzer bis sechs Besitzer
>
> Zwei ungültige Äquivalenzklassen:
>
> ○ Kein Besitzer
> ○ Mehr als sechs Besitzer

Beispiel

- Spezifiziert eine Eingabebedingung eine Menge von Werten, die wahrscheinlich *unterschiedlich* behandelt werden, so ist für jeden Wert eine eigene gültige Äquivalenzklasse zu bilden. Für alle Werte mit Ausnahme der gültigen Werte ist eine ungültige Äquivalenzklasse zu bilden.

  3

> **Beispiel**
> Tasteninstrumente: Klavier, Cembalo, Spinett, Orgel
> Vier gültige Äquivalenzklassen:
> Klavier, Cembalo, Spinett, Orgel
> Eine ungültige Äquivalenzklasse: z. B. Violine

Ist anzunehmen, dass jeder Fall unterschiedlich behandelt wird, dann ist für jeden Fall eine gültige Äquivalenzklasse zu bilden.

> **Beispiel**
> ○ Eine gültige Äquivalenzklasse:
>   Scheck, Überweisung, Bar
> ○ Eine ungültige Äquivalenzklasse:
>   gemischte Zahlungsweise, z. B. Scheck und Bar.

4. ■ Legt eine Eingabebedingung eine Situation fest, die zwingend erfüllt sein muss, so sind eine gültige Äquivalenzklasse und eine ungültige zu bilden.

> **Beispiel**
> Das erste Zeichen muss ein Buchstabe sein.
> Eine gültige Äquivalenzklasse:
> Das erste Zeichen ist ein Buchstabe.
> Eine ungültige Äquivalenzklasse: Das erste Zeichen ist kein Buchstabe (z. B. Ziffer oder Sonderzeichen).

5. ■ Ist anzunehmen, dass Elemente einer Äquivalenzklasse unterschiedlich behandelt werden, dann ist diese Äquivalenzklasse entsprechend aufzutrennen.

Bildung von Ausgabeäquivalenzklassen

Regeln 1 bis 5 gelten analog.

6. ■ Spezifiziert eine Ausgabebedingung einen Wertebereich, in dem sich die Ausgaben befinden müssen, so sind alle Eingabewerte, die Ausgaben innerhalb des Wertebereichs erzeugen, einer gültigen Äquivalenzklasse zuzuordnen. Alle Eingaben, die Ausgaben unterhalb des spezifizierten Wertebereichs verursachen, werden einer ungültigen Äquivalenzklasse zugeordnet. Alle Eingaben, die Ausgaben oberhalb des spezifizierten Wertebereichs verursachen, werden einer anderen ungültigen Äquivalenzklasse zugeordnet.

> **Beispiel**
> Ausgabebereich: `1 <= Wert <= 99`
> Eine gültige Äquivalenzklasse:
> ○ Alle Eingaben, die Ausgaben zwischen 1 und 99 erzeugen.
> Zwei ungültige Äquivalenzklassen:
> ○ Alle Eingaben, die Ausgaben kleiner als 1 erzeugen.
> ○ Alle Eingaben, die Ausgaben größer als 99 erzeugen.

12.3 Funktionale Äquivalenzklassenbildung **

- Geeignetes Verfahren, um aus Spezifikationen – insbesondere aus Parameterein- und -ausgabespezifikationen – repräsentative Testfälle abzuleiten.
- Basis für die Grenzwertanalyse (siehe »Grenzwertanalyse und Test spezieller Werte«, S. 419).
- Die Aufteilung in Äquivalenzklassen muss *nicht* mit der internen Programmstruktur übereinstimmen, sodass nicht auf jeden Repräsentanten gleich reagiert wird.
- Es werden einzelne Eingaben oder Ausgaben betrachtet. Beziehungen, Wechselwirkungen und Abhängigkeiten zwischen Werten werden *nicht* behandelt. Dazu werden Verfahren wie die Ursache-Wirkungs-Analyse benötigt.

Bewertung

Es soll ein Programm zur Verwaltung von Schüler-Konten getestet werden. Es ist folgendermaßen spezifiziert:

/1/ Wenn ein Konto angelegt wird, muss eine Kontonummer vergeben und eine erste Zahlung vorgenommen werden.
/2/ Die Kontonummer muss größer oder gleich null und kleiner oder gleich 999 sein.
/3/ Die erste Zahlung muss größer oder gleich 1 Cent und kleiner oder gleich 10000 Cent sein.
/4/ Auf ein angelegtes Konto können Buchungen vorgenommen werden.
/5/ Pro Buchung muss der Buchungsbetrag größer oder gleich -10000 und kleiner oder gleich +10000 sein.
/6/ Der aktuelle Kontostand muss angezeigt werden können.
/7/ Es wird mit int-Werten gerechnet.

Die Abb. 12.3-1 zeigt die Spezifikation als UML-Klasse. Mit Hilfe der Äquivalenzklassenbildung ergeben sich für die Operationen die Äquivalenzklassen der Tab. 12.3-1.

Beispiel 1a

Spezifikation

Abb. 12.3-1: Klassendiagramm der Klasse Konto.

Nach der Identifikation der Äquivalenzklassen können Repräsentanten ausgewählt und anschließend Testfälle zusammengestellt werden. Dabei ist zu beachten, dass aus den Ausgabeäquivalenzklassen geeignete Repräsentanten für die Eingabe abgeleitet werden. Die Äquivalenzklassen sind eindeutig zu nummerieren.

Eingabe	gültige Äquivalenzklasse	ungültige Äquivalenzklassen
Konstruktor Konto() ■ kontonr	**1** 0 <= kontonr <= 999	**2** kontonr < 0 **3** kontonr > 999
■ ersteZahlung	**4** 1 <= ersteZahlung <= 10000	**5** ersteZahlung < 1 **6** ersteZahlung > 10000
buchen() ■ betrag	**7** -10000 <= betrag <= 10000	**8** betrag < -10000 **9** betrag > 10000
getKontostand()	Keine Eingabe, daher keine Eingabe-Äqui.-klasse vorhanden	

Tab. 12.3-1: Äquivalenzklassen für Schüler-Konten.

Frage Überlegen Sie, welche Testfälle sich aus den Äquivalenzklassen ableiten lassen.

Antwort Für die Erzeugung von Testfällen aus den Äquivalenzklassen sind zwei Regeln zu beachten:

- Die Testfälle für gültige Äquivalenzklassen werden durch Auswahl von Testdaten aus möglichst vielen gültigen Äquivalenzklassen gebildet. Dies reduziert die Testfälle für gültige Äquivalenzklassen auf ein Minimum.
- Die Testfälle für ungültige Äquivalenzklassen werden durch Auswahl eines Testdatums aus einer ungültigen Äquivalenzklasse gebildet. Es wird mit Werten kombiniert, die *ausschließlich* aus gültigen Äquivalenzklassen entnommen sind.

Da für alle ungültigen Eingabewerte eine Fehlerbehandlung existieren muss, kann bei Eingabe eines fehlerhaften Wertes pro Testfall die Fehlerbehandlung nur durch dieses fehlerhafte Testdatum verursacht worden sein. Würden mehrere fehlerhafte Eingaben pro Testfall verwendet, so ist nicht transparent, welches fehlerhafte Testdatum die Fehlerbehandlung ausgelöst hat.

Die Äquivalenzklassenbildung benötigt primär die Programmspezifikationen zur Bildung der Äquivalenzklassen. Die Signaturen der Methoden liefern Informationen über die Typvereinbarungen der Parameter.

Beispiel 1b Die Tab. 12.3-2 zeigt mögliche Testfälle für den Test des Konstruktors der Klasse Konto.

Beispiel 1c Die Tab. 12.3-3 zeigt mögliche Testfälle für den Test Methode buchen() der Klasse Konto.

Testfälle	A	B	C	D	E
getestete Äqui.-Klassen	1, 4	2, 4	3, 4	1, 5	1, 6
Konto() ■ kontonr ■ ersteZahlung	99 2000	-199 2000	1200 2000	99 -2000	99 22000
anschl. Ausführung von getKontostand()	2000	Fehler: kontonr negativ	Fehler: kontonr > 999	Fehler: ersteZahlung negativ	Fehler: ersteZahlung > 10000

Tab. 12.3-2: Testfälle für Konstruktor Konto().

Testfälle	F	G	H
getestete Äqui.-Klassen	7	8	9
buchen() ■ betrag	1200	-20000	50000
anschl. Ausführung von getKontostand()	kontostand + 1200	Fehler: betrag < -10000	Fehler: betrag > 10000

Tab. 12.3-3: Testfälle für buchen().

12.4 Grenzwertanalyse und Test spezieller Werte **

Fehler treten oft beim Testen spezieller Werte auf, da bei diesen Werten Programmierer oft »in Denkfallen tappen«. Bei der Grenzwertanalyse werden daher die Testfälle so gewählt, dass sie auf den Randbereichen von Äquivalenzklassen liegen.

Äquivalenzklassen bieten eine geeignete Basis zum Herleiten von Testfällen (siehe »Funktionale Äquivalenzklassenbildung«, S. 414).

Erfahrungen haben jedoch gezeigt, dass Testfälle, die die Grenzwerte der Äquivalenzklassen abdecken oder in der unmittelbaren Umgebung dieser Grenzen liegen, besonders effektiv sind, d. h. besonders häufig Fehler aufdecken. Bei der **Grenzwertanalyse** wird daher nicht irgendein Element aus der Äquivalenzklasse als Repräsentant ausgewählt, sondern ein oder mehrere Elemente werden ausgesucht, sodass **jeder Rand der Äquivalenzklasse** getestet wird. Die Annäherung an die Grenzen der Äqui-

Grenzwerte

valenzklasse kann sowohl vom gültigen als auch vom ungültigen Bereich aus durchgeführt werden.

Beispiel
```
void setzeMonat (int aktuellerMonat); //Eingabeparameter
//Es muss gelten: 1 <= aktuellerMonat <= 12
```
Eine gültige Äquivalenzklasse: 1 <= aktuellerMonat <= 12
Zwei ungültige Äquivalenzklassen:
aktuellerMonat < 1, aktuellerMonat > 12

Abgeleitete Testfälle von den Grenzen:
1 aktuellerMonat = 1 (untere Grenze)
2 aktuellerMonat = 12 (obere Grenze)
3 aktuellerMonat = 0
(obere Grenze der ungültigen Äquivalenzklasse)
4 aktuellerMonat = 13
(untere Grenze der ungültigen Äquivalenzklasse)

Eigenschaften
- Eine Grenzwertanalyse ist nur dann sinnvoll, wenn die Menge der Elemente, die in eine Äquivalenzklasse fallen, auf natürliche Weise geordnet werden kann.
- Bei der Bildung von Äquivalenzklassen können wichtige Typen von Testfällen übersehen werden. Durch die Grenzwertanalyse kann dieser Nachteil von Äquivalenzklassen teilweise reduziert werden.

Beispiel 1a
Bei dem Beispiel Schüler-Konto (siehe »Funktionale Äquivalenzklassenbildung«, S. 414) lassen sich aus den Äquivalenzklassen die Testfälle der Tab. 1 für den Test des Konstruktors der Klasse Konto ableiten.

Testfälle	A	B	C	D	E	F
getestete Äqui.-Klassen	1U, 4U	1O, 4O	2O, 4U	3U, 4O	5O, 1U	1O, 6U
Konto() ■ kontonr ■ ersteZahlung	0 1	999 10000	-1 1	1000 10000	0 0	999 10001
anschl. Ausführung von getKontostand()	1	10000	Fehler: kontonr negativ	Fehler: kontonr > 999	Fehler: erste Zahlung negativ	Fehler: erste Zahlung > 10000

Tab. 12.4-1: Testfälle für Konstruktor Konto(), U = untere Grenze der Äquiv.-Klasse, O = obere Grenze der Äquiv.-Klasse.

Beispiel 1b
Die Tab. 2 zeigt mögliche Testfälle für den Test der Methode buchen() der Klasse Konto.

Testfälle	G	H	I	J
getestete Äqui.-Klassen	7U	7O	8O	9U
buchen() ■ betrag	-10000	10000	-10001	10001
anschl. Ausführung von getKontostand()	kontostand - 10000	kontostand + 10000	Fehler: betrag < -10000	Fehler: betrag > 10000

Tab. 12.4-2: Testfälle für buchen().

Im Vergleich zu Testfällen, die Repräsentanten der Äquivalenzklassen darstellen, ergeben sich bei der Grenzwertanalyse mehr Testfälle.

■ Der Grenzwertanalyse liegt die Erfahrung zugrunde, dass insbesondere Grenzbereiche häufig fehlerhaft verarbeitet werden. Sie stellt daher eine sinnvolle Erweiterung und Verbesserung der funktionalen Äquivalenzklassenbildung dar.

Bewertung

Unter dem Oberbegriff **Test spezieller Werte** *(special values testing)* werden eine Reihe von Testverfahren zusammengefasst, die für die Eingabedaten selbst oder für von den Eingabedaten abhängige Aspekte bestimmte Eigenschaften fordern.

Test spezieller Werte

Ziel dieser Testansätze ist es, aus der Erfahrung heraus fehlersensitive Testfälle aufzustellen. Die Grundidee ist, eine Liste möglicher Fehler oder Fehlersituationen aufzustellen und daraus Testfälle abzuleiten. Meist werden Spezialfälle zusammengestellt, die unter Umständen auch bei der Spezifikation übersehen wurden.

Ziel

Diese Verfahren werden oft in Kombination mit anderen Teststrategien, z.B. der Äquivalenzklassenbildung, eingesetzt. Die Grenzwertanalyse gehört auch zur Gruppe »Test spezieller Werte«.

Beispiele für spezielle Testwerte sind:
○ Der Wert 0 als Eingabe- oder Ausgabewert zeigt oft eine fehlerhafte Situation an.
○ Eingabewert null bei Objektreferenzen.
○ Bei der Eingabe von Zeichenketten sind Sonderzeichen oder Steuerzeichen besonders sorgfältig zu behandeln.
○ Bei der Tabellenverarbeitung stellen »kein Eintrag« und »ein Eintrag« oft Sonderfälle dar.

Beispiele

12.5 Kombinierter Funktions- und Strukturtest **

Da sowohl der Strukturtest als auch der funktionale Test Nachteile haben, empfiehlt sich ein kombinierter Funktions- und Strukturtest, der aus drei Schritten besteht: 1. Funktionstest (mit vorher instrumentiertem Testling), 2. Strukturtest, 3. Regressionstest (wenn Fehler korrigiert werden).

Sowohl der Funktionstest als auch der Strukturtest besitzen Nachteile. Ein Testverfahren allein einzusetzen ist daher nicht ausreichend.

Nachteile Strukturtest

- Der Strukturtest ist *nicht* in der Lage, fehlende Funktionalitäten zu erkennen. Ist eine spezifizierte Funktion nicht implementiert, so wird dies bei Verwendung strukturorientierter Verfahren nicht notwendig erkannt. Allein der Vergleich der Implementierung mit der Spezifikation durch den Funktionstest erkennt derartige Fehler zuverlässig.
Würde ein Programm allein mit dem Ziel getestet, z. B. eine vollständige Zweigüberdeckung zu erreichen, so entstehen oft triviale Testfälle, die ungeeignet zur Prüfung der Funktionalität sind. Der Funktionstest erzeugt aufgrund seiner Orientierung an der Spezifikation aussagefähige Testfälle.

Nachteile Funktionstest

- Der Funktionstest ist *nicht* in der Lage, die konkrete Implementierung geeignet zu berücksichtigen. Die Spezifikation besitzt ein höheres Abstraktionsniveau als die Implementierung. Da die Testfälle allein aus der Spezifikation abgeleitet werden, erfüllt ein vollständiger Funktionstest in der Regel nicht die Minimalanforderungen einfacher Strukturtests. Untersuchungen zeigen, dass ein Funktionstest oft nur zu einer Zweigüberdeckungsrate von ca. 70 Prozent führt.

Es ist daher naheliegend, Funktions- und Strukturtestverfahren geeignet miteinander zu kombinieren.

Testmethodik

Die folgende Testmethodik hat sich für den Test von Methoden, die eine gewisse Kontrollflusskomplexität besitzen, bewährt.

Voraussetzung

Voraussetzung ist die Verfügbarkeit eines geeigneten Testwerkzeugs sowie eine vorliegende Spezifikation und Implementierung (als Quellprogramm) des Testlings. Der Test besteht aus drei Schritten:

3 Schritte

1 Zuerst wird ein Funktionstest ausgeführt.
2 Anschließend erfolgt ein Strukturtest, im einfachsten Fall ein Zweigüberdeckungstest.
3 Sind Fehler zu korrigieren, dann schließt sich ein Regressionstest an.

Im einzelnen sind folgende Schritte durchzuführen:

1 Funktionstest

a Testling mit dem Testwerkzeug instrumentieren. Dadurch wird erreicht, dass die Überdeckung im Hintergrund mitprotokolliert wird.

b Anhand der Programmspezifikation Äquivalenzklassen bilden, Grenzwerte ermitteln, Spezialfälle überlegen und die Testdaten zu Testfällen kombinieren. Die Implementierung wird *nicht* betrachtet!

c Testfälle mit dem instrumentierten Testling durchführen. Ist-Ergebnisse mit den vorher ermittelten Soll-Ergebnissen vergleichen. Während der Testdurchführung werden die Überdeckungsrate und die Überdeckungsstatistik *nicht* betrachtet.

Ist der Test abgeschlossen, dann haben die Testfälle den Funktions- und Leistungsumfang sowie funktionsorientierte Sonderfälle systematisch geprüft.

Handelt es sich bei dem Testling um eine **Klasse**, dann ist folgender Testverlauf vorzunehmen:

Test von Klassen

1 Erzeugung eines instrumentierten Objekts der zu testenden Klasse.

2 Nacheinander Überprüfung jeder einzelnen Methode für sich. Zuerst sollen diejenigen Methoden überprüft werden, die *nicht* zustandsverändernd sind. Anschließend werden die zustandsverändernden Methoden getestet.

    a Das Objekt muss vorher in einem für diesen Testfall zulässigen Zustand versetzt werden. Dies geschieht entweder durch vorhergehende Testfälle oder eine gezielte Initialisierung vor jedem Testfall.

    b Nach jeder Methodenausführung muss der neue Objektzustand geprüft und der oder die Ergebnisparameter mit den Sollwerten abgeglichen werden.

3 Test jeder Folge abhängiger Methoden in der gleichen Klasse. Dabei ist sicherzustellen, dass jede Objektausprägung simuliert wird. Alle potenziellen Verwendungen einer Methode sollten unter allen praktisch relevanten Bedingungen ausprobiert werden.

> Die Klasse Konto in dem Beispiel **Schüler-Konten** (siehe »Funktionale Äquivalenzklassenbildung«, S. 414) soll einem **Funktionstest** unterzogen werden. Dabei werden die Testfälle verwendet, die bei der Grenzwertanalyse ermittelt wurden (siehe »Grenzwertanalyse und Test spezieller Werte«, S. 419). Die Klasse Konto sieht – manuell instrumentiert – wie folgt aus (Programm KontoTest):

Beispiel 1a KontoTest

```java
// Fachkonzept-Klasse: Konto

public class Konto
{
  //manuelle Instrumentierung
  private static int [] durchlauf = {0,0,0,0,0,0,0};
  private int kontonr;
  private int kontostand; //Angaben in Cent
  //Konstruktor
  public Konto(int kontonr, int ersteZahlung)
    throws Exception
  {
    if ((kontonr < 0) || (kontonr > 999))
    {
      durchlauf[0]++;
      System.out.println("Zweig 0: " + durchlauf[0]);
      throw new Exception
        ("Kontonummer muss größer oder gleich Null " +
        "und kleiner 1 000 sein");
    }
    else
    {
      durchlauf[1]++;
      System.out.println("Zweig 1: " + durchlauf[1]);
    }

    if ((ersteZahlung < 1) ||(ersteZahlung > 10000))
    {
      durchlauf[2]++;
      System.out.println("Zweig 2: " + durchlauf[2]);
      throw new Exception
        ("Die erste Zahlung muss größer oder gleich 1 " +
        "und kleiner oder gleich 10 000 sein");
    }
    else
    {
      durchlauf[3]++;
      System.out.println("Zweig 3: " + durchlauf[3]);
      this.kontonr = kontonr;
      kontostand = ersteZahlung;
    }
  }
  //Methoden
  public void buchen(int betrag)throws Exception
  {
    if ((betrag < -10000) ||(betrag > 10000))
    {
      durchlauf[4]++;
      System.out.println("Zweig 4: " + durchlauf[4]);
      throw new Exception
        ("Betrag muss größer oder gleich -10 000 und " +
        "kleiner oder gleich +10 000 sein");
    }
    else
    {
```

```
      durchlauf[5]++;
      System.out.println("Zweig 5: " + durchlauf[5]);
      kontostand = kontostand + betrag;
    }
  }
  public int getKontostand()
  {
    durchlauf[6]++;
    System.out.println("Zweig 6: " + durchlauf[6]);
    return kontostand;
  }
  //Überdeckung ausgeben
  public static int [] getDurchlauf()
  {
    return durchlauf;
  }
}
```

Um alle Testfälle automatisch durchführen zu können, werden die Testfälle A bis F in eine Textdatei und die Testfälle G bis J in eine andere Textdatei eingetragen:

```
A 0 1
B 999 10000
C -1 1
D 1000 10000
E 0 0
F 999 10001

G -10000
H 10000
I -10001
J 10001
```

Zum Lesen aus einer Datei wird die Klasse `FileIn` geschrieben (siehe auch »Dateien sequenziell lesen«, S. 269):

```
/** Methoden zum zeilenweisen Einlesen von
Informationen aus einer Textdatei */

import java.io.*;

public class FileIn
{
  private BufferedReader in;
  private String filenameIn;

  public FileIn(String infilename)
  {
    this.oeffneEingabedatei(infilename);
  }

  private void oeffneEingabedatei(String infilename)
  {
    filenameIn = infilename;
    try
```

```java
      {
        FileReader infile = new FileReader(infilename);
        in = new BufferedReader(infile);
      }
      catch(IOException io)
      {
        System.out.println
          ("Fehler beim Öffnen der Datei " + infilename);
        System.exit(1);
      }
    }

    public String gibNaechsteZeile()
    {
      if(in == null)
      {
        System.out.println("Keine Datei zum Lesen geöffnet");
        System.exit(1);
      }
      String zeile = null;
      try
      {
        if ((zeile = in.readLine()) != null)
          return zeile;
      }
      catch (IOException io)
      {
        System.out.println
          ("Fehler beim Lesen einer Zeile aus der Datei "
          + filenameIn);
        System.exit(1);
      }
      return zeile;
    }

    public void schliesseEingabedatei()
    {
      if(in != null)
      {
        try
        {
          in.close();
        }
        catch (IOException io)
        {
          System.out.println
            ("Fehler beim Schließen der Datei "
            + filenameIn);
          System.exit(1);
        }
      }
    }
}
```

Analog wird zum Schreiben der Testergebnisse in eine Datei eine Klasse `FileOut` programmiert (siehe auch »Dateien sequenziell schreiben«, S. 273):

```java
/**Methoden zum zeilenweisen Schreiben
in eine Textdatei */

import java.io.*;

public class FileOut
{
  private PrintWriter out;

  public FileOut(String outfilename)
  {
    this.oeffneAusgabedatei(outfilename);
  }

  private void oeffneAusgabedatei(String outfilename)
  {
    try
    {
      FileWriter outfile = new FileWriter(outfilename, true);
      out = new PrintWriter(outfile, true);
    }
    catch (IOException io)
    {
      System.out.println("Fehler beim Öffnen der Datei "
        + outfilename);
      System.exit(1);
    }
  }

  public void schreibeNaechsteZeile(String zeile)
  {
    if(out == null)
    {
      System.out.println
        ("Es ist keine Datei zum Schreiben geladen.");
      System.exit(1);
    }
    out.println(zeile);
  }

  public void schliesseAusgabedatei()
  {
    if(out != null)
      out.close();
  }
}
```

Die Klasse `KontoTesttreiber` führt nacheinander die beiden Testsätze aus. Dabei wird bei den ersten Testfällen A bis F jeweils ein neues Kontoobjekt erzeugt, um jeweils identische

Ausgangsbedingungen sicherzustellen. Bei den Testfällen G bis J wird jeweils ein Kontoobjekt mit den gleichen Parametern erzeugt und darauf dann die Methode buchen() ausgeführt:

```java
import java.util.*;

class KontoTesttreiber
{
  /**
   * Durchführung einer Testreihe.
   * @param inFile
   * @param outFile
   * @param testfall Welcher Testfall soll ausgeführt werden.
   */
  private static void testreihe
    (FileIn inFile, FileOut outFile, String testfall)
  {
    String zeile = inFile.gibNaechsteZeile();
    while (zeile != null)
    {
      if (testfall.equals("KontoKonstruktor"))
        KontoTesttreiber.testfallKonto(zeile, outFile);
      if (testfall.equals("KontoBuchen"))
        KontoTesttreiber.testfallBuchen(zeile, outFile);
      zeile = inFile.gibNaechsteZeile(); //nächster Testfall
    } //Ende while
    int [] ueberdeckung = Konto.getDurchlauf();
    for (int i = 0; i < ueberdeckung.length; i++)
      System.out.println
        ("Testüberdeckung Zweig " + i
         + ": " + ueberdeckung[i]);
  }

  /**
   * Durchführung eines Testfalls für den Konstruktor
   * Konto().
   * @param zeile
   * @param outFile
   */
  private static void testfallKonto
    (String zeile, FileOut outFile)
  {
    int kontonr, kontostand, ersteZahlung;
    Konto einKonto;
    Scanner sc;
    String testfall = " ";
    sc = new Scanner(zeile);
    //Separieren der Textzeile
    testfall = sc.next();
    kontonr = sc.nextInt();
    ersteZahlung = sc.nextInt();
    try
    {
      //Für jeden Testfall Objekt neu anlegen
      einKonto = new Konto(kontonr, ersteZahlung);
```

12.5 Kombinierter Funktions- und Strukturtest **

```
      kontostand = einKonto.getKontostand();
      String testergebnis = testfall + ": " + kontostand;
      //Ergebnis in Datei schreiben
      outFile.schreibeNaechsteZeile(testergebnis);

      System.out.println("Testfall: " + testfall + " --");
      System.out.print("Kontonr: " + kontonr);
      System.out.print(" | 1. Zahlung: " + ersteZahlung);
      System.out.println(" | Kontostand: " + kontostand);
    }
    catch (Exception e)
    {
      outFile.schreibeNaechsteZeile(testfall + ": Fehler");
      System.out.println("Testfall: " + testfall + " --");
      System.out.print("Kontonr: " + kontonr);
      System.out.print(" | 1. Zahlung: " + ersteZahlung);
      System.out.println(" | Fehler: \n" + e.getMessage());
    }
  }

  private static void testfallBuchen
    (String zeile, FileOut outFile)
  {
    int kontostand;
    Konto einKonto;
    Scanner sc;
    String testfall = " ";
    try
    {
      sc = new Scanner(zeile);
      testfall = sc.next();
      int betrag = sc.nextInt(); //Einlesen Testfall
      //Für jeden Testfall erneut Objekt anlegen
      //Feste Werte für Konto-Objekt, kontonr = 22
      //ersteZahlung = 100 Cent
      einKonto = new Konto(22, 100);
      einKonto.buchen(betrag);
      kontostand = einKonto.getKontostand();
      String testergebnis = testfall + ": "
        + Integer.toString(kontostand);
      outFile.schreibeNaechsteZeile(testergebnis);
      System.out.print("Testfall: "
        + testfall + " -------------");
      System.out.println("Kontostand: "
        + kontostand);
    }
    catch (Exception e)
    {
      outFile.schreibeNaechsteZeile(testfall + ": Fehler");
      System.out.print("Testfall: " + testfall + " --");
      System.out.println("Fehler: \n" + e.getMessage());
    }
  }

  public static void main(String args[])
```

```
    {
      System.out.println("Testfälle A bis F **************");

      //Übernahme des Namens der Eingabedatei von args[0]
      String filenameIn = args[0];
      //Eingabedatei öffnen
      FileIn inFile = new FileIn(filenameIn);

      //Übernahme des Namens der Ausgabedatei von args[1]
      String filenameOut = args[1];
      // Ausgabedatei öffnen
      FileOut outFile = new FileOut(filenameOut);

      //Testreihe aufrufen
      KontoTesttreiber.testreihe
        (inFile, outFile, "KontoKonstruktor");

      //Eingabedatei schließen
      inFile.schliesseEingabedatei();

      System.out.println("Testfälle G bis J **************");

      //Übernahme des Namens der Eingabedatei von args[2]
      filenameIn = args[2];
      //Datei öffnen
      inFile = new FileIn(filenameIn);

      //Testreihe aufrufen
      KontoTesttreiber.testreihe
        (inFile, outFile, "KontoBuchen");

      inFile.schliesseEingabedatei();
      outFile.schliesseAusgabedatei();
    }
}
```

Der Testlauf ergibt folgende Ausgaben (Ausschnitt):

```
Testfall: E -------------
Kontonr: 0 | 1. Zahlung: 0 | Fehler:
Die erste Zahlung muss größer oder gleich 1 und
kleiner oder gleich 10 000 sein
Zweig 1: 4
Zweig 2: 2
Testfall: F -------------
Kontonr: 999 | 1. Zahlung: 10001 | Fehler:
Die erste Zahlung muss größer oder gleich 1 und
kleiner oder gleich 10 000 sein
Testüberdeckung Zweig 0: 2
Testüberdeckung Zweig 1: 4
Testüberdeckung Zweig 2: 2
Testüberdeckung Zweig 3: 2
Testüberdeckung Zweig 4: 0
Testüberdeckung Zweig 5: 0
Testüberdeckung Zweig 6: 2
Testfälle G bis J ********************
```

```
Zweig 1: 5
Zweig 3: 3
Zweig 5: 1
Zweig 6: 3
Testfall: G -------------Kontostand: -9900
Zweig 1: 6
Zweig 3: 4
Zweig 5: 2
Zweig 6: 4
Testfall: H -------------Kontostand: 10100
Zweig 1: 7
Zweig 3: 5
Zweig 4: 1
Testfall: I -------------Fehler:
Betrag muss größer oder gleich -10 000 und kleiner
oder gleich +10 000 sein
Zweig 1: 8
Zweig 3: 6
Zweig 4: 2
Testfall: J -------------Fehler:
Betrag muss größer oder gleich -10 000 und kleiner
oder gleich +10 000 sein
Testüberdeckung Zweig 0: 2
Testüberdeckung Zweig 1: 8
Testüberdeckung Zweig 2: 2
Testüberdeckung Zweig 3: 6
Testüberdeckung Zweig 4: 2
Testüberdeckung Zweig 5: 2
Testüberdeckung Zweig 6: 4
```

Führen Sie das Programm mit den Testfällen auf Ihrem Computersystem aus.

2 Strukturtest

a   Die durch den Funktionstest erzielte Überdeckungsstatistik wird betrachtet und ausgewertet. Die Ursachen für *nicht* überdeckte Zweige oder Pfade oder Bedingungen sind zu ermitteln. In der Regel wird es sich hier um Fehlerabfragen, programmtechnische und algorithmische Ursachen und Präzisierungen – die in der Spezifikation nicht vorhanden sind – handeln. Möglich sind aber auch prinzipiell nicht ausführbare (tote) Zweige, Pfade oder Bedingungen, z. B. durch Denk- oder Schreibfehler des Programmierers.

b   Für die noch nicht durchlaufenen Zweige, Pfade oder Bedingungen sind Testfälle aufzustellen. Falls das nicht möglich ist, sind die Zweige oder Bedingungen zu entfernen.

c   Für jeden aufgestellten Testfall wird ein Testlauf durchgeführt. Die durchlaufenen Zweige, Pfade oder Bedingungen werden betrachtet und anschließend wird der nächste Testfall eingegeben.

d Der Überdeckungstest wird beendet, wenn eine festgelegte Überdeckungsrate erreicht ist.

Beispiel 1b
> Die Überdeckungsanalyse von Beispiel 1a zeigt, dass die Testserie von A bis F die Zweige 4 und 5 *nicht* überdeckt. Das ist auch richtig, da in der ersten Testserie die Methode buchen() nicht aufgerufen wird. Für die vollständige Zweigüberdeckung sorgt dann die Testserie von G bis J. Dieses Beispiel zeigt sehr deutlich, dass eine gewissenhafte Erstellung der Testfälle für einen Testerfolg sehr wichtig ist.

3 Regressionstest

Wird in dem Testling ein Fehler korrigiert, dann wird nach der Korrektur mit den bisherigen Testfällen ein Regressionstest durchgeführt. Das Testwerkzeug führt die protokollierten Testfälle nochmals automatisch durch und nimmt einen Soll/Ist-Ergebnisvergleich vor.

Beispiel 1c
> Die im Beispiel 1a erstellte Testumgebung ist bereits auf einen Regressionstest ausgerichtet. Wird die Klasse Konto geändert oder erweitert, dann erhält die geänderte Klasse Konto eine neue Versionsnummer. Die Testfälle werden mit der neuen Version durchgeführt. Die Ergebnisse werden in eine neue Datei geschrieben. Anschließend werden durch ein Java-Programm oder ein Systemprogramm – in Windows z. B. fc oder in Linux z. B. cmp – beide Ergebnisdateien verglichen. Sind sie identisch, dann hat die neue Programmversion dieselbe Qualität wie die alte Programmversion.

Bei den meisten Testverfahren ist es schwer, ein operationalisiertes Kriterium festzulegen, wann »genügend« getestet worden ist. Beim Überdeckungstest ist dieses Kriterium der Prozentsatz der erreichten Überdeckung. Ein praxisgerechtes Maß für die Zweigüberdeckung liegt zwischen 80 und 99 Prozent.

Die hier vorgestellte Testmethodik und der Einsatz der Werkzeuge sind nur als erster Schritt anzusehen. Sie stellen aber einen wichtigen Schritt hin zum systematischen, überprüfbaren Testen und weg vom intuitiven, zufälligen Testen dar.

12.6 Testen von Unterklassen **

Beim Testen von Unterklassen müssen nur für redefinierte Methoden und neue Methoden neue Testfälle erstellt und ausgeführt werden.

Vererbungsstrukturen müssen beim Testen besonders beachtet werden. Beim Test von Unterklassen sind daher folgende Gesichtspunkte zu berücksichtigen:

- Alle Testfälle, die sich auf geerbte und nicht redefinierte Methoden der Oberklasse beziehen, müssen beim Test von Unterklassen erneut durchgeführt werden. Jede Unterklasse definiert einen neuen Kontext, der zu einem fehlerhaften Verhalten von geerbten Methoden führen kann.
- Für alle redefinierten Methoden sind vollständig neue, strukturelle wie funktionale Testfälle zu erstellen. Da eine redefinierte Methode eine neue Implementierung besitzt, sind neue strukturelle Testfälle erforderlich. Neue funktionale Testfälle sind nötig, da die Testfälle der Oberklasse für redefinierte Methoden nicht wiederverwendet werden können, weil Vererbung als reiner Implementierungsmechanismus verstanden werden kann.
- Ist die Vererbung eine »saubere« Generalisierungs-/Spezialisierungshierarchie, dann können die Testfälle der Oberklasse von redefinierten Methoden für den Test der Unterklasse wiederverwendet werden. Es müssen nur Testfälle hinzugefügt werden, die sich auf die geänderte Funktionalität einer redefinierten Methode beziehen. Die Tab. 12.6-1 zeigt, welche Testfälle beim Test von Unterklassen wiederverwendet werden können. Durch einen Regressionstest kann ein großer Nutzen erzielt werden, da in drei Fällen die Testfälle der Oberklasse beim Test ihrer Unterklassen verwendet werden können.

Art der Methoden	Strukturelle Testfälle	Funktionale Testfälle
Geerbte Methoden	Testfälle der Oberklasse ausführen	Testfälle der Oberklasse ausführen
Redefinierte Methoden	**Neue Testfälle erstellen & ausführen**	Alte Testfälle ergänzen & ausführen
Neue Methoden	**Neue Testfälle erstellen & ausführen**	**Neue Testfälle erstellen & ausführen**

Tab. 12.6-1: Testfälle beim Test von Unterklassen.

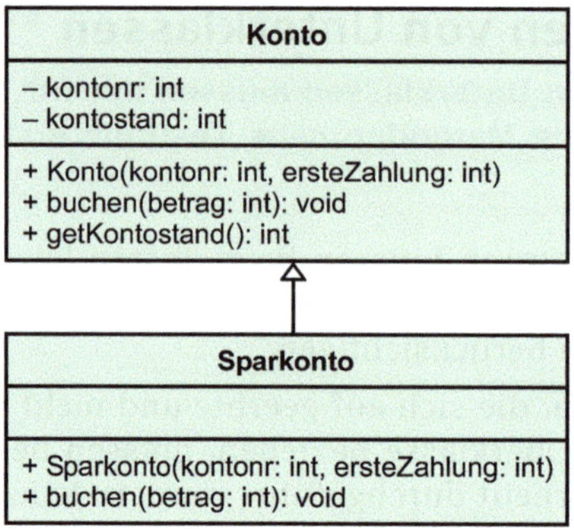

12 Analytische Qualitätssicherung **

```
┌─────────────────────────────────────────┐
│                 Konto                   │
├─────────────────────────────────────────┤
│ – kontonr: int                          │
│ – kontostand: int                       │
├─────────────────────────────────────────┤
│ + Konto(kontonr: int, ersteZahlung: int)│
│ + buchen(betrag: int): void             │
│ + getKontostand(): int                  │
└─────────────────────────────────────────┘
                    △
                    │
┌─────────────────────────────────────────┐
│              Sparkonto                  │
├─────────────────────────────────────────┤
│                                         │
├─────────────────────────────────────────┤
│ + Sparkonto(kontonr: int, ersteZahlung: int) │
│ + buchen(betrag: int): void             │
└─────────────────────────────────────────┘
```

Abb. 12.6-1: UML-Diagramm der Klassen Konto und Sparkonto.

Beispiel

Die Schüler-Kontenverwaltung (siehe »Funktionale Äquivalenzklassenbildung«, S. 414) wird um eine Sparkontenverwaltung erweitert, für die folgende zusätzliche Spezifikation gilt:

/8/ Der Kontostand eines Sparkontos darf nie negativ werden.

Die Abb. 12.6-1 zeigt das entsprechende UML-Klassendiagramm. Da der Konstruktor unverändert übernommen wird, können die Testfälle A bis F für den Test der Unterklasse unverändert übernommen werden (siehe »Grenzwertanalyse und Test spezieller Werte«, S. 419). Da es sich bei der Vererbungsstruktur um eine »saubere« Generalisierungs-/Spezialisierungshierarchie handelt (Ein Sparkonto *ist ein* Konto), können die Testfälle für buchen() wiederverwendet werden. Sie müssen jedoch modifiziert werden, um die speziellere Funktionalität von buchen() abzudecken. Um auf einem definierten Stand aufsetzen zu können, wird ein Objekt mit kontonr=22 und ersteZahlung = 100 erzeugt. Für buchen() ergeben sich dann die Äquivalenzklassen der Tab. 12.6-2.

Eingabe	gültige Äquivalenzklasse	ungültige Äquivalenzklasse
buchen() ■ betrag	**1** -100 <= betrag <= 10 000	**2** betrag < -100 **3** betrag > 10 000

Tab. 12.6-2: Äquivalenzklassen.

Aus den Äquvalenzklassen lassen sich mithilfe der Grenzwertanalyse die Testfälle der Tab. 12.6-3 ermitteln.

Testfälle	G	H	I	J
getestete Äqui.-Klassen	1U	1O	2O	3U
buchen() ■ betrag	-100	9900	-101	10001
anschl. Ausführung von get-Kontostand()	0	10000	Fehler: kontostand würde negativ	Fehler: betrag > 10000

Tab. 12.6-3: Testfälle für buchen().

Die Unterklasse Sparkonto sieht mit manueller Instrumentierung wie folgt aus (Programm SparkontoTest):

SparkontoTest

```
// Fachkonzept-Klasse: Sparkonto

public class Sparkonto extends Konto
{
 //manuelle Instrumentierung
 private static int [] durchlaufSpar = {0, 0};
 // Konstruktor
 public Sparkonto (int kontonr, int ersteZahlung)
   throws Exception
 {
   //Anwendung des Konstruktors der Oberklasse
   super (kontonr, ersteZahlung);
 }
 //Redefinierte Methode
 @Override
 public void buchen (int betrag) throws Exception
 {
   if (getKontostand() + betrag >= 0)
   {
     durchlaufSpar[0]++;
     System.out.println
         ("Zweig 0 Sparkonto: " + durchlaufSpar[0]);
     super.buchen(betrag);
     //Methode buchen der Oberklasse aufrufen
   }
   else
   {
      durchlaufSpar[1]++;
      System.out.println
        ("Zweig 1 Sparkonto: " + durchlaufSpar[1]);
      throw new Exception
        ("Kontostand darf nicht negativ werden!" +
         " Buchung wurde nicht ausgeführt");
   }
 }
 //Überdeckung ausgeben
```

```
public static int [] getDurchlauf()
{
   return durchlaufSpar;
}
}
```

Es kann weitgehend derselbe Testrahmen wie für die Klasse Konto verwendet werden. Anstelle eines Konto-Objekts wird jedoch ein Sparkonto-Objekt erzeugt. Die neuen Testfälle G bis J werden aus einer neuen Textdatei gelesen:

```
G -100
H 9900
I -101
J 10001
```

Nach Durchführung aller Testfälle zeigt die Instrumentierung, dass alle Zweige zu 100 Prozent überdeckt wurden. Der Programmlauf ergibt folgendes Ergebnis (Ausschnitt):

```
Testfälle G bis J für buchen() von Sparkonto***************
Zweig 1: 5
Zweig 3: 3
Zweig 6: 3
Zweig 0 Sparkonto: 1
Zweig 5: 1
Zweig 6: 4
Testfall: G ------------Kontostand: 0
Zweig 1: 6
Zweig 3: 4
Zweig 6: 5
Zweig 0 Sparkonto: 2
Zweig 5: 2
Zweig 6: 6
Testfall: H ------------Kontostand: 10000
Zweig 1: 7
Zweig 3: 5
Zweig 6: 7
Zweig 1 Sparkonto: 1
Testfall: I ------------Fehler:
Kontostand darf nicht negativ werden!
Buchung wurde nicht ausgeführt
Zweig 1: 8
Zweig 3: 6
Zweig 6: 8
Zweig 0 Sparkonto: 3
Zweig 4: 1
Testfall: J ------------Fehler:
Betrag muss größer oder gleich -10 000
und kleiner oder gleich +10 000 sein
Testüberdeckung Zweig 0: 2
Testüberdeckung Zweig 1: 8
Testüberdeckung Zweig 2: 2
Testüberdeckung Zweig 3: 6
Testüberdeckung Zweig 4: 1
Testüberdeckung Zweig 5: 2
```

```
Testüberdeckung Zweig 6: 8
Testüberdeckung Zweig Spar 0: 3
Testüberdeckung Zweig Spar 1: 1
```

Modifizieren Sie den Testtreiber und testen Sie auf Ihrem Computersystem die Unterklasse Sparkonto.

Beim Testen abstrakter Klassen ist folgendes zu berücksichtigen:

Abstrakte Klassen

- Aus der abstrakten Klasse muss eine konkrete Klasse gemacht werden.
- Bei der Realisierung von Implementierungen für abstrakte Methoden ist – falls möglich – die leere Implementierung zu wählen. Sonst ist eine Implementierung vorzunehmen, die so einfach wie möglich ist, aber die Spezifikation erfüllt.

12.7 Testgetriebenes Programmieren **

Beim testgetriebenen Programmieren wird im Wechsel jeweils ein Testfall entwickelt und dann das zugehörige Programmstück programmiert. Nach erfolgreichem Test des Programmstücks wird der nächste Testfall entwickelt und dann wieder der zugehörige Code geschrieben. Das Java-Werkzeug JUnit unterstützt diese Vorgehensweise sowie den Regressionstest.

Extreme Programming

Ein fertiges Programm systematisch zu testen und die Fehler zu finden ist aufwendig und schwierig.

Ende der 90er Jahre entstand daher im Rahmen des *Extreme Programming* (XP) die Idee, Testen und Programmieren abwechselnd durchzuführen. XP wurde im Wesentlichen von Kent Beck, Ward Cunningham und Ron Jeffries entwickelt und beschreibt zwölf Praktiken, nach denen ein Team beim Programmieren arbeiten sollte [BeAn04]. Folgende Richtlinien sollen u. a. eingehalten werden:

XP

- Der Modultest *(unit test)* muss vor dem eigentlichen Programm entwickelt werden.
- Es darf grundsätzlich nur zu zweit programmiert werden.
- Jedes Stück Code kann von jedem Entwickler geändert werden.

XP-Richtlinien

Die erste Richtlinie bedeutet konkret, dass *zuerst* ein Testfall geschrieben wird, dann wird das entsprechende Programm, das diesen Testfall realisiert, programmiert. Daher spricht man auch vom testgetriebenen Programmieren *(test driven development)* oder vom *Test-First*-Ansatz.

JUnit

Eine solche Entwicklungsmethodik funktioniert nur, wenn der Testvorgang durch Werkzeuge unterstützt wird. Es gibt daher eine Reihe von Open-Source-Werkzeugen mit der Bezeichnung **xUnit**, wobei das Java-Werkzeug **JUnit** heißt [BeGa98].

JUnit ist ein sogenanntes *Framework*, das sind mehrere Klassen, die zusammenarbeiten, um einen bestimmten Anwendungsbereich zu implementieren – hier die Unterstützung des Modultests. Das JUnit-*Framework* kann von JUnit.org (http://www.junit.org/) heruntergeladen werden.

Laden Sie die Datei junit.zip auf Ihr Computersystem und installieren Sie JUnit entsprechend der JUnit-Installationsanweisung. Eine FAQ-Liste auf JUnit.org (http://www.junit.org/) beantwortet häufige Fragen zu JUnit und zur Installation.

Grundlagen

Um mit dem Testrahmen JUnit arbeiten zu können, müssen das Paket org.unit sowie Klassenmethoden der Assert-Klasse importiert werden. In JUnit kann ein Test in einer beliebigen Klasse stehen. Die einzige Bedingung ist, dass die Klasse über einen öffentlichen *Default*-Konstruktor verfügt. Jede Methode, die als Testfall auszuführen ist, wird durch die Annotation @Test markiert (siehe »Klassen spezialisieren und Methoden redefinieren«, S. 193). Eine solche Methode muss public sein, darf *keine* Parameter und *keinen* Rückgabewert besitzen. Über Zusicherungsmethoden werden die Ergebnisse überprüft.

Beispiel 1
DemoTest
MitJUnit

```
import org.junit.*;
import static org.junit.Assert.*; //statischer Import

public class DemoTest
{
  @Test
  public void testText()
  {
    String text = "Java";
    assertTrue(text.equals("Java"));
  }
  public static void main(String args[])
  {
    org.junit.runner.JUnitCore.main("DemoTest");
  }
}
```

Der Programmlauf ergibt:

```
JUnit version 4.8.2
.
Time: 0,016

OK (1 test)
```

12.7 Testgetriebenes Programmieren **

Eine zu testende Klasse kann durch Ergänzung einer main()-Methode mit der Anweisung org.junit.runner.JUnitCore.main("Klassenname"); (siehe Beispiel 1) und Start der Klasse ausgeführt werden (Im Konsolenfenster: java Klassenname).

Alternativ kann auf die main()-Methode verzichtet werden. Im Konsolenfenster muss die Klasse dann wie folgt gestartet werden: java org.junit.runner.JUnitCore Klassenname

Oft benötigen mehrere Testfälle die gleiche Ausgangssituation, d. h. eine gleiche Objektkonstellation zusammen mit einer gleichen Vorbelegung von Attributen. Um den Code zur Herstellung einer solchen Startkonstellation *nicht* in jedem Testfall wiederholen zu müssen, wird eine Methode, die eine solche Startkonfiguration herstellt, mit der Annotation @Before markiert. So eine Methode heißt in JUnit auch setUp()-Methode. Eine Startkonfiguration wird als *Test Fixture* bezeichnet. Damit fehlerhafte Testfälle andere Testfälle *nicht* beeinflussen können, wird das *Text Fixture* für jeden Testfall neu initialisiert, d. h. ausgeführt.

Test Fixture

Eine Methode, die Testressourcen, wie Datenbank- oder Netzwerkverbindungen, nach Testdurchführungen wieder freigibt, wird mit der Annotation @After gekennzeichnet. Eine solche Methode heißt auch tearDown()-Methode.

```
import org.junit.*;
import static org.junit.Assert.*; //statischer Import

public class DemoTest
{
  String einText;
  @Before
  public void setUp()
  {
    einText = " ist toll!";
  }
  
  @Test
  public void testText()
  {
    String text = "Java" + einText;
    assertTrue(text.equals("Java ist toll!"));
  }
  @Test
  public void testText2()
  {
    String text = "HTML5" + einText;
    assertTrue(text.equals("HTML5 ist toll!"));
  }
  public static void main(String args[])
  {
    org.junit.runner.JUnitCore.main("DemoTest");
```

Beispiel 2
DemoTest
MitJUnit2

```
    }
}
```
Der Programmlauf liefert folgendes Ergebnis:
```
JUnit version 4.8.2
..
Time: 0,016

OK (2 tests)
```
Die Methoden werden in der folgenden Reihenfolge ausgeführt, wobei nicht zugesichert wird, dass `testText()` vor `testText2()` ausgeführt wird, es kann auch umgekehrt sein:
```
setUp()
testText()
setUp()
testText2()
```

Ändern Sie in dem Programm im Beispiel 2 die Anweisung
`String text = "HTML5" + einText;` in
`String text = "HTML" + einText;`
und führen Sie den Testlauf erneut durch.

Zusicherungs-Methoden

Die Überprüfung von Testläufen erfolgt in den Testmethoden durch sogenannte Zusicherungs-Methoden:

- `assertTrue(boolean condition)`: Der Test ist in Ordnung, wenn `condition` den Wert `true` ergibt.
- `asssertEquals(Object expected, Object actual)`
- `assertEquals(Object[] expected, Object[] actual)`
- `assertEquals(int expected, int actual)` (auch für `long`, `boolean`, `byte`, `char`, `short`)
- `assertEquals(double expected, double actual, double delta)` (auch für `float`)
- `assertNull(Object object)`
- `assertNotNull(Object object)`
- `assertSame(Object expected, Object actual)`

Weitere Möglichkeiten

Neben den Annotationen `@Before`, `@Test` und `@After` gibt es noch folgende:

- `@BeforeClass`: Läuft für jede Testklasse nur einmal und vor allen `@Before`-Methoden. Es muss sich um eine Klassenmethode handeln (`static`).
- `@AfterClass`: Läuft für jede Testklasse nur einmal und zwar nach allen `@After`-Methoden. Es muss sich um eine Klassenmethode handeln (`static`).
- `@Ignore`: Ein Test, der *nicht* ausgeführt werden soll.
- `@Test(timeout = milliseconds)`: Überschreitet der Testfall sein Zeitlimit, dann wird er wegen Fehlschlags abgebrochen.

- @Test(expected = Exception.class): Die Ausführung des Testfalls soll zur Ausführung der angegebenen Ausnahme führen. Wird keine Ausnahme ausgelöst oder eine Ausnahme anderen Typs, dann schlägt der Testfall fehl.

Folgende Regeln sollten beachtet werden:

- Alle Testfälle einer Testklasse sollen von dem gemeinsamen *Test Fixture* Gebrauch machen.
- Testklassen sollen um das *Test Fixture* herum organisiert werden, nicht um die getestete Klasse.
- Zu einer Klasse kann es mehrere Testklassen geben, von der jede ein individuelles *Test Fixture* besitzt.

Regeln

Martin Fowler lobte JUnit mit folgenden Worten: »Noch niemals zuvor in der Softwareentwicklung bereicherten so wenige Zeilen Code so viele Programmierer.«

Der *Test-First*-Ansatz

Die prinzipielle Idee, die hinter dem *Test-First*-Ansatz steht, wird im Folgenden anhand des Beispiels Konto (siehe »Funktionale Äquivalenzklassenbildung«, S. 414) demonstriert.

Nach der Spezifikation /1/ der Kontoverwaltung (siehe »Funktionale Äquivalenzklassenbildung«, S. 414) muss beim Anlegen eines Kontos eine Kontonummer und eine erste Zahlung vorgenommen werden. Es wird ein erster **Testfall** kontoAnlegen() geschrieben, in dem ein Konto mit der Kontonummer 0 und dem Anfangsbetrag 1 angelegt wird. Anschließend wird der Kontostand mit der Methode getKontostand() gelesen. Um zu prüfen, ob wieder der Anfangsbetrag 1 geliefert wird, wird eine Zusicherung assertTrue angegeben, die diese Prüfung vornimmt. Alle Testmethoden werden in eine Klasse KontoTest gelegt:

Beispiel 3a

KontoTest
JUnit

```
import org.junit.*;
import static org.junit.Assert.*;

public class KontoTest
{
  @Test public void kontoAnlegen()
  {
    Konto einKonto = new Konto(0,1);
    assertTrue(1 == einKonto.getKontostand());
  }
  public static void main(String args[])
  {
    org.junit.runner.JUnitCore.main("KontoTest");
  }
}
```

Der eigentliche Test erfolgt durch den Aufruf der assertTrue()-Methode. Diese Methode dient dazu, eine Bedingung zu testen. Der Parameter muss einen booleschen Wert ergeben. Der Test ist erfolgreich, wenn die Bedingung erfüllt ist. Ist die Bedingung *nicht* erfüllt, dann protokolliert JUnit einen Testfehler. Übersetzt man nun die Klasse KontoTest, dann meldet der Compiler, dass es die Klasse Konto noch nicht gibt. Daher muss jetzt überlegt werden, wie eine Klasse Konto aussehen muss, die diesen Test erfüllen kann. Es wird ein entsprechender Konstruktor sowie die Methode getKontostand() benötigt und eine entsprechende Klasse Konto erstellt:

```
public class Konto
{
  //Attribute
  private int kontonr;
  private int kontostand; //Angaben in Cent
  //Konstruktor
  public Konto(int kontonr, int ersteZahlung)
  {
    this.kontonr = kontonr;
    kontostand = ersteZahlung;
  }
  public int getKontostand()
  {
    return kontostand;
  }
}
```

Beide Klassen lassen sich jetzt fehlerfrei übersetzen. Die Ausführung von KontoTest ergibt die fehlerfreie Ausführung eines Testfalls.

Nach der Spezifikation **/4/** (siehe »Funktionale Äquivalenzklassenbildung«, S. 414) wird eine weitere Methode buchen() benötigt, um Ein- und Auszahlungen vornehmen zu können. Ein **Testfall** kann wie folgt aussehen:

```
@Test public void testBuchen()
{
  Konto einKonto = new Konto(0,1);
  einKonto.buchen(-10000);
  assertTrue(-9999 == einKonto.getKontostand());
}
```

Bevor die Methode buchen() aufgerufen werden kann, muss wieder ein definierter Anfangskontostand durch Aufruf des Konstruktors hergestellt werden. Die Klasse Konto wird um folgende Methode ergänzt:

```
public void buchen(int betrag)
{
  kontostand = kontostand + betrag;
}
```

Das erneute Übersetzen beider Klassen und die Ausführung von KontoTest führt zu einer fehlerlosen Ausführung beider Testfälle. Der große Vorteil dieser Testumgebung ist, dass bei jeder Ausführung *alle* bisherigen Testfälle automatisch mit ausgeführt werden. Werden Änderungen an der Klasse Konto vorgenommen, dann werden diese mit allen Testfällen automatisch überprüft.

Die Anweisung Konto einKonto = new Konto(0,1); kann aus den Testmethoden kontoAnlegen() und testBuchen() herausgenommen werden. Sie wird in eine Methode setUp() eingefügt und mit @Before markiert. einKonto wird als Attribut in der Klasse deklariert:

setUp()

```
private Konto einKonto;

@Before public void setUp()
{
   einKonto = new Konto(0,1);
}
```

Nach der Spezifikation /5/ darf der Buchungsbetrag *nicht* kleiner oder gleich -10000 Cent sein. Eine Überprüfung ist mit folgendem Testfall möglich:

```
@Test public void testBuchenFehler1()
{
   einKonto.buchen(-10001);
   assertFalse("Buchungsbetrag zu groß",
      -10000 == einKonto.getKontostand());
}
```

Wenn der Testfall den Wert -9999 ergibt, dann wurde ein unzulässiger Buchungsbetrag eingegeben. In der Zusicherung assertFalse wurde als erster Parameter die Meldung "Buchungsbetrag zu groß" angegeben, die beim Eintreffen dieser Zusicherung ausgegeben wird. Der Testlauf ergibt folgende Ausgaben:

```
JUnit version 4.1
...E
Time: 0,06
There was 1 failure:
1) testBuchenFehler1(KontoTest)
java.lang.AssertionError: Buchungsbetrag zu groß
  at org.junit.Assert.fail(Assert.java:69)
.....
FAILURES!!!
Tests run: 3,  Failures: 1
```

Das *E* in der Ausgabe steht für *Error!* Steht dort ein *I*, dann bedeutet dies *Ignore*, für einen momentan deaktivierten Test.

Um unerlaubte Buchungsbeträge zu vermeiden, muss die Klasse Konto um entsprechende Abfragen erweitert werden:

```
public void buchen(int betrag) throws Exception
{
  if ((betrag < -10000) || (betrag > 10000))
    throw new Exception
      ("Betrag muss größer oder gleich -10 000 und " +
        "kleiner oder gleich +10 000 sein");
  kontostand = kontostand + betrag;
}
```

Bei den Testfällen muss die Ausnahme entsprechend abgefangen werden:

```
@Test public void testBuchen()
{
  try
  {
    einKonto.buchen(-10000);
    assertTrue(-9999 == einKonto.getKontostand());
  }
  catch(Exception e){ }
}

@Test(expected=Exception.class)
public void testBuchenFehler1() throws Exception
{
  einKonto.buchen(-10001);
}
```

Ein erneuter Testlauf zeigt, dass alle Zusicherungen eingehalten werden. Analog kann im **Wechsel zwischen Testfallentwicklung und Programmierung** das Programm entsprechend der Spezifikation fertiggestellt werden.

Tipp **Testfälle vorher ableiten**
Eine geeignete Vorbereitung für den *Test-First*-Ansatz ist die systematische Ableitung von Testfällen mittels der Äquivalenzklassen- und Grenzwertanalyse.

Führen Sie die Programme auf Ihrem Computersystem mit JUnit aus.

12.8 Java Flight Recorder und Java Mission Control ****

Mit der Einführung von Java 11 hat Oracle zwei leistungsstarke Tools in die Welt der Java-Entwicklung gebracht: Java Flight Recorder (JFR) und Java Mission Control (JMC). Diese Werkzeuge sind speziell darauf ausgelegt, die analytische Qualitätssicherung zu unterstützen und Entwickler bei der Diagnose von Leistungsproblemen und der Optimierung ihrer Anwendungen zu helfen. Beide Werkzeuge helfen insbesondere dabei, Spei-

12.8 Java Flight Recorder und Java Mission Control

cherlecks, lange Antwortzeiten und ineffiziente Algorithmen zu identifizieren.

Java **Flight Recorder** ist ein integriertes Profiler-Tool, das mit minimalem Mehraufwand bzw. Prozessorlast detaillierte Diagnosedaten über die Laufzeit einer Java-Anwendung sammelt. JFR ist besonders für produktive Systeme geeignet, da es kaum Einfluss auf die Performance hat.

Grundlagen

- **Leistungsarm:** Die Leistungsmessung und Erfassung der Daten hat lediglich minimale Auswirkungen auf die Systemleistung. Damit lässt sich der Flight Recorder auch während der eigentlichen Ausführung von Java-Programmen zur Produktion betreiben, um kritische Antwortzeiten in realen Systemumgebungen zu messen.
- **Ereignisbasierte Daten:** Der Java Flight Recorder erfasst spezifische Ereignisse wie zum Beispiel einen Thread-Wechsel oder Aktivitäten des *Garbage Collectors*, Ausnahmen und viele weitere Aspekte, die während einer Programmausführung auftreten.
- **Flexible Konfiguration:** Die Leistungsmessung kann detailliert auf die Bedürfnisse angepasst werden, so dass die Leistungseinbußen weiter reduziert werden können, indem Teilaspekte nicht protokolliert werden.

Merkmale

Um den JFR in einer Anwendung zu aktivieren, muss die Anwendung mit folgenden JVM-Argumenten gestartet werden:

Aktivierung

```
java -XX:+UnlockCommercialFeatures -XX:+FlightRecorder
    -XX:StartFlightRecording=duration=60s,filename=recording.jfr
    -jar MeineAnwendung.jar
```

Der Parameter `duration` gibt die Dauer der Aufzeichnung an. Durch `filename` lässt sich die Datei definieren, in der die Daten gespeichert werden sollen.

Grundlagen von Java Mission Control

Das **Java Mission Control** (JMC) ist ein Analysewerkzeug, das entwickelt wurde, um die vom Java Flight Recorder generierten Daten zu visualisieren und zu analysieren. Es bietet eine benutzerfreundliche Benutzungsoberfläche (GUI) an, um komplexe Fragestellungen oder Laufzeitprobleme schnell zu identifizieren.

Laden Sie das Java Mission Control von einer offiziellen Oracle-Website oder einem anderen vertrauenswürdigen Anbieter herunter.

Hinweis

12 Analytische Qualitätssicherung **

Funktionen

Die primäre Funktion des Java Mission Control ist die Visualisierung der Ereignisse und ihrer Zusammenhänge. Dabei werden automatisch langsam laufende Threads identifiziert. Durch die Analyse des Speicherverhaltens und den Aktivitäten des *Garbage Collectors* werden Probleme eingekreist und hervorgehoben, die genauer analysiert werden können. Einschlägige Funktionen zur Analyse des **Heaps** erlauben dabei die detaillierte Untersuchung des Speicherverhaltens.

Integration in eine Anwendung

1 **Vorbereitung der Anwendung**
Bevor der Java Flight Recorder oder das Java Mission Control eingesetzt wird, um Probleme analytisch zu identifizieren, sollten konstruktive Methoden der objektorientierten Programmierung eingehalten und umgesetzt werden. Dazu gehören unter anderem:
- **Kapselung:** Klassen, Methoden und Attribute sollten eine minimale Sichtbarkeit besitzen, um eine unerwünschte Verwendung zu verhindern.
- **Polymorphismus:** Durch den Einsatz von Schnittstellen und Abstraktionen sollte der Quellcode flexibel und wartbar gemacht werden.
- **Modularisierung:** Verantwortlichkeiten müssen in einzelne Pakete sowie Module getrennt werden.

2 **Datenaufzeichnung mit JFR**
Um spezifische Aspekte der Anwendung zu überwachen, können benutzerdefinierte Ereignisse erstellt werden. Dazu muss - wie das nachfolgende Beispiel zeigt - eine Klasse definiert werden, welche von der Klasse `jdk.jfr.Event` erbt und bestimmte, zu messende Attribute definiert.

```
import jdk.jfr.Event;
import jdk.jfr.Label;
import jdk.jfr.Category;

@Category("Benutzerdefinierte Ereignisse")
@Label("Algorithmusausführung")
public class AlgorithmusEvent extends Event {
    @Label("Startzeit")
    public long startZeit;

    @Label("Endzeit")
    public long endZeit;
}
```

Durch die Verwendung der abgebildeten Annotationen können benutzerdefinierte Ereignisse kategorisiert werden (vgl. Annotation `Category`), damit bei einer Vielzahl von Ereignissen diese im JMC einfacher wiederzufinden sind. Durch die Annotation `Label` lassen sich sprechende Bezeichner definieren, damit die Benutzungsoberfläche im JMC diese Messwerte menschenlesbar darstellen kann. Eine solche benutzerdefinierte Ereignisklasse kann an verschiedenen Stellen im Programm genutzt werden, um Messpunkte aufzuzeichnen und im JMC anzugeben.

```
AlgorithmusEvent event = new AlgorithmusEvent();
event.startZeit = System.currentTimeMillis();
// Algorithmus ausführen
event.endZeit = System.currentTimeMillis();
event.commit();
```

Die Java Laufzeitumgebung legt während der Ausführung des Programms die beim Start spezifizierte Ausgabedatei mit der Endung *.jfr an, welche im JMC geladen werden muss. Anschließend wird die Visualisierung verwendet, um Engpässe oder fehlerhafte Implementierungen zu identifizieren. Dabei sollte der Fokus auf folgende Aspekte gelegt werden:

- **Hot Spots:** Definieren häufig aufgerufene Methoden oder Klassen.
- **Garbage Collection:** Gibt an, welche Objekte von welchen Klassen am häufigsten erstellt und gelöscht werden.
- **Thread Analyse:** Blockierte Threads oder Deadlocks können im JMC eingesehen und identifiziert werden.

Java Flight Recorder und Java Mission Control sind unverzichtbare Werkzeuge für die analytische Qualitätssicherung moderner Java-Anwendungen. Sie ermöglichen es, tiefe Einblicke in das Laufzeitverhalten von Anwendungen zu gewinnen und diese zu optimieren. Indem Sie diese Tools systematisch in Ihre objektorientierte Softwareentwicklung integrieren, können Sie nicht nur die Performance verbessern, sondern auch die Wartbarkeit und Zuverlässigkeit einer Anwendungen sicherstellen.

Zusammenfassung

13 Von OOA zu OOP **

Bei der Entwicklung eines Softwareprodukts ist eine systematische Vorgehensweise erforderlich. Zusammengehörige Tätigkeiten werden zu **Phasen** zusammengefasst.

Vorgehensweise

In der Regel werden mindestens folgende **drei Phasen** unterschieden:

Phasen

- Die Spezifikations- oder Definitionsphase.
- Die Entwurfsphase.
- Die Implementierungsphase.

Die Spezifikationsphase

- In der **Spezifikationsphase** *(requirements engineering)* wird ein **Pflichtenheft** erstellt, das die **Anforderungen** an das neue Produkt enthält. Parallel dazu entsteht ein **Glossar**, das die für die Anwendung relevanten Begriffe definiert. Diese Tätigkeiten werden durch einen Anwendungsspezialisten und/oder einen Systemanalytiker vorgenommen.

- Nach der Erstellung des Pflichtenhefts und des Glossars wird ein **Fachkonzept** entwickelt. In der Regel bedeutet dies, dass die **Funktionalität** und die **Daten** aus Benutzersicht kompakt zusammengestellt und modelliert werden.
- ☐ Wird eine objektorientierte Softwareentwicklung durchgeführt, dann wird das Fachkonzept in der Regel durch ein objektorientiertes Analysemodell dargestellt. Diese Tätigkeit wird daher auch als **objektorientierte Analyse** – kurz **OOA** – bezeichnet. Als Modellierungssprache wird in der Regel die UML verwendet. Standardmäßig gehört zu einem **OOA-Modell** ein Klassenmodell, oft ergänzt um Sequenz- und Objektdiagramme. Die entstehende Modellierung in der Spezifikationsphase wird auch als **fachliche Architektur** des Softwaresystems bezeichnet.

- Parallel dazu oder anschließend wird die **Benutzungsoberfläche** skizziert. Die Benutzungsoberfläche wird von einem Software-Ergonomen gestaltet.

Nach der Spezifikationsphase folgt die Entwurfsphase.

Die Entwurfsphase

- In der **Entwurfsphase** wird auf Grundlage der Unterlagen aus der Spezifikationsphase die technische **Software-Architektur** entworfen. Diese Tätigkeit wird durch einen Software-Architekten vorgenommen.
- ☐ Bei einer objektorientierten Softwareentwicklung wird auf der Grundlage des OOA-Modells ein objektorientiertes Ent-

wurfsmodell – **OOD-Modell** genannt – entwickelt. Bei verwaltungsorientierten und kaufmännischen Anwendungen bedeutet dies, dass die Fachkonzeptklassen um Container-Klassen ergänzt werden. UI-Klassen werden in der UI-Schicht angeordnet und greifen auf diese Klassen zu. Die Container-Klassen wiederum benutzen Klassen der Datenhaltungs-Schicht, um die verwalteten Daten persistent zu speichern (siehe »Drei-Schichten-Architektur«, S. 283).

Im Anschluss an die Entwurfsphase folgt die Implementierungsphase.

Die Implementierungsphase

- In der **Implementierungsphase** werden die Softwarekomponenten, die im Entwurf spezifiziert wurden, realisiert, d. h. programmiert.
- Bei einer objektorientierten Softwareentwicklung werden die entworfenen Klassen mithilfe der gewählten Programmiersprache objektorientiert realisiert und getestet.

Die genaue Festlegung der Phasen mit den durchzuführenden Tätigkeiten sowie der zeitliche Ablauf der Phasen wird in sogenannten Prozess- bzw. Vorgehensmodellen festgelegt. Hier wird sich auf das absolute Minimum beschränkt.

Fallstudie »Aufgabenplaner«

Um eine anschauliche Vorstellung von einer objektorientierten Softwareentwicklung zu vermitteln, wird anhand einer Fallstudie »Aufgabenplaner« die systematische Vorgehensweise gezeigt:

Am Anfang jeder Softwareentwicklung steht ein Gespräch zwischen dem Auftraggeber und dem Auftragnehmer, um die Anforderungen zu ermitteln:

- »Fallst. Aufgabenplaner: Erstes Gespräch«, S. 451

Nach der Erstellung des Pflichtenhefts einschl. Glossar kann das OOA-Modell entwickelt werden:

- »Fallst. Aufgabenplaner: Das OOA-Modell«, S. 455

Anschließend kann die Benutzungsschnittstelle konzipiert werden:

- »Fallst. Aufgabenplaner: Die Benutzungsoberfläche«, S. 457

Im Entwurf wird das OOA-Modell um die technisch notwendigen Klassen ergänzt:

- »Fallst. Aufgabenplaner: Das OOD-Modell«, S. 465

Die Reihenfolge, in der die entworfenen Klassen programmiert werden, hängt ganz wesentlich von einer sinnvollen Test- und Integrationsreihenfolge ab:

- »Fallst. Aufgabenplaner: OOP – Fachkonzeptklassen«, S. 467
- »Fallst. Aufgabenplaner: OOP – UI-Klasse«, S. 471
- »Fallst. Aufgabenplaner: OOP – Container«, S. 474
- »Fallst. Aufgabenplaner: OOP – Datenhaltung«, S. 475

13.1 Fallst. Aufgabenplaner: Erstes Gespräch **

Die Firma **ProManagement** hat das Geschäftsziel, Manager bei ihren Tätigkeiten durch Serviceleistungen zu unterstützen. Da ProManagement bereits gute Erfahrungen mit der Firma **WebSoft** gemacht hat (siehe Box), möchte sie der Firma WebSoft einen neuen Auftrag erteilen.

Abb. 13.1-1: Firma WebSoft

Die Firma WebSoft ist ein junges, innovatives Unternehmen, das sich auf die Erstellung von Websites spezialisiert hat, d. h. auf Software, die über das Web zu bedienen ist. Aufträge werden durch ein interdisziplinäres Team bearbeitet. Jedes Teammitglied ist auf ein Fachgebiet spezialisiert. Die Abbildung zeigt einen Teil der WebSoft-Mannschaft.

Frau Dr. Graf
Geschäftsführerin

Dipl.-Ing. Pilot
Projektleiter

Herr Kaiser
Software-Ergonom

Frau Anton
Anwendungs-Entwicklerin

Herr Schulz
Web-Entwickler

Frau Schick
Web- und Multimedia-Designerin

Frau Aust
Software-Architektin

Frau Sonnenschein
Systemanalytikerin

Das erste Interview: Auftraggeber – Auftragnehmer

Zu einem ersten Gespräch treffen sich Herr Froh von der Firma ProManagement sowie der Projektleiter, Herr Pilot, und die Systemanalytikerin, Frau Sonnenschein, von der Firma WebSoft. Zusätzlich dabei ist Frau Jung, die als Junior-Programmiererin gerade bei der Firma WebSoft angefangen hat. Herr Pilot erklärt ihr vor dem Gespräch, dass es Ziel des ersten Gesprächs sei, die **Anforderungen des Kunden** anzuhören, Rückfragen zu stellen und anhand dieser Informationen anschließend ein sogenanntes **Pflichtenheft** zu erstellen und dem Kunden vorzulegen. Diese Aufgaben gehören zur Rolle eines **Systemanalytikers**.

Frau Sonnenschein von der Fa. WebSoft interviewt in ihrer **Rolle** als **Systemanalytikerin** den Auftraggeber Herrn Froh von der Fa. ProManagement und erstellt in Zusammenarbeit mit ihm ein **Pflichtenheft** und ein **Glossar**.

Interview

Die Textfassung des Interviews lautet:

Frau Sonnenschein
»Herr Froh, damit wir Ihre Vorstellungen von Ihrem Aufgabenplaner entsprechend Ihren Wünschen realisieren können, bitte ich Sie, mir die Ziele Ihres Aufgabenplaners zu erläutern.«

Herr Froh
»Manager müssen sich um eine Vielzahl von Aufgaben kümmern. Der Aufgabenplaner soll es ihnen ermöglichen, jederzeit Aufgaben zu erfassen und zu verfolgen.«

Frau Sonnenschein
»Herr Herbst, wir möchten Ihnen Ihren Aufgabenplaner so schnell wie möglich zur Verfügung stellen. Würden Sie uns bitte sagen, welche Funktionen die erste Version des Anzeigenplaners unbedingt besitzen muss.«

Herr Froh
»Aufgaben müssen erfasst und nach verschiedenen Kriterien angezeigt werden können. Teilaufgaben müssen an Mitarbeiter delegiert werden können. Zu jeder Aufgabe muss eine Kontaktperson gespeichert werden können.«

Frau Sonnenschein
»Welche Informationen müssen zu einer Aufgabe erfasst werden?«

Herr Froh
»Es muss eine Beschreibung der jeweiligen Aufgabe möglich sein. Jeder Aufgabe muss eine Priorität A, B oder C zugeordnet werden können. Es muss der Fertigstellungstermin und das Datum, an dem die Aufgabe erfasst wurde, vermerkt werden. Eine Kontaktperson mit Name, Telefon und E-Mail sollte optional erfassbar sein. An einen oder mehrere Mitarbeiter können Teilaufgaben mit Tätigkeitsbeschreibung und Endetermin delegiert werden. Zu jedem Mitarbeiter sollte seine Abteilung vermerkt sein.«

Frau Sonnenschein
»Können Sie mir noch sagen, nach welchen Kriterien erfasste Aufgaben angezeigt werden sollen.«

Herr Froh
»Wichtig ist eine Ausgabe anhand der Prioritäten. Ebenfalls muss eine Sortierung nach der noch verbleibenden Zeit bis zum Endetermin möglich sein. Da fällt mir noch ein, dass wir auch noch den aktuellen Status der Aufgabenerledigung mit verwalten müssen.«

Frau Sonnenschein
»Was verstehen Sie unter Status?«

»Eine Aufgabe kann in Bearbeitung sein, sie kann abgeschlossen sein, sie kann zurückgestellt worden sein, ja sie kann noch gar nicht begonnen worden sein. Es kann aber auch möglich sein, dass auf die Erledigung von Teilaufgaben gewartet wird. Ach ja: Der Manager sollte seinen Aufgabenplaner natürlich auch für private Zwecke nutzen können.«	Herr Froh
»Mit wie vielen Aufgaben, Kontaktpersonen und Mitarbeitern ist maximal zu rechnen?«	Frau Sonnenschein
»Da der Aufgabenplaner zunächst nur von jeweils einer Person benutzt wird, gehe ich von max. 500 Aufgaben, 100 Kontaktpersonen und 100 Mitarbeitern aus.«	Herr Froh
»Auf welchen Geräten soll der Aufgabenplaner einsetzbar sein?«	Frau Sonnenschein
»Da unsere Zielgruppe Manager sind, die oft unterwegs sind, muss der Aufgabenplaner besonders für mobile Geräte wie Handys und Smartphones ausgelegt sein.«	Herr Froh
»Wie wünschen Sie sich die Benutzungsoberfläche?«	Frau Sonnenschein
»Da wir noch nicht genau wissen, für welche mobilen Geräte wir den Aufgabenplaner hauptsächlich anbieten wollen, sollte zunächst eine textbasierte Benutzungsoberfläche realisiert werden.«	Herr Froh
»Herr Froh, ich danke Ihnen zunächst für dieses Interview. Ich glaube, wir haben damit die wichtigsten Informationen bekommen. Ich werde im nächsten Schritt ein Pflichtenheft und ein Glossar erstellen und es Ihnen dann vorlegen und mit Ihnen durchsprechen.«	Frau Sonnenschein

Das Pflichtenheft: Aufgabenplaner

Strukturieren Sie die Anforderungen nach folgenden Rubriken: Zielsetzung, Produktfunktionen, Produktdaten und Benutzungsoberfläche.	Frage
Frau Sonnenschein erstellt nach dem Interview folgendes Pflichtenheft:	Antwort

Zielbestimmung
Eine einzelne Person – i. Allg. ein Manager – soll mit dem Aufgabenplaner zu erledigende Aufgaben erfassen und sortiert anzeigen können. Jeder Aufgabe kann eine Kontaktperson zugeordnet werden. Teilaufgaben können an Mitarbeiter delegiert werden.

Produktfunktionen
/F10/ Eine Aufgabe muss erfasst werden können.
/F20/ Eine Kontaktperson muss erfasst werden können.
/F30/ Ein Mitarbeiter muss erfasst werden können.
/F40/ Zu einer Aufgabe muss eine Kontaktperson zugeordnet werden können.

/F50/ Teilaufgaben einer Aufgabe (/F10/) können an Mitarbeiter delegiert werden.
/F60/ Eine individuelle Aufgabe muss angezeigt werden können.
/F70/ Alle Kontaktpersonen müssen angezeigt werden können.
/F80/ Alle Mitarbeiter müssen angezeigt werden können.
/F90/ Alle Aufgaben müssen nach folgenden Sortierkriterien angezeigt werden können: Priorität, Endetermin, Status, Beruflich, Privat.

Produktdaten
/D10/ Daten für eine Aufgabe (max. 500):
Eine Aufgabe besteht aus: Aufgabenbeschreibung, Fertigstellungstermin, Erfassungs-Datum, Priorität (A, B, C), Kategorie (Beruf, Privat), Status (Nicht Begonnen, In Bearbeitung, Warten auf Anderen, Zurückgestellt, Erledigt), optional: eine Kontaktperson, ein oder mehrere Mitarbeiter.
/D20/ Daten für eine Kontaktperson (max. 100):
Nachname, Vorname, Telefon, E-Mail.
/D30/ Daten für einen Mitarbeiter (max. 100):
Nachname, Vorname, Telefon, E-Mail, Abteilung, delegierte Tätigkeit, Endetermin.

Benutzungsoberfläche
/B10/ Textorientiert, geeignet für mobile Endgeräte wie Handys, Smartphones usw.

Das Glossar: Aufgabenplaner

Frage — Überlegen Sie, welche Begriffe in einem Glossar definiert werden sollten, um Missverständnisse auszuschließen.

Antwort — In einem Glossar – als Ergänzung zum Pflichtenheft – sollten alle Begriffe definiert werden, die spezifisch für den Problembereich – oft als Problemdomäne *(problem domain)* bezeichnet – sind oder zu Missverständnissen führen könnten. Frau Sonnenschein definiert folgende Begriffe (ein Pfeil → verweist auf einen jeweils anderen Glossarbegriff):

Aufgabe: Durchzuführende Tätigkeit einer Person. Teiltätigkeiten können an →Mitarbeiter delegiert werden. Einer Aufgabe kann eine →Kontaktperson zugeordnet werden.

A, B, C-Prioritäten: Eine mit A klassifizierte →Aufgabe besitzt die höchste Priorität. C steht für die niedrigste Priorität.

Kontaktperson: Person, die in Verbindung mit einer →Aufgabe steht.

Mitarbeiter: Person, an die Teil-→Aufgaben delegiert werden können.

13.2 Fallst. Aufgabenplaner: Das OOA-Modell **

Ausgehend von dem erstellten **Pflichtenheft** und dem **Glossar** (siehe: »Fallst. Aufgabenplaner: Erstes Gespräch«, S. 451) erstellt normalerweise Frau Sonnenschein in ihrer **Rolle** als **Systemanalytikerin** der Fa. WebSoft ein **Fachkonzept** für das geplante Softwaresystem. Sie delegiert diese Aufgabe aber an die Junior-Programmiererin, Frau Jung, damit sie Erfahrungen im Bereich der Systemanalyse sammeln kann.

Fachkonzept

OOA-Modell – Version 1

Frau Jung erkennt, dass es sich bei dem Aufgabenplaner um eine verwaltungsorientierte Anwendung handelt. Sie beginnt daher bei der objektorientierten Analyse mit der Ermittlung von geeigneten Klassen und modelliert sie in einem **OOA-Klassenmodell** mithilfe der UML. Das Ergebnis ihrer Systemanalyse legt sie Frau Sonnenschein als Klassendiagramm vor (Abb. 13.2-1).

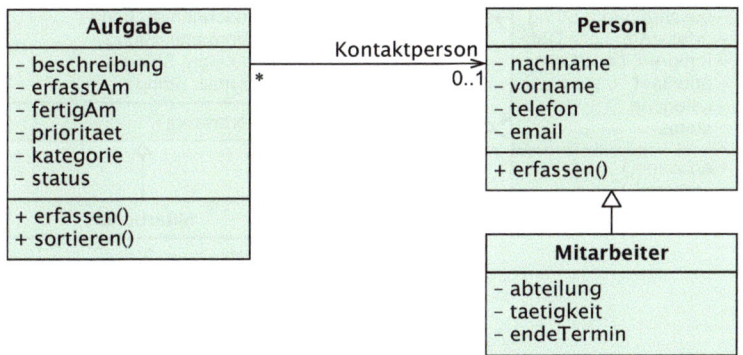

Abb. 13.2-1: Erstes OOA-Modell des Aufgabenplaners.

Frau Jung erklärt stolz Frau Sonnenschein, dass die Klasse Mitarbeiter als Unterklasse von Person gewählt werden kann und dass die Assoziation, die zwischen der Klasse Aufgabe und der Klasse Person besteht durch die Vererbung automatisch an die Klasse Mitarbeiter vererbt wird.

Frau Sonnenschein schaut sich das Modell an und zeigt sich bereits recht zufrieden. Sie bittet Frau Jung als nächstes die Typen der Attribute festzulegen und sich die Assoziation zwischen den Klassen Aufgabe und Mitarbeiter nochmals genauer anzusehen.

OOA-Modell – Version 2

Frau Jung sieht sich nochmals das Pflichtenheft an und erkennt, dass die Multiplizitäten der Assoziationen unterschiedlich sind:

Assoziationen
- Zu einer Aufgabe kann es genau eine Kontaktperson geben: Multiplizität 0..1.
- Zu einer Aufgabe können mehrere Mitarbeiter zugeordnet werden: Multiplizität: *.

Aus diesem Grund kann die Assoziation *nicht* vererbt werden, sondern muss explizit zwischen der Klasse Aufgabe und der Klasse Mitarbeiter eingetragen werden. Da es in dem Aufgabenplaner offenbar *nicht* erforderlich ist, dass von einer Kontaktperson und von Mitarbeitern auf alle ihnen zugeordneten Aufgaben navigiert werden muss, zeichnet Frau Jung die Assoziationen als **unidirektional** ein und kennzeichnet die nicht notwendige Navigationsrichtung durch ein Kreuz.

Bei den Attributen ergänzt Frau Jung die ihr bekannten Typen. Sie hat aber Probleme mit den Attributen prioritaet, kategorie und status und bittet Frau Sonnenschein um Hilfe. Sie zeigt ihr das modifizierte OOA-Modell (Abb. 13.2-2).

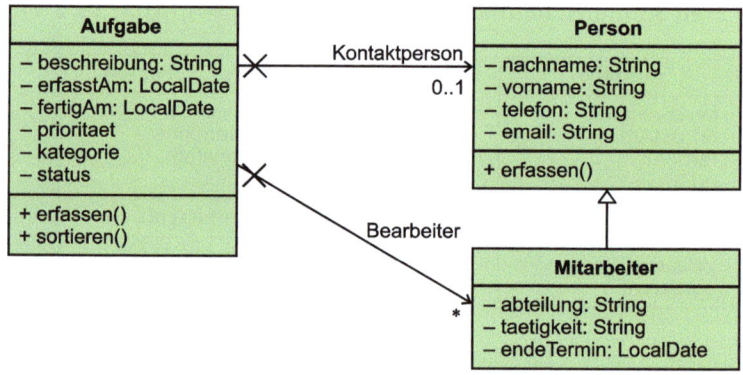

Abb. 13.2-2: OOA-Modell des Aufgabenplaners mit detaillierten Assoziationsangaben.

OOA-Modell – Version 3

Aufzählungstyp – diskrete Attributwerte

Frau Sonnenschein lobt Frau Jung für die verbesserten Assoziationen. Bezogen auf die Attribute prioritaet, kategorie und status erklärt Frau Sonnenschein, dass dafür am besten ein sogenannter **Aufzählungstyp** *(enumeration type)* verwendet wird. Ein Aufzählungstyp liegt immer dann vor, wenn ein Attribut nur diskrete Werte – d. h. die aufgezählten Werte – annehmen kann. Auch für die Modellierung dieses Typs kann in der UML das Konzept der Klasse verwendet werden. Über dem Klassennamen wird die Bezeichnung «enumeration» angegeben. Dadurch wird spezifiziert, dass es sich um einen Aufzählungstyp handelt. Die Werte des Aufzählungstyps werden als Attribute – stets ohne Typangaben – eingetragen.

Frau Sonnenschein bittet Frau Jung noch über Folgendes nachzudenken: Was passiert, wenn ein Mitarbeiter von mehreren Aufgaben Teilaufgaben delegiert bekommt. Jede Teilaufgabe hat eine andere Beschreibung und einen anderen Endetermin.

Mit diesen Informationen und Hinweisen »bewaffnet«, macht sich Frau Jung an eine Erweiterung Ihres OOA-Modells. Frau Jung prüft die Assoziation zwischen Aufgabe und Mitarbeiter und stellt erschreckt fest, dass sie eine assoziative Klasse übersehen hat. Die Attribute beschreibung und endeTermin dürfen nicht in der Klasse Mitarbeiter angeordnet werden, da ja ein Mitarbeiter verschiedene Tätigkeiten erhalten kann. Daher fügt Frau Jung die assoziative Klasse Taetigkeit dem Modell hinzu. Sie stellt das neue Modell Frau Sonnenschein vor (Abb. 13.2-3) und erhält dafür ein großes Lob.

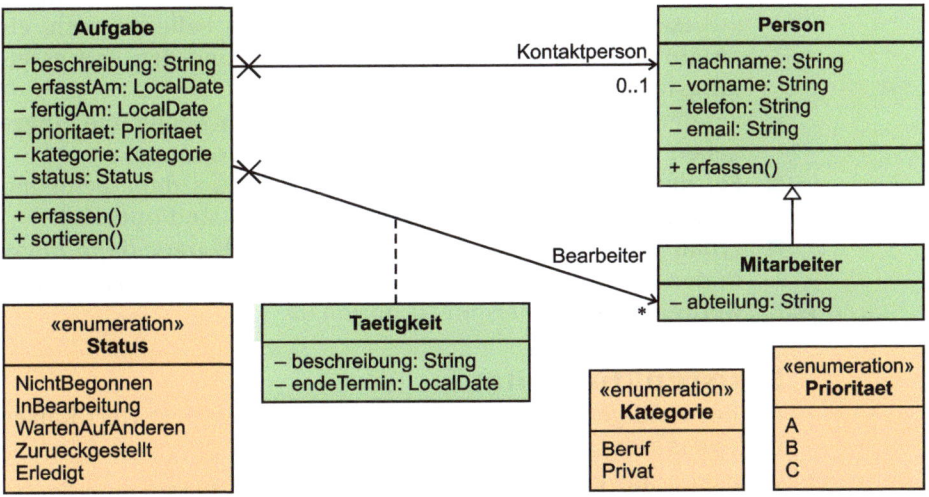

Abb. 13.2-3: OOA-Modell des Aufgabenplaners mit Aufzählungstypen.

Frau Sonnenschein bittet Frau Jung, das OOA-Modell zusammen mit dem Pflichtenheft und dem Glossar Herrn Kaiser, dem Software-Ergonomen der Firma WebSoft, zu übergeben, mit der Bitte, eine erste Skizze für eine Benutzungsoberfläche zu erstellen.

13.3 Fallst. Aufgabenplaner: Die Benutzungsoberfläche **

Ausgehend von dem erstellten Pflichtenheft, dem Glossar und dem Fachkonzept in Form eines OOA-Modells betrachtet Herr Kaiser von der Firma WebSoft in seiner Rolle als **Software-Ergonom** zunächst die modellierten Klassen.

Benutzungsoberfläche

Muss- und Kann-Attribute sowie Voreinstellungen

Zunächst überlegt er sich, welche Attribute bei der Erzeugung eines Objekts sinnvollerweise **Muss-Attribute** sind und welche optional sind – bei denen also nicht unbedingt etwas eingegeben werden muss. Wird bei einem **Kann-Attribut** nichts eingegeben, dann muss festgelegt werden, welcher Wert als Voreinstellung zu nehmen ist.

- Bei der Klasse Aufgabe muss die Beschreibung auf jeden Fall eingegeben werden. Das Erfassungsdatum wird automatisch ermittelt. Der Fertigstellungstermin ist notwendig, da die Möglichkeit besteht, nach diesem Kriterium zu sortieren. Die Prioritätsangabe sollte optional sein, Voreinstellung C. Die Katagorieangabe sollte ebenfalls optional sein, Voreinstellung Beruf. Die Statuseingabe ist ebenfalls optional, Voreinstellung NichtBegonnen. Damit ist es im einfachsten Falle möglich, eine Aufgabe nur durch ihre Beschreibung und den Fertigstellungstermin anzulegen.
- Bei der Klasse Person muss mindestens der Nachname eingegeben werden, alle anderen Angaben sind optional.
- Bei der Klasse Mitarbeiter muss mindestens der Nachname eingegeben werden, alle anderen Angaben sind optional.
- Erhält ein Mitarbeiter eine Teilaufgabe delegiert, dann muss in der assoziativen Klasse Taetigkeit die beschreibung erfasst werden. Der Endetermin ist optional.

Basisfunktionalität

Als notwendige Basisfunktionen für die Klassen legt Herr Kaiser folgendes fest:

- Neben der Erfassung müssen Objekte der Klasse Aufgabe geändert, gelöscht und nach verschiedenen Sortierkriterien sortiert werden können.
- Objekte der Klasse Person müssen erfasst, ergänzt (um noch nicht erfasste Attribute) und gelöscht werden können.
- Objekte der Klasse Mitarbeiter müssen erfasst, ergänzt und gelöscht werden können.

Bedienungsszenarien

Als Nächstes überlegt sich Herr Kaiser mögliche Bedienungsszenarien für eine textorientierte Benutzungsoberfläche. Er versucht sich in die Rolle eines Managers zu versetzen, der eine neue Aufgabe – eigen- oder fremdgesteuert – erfassen will. Da ein Manager sicher *nicht* dauernd neue Aufgaben erfasst, kann nicht davon ausgegangen werden, dass er alle Bedienungsschritte im Kopf hat. Daher ist es notwendig alle Attribute mit Namen

13.3 Fallst. Aufgabenplaner: Die Benutzungsoberfläche **

vorzugeben und bei den Aufzählungstypen eine Kurzeingabe mit Angabe der Kürzel aufzuführen. Für die Erfassung einer Aufgabe überlegt sich Herr Kaiser folgende Bedienungsschritte (mit Beispieleingabe):

```
Neue Aufgabe erfassen
Beschreibung:
Text
Geplantes Ende tt.mm.jjjj:
02.08.2014
Priorität a, b, c:
a
Kategorie Beruf, Privat: b/p:
b
Status NichtBegonnen, InBearbeitung, WartenAufAnderen,
Zurueckgestellt, Erledigt: n/i/w/z/e
i
```

Schwieriger ist die Frage zu beantworten, wie einer Aufgabe eine Kontaktperson und Mitarbeiter zugeordnet werden sollen.

Überlegen Sie sich einige Lösungsmöglichkeiten. *Frage*

Eine Möglichkeit besteht darin, dass der Verweis zu einer Kontaktperson und zu Mitarbeitern durch Eingabe der jeweiligen Namen – direkt bei der Aufgabenerfassung – hergestellt wird. *Antwort*

Welche Vor- und Nachteile hat diese Lösung? *Frage*

+ Der Vorteil dieser Lösung ist, dass man – wenn man den Namen im Kopf hat – sofort durch Namenseingabe den Verweis setzen kann. *Antwort*

Dem stehen folgende Nachteile gegenüber:

− Namen sind *nicht* eindeutig – auch wenn Vor- und Nachnamen eingegeben werden.
− Namen können sehr lang und kompliziert in der Schreibweise sein. Eine Eingabe auf einem mobilen Endgerät kann dann aufwendig sein.

Der erste Lösungsgedanke, der Herrn Kaiser durch den Kopf geht, ist die Vergabe einer Personalnummer. Diesen Gedanken verwirft er jedoch sofort wieder, da ein Manager sicher nicht die Personalnummern seiner Mitarbeiter im Kopf hat. Als Lösung wählt Herr Kaiser die Vergabe eines Spitznamens *(nick name)*, den jeder Manager selbst vergeben kann. Als Konsequenz ergibt sich für das OOA-Modell, dass die Klasse Person um ein Attribut spitzname erweitert werden muss. Bei diesen Überlegungen fällt Herrn Kaiser ein, dass auch jede Aufgabe identifizierbar sein muss. Hier schlägt er analog vor, jede Aufgabe durch ein selbst gewähltes Stichwort eindeutig zu identifizieren. Die Klasse Aufgabe muss entsprechend um ein Attribut stichwort ergänzt werden.

Neue Aufgabe erfassen

Für die Funktion Neue Aufgabe erfassen geht Herr Kaiser von der Hypothese aus, dass ein Manager beim Erfassen einer neuen Aufgabe alle Aufgabenattribute erfasst und optional noch die Kontaktperson. Die Spitznamen aller Kontaktpersonen sollen aufgeführt werden, sodass der Manager sich die Spitznamen *nicht* merken muss. Erfolgt eine Leereingabe, dann wird keine Kontaktperson zugeordnet. Herr Kaiser geht davon aus, dass zu delegierende Teilaufgaben an Mitarbeiter extra erfasst werden und erst dann eine Zuordnung zu einer bereits erfassten Aufgabe erfolgt. Daraus ergibt sich folgender Dialog (mit Beispieleingaben):

```
Stichwort:
progkunde
Beschreibung:
Klasse Kunde programmieren und testen
Geplantes Ende tt.mm.jjjj:
10.05.2014
Priorität a, b, c:
a
Kategorie Beruf, Privat: b/p:
b
Status NichtBegonnen, InBearbeitung, WartenAufAnderen,
Zurueckgestellt, Erledigt: n/i/w/z/e
n
Kontaktperson zuordnen - Alle Spitznamen:
chef stahl
Leere Eingabe: Keine Zuordnung
Spitzname:
chef
```

Kontaktperson/Mitarbeiter erfassen

Herr Kaiser geht davon aus, dass Kontaktpersonen und Mitarbeiter zunächst unabhängig von einer Aufgabe erfasst werden. Da Kontaktpersonen und Mitarbeiter über die gleichen Personalattribute verfügen, möchte Herr Kaiser sie über eine Funktion erfassen und erst am Ende abfragen, ob es sich um eine Kontaktperson oder einen Mitarbeiter handelt. Eine beispielhafte Erfassung sieht wie folgt aus:

```
Spitzname:
chef
Nachname:
Cramer
Vorname:
Ralf
Telefon:
0234/7865
E-Mail:
cramer@tcom.de
Kontaktperson oder Mitarbeiter (k/m):
k
```

Aufgabe anzeigen – Stichwort

Jede Aufgabe muss mit allen Attributen anzeigbar sein. Um eine spezifische Aufgabe auszugeben, muss das Stichwort der Aufgabe eingegeben werden. Um eine kompakte, aber dennoch übersichtliche Ausgabe zu erhalten, überlegt sich Herr Kaiser folgendes Ausgabeformat (mit Beispieldaten):

```
Stichwort:
progkunde
-----------------------------------------------------------
A | PROGKUNDE | Beruf | Erfasst am: 07.05.2014
Termin: Mittwoch, 10. Mai 2014 | NichtBegonnen
Beschreibung: Klasse Kunde programmieren und testen
Kontaktperson: CHEF | Cramer | Ralf | 0234/7865 | cr@tcom.de
Teilaufgaben delegiert an:
JOE Klasse Kunde programmieren | Termin: 09.05.2014
-----------------------------------------------------------
```

Nach der Eingabe und Überprüfung des Stichworts wird in der ersten Zeile die Priorität (A, B oder C) angegeben. Anschließend folgen – jeweils durch einen senkrechten Strich getrennt: das Stichwort in Großbuchstaben, die Kategorie (Beruf oder Privat) und das Erfassungsdatum.

In der zweiten Zeile folgt der Termin in Langform und dahinter der Status.

In der dritten Zeile folgt die Beschreibung der Aufgabe.

Wurde eine Kontaktperson zugeordnet, dann sollen in der vierten Zeile die Kontaktdaten angezeigt werden.

In den letzten Zeilen wird angezeigt, ob Teilaufgaben delegiert wurden und an wen.

Alle Personen anzeigen

Um einen Überblick über alle erfassten Kontaktpersonen und Mitarbeiter zu erhalten, sieht Herr Kaiser eine Funktion Alle Personen anzeigen vor, die eine alphabetisch nach Stichworten geordnete Liste in folgender Form ausgibt:

```
-----------------------------------------------------------
CHEF | Cramer | Ralf  | 0234/7865 | cr@tcom.de
JOE  | Purek  | Joachim | 0211/7865 | purek@websoft.de | Mitarbeiter
PRO  | Probst | Heinz | 0711/9834 | probst@probstsoft.de
-----------------------------------------------------------
```

Zu Aufgabe Kontaktperson zuordnen

Zu einer bereits erfassten Aufgabe muss nachträglich eine Kontaktperson zuzuordnen sein. Dafür konzipiert Herr Kaiser die Funktion Zu Aufgabe Kontaktperson zuordnen. Zuerst wird das Stichwort der Aufgabe abgefragt, anschließend der Spitzname der Kontaktperson eingetragen.

Zu Aufgabe Mitarbeiter zuordnen

Analog wird eine Funktion benötigt, die es erlaubt, Mitarbeiter einer Aufgabe zuzuordnen. Zusätzlich müssen dabei aber noch die delegierte Tätigkeit und ein Endetermin erfasst werden. Außerdem müssen mehrere Mitarbeiter zugeordnet werden können. Herr Kaiser entwirft folgenden Eingabedialog (mit Beispieldaten):

```
Stichwort:
prokunde
Spitzname:
joe
Tätigkeit:
Testfaelle fuer Klasse Kunde erstellen
Geplantes Ende tt.mm.jjjj:
08.05.2014
Noch ein Bearbeiter j/n ?
n
```

Alle Aufgaben – sortiert

Eine wichtige Funktion ist die sortierte Ausgabe aller erfassten Aufgaben. Als Standardsortierung schlägt Herr Kaiser eine Sortierung nach aufsteigenden Terminen vor, d. h. die Aufgaben, die am ehesten erledigt sein müssen, werden zuerst aufgelistet. Wahlweise sollte noch nach der Priorität (A, B oder C), nach Beruflich oder Privat und nach dem Status der Aufgaben sortiert werden können. Als Beispiel für eine sortierte Ausgabe nach der Priorität A skizziert Herr Kaiser folgende Ausgabe:

```
------------------------------------------------------------
A | PROKUNDE | Beruf | Erfasst am: 07.05.2014
Termin: Mittwoch, 10. Mai 2014 | NichtBegonnen
Beschreibung: Klasse Kunde programmieren und testen
Kontaktperson: CHEF | Cramer | Ralf | 0234/7865 | cr@tcom.de
Teilaufgaben delegiert an:
JOE Kunde Klasse programmieren | Termin: 08.05.2014
------------------------------------------------------------
C | ABNAHME | Beruf | Erfasst am: 07.05.2014
Termin: Dienstag, 9. Mai 2014 | InBearbeitung
Beschreibung: Abnahme des Programms OptiTravel
Teilaufgaben delegiert an:
TOM Testfälle für Abnahmetest erstellen | Termin: 08.05.2014
------------------------------------------------------------
```

Anordnung der Funktionen

Nach der Konzipierung der einzelnen Funktionen macht sich Herr Kaiser Gedanken über die sinnvolle Reihenfolge der Funktionen, wie sie dem Benutzer angezeigt werden sollen. Die wichtigste Frage, die sich stellt ist: Werden Aufgaben öfters abgefragt oder öfters eingegeben bzw. was hat Priorität: Schnelle Eingabe oder schnelle Ausgabe?

Herr Kaiser geht davon aus, dass Aufgaben öfters abgefragt als eingegeben werden. Auf der anderen Seite muss die Eingabe von Aufgaben aber Priorität haben, damit man eine Aufgabe nicht vergisst. Herr Kaiser schlägt daher vor, an erster Stelle die Funktion Neue Aufgabe erfassen anzuzeigen. Anschließend soll es möglich sein, sich eine aktuelle Aufgabe anzeigen zu lassen. Danach sollten alle Aufgaben nach verschiedenen Sortierkriterien ausgegeben werden können. Folgende Anordnung schlägt Herr Kaiser vor:

```
Ihr Aufgabenplaner - Funktionen:
1: Neue Aufgabe erfassen
2: Aufgabe anzeigen - Stichwort
3: Alle Aufgaben - sortiert
4: Kontaktperson/Mitarbeiter erfassen
5: Alle Personen anzeigen
6: Zu Aufgabe Kontaktperson zuordnen
7: Zu Aufgabe Mitarbeiter zuordnen
8: Aufgabe/Person/Mitarbeiter ändern oder löschen
9: Abbruch
Bitte Ziffer 1 bis 9 eingeben:
```

Änderungen am OOA-Modell

Da die Konzeption der Benutzungsschnittstelle einige Änderungen am OOA-Modell zur Folge hat, bespricht Herr Kaiser die Erweiterungen mit der Systemanalytikerin, Frau Sonnenschein, und bittet um ein neues OOA-Modell zur Überprüfung. Da es sich nur um kleinere Änderungen handelt, erhält Herr Kaiser kurze Zeit später das geänderte OOA-Modell (Abb. 13.3-1).

Die optionalen Attribute sind dabei durch die UML-Notation [0..1] hinter dem Attributtyp gekennzeichnet. Diese Notation ist identisch mit einer Multiplizitätsangabe. Bezogen auf ein Attribut besagt sie, dass *kein* Attributwert oder *ein* Attributwert vorhanden ist.

Gespräch mit dem Auftraggeber

Da Herr Kaiser bei der Konzeption der Benutzungsschnittstelle von einer Reihe von Annahmen ausgehen musste – im Pflichtenheft gab es keine weiteren Vorgaben zur Benutzungsoberfläche – vereinbart er ein Gespräch mit dem Auftraggeber, um sein Konzept vorzustellen. Der Auftraggeber, Herr Froh, sagt, dass er zur konkreten Benutzungssituation auch keine Aussagen machen kann. Er schlägt deshalb vor, die von Herrn Kaiser vorgeschlagene Benutzungsschnittstelle zunächst als Prototyp zu realisieren und dann anschl. einen Benutzungstest *(usability test)* mit Repräsentanten der Zielgruppe vorzunehmen. Herr Kaiser begrüßt diese Vorgehensweise und gibt diese Verabredung an den Projektleiter der Firma WebSoft, Herr Pilot, weiter.

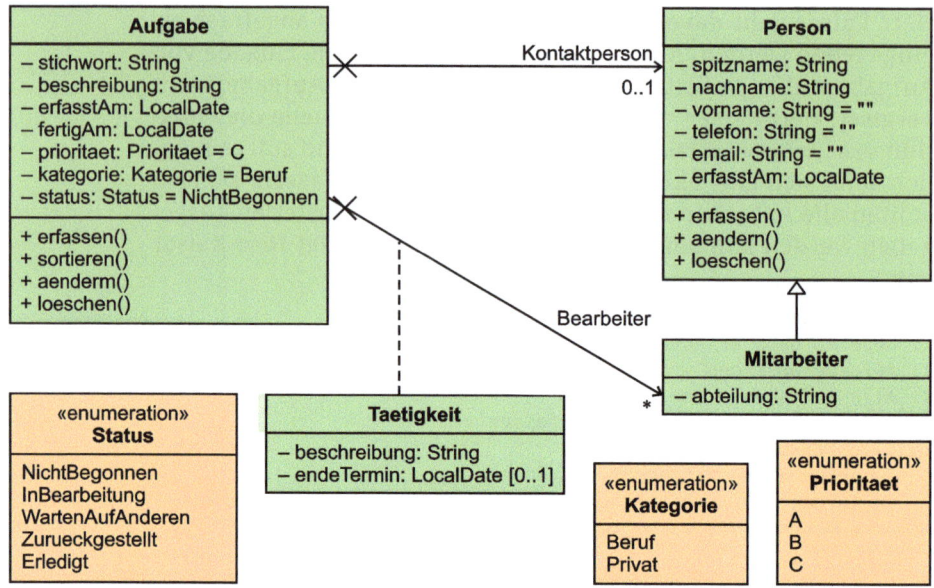

Abb. 13.3-1: OOA-Modell nach Gestaltung der Benutzungsoberfläche.

Aufstellung von Abnahme-Testfällen

Damit ein erstelltes Software-System nicht nur mit Testfällen überprüft wird, die sich aus der bereits bekannten Implementierung ergeben, stellt Herr Kaiser bereits zu diesem frühen Zeitpunkt Testszenarien für den Abnahmetest auf. Folgende Testsequenzen sind zu durchlaufen:

Gültige Testsequenzen

- Testsequenz 1:
  - Neue Aufgabe erfassen ohne Kontaktperson und ohne Mitarbeiter
- Testsequenz 2:
  - Kontaktperson/Mitarbeiter erfassen: Kontaktperson erfassen
- Testsequenz 3:
  - Kontaktperson/Mitarbeiter erfassen: Mitarbeiter erfassen
- Testsequenz 4:
  - Kontaktperson/Mitarbeiter erfassen: Mitarbeiter erfassen
- Testsequenz 5:
  - Kontaktperson/Mitarbeiter erfassen: Mitarbeiter erfassen
- Testsequenz 6:
  - Zu Aufgabe Kontaktperson zuordnen: Kontaktperson der in Testsequenz 1 erfassten Aufgabe zuordnen.
  - Aufgabe anzeigen – Stichwort: Aufgabe muss mit Kontaktperson richtig ausgegeben werden.

- Testsequenz 7:
  - Zu Aufgabe Mitarbeiter zuordnen: Zwei Mitarbeiter der in Testsequenz 1 erfassten Aufgabe zuordnen.
  - Aufgabe anzeigen - Stichwort: Aufgabe muss mit Kontaktperson und den zwei Mitarbeitern richtig ausgegeben werden.
- Testsequenz 8:
  - Testsequenzen 1 bis 7 erneut durchlaufen und zweite Aufgabe mit Kontaktperson und einem Mitarbeiter erfassen.
  - Testsequenzen 1 bis 7 erneut durchlaufen und dritte Aufgabe mit drei Mitarbeitern erfassen.
  - Alle Personen anzeigen: Die Liste aller Personen ausgeben lassen.
  - Alle Aufgaben - sortiert: Alle Aufgaben nach allen verfügbaren Sortierkriterien ausgeben lassen.

Ungültige Testsequenzen

- Testsequenz 9:
  - Neue Aufgabe erfassen: Nicht vorhandene Kontaktperson angeben – Es muss ein Fehler gemeldet werden.
- Testsequenz 10:
  - Zu Aufgabe Mitarbeiter zuordnen: Nicht vorhandene Mitarbeiter angeben – Es muss ein Fehler gemeldet werden.
- Testsequenz 11:
  - Aufgabe anzeigen - Stichwort: Nicht vorhandene Aufgabe angeben – Es muss ein Fehler gemeldet werden.

Überlegen Sie sich weitere Testszenarien.

Weitergabe an die Software-Architektin

Damit hat Herr Kaiser seine Arbeit zunächst abgeschlossen und übergibt Frau Aust, der Software-Architektin der Firma WebSoft, folgende Unterlagen:

- Pflichtenheft mit Glossar
- OOA-Modell
- Konzept der Benutzerschnittstelle
- Abnahme-Testfälle

13.4 Fallst. Aufgabenplaner: Das OOD-Modell **

Frau Aust, die Software-Architektin der Firma WebSoft, arbeitet sich in die übergebenen Unterlagen zum Aufgabenplaner ein:

- Pflichtenheft mit Glossar
- OOA-Modell
- Konzept der Benutzerschnittstelle
- Abnahme-Testfälle

Obwohl es sich um eine relativ kleine Anwendung handelt, entschließt sich Frau Aust doch zu einem klaren **Drei-Schichten-Aufbau** (siehe auch: »Drei-Schichten-Architektur«, S. 283).

Datenhaltungs-Schicht

Frau Aust überlegt zunächst, welche Möglichkeiten der Persistenz am besten für den Aufgabenplaner geeignet sind. Drei Möglichkeiten stehen zur Auswahl:

- Verwendung eines Datenbanksystems
- Speicherung in Dateien, z. B. mittels einer indexbasierten Datenorganisation (siehe auch: »Das Konzept einer indexbasierten Dateiorganisation«, S. 277)
- Serialisierung (siehe auch: »Vernetzte Objekte serialisieren«, S. 297)

Da der Aufgabenplaner auch – oder vor allem – auf mobilen Endgeräten laufen soll, scheidet eine Datenbank aus, da diese Endgeräte über keine Datenbanken verfügen. Die Verwendung einer indexbasierten Datenorganisation ist zwar möglich, aber kompliziert, da die Objekte entsprechend dem OOA-Modell stark verlinkt sein können.

Serialisierung

Frau Aust entscheidet sich daher dazu, das **Serialisierungskonzept** einzusetzen.

ObjektDatei

Für das Lesen und Schreiben von serialisierten Objekten gibt es bei der Firma WebSoft standardmäßig folgende Klassen:

- `ObjektDatei`: Serialisiert in einen Byte-Strom.
- `ObjektDateiXML`: Serialisiert in einen XML-Strom.

Bei einer XML-Serialisierung wird eine **JavaBean**-Klasse vorausgesetzt (siehe auch: »Die Serialisierung von Objekten«, S. 289). Die für Datumsangaben verwendete Klasse `LocalDate` erfüllt diese Voraussetzungen nicht, daher kann nur die Byte-Strom-Serialisierung verwendet werden. Frau Aust wählt daher die Klasse `ObjektDatei` (Abb. 13.4-1).

Fachkonzept-Schicht

In den Fachkonzept-Klassen `Aufgabe`, `Person` und `Mitarbeiter` ergänzt Frau Aust zunächst die Klassen um die benötigten Konstruktoren und Methoden. Objekte der Klassen `Person` und `Mitarbeiter` werden standardmäßig nach dem Spitznamen sortiert. Nach dem Einfügen eines neuen Objekts werden die vorhandenen Objekte direkt sortiert. Objekte der Klasse `Aufgabe` können nach mehreren Kriterien sortiert werden. Dazu werden die verschiedenen Kriterien als `Comparator`-Objekte in einem `Map`-Objekt in der Klasse `Aufgabe` gespeichert. Beim Auslesen der vorhandenen Aufgaben wird ein Element der Aufzählung Aufgabensortierung übergeben, das dafür sorgt, dass die Elemente entsprechend des Kriteriums sortiert werden. Die assoziative Klasse Taetigkeit wird in eine echte Klasse umgewandelt. Aus Gründen der Übersichtlichkeit werden einige Methoden und Attribute sowie die Konstruktoren der jeweiligen Klassen in der Abb. 13.4-1 nicht dargestellt.

Damit die Objekte aller drei Klassen Aufgabe, Person und Mitarbeiter zusammen serialisiert werden können, wird eine Wurzelklasse benötigt. Frau Aust nennt sie Datenbasis. Die jeweiligen Klassen müssen die Schnittstelle Serializable implementieren. Zur Verwaltung der Objekte der Klassen wird eine Klasse ObjektContainer benötigt. Diese Klasse realisiert das Singleton-Muster (siehe auch »Das Singleton-Muster«, S. 179). Für den ObjectContainer spezifiziert Frau Aust die notwendigen Methoden (Abb. 13.4-1).

Wurzelklasse

UI-Schicht
Für die Bedienung des Aufgabenplaners konzipiert Frau Aust die Klasse AufgabenplanerUI, die den gesamten Dialog mit dem Endbenutzer abwickelt. Sie trägt die entsprechenden Assoziationen in das OOD-Modell ein (Abb. 13.4-1) und gibt alle Unterlagen an die Anwendungsentwicklerin der Firma WebSoft, Frau Anton, weiter.

13.5 Fallst. Aufgabenplaner: OOP – Fachkonzeptklassen **

Frau Anton, die Anwendungs-Entwicklerin der Firma WebSoft, arbeitet sich in die übergebenen Unterlagen zum Aufgabenplaner ein:

- Pflichtenheft mit Glossar
- OOA-Modell
- Konzept der Benutzungsschnittstelle
- Abnahme-Testfälle
- OOD-Modell

Zur Unterstützung und zur Einarbeitung arbeitet Frau Jung, die Junior-Programmiererin der Fa. WebSoft, mit Frau Anton zusammen, um den Aufgabenplaner kurzfristig zu realisieren.

Frau Anton erklärt Frau Jung, dass am Anfang überlegt werden muss, in welcher **Reihenfolge** die Klassen programmiert werden sollen. Die Reihenfolge wird sinnvollerweise so gewählt, dass Tests möglichst ohne neu zu schreibende Testtreiber durchgeführt werden können. Frau Anton schlägt folgende Entwicklungsreihenfolge vor:

Planung

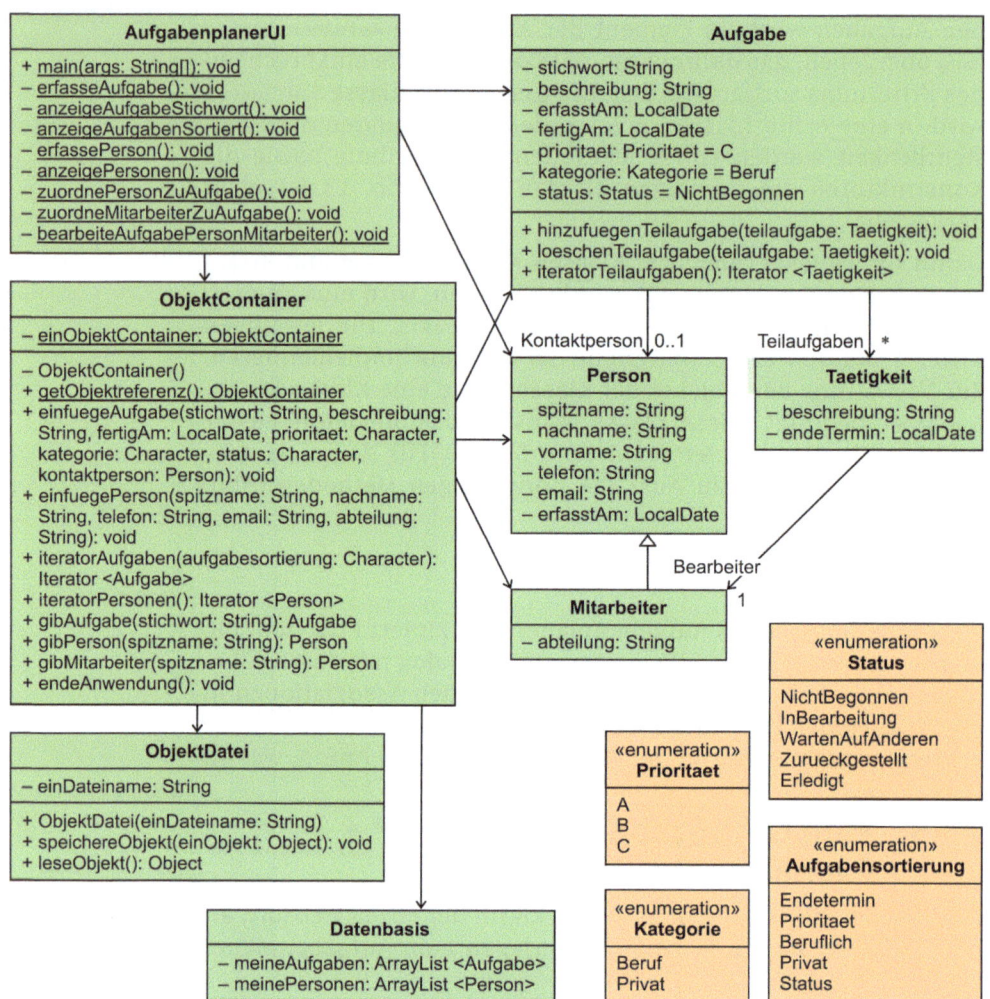

Abb. 13.4-1: OOD-Modell des Aufgabenplaners.

1. Programmierung der Klasse Aufgabe, da diese unabhängig von allen anderen ist und mit der Entwicklungsumgebung BlueJ ohne Testtreiber getestet werden kann.
2. Programmierung der Klasse Person. Nach einem Einzeltest anschließend kombinierter Test mit der Klasse Aufgabe.
3. Programmierung der Klasse Mitarbeiter. Nach einem Einzeltest anschließend kombinierter Test mit der Klasse Aufgabe.
4. Programmierung der Klasse AufgabenplanerUI und Test in Kombination mit den bereits fertiggestellten Fachkonzeptklassen.
5. Programmierung der Klassen ObjektContainer und Datenbasis. Test zusammen mit den bereits vorhandenen Klassen.

6 Programmierung der Klasse `ObjektDatei` und anschließende Integration in die vorhandenen Klassen.

Frau Anton bittet Frau Jung zunächst die Klasse `Aufgabe` zu programmieren und dabei Folgendes zu beachten:

- Es müssen alle `get`- und `set`-Methoden programmiert werden.
- Die Assoziationen zu den Klassen `Person` und `Mitarbeiter` müssen programmiert werden.
- Die Sortierkriterien werden statisch in einem Objekt des Typs `HashMap<Aufgabensortierung, Comparator<Aufgabe>>` eingefügt (siehe »Mehrere Typparameter«, S. 316). Dazu werden diese in Form von **Lambda-Ausdrücken** definiert (siehe »Implementierung von Vergleichsoperationen«, S. 349).
- Die Klasse `Aufgabe` muss die Schnittstelle `Serializable` implementieren.

Frau Jung macht sich daran, die Klasse `Aufgabe` zu programmieren. Sie benutzt dazu die Entwicklungsumgebung BlueJ und nutzt diese Entwicklungsumgebung gleichzeitig als Testrahmen, um die implementierten Methoden zu testen. Sie ergänzt die Klasse `Aufgabe` um eine statische `Map`, die die Zuordnung der Aufzählung `Aufgabensortierung` zu den jeweiligen `Comparator`-Objekten ermöglicht, die mittels Lambda-Ausdrücken realisiert sind. Der Quellcode sieht wie folgt aus (Programm `Aufgabenplaner`):

```java
/** Fachkonzeptklasse Aufgabe */

import java.io.*;
import java.time.LocalDate;
import java.util.*;

public class Aufgabe implements Serializable
{
  private String stichwort; //Muss
  private String beschreibung; //Muss
  private LocalDate erfasstAm;
  private LocalDate fertigAm; //Muss wegen Sortierung
  private Prioritaet prioritaet = Prioritaet.C;
  private Kategorie kategorie = Kategorie.Beruf;
  private Status status = Status.NichtBegonnen;

  public static final Map<Aufgabensortierung, Comparator<Aufgabe>>
    enumAufgabensortierung =
      new HashMap<Aufgabensortierung, Comparator<Aufgabe>>(){{
    put(Aufgabensortierung.Endetermin,
      (a1, a2) -> a1.getFertigAm().compareTo(a2.getFertigAm()));
    //... analog weitere Kriterien
  }};

  /**Unidirektionale Assoziation zu Person 0..1 */
  //Kontaktperson
  private Person kontaktperson;
```

```java
/**Unidirektionale Assoziation zu Mitarbeiter 0..* */
//Bearbeiter
private ArrayList<Taetigkeit> teilaufgaben = new ArrayList<>();

// Standard-Konstruktor
public Aufgabe()
{
}

//weiterer Konstruktor
public Aufgabe(String stichwort, String beschreibung,
  LocalDate fertigAm, Prioritaet prioritaet, Kategorie kategorie,
  Status status, Person kontaktperson)
{
  this.stichwort = stichwort;
  this.beschreibung = beschreibung;
  this.erfasstAm = LocalDate.now(); //Datum der Erfassung
  this.fertigAm = fertigAm;
  //Ueberpruefung auf null hier notwendig, da diese Attribute
      //einen Wert besitzen muessen. Andernfalls treten
      //Probleme beim Sortieren auf
  if(prioritaet!=null) this.prioritaet = prioritaet;
      //Kein Pflichtfeld
  if(kategorie!=null) this.kategorie = kategorie;
      //Kein Pflichtfeld
  if(kategorie!=null) this.status = status; //Kein Pflichtfeld
  this.kontaktperson = kontaktperson;
}

//get-Methoden
// ...

//set-Methoden
// ...

// ...
}
```

Ergänzen Sie die heruntergeladene Klasse um die notwendigen set-Methoden.

Person — Analog programmiert Frau Jung auch die Klasse Person.

Ergänzen Sie die heruntergeladene Klasse Person um die entsprechenden set-Methoden.

Frau Jung testet die Klasse Person zunächst für sich und dann in Zusammenhang mit der Klasse Aufgabe, um die Assoziation zu überprüfen. Dies ist der erste **Integrationstest**.

Überlegen Sie sich geeignete Testszenarien für den Integrationstest.

Mitarbeiter — Die Klasse Mitarbeiter wird von Frau Jung analog erstellt. Nach der Klasse Mitarbeiter realisiert Frau Jung noch die assoziative Klasse Taetigkeit.

Frau Jung testet die Klasse Mitarbeiter zunächst für sich und dann in Zusammenhang mit der Klasse Person. Anschließend testet sie die Klassen Mitarbeiter und Taetigkeit in Kombination mit der Klasse Aufgabe, um die Assoziationen zu überprüfen. Dies ist der zweite **Integrationstest**.

Test

Überlegen Sie sich geeignete Testszenarien für diesen Integrationstest.

13.6 Fallst. Aufgabenplaner: OOP – UI-Klasse **

Frau Anton, die Anwendungs-Entwicklerin der Firma WebSoft, diskutiert mit Frau Jung, der Juniorprogrammiererin der Firma WebSoft, die Programmierung der Klasse AufgabenplanerUI. Sie stellen fest, dass mehrmals Datumsangaben eingelesen werden müssen. Frau Anton sagt zu Frau Jung, dass dies eine gute Gelegenheit ist, das von der Firma WebSoft benutzte Paket inout zu erweitern. Sie bittet Frau Jung, die Klasse Console in diesem Paket um eine geeignete Methode readDate() zu ergänzen.

Die Methode readDate()

Frau Jung macht sich ans Werk. Die Aufgabe erweist sich als schwieriger als zunächst angenommen.

Frau Jung überlegt, welcher Rückgabewert am sinnvollsten ist, falls kein Datum erfolgreich eingelesen wurde. Sie entscheidet sich für den Wert null, um eindeutig zu kennzeichnen, dass kein Datum eingelesen werden konnte.

Das nächste Problem sind die Eingabemöglichkeiten von Datumswerten, z.B. tt.mm.jjjj, tt-mm-jjjj oder tt/mm/jjjj. Frau Jung entscheidet sich dafür, diese drei Datumsformate zu akzeptieren.

Bei ihren Recherchen zum Parsen von Datumswerten findet Sie heraus, dass mittels der Klasse DateTimeFormatter eine Eingabe auf ein bestimmtes Format geprüft werden kann. Ist das Parsen nicht möglich, wird eine DateTimeParseException geworfen. Nach dem Test der neuen Methode mithilfe eines kleinen Testtreibers, fügt Frau Jung folgende Methode in die Klasse Console ein:

Console

```
public static LocalDate readDate() throws DateTimeParseException
{
  String einDatumStr = Console.readString();
  LocalDate einDatum = null; //(Jahr, Monat, Tag)

  if("".equals(einDatumStr))
  {
    //Keine Eingabe, daher null als Rueckgabe
    return einDatum;
```

```
  }
  try
  {
    //Format dd.MM.yyyy (tt.mm.jjjj) pruefen
    einDatum = LocalDate.parse(einDatumStr,
      DateTimeFormatter.ofPattern("dd.MM.yyyy", Locale.GERMAN));
  }
  catch(DateTimeParseException ex1)
  {
    try
    {
      //Format dd-MM-yyyy (tt-mm-jjjj) pruefen
      einDatum = LocalDate.parse(einDatumStr,
        DateTimeFormatter.ofPattern("dd-MM-yyyy", Locale.GERMAN));
    }
    catch(DateTimeParseException ex2)
    {
      //Format dd/MM/yyyy (tt/mm/jjjj) pruefen
      //Ist dieses Format ebenfalls nicht vorhanden, dann wird
      //DateTimeParseException geworfen
      einDatum = LocalDate.parse(einDatumStr,
        DateTimeFormatter.ofPattern("dd/MM/yyyy", Locale.GERMAN));
    }
  }
  return einDatum;
}
```

Das Hauptprogramm

Nach Abschluss dieser Aufgabe bittet Frau Anton Frau Jung, schrittweise die Klasse `AufgabenplanerUI` zu programmieren. Ausgehend von dem Hauptprogramm, von dem alle Funktionen aufgerufen werden, soll schrittweise jede Funktion implementiert und jeweils mit den bereits vorhandenen Fachkonzeptklassen getestet werden. Frau Jung startet mit folgendem Hauptprogramm:

Aufgaben
planer

```
//Hauptprogramm ------------------------------------------
public static void main (String args[])
{
  char eingabeAuswahl;
  for(;;)
  {
    System.out.println("Ihr Aufgabenplaner - Funktionen:");
    System.out.println("1: Neue Aufgabe erfassen");
    System.out.println("2: Aufgabe anzeigen - Stichwort");
    System.out.println("3: Alle Aufgaben - sortiert");
    System.out.println("4: Kontaktperson/Mitarbeiter erfassen");
    System.out.println("5: Alle Personen anzeigen");
    System.out.println("6: Zu Aufgabe Kontaktperson zuordnen");
    System.out.println("7: Zu Aufgabe Mitarbeiter zuordnen");
    System.out.println("8: Aufgabe/Person/Mitarbeiter ändern oder löschen");
    System.out.println("9: Abbruch");
    System.out.print("Bitte Ziffer 1 bis 9 eingeben: ");
    eingabeAuswahl = Console.readChar();
```

```
    if (eingabeAuswahl =='9') break;

    switch (eingabeAuswahl)
    {
    case '1':
      AufgabenplanerUI.erfasseAufgabe();
      break;
    case '2':
      AufgabenplanerUI.anzeigeAufgabeStichwort();
      break;
    case '3':
      AufgabenplanerUI.anzeigeAufgabenSortiert();
      break;
    case '4':
      AufgabenplanerUI.erfassePerson();
      break;
    case '5':
      AufgabenplanerUI.anzeigePersonen();
      break;
    case '6':
      AufgabenplanerUI.zuordnePersonZuAufgabe();
      break;
    case '7':
      AufgabenplanerUI.zuordneMitarbeiterZuAufgabe();
      break;
    case '8':
      AufgabenplanerUI.bearbeiteAufgabePersonMitarbeiter();
      break;
    default:
      System.out.println("Fehlerhafte Eingabe:
      Bitte nur 1 bis 8 eingeben");
    }
  }
  meinContainer.endeAnwendung();
  System.out.println("Ende des Aufgabenplaners");
}
```

Um eine gute Bindung der Methoden (siehe »Bindung von Methoden«, S. 379) zu erreichen, gliedert Frau Jung noch folgende Methoden als private Methoden aus:

```
private static Aufgabe ermittleAufgabe()
private static Person ermittlePerson(boolean pflicht)
private static Mitarbeiter ermittleMitarbeiter()
private static String erfasseText(
    String bezeichnung, boolean pflicht)
private static LocalDate erfasseDatum(
    String bezeichnung, boolean pflicht, boolean future)
private static Character erfasseCharacter(
    String bezeichnung, boolean pflicht, char[] moeglicheWerte)
private static void druckeAufgabe(Aufgabe eineAufgabe)
```

Schrittweise programmiert Frau Jung die einzelnen Funktionen aus und testet sie anschließend sofort zusammen mit den Klassen der Fachkonzeptschicht. Die ermittle-Methoden ermitteln den jeweils angegebenen Typen anhand des eindeutigen Attributs, z. B. stichwort bei Aufgaben, und geben eine Fehlermeldung aus, falls der Typ nicht vorhanden ist. Die erfasse-Methoden erfassen den jeweils angegebenen Typen und ermöglichen auch das Einlesen von Pflichtwerten. Die Methode druckeAufgabe erzeugt eine formatierte Ausgabe eines Aufgabe-Objekts.

Laden Sie das vollständige Programm Aufgabenplaner auf Ihr Computersystem und sehen Sie sich die Klasse AufgabenplanerUI genau an.

13.7 Fallst. Aufgabenplaner: OOP – Container **

Nach der erfolgreichen Implementierung der Fachkonzeptklassen Aufgabe, Person und Mitarbeiter durch die Junior-Programmiererin Frau Jung, gibt ihr Frau Anton als Anwendungsentwicklerin der Fa. WebSoft als nächstes den Auftrag, die Klasse ObjectContainer und die Wurzelklasse Datenbasis entsprechend dem OOD-Modell zu programmieren.

Datenbasis

Als erstes realisiert Frau Jung die Wurzelklasse Datenbasis:

Aufgaben planer

```
/** Programmname: Aufgabenplaner
 * Fachkonzept-Klasse: Datenbasis
 * Aufgabe: Schaffung einer künstlichen Wurzelklasse
 * zur Serialisierung aller
 * Aufgaben, Kontaktpersonen und Mitarbeiter
 * in einem ObjectStream
 */

import java.io.Serializable;
import java.util.*;

public class Datenbasis implements Serializable
{
  private ArrayList<Aufgabe> meineAufgaben = new ArrayList<>();
  private ArrayList<Person> meinePersonen = new ArrayList<>();

  // getter und setter
}
```

Objekt Container

Anschließend programmiert Sie die Klasse ObjectContainer. Als Muster verwendet Sie einen Objectcontainer, den Sie im Klassenarchiv der Fa. WebSoft gefunden hat (siehe »Vernetzte Objekte serialisieren«, S. 297). Zusätzlich achtet sie noch auf die Verwendung generischer Typen.

Sehen Sie sich die heruntergeladene Klasse ObjectContainer insbesondere im Hinblick auf generische Typen an.

13.8 Fallst. Aufgabenplaner: OOP – Datenhaltung **

Für die serialisierte Speicherung von Objekten sucht Frau Jung im Klassenarchiv der Firma WebSoft. Sie findet dort eine Klasse `ObjektDatei` (siehe auch »Die Serialisierung von Objekten«, S. 289). Nach der Durchsicht des Quellcodes stellt sie erfreut fest, dass sie diese Klasse unverändert übernehmen kann:

ObjektDatei

```java
/* Programmname: Objektspeicherung
 * Datenhaltungs-Klasse: ObjektDatei
 * Aufgabe: Ein Objekt in einen Byte-Strom serialisieren.
 */

import java.io.FileInputStream;
import java.io.FileOutputStream;
import java.io.ObjectInputStream;
import java.io.ObjectOutputStream;

public class ObjektDatei
{
  private String einDateiname;

  public ObjektDatei(String einDateiname)
  {
    this.einDateiname = einDateiname;
  }

  public void speichereObjekt(Object einObjekt)
  {
    try(ObjectOutputStream writer =
      new ObjectOutputStream(new FileOutputStream(einDateiname)))
    {
      writer.writeObject(einObjekt);
    }
    catch (Exception ex)
    {
      System.out.println("Fehler in speichereObjekt: " + ex);
    }
  }

  public Object leseObjekt()
  {
    Object einObject = null;

    try(ObjectInputStream reader =
      new ObjectInputStream(new FileInputStream(einDateiname)))
    {
      einObject = reader.readObject();
    }
    catch (Exception ex)
    {
      System.out.println("Fehler in leseObjekt: " + ex);
    }
    return einObject;
```

```
    }
}
```

Frau Jung übernimmt die Klasse und führt nun zusammen mit den anderen Klassen einen vollständigen **Integrationstest** durch. Nach erfolgreichem Abschluss bittet Sie Herrn Kaiser, den Software-Ergonomen der Fa. WebSoft, seine Testszenarien anhand des fertiggestellten Programms durchzuführen.

14 Einführung in C++ *

Damit Sie noch einen kleinen Eindruck von einer anderen Programmiersprache erhalten, möchte ich eine kurze Einführung in C++ vermitteln. Obwohl sich die Syntax von Java an C++ orientiert, gibt es in C++ doch eine Reihe von Abweichungen.

Zusätzlich merkt man, dass C++ noch eine Menge an historischem »Ballast« mit sich herumträgt, der nicht gerade zur Klarheit der Sprache beiträgt. Dennoch ist C++ heute noch eine im Markt wichtige Sprache.

Im Gegensatz zur Programmiersprache Java ist die Sprache C++ eine **hybride Sprache**, die die prozedurale Sprache C um objektorientierte Konzepte erweitert hat. Daher ist es in C++ auch möglich, rein prozedural zu programmieren. Durch den hybriden Charakter der Sprache »schleppt« C++ auch eine ganze Reihe von »Altlasten« mit, die es in Java nicht gibt.

Um C++-Programmierern den Umstieg auf Java zu erleichtern, haben die Erfinder von Java für Java weitgehend die Syntax von C++ übernommen.

Umgekehrt bedeutet dies, dass ein Java-Programmierer sich in der Syntax von C++ leicht »zurechtfindet«. Trotz der Ähnlichkeit der Syntax darf man aber beide Sprachen *nicht* als gleich ansehen, denn sie sind in vielen Aspekten unterschiedlich.

Bereits die Ein- und Ausgabe sowie das Hauptprogramm unterscheiden sich von Java:

- »Das erste C++-Programm«, S. 478

Klassen besitzen jedoch eine große Ähnlichkeit mit Java-Klassen:

- »Klassen in C++«, S. 480

Im Gegensatz zu Java-Klassen werden C++-Klassen in der Regel in einen Schnittstellen- und einen Implementierungsteil unterteilt:

- »Trennung Schnittstelle – Implementierung«, S. 482

Während in Java Objekte immer dynamisch erzeugt werden, ist es in C++ auch möglich, Objekte statisch zu erzeugen:

- »Dynamische und statische Objekte«, S. 485

Neben der Einfachvererbung ermöglicht C++ auch eine echte Mehrfachvererbung:

- »Vererbung und Polymorphismus«, S. 490

static kennzeichnet Klassenattribute und -operationen:

- »Klassenattribute und Klassenoperationen«, S. 498

templates sind die generischen Klassen von C++, die es bereits vor Java in C++ gab:

- »Generische Klassen«, S. 500

Fachkonzeptklassen können in der Regel nach einem festen Schema von Java nach C++ transformiert werden:

- »Box: Von Java nach C++«, S. 504

C++-Compiler
Um ein C++-Programm ausführen zu können, wird ein C++-Compiler oder eine C++-Entwicklungsumgebung benötigt.

Installieren Sie einen C++-Compiler auf Ihrem Computersystem und lassen Sie die im Folgenden beschriebenen Programme auf Ihrem Computersystem ablaufen.

C++ ist die Nachfolgerin der Programmiersprache C und umfasst diese Sprache als Untermenge. Sie wurde in den 80er Jahren von Bjarne Stroustrup bei den Bell Telephone Laboratories der Firma AT&T entwickelt. C++ wurde im August 1998 als ISO/IEC 14882-Norm standardisiert. Der Standard durchlief anschließend mehrere Änderungen. Die letzte große Korrektur gab es 2012 (ISO/IEC 14882:2011). Den aktuellen Standardentwurf finden Sie auf der Website www.open-std.org C++ (http://www.open-std.org/JTC1/SC22/WG21/docs/papers/2013/n3690.pdf).

14.1 Das erste C++-Programm *

Jedes C++-Programm muss eine freistehende, d.h. nicht zu einer Klasse gehörende Operation main besitzen, die beim Start, direkt nach den Konstruktoren globaler Objekte, zuerst ausgeführt wird (main kann aber zusammen mit einer Klasse in einer Datei abgelegt werden).

main
Jedes C++-Programm muss genau eine main-Funktion besitzen, die zu Beginn der Anwendung ausgeführt wird. Im Gegensatz zu Java ist die main-Funktion aber *nicht* Bestandteil einer Klasse, sondern steht als sogenannte »freie« Funktion für sich allein. Sie kann aber hinter eine Klasse geschrieben werden. Ein C++-Programm kann auch nur aus einer main-Funktion bestehen.

Beispiel

HelloWorld

Das Programm »Hello World« sieht in C++ folgendermaßen aus:

```
#include <iostream>
using namespace std;
//Hauptprogramm, mit dem jedes C++-Programm gestartet wird
//Steht unabhängig von einer Klasse
int main()
{
  //Ausgabe
  cout << "Hello World";
```

```
    cout << endl;
    return 0;
    //Rückgabewert 0 signalisiert erfolgreiches Beenden
}
```

Am Anfang eines Programms wird angegeben, welche Schnittstellen oder Bibliotheken importiert werden sollen. In C++ geschieht dies durch die sogenannte include-Anweisung.

Die include-Anweisung beginnt mit dem Nummernzeichen #, das in der ersten Spalte der Zeile stehen muss. Nach dem Wortsymbol include folgt in spitzen Klammern der Name der Datei, in der sich die gewünschte Schnittstelle bzw. Bibliothek befindet. Im Beispiel wird eine Ein-/Ausgabe-Bibliothek für einfache Typen importiert.

include

Diese Ein-/Ausgabe-Bibliothek ist Bestandteil der Standard-C++-Bibliotheken. Um Namenskonflikte mit anderen Bibliotheken zu vermeiden, muss noch die Anweisung using namespace std; geschrieben werden.

Die Bibliothek iostream stellt u. a. folgende E/A-Anweisungen zur Verfügung:

E/A-Anweisungen von iostream

- Ausgabeanweisungen beginnen mit dem Namen cout (Name für den Standard-Ausgabestrom, gelesen: *c-out*).

cout

- Der Operator << (es handelt sich um den Links-Shift-Operator) schiebt den anschließend angegebenen Wert in die Standardausgabe (in der Regel der Bildschirm).

<<

```
cout << 'A'; //Es wird der Buchstabe A ausgegeben
int tage = 28;
cout << tage; //Es wird 28 ausgegeben
cout << "Kreisberechnung";
```

Beispiel

Mehrere <<-Operatoren können, getrennt durch Operanden, aufeinanderfolgen.

```
cout << "Die Fläche beträgt:" << flaeche;
//ist äquivalent zu:
cout << "Die Fläche beträgt:";
cout << flaeche;
```

Beispiel

Um einen Zeilenvorschub zu bewirken, wird der Operand endl oder das Zeichen '\n' verwendet. endl bewirkt – im Gegensatz zu '\n' – dass die internen Puffer für die Ausgabe geleert werden. Je nach verwendetem Compiler erscheint die Ausgabe also erst nach einem endl. Um die internen Puffer auszugeben, kann auch die Funktion const flush() verwendet werden.

endl
\n

Beispiel
```
cout << endl;
cout << '\n';
```

Der Zeilenvorschub kann auch in einem String stehen:
cout << "Die Fläche beträgt \n";

cin Eingabeanweisungen beginnen mit dem Namen cin (Name für den Standard-Eingabestrom) (gelesen: *c-in*).

>> Der Operator >> (Rechts-Shift-Operator) schiebt die eingetippten Zeichen in die angegebenen Variablen.

Beispiel
```
cout << "Radius eingeben:";
cin >> radius;
cin >> zahl1 >> zahl2 >> zahl3;
```

14.2 Klassen in C++ *

Attribute – in C++ *Member*-Variablen – müssen in der Initialisierungsliste des Konstruktors initialisiert werden. Der Sichtbarkeitsbereich von Attributen und Operationen – in C++ *Member*-Funktionen – wird durch jeweils ein Schlüsselwort public, protected und private festgelegt. Hinter dem jeweiligen Schlüsselwort werden nach einem Doppelpunkt alle Attribute und Operationen aufgeführt, die den jeweiligen Sichtbarkeitsbereich haben. Jede Klasse wird nach der letzten geschweiften Klammer mit einem Semikolon abgeschlossen.

Klassen sind in C++ im Prinzip analog wie in Java aufgebaut. Syntaktisch gesehen gibt es folgende Punkte, die geändert werden müssen, wenn eine Java-Klasse übernommen werden soll:

- **Attribute** einer Klasse, in C++ *Member*-Variablen genannt, dürfen nicht bei der Deklaration, sondern müssen in der Regel in der Initialisierungs-Liste des Konstruktors initialisiert werden.
  Hinter der Parameterliste des Konstruktors kann, getrennt durch einen Doppelpunkt, eine **Initialisierungsliste** aufgeführt werden, in denen die Attribute initialisiert werden. Die einzelnen Attribute werden aufgeführt und in Klammern hinter dem Attributnamen wird jeweils der Initialisierungswert bzw. der Ausdruck zur Berechnung des Werts angegeben. Konstanten können ebenfalls in der Initialisierungsliste mit einem Wert versehen werden. Die Reihenfolge der Initialisierungen hängt von der Reihenfolge der Deklarationen in der Klasse ab, nicht von der Reihenfolge in der Initialisierungsliste. Eine Initialisierungsliste ist deshalb erforderlich, weil Attribute eine Initialisierung erhalten müssen und die Initia-

lisierung vor der Ausführung des Rumpfs des Konstruktors stattfindet.

Beispiel

```
Java                        C++
int zaehlerstand = 0;       int zaehlerstand;
//Konstruktor               //Konstruktor
Zaehler()                   Zaehler():zaehlerstand (0);
{                           {

}                           }
```

- Der **Sichtbarkeitsbereich** von Attributen und Operationen, in C++ *Member*-Funktionen genannt, wird durch die Schlüsselwörter public, protected und private festgelegt. Das jeweilige Schlüsselwort wird aber *nicht* vor jedes Attribut oder jede Operation geschrieben, sondern jeweils einmal angegeben, gefolgt von einem Doppelpunkt. Hinter dem Doppelpunkt werden dann alle Attribute und Operationen aufgeführt, die private sind usw. Die Sichtbarkeit ist gültig für alle Attribute und Methoden, bis das nächste Schlüsselwort kommt. Der voreingestellte Sichtbarkeitsbereich ist – anders als in Java – private. In C++ erlaubt protected Zugriff nur von Unterklassen aus. In Java dagegen erlaubt protected zusätzlich von Unterklassen auch den Zugriff von Klassen aus dem gleichen Paket.

Beispiel

```
Java                              C++
private int zaehlerstand;         private:
private String zahlAlsText;         int zaehlerstand;
                                    string zahlAlsText;
```

- Hinter die letzte geschweifte Klammer einer Klasse muss ein **Semikolon** geschrieben werden.

Beispiel

```
Java                    C++
class Zaehler           class Zaehler
{                       {
...                     ...
}                       };
```

Nach Durchführung dieser Änderungen erhält man aus einer Java-Fachkonzept-Klasse eine C++-Fachkonzept-Klasse.

Beispiel
Zaehler

```
/* Programmname: Zaehler
 * Fachkonzept-Klasse: Zaehler
 * Aufgabe: Verwaltung eines Zaehlers
 */

class Zaehler
{
  //Attribute
  //private gilt für alle folgenden Angaben,
```

```cpp
//nach private muss : stehen
private:
int zaehlerstand;
//public gilt für alle folgenden Angaben,
//nach public muss : stehen
public:
//Konstruktor
Zaehler():zaehlerstand(0)
{
}
//Schreibende Operationen
void setzeAufNull()
{
  zaehlerstand = 0;
}
void erhoeheUmEins()
{
  zaehlerstand = zaehlerstand +1;
}
//Lesende Operationen
int gibWert() const
{
  return zaehlerstand;
}
}; //Klasse muss mit Semikolon abgeschlossen werden
```

Zum guten Programmierstil in C++ gehört, dass Operationen, die den Zustand eines Objekts liefern, ohne ihn zu verändern, als const (hinter der Parameterliste) gekennzeichnet werden (siehe Beispiel).

14.3 Trennung Schnittstelle – Implementierung *

Jede C++-Klasse besteht in der Regel aus einer Schnittstelle und einer Implementierung, die textuell getrennt in unterschiedlichen Dateien (*Header*-Datei .h und Implementierungsdatei .cpp) gespeichert werden.

In C++ besteht eine Klasse in der Regel aus zwei Teilen:

- einer Schnittstelle und
- einer Implementierung.

Schnittstelle

In der **Schnittstelle** sind alle Attributdeklarationen und die Signaturen aller Operationen (abgeschlossen mit Semikolon) – aber üblicherweise nicht deren Implementierungen – enthalten.

Header-Dateien .h

Jede Schnittstelle wird in einer eigenen Datei mit der Namensendung .h gespeichert. Diese Dateien bezeichnet man in C++ als *Header*-Dateien.

14.3 Trennung Schnittstelle – Implementierung *

Um eine Klasse benutzen zu können, muss der Name ihrer *Header*-Datei als `include`-Direktive in der benutzenden Klasse angegeben werden. Befindet sich die *Header*-Datei im eigenen Ordner, dann wird der Dateiname nicht in spitzen Klammern wie bei Standardbibliotheken, sondern in Anführungszeichen angegeben. *Header*-Dateien ohne Implementierungen werden *nicht* explizit übersetzt. .h-Dateien können auch Implementierungen enthalten (oft bei generischen Klassen der Fall) – dann müssen sie übersetzt werden.

```
/* Programmname: Zaehler (Schnittstelle)
 * Fachkonzept-Klasse: Zaehler
 * Aufgabe: Verwaltung eines Zaehlers
 * Dateiname: Zaehler.h
 */

class Zaehler
{
  private:
    int zaehlerstand;
  public:
    // Konstruktor
    Zaehler();
    // Schreibende Operationen
    void setzeAufNull();
    void erhoeheUmEins();
    // Lesende Operationen
    int gibWert() const;
};
```

Beispiel

Zaehler.h

Die **Implementierung** der Konstruktoren und Operationen erfolgt getrennt von der Schnittstelle. Vor die Namen der Konstruktoren und Operationen wird jeweils – getrennt durch zwei Doppelpunkte (der *scope*-Operator) – der Klassenname angegeben. Alle Konstruktoren und Operationen einer Klasse werden in der Regel in einer Datei mit der Namensendung .cpp gespeichert. Die zugehörige Schnittstellendatei muss mit `#include "Klassenname.h"` eingebunden werden.

Implementierung .cpp

```
/* Programmname: Zaehler(Implementierung)
 * Aufgabe: Verwaltung eines Zaehlers
 * Fachkonzept-Klasse: Zaehler
 * Dateiname: Zaehler.cpp
 */

#include "Zaehler.h"

// Konstruktor
Zaehler::Zaehler():zaehlerstand(0)
{
}
// Schreibende Operationen
```

Beispiel

Zaehler.cpp

```
void Zaehler::setzeAufNull()
{
  zaehlerstand = 0;
}
void Zaehler::erhoeheUmEins()
{
  zaehlerstand = zaehlerstand + 1;
}
// Lesende Operationen
int Zaehler::gibWert() const
{
  return zaehlerstand;
}
```

Makro-expansion

Werden Schnittstelle und Implementierung *nicht* getrennt und die Implementierung direkt in die Schnittstelle geschrieben, dann werden die Operationen per Konvention (genauer gesagt: Der Compiler entscheidet, wie er verfährt) als sogenannte *inline*-Funktionen behandelt. Bei einer *inline*-Funktion erfolgt während der Übersetzung eine Makroexpansion *(inline insertion)*. An jeder Aufrufstelle der Operation wird der Rumpf der Operation textuell einkopiert und die formalen Parameter in dieser Kopie geeignet ersetzt. Im Gegensatz zu dem von C bekannten Makro-Mechanismus (der auch in C++ zur Verfügung steht) bleiben dabei alle Kontrollmechanismen des Compilers (Typüberprüfung) in Kraft, und die an die *inline*-Funktionen übergebenen Ausdrücke werden nur einmal ausgewertet.

Beispiel

```
int quadrieren(int z)
{
  return z * z;
}
```

Aufruf:

```
int quadratZahl;
quadratZahl = quadrieren(quadratZahl);
```

Die Makroexpansion führt zu folgender Anweisung an der Aufrufstelle:

```
quadratZahl = quadratZahl * quadratZahl;
```

In C++ schreibt man vor die Operation, die expandiert werden soll, das Wortsymbol `inline`, z. B. `inline int quadrieren(int z)`. Die Implementierung muss dann aber in derselben Übersetzungseinheit verfügbar sein. Sind Schnittstelle und Implementierung *nicht* getrennt, dann erfolgt automatisch – ohne das Wortsymbol `inline` – eine Makroexpansion.

Eine Makroexpansion ist in der Regel nur sinnvoll, wenn die Operationen klein und nicht rekursiv sind. Dann kann durch diesen

Mechanismus die Laufzeit verkürzt und die Codegröße reduziert werden, z. B. bei get- und set-Operationen.

- Die Trennung einer Klasse in Schnittstelle und Implementierung – neben C++ auch in den Sprachen Ada und Modula-2 nötig – dient dazu, das Geheimnisprinzip zu verschärfen. Der Anwender einer Klasse benötigt nur die Schnittstelle. Anhand der Schnittstelle kann er die Dienstleistungen der Klasse in Anspruch nehmen. Die Implementierung der Konstruktoren und Operationen ist für ihn nicht sichtbar, sodass er dieses Wissen auch nicht implizit für die Anwendung verwenden kann.

    Vorteile der Trennung

- Außerdem ist es durch die Trennung möglich, die Implementierung nur in übersetzter Form auszuliefern, z. B. bei Klassenbibliotheken.

- Nachteilig ist, dass die Anzahl der Dateien dadurch verdoppelt wird.

    Nachteil

14.4 Dynamische und statische Objekte *

In C++ können Objekte dynamisch (Zeigerattribut mit vorangestelltem *, Aufruf einer Operation des Objekts mit Pfeilnotation ->) und statisch (Erzeugung bei der Deklaration ohne new-Operator, Aufruf einer Operation des Objekts mit Punktnotation .) erzeugt werden. C++ besitzt *keine* automatische Speicherbereinigung, so dass der Programmierer in einem Destruktor (~Klassenname) dynamisch erzeugte Objekte explizit löschen muss.

In C++ können Objekte **dynamisch** und **statisch** angelegt werden. Da dynamisch angelegte Objekte dem Java-Konzept entsprechen und außerdem am häufigsten eingesetzt werden, wird das entsprechende Konzept zuerst behandelt.

Dynamisch erzeugte Objekte

In Java werden Referenztypen verwendet, um Verweise auf erzeugte Objekte zu speichern. In C++ werden Zeiger *(pointer)* benutzt, um Objekte zu referenzieren. Zeiger in C++ und Referenzen in Java sind weitgehend dasselbe, jedoch unterscheidet sich die Syntax und Semantik. Ein Attribut wird in C++ durch einen vorangestellten Stern (*) zu einem **Zeigerattribut**. Der vorangestellte Typ legt fest, auf welche Typen der Zeiger zeigen kann.

Beispiel

```
Java                            C++
//Referenzattribut              //Zeigerattribut
Zaehler einKmZaehler;           Zaehler *einKmZaehler;
//Erzeugen eines Objekts        //Erzeugen eines Objekts
einKmZaehler = new Zaehler();   einKmZaehler = new Zaehler();
```

Ist in Java als Typ eine Klasse angegeben, dann ist das Attribut automatisch ein Referenzattribut, d. h., das Attribut kann eine Referenz auf ein Objekt dieser Klasse speichern. In Java ist es *nicht* möglich, eine Referenz auf Variablen einfacher Typen zu setzen. In C++ können Zeigerattribute von beliebigem Typ sein. Daher müssen sie in der Sprache explizit gekennzeichnet werden.

Botschaften an Objekte

In Java wird eine Objektoperation aufgerufen, indem der Objektname, gefolgt von einem Punkt (Punktnotation) und dem gewünschten Operationsnamen sowie mit den aktuellen Parametern angegeben wird. In C++ erfolgt der Aufruf analog, nur wird anstelle des Punktes ein Pfeil -> angegeben (Pfeilnotation).

Java	C++
einKmZaehler.erhoeheKmEins();	einKmZaehler->erhoeheKmEins();

Beispiel ZaehlerUI.cpp

Das folgende Programm zeigt die UI-Klasse und die `main`-Operation für den Kilometerzähler:

```cpp
/** Programmname: Zaehler
 * UI-Klasse: ZaehlerUI
 * Aufgabe: Verwaltung eines Zaehlers
 */

#include <iostream>
#include "Zaehler.h"
using namespace std;

class ZaehlerUI
{
private:
  Zaehler *einKmZaehler; //Deklaration eines Zeigers

public:
  // Konstruktor
  ZaehlerUI()
  {
    einKmZaehler = new Zaehler();
  }
  // Operationen
  void anzeigen()
  {
    cout << "KM-Stand: " << einKmZaehler->gibWert() << endl;
  }
  void dialog()
  {
    int funktion;
    do
    {
      cout << "Funktion waehlen: Erhoehen (1),
        Auf Null setzen (2), Ende (0):";
      cout << endl;
      cin >> funktion;
```

14.4 Dynamische und statische Objekte *

```
      switch (funktion)
      {
         case 1:
            einKmZaehler->erhoeheUmEins();
            anzeigen();
            break;
         case 2:
            einKmZaehler->setzeAufNull();
            anzeigen();
            break;
         case 0:
            break;
         default:
            cout << "Fehlerhafte Eingabe"; cout << endl;
               break;
      }
   } while (funktion != 0);
}
//Destruktor
~ZaehlerUI() //Erzeugtes Objekt wird explizit gelöscht
{
   delete einKmZaehler; //siehe unten
}
};

//Hauptprogramm
int main()
{
   cout << "Start des Programms Zaehler";
   cout << endl;
   // Erzeugen eines UI-Objekts
   ZaehlerUI *einUIObjekt; //Deklaration eines Zeigers
   einUIObjekt = new ZaehlerUI(); //Erzeugen eines Objekts
   einUIObjekt->dialog(); //Aufruf der Operation dialog
   delete einUIObjekt; //Löschen eines Objekts, siehe unten
   return 0;
};
```

Das Übersetzungsschema für die Anwendung Zaehler zeigt die Abb. 14.4-1.

Um eine Makroexpansion der Operationen der Klasse ZaehlerUI zu vermeiden, muss auch diese Klasse noch in Schnittstelle und Implementierung geteilt werden.

Gegenüber Java gibt es noch einen gravierenden Unterschied in C++ bezogen auf die Speicherverwaltung. Java besitzt eine **automatische Speicherverwaltung** *(garbage collection)*, die ein Objekt immer dann automatisch aus dem Arbeitsspeicher löscht, wenn keine Referenz mehr auf es zeigt.

In C++ muss der Arbeitsspeicher dagegen vom Programmierer manuell verwaltet werden. Es muss daher auch Möglichkeiten geben, erzeugte Objekte wieder aus dem Arbeitsspeicher zu löschen.

Java: automatische Speicherverwaltung

C++: manuelle Speicherverwaltung

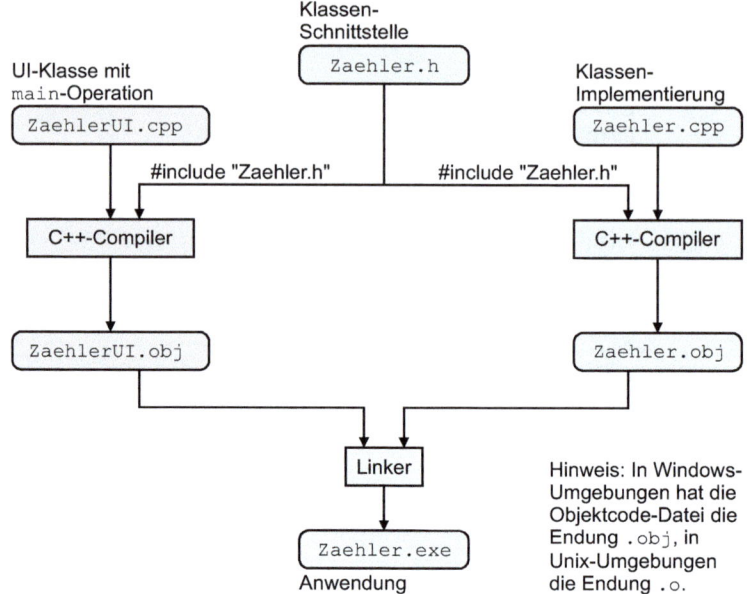

Abb. 14.4-1: Übersetzungsschema der Anwendung.

Um Objekte, die im Konstruktor zusätzlichen Speicher dynamisch angefordert haben, löschen zu können, muss in jeder Klasse ein sogenannter **Destruktor** – als Gegenstück zum Konstruktor – angelegt werden. Pro Klasse kann nur *ein* Destruktor angelegt werden, während es möglich ist, mehrere Konstruktoren zu schreiben.

Wenn kein Destruktor definiert wird, erzeugt der Compiler einen Standard-Destruktor, der ausreichend ist, wenn in *keinem* Konstruktor und in *keiner* Operation dynamisch Speicher angefordert wird.

Destruktor
Der Name für den Destruktor einer Klasse Zaehler ist ~Zaehler (das Komplement des Konstruktors). Ein Destruktor hat keine Parameter und kann nicht redefiniert werden. In der Regel wird ein Destruktor *nicht* explizit aufgerufen.

delete
Ein mit dem new-Operator erzeugtes Objekt wird mit dem delete-Operator wieder gelöscht. Der delete-Operator bewirkt einen impliziten Aufruf des Destruktors.

Regel
Im Rumpf des Destruktors können Anweisungen stehen. Folgende Regel sollte beachtet werden:
- Wird im Konstruktor einer Klasse A mit new ein Objekt einer anderen Klasse B erzeugt, dann muss im Destruktor der Klasse A mit delete das Objekt der Klasse B auch wieder gelöscht werden.

14.4 Dynamische und statische Objekte *

Hinweis

Wegen der Wertsemantik von C++ benötigt eine Klasse mit dynamischen Daten nicht nur einen Destruktor, sondern auch einen eigenen Kopierkonstruktor und einen eigenen Zuweisungsoperator. Andernfalls werden Kopierkonstruktor und Zuweisungsoperator vom System erzeugt. Diese erzeugen nur flache Kopien. In den Beispielen wird darauf verzichtet.

Statisch erzeugte Objekte

In C++ gibt es – im Gegensatz zu Java – noch die Möglichkeit, Objekte statisch zu erzeugen. Das bedeutet, dass Objekte – wie Variablen einfacher Typen – bei der Deklaration bereits erzeugt werden, *ohne* Anwendung des new-Operators.

Automatische Erzeugung & Zerstörung

Zerstört werden die so angelegten Objekte automatisch, wenn vom Programm der Gültigkeitsbereich der Objekte verlassen wird. Genauso wie beim Anlegen automatisch Speicherplatz für das Objekt angelegt wird, wird er bei der Zerstörung des Objekts durch impliziten Aufruf des Destruktors auch automatisch wieder freigegeben. Bei lokal deklarierten Objekten, z. B. innerhalb einer Operation, geschieht dies, wenn der Block, in dem sie deklariert werden, wieder verlassen wird.

Punktnotation

Auf Operationen von Objekten, die statisch erzeugt wurden, wird mit der Punktnotation zugegriffen, d. h. nach dem Objektnamen folgt ein Punkt und dann der Operationsname.

Beispiel
ZaehlerUI.cpp

Die Klasse `ZaehlerUI` sieht mit statisch erzeugten Objekten Folgendermaßen aus:

```
/* Programmname: Zaehler
 * UI-Klasse: ZaehlerUI
 * Aufgabe: Verwaltung eines Zaehlers
 * Verwendung statischer Objekte
 */

#include <iostream>
#include "Zaehler.h"
using namespace std;

class ZaehlerUI
{
private:
   Zaehler einKmZaehler; //Deklaration eines statischen Objekts

public:
   // Konstruktor
   ZaehlerUI() { }
   //Operationen
   void anzeigen()
```

```cpp
    {
      cout << "KM-Stand: " << einKmZaehler.gibWert();
      //Punktnotation
      cout << endl;
    }
    void dialog()
    {
      int funktion;
      do
      {
        cout << "Funktion waehlen: Erhoehen (1),
          Auf Null setzen (2), Ende (0):";
        cout << endl;
        cin >> funktion;
        switch (funktion)
        {
          case 1: einKmZaehler.erhoeheUmEins();
            //Punktnotation
            anzeigen();break;
          case 2: einKmZaehler.setzeAufNull();
            //Punktnotation
            anzeigen();break;
          case 0: break;
          default: cout << "Fehlerhafte Eingabe"; cout
            << endl; break;
        }
      } while (funktion != 0);
    }
};
// Hauptprogramm
int main()
{
  cout << "Start des Programms Zaehler";
  cout << endl;
  // Erzeugen eines UI-Objekts
  ZaehlerUI einUIObjekt;
  //Deklaration und Erzeugen eines UI-Objekts
  einUIObjekt.dialog();

  return 0;
};
```

14.5 Vererbung und Polymorphismus *

C++ erlaubt die Mehrfachvererbung. Es gibt keine gemeinsame Wurzelklasse, sondern es kann beliebig viele geben. Polymorphismus ist nur möglich, wenn die Operationen der entsprechenden Oberklassen mit `virtual` gekennzeichnet sind. Abstrakte Klassen liegen vor, wenn mindestens eine Operation rein virtuell ist (Erweitern der Signatur um: `= 0`).

Basisklassen
abgeleitete
Klassen

C++ unterstützt sowohl die Einfach- als auch die Mehrfachvererbung. Oberklassen heißen in C++ **Basisklassen**, Unterklassen

14.5 Vererbung und Polymorphismus *

nennt man **abgeleitete Klassen**. Die Syntax unterscheidet sich von Java in folgenden Punkten:

- Die Oberklassen werden in C++, getrennt durch einen Doppelpunkt, hinter dem Klassennamen angegeben. Wegen der Mehrfachvererbung können auch mehrere Oberklassen aufgeführt werden, jeweils getrennt durch Komma.

```
Java                                    C++
import Konto;                           #include "Konto.h"
class Sparkonto extends Konto           class Sparkonto : public Konto
```

Vor dem Oberklassenname kann public, protected oder private stehen. Sie haben folgende Wirkungen:
- public: Öffentliche Komponenten der Oberklasse bleiben auch in der Unterklasse öffentlich; protected bleibt protected und private bleibt private.
- protected: Aus public der Oberklasse wird protected in der Unterklasse, protected bleibt protected und private bleibt private.
- private: Alle vererbten Komponenten der Oberklasse werden zu privaten Komponenten der Unterklasse.
- Der Konstruktor der Oberklasse wird entsprechend folgender Syntax im Konstruktor der Unterklasse aufgerufen – in Java durch das Schlüsselwort super gekennzeichnet:

```
Unterklassen-Konstruktor (Parameterliste):
Oberklassen-Name 1 (Parameterliste),
Oberklassen-Name 2 (Parameterliste),
...
Oberklassen-Name N (Parameterliste)
```

Beispiel

```
Java
//Konstruktor
public Sparkonto(int nummer, double ersteZahlung)
{
   //Anwendung des Konstruktors der Oberklasse
   super (nummer, ersteZahlung);
}

C++
//Konstruktor
Sparkonto(int nummer, double ersteZahlung) :
   Konto(nummer, ersteZahlung)
{
}
```

Um innerhalb von redefinierten Operationen auf Operationen der Oberklasse zuzugreifen, wird vor den Operationsnamen, getrennt durch zwei Doppelpunkte, der Oberklassenname geschrieben – in Java wird stattdessen das Schlüsselwort super davor geschrieben.

Zugriff auf Oberklassen-operationen

Beispiel

Java
```
// Redefinierte Operation
public void buchen(double betrag)
{
  if (getKontostand() + betrag >= 0)
    //Operation buchen der Oberklasse aufrufen
    super.buchen(betrag);
}
```

C++
```
// Redefinierte Operation
void buchen(double betrag)
{
  if (getKontostand() + betrag >= 0)
    //Operation buchen der Oberklasse aufrufen
    Konto::buchen(betrag);
}
```

- Standardmäßig erfolgt in C++ *kein* »spätes Binden« – im Gegensatz zu Java. Die Operationen, für die »spätes Binden« vorgenommen werden soll, müssen mit dem Schlüsselwort `virtual` gekennzeichnet sein. Das gilt für die Operationen in der Oberklasse.

Beispiel

C++
```
virtual void buchen(double betrag)
{
  kontostand = kontostand + betrag;
}
```

- Wird ein Zeiger auf ein Objekt über die Parameterliste übergeben, dann muss in C++ der Zeiger, gekennzeichnet durch einen vorangestellten Stern, auf der formalen Parameterliste stehen.

Beispiel

Java
```
void einausZahlungenInBar(Konto einObjekt, double zahlung)
{
  einObjekt.buchen(zahlung);
}
```

C++
```
void einausZahlungenInBar(Konto *einObjekt, double zahlung)
{
  einObjekt->buchen(zahlung);
}
```

Unter Beachtung dieser Regeln ergibt sich aus dem Java-Programm Konto folgendes C++-Programm (siehe auch »Klassen spezialisieren und Methoden redefinieren«, S. 193):

Beispiel
Konto.h

```cpp
/* Programmname: Konto (Schnittstelle)
 * Fachkonzept-Klasse: Konto
 * Aufgabe: konkrete Oberklasse Konto
 * Dateiname: Konto.h
 */

class Konto
{
  protected:
    int kontonr;
    double kontostand;

  public:
    //Konstruktor
    Konto (int nummer, double ersteZahlung);
    //Schreibende Operationen
    virtual  void buchen (double betrag);
    //Lesende Operationen
    double getKontostand () const;
};
```

Konto.cpp

```cpp
/* Programmname: Konto
 * Fachkonzept-Klasse: Konto
 * Aufgabe: konkrete Oberklasse Konto
 * Dateiname: Konto.cpp
 */

#include "Konto.h"

Konto::Konto (int nummer, double ersteZahlung):
//Initialisierungsliste
kontonr(nummer), kontostand(ersteZahlung)
{
}

//Schreibende Operationen
void Konto::buchen (double betrag)
{
   kontostand = kontostand + betrag;
}
//Lesende Operationen
double Konto::getKontostand () const
{
   return kontostand;
}
```

Sparkonto.h

```cpp
/* Programmname: Konto (Schnittstelle)
 * Fachkonzept-Klasse: Sparkonto
 * Aufgabe: Sparkonten dürfen nicht negativ werden
 * Dateiname: Sparkonto.h
 */

#include "Konto.h"

class Sparkonto: public Konto
```

```cpp
{
public:
  // Konstruktor
  Sparkonto (int nummer, double ersteZahlung);

  //Redefinierte Operation
  virtual void buchen (double betrag);
};
```

Sparkonto.cpp

```cpp
/* Programmname: Konto
 * Fachkonzept-Klasse: Sparkonto
 * Aufgabe: Sparkonten dürfen nicht negativ werden
 * Dateiname: Sparkonto.cpp
 */
#include "Sparkonto.h"

// Konstruktor
Sparkonto::Sparkonto (int nummer, double ersteZahlung):
  Konto(nummer,ersteZahlung)
{
}

//Redefinierte Operation
void Sparkonto::buchen (double betrag)
{
  if (getKontostand() + betrag >= 0)
  //Operation buchen der Oberklasse aufrufen
  Konto::buchen(betrag);
}
```

KontoUI.cpp

```cpp
/* Programmname: Konto
 * UI-Klasse: KontoUI
 * Aufgabe: Konten verwalten
 * Eingabe von Beträgen und Kontoart
 * Ausgabe des aktuellen Kontostands
 */
#include <iostream>
#include "Sparkonto.h"
using namespace std;

class KontoUI
{
  private: //Konten deklarieren
    Konto *einKonto;
    Sparkonto *einSparkonto;
  public:
    KontoUI() //Konstruktor
    {
      //Objekte erzeugen
      einKonto = new Konto (1,0.00);
      einSparkonto = new Sparkonto (2, 0.00);
    }
    ~KontoUI() //Destruktor
    {
      delete einKonto;
```

```cpp
      delete einSparkonto;
    }
  //Anwendung des Polymorphismus
  //Zur Übersetzungszeit ist nicht bekannt, ob ein Objekt
  //der Klasse Konto oder ein Objekt der Klasse Sparkonto
  //aufgerufen wird
  void einausZahlungenInBar(Konto *einObjekt, double zahlung)
  {
    einObjekt->buchen(zahlung);
  }
  void dialog()
  {
    int funktion; double zahl;
    do
    {
      cout << "Funktion waehlen: Kontobetrag (1), " <<
        "Sparkontobetrag (2), Ende (0):" << endl;
      cin >> funktion;
      switch (funktion)
      {
        case 1:
          cout << "Aktueller Kontostand:"
            << einKonto->getKontostand() << endl
            <<"Betrag eingeben: ";
          cin >> zahl;
          einausZahlungenInBar(einKonto, zahl);
          cout << "Neuer Kontostand: "
            << einKonto->getKontostand() << endl;
          break;
        case 2:
          cout << "Aktueller Sparkontostand:" <<
            einSparkonto->getKontostand()
            << endl <<"Betrag eingeben: ";
          cin >> zahl;
          einausZahlungenInBar(einSparkonto, zahl);
          cout << "Neuer Sparkontostand: " <<
            einSparkonto->getKontostand() << endl
              << endl;
          break;
        case 0: break;
        default: cout << "Fehlerhafte Eingabe"
          << endl; break;
      }
    }
    while (!(funktion == 0));
  }
};
//Hauptprogramm
int main()
{
  cout << "Start des Programms Konto" << endl;
  KontoUI *einUIObjekt; //Deklarieren eines UI-Objekts
  einUIObjekt = new KontoUI(); // Erzeugen eines UI-Objekts
  einUIObjekt->dialog();
  delete einUIObjekt;
```

```
    return 0;
};
```

In diesem Beispiel ist es nicht nötig, dynamische Objekte zu verwenden. Das Programm KontoUI.cpp sieht mit statischen Objekten folgendermaßen aus (die anderen Klassen bleiben unverändert):

Beispiel KontoUI

```
/* Programmname: Konto
 * UI-Klasse: KontoUI
 * Aufgabe: Konten verwalten
 * Eingabe von Beträgen und Kontoart
 * Ausgabe des aktuellen Kontostands
 * Objekte werden statisch angelegt!
 */
#include <iostream>
#include "Sparkonto.h"
using namespace std;

class KontoUI
{
private: //Konten deklarieren
    Konto einKonto;
    Sparkonto einSparkonto;
public:
  //Konstruktor
  KontoUI(): einKonto(1, 0.00), einSparkonto(2,0.00)
  {
  }
  //Anwendung des Polymorphismus
  //Zur Übersetzungszeit ist nicht bekannt, ob ein Objekt
  //der Klasse Konto oder ein Objekt der Klasse Sparkonto
  //aufgerufen wird
  void einausZahlungenInBar(Konto &einObjekt, double zahlung)
  {
     einObjekt.buchen(zahlung);
  }
  void dialog()
  {
    int funktion; double zahl;
    do
    {
      cout << "Funktion waehlen: Kontobetrag (1),
      Sparkontobetrag (2), Ende (0):" << endl;
        cin >> funktion;
      switch (funktion)
      {
        case 1:
          cout << "Aktueller Kontostand:"
              << einKonto.getKontostand() << endl
              <<"Betrag eingeben: ";
          cin >> zahl;
          einausZahlungenInBar(einKonto, zahl);
          cout << "Neuer Kontostand: "
              << einKonto.getKontostand() << endl;
          break;
```

```
            case 2:
               cout << "Aktueller Sparkontostand:"
                  << einSparkonto.getKontostand()
                  << endl <<"Betrag eingeben: ";
               cin >> zahl;
               einausZahlungenInBar(einSparkonto, zahl);
               cout << "Neuer Sparkontostand: "
                  << einSparkonto.getKontostand()
                  << endl << endl;
               break;
            case 0: break;
            default: cout << "Fehlerhafte Eingabe" << endl; break;
         }
      }
      while (!(funktion == 0));
   }
};
//Hauptprogramm
int main()
{
   cout << "Start des Programms Konto" << endl;
   KontoUI einUIObjekt; //Deklarieren eines UI-Objekts
      einUIObjekt.dialog();
      return 0;
};
```

Statische Objekte können als Referenzparameter *(call by reference)* über die Parameterliste übergeben werden. Dies wird durch ein &-Zeichen hinter dem Typ oder vor dem Objektnamen angegeben, z. B. void einausZahlungenInBar(Konto &einObjekt, double zahlung)

Referenz-
übergabe

- Aus einer (konkreten) Klasse wird in C++ eine abstrakte Klasse, wenn mindestens eine Operation rein virtuell ist *(pure virtual function)*.

Abstrakte
Klasse

Eine rein virtuelle Operation wird durch =0; in der Signatur gekennzeichnet. Damit wird gekennzeichnet, dass die Implementierung fehlt und von Unterklassen vorgenommen werden muss. Rein virtuelle Operationen legen für eine Oberklasse fest, dass eine bestimmte Operation aufrufbar ist, obwohl sie noch nicht definiert sein muss.

Rein virtuelle
Operationen

```
Java                              C++
public abstract class Firma       class Firma
{                                 {
   public abstract                  public:
      void setName(String name);       virtual void setName
   ...                                    (string Name)= 0;
}                                       // rein virtuelle Operation
                                     void setAdresse(...) ...
```

14 Einführung in C++ *

Mehrfach-
vererbung

- Erbt eine Unterklasse in C++ von mehreren Oberklassen eine Operation mit derselben Signatur, dann muss – um Mehrdeutigkeiten zu vermeiden – beim Aufruf der Operation in der Unterklasse vor den Operationsnamen, getrennt durch zwei Doppelpunkte, der Oberklassenname geschrieben werden, z. B. Konto::einSparkonto->buchen();
- Da C++ die Mehrfachvererbung erlaubt, gibt es in der Regel nicht nur eine Wurzelklasse – wie in Java die Klasse Object –, sondern es kann mehrere Wurzelklassen geben.

14.6 Klassenattribute und Klassenoperationen *

static vor einem Attribut oder einer Operation kennzeichnet ein Klassenattribut bzw. eine Klassenoperation. Um eine Klassenoperation aufzurufen, muss vor die Operation, getrennt durch ::, der Klassenname geschrieben werden.

static

- Klassenattribute und Klassenoperationen werden wie in Java durch das Wortsymbol static vor dem Attribut bzw. der Operation gekennzeichnet.

Initialisierung

- Klassenattribute können entweder in der Schnittstelle der Klasse (nach dem C++-ANSI-Standard 1998) oder in der Implementierung der Klasse initialisiert werden.

Aufruf

- Um eine Klassenoperation aufzurufen, muss vor die Operation, getrennt durch zwei Doppelpunkte, der Klassenname geschrieben werden.

Beispiel

Das folgende Beispiel zeigt die Anwendung von Klassenattributen und Klassenoperationen:

Artikel.h

```
/* Programmname: Artikelverwaltung
 * Fachkonzept-Klasse: Artikel (Schnittstelle)
 * Aufgabe: Einsatz von Klassenattributen und -operationen
 */

class Artikel
{
private:
  static int anzahlArtikel; //Klassenattribut deklarieren
  int artikelNr; //Objektattribute
  int lagermenge;
public:
  // Konstruktor
  Artikel(int artikelNr, int anfangsbestand);
  //Klassenoperation
  static int anzeigenAnzahlArtikel();
  //Objektoperationen
  int anzeigenLagermenge(int artikelNr);
```

14.6 Klassenattribute und Klassenoperationen *

```
  void aendernBestand(int artikelNr, int bestandsaenderung);
};
/* Programmname: Artikelverwaltung
 * Fachkonzept-Klasse: Artikel (Implementierung)
 * Aufgabe: Einsatz von Klassenattributen und -operationen
 */

#include "Artikel.h"

//Klassenattribut definieren und initialisieren
int Artikel::anzahlArtikel = 0;

// Konstruktor
Artikel::Artikel(int artikelnr, int anfangsbestand)
{
  artikelNr = artikelnr;
  lagermenge = anfangsbestand;
  anzahlArtikel = anzahlArtikel + 1;
}

// Klassenoperation
int Artikel::anzeigenAnzahlArtikel()
{
  return anzahlArtikel;
}
// Objektoperationen
int Artikel::anzeigenLagermenge(int artikelNr)
{
  return lagermenge;
}
void Artikel::aendernBestand(int artikelNr,
  int bestandsaenderung)
{
  lagermenge = lagermenge + bestandsaenderung;
};
```

Artikel.cpp

```
/* Programmname: Artikelverwaltung
 * UI-Operation: main-Prozedur (Ausschnitt)
 */

#include <iostream>
#include "Artikel.h"
using namespace std;

int main()
{
  cout << "Programm Artikelverwaltung" << endl;

  int funktion, artikelNr, menge;
  Artikel *einArtikel;   //Zeiger
  do
  {
    cout << "AnzahlArtikel: ";
    cout << Artikel::anzeigenAnzahlArtikel();
```

ArtikelUI.cpp

```
    //Klassenoperation
    cout << endl;
    cout << "Funktion waehlen: Anlegen (1),
      Bestand aendern (2), Ende (0)" << endl;
    cin >> funktion;
    switch (funktion)
    {
      case 1: cout << "Artikelnr: " << endl;
        cin >> artikelNr;
        cout << "Anfangsbestand: "<< endl;
        cin >> menge;
        einArtikel = new Artikel(artikelNr, menge);
        break;
      case 2: break;
      case 0: break;
    }
  }
  while (funktion !=0);

  return 0;
};
```

14.7 Generische Klassen **

Analog wie in Java können in C++ generische Typen – *templates* genannt – deklariert werden. Im Gegensatz zu Java können neben Typ-Parametern auch Parameter mit einfachen Typen verwendet werden.

Typgebundene Sprache

C++ ist eine typgebundene Sprache. Schreibt man beispielsweise eine Klasse zur Verwaltung von Warteschlangen, dann muss man festlegen, von welchem Typ die Elemente sind, die verwaltet werden sollen (siehe auch »Die Klasse ArrayList<E>«, S. 103). Die Algorithmen zur Verwaltung der Elemente sind jedoch gleich, egal ob man z. B. Elemente vom Typ int oder double verwaltet. Dennoch muss man zwei Warteschlangen-Klassen schreiben, die sich nur in den Typangaben der Elemente unterscheiden.

Generischer Typ

Um diesen Aufwand zu vermeiden, gibt es in C++ – analog wie in Java – die Möglichkeit **generische Typen** zu vereinbaren. In C++ spricht man von *templates* oder Schablonen. Sie erlauben es, generische Klassen und generische Operationen zu schreiben. Eine Klasse oder Operation (in C++ Funktionen genannt) kann mit Parametern versehen werden. Neben Typ-Parametern können bei Klassen auch Parameter mit einfachen Typen verwendet werden (Letzteres ist in Java *nicht* möglich).

Generische Klasse

Eine Klasse wird zu einer generischen Klasse, indem man vor das Wortsymbol class Folgendes schreibt: template <class Typparameter, einfacher Typ Bezeichner> wobei ein oder mehrere Typparameter und/oder einfache Typen gefolgt von einem Bezeichner (jeweils getrennt durch Kommata) erlaubt sind, z. B. `template <class T, int max>`.

Ein C++-Programm für eine Warteschlange, bei der sowohl der Datentyp der zu speichernden Elemente (T) als auch die Länge der Warteschlange (int max) parametrisiert sind, sieht folgendermaßen aus:

Beispiel 1

Warteschlange

```
/* Programmname: Warteschlange
 * Fachkonzept-Klasse: Warteschlange (Schnittstelle)
 * Einsatz einer generischen Klasse
 * Parameter T: Platzhalter für den Typ
 * der zu speichernden Elemente
 * Parameter int max: Länge max der Warteschlange
 */

#include <iostream>
using namespace std;

template <class T, int max = 10>
class Warteschlange
{
private:
  int anfang;// hier wird entfernt
  int ende;  // hier wird angefuegt
  T einFeld[max];

public:
  //Konstruktor
  Warteschlange(): anfang(0), ende(0)
  {
  }
  void einfuegen(const T &Element)
  {
    if (anfang == (ende + 1) % (max + 1))
      cout << "Mitteilung: Schlange voll" << endl;
    else
    {
      einFeld[ende] = Element;
      ende = (ende + 1) % (max + 1);
    }
  }

  T entfernen()
  {
    T Element;
    if (anfang == ende)
    {
      cout << "Mitteilung: Schlange leer" << endl;
      return einFeld[0];
    }
    else
    {
      Element = einFeld[anfang];
      anfang = (anfang + 1) % (max + 1);
```

Warteschlange
UI.cpp

```cpp
        return Element;
      }
    }
};

/* Programmname: Warteschlange
 * UI-Operation: main-Prozedur
 */

#include <iostream>
using namespace std;
#include "Warteschlange.h"

int main()
{
  cout << "Programm Warteschlange" << endl;

  //Deklaration einer statischen Warteschlange
  //vom Elementtyp int mit der Länge 3
  Warteschlange<int,3> eineIntWarteschlange;

  //Deklaration einer statischen Warteschlange
  //vom Elementtyp double und der Länge 4
  Warteschlange<double,4> eineDoubleWarteschlange;

  int IntElement;
  double DoubleElement;
  int funktion;
  do
  {
    cout << "Funktion waehlen: Einf int(1), Entf int(2), ";
    cout << "Einf double(3), Entf double(4), Ende(0)\n";
    cin >> funktion;
    switch (funktion)
    {
      case 1:
        cout << "Int Element:" << endl;
        cin >> IntElement;
        eineIntWarteschlange.einfuegen(IntElement);
        break;
      case 2:
        cout << "Inhalt int: ";
        cout << eineIntWarteschlange.entfernen() << endl;
        break;
      case 3:
        cout << "Double Element: " << endl;
        cin >> DoubleElement;
        eineDoubleWarteschlange.einfuegen(DoubleElement);
        break;
      case 4:
        cout << "Inhalt double: ";
        cout << eineDoubleWarteschlange.entfernen()
             << endl;
        break;
      default: break;
```

```
    }
  } while (funktion !=0);

  return 0;
};
```

Bei generischen Klassen können die Schnittstelle und die Implementierung gemeinsam in die Schnittstellen-Datei eingetragen werden. In obigem Beispiel gibt es nur eine *Header*-Datei, die in die UI-Klasse eingebunden wird.

Nur eine *Header*-Datei anlegen

Wenn ein Objekt der deklarierten, generischen Klasse gebraucht wird, muss jeweils angegeben werden, welche Typen als Parameter verwendet werden sollen:

```
Warteschlange<int,3> eineIntWarteschlange;
//Warteschlange für ganze Zahlen der Länge 3
Warteschlange<double, 4> eineDoubleWarteschlange;
//Warteschlange für Gleitkommazahlen der Länge 4
```

Besitzt in der `template`-Anweisung ein einfacher Typ bereits eine Voreinstellung, dann kann bei der Deklaration der konkreten Klasse der aktuelle Parameter fehlen. Es wird dann die Voreinstellung verwendet:

```
//Deklaration mit Voreinstellung max = 10
template <class T, int max = 10>

//Kein aktueller Parameter für int
//Voreinstellung 10 wird übernommen
Warteschlange<int> eineIntWarteschlange;
```

Im Beispiel 1 wird für zwei Klassen Code generiert. Besitzt eine generische Klasse auch Klassenattribute und -operationen, dann werden entsprechend auch zwei verschiedene Klassenattribute und -operationen angelegt.

Die generische Klasse bildet für jeden eingesetzten Typ einen eigenen Typ, der überall verwendet werden kann, z. B.

```
void Operation (Warteschlange<int> w)
//Parameter w ist int-Warteschlange
{
  Warteschlange<int> iSchlange [20];
  //iSchlange ist ein Feld von 20 int-Warteschlangen
}
```

Generische Klassen können im Prinzip wie alle anderen Klassen auch eingesetzt werden. Sie können auch selbst wiederum als Parameter von generischen Klassen verwendet werden:

Einsatz wie andere Klassen

```
Warteschlange<Warteschlange<int> > intWarteschlange
```

definiert eine Warteschlange von `intWarteschlangen`. Das Leerzeichen zwischen den schließenden spitzen Klammern ist erforderlich, um eine Interpretation als Operator zu vermeiden.

14.8 Box: Von Java nach C++ *

Java-Fachkonzept-Klassen können in der Regel nach einem festen Schema in C++-Fachkonzept-Klassen transformiert werden (Abb. 14.8-1).

Java-Fachkonzept-Klasse

```
class Anwendung
  extends Vateranwendung
{
//Attribute
private int einIntAttribut;
private Klasse einZeigerAttribut;
//Klassenattribute
private static int
  einKlassenattribut = 10;
//Konstruktor
public Anwendung()
{
  einIntAttribut = wert;
  einZeigerAttribut = new Klasse();
}
//Operationen
public void setZeigerAttribut
  (Klasse einZeiger)
{
  einZeigerAttribut = einZeiger;
}
private int funktion(int mult)
{
  return mult*einZeigerAttribut.
  getWert();
}
public static int getAnzahl()
{
  return einKlassenAttribut;
}
public static void main(String[] args)
{
  Anwendung anw = new Anwendung(13);
  int ergebnis = anw.funktion(1000);
  System.out.println(ergebnis);
}
}
public class Klasse
{
public int getWert ()
{
  return 42;
}
}
public class Vateranwendung
{
}
//Ende Java
```

//Fortsetzung C++
```
class Klasse
{public:int getWert()
{return 42;}};
class Vateranwendung{};
```

C++-Fachkonzept-Klasse

```
//Schnittstelle (Anwendung.h)
#include"vateranwendung.h"
#include"klasse.h"
class Anwendung : public Vateranwendung
{
private:
  int einIntAttribut;
  Klasse* einZeigerAttribut;
  static int einKlassenAttribut;
  Anwendung (const Anwendung&);
  Anwendung& operator = (const Anwendung&);
public:
  //Konstruktor
  Anwendung(int wert);
  //Destruktor
  ~Anwendung();
  //Operationen
  void setZeigerAttribut (Klasse*
  einZeiger);
  int funktion(int mult);
  static in getAnzahl ();
}; //Ende Schnittstelle
//Implementierung (Anwendung.cpp)
#include "anwendung.h"
//Konstruktor
Anwendung::Anwendung(int wert)
{
  einIntAttribut = wert;
  einZeigerAttribut = new Klasse;
}
//Destruktor
Anwendung::~Anwendung()
{
  delete einZeigerAttribut;
}
//Operationen
void Anwendung::setZeiger Attribut(Klasse*
einZeiger)
{
  //memory leak ("Speicherleiche")
  //vermeiden, indem
  //das Objekt vor der Zuweisung
  //gelöscht wird:
  delete einZeigerAttribut;
  einZeigerAttribut = einZeiger;
}
int Anwendung::funktion(int mult)
{
  return mult*einZeigerAttribut
  ->getWert();
}
int Anwendung::getAnzahl()
{
  return einKlassenAttribut;
}
int Anwendung::einKlassenAttribut = 10;
//Ende der Implementierung
//main-Prozedur außerhalb einer Klasse
#include "anwendung.h"
#include<iostream>
int main()
{
  Anwendung anw(13);
  int ergebnis = anw.funktion (1000);
  std::cout << ergebnis << std::endl;
}
```

Abb. 14.8-1: Transformation von Fachkonzept-Klassen von Java in C++.

15 Einführung in C# *

Als Reaktion auf den Erfolg der Programmiersprache Java hat Microsoft im Jahr 2002 die Programmiersprache **C#** veröffentlicht. Es wurde aber nicht nur eine neue Programmiersprache, sondern verbunden damit die neue Software-Architektur **.NET Framework** (gesprochen Dot-Net Framework) vorgestellt. Das Besondere an der Softwarearchitektur ist, dass sie mehrere Programmiersprachen unterstützt, die auch kombiniert eingesetzt werden können.

Bevor über C# ein Überblick gegeben wird, wird .NET vorgestellt:

- »Ein Überblick über .NET«, S. 505
- »Ein Überblick über C#«, S. 508

Eine Besonderheit von C# ist die Möglichkeit, strukturierte Typen zu definieren:

- »Einfache und strukturierte Typen«, S. 511

C#-Klassen benutzen die C++-Syntax, sind in ihrer Semantik aber stark an Java angelehnt:

- »Klassen«, S. 517

Um C#-Programme ausführen zu können, benötigen Sie einen C#-Compiler oder eine C#-Entwicklungsumgebung.

15.1 Ein Überblick über .NET *

Die .NET-Architektur ermöglicht den Einsatz verschiedener Programmiersprachen und unterstützt einen kombinierten Einsatz. Der Quellcode dieser .NET-Sprachen wird in eine sprach- und plattformunabhängige Zwischensprache MSIL übersetzt und von der Laufzeitumgebung CLR ausgeführt. Die wichtigste Programmiersprache von .NET ist C#, die sich an Java und C/C++ anlehnt.

.NET ist eine Softwarearchitektur zur Entwicklung und Ausführung von Software. Das .NET Framework ist eine mögliche konkrete technische Realisierung von .NET. In der Regel werden beide Begriffe jedoch synonym verwendet.

Für die Ausführung von Programmen ist die .NET-Laufzeitumgebung, die *Common Language Runtime* (**CLR**) zuständig, die als virtuelle Maschine läuft. Sie ist vergleichbar mit der *Java Virtual Machine* (JVM).

Laufzeitumgebung CLR

Zwischensprache MSIL	Damit ein Programm von der Laufzeitumgebung CLR ausgeführt werden kann, muss es in der sprach- und plattformunabhängigen Zwischensprache **MSIL** *(Microsoft Intermediate Language)* – kurz **IL** genannt – vorliegen.
Mehrere Sprachen möglich	Die MSIL ist vergleichbar mit dem Bytecode von Java. Im Gegensatz zum Bytecode ist die MSIL jedoch sprach*un*abhängig. Innerhalb einer Softwareanwendung können verschiedene Sprachen wie z. B. C#, Visual Basic.NET und C++.NET gemischt verwendet werden.
CLS	Alle .NET-Sprachen müssen jedoch den Sprachstandard CLS *(Common Language Subset)* einhalten, der z. B. Objektorientierung vorschreibt. Visual Basic.NET wurde daher um Klassen und Vererbung erweitert. Durch die gemeinsame Sprachbasis und MSIL wird von den verschiedenen Sprachen kompatibler Code erzeugt. So kann beispielsweise eine in C# geschriebene Klasse von einer Visual Basic.NET Klasse als Oberklasse verwendet werden und diese wiederum von einer C++.NET-Klasse.
JIT-Compiler	Ein **JIT-Compiler** *(Just in time)* wandelt den plattformunabhängigen IL-Code in Echtzeit in Maschinensprache um, die vom Prozessor des jeweiligen Computersystems direkt ausgeführt werden kann. Diese Übersetzung findet zur Laufzeit statt und muss bei jedem Aufruf eines Programms wiederholt werden. .NET übersetzt aber immer nur die Teile des Codes, die tatsächlich benötigt werden. Bereits übersetzte Teile des Programms bleiben im Speicher. Sie liegen dann beim nächsten Aufruf als direkt ausführbarer Code vor. Ein JIT-Compiler arbeitet schneller als ein reiner Interpreter, aber langsamer als ein Compiler, der das gesamte Programm auf einmal vorab übersetzt. Die Abb. 15.1-1 zeigt den Übersetzungsprozess in .NET.
Komponenten	Weitere Komponenten von .NET sind eine allgemeine Klassenbibliothek, WinForms, WPF, ASP.NET, WCF und ADO.NET.

Die allgemeine Klassenbibliothek stellt die Sprachelemente, Datentypen und Basisfunktionen zur Verfügung.

WinForms dient zur Entwicklung traditioneller Windows-Anwendungen mit grafischen Benutzungsoberflächen. Der Zugriff auf Fenster, Schriftarten und grafische Elemente wird unterstützt.

Windows Presentation Foundation (WPF) stellt (im Vergleich zu WinForms) ein modernes und leistungsstarkes Präsentationssystem dar und erlaubt vor allem eine klare Trennung zwischen der grafischen Oberfläche und ihrer Präsentationslogik.

ASP.NET erlaubt es, Webseiten um Code zu ergänzen, der in einer beliebigen .NET-Sprache geschrieben werden kann. Dieser Code wird auf dem Webserver ausgeführt, wenn eine Webseite angefordert wird. In Java geschieht dies durch JSPs (JavaServer Pages).

15.1 Ein Überblick über .NET *

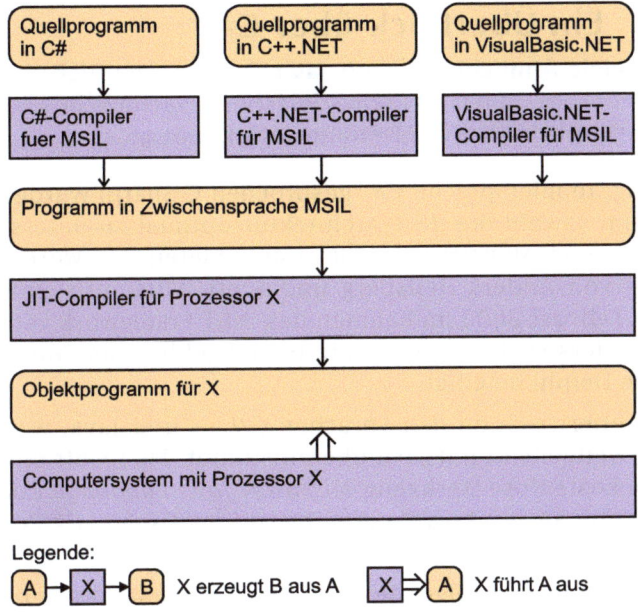

Abb. 15.1-1: Der Übersetzungsprozess in .NET.

Windows Communication Foundation (WCF) fasst die verschiedenen Netzkommunikationstechniken, wie z. B. Web-Services, Microsoft Message Queue usw. zusammen und stellt somit ein einheitliches Programmiermodell für die Entwicklung von verteilten Systemen bereit.

ADO.NET ermöglicht den Zugriff auf Datenbanken. In Java geschieht dies durch JDBC.

Microsoft hat die Sprachspezifikation von C# und Teile von .NET im Jahr 2000 bei der ECMA *(European Computer Manufacturers Association)* zur Standardisierung eingereicht. 2001 wurden beide ECMA-Standards veröffentlicht. 2003 hat auch die ISO *(International Organization for Standardization)* entsprechende Standards verabschiedet. Durch diese Standards ist es möglich, dass jeder Compiler für C# oder Implementierungen von .NET entwickeln kann und darf. Standardisierung

Im Rahmen des sogenannten Mono-Projekts wurden bereits ein C#-Compiler sowie ein .NET Framework für Linux entwickelt, die beide als Open Source verfügbar sind, siehe Website Mono (http://www.mono-project.com/Main_Page). Linux-Version

15.2 Ein Überblick über C# *

C# hat viele Ähnlichkeiten mit Java. Der C#-Compiler übersetzt ein Quellprogramm (.cs) in die Zwischensprache MSIL (.exe). Zur Ausführung wird das .NET-Framework benötigt.

Die Programmiersprache **C#** (gesprochen C Sharp) wurde entwickelt, um sowohl die .NET-Architektur optimal zu unterstützen als auch eine Alternative zu Java anzubieten. Sie wurde unter Leitung von Anders Hejlsberg und Scott Wiltamuth entwickelt und im Februar 2002 im Rahmen des .NET Framework veröffentlicht. Anders Hejlsberg war bereits maßgeblich am Entwurf der Sprache Delphi beteiligt.

C# orientiert sich an den Sprachen C/C++ und Java, wobei die Syntax weitgehend mit Java übereinstimmt. Microsoft bietet sogar das kostenlose Werkzeug *Microsoft Java Language Conversion Assistant* an, um Java-Programme automatisch in C#-Programme zu transformieren.

C# vs. Java — C# und Java haben folgende wichtige **Gemeinsamkeiten**:

- Beide Sprachen werden in eine Zwischensprache übersetzt (MSIL bzw. Bytecode).
- Automatische Speicherbereinigung *(garbage collection)* und der Verzicht auf Zeiger *(pointer)*, die wesentlicher Bestandteil von C/C++ sind.
- Der Gültigkeitsbereich von Programmen wird durch *Assemblies* (C#) bzw. Pakete (Java) festgelegt.
- Alle Klassen werden von der Klasse `Object` abgeleitet.
- Nebenläufige Programme *(threads)* werden durch das Sperren von Objekten durch `locked/synchronized` unterstützt.
- Einfachvererbung und mehrfache Vererbung von Schnittstellen.
- Innere Klassen.
- Generische Klassen und Methoden (in C# Generika genannt).
- Lambda-Ausdrücke.
- Alles gehört zu einer Klasse. Es gibt keine globalen Funktionen oder Konstanten wie in C/C++.
- Alle Werte werden vor der Benutzung initialisiert.
- *Try*-Blöcke besitzen eine *finally clause*.
- Es wird immer der Punkt-Operator benutzt ("."), nicht -> oder :: wie in C/C++.
- Es wird das Konzept der Serialisierung unterstützt.
- Die nebenläufige Programmierung erfolgt über *threads*.
- Es wird zwischen Groß- und Kleinbuchstaben unterschieden *(case sensitive)*.

C# und C++ haben folgende wichtige **Gemeinsamkeiten**: *C# vs. C++*

- Die syntaktische Struktur einer Klassendeklaration ist gleich.
- Operationen, für die »spätes« Binden vorgenommen werden soll, müssen mit dem Schlüsselwort `virtual` gekennzeichnet sein (in Java sind alle Operationen automatisch virtuell). Zusätzlich müssen in C# redefinierte Operationen mit `override` markiert werden.
- Wie in C++ gibt es auch in C# die Möglichkeit Strukturen (`struct`) zu definieren.
- Operatoren können überladen, d. h. redefiniert werden.

Das erste C#-Programm

Bevor Sie das erste C#-Programm schreiben, übersetzen und ausführen können, müssen Sie das notwendige (Hand-)Werkzeug auf Ihrem Computersystem installiert haben.

Im einfachsten Fall benötigen Sie einen Texteditor oder ein Textverarbeitungssystem, um ein Programm »einzutippen«. *Texteditor*

Das eingetippte Quellprogramm müssen Sie anschließend als Datei abspeichern. Bei einem C#-Programm muss die Datei den Dateisuffix `.cs` (für CSharp) erhalten, damit der Compiler prüfen kann, ob die angegebene Datei ein geeignetes Quellprogramm enthält. *Dateiendung .cs*

Wenn Sie C#-Programme übersetzen wollen, dann benötigen Sie als Minimum das .NET Framework, das einen C#-Compiler enthält. *C#-Compiler*

Nach der Installation des .NET-Framework können Sie Ihr erstes Programm übersetzen und ausführen. Das folgende Beispiel zeigt ein einfaches C#-Programm, die den Text »Hello World mit C#!« als Zeichenfolge auf einem zeichenorientierten Bildschirm ausgibt. *1. C#-Programm*

```
class Hello
{
  public static void Main()
  {
    //Dies ist eine Ausgabeanweisung
    System.Console.WriteLine("Hello World mit C#!");
    System.Console.WriteLine
       ("Dies ist mein erstes C#-Programm!");
  }
}
```
Beispiel 1a

Das Programm wird durch den Compilerbefehl `css Hello.cs` übersetzt. Es wird eine Datei `Hello.exe` erzeugt. Durch Eingabe von `Hello` im Konsolenfenster oder Doppelklick auf die Datei wird das Programm ausgeführt.

Den Ablauf der Übersetzung und die Ausführung zeigt die Abb. 15.2-1.

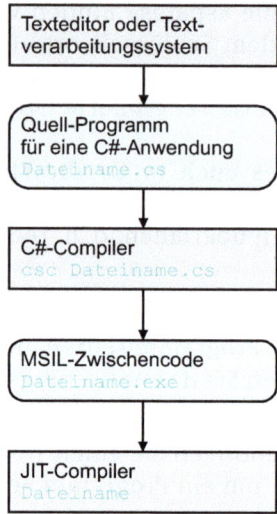

Abb. 15.2-1: Übersetzung und Ausführung eines C#-Programms.

Die erzeugte exe-Datei ist keine ausführbare Datei im herkömmlichen Sinne, sondern die MSIL-Version des Programms. Zur Ausführung wird das .NET Framework benötigt. Beim Start des Programms ruft die Laufzeitumgebung CLR automatisch den JIT-Compiler auf.

Beispiel 1b

Das Programm Hello ist von der Syntax her fast identisch mit einem entsprechenden Java-Programm. Die Programmausführung beginnt mit der Main-Operation. Main beginnt mit einem Großbuchstaben. Die Parameterliste kann leer sein. Wie bei Java ist es aber auch möglich, über die Konsole Parameter zu übergeben durch:
public static void Main(string[] args)
WriteLine() ist das Gegenstück zu println() in Java. Die Operation WriteLine() gehört zur vordefinierten Klasse Console. Diese Klasse gehört zum sogenannten Namensraum System.

Die Main-Operation ist standardmäßig öffentlich, sodass das Schlüsselwort public auch entfallen kann. Es ist möglich, dass eine ganze Zahl zurückgegeben wird: static int Main();

Schlüsselwörter

Als Bezeichner dürfen, wie in anderen Sprachen auch, keine Schlüsselwörter verwendet werden. Wird einem Schlüsselwort jedoch ein @-Zeichen vorangestellt, dann ist es ein Bezeichner und keine Schlüsselwort mehr, z. B. float @class.

C#-Namensräume vs. Java-Pakete

In .NET gibt es ein Paketkonzept, das mit dem von Java vergleichbar ist. Anders als in Java muss der Programmierer die Pakete nicht auf gleichnamige Verzeichnishierarchien und Dateinamen abbilden. Die Definition von Paketen – in C# Namensräume *(namespaces)* genannt – erfolgt durch das Schlüsselwort namespace. Die Verwendung von Klassen bzw. Typen aus anderen Namensräumen kann durch volle Qualifizierung über die Punktnotation geschehen, z. B. System.Console.WriteLine(). Alternativ kann eine using-Anweisung benutzt werden, wobei die rechte Seite der using-Anweisung einen *Namespace*-Pfad repräsentiert. Namensräume können weitere Namensräume enthalten.

```
using System;
class Hello
{
  public static void Main()
  {
    //Dies ist eine Ausgabeanweisung
    Console.WriteLine("Hello World!");
    Console.WriteLine("Dies ist mein erstes C#-Programm!");
  }
}
```

Beispiel 1c

Die Klasse Console, mit der Ein- und Ausgaben über die Konsole erfolgen können, gehört zum Standardpaket System.

15.3 Einfache und strukturierte Typen *

C# hat 13 einfache Typen, die alle von der Wurzelklasse object abgeleitet werden. Dadurch können für einfache Typen Operationen definiert werden. Konstanten werden durch const gekennzeichnet. Strukturen *(structs)* erlauben benutzerdefinierte Werttypen. Auf ihnen können arithmetische Operationen überladen werden.

In Java werden einfache Typen und Referenztypen unterschieden. Einfache Typen können durch Hüll-Klassen *(wrapper classes)* in Referenztypen gewandelt werden, ab Java 5 durch AutoBoxing und AutoUnboxing auch automatisch möglich.

In C# werden die einfachen Typen als von der Wurzelklasse object abgeleitet betrachtet. Dadurch können für einfache Typen Operationen definiert und aufgerufen werden. Die einfachen C#-Typen werden (mit Ausnahme von string und object) auch als Werttypen *(values types)* bezeichnet, da Variablen dieser Typen tatsächlich Werte enthalten. Andere Typen werden Referenztypen *(reference types)* genannt, da die zugehörigen Variablen Verweise bzw. Referenzen auf Speicherplätze enthalten. Ein Werttyp kann durch *AutoBoxing* zu einem Referenztyp werden und umgekehrt (durch explizites Unboxing).

Beispiel

Boxing

```
using System;
class Boxing
{
 public static void Main()
 {
   int eineZahl = 101;
   object  einObjekt = eineZahl;
   //Auto Boxing von eineZahl in einObjekt
   Console.WriteLine("Wert von einObjekt: " + einObjekt);
   int zweiteZahl = (int) einObjekt;
   //Explizites Unboxing zurück in int
   Console.WriteLine("Wert von zweiteZahl: " + zweiteZahl);
 }
}
```

Nach dem *Auto Boxing* wird in diesem Beispiel die Operation `Console.WriteLine()` aufgerufen und `einObjekt` übergeben. Die Vereinbarung von `einObjekt` erfolgt hier nur zur Verdeutlichung. In der zweiten `WriteLine`-Anweisung erfolgt das *Auto Boxing* direkt.

Einfache Typen

In C# gibt es 13 einfache Typen, die alle auf einen .NET-Typ abgebildet werden. Die Tab. 15.3-1 zeigt die C#-Typen im Vergleich mit .NET-, Java- und C++-Typen.

Konstanten

Konstanten werden in C# durch das Schlüsselwort `const` gekennzeichnet (Java `final`). Per Konvention sind die Bezeichner von Konstanten in Großbuchstaben zu schreiben, z. B. `const int MWST = 19;`

Konsolen-Ein- & Ausgabe

Für die Konsolen-Ein- und Ausgabe einfacher Typen und Zeichenketten gibt es vier Operationen der Klasse `Console`:

- `Write()` und `WriteLine()` geben einen Text aus, wobei `WriteLine()` zusätzlich einen Zeilenwechsel durchführt.
- `Read()` liest ein einzelnes Zeichen von der Tastatur. Die interne Darstellung erfolgt als `int`, daher muss das Zeichen zur weiteren Verarbeitung in den Typ `char` umgewandelt werden.
- `ReadLine()` liest Daten zeilenweise als Zeichenkette ein.

Typkonvertierung

Die Klasse `System.Convert` stellt Konvertierungsoperationen zur Verfügung. Der Wertebereich des Typs, in den konvertiert werden soll, muss kleiner oder gleich groß zum Wertebereich des Zieltyps sein. In `System.Convert` gibt es auch die Operation `ToString`, mit der einfache Typen als Zeichenketten dargestellt werden können (Tab. 15.3-2).

15.3 Einfache und strukturierte Typen *

C#-Daten-typ	.NET-Typ	Länge in Bytes	Java-Typ	C++-Typ	Wertebereich
bool	Boolean	1	boolean	bool	true, false
byte	Byte	1	-	unsigned char	0..255
sbyte	Sbyte	1	byte	-	-128..127
char	Char	2	char	char	alle Unicode-Zeichen (C++: -127..127)
short	Int16	2	short	short int	-32.768..32.767
ushort	UInt16	2	-	unsigned short int	0..65.535
int	Int32	4	int	int	-2.147.483.648..2.147.483.647
uint	UInt32	4	-	unsigned int	0..4.294.967.295
long	Int64	8	long	-	-9.223.372.036.854.775.808 .. 9.223.372.036.854.775.807
ulong	UInt64	8	-	-	0..18.446.744.073.709.551.615
float	Single	4	float	float	1,5 E-45..3,4 E+38 (Java, C++: 3,4 E-38 .. 3,4 E+38)
double	Double	8	double	double	5 E-324..1,7 E+308 (Java, C++: 1,7 E-308..1,7 E+308)
decimal	Decimal	12	-	-	

Tab. 15.3-1: Einfache Typen im Quervergleich.

Operation	Konvertierung in
Variable.ToString()	string
Convert.ToString(Typ)	string
Convert.ToBoolean(Typ)	boolean
Convert.ToChar(Typ)	char
Convert.ToInt16(Typ)	short
Convert.ToInt32(Typ)	int
Convert.ToInt64(Typ)	long
Convert.ToDouble(Typ)	double

Tab. 15.3-2: Wichtige Operationen zur Typkonvertierung.

Zum Wandeln von eingelesenen Werten kann auch die Operation Parse() verwendet werden.

Beispiel

EinAusgabe

```
using System;
class EinAusgabe
{
 public static void Main()
 {
   Console.Write("Bitte ganze Zahl eingeben:");
   string zahlAlsString = Console.ReadLine();
   Console.WriteLine("Eingelesene Zahl: " + zahlAlsString);


   int zahl1 = Convert.ToInt32(zahlAlsString);
   int zahl2 = Int32.Parse(zahlAlsString);
   int zahl3 = zahl1 + zahl2;
   Console.WriteLine("Eingelesene Zahl*2: " + zahl3);

   Console.Write("Bitte Gleitkommazahl eingeben: ");
   //Achtung: Die Gleitzahl muss in deutscher Notation
   //mit Kommatrennung erfolgen
   double gleitzahl = Convert.ToDouble(Console.ReadLine());
   gleitzahl = gleitzahl + 1.5;
   Console.WriteLine("Eingelesene Zahl + 1,5 : " +
     gleitzahl.ToString());

   Console.Write("Bitte Namen eingeben: ");
   String name = Console.ReadLine();
   Console.WriteLine("Eingelesener Name: " + name);

   //Casting in (char)
   Console.Write("Bitte 1 Zeichen eingeben: ");
   char zeichen = (char) Console.Read();
   Console.Write(" Zeichen: " + zeichen);
 }
}
```

struct Das Typensystem kann in C# durch benutzerdefinierte Werttypen, sogenannte **Strukturen** *(structs)* erweitert werden. Strukturen werden syntaktisch wie eine Klasse geschrieben, anstelle des Schlüsselworts class steht das Schlüsselwort struct. Eine Struktur besitzt dieselben Eigenschaften wie eine Klasse. Es wird jedoch *keine* Referenz, sondern ein Werttyp erzeugt. Dadurch wird die Effizienz verbessert, da der Zugriff auf Werttypen direkt erfolgt.

Beispiel 1a

Komplexe Zahlen

Komplexe Zahlen bestehen aus einem Real- und einem Imaginärteil. Beide Teile können zu einer Struktur zusammengefasst werden:

```
using System;
class KomplexeZahlen
{
    public static void Main()
```

15.3 Einfache und strukturierte Typen *

```
   {
      Komplex ersteZahl, zweiteZahl;

      ersteZahl.RE = 12.5; ersteZahl.IM = 3.4;
      Console.WriteLine
         ("erste Zahl:  RE " + ersteZahl.RE +
            " IM " + ersteZahl.IM);

      zweiteZahl.RE = 17.5; zweiteZahl.IM = 6.6;
      Console.WriteLine
         ("zweite Zahl: RE " + zweiteZahl.RE +
            " IM " + zweiteZahl.IM);

      Komplex dritteZahl = new Komplex(); //Erzeugung mit new

      dritteZahl =
         dritteZahl.addiereKomplex(ersteZahl, zweiteZahl);

      Console.WriteLine
         ("dritte Zahl: RE " + dritteZahl.RE +
            " IM " + dritteZahl.IM);
   }
}
struct Komplex
{
 public double RE;
 public double IM;

 public Komplex addiereKomplex(Komplex zahl1, Komplex zahl2)
 {
   Komplex zahl3;
   zahl3.RE = zahl1.RE + zahl2.RE;
   zahl3.IM = zahl1.IM + zahl2.IM;
   return zahl3;
 }
}
```

Eine Struktur kann mit new erzeugt werden. Wird sie nicht mit new erzeugt, dann ist sie allerdings *nicht* initialisiert. Vor dem ersten schreibenden Zugriff muss daher zunächst eine Wertzuweisung erfolgen. Auf die Elemente einer Struktur wird über die Punktnotation zugegriffen.

Gegenüber Klassen unterliegen Strukturen einigen Einschränkungen. Sie können weder erben noch vererben, obwohl sie von der Klasse System.object abgeleitet werden. Schnittstellen können jedoch implementiert werden. Eine Struktur darf keinen selbst definierten, parameterlosen Konstruktor besitzen.

Damit sich benutzerdefinierte Typen natürlich verhalten, können Strukturen arithmetische Operatoren überladen, um numerische Operationen und Konvertierungen auszuführen.

Überladen von Operatoren

Beispiel 1b

```
using System;
class KomplexeZahlen
{
 public static void Main()
 {
  Komplex ersteZahl, zweiteZahl;

  ersteZahl.RE = 12.5; ersteZahl.IM = 3.4;
  Console.WriteLine("erste Zahl:  RE " + ersteZahl.RE +
      " IM " + ersteZahl.IM);


  zweiteZahl.RE = 17.5; zweiteZahl.IM = 6.6;
  Console.WriteLine("zweite Zahl: RE " + zweiteZahl.RE +
      " IM " + zweiteZahl.IM);

  Komplex dritteZahl = new Komplex(); //Erzeugung mit new

  dritteZahl = ersteZahl + zweiteZahl;
  //überladener Operator +
  Console.WriteLine("dritte Zahl: RE " + dritteZahl.RE +
      " IM " + dritteZahl.IM);
 }
}

struct Komplex
{
 public double RE;
 public double IM;

 public static Komplex operator +(Komplex zahl1, Komplex zahl2)
 {
   Komplex zahl3;
   zahl3.RE = zahl1.RE + zahl2.RE;
   zahl3.IM = zahl1.IM + zahl2.IM;
   return zahl3;
 }
}
```

Wie das Beispiel 1a zeigt, wird aus der Operation
`public Komplex addiereKomplex(Komplex zahl1, Komplex zahl2)`
die Operation (Beispiel 1b):
`public static Komplex operator +(Komplex zahl1, Komplex zahl2)`

Die Operatorfunktion muss als `static` gekennzeichnet sein. Anstelle des Namens der Operation muss das Schlüsselwort `operator` gefolgt von dem Operatorsymbol, hier +, stehen.

Der Aufruf kann jetzt wie bei einem arithmetischen Ausdruck erfolgen:
`dritteZahl = ersteZahl + zweiteZahl; //überladener Operator +`
statt
`dritteZahl = dritteZahl.addiereKomplex(ersteZahl, zweiteZahl);`

15.4 Klassen *

C#-Klassen sind ähnlich wie Java-Klassen, verwenden jedoch die C++-Syntax. Nur wenn die Oberklasse `virtual` ist, können Operationen redefiniert werden. Die redefinierte Operation muss das Schlüsselwort `override` besitzen. Standardmäßig sind alle Elemente einer Klasse `private`. Ein *Assembly* fasst alle Dateien zusammen, die zu einem Programm gehören. Wird ein Parameter mit `out` gekennzeichnet, dann wird er wie *call by reference* behandelt.

Die Klassen in C# sind den Java-Klassen sehr ähnlich. Unterschiede gibt es in folgenden Bereichen:

C# verwendet für die Deklaration einer Klasse, für die geerbten Klassen und Schnittstellen und für das Aufrufen von Operationen die C++-Syntax.

Klassen

Der Zugriff auf den Konstruktor der Oberklasse geschieht durch das Schlüsselwort `base` gefolgt von der Parameterliste in Klammern. Vor `base` steht ein Doppelpunkt, der direkt hinter der Konstruktorparameterliste steht, z. B.

base

```
public Sparkonto (int kontonr, double ersteZahlung):
base (kontonr,0.0) {..}
```

Auf eine überschriebene bzw. redefinierte Operation der direkten Oberklasse kann zugegriffen werden, wenn ein Ausdruck zum Aufruf der Operation das Schlüsselwort `base` enthält (in Java: `super`), z. B. `base.buchen(betrag);`

Operationen können in Unterklassen dann redefiniert werden, wenn die Operation in der Oberklasse mit dem Schlüsselwort `virtual` gekennzeichnet ist. Standardmäßig sind alle Operationen *nicht* virtuell (wie in C++). In der Unterklasse muss die Operation, die redefiniert werden soll, das vorangestellte Schlüsselwort `override` besitzen, z. B. `public override void buchen (double betrag).`

Dynamische Bindung

Beispiel

Konto.cs

```
/* Programmname: Konto
 * UI-Klasse: KontoUI
 * Aufgabe: Konten verwalten
 * Eingabe von Beträgen und Kontoart
 * Ausgabe des aktuellen Kontostands
 */

public class Konto
{
  //Attribute
  protected int kontonr;
  protected double kontostand;
  // Konstruktor
  public Konto (int kontonr, double ersteZahlung)
```

```csharp
    {
      this.kontonr = kontonr;
      kontostand = ersteZahlung;
    }
    //Schreibende Operationen
    public virtual void buchen (double betrag)
    {
      kontostand = kontostand + betrag;
    }
    //Lesende Operationen
    public double getKontostand ()
    {
      return kontostand;
    }
}
```

Sparkonto.cs

```csharp
/* Programmname: Konto und Sparkonto
 * Fachkonzept-Klasse: Sparkonto
 * Aufgabe: Verwalten von Sparkonten
 * Restriktion: Sparkonten dürfen nicht negativ werden
 */

public class Sparkonto : Konto
{
  // Konstruktor
  public Sparkonto (int kontonr, double ersteZahlung):
    base (kontonr,0.0)
  {
    buchen (ersteZahlung);
  }
  //Redefinierte Operation
  public override void buchen (double Betrag)
  {
    //geerbte Operation getKontostand der Oberklasse
    if (getKontostand() + Betrag >= 0)
      base.buchen(Betrag);
    //Operation buchen der Oberklasse aufrufen
  }
}
```

KundeUI.cs

```csharp
/* Programmname: Konto
 * UI-Klasse: KontoUI
 * Aufgabe: Konten verwalten
 * Eingabe von Beträgen und Kontoart
 * Ausgabe des aktuellen Kontostands
 */

using System;

class KontoUI
{
  //Konten deklarieren
  Konto einKonto;
  Sparkonto einSparkonto;

  //Konstruktor
```

```
KontoUI()
{
  einKonto = new Konto(1, 0.00);
  einSparkonto = new Sparkonto(2,0.00);
}
//Anwendung des Polymorphismus
//Zur Übersetzungszeit ist nicht bekannt, ob ein Objekt
//der Klasse Konto oder ein Objekt der Klasse Sparkonto
//aufgerufen wird

void einausZahlungenInBar(Konto einObjekt, double zahlung)
{
  einObjekt.buchen(zahlung);
}

void dialog()
{
  int funktion;
  double zahl;
  do
  {
    Console.WriteLine("Funktion waehlen: Kontobetrag (1), " +
      "Sparkontobetrag (2), Ende (0):");
    funktion = Convert.ToInt32(Console.ReadLine());
    switch (funktion)
    {
    case 1:
    Console.WriteLine
      ("Aktueller Kontostand:" + einKonto.getKontostand() +
      " Betrag eingeben: ");
    zahl = Convert.ToDouble(Console.ReadLine());
    einausZahlungenInBar(einKonto, zahl);
    Console.WriteLine("Neuer Kontostand: " +
      einKonto.getKontostand());break;

    case 2:
    Console.WriteLine("Aktueller Sparkontostand:" +
      einSparkonto.getKontostand() + " Betrag eingeben: ");
    zahl = Convert.ToDouble(Console.ReadLine());
    einausZahlungenInBar(einSparkonto, zahl);
    Console.WriteLine("Neuer Sparkontostand: " +
      einSparkonto.getKontostand());break;

    case 0: break;
    default: Console.WriteLine("Fehlerhafte Eingabe"); break;
    }
  }
  while (!(funktion == 0));
}

//Hauptprogramm
public static void Main()
{
  Console.WriteLine("Start des Programms Konto");
  KontoUI einUIObjekt; //Deklarieren eines UI-Objekts
```

```
            einUIObjekt = new KontoUI();
            einUIObjekt.dialog();
        }
    }
```

Hinweis	Befinden sich die Klassen in verschiedenen Dateien, dann muss der Compiler mit folgender Anweisung gestartet werden:
	`csc /target:exe/out:Dateiname.exe *.cs`
	wobei die Datei `Dateiname` das Hauptprogramm `Main()` enthalten muss, z. B.
	`csc /target:exe /out:KontoGUI.exe *.cs`
	
	Einen Überblick über alle Compileroptionen erhält man durch Eingabe von `csc /help` im Konsolenfenster.

Sichtbarkeit	Standardmäßig sind per Voreinstellung alle Elemente einer Klasse `private`, d. h. nur in der Klasse selbst sichtbar. Zur besseren Lesbarkeit kann das Schlüsselwort `private` hingeschrieben werden. Außerdem gibt es folgende Sichtbarkeitsbereiche: ■ `public`: Öffentlich sichtbar, d. h. von allen Operationen aller Klassen nutzbar. ■ `protected`: Von allen Operationen der eigenen Klasse oder von eigenen Unterklassen zugreifbar. ■ `internal`: Auf diese Elemente können nur Operationen zugreifen, die zum selben *Assembly* gehören (siehe unten). ■ `protected internal`: Auf diese Elemente können alle Operationen der eigenen Klassen, eigene Unterklassen oder Operationen desselben *Assemblys* zugreifen.
Assembly	Ein **Assembly** fasst alle Dateien zusammen, die zu einem Programm gehören.
sealed	Soll verhindert werden, dass von einer Klasse eine Unterklasse abgeleitet wird, dann kann dies durch das Schlüsselwort `sealed` (versiegelt) verhindert werden (in Java `final`). Strukturen (`struct`) sind implizit versiegelt.
Parameter- übergabe	Standardmäßig werden in C# Werttypen durch *call by value* an eine Operation übergeben – analog wie in Java. Alternativ ist es in C# auch möglich, einen Werttyp durch *call by reference* zu übergeben – es muss dann sowohl bei der Deklaration als auch beim Aufruf das Schlüsselwort `ref` vor den Parameter geschrieben werden. Wird ein Parameter mit `out` gekennzeichnet, dann wird er wie *call by reference* behandelt, muss aber *nicht* initialisiert sein. Dadurch ist es möglich, mehrere Werte aus einer Operation als Ergebnis nach außen zu übergeben. Die Beschränkung auf einen Rückgabewert über `return` kann dadurch umgangen werden.

Beispiel

Tausche

```
// Beispiel für den Einsatz der Parameterarten ref und out
using System;
public class Tausche
{
  static void tausche(ref int zahl1, ref int zahl2,
    out int summe)
  {
    int merke= zahl1;
    zahl1 = zahl2;
    zahl2 = merke;
    summe = zahl1 + zahl2;
  }

  public static void Main ()
  {
    Console.WriteLine("erste Zahl: ");
    int ersteZahl = Convert.ToInt32(Console.ReadLine());
    Console.WriteLine("zweite Zahl: ");
    int zweiteZahl = Convert.ToInt32(Console.ReadLine());
    int ergebnis;

    tausche (ref ersteZahl, ref zweiteZahl, out ergebnis);

    Console.WriteLine("neue erste Zahl: " + ersteZahl);
    Console.WriteLine("neue zweite Zahl: " + zweiteZahl);
    Console.WriteLine("Summe: " + ergebnis);
  }
}
```

In Java ist es üblich, auf Attribute einer Klasse über die Zugriffsoperationen getAttributname() und setAttributname() zuzugreifen. In C# gibt es sogenannte *accessors*, die es ermöglichen, auf Attribute lesend und schreibend zuzugreifen. Die Syntax sieht folgendermaßen aus:

accessors

```
[Sichtbarkeit] Werttyp Name
{ get { accessor-body }
  set { accessor-body }
}
```

Der set-Operation wird ein Wert immer als Parameter value übergeben. Beim Aufruf der set-Operation erfolgt die Werteübergabe per Zuweisung, nicht als Parameter.

Beispiel

Zaehler

```
/* Programmname: Zaehler
* Aufgabe: Verwaltung eines Zaehlers
*/
using System;

class Zaehler
{
  private int zaehlerstand;

  Zaehler()
```

```csharp
  {
    zaehlerstand = 0;
  }

  //accessors
  public int Zaehlerstand //neuer Bezeichner
  {
    get {return zaehlerstand;}
    set {zaehlerstand = value;}//value = impliziter Parameter
  }

  public static void Main()
  {
    Zaehler einZaehler = new Zaehler();
    Console.WriteLine("Zaehlerstand: "
      + einZaehler.Zaehlerstand);
    einZaehler.Zaehlerstand = 5; //Wertübergabe durch Zuweisung
    Console.WriteLine("Zaehlerstand: "
      + einZaehler.Zaehlerstand);
  }
}
```

Klassenattribute & -operationen

Klassenattribute und Klassenoperationen werden analog wie in Java programmiert.

Beispiel

Artikel

```csharp
/* Programmname: Artikelverwaltung
 * Fachkonzept-Klasse: Artikel
 * Aufgabe: Einsatz von Klassenattributen und -operationen
 */

using System;

class Artikel
{
  //Klassenattribut deklarieren
  static int anzahlArtikel = 0;

  int artikelNr;
  int lagermenge;

  // Konstruktor
  public Artikel(int artikelnr, int anfangsbestand)
  {
    this.artikelNr = artikelnr;
    this.lagermenge = anfangsbestand;
    anzahlArtikel = AnzahlArtikel + 1;
  }

  // Klassenoperation
  static int AnzahlArtikel
  { get { return anzahlArtikel;}
  }

  // Objektoperationen
  int anzeigenLagermenge(int artikelNr)
```

```
{
  return lagermenge;
}
void aendernBestand(int artikelNr, int bestandsaenderung)
{
  lagermenge = lagermenge + bestandsaenderung;
}

public static void Main()
{
  Console.WriteLine( "Programm Artikelverwaltung");

  int funktion, artikelNr, menge;
  Artikel einArtikel;
  do
  {
    Console.Write("AnzahlArtikel: ");
    //Klassenoperation
    Console.WriteLine(Artikel.AnzahlArtikel);

    Console.WriteLine("Funktion waehlen: "
       + "Anlegen (1), Bestand aendern (2), Ende (0)");
    funktion = Convert.ToInt32(Console.ReadLine());
    switch (funktion)
    {
      case 1: Console.WriteLine("Artikelnr: ");
        artikelNr = Convert.ToInt32(Console.ReadLine());
        Console.WriteLine("Anfangsbestand: ");
        menge = Convert.ToInt32(Console.ReadLine());
        einArtikel = new Artikel(artikelNr, menge);
        break;
      case 2: break;
      case 0: break;
    }
  }
  while (funktion !=0);
}
}
```

15.5 Kreuzworträtsel 3 *

Prüfen Sie, ob Sie anhand des Kreuzworträtsels der Abb. 15.5-1 in der Lage sind, den Erklärungen die wichtigsten Begriffe der objektorientierten Programmiersprachen sowie der Qualitätssicherung zuzuordnen.

Gesuchte Wörter:
Senkrecht:
1 Dort schlägt man nach, wenn man einen Begriff nicht erklären kann.
2 Datentyp, dessen zulässige Werte einzeln aufgeführt werden.
3 Modifikation eines zu testenden Programms zur Aufzeichnung von Informationen während des dynamischen Tests.

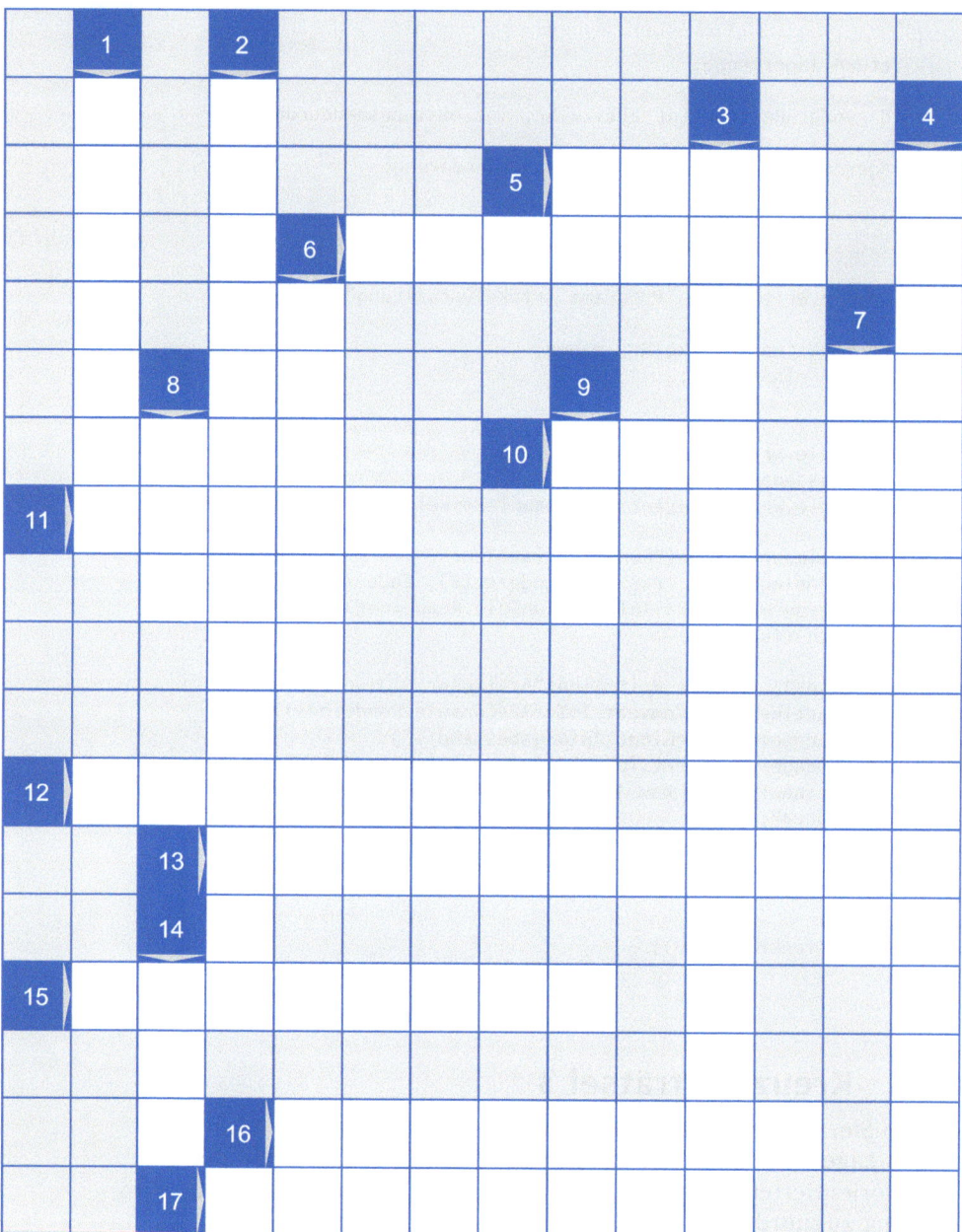

Abb. 15.5-1: Kreuzworträtsel zu objektorientierten Programmiersprachen und Qualitätssicherung.

4 Macht das Objekt zur Datenkapsel.
6 Aus jedem ... sollte man lernen.

15.5 Kreuzworträtsel 3 *

7 Daten, um die Richtigkeit eines Programms zu überprüfen (Plural).
8 Kurzform für: Objektorientierte Analyse.
9 Weitverbreitete hybride, problemorientierte Programmiersprache.
14 Kurzform für: Objektorientierter Entwurf.

Waagerecht:

5 Vergleichbar mit dem Byte-Code von Java.
6 Gibt an, wie stark die Elemente einer Systemkomponente interagieren.
10 JVM für .NET.
11 Ein Mitarbeiter kann entsprechend seinen Erfahrungen, Kenntnissen und Fähigkeiten eine oder mehrere davon einnehmen.
12 Alle Daten, die benötigt werden, um ein Programm für einen Test auszuführen.
13 Testrahmen, der es ermöglicht, den Testling interaktiv aufzurufen.
15 Gegenteil von Bindung.
16 Systemkomponente, die überprüft werden soll.
17 Programm, das getestet werden soll.

Anhang A Java: Syntaxnotation *

Zur Beschreibung von Programmiersprachen werden Syntaxnotationen verwendet. Beliebt sind grafische Syntaxdiagramme. Kompakter ist die textuelle EBNF-Notation. In den Notationen wird zwischen nicht-terminalen Symbolen und terminalen Symbolen unterschieden.

In der Informatik haben sich verschiedene Beschreibungsformalismen für die Syntax von Programmiersprachen eingebürgert. Mithilfe solcher Syntaxbeschreibungen ist es einfacher, eine Sprache zu definieren und ein Programm zu analysieren. Insbesondere dient die Darstellung der einzelnen Sprachkonstrukte auch dazu, dem Programmierer beim Nachschlagen, wie die korrekte Syntax aussieht, zu helfen.

Eine beliebte und anschauliche grafische Darstellung bieten Syntaxdiagramme, die durch die Verwendung bei der Programmiersprache Pascal populär wurden. Ein **Syntaxdiagramm** besteht aus zwei Teilen. Links oben wird in einem Rechteck der Name des Syntaxdiagramms angegeben. Dieser Name gibt an, welche Sprachkonstruktion das Syntaxdiagramm beschreibt. Man bezeichnet eine solche Sprachkonstruktion als **nicht-terminales Symbol**. Das eigentliche Diagramm besteht aus Ovalen, Kreisen und Rechtecken, verbunden durch gerichtete Pfeile. Syntaxdiagramme werden von links nach rechts gelesen, indem man der Richtung der Pfeile folgt. Ein Rechteck steht für ein Sprachkonstrukt, d. h. ein nicht-terminales Symbol, das in einem anderen Syntaxdiagramm definiert ist. Ein Kreis oder ein Oval enthält Zeichen, die exakt so in dem entsprechenden Programmteil stehen müssen. Man bezeichnet diese Zeichen als **terminale Symbole**.

Syntaxdiagramm

> Die Abb. 1.0-1 zeigt vier Syntaxdiagramme, die die Java-Syntax für einfache Typen definieren. Es werden die vier Sprachkonstrukte (nicht-terminale Symbole) `PrimitiveType`, `NumericType`, `IntegralType` und `FloatingPointType` spezifiziert. Der `PrimitiveType` besteht aus einem `NumericType` oder dem Schlüsselwort `boolean`.

Beispiel

Nachteilig bei Syntaxdiagrammen ist, dass sie manuell aufwendig zu erstellen sind und viel Platz benötigen. Daher wird in diesem Buch in der Regel eine kompaktere, textuelle Notation verwendet, die sich an die sogenannte **EBNF** (*Extended Backus-Naur-Form*) anlehnt. Sie wird hier als Pseudo-EBNF bezeichnet. Die so genannte Backus-Naur-Form (kurz BNF) wurde von den Wissenschaftlern John Warner Backus und Peter Naur 1960 zur

BNF & EBNF

Anhang A Java: Syntaxnotation *

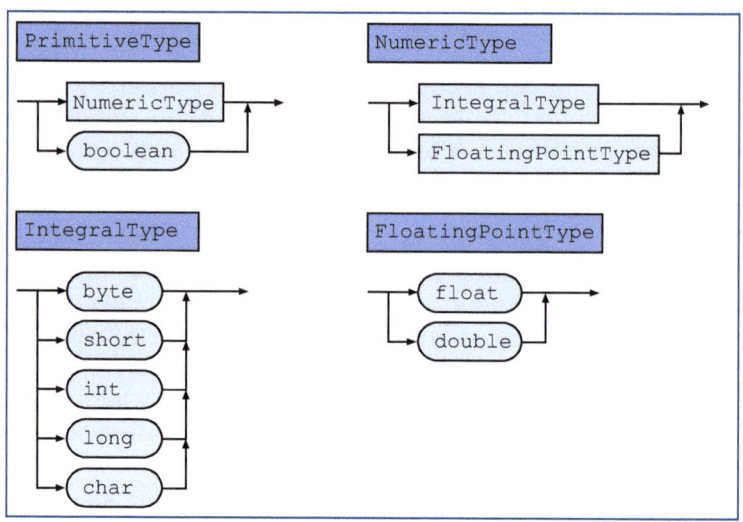

Abb. 1.0-1: So sieht die Syntax für einfache Typen in Java aus.

Beschreibung der Syntax der Programmiersprache Algol 60 entwickelt und später erweitert *(extended)*.

Tipp — Es gibt eine ganze Reihe von Zeichenwerkzeugen, die aus einer EBNF-Notation ein Syntaxdiagramm erzeugen. Suchen Sie im Internet mit den Stichworten: `EBNF Syntaxdiagram Tool`.

Verwendete textuelle Syntaxnotation

- *A ::= B* : Das zu definierende nicht-terminale Symbol *A* (*Platzhalter*) steht auf der linken Seite, durch *::=* von seiner Definition *B* auf der rechten Seite getrennt.
- *[ ]* : Eckige Klammern *[ ]* schließen optionale Elemente ein, d. h. Elemente, die auch fehlen dürfen.
- */* : Ein kursiver senkrechter Strich */* trennt alternative Elemente, d.h von den aufgeführten Elementen ist ein Element auszuwählen.
- *{}* : Aus den aufgeführten Elementen ist ein Element auszuwählen.
- *+* : Ein *+* gibt an, dass das Element wiederholt werden kann.
- *...* : Drei Punkte kennzeichnen eine Liste von Elementen, wobei die Elemente durch ein Komma (,) getrennt werden.
- terminale Symbole: Die Zeichen, die im Quellcode des Programms stehen müssen, sind in normaler Schrift dargestellt.
- `Schlüsselwörter`: Schlüsselwörter sind mit einem Grauraster unterlegt oder fett dargestellt.
- *Syntaxsymbole*: Symbole, die zur Beschreibung der Syntax verwendet werden, sind kursiv dargestellt, z. B. *{ }*, sonst handelt es sich um terminale Symbole.

Das in der Abb. 1.0-1 angegebene Beispiel sieht in der textuellen Notation folgendermaßen aus:

Beispiel

```
PrimitiveType     ::= { NumericType | boolean }
NumericType       ::= { IntegralType | FloatingPointType }
IntegralType      ::= { byte | short | int | long | char }
FloatingPointType ::= { float | double }
```

Eine Gegenüberstellung beider Notationen zeigt die Tab. 1.0-1.

Notation	Syntaxdiagramm	Pseudo-EBNF
Nicht-terminales Symbol	A	*A* (in kursiver Schrift)
Terminales Symbol	class	**class** (in normaler Schrift, Schlüsselwörter grau hinterlegt, hier in der Tabelle fett dargestellt)
Alternative	A / B / C	A ::= B / C
Option	A / B	A ::= [B]
Wiederholung (Liste)	A / B ; ,	A ::= B... ;
Wiederholung	A / B ;	A ::= B+ ;

Tab. 1.0-1: Syntaxnotationen im Vergleich.

Die Definition einer Syntaxregel zeigt die Tab. 1.0-2.

Die Syntax einer Variablen- bzw. Konstantendeklaration in Java sieht in der Pseudo-EBNF wie folgt aus:

Beispiel

```
FieldDeclaration ::=
{ private | public | protected | final | static | }+ Type
```

Anhang A Java: Syntaxnotation *

Notation:	Syntaxdiagramm	Pseudo-EBNF
Definition einer Syntaxregel (Beispiel)	ClassDeclaration → public → class → Identifier → ClassBody →	`ClassDeclaration ::=` **`public class`** `Identifier Classbody` (Schlüsselwörter grau hinterlegt, hier in der Tabelle fett dargestellt)

Tab. 1.0-2: Definition einer Syntaxregel.

```
{ Identifier | VariableDeclaratorId [ ]
[ = { Expression | ArrayInitializer } ] }...;
```

Das entsprechende Syntaxdiagramm zeigt die Abb. 1.0-2. Zu beachten ist, dass von den Schlüsselwörtern `private`, `public` und `protected` nur jeweils ein Schlüsselwort verwendet werden darf. Außerdem dürfen die Schlüsselwörter `final` und `static` nur jeweils einmal auftreten. Dieses Beispiel zeigt, dass die Bedeutung einer Sprachkonstruktion, d. h. die Semantik, durch die Syntax oft nicht oder nur unvollständig beschrieben werden kann.

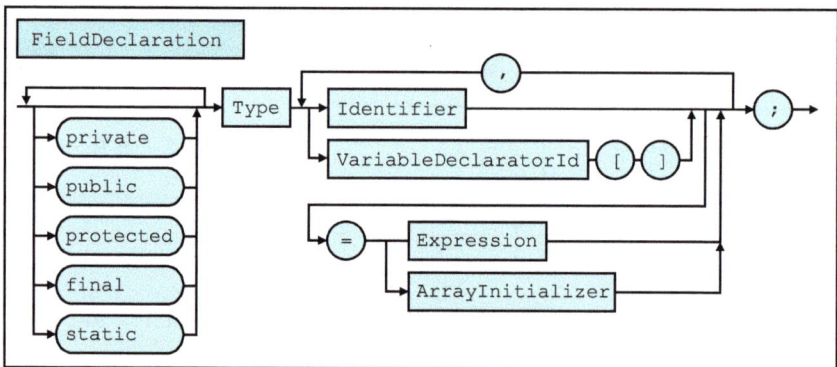

Abb. 1.0-2: So sieht eine Variablendeklaration in Java aus (Ausschnitt).

Beispiel Die Syntax für Zuweisungen zeigt die folgende Pseudo-EBNF:

```
Assignment ::= LeftHandSide { = | += | -= | *= | /= | %= | <<= | >>=
| >>>= | &= | |= | ^= } AssignmentExpression
LeftHandSide ::= ExpressionName | FieldAccess | ArrayAccess
AssignmentExpression ::= Assignment | ConditionalExpression
```

Das entsprechende Syntaxdiagramm zeigt die Abb. 1.0-3.

Anhang A Java: Syntaxnotation * 531

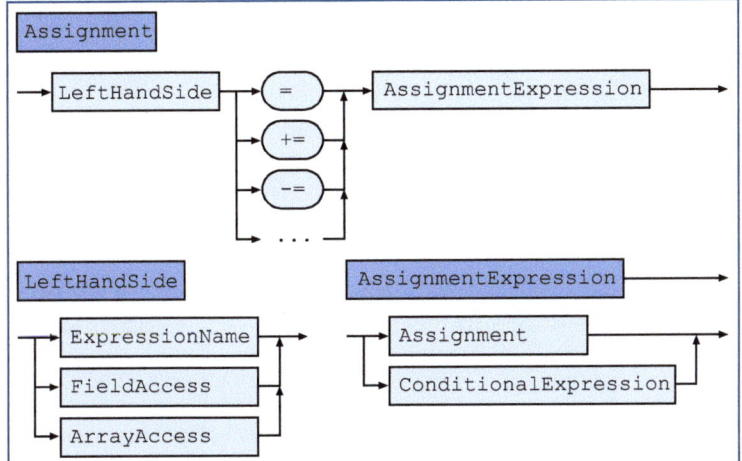

Abb. 1.0-3: So sieht die Syntax für eine Zuweisung in Java aus.

Die Spezifikation der Sprache Java einschließlich der Syntaxbeschreibung finden Sie auf der Webseite Java Language Specification (http://docs.oracle.com/javase/specs/jls/se7/jls7.pdf).

Anhang B Kreuzworträtsel 1: Lösung **

	1	2					3				
	G	K	4		5	B	O	T	S	C	H	A	F	T
	E	L	K		R		6	M	E	T	H	O	D	E
7	H	A	L	D	E			Q						
	E	S	A		F	8	Z	U	S	T	A	N	D
	I	S	S		E			E				9
	M	E	S		R			N	10		11	O
	N	N	E		E			Z	C	12	O	O	P
	I	A		13	N	E	W		D	A		B
	S	T	14		Z				I	L	15	J	D	K
	P	T	A	16	V	E	R	H	A	L	T	E	N
	R	R	T		A				G	B		K
	I	I	T		R				R	Y		T
	N	B	R		I				A	V
	Z	U	I		A				M	A
	I	T	B		B				M	L
	P	17	U	M	L				U
			T		E				E

Abb. 2.0-1: Lösung des Kreuzworträtsels zu Basiskonzepten der objektorientierten Programmierung.

Gesuchte Wörter:

Senkrecht:

1. Macht das Objekt zur Datenkapsel.
2. Attribut, das zu allen Objekten einer Klasse gehört.
3. Grafische, zeitbasierte Darstellung mit vertikaler Zeitachse von Botschaften zwischen Objekten und Klassen.
4. Schablone für das Erzeugen von Objekten.
5. Enthält als Wert eine Speicheradresse.
9. Kurzform von Objektorientierung.
10. Parameterübergabemechanismus, bei dem die gerufene Operation nur mit einer Kopie der Eingabeinformationen arbeitet (zusammengeschrieben).
11. Dieses obskure ... der Begierde (Film 1977)
14. Variablenbezeichnung in der UML.

Waagerecht:

5. Hilft bei Problemen im Ausland.
6. In Programmiersprachen wie Java und Smalltalk als Bezeichnung für eine Prozedur und eine Funktion verwendet.
7. Objekte werden dort im Arbeitsspeicher abgelegt.
8. Ich befinde mich in keinem guten ...
12. Kurzform für Objektorientierte Programmierung
13. Operator, der einen Konstruktor aufruft.
15. Java Development Kit (Abkürzung).
16. Alles, was ein Objekt tun kann.
17. Standard für objektorientierte, grafische Notation (Abkürzung).

Anhang C   Kreuzworträtsel 2: Lösung *

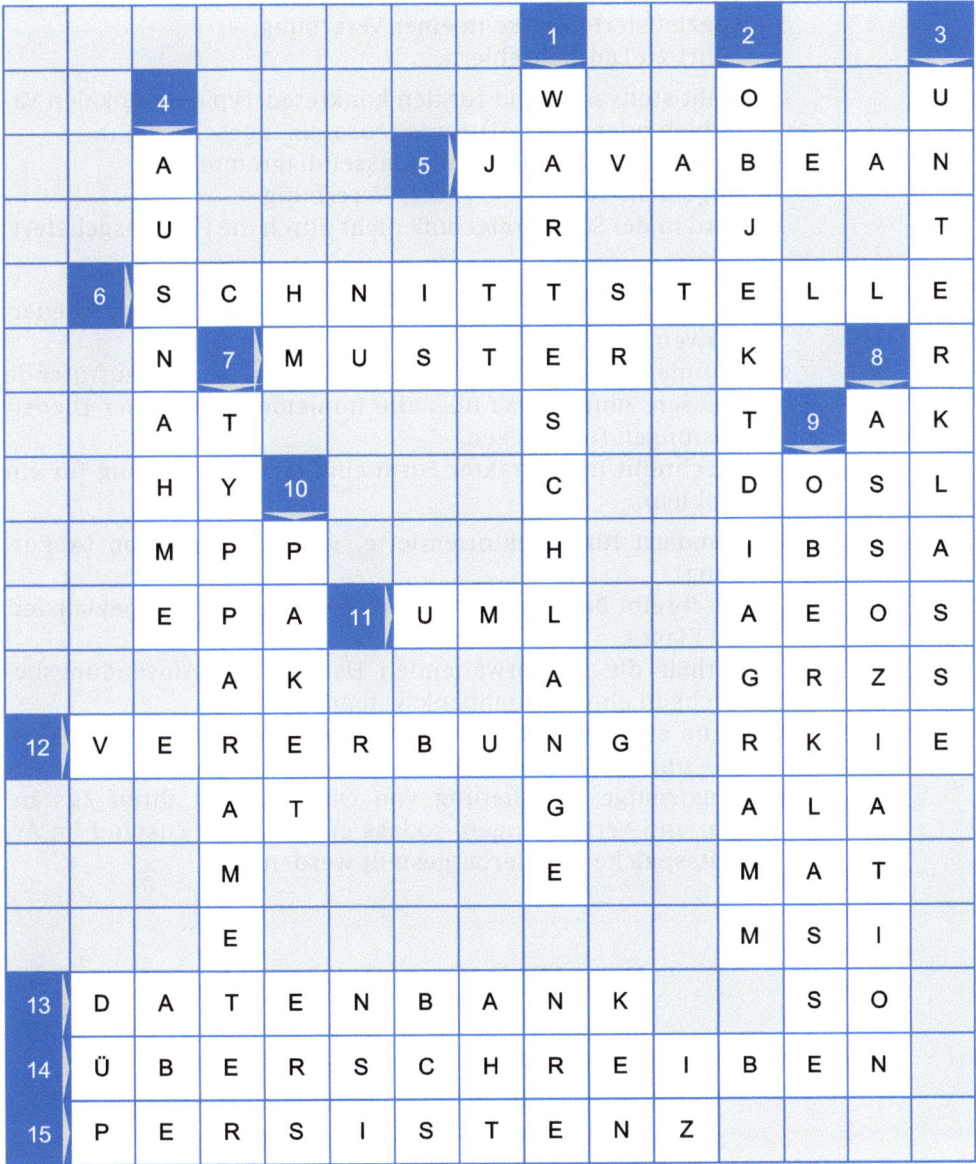

Abb. 3.0-1: Lösung des Kreuzworträtsels zu fortgeschrittenen Konzepten der Objektorientierung.

Anhang C Kreuzworträtsel 2: Lösung *

Gesuchte Wörter:
Senkrecht:

1. Datenstruktur mit den Operationen Einfügen und Entfernen.
2. Stellt in der UML Objekte und ihre Verbindungen dar.
3. Spezialisierte Klasse in einer Vererbung.
4. Führt zu Laufzeitfehlern.
7. Steht stellvertretend für den konkreten Typ einer lokalen Variablen oder eines Attributs (zusammengeschrieben).
8. Verbindet Klassen im UML-Klassendiagramm.
9. Allgemeinere Klasse in einer Vererbung.
10. Wird in der Softwaretechnik nicht durch die Post ausgeliefert.

Waagerecht:

5. Java-Klasse, die als Halbfabrikat bzw. Komponente wiederverwendet werden soll.
6. Definiert Dienstleistungen für Anwender, d. h. für aufrufende Klassen, ohne etwas über die Implementierung der Dienstleistungen festzulegen.
7. Beschreibt in abstrakter Form eine bewährte Lösung für ein Problem.
11. Standard für objektorientierte, grafische Notation (Abkürzung).
12. Beschreibt Beziehung zwischen Basisklasse und spezialisierter Klasse.
13. Enthält die zu verwaltenden Daten eines Anwendungsbereichs in einem Datenbanksystem.
14. Wenn eine Unterklasse eine geerbte Operation der Oberklasse – unter dem gleichen Namen – neu implementiert.
15. Langfristige Speicherung von Objekten mit ihren Zuständen und Verbindungen, sodass ein analoger Zustand im Arbeitsspeicher wiederhergestellt werden kann.

Anhang D Kreuzworträtsel 3: Lösung *

	1		2							3			4
	G		A										
	L		U			5	M	S	I	L			
	O		F	6	B	I	N	D	U	N	G		E
	S		Z	F						S		7	H
	S	8	Ä	E			9			T		T	E
	A	O	H	H		10	C	L	R		E	I
11	R	O	L	L	E		+		U		S	M
		A	U	E			+		M		T	N
		N	R						E		D	I
		G							N		A	S
12	T	E	S	T	F	A	L	L		T		T	P
		13	T	E	S	T	T	R	E	I	B	E	R
		14	Y							E		N	I
15	K	O	P	P	L	U	N	G		R			N
		O								U			Z
		D	16	P	R	Ü	F	L	I	N	G		I
		17	T	E	S	T	L	I	N	G			P

Abb. 4.0-1: Lösung des Kreuzworträtsels zu objektorientierten Programmiersprachen und Qualitätssicherung.

© Der/die Herausgeber bzw. der/die Autor(en), exklusiv lizenziert an Springer-Verlag GmbH, DE, ein Teil von Springer Nature 2025
H. Balzert und D. Arinir, *Java: Objektorientiert programmieren*,
https://doi.org/10.1007/978-3-662-71350-1

Anhang D Kreuzworträtsel 3: Lösung *

Gesuchte Wörter:

Senkrecht:

1 Dort schlägt man nach, wenn man einen Begriff nicht erklären kann.
2 Datentyp, dessen zulässige Werte einzeln aufgeführt werden.
3 Modifikation eines zu testenden Programms zur Aufzeichnung von Informationen während des dynamischen Tests.
4 Macht das Objekt zur Datenkapsel.
6 Aus jedem ... sollte man lernen.
7 Daten, um die Richtigkeit eines Programms zu überprüfen (Plural).
8 Kurzform für: Objektorientierte Analyse.
9 Weitverbreitete hybride, problemorientierte Programmiersprache.
14 Kurzform für: Objektorientierter Entwurf.

Waagerecht:

5 Vergleichbar mit dem Byte-Code von Java.
6 Gibt an, wie stark die Elemente einer Systemkomponente interagieren.
10 JVM für .NET.
11 Ein Mitarbeiter kann entsprechend seinen Erfahrungen, Kenntnissen und Fähigkeiten eine oder mehrere davon einnehmen.
12 Alle Daten, die benötigt werden, um ein Programm für einen Test auszuführen.
13 Testrahmen, der es ermöglicht, den Testling interaktiv aufzurufen.
15 Gegenteil von Bindung.
16 Systemkomponente, die überprüft werden soll.
17 Programm, das getestet werden soll.

Glossar

.NET *(.NET)*
Softwarearchitektur der Firma Microsoft zur Entwicklung und Ausführung von Software. Das .NET-Framework ist eine mögliche konkrete technische Realisierung von .NET. In der Regel werden beide Begriffe jedoch synonym verwendet. .NET unterstützt alle .NET-Sprachen, die den Sprachstandard CLS *(Common Language Subset)* einhalten müssen. Beispiele für unterstützte Sprachen: C#, C++.NET, Visual Basic.NET.

Abstrakte Klasse *(abstract class)*
Spielt eine wichtige Rolle in Generalisierungsstrukturen (Generalisierung), wo sie die Gemeinsamkeiten von einer Gruppe von Unterklassen definiert; im Gegensatz zu einer Klasse können von einer abstrakten Klasse *keine* Objekte erzeugt werden. Damit eine abstrakte Klasse verwendet werden kann, muss von ihr zunächst eine Unterklasse abgeleitet werden.

Anforderung *(requirement)*
1 Aussage über eine zu erfüllende qualitative und/oder quantitative Eigenschaft eines Produkts.
2 Eine vom Auftraggeber festgelegte Systemspezifikation, um ein System für den Entwickler zu definieren.

API *(API; Application Programming Interface)*
Spezifiziert Schnittstellen für Anwendungsprogramme. Dienen dem Zugriff über standardisierte Operationen bzw. Methoden.

Assoziation *(association)*
Eine Assoziation dient in UML-Klassendiagrammen dazu, mögliche Beziehungen zwischen Objekten zweier (oder mehrerer) Klassen darzustellen.

Assoziationsklasse *(association class)*
Besitzt eine Assoziation selbst wieder Attribute, Operationen und/oder Assoziationen zu anderen Klassen, dann wird sie zur Assoziationsklasse. Sie kann nach einem festen Schema in eine »normale« Klasse transformiert werden.

Assoziationsname *(association name)*
Beschreibt die Bedeutung einer Assoziation. Oft handelt es sich um ein Verb, z. B. (Kunde) erteilt (Bestellung).

Attribut *(attribute)*
Attribute beschreiben Daten, die von den Objekten der Klasse angenommen werden können. Alle Objekte einer Klasse besitzen dieselben Attribute, jedoch im Allgemeinen unterschiedliche Attributwerte. Jedes Attribut kann mithilfe der UML detailliert spezifiziert werden (Attributspezifikation). Bei der Implementierung muss jedes Objekt Speicherplatz für alle seine Attribute reservieren. Der Attributname ist innerhalb der Klasse eindeutig.

Aufzählungstyp *(enumeration datatype)*
Datentyp, dessen zulässige Werte einzeln aufgeführt werden. Die Darstellung erfolgt mithilfe des Klassensymbols und dem Stereotypen «enumeration».

Ausnahme *(exception)*
Fehlerhafte Situationen während der Ausführung eines Programms (Laufzeitfehler) führen zur Auslösung von Ausnahmen, auf die der Programmierer durch spezielle Sprachkonstrukte reagieren kann, um einen Absturz der Anwendung zu verhindern. In der Programmiersprache Java dient dazu das try-catch-Konstrukt.

Glossar

Autoboxing
Unter *Autoboxing* versteht man in Java die automatische Umwandlung eines einfachen Datentyps in ein Objekt seiner Hüllklasse *(wrapper class)*. Dieses Konzept wurde von C# übernommen und steht ab Java 1.5 zur Verfügung. Der umgekehrte Vorgang wird *Autounboxing* genannt.

Bidirektionale Assoziation *(bidirectional association)*
Assoziation, deren Objektbeziehungen *(links)* in beiden Richtungen durchlaufen werden können.

Bindung *(cohesion)*
Die Bindung gibt an, wie stark die Elemente einer Systemkomponente miteinander interagieren.

Botschaft *(message)*
Aufforderung eines Senders (Objekt oder Klasse) an einen Empfänger (Objekt oder Klasse), eine Dienstleistung zu erbringen. Der Empfänger interpretiert die Botschaft und führt eine Operation aus.

Byte *(byte)*
Ein Byte ist eine Maßeinheit für die Speicherkapazität. In einem Byte kann in der Regel ein Zeichen – codiert mit 8 Bit – gespeichert werden. Wird der Zeichensatz UTF-8 verwendet, dann werden für ein Zeichen 2 Bytes benötigt.

C# *(C#)*
Die Programmiersprache C# (gesprochen C Sharp) wurde von der Firma Microsoft entwickelt, um sowohl .NET optimal zu unterstützen als auch eine Alternative zu Java anzubieten. C# orientiert sich an den Sprachen C/C++ und Java, wobei die Syntax weitgehend mit Java übereinstimmt.

call by reference *(call by reference)*
Parameterübergabemechanismus, bei dem der Verweis auf den aktuellen Parameter an den formalen Parameter übergeben wird. Innerhalb der Operation bewirkt jede Verwendung des formalen Parameters eine indirekte Referenzierung auf den aktuellen Parameter. Beim Aufruf der Operation wird die Adresse des aktuellen Parameters in die Speicherzelle des formalen Parameters kopiert.

call by value *(call by value)*
Parameterübergabemechanismus, bei dem die aufgerufene Operation nur mit einer Kopie der Eingabeinformationen arbeitet. Änderungen an dieser Kopie haben *keine* Rückwirkungen auf die Original-Attribute. Der formale Parameter verhält sich wie eine lokale Variable, die durch den Wert des aktuellen Parameters initialisiert wird.

Closure
Lambda-Ausdruck, der beim Aufruf auf die Konstanten seiner Umgebung zugreift. (Syn.: Funktionsabschluss)

CLR *(CLR; Common Language Runtime)*
Laufzeitumgebung von .NET. Ist für die Ausführung von .NET-Sprachen zuständig. Läuft als virtuelle Maschine. Vergleichbar mit der *Java Virtual Machine* (JVM).

Container-Klasse *(container class)*
Klasse, deren Objekte Mengen von Objekten (anderer) Klassen enthalten. Sie können homogene Mengen verwalten, d. h. alle Objekte einer Menge gehören zur selben Klasse oder auch heterogene Mengen, d. h. die Objekte einer Menge gehören zu unterschiedlichen Unterklassen einer gemeinsamen Oberklasse. Container-Klassen werden oft mittels generischer Klassen realisiert.

Datenbank *(database)*
Als Datenbanken (genauer: Datenbanksysteme) werden Softwaresysteme bezeichnet, die der Speicherung, Verwaltung und Abfrage großer Mengen strukturierter Daten dienen. Fast alle betrieblichen Informationssysteme nutzen Datenbanken zur Datenhaltung. Weit verbreitet sind insbesondere relationale Datenbanken, die die Daten in Form von miteinander verknüpften Tabellen speichern.

Datenstrom *(stream)*
Ein Datenstrom besteht in Java aus einer Sequenz von Werten. Auf diese Werte können Zwischenoperationen *(intermediate operations)* angewandt werden, die neue Ströme ergeben, oder Endoperationen *(terminal operations)*, die einen Nicht-Strom-Wert ergeben und eine Methoden-Kette beenden. Ein Datenstrom kann sequenziell oder parallel verarbeitet werden. (Abk.: Strom)

Destruktor *(destructor)*
Operation einer Klasse, die Finalisierungsaufgaben durchführt, z. B. dynamisch erzeugte Objekte löscht.

Drei-Schichten-Architektur *(three tier architecture)*
Gliederung einer Softwarearchitektur in hierarchische Schichten. Zwischen den Schichten kann eine lineare, strikte oder baumartige Ordnung bestehen. Jede Schicht besteht aus Systemkomponenten. Anwendungen werden oft nach einer Drei-Schichten-Architektur aufgebaut: Benutzungsoberfläche, eigentliche Anwendung, Datenhaltung.

Dynamische Datenstruktur *(dynamic data structure)*
Eine Datenstruktur, deren Größe und damit auch der Speicherbedarf sich dynamisch, also zur Laufzeit der Anwendung, den jeweiligen Erfordernissen anpasst. Werden einer dynamischen Datenstruktur immer neue Elemente zugefügt, dann wächst sie mit. Umgekehrt kann auch nicht mehr benötigter Speicherplatz wieder zur Verfügung gestellt werden, wenn Elemente aus der Datenstruktur gelöscht werden. In Java sind eine Vielzahl dynamischer Datenstrukturen im Java Collection Framework verfügbar.

Dynamische Testverfahren *(dynamic testing methods)*
Führen ein ausführbares, zu testendes Programm auf einem Computersystem aus.

Entwurfsmuster *(design pattern)*
Gibt eine bewährte, generische Lösung für ein immer wiederkehrendes Entwurfsproblem an, das in bestimmten Situationen auftritt.

Entwurfsphase *(design phase)*
Umfasst alle Tätigkeiten, um für ein (Software-)Produkt, das durch eine Produktspezifikation (z. B. Lastenheft, Pflichtenheft) beschrieben ist, einen (Software-)Produkt-Entwurf zu erstellen.

Fachkonzept *(problem domain)*
Spezifikation des zu entwickelnden Softwaresystems aus Sicht des Auftraggebers und der zukünftigen Benutzer. Das Fachkonzept beschreibt insbesondere die Funktionalität und die im System zu verwaltenden Daten. Es wird auch als Problembeschreibung bezeichnet.

Fehler *(fault)*
Jede Abweichung der tatsächlichen Ausprägung eines Qualitätsmerkmals von der Soll-Ausprägung, jede Inkonsistenz zwischen der Spezifikation und der Implementierung und jedes strukturelle Merkmal des Quellprogramms, das ein fehlerhaftes Verhalten verursacht.

FIFO-Prinzip *(FIFO; first in -first out)*
Das FIFO-Prinzip ist ein Speicherungsprinzip, bei dem das erste gespeicherte Element auch zuerst dem Speicher wieder entnommen wird (siehe auch Warteschlange).

Framework *(framework)*
Besteht aus einer Menge von zusammenarbeitenden Klassen, die einen wiederverwendbaren objektorientierten Entwurf für einen bestimmten Anwendungsbereich implementieren. Es besteht aus konkreten und insbesondere aus abstrakten Klassen, die Schnittstellen definieren. Die abstrakten Klassen enthalten sowohl abstrakte als auch konkrete Operationen. Im Allgemeinen wird vom Anwender (= Programmierer) des *Frameworks* erwartet, dass er Unterklassen definiert, um das *Framework* zu verwenden und anzupassen. (Syn.: Rahmenwerk)

Funktionale Äquivalenzklassenbildung *(functional equivalence (class) partitioning)*
Funktionales Testverfahren, das Testdaten aus gebildeten Äquivalenzklassen der Ein- und Ausgabebereiche der Programme ableitet. Eine Äquivalenzklasse ist eine Menge von Werten, die nach der funktionalen Spezifikation des Programms wahrscheinlich vom Programm gleichartig behandelt werden. Es werden gültige und ungültige Äquivalenzklassen unterschieden.

Funktionale Bindung *(functional cohesion)*
Alle Elemente einer Methode tragen dazu bei, eine einzige, in sich abgeschlossene Aufgabe zu erledigen.

Funktionale Schnittstelle *(functional interface)*
Eine funktionale Schnittstelle in Java besitzt genau eine abstrakte Methode, die Lambda-Ausdrücke als Parameter akzeptiert. Sie kann mit der Annotation @FunctionalInterface versehen werden.

Funktionale Testverfahren *(functional testing)*
Dynamische Testverfahren, bei denen die Testfälle aus der funktionalen Spezifikation des Testlings abgeleitet werden. Beispiele sind die funktionale Äquivalenzklassenbildung und die Grenzwertanalyse.

Geheimnisprinzip *(information hiding)*
Auf die Attributwerte eines Objekts kann nur über die Operationen des Objekts zugegriffen werden. Für andere Klassen und Objekte sind die Attribute einer Klasse bzw. die Attributwerte eines Objekts sowie die Realisierung der Operationen unsichtbar.

Generischer Typ *(generic type)*
Steht als Typ-Stellvertreter – auch Typparameter oder Typvariable bezeichnet – in einer Klassen-, Schnittstellen- oder Methoden- bzw. Operationsdeklaration. Wird bei der Anwendung durch einen konkreten Typ (aktuelles Typ-Argument) ersetzt. Generische Typen können geschachtelt und eingeschränkt werden (Typeinschränkung). (Syn.: parametrisierter Typ, Typparameter, Typvariable)

Glossar *(glossary)*
Definiert und erläutert Begriffe, um eine einheitliche Terminologie sicherzustellen.

Grenzwertanalyse *(boundary value analysis)*
Funktionales und fehlerorientiertes Testverfahren. Basiert auf einer konkreten Fehlererwartungshaltung. Die Testfälle werden in der Regel so gewählt, dass sie auf den Randbereichen von Äquivalenzklassen liegen (funktionale Äquivalenzklassenbildung).

Halde *(heap)*
Ein Bereich im Adressraum eines Prozesses, in dem dynamisch erzeugte Daten abgelegt werden. Mit new erzeugte Objekte werden z. B. hier abgelegt. Die Halde kann dynamisch wachsen oder schrumpfen.

Hash-Verfahren *(hashing)*
Speicherungs- und Suchverfahren, bei denen Schlüssel anhand einer Hash-Funktion möglichst gleichmäßig auf Tabellenindizes umgerechnet werden. (Syn.: Streuspeicherung, assoziative Speicherung)

Implementierungsphase *(implementation phase)*
Umfasst alle Tätigkeiten, um die im Produktentwurf spezifizierten Systemkomponenten durch Programme zu realisieren.

Instrumentierung *(instrumentation)*
Modifikation eines zu testenden Programms zur Aufzeichnung von Informationen während des dynamischen Tests. In der Regel wird das Programm um Zähler erweitert.

Java Collection Framework
Eine Sammlung von Schnittstellen und Klassen im Paket java.util, die leicht zu nutzende und trotzdem effiziente Containerklassen für viele Probleme des täglichen Programmierer-Lebens zur Verfügung stellt.

JavaBean *(JavaBean)*
Eine JavaBean ist eine Java-Klasse, die zusätzlich eine Reihe von Anforderungen erfüllen muss. Zu den Mindestanforderungen gehört ein parameterloser Konstruktor. In Abhängigkeit vom Anwendungskontext muss sie über entsprechende get- und set-Operationen verfügen.

Javadoc *(Javadoc)*
Javadoc ist ein Werkzeug, das Java-Dokumentationskommentare (/** Kommentar */) in Java-Quellprogrammen verwendet, um automatisch HTML-Programmdokumentationen in einem standardisiertem Format zu erstellen. Bestandteil des JDK.

JDK *(JDK; Java Development Kit)*
Entwicklungsumgebung der Firma Oracle für Java. Enthält einen Java-Compiler, einen Java-Interpreter, eine Java-Laufzeitumgebung, Javadoc usw.

JVM *(JVM; Java Virtuelle Maschine)*
JVM ist die Bezeichnung für den Java-Interpreter, der den Java-Bytecode zur Laufzeit analysiert und interpretiert (Java-Laufzeitumgebung). (Syn.: Java virtual machine, VM, Virtuelle Maschine)

Klasse *(class)*
Definiert für eine Kollektion von Objekten deren Struktur (Attribute), Verhalten (Operationen, Methoden) und Beziehungen (Assoziationen, Vererbungsstrukturen). Aus Klassen können – mit Ausnahme von abstrakten Klassen – neue Objekte erzeugt werden. Der Klassenname muss mindestens im Paket, besser im gesamten System eindeutig sein.

Klassenattribut *(class scope attribute)*
Liegt vor, wenn nur ein Attributwert für alle Objekte einer Klasse existiert. Klassenattribute sind von der Existenz der Objekte unabhängig.

Klassendiagramm *(class diagram)*
Stellt die objektorientierten Konzepte Klasse, Attribute, Operationen und Beziehungen (Vererbung, Assoziation) zwischen Klassen in grafischer Form dar (UML). Zusätzlich können Pakete modelliert werden.

Klassenoperation *(class scope operation)*
Operation, die einer Klasse zugeordnet ist (nicht einem daraus erzeugten Ob-

jekt!); kann nicht auf ein einzelnes Objekt der Klasse angewandt werden. Manipuliert Klassenattribute der eigenen Klasse.

Konstruktor *(constructor)*
Spezielle Operation zum Erzeugen von Objekten. Der Konstruktorname ist mit dem Klassennamen identisch.

Kontrollflussorientierte Testverfahren *(control flow based test methods)*
Strukturtestverfahren, die die Testfälle aus der Kontrollstruktur des Programms ableiten. Stützen sich auf den Kontrollflussgraphen. Beispiele sind der Zweigüberdeckungstest und der Pfadüberdeckungstest.

Kopplung *(coupling)*
Die Kopplung gibt an, wie die Schnittstellen zwischen Systemkomponenten aussehen. Es werden der Kopplungsmechanismus, die Schnittstellenbreite und die Kommunikationsart betrachtet.

Lambda-Ausdruck *(lambda expression)*
Ein Lambda-Ausdruck ist eine Funktion, die für einige oder alle Kombinationen der Eingabewerte einen Ausgabewert spezifiziert. Lambda-Ausdrücken ist es erlaubt, auf alle Konstanten des umgebenden Kontextes zuzugreifen. Eine Funktion, die Zugriff auf den eigenen Erstellungskontext enthält, wird als *Closure* (Funktionsabschluss) bezeichnet.

Lisp *(Lisp)*
Die funktionale Programmiersprache Lisp *(List Processing)* von 1958 basiert auf dem Lambda-Kalkül und bildet die Grundlage für eine funktionale Programmiersprachenfamilie.

Mehrfachvererbung *(multiple inheritance)*
Jede Klasse kann mehr als eine direkte Oberklasse besitzen. Werden gleichnamige Attribute oder Operationen von verschiedenen Oberklassen geerbt, dann muss der Namenskonflikt gelöst werden (siehe auch Einfachvererbung).

Methode *(method)*
In Programmiersprachen wie Java und Smalltalk ist eine Methode eine Bezeichnung für eine Prozedur und eine Funktion. Eine Methode löst eine eigenständige Teilaufgabe innerhalb eines Programms und kommuniziert über Ein- und Ausgabeparameter mit dem aufrufenden Programm (Parameterübergabemechanismus). Eine Methode stellt dem aufrufenden Programm eine Dienstleistung in Form einer funktionalen Abstraktion zur Verfügung. (Syn.: Prozedur, Funktion, Operation, procedure, function, operation)

MSIL *(MSIL; Microsoft Intermediate Language)*
Sprach- und plattformunabhängige Zwischensprache von .NET, in die alle .NET-Sprachen übersetzt werden. MSIL-Code wird von der Laufzeitumgebung CLR ausgeführt. Vergleichbar mit dem Byte-Code von Java. (Abk.: IL)

Multiplizität *(multiplicity)*
Die Multiplizität eines Attributs spezifiziert die Anzahl der Werte, die ein Attribut enthalten kann oder muss. Bei einer Assoziation gibt die Multiplizität am gegenüberliegenden Assoziationsende an, wie viele Objektbeziehungen von einem Objekt zu den Objekten der assoziierten Klasse für diese eine Assoziation ausgehen können.

Muster *(pattern)*
Beschreibt in abstrakter Form eine bewährte Lösung und setzt sie in Bezug zur Problemstellung und zur Systemumgebung. In der OO-Welt sind Muster Strukturen von Klassen bzw. Objekten. Man unterscheidet Analysemuster (OOA-Muster) und Entwurfsmuster (OOD-Muster).

Navigierbarkeit *(navigability)*
Legt fest, ob eine Assoziation unidirektional oder bidirektional realisiert wird.

Oberklasse *(super class)*
In einer Generalisierungsstruktur heißt jede Klasse, von der eine andere Klasse abgeleitet wird, Oberklasse dieser Klasse. Die Oberklasse vererbt ihre Eigenschaften und ihr Verhalten an ihre Unterklassen.

Objekt *(object, instance)*
Besitzt einen Zustand (Attributwerte und Verbindungen zu anderen Objekten), reagiert mit einem definierten Verhalten (Operationen) auf seine Umgebung und besitzt eine Objektidentität, die es von allen anderen Objekten unterscheidet. Jedes Objekt ist Exemplar einer Klasse. (Syn.: Exemplar, Instanz)

Objekt-Graph *(object graph)*
Eine Menge von Objekten, die durch Referenzen miteinander verbunden sind, d. h. die Objekte referenzieren sich untereinander.

Objektattribut *(object attribute)*
Attribut, das in einer Klasse deklariert ist, aber zu den von der Klasse erzeugten Objekten gehört.

Objektdiagramm *(object diagram)*
Stellt in der UML Objekte und ihre Verbindungen *(links)* untereinander dar. Objektdiagramme werden im Allgemeinen verwendet, um einen Ausschnitt des Systems zu einem bestimmten Zeitpunkt zu modellieren (Momentaufnahme). Objekte können einen – im jeweiligen Objektdiagramm – eindeutigen Namen besitzen oder es können anonyme Objekte sein. In verschiedenen Objektdiagrammen kann der gleiche Name unterschiedliche Objekte kennzeichnen.

Objektoperation *(object operation)*
Operation, die in einer Klasse deklariert ist, aber nur auf Objekten dieser Klasse angewandt werden kann.

Objektorientierte Analyse *(object oriented analysis)*
Ermittlung und Beschreibung der Anforderungen an ein Softwaresystem mittels objektorientierter Konzepte und Notationen. Das Ergebnis ist ein OOA-Modell. (Abk.: OOA)

Objektorientierte Programmierung *(Object Oriented Programming)*
Anwendung der Konzepte Klasse, Objekt, Attribut, Operation, Botschaft, Vererbung und Polymorphismus bei der Programmierung. (Abk.: OOP)

Objektorientierte Softwareentwicklung *(object oriented software development)*
Die Ergebnisse der Phasen Spezifikation bzw. Definition, Entwurf und Implementierung werden objektorientiert erstellt. Für die Implementierung werden objektorientierte Programmiersprachen verwendet. Auch die Verteilung auf ein Netz kann objektorientiert erfolgen. Anwendung der Konzepte Klasse, Objekt, Attribut, Operation, Botschaft, Vererbung und Assoziation. (Abk.: OOSE)

Objektorientierter Entwurf *(object oriented design)*
Erweitert, modifiziert und optimiert ein OOA-Modell unter technischen Gesichtspunkten, so dass anschließend eine Implementierung des OOD-Modells möglich ist. (Abk.: OOD)

OO
objektorientiert (→objektorientierte Software-Entwicklung)

OOA *(object oriented analysis)*
Kurzform für »Objektorientierte Analyse«.

OOA-Modell *(oo analysis model)*
Fachliche Lösung des zu realisierenden Systems, die in einer objektorientierten Notation modelliert wird. Das OOA-Modell ist das wichtigste Ergebnis des *Requirements Engineering*.

OOD-Modell *(oo design model)*
Technische Lösung des zu realisierenden Systems, die in einer objektorientierten Notation modelliert wird. Das OOD-Modell basiert in der Regel auf einem OOA-Modell.

Operation *(operation)*
Dienstleistung, die von einer Klasse zur Verfügung gestellt wird. Alle Objekte einer Klasse verwenden dieselben Operationen. Jede Operation kann auf alle Attribute eines Objekts dieser Klasse direkt zugreifen. (Syn.: Methode, method)

Paket *(package)*
Hierarchischer Strukturierungsmechanismus, der es erlaubt Komponenten zu einer größeren Einheit zusammenzufassen. Ein Paket kann selbst Pakete enthalten. Eine Komponente kann z. B. ein Programm oder in der Objektorientierung eine Klasse sein. In der UML gruppiert ein Paket Modellelemente, z. B. Klassen. Pakete können in einem Paketdiagramm dargestellt werden. In der UML wird ein Paket als ein Rechteck mit einem Reiter dargestellt. In Java können Klassen und Schnittstellen zu Paketen zusammengefasst werden. (Syn.: Subsystem, subject, category)

Persistenz *(persistence)*
Langfristige Speicherung von Objekten mit ihren Zuständen und Verbindungen, so dass ein analoger Zustand im Arbeitsspeicher wiederhergestellt werden kann.

Pflichtenheft *(requirements specification, detailed specification)*
Anforderungsdokument, das die Anforderungen an ein neues Produkt aus Auftraggeber- und Auftragnehmer-Sicht festlegt. Oft eine Detaillierung eines Lastenheftes. Meist nur verbal beschrieben.

Phase *(phase)*
Zusammenfassung von Aktivitäten in einem Projekt nach zeitlichen, begrifflichen, technischen und/oder organisatorischen Kriterien.

Polymorphismus *(polymorphism)*
Dieselbe Botschaft kann an Objekte verschiedener Klassen der gleichen Vererbungshierarchie gesendet werden. Jedes Empfängerobjekt reagiert mit der Ausführung einer eigenen Operation. Dies kann zu unterschiedlichen Ergebnissen führen, z. B. Drucken eines Textes oder Drucken einer Grafik. In Verbindung mit der Vererbung, dem Überschreiben und dem »späten Binden« können Operationen mit Objektreferenzen geschrieben werden, die Objekte verschiedener Klassen bezeichnen können, die durch eine gemeinsame Oberklasse miteinander in Beziehung stehen. Die Operation wird während der Laufzeit auf das Objekt angewandt, auf das die Objektreferenz zeigt. Eine solche Operation muss nicht geändert werden, wenn die Oberklasse um weitere Unterklassen ergänzt wird.

Prüfling *(unit under test)*
Systemkomponente, die überprüft werden soll. (Abk.: UUT)

Referenzvariable *(reference variable)*
Enthält als Wert eine Speicheradresse. In Programmiersprachen wird als Initialisierungswert oft null verwendet.

Regressionstest *(regression testing)*
Wiederholung der bereits durchgeführten Tests nach Änderung des Pro-

gramms. Er dient zur Überprüfung der korrekten Funktion eines Programms nach Modifikationen, z. B. Fehlerkorrekturen.

Rolle *(role)*
Beschreibt die notwendigen Erfahrungen, Kenntnisse und Fähigkeiten, über die ein Mitarbeiter verfügen muss, um eine bestimmte Aktivität bzw. Aufgabe durchzuführen.

Rollenname *(role name)*
Beschreibt, welche Bedeutung ein Objekt in einer Assoziation besitzt. Eine binäre Assoziation besitzt maximal zwei Rollen.

Schnittstelle *(interface)*
In der UML besteht eine Schnittstelle nur aus Operationen, die keine Implementierung besitzen. Sie ist äquivalent zu einer Klasse, die keine Attribute, Zustände oder Assoziationen und ausschließlich abstrakte Operationen besitzt. Die Menge aller Signaturen, die von den Operationen einer Klasse definiert werden, nennt man die Schnittstelle der Klasse bzw. des Objekts. Eine Schnittstelle kann in Java aus Konstanten, abstrakten Methoden und Default-Methoden (mit Implementierung) bestehen. Schnittstellen können in Java dazu verwendet werden, eine ähnliche Struktur wie die Mehrfachvererbung zu realisieren.

Sequenzdiagramm *(sequence diagram)*
Grafische, zeitbasierte Darstellung mit vertikaler Zeitachse von Botschaften zwischen Objekten und Klassen. Botschaften werden durch horizontale Linien, Objekte und Klassen durch gestrichelte, vertikale Linien repräsentiert.

Serialisierung *(serialization)*
In Java: Umwandlung des Zustands eines Objekts und seiner Referenzen in eine Byte- oder XML-Repräsentation sowie die entsprechende Rücktransformation (Deserialisierung) (→Persistenz).

Singleton-Muster *(singleton pattern)*
Objektbasiertes Entwurfsmuster, das sicherstellt, dass eine Klasse genau ein Objekt besitzt. Ermöglicht einen globalen Zugriff auf dieses Objekt.

Softwarearchitektur *(software architecture)*
Strukturierte oder hierarchische Anordnung der Systemkomponenten sowie Beschreibung ihrer Beziehungen.

Speicherbereinigung *(garbage collection)*
Die Laufzeitumgebung einiger Programmiersprachen, darunter auch die von Java, löscht automatisch alle Objekte, auf die keine Referenzen mehr zeigen. In der Regel wird die Halde einer automatischen Speicherbereinigung unterzogen.

Spezialisierung *(specialization)*
Von einer Spezialisierung spricht man, wenn zu einer Klasse ein oder mehrere Unterklassen gebildet werden, die alle Eigenschaften dieser Oberklasse aufweisen, und darüber hinaus noch zusätzliche spezielle Eigenschaften. Die Oberklasse ist dabei die Generalisierung der Unterklassen.

Spezifikationsphase *(requirements specification phase)*
Umfasst alle Tätigkeiten, um die Anforderungen *(requirements)* an ein neues Produkt aus Auftraggebersicht zu beschreiben und eine fachliche Lösung zu modellieren. (Syn.: Definitionsphase, Requirements Engineering)

Testdatum *(test data)*
Stichprobe der möglichen Eingabewerte eines Programms, die für die Testdurchführung verwendet wird. In der Regel ist ein Testdatum Teil eines Testfalls.

Testfall *(test case)*
Ein Testfall enthält einen Satz von Testdaten sowie das erwartete Sollergebnis. Die Testdaten bewirken die vollständige Ausführung eines Pfades des zu testenden Programms.

Testling *(test object)*
Programm, das getestet werden soll.

Testobjekt *(test object)*
Programm das getestet werden soll. (Syn.: Testling)

Testtreiber *(test driver)*
Testrahmen, der es ermöglicht, den Testling interaktiv aufzurufen.

Typ *(type)*
Gibt an, aus welchem Wertebereich die Werte sein dürfen, die einer Variablen bzw. einer Konstanten zugewiesen werden können. (Syn.: Datentyp)

Überdeckungsgrad *(coverage)*
Maß für den Grad der Vollständigkeit eines Tests bezogen auf ein bestimmtes Testverfahren.

Überschreiben *(overriding)*
Von Überschreiben bzw. Redefinition spricht man, wenn eine Unterklasse eine geerbte Operation der Oberklasse – unter dem gleichen Namen – neu implementiert. Beim Überschreiben muss die Signatur gleich bleiben. Bei der Implementierung der überschriebenen Operation wird im Allgemeinen die entsprechende Operation der Oberklasse aufgerufen. Ein Konstruktor sollte mindestens einen Konstruktor der Oberklasse aufrufen! (Syn.: redefining)

UML *(UML; Unified Modeling Language)*
Grafische Notation für die objektorientierte Modellierung. Sie wird eingesetzt, um Software in den Phasen Spezifikation und Entwurf zu modellieren. UML hat sich als weltweiter Standard etabliert.

Unicode *(unicode)*
Genormter 16-Bit-Zeichensatz (110187 Positionen), der die Schriftzeichen aller Verkehrssprachen der Welt aufnehmen soll. Wird in Java und ab Windows NT verwendet. (Abk.: UCS)

Unidirektionale Assoziation *(unidirectional association)*
Assoziation, deren Objektbeziehungen *(links)* nur in einer Richtung durchlaufen werden können.

Unterklasse *(sub class)*
Klasse, die in einer Generalisierungsstruktur Eigenschaften und Verhalten von einer anderen Klasse erbt. Man sagt auch: die Unterklasse spezialisiert ihre Oberklasse.

Vererbung *(inheritance)*
Die Vererbung beschreibt die Beziehung zwischen einer allgemeineren Klasse (Basisklasse) und einer spezialisierten Klasse. Die spezialisierte Klasse erweitert die Liste der Attribute, Operationen und Assoziationen der Basisklasse. Operationen der Basisklasse dürfen überschrieben oder redefiniert werden. Es entsteht eine Klassenhierarchie oder Vererbungsstruktur. Man unterscheidet die Einfachvererbung und die Mehrfachvererbung.

Verhalten *(behavior)*
Unter dem Verhalten eines Objekts sind die beobachtbaren Effekte aller Operationen zu verstehen, die das Objekt ausführen kann. Das Verhalten einer Klasse wird bestimmt durch die Operationsaufrufe, auf die diese Klasse bzw. deren Objekte reagieren.

Warteschlange *(queue)*
Eine Warteschlange ist eine Datenstruktur mit den Operationen Einfügen und Entfernen; sie realisiert das FIFO-Prinzip *(first-in – first-out)*.

Wurzelobjekt *(root object)*
Ein Objekt in einem Objekt-Graphen, von dem aus alle anderen Objekte des Graphen durch die Verfolgung von Referenzen erreicht werden können.

XML *(eXtensible Markup Language)*
1 Universell einsetzbare Sprache zum Austausch strukturierter Informationen. Basiert – wie die *Standard Generalized Markup Language* (SGML) – auf der Trennung von Inhalt und Struktur.
2 Eine Sprache (oder Meta-Sprache) zur Beschreibung der inhaltlichen Struktur von Dokumenten. XML ist ein W3C-Standard und in der Industrie weit verbreitet.

Zustand *(state)*
Ein Zustand ist eine eindeutig von anderen Zuständen unterscheidbare Kombination von Eigenschaftswerten eines Objekts. Objekte können im Laufe der Zeit unterschiedliche Zustände einnehmen. Beispielsweise könnte eine Bestellung u. a. die Zustände »erfasst«, »bestätigt« und »erledigt« annehmen.

Zweigüberdeckungstest *(branch condition coverage testing)*
Kontrollflussorientiertes Testverfahren, das die Überdeckung aller Zweige, d. h. aller Kanten des Kontrollflussgraphen fordert.

Literatur

[Balz09a]
Balzert, Helmut; *Lehrbuch der Softwaretechnik – Basiskonzepte und Requirements Engineering*, 3. Auflage, Heidelberg, Spektrum Akademischer Verlag, 2009.

[BeAn04]
Beck, Kent; Andres, Dirk; *Extreme Programming Explained: Embrace Change*, 2. Auflage, Addison-Wesley, 2004.

[BeGa98]
Beck, Kent; Gamma, Erich; *Test-Infected: Programmers Love Writing Tests*, in: Java Report, July 1998, S. 37–50.

[Bloc05]
Bloch, Joshua; *Effective Java – Programming Language Guide*, 11. Auflage, Boston, Addison-Wesley, 2005.
Ausgezeichnetes Buch, das zeigt, bei welchen Java-Sprachkonstrukten welche Alternativen welche Vor- und Nachteile haben.

[Dijk72]
Dijkstra, Edsger Wybe; *Notes on Structured Programming*, Academic Press, 1972.

[Fowl05]
Martin Fowler; *Refactoring – Improving the Design of Existing Code*, 17. Auflage, Boston, Addison Wesley, 2005.

[FuZu06]
Funke, Joachim; Zumbach, Jörg; *Problemlösen*, in: Handbuch Lernstrategien, Göttingen, Hogrefe, 2006, S. 206–220.

[GHJ+95]
Gamma, Erich; Richard Helm; Ralph Johnson; John Vlissides; *Design Patterns: Elements of Reusable Object-Oriented Software*, Boston, Addison Wesley, 1995.

[HaNe05]
Hansen, Hans Robert; Neumann Gustaf; *Wirtschaftsinformatik 2*, 9. Auflage, Stuttgart, Lucius & Lucius, 2005.

[Holu03]
Holub, Allen; *Why getter and setter methods are evil – Make your code more maintainable by avoiding accessors* , 2003, http://www.javaworld.com/javaworld/jw-09-2003/jw-0905-toolbox.html.

[KrLa07a]
Kreft, Klaus; Langer, Angelika; *Neue Sprachmittel in Java 5.0 – Teil 5: Raw Type und Type Erasure*, in: JavaSpektrum, 4/2007, 2007, S. 61–64.

[KrLa07b]
Kreft, Klaus; Langer, Angelika; *Neue Sprachmittel in Java 5.0 – Teil 7: Erzeugen von Objekten und Arrays eines unbekannten Typs*, in: JavaSpektrum, 6/2007, 2007, S. 65–67.

[Ligg93]
Liggesmeyer, Peter; *Wissensbasierte Qualitätsassistenz zur Konstruktion von Prüfstrategien für Software-Komponenten*, Mannheim, BI-Wissenschaftsverlag, 1993.

[Myer79]
Myers, G. J.; *The Art of Software-Testing*, New York, John Wiley & Sons, 1979.

[Seib05]
Seibold, Roman; *Autoboxing in Java 1.5*, in: JavaSpektrum, 1/2005, 2005, S. 44–46.

Literatur

[Subr13]
Subramaniam, Venkat; *Functional Programming in Java*, Dallas, The Pragmatic Bookshelf, 2013.

[UML09a]
Object Management Group; *OMG Unified Modeling Language (OMG UML), Superstructure, V2.2*, 2009, http://www.omg.org/spec/UML/2.2/Superstructure.

[UML09b]
Object Management Group; *OMG Unified Modeling Language (OMG UML), Infrastructure, V2.2*, 2009, http://www.omg.org/spec/UML/2.2/Infrastructure.

[UML12]
OMG; *OMG Unified Modeling Language (OMG UML), Version 2.5 FTF – Beta (Date: October 2012)*, 2012, http://www.omg.org/spec/UML/2.5/Beta1/PDF.
OMG Document Number: ptc/2012–10–24.

[WiMc02]
Wirfs-Brock, Rebecca; McKean, Alan; *Object Design. Roles, Responsibilities and Collaborations*, Addison-Wesley, 2002.

Sachindex

Symbole
λ-Ausdruck 343
.NET **505**
.NET Framework 505
Äquivalenzklasse
   Ausgabe- 416
   Eingabe- 415
Überdeckungsgrad **405**
Überschreiben **197**
Übersetzungseinheit 83
Übungen x

A
Abstrakte Klasse **187, 218**
Anforderung **449**
Anforderungen des Kunden 452
Annotation 199, 341, 366
anonyme Klasse 250
Anwendungsspezialist 449
API **97**
Architektur
   fachliche 449
   technische 449
ARM 270
Assoziation **157**, 392
   bidirektionale 169
   höherwertige 166
   n-äre 166
   Name der 161
   reflexive 163
   ternäre 166
   unidirektionale 167
Assoziationsklasse **165**
Assoziationsname **161**
Attribut **9**
   Lebensdauer 45
   lokales 44
   Verbergen 44, 221
Aufbau des Buches x
Aufzählung 253
Aufzählungen 340
Aufzählungstyp **456**
Ausnahme **116**
Autoboxing **103**, 308
Autounboxing 103

B
Backus-Naur-Form 527
Basisklasse 185
Beispiele x

Benutzungsoberfläche 449, 454, 457
Benutzungstest 463
Bidirektionale Assoziation **169**
Binden
   dynamisches 226
   spätes 226
Bindung **377**
   starke 385
   Vererbung 386
black box test 409
BlueJ 23
BNF 527
Botschaft **10**, 29, **65**, 69
bound 312
Bulk Data Operations 344
Byte **267**

C
C++ 477
   .cpp 483
   .h 482
   Übersetzungsschema 487
   Artikel 498
   delete 488
   Destruktor 488
   dynamische Objekte 485
   generische Klassen 500
   Header 482
   Hello World 478
   Implementierung 483
   include 479
   iostream 479
   Klassen 481
   Klassenattribute 498
   Klassenoperationen 498
   Konto 492
   main 478
   Makroexpansion 484
   Pfeilnotation 486
   Punktnotation 489
   Schnittstelle 482
   Speicherverwaltung 487
   static 498
   statische Objekte 489
   templates 500
   Vererbung 491
   von Java nach 504
   Warteschlange 501
   Zaehler 483
C++-Compiler 478

© Der/die Herausgeber bzw. der/die Autor(en), exklusiv lizenziert an Springer-Verlag GmbH, DE, ein Teil von Springer Nature 2025
H. Balzert und D. Arinir, *Java: Objektorientiert programmieren*,
https://doi.org/10.1007/978-3-662-71350-1

C1-Test 410
C# 505, **508**
   accessors 521
   Artikel 522
   base 517
   Boxing 511
   dynamische Bindung 517
   EinAusgabe 514
   einfache Typen 511
   Hello World 509
   Klasse Console 511, 512
   Klassen 517
   Klassenattribute 522
   Klassenoperationen 522
   KomplexeZahlen 514
   Konstanten 512
   Konto 517
   sealed 520
   Sichtbarkeit 520
   Strukturen 514
   Tausche 520
   Typkonvertierung 512
   Vergleich mit C++ 508
   Vergleich mit Java 508
   Zaehler 521
C#-Namensräume 510
call by reference 57
call by value **57**
Closure **368**
CLR **505**
CLS 506
Collections 340
compilation unit 83
Container-Klasse **176**
copy constructor 66
create 65

D
Datei 265
   Direktzugriff 277
Dateiorganisation 276
Daten 449
Datenbank **265**
Datenstrom **344**, **372**
destroy 65
Destruktor **488**
Dokumentationskommentar 86
Drei-Schichten-Architektur **284**
Dynamische Datenstruktur **339**
Dynamische Testverfahren 409

E
EBNF **527**
Entwurf
   verantwortungsgetrieben 385

Entwurfsmuster **182**
Entwurfsphase **449**
Ergebnistyp
   kovarianter 207
exception 116
Extended Backus-Naur-Form 527
extends 241
extreme programming 437

F
Fachkonzept 449, **455**
Fachkonzeptklasse 41
Fehler **403**
FIFO-Prinzip **106**
final 202
Frage & Antwort x
Framework **340**
friendly 220
Funktionale
   Äquivalenzklassenbildung **414**
Funktionale Bindung **379**
Funktionale Programmierung 339
Funktionale Schnittstelle **349**, **366**
Funktionale Testverfahren **409**
Funktionalität 449
Funktion höherer Ordnung 343
Funktionsüberdeckung 409
Funktionstest 422, 423

G
Geheimnisprinzip **16**, 19, 67, 202, **386**
Generalisieren 185
Generischer Typ **303**
Gleichheit 203
Glossar **449**, 454, **455**
Glossarbegriff x
Grenzwertanalyse **419**

H
Hüllklasse 100
Halde **29**, 31, **69**
Hash-Verfahren **276**, **317**
higher-order function 343
hybride Sprache 477

I
Identität 203
Implementierungsphase **450**
implements 239, 241
Indextabelle 277
Indexverwaltung 277
Initialisierung 45, 48
innere Klasse 250
insertion sort 325

Sachindex

instanceof 213
Instrumentierung **405**
Integrated Development Environments 23
Integrationstest 470, 476
Interface
  BinaryOperator 370
  Collection 344
  Comparator 349
  Consumer 340, 370
  Function 354, 370
  Iterable 340
  Predicate 370
  Stream 344, 349
  Supplier 370
Intermediate Operation 347

J

Java-API-Spezifikation 97
Java-Entwicklungsumgebungen 23
Java-IDEs 23
JavaBean **290, 466**
Java Collection Framework **340**
Javadoc 86, **86**
JDK **87**
JIT-Compiler 506
JUnit 438
JVM **22**

K

Kann-Assoziation 158
Kann-Attribut 458
Klasse **13, 17, 68**
  abgeleitete 185
  abstrakte 187, 202, 218, 222, 243
  als Typ 199, 224
  anonym 250
  ArrayList 98, 103
  BufferedReader 271
  BufferedWriter 276
  CharSequence 236
  Class 212
  Collections 328
  Console 117, 121
  Enum 253
  FileReader 269
  FileWriter 274
  HashMap 317
  innere 250, 254
  InputStream 269
  Kopplung 392
  lokale 250
  Mitglieds- 250
  nur mit Klassenattributen 223
  nur mit Klassenoperationen 223
  Object 200, 204, 205
  ObjectInputStream 289
  ObjectOutputStream 289
  ohne Attribute 222
  ohne Konstruktor 223
  ohne Operationen 222
  Optional 347
  OutputStream 274
  parametrisierte 309
  PrintWriter 275
  RandomAccessFile 280
  Reader 269
  Scanner 110
  Sichtbarkeit 86
  String 59, 124
  StringBuffer 133
  StringBuilder 132
  StringTokenizer 123
  System 267
  Unterklassen verboten 224
  Vector 110
  Writer 274
  XMLDecoder 290
  XMLEncoder 290
Klassenattribut **47**
  Import 83
Klassendiagramm **38**, 158
Klassenhierarchie 216
Klassenmethode
  generisch 314
Klassenoperation **50**
  Import 83
Klassenschablone 308
Klonen 206
Konkatenation 126
Konstante
  in Schnittstellen 243
Konstruktor **25, 60, 60**
  Überladen 63
  mehr als ein 62
  mit Initialisierung 61
  voreingestellt 60
Kontrollflussorientierte
  Testverfahren **410**
Konventionen
  Bezeichner 39
Kopie
  flache 206
  tiefe 206
Kopier-Konstruktor 205, 211
Kopieren 211
Kopplung **378**
  Assoziation 392
  Daten- 389, 390
  geringe 386

Steuerungs- 389
Kreuzworträtsel 75, 334, 523

L
Löschen von Objekten 46
Lambda-Ausdruck **343**, **365**, **469**
Lebenslinie 64
lifeline 65
Lisp **3**, 343
lokale Klasse 250

M
Markierungsschnittstelle 206, 237
Massendatenverarbeitung 344
Mehrfachvererbung **229**, 369
Methode **11**
  abstrakte 202, 218
  accept 340
  default 340, 368
  forEach 340
  generisch 314
  stream 344
Mitgliedsklasse 250
Modultest 437
Mono 507
MSIL **506**
Multiplizität **158**
Muss-Assoziation 158
Muss-Attribut 458
Muster **182**

N
Nachricht 29
Navigierbarkeit **167**
new 29
Nicht-terminales Symbol **527**
null 153

O
Oberklasse **185**, **216**
  direkte 216
Object 200
Objekt **11**, **68**
  als Eingabeparameter 66
  als Ergebnisparameter 58
  anonymes 37
  Benennung 37
  Erzeugung 63
  Löschen von einem 46
  Notation 36
  persistentes 265
  serialisieren 297
  Speicheradresse 69
Objekt-Graph **292**
Objektattribut **47**

Objektdiagramm **37**, **153**
Objektmethode
  generisch 314
Objektname 37
Objektoperation **47**
Objektorientierte Analyse **258**, **449**
Objektorientierte Programmierung **7**
Objektorientierter Entwurf **258**
Objektverwaltung 176
OO **7**
OOA **449**
OOA-Modell **449**
OOD-Modell **450**
Operation **10**

P
Paket **80**
  eigenes 84
  fremdes 83
  Import 82
  java.io 266
  Schreibweise 81
  Sichtbarkeit 84
  vordefiniert 82
  Zugriffsrechte 84
Parameter
  variable Anzahl 130
Parameterliste
  variable 130
passing a reference by value 57
Persistenz **265**, 289
Pflichtenheft **449**, **452**, 453, **455**
Phase **449**
Polymorphismus **224**, 235
Prüfling **404**
private 220
Problem 139
Problemlösen 139
Problemlöseraum 139
Produktdaten 454
Programm
  Anzeige 50, 155
  Anzeigenverwaltung 51
  Artikel 170
  ArtikelLieferant 170
  ArtikelLieferant2 173
  ArtikelLieferantenUI 172
  Aufgabenplaner 469
  berechneQuadratwurzel 379
  Bildschirmformate 243, 244
  Console 117
  DatenspeicherMinMax2 312
  DatenspeicherMinMaxO 306
  DatenspeicherPaarUni 320
  DatenspeicherVererbung 319

DemoAttributVererbung 221
DemoAttributzugriff 44
DemoBindung 380
DemoBindung2 381
DemoCharSequence 236
DemoClass 212
DemoConsole 117, 122
DemoFormat 130
DemoGleichheit 204
DemoHuell 101
DemoInitialisierung 45
DemoInitStatisch 48
DemoInstantDuration 138
DemoInterface 235
DemoIterator 246
DemoIteratorAmpel 249
DemoLazy 373
DemoLocalDate 135
DemoLocalDate2 137
DemoMarkerInterface 238
DemoParallel 375
DemoPolymorphismus 225
DemoScanner1 111
DemoScanner2 113
DemoScanner3 111
DemoScanner4 113
DemoScanner5 114
DemoScannerTab 112
DemoSchnittstellen 242
DemoSortMehrfach 329
DemoSortMehrfach2 332
DemoSortMehrfachLambda 350
DemoStringBuilder 133
Dreieckstausch 314
Ehe 58
FileIn 425
FileOut 427
Geburtstagsverzeichnis 318
Immobilie 188
Indexverwaltung 281
Inserentenverwaltung 48, 52, 60
Konto 194
KontoTest 423
KontoTestJUnit 441
Kunde 21, 44, 154
Kunde2 30
Kunde3 42
Kundeanzeige 70
KundeAnzeigeMitSpeicherung 298
KundenContainerSingleton 180
Kundenverwaltung 177
Kundenverwaltung3Schichten 287
KundenverwaltungSerialisiert 293

KundeUI 155
LeseDatei 269
LeseDatei2 270
LeseDateiDouble 272
LeseDateiGepuffert 271
LeseDateiMitZeilennr 273
Lexikon 317
Lieferant 172
LineNumberReader 273
MaxGenerischCompare 315
Mehrsprachigkeit 233
Mitarbeiter 66
PasswortUI 382
PasswortUI2 383
Reservierung 259
Roemisch 254
SchreibeDatei 274
SchreibeDateiMitPrintWriter 275
SparkontoTest 435
Taschenrechner 128
TaschenrechnerInt 366
TaschenrechnerInt2 367
TaschenrechnerInt3 369
TaschenrechnerInt4 371
Teilnehmer 338
Teilnehmer2 341
Teilnehmer3 344
Teilnehmer4 347
TestPaar 316
Testtreiber 406
Testtreiber2 407
Warteschlange 106
Wetter 54, 87
Wettervorhersage 141
Programmierparadigmen 337
Programmierstil 337
Programmschema 22
protected 202, 220
Pseudo-EBNF 527
public 219
Punktnotation 69, 82

Q
QS
    analytisch 377, 403
    konstruktiv 377
Querverweise xi

R
random access 277
RDD 385
Re-Strukturierung 396
Redefinition 197
refactoring 396
Referenzparameter 56

Sachindex

Referenzvariable **29**, 69, 153
Regressionstest **399, 405**, 432
regulärer Ausdruck 127
responsibility-driven design 385
Richtlinien
  Bezeichner 39
Rolle **452, 455**
Rollenname **161**

S

Sammlungen 246, 340
Scheme 343
Schichtenarchitektur 284
Schnittstelle **231**, 243, 340
  Cloneable 207
  Comparable 313
  Comparator 329
  Enumeration 247
  Iterable 247
  Iterator 246
  Map 317
  Mehrfachvererbung 244
  Ober- 241
  Unter- 241
  Vererbung 244
sd 65
Sequenzdiagramm **64**
Serialisierung **289**, 466
Sichtbarkeit 16
Sichtbarkeitsregeln 219
Singleton-Muster **182**
Software-Architekt 449
Software-Ergonom 449, 457
Softwarearchitektur **449**
Sortieren
  generisch 325
Sortieren durch Einfügen 325
Speicherbereinigung **46**
Spezialisierung **193**
Spezifikationsphase **449**
Standarddatenstrom 267
Sternesystem x
stream 266
Strom 266
  Byte- 267
  gepufferter 268
  Unicode- 267
Stroustrup 478
Strukturtest 410, 422, 431
super 221
Symbol
  nicht-terminales 527
  terminales 527
Syntax
  anonyme Klasse 251
  enum 253
  für einfache Typen 527
  instanceof 213
  Klasse 17
  Konstantendeklaration 529
  Konstruktor 25, 61, 63
  mehrere Typparameter 316
  Schnittstellen 237, 239
  Throws 119
  try-catch 120
  Typeinschränkung 313
  Variablendeklaration 529
  Zuweisungen 530
Syntaxdiagramm **527**
Systemanalytiker 449, 452

T

template 309
Terminales Symbol **527**
Terminal Operation 347
Terminologie 8
Test
  abstrakte Klasse 437
  spezielle Werte 421
  Unterklassen 433
  von Klassen 423
Testdatum **404**
Testfall **404**
test fixture 439
Testling **404**
Testobjekt **404**
Testplanung 410
Testtreiber **405**
this 44
Tipps x
Trennung UI – Fachkonzept 42
try 116
  mit Ressourcen 270
Typ **9**
  Aufzählungs- 456
  generischer 307
Typ-Stellvertreter 307
Typbindung 312
Typeinschränkung 310
Typparameter 307
  mehrere 316
  Zusammenfassung 320
Typvariable 307

U

UML 7, 9, 36, **153**
  abstrakte Klasse 187
  enumeration 456
  instance of 38
  Klasse 14, 38
  Kommentarsymbol 182

Lollipop 232
Navigierbarkeit 169
Objekt 11, 15, 36
Schnittstelle 231
Sequenzdiagramm 64
Typparameter 309
Vererbung 185
Umstrukturierung 396
Unicode **267**
Unicode-Dateistrom 267
Unicode-Filterstrom 267
Unidirektionale Assoziation **167**
unit test 437
Unterklasse **185, 216**
    direkte 216
    generisch 319
    nicht generisch 322
usability test 463

V
Vererbung **187, 216**
    Assoziation 197
    Eigenschaften 197
Verhalten **12**
Vom Problem zur Lösung 139, 257
Vorgehensweise 449

W
Warteschlange **106**
WebSoft-Team 451
Wertigkeit 158
wrapper class 100
Wurzelklasse 200
Wurzelobjekt **292**

X
XML **289**
XP 437
xUnit 438

Z
Zeitungsstil x
Zugriffsrechte 219
Zustand **11**
Zweigüberdeckungstest **410**

Helmut und Heide Balzert-Preis für digitale Didaktik in der Informatik
in Zusammenarbeit mit der Gesellschaft für Informatik e.V.

Der Preis wird seit 2022 jährlich vergeben und ist mit einem Preisgeld von 10.000 € dotiert.

1. Preisträger 2022: Dr. Stefan Seegerer

Multimediale, interaktive Informatikmodule digi4all.de
Ein online-gestütztes Studienangebot zur Digitalen Bildung für Lehramtsstudierende aller Fächer und Schularten.

Ein Überblick über die Lernmodule ist auf der Rückseite dieser Seite zu sehen.
Multimediale, interaktive Informatikmodule digital4all.de

2. Preisträger 2023: Dr. Ralf S. Engelschall

Empirischer, evidenzbasierter Ansatz für Online-Life-Vorlesungen. Bekannte didaktische Elemente werden kombiniert, um einen Lehrsto zu präsentieren und gleichzeitig ein permanentes Feedback von den Studierenden zu erhalten und darauf live zu reagieren.

3. Preisträger 2024: Dr. phil. Wolfgang Pfeffer & Tobias Fuchs

„The Mystery of Crypto-Castle"
Digitaler Escape-Room, mit dem sich Schülerinnen und Schüler der Sekundarstufe II bzw. Studierende in einer digitalen Lernlandschaft selbstständig das Themengebiet der Codierung und Verschlüsselung erschließen können. Über folgenden Link gelangt man zum Crypto Castle: https://www.ddi.fim.uni-passau.de/fortbildungsveranstalungen-codierung-und-verschluesselung

 springer-vieweg.de

Doga Arinir
Mobile Computing
Mobile Webanwendungen, Hybride-, Native- und CrossPlattform-App-Entwicklung – ein praxisnaher Überblick

Jetzt bestellen:
link.springer.com/978-3-662-67412-3

MIX
Papier aus verantwortungsvollen Quellen
Paper from responsible sources
FSC® C105338

If you have any concerns about our products,
you can contact us on
ProductSafety@springernature.com

In case Publisher is established outside the EU,
the EU authorized representative is:
**Springer Nature Customer Service Center GmbH
Europaplatz 3, 69115 Heidelberg, Germany**

Printed by Libri Plureos GmbH
in Hamburg, Germany